·最新·

招标投标
法规汇编

（第四版）

法律出版社法规中心　编

法律出版社
LAW PRESS·CHINA
北京

图书在版编目（CIP）数据

最新招标投标法规汇编 / 法律出版社法规中心编.
4 版. -- 北京 : 法律出版社, 2025. -- ISBN 978-7
-5197-9823-9

Ⅰ. D922.297.9

中国国家版本馆 CIP 数据核字第 2024293P1R 号

最新招标投标法规汇编
ZUIXIN ZHAOBIAO TOUBIAO FAGUI HUIBIAN

法律出版社法规中心 编

责任编辑 陈昱希
装帧设计 李 瞻

出版发行 法律出版社
编辑统筹 法规出版分社
责任校对 赵雪慧
责任印制 耿润瑜
经　　销 新华书店

开本 A5
印张 18.75　**字数** 701 千
版本 2025 年 1 月第 4 版
印次 2025 年 1 月第 1 次印刷
印刷 北京盛通印刷股份有限公司

地址:北京市丰台区莲花池西里 7 号(100073)
网址:www.lawpress.com.cn
投稿邮箱:info@lawpress.com.cn
举报盗版邮箱:jbwq@lawpress.com.cn

销售电话:010-83938349
客服电话:010-83938350
咨询电话:010-63939796

书号:ISBN 978-7-5197-9823-9　**定价**:59.00 元

凡购买本社图书,如有印装错误,我社负责退换。电话:010-83938349

目　　录

一、招标投标

（一）一般规定

（二）招标范围

（三）招标程序

(四)监督处理

(五)领域规范

1. 房屋市政工程

(1)一般规定

(2)使用权招标

(3)设计招标

7.其他

二、政府采购

一、招标投标

（一）一般规定

国务院办公厅关于创新完善体制机制推动招标投标市场规范健康发展的意见

1. 2024年5月2日

2. 国办发〔2024〕21号

各省、自治区、直辖市人民政府，国务院各部委、各直属机构：

招标投标市场是全国统一大市场和高标准市场体系的重要组成部分，对提高资源配置效率效益、持续优化营商环境具有重要作用。为创新完善体制机制，推动招标投标市场规范健康发展，经国务院同意，现提出如下意见。

一、总体要求

创新完善体制机制，推动招标投标市场规范健康发展，要坚持以习近平新时代中国特色社会主义思想为指导，深入贯彻党的二十大精神，完整、准确、全面贯彻新发展理念，加快构建新发展格局，着力推动高质量发展，坚持有效市场和有为政府更好结合，聚焦发挥招标投标竞争择优作用，改革创新招标投标制度设计，纵深推进数字化转型升级，加快实现全流程全链条监管，坚持全国一盘棋，坚决打破条块分割、行业壁垒，推动形成高效规范、公平竞争、充分开放的招标投标市场，促进商品要素资源在更大范围内畅通流动，为建设高标准市场体系、构建高水平社会主义市场经济体制提供坚强支撑。

——坚持问题导向、标本兼治。直面招标投标领域突出矛盾和深层次问题，采取针对性措施纠治制度规则滞后、主体责任不落实、交易壁垒难破除、市场秩序不规范等顽瘴痼疾，逐步形成推动招标投标市场规范健康发展的长效机制。

——坚持系统观念、协同联动。加强前瞻性思考、全局性谋划、战略性布局、整体性推进，深化制度、技术、数据融合，提升跨地区跨行业协作水平，更好调动各方面积极性,推动形成共建共治共享格局,有效凝聚招标投标市场建设合力。

——坚持分类施策、精准发力。按照统分结合、分级分类的思路完善招标投标制度、规则、标准,统筹短期和中长期政策举措,提升招标投标市场治理精准性有效性。

——坚持创新引领、赋能增效。不断强化招标投标制度规则创新、运行模式创新、交易机制创新、监管体制创新,提升交易效率、降低交易成本、规范市场秩序,推动招标投标市场转型升级。

二、完善招标投标制度体系

(一)优化制度规则设计。加快推动招标投标法、政府采购法及相关实施条例修订工作,着力破除制约高标准市场体系建设的制度障碍。加快完善分类统一的招标投标交易基本规则和实施细则,优化招标投标交易程序,促进要素自主有序流动。探索编制招标投标市场公平竞争指数。加快构建科学规范的招标投标交易标准体系,按照不同领域和专业制定数字化招标采购技术标准,满足各类项目专业化交易需求。建立招标投标领域统一分级分类的信用评价指标体系,规范招标投标信用评价应用。

(二)强化法规政策协同衔接。落实招标投标领域公平竞争审查规则,健全招标投标交易壁垒投诉、处理、回应机制,及时清理违反公平竞争的规定和做法。各级政府及其部门制定涉及招标投标的法规政策,要严格落实公开征求意见、合法性审核、公平竞争审查等要求,不得干涉招标人、投标人自主权,禁止在区域、行业、所有制形式等方面违法设置限制条件。

三、落实招标人主体责任

(三)强化招标人主体地位。尊重和保障招标人法定权利,任何单位和个人不得干涉招标人选择招标代理机构、编制招标文件、委派代表参加评标等自主权。分类修订勘察、设计、监理、施工、总承包等招标文件示范文本。加强招标需求管理和招标方案策划,规范招标计划发布,鼓励招标文件提前公示。加大招标公告、中标合同、履约信息公开力度,招标公告应当载明招标投标行政监督部门。落实招标人组织招标、处理异议、督促履约等方面责任。将国有企业组织招标和参与投标纳入经营投资责任追究制度从严管理。

(四)健全招标代理机构服务机制。制定招标代理服务标准和行为规范,加强招标代理行业自律,完善招标人根据委托合同管理约束招标代理活动的机制。加快推进招标采购专业人员能力评价工作,研究完善招标采购相关人才培养机制,提升招标采购专业服务水平。治理招标代理领域乱收费,打击价外加价等价格违法行为。对严重违法的招标代理机构及其直接责任人员依法予以处理并实行行业禁入。

（五）推进招标采购机制创新。全面对接国际高标准经贸规则，优化国内招标采购方式。支持企业集中组织实施招标采购，探索形成符合企业生产经营和供应链管理需要的招标采购管理机制。加强招标采购与非招标采购的衔接，支持科技创新、应急抢险、以工代赈、村庄建设、造林种草等领域项目采用灵活方式发包。

四、完善评标定标机制

（六）改进评标方法和评标机制。规范经评审的最低投标价法适用范围，一般适用于具有通用技术、性能标准或者招标人对技术、性能没有特殊要求的招标项目。在勘察设计项目评标中突出技术因素、相应增加权重。完善评标委员会对异常低价的甄别处理程序，依法否决严重影响履约的低价投标。合理确定评标时间和评标委员会成员人数。全面推广网络远程异地评标。推行隐藏投标人信息的暗标评审。积极试行投标人资格、业绩、信用等客观量化评审，提升评标质量效率。

（七）优化中标人确定程序。厘清专家评标和招标人定标的职责定位，进一步完善定标规则，保障招标人根据招标项目特点和需求依法自主选择定标方式并在招标文件中公布。建立健全招标人对评标报告的审核程序，招标人发现评标报告存在错误的，有权要求评标委员会进行复核纠正。探索招标人从评标委员会推荐的中标候选人范围内自主研究确定中标人。实行定标全过程记录和可追溯管理。

（八）加强评标专家全周期管理。加快实现评标专家资源跨地区跨行业共享。优化评标专家专业分类，强化评标专家入库审查、业务培训、廉洁教育，提升履职能力。依法保障评标专家独立开展评标，不受任何单位或者个人的干预。评标专家库组建单位应当建立健全从专家遴选到考核监督的全过程全链条管理制度体系，完善评标专家公正履职承诺、保密管理等制度规范，建立评标专家日常考核评价、动态调整轮换等机制，实行评标专家对评标结果终身负责。

五、推进数字化智能化转型升级

（九）加快推广数智技术应用。推动招标投标与大数据、云计算、人工智能、区块链等新技术融合发展。制定实施全国统一的电子招标投标技术标准和数据规范，依法必须进行招标的项目推广全流程电子化交易。加快推进全国招标投标交易主体信息互联互通，实现经营主体登记、资格、业绩、信用等信息互认共享。加快实现招标投标领域数字证书全国互认，支持电子营业执照推广应用。推动固定资产投资项目代码与招标投标交易编码关联应用。

全面推广以电子保函(保险)等方式缴纳投标保证金、履约保证金、工程质量保证金。

(十)优化电子招标投标平台体系。统筹规划电子招标投标平台建设,提高集约化水平。设区的市级以上人民政府要按照政府主导、互联互通、开放共享原则,优化电子招标投标公共服务平台。支持社会力量按照市场化、专业化、标准化原则建设运营招标投标电子交易系统。电子交易系统应当开放对接各类专业交易工具。任何单位和个人不得为经营主体指定特定的电子交易系统、交易工具。

六、加强协同高效监督管理

(十一)压实行政监督部门责任。进一步理顺招标投标行政监督体制,探索建立综合监管与行业监管相结合的协同机制。理清责任链条,分领域编制行政监督责任清单,明确主管部门和监管范围、程序、方式,消除监管盲区。对监管边界模糊、职责存在争议的事项,由地方人民政府按照领域归口、精简高效原则明确主管部门和监管责任。

(十二)强化多层次立体化监管。加强招标投标与投资决策、质量安全、竣工验收等环节的有机衔接,打通审批和监管业务信息系统,提升工程建设一体化监管能力,强化招标投标交易市场与履约现场联动,完善事前事中事后全链条全领域监管。推行信用分级分类监管。发挥行业组织作用,提升行业自律水平。完善招标投标行政监督部门向纪检监察机关、司法机关等移送线索的标准和程序,推动加大巡视巡察、审计监督力度,将损害国家利益或者社会公共利益行为的线索作为公益诉讼线索向检察机关移送,将串通投标情节严重行为的线索向公安机关移送,将党政机关、国有企事业单位、人民团体等单位公职人员利用职权谋取非法利益和受贿行为的线索向纪检监察机关移送。建立移送线索办理情况反馈机制,形成管理闭环。

(十三)加快推进智慧监管。创新招标投标数字化监管方式,推动现场监管向全流程数字化监管转变,完善招标投标电子监督平台功能,畅通招标投标行政监督部门、纪检监察机关、司法机关、审计机关监督监管通道,建立开放协同的监管网络。招标投标行政监督部门要建立数字化执法规则标准,运用非现场、物联感知、掌上移动、穿透式等新型监管手段,进一步提升监管效能。加大招标文件随机抽查力度,运用数字化手段强化同类项目资格、商务条件分析比对,对异常招标文件进行重点核查。

七、营造规范有序市场环境

(十四)严厉打击招标投标违法活动。建立健全招标投标行政执法标准规范,完善行政处罚裁量权基准。依法加大对排斥限制潜在投标人、规避招标、串通投标、以行贿手段谋取中标等违法犯罪行为的惩处力度，严厉打击转包、违法分包行为。适时组织开展跨部门联合执法，集中整治工程建设领域突出问题。推动修订相关刑事法律，依法严肃惩治招标投标犯罪活动。发挥调解、仲裁、诉讼等争议解决机制作用，支持经营主体依据民事合同维护自身合法权益，推动招标投标纠纷多元化解。完善招标投标投诉处理机制，遏制恶意投诉行为。

（十五）持续清理妨碍全国统一大市场建设和公平竞争的规定、做法。开展招标投标法规政策文件专项清理，对法规、规章、规范性文件及其他政策文件和示范文本进行全面排查，存在所有制歧视、行业壁垒、地方保护等不合理限制的按照规定权限和程序予以修订、废止。清理规范招标投标领域行政审批、许可、备案、注册、登记、报名等事项，不得以公共服务、交易服务等名义变相实施行政审批。

八、提升招标投标政策效能

（十六）健全支持创新的激励机制。完善首台（套）重大技术装备招标投标机制，首台（套）重大技术装备参与招标投标视同满足市场占有率、使用业绩等要求，对已投保的首台（套）重大技术装备一般不再收取质量保证金。鼓励国有企业通过招标投标首购、订购创新产品和服务。

（十七）优化绿色招标采购推广应用机制。编制绿色招标采购示范文本，引导招标人合理设置绿色招标采购标准，对原材料、生产制造工艺等明确环保、节能、低碳要求。鼓励招标人综合考虑生产、包装、物流、销售、服务、回收和再利用等环节确定评标标准，建立绿色供应链管理体系。

（十八）完善支持中小企业参与的政策体系。优化工程建设招标投标领域支持中小企业发展政策举措，通过预留份额、完善评标标准、提高首付款比例等方式，加大对中小企业参与招标投标的支持力度。鼓励大型企业与中小企业组成联合体参与投标，促进企业间优势互补、资源融合。探索将支持中小企业参与招标投标情况列为国有企业履行社会责任考核内容。

九、强化组织实施保障

（十九）加强组织领导。坚持加强党的全面领导和党中央集中统一领导，把党的领导贯彻到推动招标投标市场规范健康发展各领域全过程。国家发展改革委要加强统筹协调，细化实化各项任务，清单化推进落实。工业和信息化部、公安部、住房城乡建设部、交通运输部、水利部、农业农村部、商务部、国务院国资委等要根据职责，健全工作推进机制，扎实推动各项任务落实落细。省级人民政府要明确时间表、路线图，整合力量、扭住关键、狠抓落实，确保各项任务落地见效。健全常态化责任追究机制，对监管不力、执法缺位的,依规依纪依法严肃追责问责。重大事项及时向党中央、国务院请示报告。

(二十)营造良好氛围。尊重人民首创精神,鼓励地方和基层积极探索,在改革招标投标管理体制、完善评标定标机制、推行全流程电子化招标投标、推进数字化智慧监管等方面鼓励大胆创新。国家发展改革委要会同有关部门及时跟进创新完善招标投标体制机制的工作进展,加强动态监测和定期评估,对行之有效的经验做法以适当形式予以固化并在更大范围推广。加强宣传解读和舆论监督,营造有利于招标投标市场规范健康发展的社会环境。

中华人民共和国招标投标法

1. 1999年8月30日第九届全国人民代表大会常务委员会第十一次会议通过

2. 根据2017年12月27日第十二届全国人民代表大会常务委员会第三十一次会议《关于修改〈中华人民共和国招标投标法〉、〈中华人民共和国计量法〉的决定》修正

第一章 总 则

第一条 为了规范招标投标活动,保护国家利益、社会公共利益和招标投标活动当事人的合法权益,提高经济效益,保证项目质量,制定本法。

第二条 在中华人民共和国境内进行招标投标活动,适用本法。

第三条 在中华人民共和国境内进行下列工程建设项目包括项目的勘察、设计、施工、监理以及与工程建设有关的重要设备、材料等的采购,必须进行招标:

(一)大型基础设施、公用事业等关系社会公共利益、公众安全的项目;

(二)全部或者部分使用国有资金投资或者国家融资的项目;

(三)使用国际组织或者外国政府贷款、援助资金的项目。

前款所列项目的具体范围和规模标准,由国务院发展计划部门会同国务院有关部门制订,报国务院批准。

法律或者国务院对必须进行招标的其他项目的范围有规定的,依照其规定。

第四条 任何单位和个人不得将依法必须进行招标的项目化整为零或者以其他任何方式规避招标。

第五条 招标投标活动应当遵循公开、公平、公正和诚实信用的原则。

第六条 依法必须进行招标的项目,其招标投标活动不受地区或者部门的限制。任何单位和个人不得违法限制或者排斥本地区、本系统以外的法人或者其他组织参加投标，不得以任何方式非法干涉招标投标活动。

第七条 招标投标活动及其当事人应当接受依法实施的监督。

有关行政监督部门依法对招标投标活动实施监督，依法查处招标投标活动中的违法行为。

对招标投标活动的行政监督及有关部门的具体职权划分，由国务院规定。

第二章 招 标

第八条 招标人是依照本法规定提出招标项目、进行招标的法人或者其他组织。

第九条 招标项目按照国家有关规定需要履行项目审批手续的，应当先履行审批手续，取得批准。

招标人应当有进行招标项目的相应资金或者资金来源已经落实，并应当在招标文件中如实载明。

第十条 招标分为公开招标和邀请招标。

公开招标，是指招标人以招标公告的方式邀请不特定的法人或者其他组织投标。

邀请招标，是指招标人以投标邀请书的方式邀请特定的法人或者其他组织投标。

第十一条 国务院发展计划部门确定的国家重点项目和省、自治区、直辖市人民政府确定的地方重点项目不适宜公开招标的，经国务院发展计划部门或者省、自治区、直辖市人民政府批准，可以进行邀请招标。

第十二条 招标人有权自行选择招标代理机构，委托其办理招标事宜。任何单位和个人不得以任何方式为招标人指定招标代理机构。

招标人具有编制招标文件和组织评标能力的，可以自行办理招标事宜。任何单位和个人不得强制其委托招标代理机构办理招标事宜。

依法必须进行招标的项目，招标人自行办理招标事宜的，应当向有关行政监督部门备案。

第十三条 招标代理机构是依法设立、从事招标代理业务并提供相关服务的社会中介组织。

招标代理机构应当具备下列条件：

（一）有从事招标代理业务的营业场所和相应资金；

（二）有能够编制招标文件和组织评标的相应专业力量。

第十四条 招标代理机构与行政机关和其他国家机关不得存在隶属关系或者

其他利益关系。

第十五条　招标代理机构应当在招标人委托的范围内办理招标事宜,并遵守本法关于招标人的规定。

第十六条　招标人采用公开招标方式的,应当发布招标公告。依法必须进行招标的项目的招标公告,应当通过国家指定的报刊、信息网络或者其他媒介发布。

招标公告应当载明招标人的名称和地址、招标项目的性质、数量、实施地点和时间以及获取招标文件的办法等事项。

第十七条　招标人采用邀请招标方式的,应当向三个以上具备承担招标项目的能力、资信良好的特定的法人或者其他组织发出投标邀请书。

投标邀请书应当载明本法第十六条第二款规定的事项。

第十八条　招标人可以根据招标项目本身的要求,在招标公告或者投标邀请书中,要求潜在投标人提供有关资质证明文件和业绩情况,并对潜在投标人进行资格审查;国家对投标人的资格条件有规定的,依照其规定。

招标人不得以不合理的条件限制或者排斥潜在投标人,不得对潜在投标人实行歧视待遇。

第十九条　招标人应当根据招标项目的特点和需要编制招标文件。招标文件应当包括招标项目的技术要求、对投标人资格审查的标准、投标报价要求和评标标准等所有实质性要求和条件以及拟签订合同的主要条款。

国家对招标项目的技术、标准有规定的,招标人应当按照其规定在招标文件中提出相应要求。

招标项目需要划分标段、确定工期的,招标人应当合理划分标段、确定工期,并在招标文件中载明。

第二十条　招标文件不得要求或者标明特定的生产供应者以及含有倾向或者排斥潜在投标人的其他内容。

第二十一条　招标人根据招标项目的具体情况,可以组织潜在投标人踏勘项目现场。

第二十二条　招标人不得向他人透露已获取招标文件的潜在投标人的名称、数量以及可能影响公平竞争的有关招标投标的其他情况。

招标人设有标底的,标底必须保密。

第二十三条　招标人对已发出的招标文件进行必要的澄清或者修改的,应当在招标文件要求提交投标文件截止时间至少十五日前,以书面形式通知所有招标文件收受人。该澄清或者修改的内容为招标文件的组成部分。

第二十四条　招标人应当确定投标人编制投标文件所需要的合理时间;但是,

依法必须进行招标的项目,自招标文件开始发出之日起至投标人提交投标文件截止之日止,最短不得少于二十日。

第三章 投 标

第二十五条 投标人是响应招标、参加投标竞争的法人或者其他组织。

依法招标的科研项目允许个人参加投标的,投标的个人适用本法有关投标人的规定。

第二十六条 投标人应当具备承担招标项目的能力;国家有关规定对投标人资格条件或者招标文件对投标人资格条件有规定的,投标人应当具备规定的资格条件。

第二十七条 投标人应当按照招标文件的要求编制投标文件。投标文件应当对招标文件提出的实质性要求和条件作出响应。

招标项目属于建设施工的,投标文件的内容应当包括拟派出的项目负责人与主要技术人员的简历、业绩和拟用于完成招标项目的机械设备等。

第二十八条 投标人应当在招标文件要求提交投标文件的截止时间前,将投标文件送达投标地点。招标人收到投标文件后,应当签收保存,不得开启。投标人少于三个的,招标人应当依照本法重新招标。

在招标文件要求提交投标文件的截止时间后送达的投标文件,招标人应当拒收。

第二十九条 投标人在招标文件要求提交投标文件的截止时间前,可以补充、修改或者撤回已提交的投标文件,并书面通知招标人。补充、修改的内容为投标文件的组成部分。

第三十条 投标人根据招标文件载明的项目实际情况,拟在中标后将中标项目的部分非主体、非关键性工作进行分包的,应当在投标文件中载明。

第三十一条 两个以上法人或者其他组织可以组成一个联合体,以一个投标人的身份共同投标。

联合体各方均应当具备承担招标项目的相应能力;国家有关规定或者招标文件对投标人资格条件有规定的,联合体各方均应当具备规定的相应资格条件。由同一专业的单位组成的联合体,按照资质等级较低的单位确定资质等级。

联合体各方应当签订共同投标协议,明确约定各方拟承担的工作和责任,并将共同投标协议连同投标文件一并提交招标人。联合体中标的,联合体各方应当共同与招标人签订合同,就中标项目向招标人承担连带责任。

招标人不得强制投标人组成联合体共同投标,不得限制投标人之间的竞争。

第三十二条 投标人不得相互串通投标报价，不得排挤其他投标人的公平竞争，损害招标人或者其他投标人的合法权益。

投标人不得与招标人串通投标，损害国家利益、社会公共利益或者他人的合法权益。

禁止投标人以向招标人或者评标委员会成员行贿的手段谋取中标。

第三十三条 投标人不得以低于成本的报价竞标，也不得以他人名义投标或者以其他方式弄虚作假，骗取中标。

第四章 开标、评标和中标

第三十四条 开标应当在招标文件确定的提交投标文件截止时间的同一时间公开进行；开标地点应当为招标文件中预先确定的地点。

第三十五条 开标由招标人主持，邀请所有投标人参加。

第三十六条 开标时，由投标人或者其推选的代表检查投标文件的密封情况，也可以由招标人委托的公证机构检查并公证；经确认无误后，由工作人员当众拆封，宣读投标人名称、投标价格和投标文件的其他主要内容。

招标人在招标文件要求提交投标文件的截止时间前收到的所有投标文件，开标时都应当当众予以拆封、宣读。

开标过程应当记录，并存档备查。

第三十七条 评标由招标人依法组建的评标委员会负责。

依法必须进行招标的项目，其评标委员会由招标人的代表和有关技术、经济等方面的专家组成，成员人数为五人以上单数，其中技术、经济等方面的专家不得少于成员总数的三分之二。

前款专家应当从事相关领域工作满八年并具有高级职称或者具有同等专业水平，由招标人从国务院有关部门或者省、自治区、直辖市人民政府有关部门提供的专家名册或者招标代理机构的专家库内的相关专业的专家名单中确定；一般招标项目可以采取随机抽取方式，特殊招标项目可以由招标人直接确定。

与投标人有利害关系的人不得进入相关项目的评标委员会；已经进入的应当更换。

评标委员会成员的名单在中标结果确定前应当保密。

第三十八条 招标人应当采取必要的措施，保证评标在严格保密的情况下进行。

任何单位和个人不得非法干预、影响评标的过程和结果。

第三十九条 评标委员会可以要求投标人对投标文件中含义不明确的内容作

必要的澄清或者说明，但是澄清或者说明不得超出投标文件的范围或者改变投标文件的实质性内容。

第四十条 评标委员会应当按照招标文件确定的评标标准和方法，对投标文件进行评审和比较；设有标底的，应当参考标底。评标委员会完成评标后，应当向招标人提出书面评标报告，并推荐合格的中标候选人。

招标人根据评标委员会提出的书面评标报告和推荐的中标候选人确定中标人。招标人也可以授权评标委员会直接确定中标人。

国务院对特定招标项目的评标有特别规定的，从其规定。

第四十一条 中标人的投标应当符合下列条件之一：

（一）能够最大限度地满足招标文件中规定的各项综合评价标准；

（二）能够满足招标文件的实质性要求，并且经评审的投标价格最低；但是投标价格低于成本的除外。

第四十二条 评标委员会经评审，认为所有投标都不符合招标文件要求的，可以否决所有投标。

依法必须进行招标的项目的所有投标被否决的，招标人应当依照本法重新招标。

第四十三条 在确定中标人前，招标人不得与投标人就投标价格、投标方案等实质性内容进行谈判。

第四十四条 评标委员会成员应当客观、公正地履行职务，遵守职业道德，对所提出的评审意见承担个人责任。

评标委员会成员不得私下接触投标人，不得收受投标人的财物或者其他好处。

评标委员会成员和参与评标的有关工作人员不得透露对投标文件的评审和比较、中标候选人的推荐情况以及与评标有关的其他情况。

第四十五条 中标人确定后，招标人应当向中标人发出中标通知书，并同时将中标结果通知所有未中标的投标人。

中标通知书对招标人和中标人具有法律效力。中标通知书发出后，招标人改变中标结果的，或者中标人放弃中标项目的，应当依法承担法律责任。

第四十六条 招标人和中标人应当自中标通知书发出之日起三十日内，按照招标文件和中标人的投标文件订立书面合同。招标人和中标人不得再行订立背离合同实质性内容的其他协议。

招标文件要求中标人提交履约保证金的，中标人应当提交。

第四十七条 依法必须进行招标的项目，招标人应当自确定中标人之日起十五日内，向有关行政监督部门提交招标投标情况的书面报告。

第四十八条 中标人应当按照合同约定履行义务,完成中标项目。中标人不得向他人转让中标项目,也不得将中标项目肢解后分别向他人转让。

中标人按照合同约定或者经招标人同意,可以将中标项目的部分非主体、非关键性工作分包给他人完成。接受分包的人应当具备相应的资格条件,并不得再次分包。

中标人应当就分包项目向招标人负责,接受分包的人就分包项目承担连带责任。

第五章 法律责任

第四十九条 违反本法规定,必须进行招标的项目而不招标的,将必须进行招标的项目化整为零或者以其他任何方式规避招标的,责令限期改正,可以处项目合同金额千分之五以上千分之十以下的罚款;对全部或者部分使用国有资金的项目,可以暂停项目执行或者暂停资金拨付;对单位直接负责的主管人员和其他直接责任人员依法给予处分。

第五十条 招标代理机构违反本法规定,泄露应当保密的与招标投标活动有关的情况和资料的,或者与招标人、投标人串通损害国家利益、社会公共利益或者他人合法权益的,处五万元以上二十五万元以下的罚款;对单位直接负责的主管人员和其他直接责任人员处单位罚款数额百分之五以上百分之十以下的罚款;有违法所得的,并处没收违法所得;情节严重的,禁止其一年至二年内代理依法必须进行招标的项目并予以公告,直至由工商行政管理机关吊销营业执照;构成犯罪的,依法追究刑事责任。给他人造成损失的,依法承担赔偿责任。

前款所列行为影响中标结果的,中标无效。

第五十一条 招标人以不合理的条件限制或者排斥潜在投标人的,对潜在投标人实行歧视待遇的,强制要求投标人组成联合体共同投标的,或者限制投标人之间竞争的,责令改正,可以处一万元以上五万元以下的罚款。

第五十二条 依法必须进行招标的项目的招标人向他人透露已获取招标文件的潜在投标人的名称、数量或者可能影响公平竞争的有关招标投标的其他情况的,或者泄露标底的,给予警告,可以并处一万元以上十万元以下的罚款;对单位直接负责的主管人员和其他直接责任人员依法给予处分;构成犯罪的,依法追究刑事责任。

前款所列行为影响中标结果的,中标无效。

第五十三条 投标人相互串通投标或者与招标人串通投标的,投标人以向招标人或者评标委员会成员行贿的手段谋取中标的,中标无效,处中标项目金额千分之五以上千分之十以下的罚款,对单位直接负责的主管人员和其他直接责任人员处单位罚款数额百分之五以上百分之十以下的罚款;有违法所得的,并处没收违法所得;情节严重的,取消其一年至二年内参加依法必须进行招标的项目的投标资格并予以公告,直至由工商行政管理机关吊销营业执照;构成犯罪的,依法追究刑事责任。给他人造成损失的,依法承担赔偿责任。

第五十四条 投标人以他人名义投标或者以其他方式弄虚作假,骗取中标的,中标无效,给招标人造成损失的,依法承担赔偿责任;构成犯罪的,依法追究刑事责任。

依法必须进行招标的项目的投标人有前款所列行为尚未构成犯罪的,处中标项目金额千分之五以上千分之十以下的罚款,对单位直接负责的主管人员和其他直接责任人员处单位罚款数额百分之五以上百分之十以下的罚款;有违法所得的,并处没收违法所得;情节严重的,取消其一年至三年内参加依法必须进行招标的项目的投标资格并予以公告,直至由工商行政管理机关吊销营业执照。

第五十五条 依法必须进行招标的项目,招标人违反本法规定,与投标人就投标价格、投标方案等实质性内容进行谈判的,给予警告,对单位直接负责的主管人员和其他直接责任人员依法给予处分。

前款所列行为影响中标结果的,中标无效。

第五十六条 评标委员会成员收受投标人的财物或者其他好处的,评标委员会成员或者参加评标的有关工作人员向他人透露对投标文件的评审和比较、中标候选人的推荐以及与评标有关的其他情况的,给予警告,没收收受的财物,可以并处三千元以上五万元以下的罚款,对有所列违法行为的评标委员会成员取消担任评标委员会成员的资格,不得再参加任何依法必须进行招标的项目的评标;构成犯罪的,依法追究刑事责任。

第五十七条 招标人在评标委员会依法推荐的中标候选人以外确定中标人的,依法必须进行招标的项目在所有投标被评标委员会否决后自行确定中标人的,中标无效,责令改正,可以处中标项目金额千分之五以上千分之十以下的罚款;对单位直接负责的主管人员和其他直接责任人员依法给予处分。

第五十八条 中标人将中标项目转让给他人的,将中标项目肢解后分别转让给他人的,违反本法规定将中标项目的部分主体、关键性工作分包给他人的,或者分包人再次分包的,转让、分包无效,处转让、分包项目金额千分之五以上千分之十以下的罚款;有违法所得的,并处没收违法所得;可以责令停业整顿;情节严重的,由工商行政管理机关吊销营业执照。

第五十九条 招标人与中标人不按照招标文件和中标人的投标文件订立合同

的,或者招标人、中标人订立背离合同实质性内容的协议的,责令改正;可以处中标项目金额千分之五以上千分之十以下的罚款。

第六十条 中标人不履行与招标人订立的合同的,履约保证金不予退还,给招标人造成的损失超过履约保证金数额的,还应当对超过部分予以赔偿;没有提交履约保证金的,应当对招标人的损失承担赔偿责任。

中标人不按照与招标人订立的合同履行义务,情节严重的,取消其二年至五年内参加依法必须进行招标的项目的投标资格并予以公告,直至由工商行政管理机关吊销营业执照。

因不可抗力不能履行合同的,不适用前两款规定。

第六十一条 本章规定的行政处罚,由国务院规定的有关行政监督部门决定。本法已对实施行政处罚的机关作出规定的除外。

第六十二条 任何单位违反本法规定,限制或者排斥本地区、本系统以外的法人或者其他组织参加投标的,为招标人指定招标代理机构的,强制招标人委托招标代理机构办理招标事宜的,或者以其他方式干涉招标投标活动的,责令改正;对单位直接负责的主管人员和其他直接责任人员依法给予警告、记过、记大过的处分,情节较重的,依法给予降级、撤职、开除的处分。

个人利用职权进行前款违法行为的,依照前款规定追究责任。

第六十三条 对招标投标活动依法负有行政监督职责的国家机关工作人员徇私舞弊、滥用职权或者玩忽职守,构成犯罪的,依法追究刑事责任;不构成犯罪的,依法给予行政处分。

第六十四条 依法必须进行招标的项目违反本法规定,中标无效的,应当依照本法规定的中标条件从其余投标人中重新确定中标人或者依照本法重新进行招标。

第六章　附　　则

第六十五条 投标人和其他利害关系人认为招标投标活动不符合本法有关规定的,有权向招标人提出异议或者依法向有关行政监督部门投诉。

第六十六条 涉及国家安全、国家秘密、抢险救灾或者属于利用扶贫资金实行以工代赈、需要使用农民工等特殊情况,不适宜进行招标的项目,按照国家有关规定可以不进行招标。

第六十七条 使用国际组织或者外国政府贷款、援助资金的项目进行招标,贷款方、资金提供方对招标投标的具体条件和程序有不同规定的,可以适用其规定,但违背中华人民共和国的社会公共利益的除外。

第六十八条 本法自2000年1月1日起施行。

中华人民共和国招标投标法实施条例

1. 2011 年 12 月 20 日国务院令第 613 号公布
2. 根据 2017 年 3 月 1 日国务院令第 676 号《关于修改和废止部分行政法规的决定》第一次修订
3. 根据 2018 年 3 月 19 日国务院令第 726 号《关于修改和废止部分行政法规的决定》第二次修订
4. 根据 2019 年 3 月 2 日国务院令第 709 号《关于修改部分行政法规的决定》第三次修订

第一章　总　　则

第一条　为了规范招标投标活动，根据《中华人民共和国招标投标法》(以下简称招标投标法)，制定本条例。

第二条　招标投标法第三条所称工程建设项目，是指工程以及与工程建设有关的货物、服务。

前款所称工程，是指建设工程，包括建筑物和构筑物的新建、改建、扩建及其相关的装修、拆除、修缮等；所称与工程建设有关的货物，是指构成工程不可分割的组成部分，且为实现工程基本功能所必需的设备、材料等；所称与工程建设有关的服务，是指为完成工程所需的勘察、设计、监理等服务。

第三条　依法必须进行招标的工程建设项目的具体范围和规模标准，由国务院发展改革部门会同国务院有关部门制订，报国务院批准后公布施行。

第四条　国务院发展改革部门指导和协调全国招标投标工作，对国家重大建设项目的工程招标投标活动实施监督检查。国务院工业和信息化、住房城乡建设、交通运输、铁道、水利、商务等部门，按照规定的职责分工对有关招标投标活动实施监督。

县级以上地方人民政府发展改革部门指导和协调本行政区域的招标投标工作。县级以上地方人民政府有关部门按照规定的职责分工，对招标投标活动实施监督，依法查处招标投标活动中的违法行为。县级以上地方人民政府对其所属部门有关招标投标活动的监督职责分工另有规定的，从其规定。

财政部门依法对实行招标投标的政府采购工程建设项目的政府采购政策执行情况实施监督。

监察机关依法对与招标投标活动有关的监察对象实施监察。

第五条 设区的市级以上地方人民政府可以根据实际需要,建立统一规范的招标投标交易场所,为招标投标活动提供服务。招标投标交易场所不得与行政监督部门存在隶属关系,不得以营利为目的。

国家鼓励利用信息网络进行电子招标投标。

第六条 禁止国家工作人员以任何方式非法干涉招标投标活动。

第二章 招 标

第七条 按照国家有关规定需要履行项目审批、核准手续的依法必须进行招标的项目,其招标范围、招标方式、招标组织形式应当报项目审批、核准部门审批、核准。项目审批、核准部门应当及时将审批、核准确定的招标范围、招标方式、招标组织形式通报有关行政监督部门。

第八条 国有资金占控股或者主导地位的依法必须进行招标的项目,应当公开招标;但有下列情形之一的,可以邀请招标:

(一)技术复杂、有特殊要求或者受自然环境限制,只有少量潜在投标人可供选择;

(二)采用公开招标方式的费用占项目合同金额的比例过大。

有前款第二项所列情形,属于本条例第七条规定的项目,由项目审批、核准部门在审批、核准项目时作出认定;其他项目由招标人申请有关行政监督部门作出认定。

第九条 除招标投标法第六十六条规定的可以不进行招标的特殊情况外,有下列情形之一的,可以不进行招标:

(一)需要采用不可替代的专利或者专有技术;

(二)采购人依法能够自行建设、生产或者提供;

(三)已通过招标方式选定的特许经营项目投资人依法能够自行建设、生产或者提供;

(四)需要向原中标人采购工程、货物或者服务,否则将影响施工或者功能配套要求;

(五)国家规定的其他特殊情形。

招标人为适用前款规定弄虚作假的,属于招标投标法第四条规定的规避招标。

第十条 招标投标法第十二条第二款规定的招标人具有编制招标文件和组织评标能力,是指招标人具有与招标项目规模和复杂程度相适应的技术、经济等方面的专业人员。

第十一条 国务院住房城乡建设、商务、发展改革、工业和信息化等部门,按照规定的职责分工对招标代理机构依法实施监督管理。

第十二条 招标代理机构应当拥有一定数量的具备编制招标文件、组织评标等相应能力的专业人员。

第十三条 招标代理机构在招标人委托的范围内开展招标代理业务,任何单位和个人不得非法干涉。

招标代理机构代理招标业务,应当遵守招标投标法和本条例关于招标人的规定。招标代理机构不得在所代理的招标项目中投标或者代理投标,也不得为所代理的招标项目的投标人提供咨询。

第十四条 招标人应当与被委托的招标代理机构签订书面委托合同,合同约定的收费标准应当符合国家有关规定。

第十五条 公开招标的项目,应当依照招标投标法和本条例的规定发布招标公告、编制招标文件。

招标人采用资格预审办法对潜在投标人进行资格审查的,应当发布资格预审公告、编制资格预审文件。

依法必须进行招标的项目的资格预审公告和招标公告,应当在国务院发展改革部门依法指定的媒介发布。在不同媒介发布的同一招标项目的资格预审公告或者招标公告的内容应当一致。指定媒介发布依法必须进行招标的项目的境内资格预审公告、招标公告,不得收取费用。

编制依法必须进行招标的项目的资格预审文件和招标文件,应当使用国务院发展改革部门会同有关行政监督部门制定的标准文本。

第十六条 招标人应当按照资格预审公告、招标公告或者投标邀请书规定的时间、地点发售资格预审文件或者招标文件。资格预审文件或者招标文件的发售期不得少于5日。

招标人发售资格预审文件、招标文件收取的费用应当限于补偿印刷、邮寄的成本支出,不得以营利为目的。

第十七条 招标人应当合理确定提交资格预审申请文件的时间。依法必须进行招标的项目提交资格预审申请文件的时间,自资格预审文件停止发售之日起不得少于5日。

第十八条 资格预审应当按照资格预审文件载明的标准和方法进行。

国有资金占控股或者主导地位的依法必须进行招标的项目,招标人应当组建资格审查委员会审查资格预审申请文件。资格审查委员会及其成员应当遵守招标投标法和本条例有关评标委员会及其成员的规定。

第十九条 资格预审结束后,招标人应当及时向资格预审申请人发出资格预审结果通知书。未通过资格预审的申请人不具有投标资格。

通过资格预审的申请人少于3个的,应当重新招标。

第二十条 招标人采用资格后审办法对投标人进行资格审查的,应当在开标后由评标委员会按照招标文件规定的标准和方法对投标人的资格进行审查。

第二十一条 招标人可以对已发出的资格预审文件或者招标文件进行必要的澄清或者修改。澄清或者修改的内容可能影响资格预审申请文件或者投标文件编制的,招标人应当在提交资格预审申请文件截止时间至少3日前,或者投标截止时间至少15日前,以书面形式通知所有获取资格预审文件或者招标文件的潜在投标人;不足3日或者15日的,招标人应当顺延提交资格预审申请文件或者投标文件的截止时间。

第二十二条 潜在投标人或者其他利害关系人对资格预审文件有异议的,应当在提交资格预审申请文件截止时间2日前提出;对招标文件有异议的,应当在投标截止时间10日前提出。招标人应当自收到异议之日起3日内作出答复;作出答复前,应当暂停招标投标活动。

第二十三条 招标人编制的资格预审文件、招标文件的内容违反法律、行政法规的强制性规定,违反公开、公平、公正和诚实信用原则,影响资格预审结果或者潜在投标人投标的,依法必须进行招标的项目的招标人应当在修改资格预审文件或者招标文件后重新招标。

第二十四条 招标人对招标项目划分标段的,应当遵守招标投标法的有关规定,不得利用划分标段限制或者排斥潜在投标人。依法必须进行招标的项目的招标人不得利用划分标段规避招标。

第二十五条 招标人应当在招标文件中载明投标有效期。投标有效期从提交投标文件的截止之日起算。

第二十六条 招标人在招标文件中要求投标人提交投标保证金的,投标保证金不得超过招标项目估算价的2%。投标保证金有效期应当与投标有效期一致。

依法必须进行招标的项目的境内投标单位,以现金或者支票形式提交的投标保证金应当从其基本账户转出。

招标人不得挪用投标保证金。

第二十七条 招标人可以自行决定是否编制标底。一个招标项目只能有一个标底。标底必须保密。

接受委托编制标底的中介机构不得参加受托编制标底项目的投标,也不得为该项目的投标人编制投标文件或者提供咨询。

招标人设有最高投标限价的,应当在招标文件中明确最高投标限价或者最高投标限价的计算方法。招标人不得规定最低投标限价。

第二十八条 招标人不得组织单个或者部分潜在投标人踏勘项目现场。

第二十九条 招标人可以依法对工程以及与工程建设有关的货物、服务全部或者部分实行总承包招标。以暂估价形式包括在总承包范围内的工程、货物、服务属于依法必须进行招标的项目范围且达到国家规定规模标准的,应当依法进行招标。

前款所称暂估价,是指总承包招标时不能确定价格而由招标人在招标文件中暂时估定的工程、货物、服务的金额。

第三十条 对技术复杂或者无法精确拟定技术规格的项目,招标人可以分两阶段进行招标。

第一阶段,投标人按照招标公告或者投标邀请书的要求提交不带报价的技术建议,招标人根据投标人提交的技术建议确定技术标准和要求,编制招标文件。

第二阶段,招标人向在第一阶段提交技术建议的投标人提供招标文件,投标人按照招标文件的要求提交包括最终技术方案和投标报价的投标文件。

招标人要求投标人提交投标保证金的,应当在第二阶段提出。

第三十一条 招标人终止招标的,应当及时发布公告,或者以书面形式通知被邀请的或者已经获取资格预审文件、招标文件的潜在投标人。已经发售资格预审文件、招标文件或者已经收取投标保证金的,招标人应当及时退还所收取的资格预审文件、招标文件的费用,以及所收取的投标保证金及银行同期存款利息。

第三十二条 招标人不得以不合理的条件限制、排斥潜在投标人或者投标人。

招标人有下列行为之一的,属于以不合理条件限制、排斥潜在投标人或者投标人:

(一)就同一招标项目向潜在投标人或者投标人提供有差别的项目信息;

(二)设定的资格、技术、商务条件与招标项目的具体特点和实际需要不相适应或者与合同履行无关;

(三)依法必须进行招标的项目以特定行政区域或者特定行业的业绩、奖项作为加分条件或者中标条件;

(四)对潜在投标人或者投标人采取不同的资格审查或者评标标准;

(五)限定或者指定特定的专利、商标、品牌、原产地或者供应商;

(六)依法必须进行招标的项目非法限定潜在投标人或者投标人的所有制形式或者组织形式;

(七)以其他不合理条件限制、排斥潜在投标人或者投标人。

第三章 投 标

第三十三条 投标人参加依法必须进行招标的项目的投标,不受地区或者部门的限制,任何单位和个人不得非法干涉。

第三十四条 与招标人存在利害关系可能影响招标公正性的法人、其他组织或者个人,不得参加投标。

单位负责人为同一人或者存在控股、管理关系的不同单位,不得参加同一标段投标或者未划分标段的同一招标项目投标。

违反前两款规定的,相关投标均无效。

第三十五条 投标人撤回已提交的投标文件,应当在投标截止时间前书面通知招标人。招标人已收取投标保证金的,应当自收到投标人书面撤回通知之日起5日内退还。

投标截止后投标人撤销投标文件的,招标人可以不退还投标保证金。

第三十六条 未通过资格预审的申请人提交的投标文件,以及逾期送达或者不按照招标文件要求密封的投标文件,招标人应当拒收。

招标人应当如实记载投标文件的送达时间和密封情况,并存档备查。

第三十七条 招标人应当在资格预审公告、招标公告或者投标邀请书中载明是否接受联合体投标。

招标人接受联合体投标并进行资格预审的,联合体应当在提交资格预审申请文件前组成。资格预审后联合体增减、更换成员的,其投标无效。

联合体各方在同一招标项目中以自己名义单独投标或者参加其他联合体投标的,相关投标均无效。

第三十八条 投标人发生合并、分立、破产等重大变化的,应当及时书面告知招标人。投标人不再具备资格预审文件、招标文件规定的资格条件或者其投标影响招标公正性的,其投标无效。

第三十九条 禁止投标人相互串通投标。

有下列情形之一的,属于投标人相互串通投标:

(一)投标人之间协商投标报价等投标文件的实质性内容;

(二)投标人之间约定中标人;

(三)投标人之间约定部分投标人放弃投标或者中标;

(四)属于同一集团、协会、商会等组织成员的投标人按照该组织要求协同投标;

(五)投标人之间为谋取中标或者排斥特定投标人而采取的其他联合行动。

第四十条 有下列情形之一的，视为投标人相互串通投标：

（一）不同投标人的投标文件由同一单位或者个人编制；

（二）不同投标人委托同一单位或者个人办理投标事宜；

（三）不同投标人的投标文件载明的项目管理成员为同一人；

（四）不同投标人的投标文件异常一致或者投标报价呈规律性差异；

（五）不同投标人的投标文件相互混装；

（六）不同投标人的投标保证金从同一单位或者个人的账户转出。

第四十一条 禁止招标人与投标人串通投标。

有下列情形之一的，属于招标人与投标人串通投标：

（一）招标人在开标前开启投标文件并将有关信息泄露给其他投标人；

（二）招标人直接或者间接向投标人泄露标底、评标委员会成员等信息；

（三）招标人明示或者暗示投标人压低或者抬高投标报价；

（四）招标人授意投标人撤换、修改投标文件；

（五）招标人明示或者暗示投标人为特定投标人中标提供方便；

（六）招标人与投标人为谋求特定投标人中标而采取的其他串通行为。

第四十二条 使用通过受让或者租借等方式获取的资格、资质证书投标的，属于招标投标法第三十三条规定的以他人名义投标。

投标人有下列情形之一的，属于招标投标法第三十三条规定的以其他方式弄虚作假的行为：

（一）使用伪造、变造的许可证件；

（二）提供虚假的财务状况或者业绩；

（三）提供虚假的项目负责人或者主要技术人员简历、劳动关系证明；

（四）提供虚假的信用状况；

（五）其他弄虚作假的行为。

第四十三条 提交资格预审申请文件的申请人应当遵守招标投标法和本条例有关投标人的规定。

第四章 开标、评标和中标

第四十四条 招标人应当按照招标文件规定的时间、地点开标。

投标人少于3个的，不得开标；招标人应当重新招标。

投标人对开标有异议的，应当在开标现场提出，招标人应当当场作出答复，并制作记录。

第四十五条 国家实行统一的评标专家专业分类标准和管理办法。具体标准和办法由国务院发展改革部门会同国务院有关部门制定。

省级人民政府和国务院有关部门应当组建综合评标专家库。

第四十六条 除招标投标法第三十七条第三款规定的特殊招标项目外，依法必须进行招标的项目，其评标委员会的专家成员应当从评标专家库内相关专业的专家名单中以随机抽取方式确定。任何单位和个人不得以明示、暗示等任何方式指定或者变相指定参加评标委员会的专家成员。

依法必须进行招标的项目的招标人非因招标投标法和本条例规定的事由，不得更换依法确定的评标委员会成员。更换评标委员会的专家成员应当依照前款规定进行。

评标委员会成员与投标人有利害关系的，应当主动回避。

有关行政监督部门应当按照规定的职责分工，对评标委员会成员的确定方式、评标专家的抽取和评标活动进行监督。行政监督部门的工作人员不得担任本部门负责监督项目的评标委员会成员。

第四十七条 招标投标法第三十七条第三款所称特殊招标项目，是指技术复杂、专业性强或者国家有特殊要求，采取随机抽取方式确定的专家难以保证胜任评标工作的项目。

第四十八条 招标人应当向评标委员会提供评标所必需的信息，但不得明示或者暗示其倾向或者排斥特定投标人。

招标人应当根据项目规模和技术复杂程度等因素合理确定评标时间。超过三分之一的评标委员会成员认为评标时间不够的，招标人应当适当延长。

评标过程中，评标委员会成员有回避事由、擅离职守或者因健康等原因不能继续评标的，应当及时更换。被更换的评标委员会成员作出的评审结论无效，由更换后的评标委员会成员重新进行评审。

第四十九条 评标委员会成员应当依照招标投标法和本条例的规定，按照招标文件规定的评标标准和方法，客观、公正地对投标文件提出评审意见。招标文件没有规定的评标标准和方法不得作为评标的依据。

评标委员会成员不得私下接触投标人，不得收受投标人给予的财物或者其他好处，不得向招标人征询确定中标人的意向，不得接受任何单位或者个人明示或者暗示提出的倾向或者排斥特定投标人的要求，不得有其他不客观、不公正履行职务的行为。

第五十条 招标项目设有标底的，招标人应当在开标时公布。标底只能作为评标的参考，不得以投标报价是否接近标底作为中标条件，也不得以投标报价超过标底上下浮动范围作为否决投标的条件。

第五十一条 有下列情形之一的，评标委员会应当否决其投标：

（一）投标文件未经投标单位盖章和单位负责人签字；

（二）投标联合体没有提交共同投标协议；

（三）投标人不符合国家或者招标文件规定的资格条件；

（四）同一投标人提交两个以上不同的投标文件或者投标报价，但招标文件要求提交备选投标的除外；

（五）投标报价低于成本或者高于招标文件设定的最高投标限价；

（六）投标文件没有对招标文件的实质性要求和条件作出响应；

（七）投标人有串通投标、弄虚作假、行贿等违法行为。

第五十二条　投标文件中有含义不明确的内容、明显文字或者计算错误，评标委员会认为需要投标人作出必要澄清、说明的，应当书面通知该投标人。投标人的澄清、说明应当采用书面形式，并不得超出投标文件的范围或者改变投标文件的实质性内容。

评标委员会不得暗示或者诱导投标人作出澄清、说明，不得接受投标人主动提出的澄清、说明。

第五十三条　评标完成后，评标委员会应当向招标人提交书面评标报告和中标候选人名单。中标候选人应当不超过3个，并标明排序。

评标报告应当由评标委员会全体成员签字。对评标结果有不同意见的评标委员会成员应当以书面形式说明其不同意见和理由，评标报告应当注明该不同意见。评标委员会成员拒绝在评标报告上签字又不书面说明其不同意见和理由的，视为同意评标结果。

第五十四条　依法必须进行招标的项目，招标人应当自收到评标报告之日起3日内公示中标候选人，公示期不得少于3日。

投标人或者其他利害关系人对依法必须进行招标的项目的评标结果有异议的，应当在中标候选人公示期间提出。招标人应当自收到异议之日起3日内作出答复；作出答复前，应当暂停招标投标活动。

第五十五条　国有资金占控股或者主导地位的依法必须进行招标的项目，招标人应当确定排名第一的中标候选人为中标人。排名第一的中标候选人放弃中标、因不可抗力不能履行合同、不按照招标文件要求提交履约保证金，或者被查实存在影响中标结果的违法行为等情形，不符合中标条件的，招标人可以按照评标委员会提出的中标候选人名单排序依次确定其他中标候选人为中标人，也可以重新招标。

第五十六条　中标候选人的经营、财务状况发生较大变化或者存在违法行为，招标人认为可能影响其履约能力的，应当在发出中标通知书前由原评标委员会按照招标文件规定的标准和方法审查确认。

第五十七条 招标人和中标人应当依照招标投标法和本条例的规定签订书面合同，合同的标的、价款、质量、履行期限等主要条款应当与招标文件和中标人的投标文件的内容一致。招标人和中标人不得再行订立背离合同实质性内容的其他协议。

招标人最迟应当在书面合同签订后 5 日内向中标人和未中标的投标人退还投标保证金及银行同期存款利息。

第五十八条 招标文件要求中标人提交履约保证金的，中标人应当按照招标文件的要求提交。履约保证金不得超过中标合同金额的 10%。

第五十九条 中标人应当按照合同约定履行义务，完成中标项目。中标人不得向他人转让中标项目，也不得将中标项目肢解后分别向他人转让。

中标人按照合同约定或者经招标人同意，可以将中标项目的部分非主体、非关键性工作分包给他人完成。接受分包的人应当具备相应的资格条件，并不得再次分包。

中标人应当就分包项目向招标人负责，接受分包的人就分包项目承担连带责任。

第五章　投诉与处理

第六十条 投标人或者其他利害关系人认为招标投标活动不符合法律、行政法规规定的，可以自知道或者应当知道之日起 10 日内向有关行政监督部门投诉。投诉应当有明确的请求和必要的证明材料。

就本条例第二十二条、第四十四条、第五十四条规定事项投诉的，应当先向招标人提出异议，异议答复期间不计算在前款规定的期限内。

第六十一条 投诉人就同一事项向两个以上有权受理的行政监督部门投诉的，由最先收到投诉的行政监督部门负责处理。

行政监督部门应当自收到投诉之日起 3 个工作日内决定是否受理投诉，并自受理投诉之日起 30 个工作日内作出书面处理决定；需要检验、检测、鉴定、专家评审的，所需时间不计算在内。

投诉人捏造事实、伪造材料或者以非法手段取得证明材料进行投诉的，行政监督部门应当予以驳回。

第六十二条 行政监督部门处理投诉，有权查阅、复制有关文件、资料，调查有关情况，相关单位和人员应当予以配合。必要时，行政监督部门可以责令暂停招标投标活动。

行政监督部门的工作人员对监督检查过程中知悉的国家秘密、商业秘密，应当依法予以保密。

第六章 法律责任

第六十三条 招标人有下列限制或者排斥潜在投标人行为之一的,由有关行政监督部门依照招标投标法第五十一条的规定处罚:

(一)依法应当公开招标的项目不按照规定在指定媒介发布资格预审公告或者招标公告;

(二)在不同媒介发布的同一招标项目的资格预审公告或者招标公告的内容不一致,影响潜在投标人申请资格预审或者投标。

依法必须进行招标的项目的招标人不按照规定发布资格预审公告或者招标公告,构成规避招标的,依照招标投标法第四十九条的规定处罚。

第六十四条 招标人有下列情形之一的,由有关行政监督部门责令改正,可以处10万元以下的罚款:

(一)依法应当公开招标而采用邀请招标;

(二)招标文件、资格预审文件的发售、澄清、修改的时限,或者确定的提交资格预审申请文件、投标文件的时限不符合招标投标法和本条例规定;

(三)接受未通过资格预审的单位或者个人参加投标;

(四)接受应当拒收的投标文件。

招标人有前款第一项、第三项、第四项所列行为之一的,对单位直接负责的主管人员和其他直接责任人员依法给予处分。

第六十五条 招标代理机构在所代理的招标项目中投标、代理投标或者向该项目投标人提供咨询的,接受委托编制标底的中介机构参加受托编制标底项目的投标或者为该项目的投标人编制投标文件、提供咨询的,依照招标投标法第五十条的规定追究法律责任。

第六十六条 招标人超过本条例规定的比例收取投标保证金、履约保证金或者不按照规定退还投标保证金及银行同期存款利息的,由有关行政监督部门责令改正,可以处5万元以下的罚款;给他人造成损失的,依法承担赔偿责任。

第六十七条 投标人相互串通投标或者与招标人串通投标的,投标人向招标人或者评标委员会成员行贿谋取中标的,中标无效;构成犯罪的,依法追究刑事责任;尚不构成犯罪的,依照招标投标法第五十三条的规定处罚。投标人未中标的,对单位的罚款金额按照招标项目合同金额依照招标投标法规定的比例计算。

投标人有下列行为之一的,属于招标投标法第五十三条规定的情节严重行为,由有关行政监督部门取消其1年至2年内参加依法必须进行招标的项目的投标资格:

（一）以行贿谋取中标；

（二）3 年内 2 次以上串通投标；

（三）串通投标行为损害招标人、其他投标人或者国家、集体、公民的合法利益，造成直接经济损失 30 万元以上；

（四）其他串通投标情节严重的行为。

投标人自本条第二款规定的处罚执行期限届满之日起 3 年内又有该款所列违法行为之一的，或者串通投标、以行贿谋取中标情节特别严重的，由工商行政管理机关吊销营业执照。

法律、行政法规对串通投标报价行为的处罚另有规定的，从其规定。

第六十八条 投标人以他人名义投标或者以其他方式弄虚作假骗取中标的，中标无效；构成犯罪的，依法追究刑事责任；尚不构成犯罪的，依照招标投标法第五十四条的规定处罚。依法必须进行招标的项目的投标人未中标的，对单位的罚款金额按照招标项目合同金额依照招标投标法规定的比例计算。

投标人有下列行为之一的，属于招标投标法第五十四条规定的情节严重行为，由有关行政监督部门取消其 1 年至 3 年内参加依法必须进行招标的项目的投标资格：

（一）伪造、变造资格、资质证书或者其他许可证件骗取中标；

（二）3 年内 2 次以上使用他人名义投标；

（三）弄虚作假骗取中标给招标人造成直接经济损失 30 万元以上；

（四）其他弄虚作假骗取中标情节严重的行为。

投标人自本条第二款规定的处罚执行期限届满之日起 3 年内又有该款所列违法行为之一的，或者弄虚作假骗取中标情节特别严重的，由工商行政管理机关吊销营业执照。

第六十九条 出让或者出租资格、资质证书供他人投标的，依照法律、行政法规的规定给予行政处罚；构成犯罪的，依法追究刑事责任。

第七十条 依法必须进行招标的项目的招标人不按照规定组建评标委员会，或者确定、更换评标委员会成员违反招标投标法和本条例规定的，由有关行政监督部门责令改正，可以处 10 万元以下的罚款，对单位直接负责的主管人员和其他直接责任人员依法给予处分；违法确定或者更换的评标委员会成员作出的评审结论无效，依法重新进行评审。

国家工作人员以任何方式非法干涉选取评标委员会成员的，依照本条例第八十条的规定追究法律责任。

第七十一条 评标委员会成员有下列行为之一的，由有关行政监督部门责令改正；情节严重的，禁止其在一定期限内参加依法必须进行招标的项目的评标；

情节特别严重的，取消其担任评标委员会成员的资格：

（一）应当回避而不回避；

（二）擅离职守；

（三）不按照招标文件规定的评标标准和方法评标；

（四）私下接触投标人；

（五）向招标人征询确定中标人的意向或者接受任何单位或者个人明示或者暗示提出的倾向或者排斥特定投标人的要求；

（六）对依法应当否决的投标不提出否决意见；

（七）暗示或者诱导投标人作出澄清、说明或者接受投标人主动提出的澄清、说明；

（八）其他不客观、不公正履行职务的行为。

第七十二条 评标委员会成员收受投标人的财物或者其他好处的，没收收受的财物，处3000元以上5万元以下的罚款，取消担任评标委员会成员的资格，不得再参加依法必须进行招标的项目的评标；构成犯罪的，依法追究刑事责任。

第七十三条 依法必须进行招标的项目的招标人有下列情形之一的，由有关行政监督部门责令改正，可以处中标项目金额10‰以下的罚款；给他人造成损失的，依法承担赔偿责任；对单位直接负责的主管人员和其他直接责任人员依法给予处分：

（一）无正当理由不发出中标通知书；

（二）不按照规定确定中标人；

（三）中标通知书发出后无正当理由改变中标结果；

（四）无正当理由不与中标人订立合同；

（五）在订立合同时向中标人提出附加条件。

第七十四条 中标人无正当理由不与招标人订立合同，在签订合同时向招标人提出附加条件，或者不按照招标文件要求提交履约保证金的，取消其中标资格，投标保证金不予退还。对依法必须进行招标的项目的中标人，由有关行政监督部门责令改正，可以处中标项目金额10‰以下的罚款。

第七十五条 招标人和中标人不按照招标文件和中标人的投标文件订立合同，合同的主要条款与招标文件、中标人的投标文件的内容不一致，或者招标人、中标人订立背离合同实质性内容的协议的，由有关行政监督部门责令改正，可以处中标项目金额5‰以上10‰以下的罚款。

第七十六条 中标人将中标项目转让给他人的，将中标项目肢解后分别转让给他人的，违反招标投标法和本条例规定将中标项目的部分主体、关键性工作分包给他人的,或者分包人再次分包的,转让、分包无效,处转让、分包项目金额5‰以上10‰以下的罚款;有违法所得的,并处没收违法所得;可以责令停业整顿;情节严重的,由工商行政管理机关吊销营业执照。

第七十七条 投标人或者其他利害关系人捏造事实、伪造材料或者以非法手段取得证明材料进行投诉,给他人造成损失的,依法承担赔偿责任。

招标人不按照规定对异议作出答复,继续进行招标投标活动的,由有关行政监督部门责令改正,拒不改正或者不能改正并影响中标结果的,依照本条例第八十一条的规定处理。

第七十八条 国家建立招标投标信用制度。有关行政监督部门应当依法公告对招标人、招标代理机构、投标人、评标委员会成员等当事人违法行为的行政处理决定。

第七十九条 项目审批、核准部门不依法审批、核准项目招标范围、招标方式、招标组织形式的,对单位直接负责的主管人员和其他直接责任人员依法给予处分。

有关行政监督部门不依法履行职责,对违反招标投标法和本条例规定的行为不依法查处,或者不按照规定处理投诉、不依法公告对招标投标当事人违法行为的行政处理决定的,对直接负责的主管人员和其他直接责任人员依法给予处分。

项目审批、核准部门和有关行政监督部门的工作人员徇私舞弊、滥用职权、玩忽职守,构成犯罪的,依法追究刑事责任。

第八十条 国家工作人员利用职务便利,以直接或者间接、明示或者暗示等任何方式非法干涉招标投标活动,有下列情形之一的,依法给予记过或者记大过处分;情节严重的,依法给予降级或者撤职处分;情节特别严重的,依法给予开除处分;构成犯罪的,依法追究刑事责任:

(一)要求对依法必须进行招标的项目不招标,或者要求对依法应当公开招标的项目不公开招标;

(二)要求评标委员会成员或者招标人以其指定的投标人作为中标候选人或者中标人,或者以其他方式非法干涉评标活动,影响中标结果;

(三)以其他方式非法干涉招标投标活动。

第八十一条 依法必须进行招标的项目的招标投标活动违反招标投标法和本条例的规定,对中标结果造成实质性影响,且不能采取补救措施予以纠正的,招标、投标、中标无效,应当依法重新招标或者评标。

第七章 附 则

第八十二条 招标投标协会按照依法制定的章程开展活动,加强行业自律和服务。

第八十三条 政府采购的法律、行政法规对政府采购货物、服务的招标投标另有规定的,从其规定。

第八十四条 本条例自 2012 年 2 月 1 日起施行。

政府投资条例

1. 2019 年 4 月 14 日国务院令第 712 号公布

2. 自 2019 年 7 月 1 日起施行

第一章 总 则

第一条 为了充分发挥政府投资作用,提高政府投资效益,规范政府投资行为,激发社会投资活力,制定本条例。

第二条 本条例所称政府投资,是指在中国境内使用预算安排的资金进行固定资产投资建设活动,包括新建、扩建、改建、技术改造等。

第三条 政府投资资金应当投向市场不能有效配置资源的社会公益服务、公共基础设施、农业农村、生态环境保护、重大科技进步、社会管理、国家安全等公共领域的项目,以非经营性项目为主。

国家完善有关政策措施,发挥政府投资资金的引导和带动作用,鼓励社会资金投向前款规定的领域。

国家建立政府投资范围定期评估调整机制,不断优化政府投资方向和结构。

第四条 政府投资应当遵循科学决策、规范管理、注重绩效、公开透明的原则。

第五条 政府投资应当与经济社会发展水平和财政收支状况相适应。

国家加强对政府投资资金的预算约束。政府及其有关部门不得违法违规举借债务筹措政府投资资金。

第六条 政府投资资金按项目安排,以直接投资方式为主;对确需支持的经营性项目,主要采取资本金注入方式,也可以适当采取投资补助、贷款贴息等方式。

安排政府投资资金,应当符合推进中央与地方财政事权和支出责任划分改革的有关要求,并平等对待各类投资主体,不得设置歧视性条件。

国家通过建立项目库等方式,加强对使用政府投资资金项目的储备。

第七条 国务院投资主管部门依照本条例和国务院的规定,履行政府投资综合管理职责。国务院其他有关部门依照本条例和国务院规定的职责分工,履行相应的政府投资管理职责。

县级以上地方人民政府投资主管部门和其他有关部门依照本条例和本级人民政府规定的职责分工,履行相应的政府投资管理职责。

第二章 政府投资决策

第八条 县级以上人民政府应当根据国民经济和社会发展规划、中期财政规划和国家宏观调控政策,结合财政收支状况,统筹安排使用政府投资资金的项目,规范使用各类政府投资资金。

第九条 政府采取直接投资方式、资本金注入方式投资的项目(以下统称政府投资项目),项目单位应当编制项目建议书、可行性研究报告、初步设计,按照政府投资管理权限和规定的程序,报投资主管部门或者其他有关部门审批。

项目单位应当加强政府投资项目的前期工作,保证前期工作的深度达到规定的要求,并对项目建议书、可行性研究报告、初步设计以及依法应当附具的其他文件的真实性负责。

第十条 除涉及国家秘密的项目外,投资主管部门和其他有关部门应当通过投资项目在线审批监管平台(以下简称在线平台),使用在线平台生成的项目代码办理政府投资项目审批手续。

投资主管部门和其他有关部门应当通过在线平台列明与政府投资有关的规划、产业政策等,公开政府投资项目审批的办理流程、办理时限等,并为项目单位提供相关咨询服务。

第十一条 投资主管部门或者其他有关部门应当根据国民经济和社会发展规划、相关领域专项规划、产业政策等,从下列方面对政府投资项目进行审查,作出是否批准的决定:

(一)项目建议书提出的项目建设的必要性;

(二)可行性研究报告分析的项目的技术经济可行性、社会效益以及项目资金等主要建设条件的落实情况;

(三)初步设计及其提出的投资概算是否符合可行性研究报告批复以及国家有关标准和规范的要求;

(四)依照法律、行政法规和国家有关规定应当审查的其他事项。

投资主管部门或者其他有关部门对政府投资项目不予批准的，应当书面通知项目单位并说明理由。

对经济社会发展、社会公众利益有重大影响或者投资规模较大的政府投资项目，投资主管部门或者其他有关部门应当在中介服务机构评估、公众参与、专家评议、风险评估的基础上作出是否批准的决定。

第十二条 经投资主管部门或者其他有关部门核定的投资概算是控制政府投资项目总投资的依据。

初步设计提出的投资概算超过经批准的可行性研究报告提出的投资估算10%的，项目单位应当向投资主管部门或者其他有关部门报告，投资主管部门或者其他有关部门可以要求项目单位重新报送可行性研究报告。

第十三条 对下列政府投资项目，可以按照国家有关规定简化需要报批的文件和审批程序：

（一）相关规划中已经明确的项目；

（二）部分扩建、改建项目；

（三）建设内容单一、投资规模较小、技术方案简单的项目；

（四）为应对自然灾害、事故灾难、公共卫生事件、社会安全事件等突发事件需要紧急建设的项目。

前款第三项所列项目的具体范围，由国务院投资主管部门会同国务院其他有关部门规定。

第十四条 采取投资补助、贷款贴息等方式安排政府投资资金的，项目单位应当按照国家有关规定办理手续。

第三章　政府投资年度计划

第十五条 国务院投资主管部门对其负责安排的政府投资编制政府投资年度计划，国务院其他有关部门对其负责安排的本行业、本领域的政府投资编制政府投资年度计划。

县级以上地方人民政府有关部门按照本级人民政府的规定，编制政府投资年度计划。

第十六条 政府投资年度计划应当明确项目名称、建设内容及规模、建设工期、项目总投资、年度投资额及资金来源等事项。

第十七条 列入政府投资年度计划的项目应当符合下列条件：

（一）采取直接投资方式、资本金注入方式的，可行性研究报告已经批准或者投资概算已经核定；

（二）采取投资补助、贷款贴息等方式的，已经按照国家有关规定办理

手续;

(三)县级以上人民政府有关部门规定的其他条件。

第十八条 政府投资年度计划应当和本级预算相衔接。

第十九条 财政部门应当根据经批准的预算,按照法律、行政法规和国库管理的有关规定,及时、足额办理政府投资资金拨付。

第四章 政府投资项目实施

第二十条 政府投资项目开工建设,应当符合本条例和有关法律、行政法规规定的建设条件;不符合规定的建设条件的,不得开工建设。

国务院规定应当审批开工报告的重大政府投资项目,按照规定办理开工报告审批手续后方可开工建设。

第二十一条 政府投资项目应当按照投资主管部门或者其他有关部门批准的建设地点、建设规模和建设内容实施;拟变更建设地点或者拟对建设规模、建设内容等作较大变更的,应当按照规定的程序报原审批部门审批。

第二十二条 政府投资项目所需资金应当按照国家有关规定确保落实到位。

政府投资项目不得由施工单位垫资建设。

第二十三条 政府投资项目建设投资原则上不得超过经核定的投资概算。

因国家政策调整、价格上涨、地质条件发生重大变化等原因确需增加投资概算的,项目单位应当提出调整方案及资金来源,按照规定的程序报原初步设计审批部门或者投资概算核定部门核定;涉及预算调整或者调剂的,依照有关预算的法律、行政法规和国家有关规定办理。

第二十四条 政府投资项目应当按照国家有关规定合理确定并严格执行建设工期,任何单位和个人不得非法干预。

第二十五条 政府投资项目建成后,应当按照国家有关规定进行竣工验收,并在竣工验收合格后及时办理竣工财务决算。

政府投资项目结余的财政资金,应当按照国家有关规定缴回国库。

第二十六条 投资主管部门或者其他有关部门应当按照国家有关规定选择有代表性的已建成政府投资项目,委托中介服务机构对所选项目进行后评价。后评价应当根据项目建成后的实际效果,对项目审批和实施进行全面评价并提出明确意见。

第五章 监督管理

第二十七条 投资主管部门和依法对政府投资项目负有监督管理职责的其他部门应当采取在线监测、现场核查等方式,加强对政府投资项目实施情况的监督检查。

项目单位应当通过在线平台如实报送政府投资项目开工建设、建设进度、竣工的基本信息。

第二十八条 投资主管部门和依法对政府投资项目负有监督管理职责的其他部门应当建立政府投资项目信息共享机制，通过在线平台实现信息共享。

第二十九条 项目单位应当按照国家有关规定加强政府投资项目档案管理，将项目审批和实施过程中的有关文件、资料存档备查。

第三十条 政府投资年度计划、政府投资项目审批和实施以及监督检查的信息应当依法公开。

第三十一条 政府投资项目的绩效管理、建设工程质量管理、安全生产管理等事项，依照有关法律、行政法规和国家有关规定执行。

第六章 法律责任

第三十二条 有下列情形之一的，责令改正，对负有责任的领导人员和直接责任人员依法给予处分：

（一）超越审批权限审批政府投资项目；

（二）对不符合规定的政府投资项目予以批准；

（三）未按照规定核定或者调整政府投资项目的投资概算；

（四）为不符合规定的项目安排投资补助、贷款贴息等政府投资资金；

（五）履行政府投资管理职责中其他玩忽职守、滥用职权、徇私舞弊的情形。

第三十三条 有下列情形之一的，依照有关预算的法律、行政法规和国家有关规定追究法律责任：

（一）政府及其有关部门违法违规举借债务筹措政府投资资金；

（二）未按照规定及时、足额办理政府投资资金拨付；

（三）转移、侵占、挪用政府投资资金。

第三十四条 项目单位有下列情形之一的，责令改正，根据具体情况，暂停、停止拨付资金或者收回已拨付的资金，暂停或者停止建设活动，对负有责任的领导人员和直接责任人员依法给予处分：

（一）未经批准或者不符合规定的建设条件开工建设政府投资项目；

（二）弄虚作假骗取政府投资项目审批或者投资补助、贷款贴息等政府投资资金；

（三）未经批准变更政府投资项目的建设地点或者对建设规模、建设内容等作较大变更；

（四）擅自增加投资概算；

（五）要求施工单位对政府投资项目垫资建设；

（六）无正当理由不实施或者不按照建设工期实施已批准的政府投资项目。

第三十五条 项目单位未按照规定将政府投资项目审批和实施过程中的有关文件、资料存档备查，或者转移、隐匿、篡改、毁弃项目有关文件、资料的，责令改正，对负有责任的领导人员和直接责任人员依法给予处分。

第三十六条 违反本条例规定，构成犯罪的，依法追究刑事责任。

第七章 附 则

第三十七条 国防科技工业领域政府投资的管理办法，由国务院国防科技工业管理部门根据本条例规定的原则另行制定。

第三十八条 中国人民解放军和中国人民武装警察部队的固定资产投资管理，按照中央军事委员会的规定执行。

第三十九条 本条例自2019年7月1日起施行。

（二）招标范围

必须招标的工程项目规定

1．2018年3月27日国家发展和改革委员会令第16号公布
2．自2018年6月1日起施行

第一条 为了确定必须招标的工程项目，规范招标投标活动，提高工作效率、降低企业成本、预防腐败，根据《中华人民共和国招标投标法》第三条的规定，制定本规定。

第二条 全部或者部分使用国有资金投资或者国家融资的项目包括：

（一）使用预算资金200万元人民币以上，并且该资金占投资额10%以上的项目；

（二）使用国有企业事业单位资金，并且该资金占控股或者主导地位的项目。

第三条 使用国际组织或者外国政府贷款、援助资金的项目包括：

（一）使用世界银行、亚洲开发银行等国际组织贷款、援助资金的项目；

（二）使用外国政府及其机构贷款、援助资金的项目。

第四条 不属于本规定第二条、第三条规定情形的大型基础设施、公用事业等关系社会公共利益、公众安全的项目，必须招标的具体范围由国务院发展改革部门会同国务院有关部门按照确有必要、严格限定的原则制订，报国务院批准。

第五条 本规定第二条至第四条规定范围内的项目，其勘察、设计、施工、监理以及与工程建设有关的重要设备、材料等的采购达到下列标准之一的，必须招标：

（一）施工单项合同估算价在400万元人民币以上；

（二）重要设备、材料等货物的采购，单项合同估算价在200万元人民币以上；

（三）勘察、设计、监理等服务的采购，单项合同估算价在100万元人民币以上。

同一项目中可以合并进行的勘察、设计、施工、监理以及与工程建设有关的重要设备、材料等的采购，合同估算价合计达到前款规定标准的，必须招标。

第六条 本规定自2018年6月1日起施行。

必须招标的基础设施和公用事业项目范围规定

1. 2018年6月6日国家发展和改革委员会发布
2. 发改法规规〔2018〕843号

第一条 为明确必须招标的大型基础设施和公用事业项目范围，根据《中华人民共和国招标投标法》和《必须招标的工程项目规定》，制定本规定。

第二条 不属于《必须招标的工程项目规定》第二条、第三条规定情形的大型基础设施、公用事业等关系社会公共利益、公众安全的项目，必须招标的具体范围包括：

（一）煤炭、石油、天然气、电力、新能源等能源基础设施项目；

（二）铁路、公路、管道、水运，以及公共航空和A1级通用机场等交通运输基础设施项目；

（三）电信枢纽、通信信息网络等通信基础设施项目；

（四）防洪、灌溉、排涝、引（供）水等水利基础设施项目；

（五）城市轨道交通等城建项目。

第三条 本规定自2018年6月6日起施行。

国家发展改革委办公厅关于进一步做好《必须招标的工程项目规定》和《必须招标的基础设施和公用事业项目范围规定》实施工作的通知

1. 2020年10月19日

2. 发改办法规〔2020〕770号

各省、自治区、直辖市、新疆生产建设兵团发展改革委、公共资源交易平台整合牵头部门：

为加强政策指导，进一步做好《必须招标的工程项目规定》（国家发展改革委2018年第16号令，以下简称"16号令"）和《必须招标的基础设施和公用事业项目范围规定》（发改法规规〔2018〕843号，以下简称"843号文"）实施工作，现就有关事项通知如下：

一、准确理解依法必须招标的工程建设项目范围

（一）关于使用国有资金的项目。16号令第二条第（一）项中"预算资金"，是指《预算法》规定的预算资金，包括一般公共预算资金、政府性基金预算资金、国有资本经营预算资金、社会保险基金预算资金。第（二）项中"占控股或者主导地位"，参照《公司法》第二百一十六条关于控股股东和实际控制人的理解执行，即"其出资额占有限责任公司资本总额百分之五十以上或者其持有的股份占股份有限公司股本总额百分之五十以上的股东；出资额或者持有股份的比例虽然不足百分之五十，但依其出资额或者持有的股份所享有的表决权已足以对股东会、股东大会的决议产生重大影响的股东"；国有企业事业单位通过投资关系、协议或者其他安排，能够实际支配项目建设的，也属于占控股或者主导地位。项目中国有资金的比例，应当按照项目资金来源中所有国有资金之和计算。

（二）关于项目与单项采购的关系。16号令第二条至第四条及843号文第二条规定范围的项目，其勘察、设计、施工、监理以及与工程建设有关的重要设备、材料等的单项采购分别达到16号令第五条规定的相应单项合同价估算标准的，该单项采购必须招标；该项目中未达到前述相应标准的单项采购,不属于 16 号令规定的必须招标范畴。

（三）关于招标范围列举事项。依法必须招标的工程建设项目范围和规模标准,应当严格执行《招标投标法》第三条和 16 号令、843 号文规定;法律、行政法规或者国务院对必须进行招标的其他项目范围有规定的,依照其规定。没有法律、行政法规或者国务院规定依据的,对 16 号令第五条第一款第（三）项中没有明确列举规定的服务事项、843 号文第二条中没有明确列举规定的项目,不得强制要求招标。

（四）关于同一项目中的合并采购。16 号令第五条规定的“同一项目中可以合并进行的勘察、设计、施工、监理以及与工程建设有关的重要设备、材料等的采购,合同估算价合计达到前款规定标准的,必须招标”,目的是防止发包方通过化整为零方式规避招标。其中“同一项目中可以合并进行”,是指根据项目实际,以及行业标准或行业惯例,符合科学性、经济性、可操作性要求,同一项目中适宜放在一起进行采购的同类采购项目。

（五）关于总承包招标的规模标准。对于 16 号令第二条至第四条规定范围内的项目,发包人依法对工程以及与工程建设有关的货物、服务全部或者部分实行总承包发包的,总承包中施工、货物、服务等各部分的估算价中,只要有一项达到 16 号令第五条规定相应标准,即施工部分估算价达到 400 万元以上,或者货物部分达到 200 万元以上,或者服务部分达到 100 万元以上,则整个总承包发包应当招标。

二、规范规模标准以下工程建设项目的采购

16 号令第二条至第四条及 843 号文第二条规定范围的项目,其施工、货物、服务采购的单项合同估算价未达到 16 号令第五条规定规模标准的,该单项采购由采购人依法自主选择采购方式,任何单位和个人不得违法干涉;其中,涉及政府采购的,按照政府采购法律法规规定执行。国有企业可以结合实际,建立健全规模标准以下工程建设项目采购制度,推进采购活动公开透明。

三、严格执行依法必须招标制度

各地方应当严格执行 16 号令和 843 号文规定的范围和规模标准,不得另行制定必须进行招标的范围和规模标准,也不得作出与 16 号令、843 号文和本通知相抵触的规定,持续深化招标投标领域“放管服”改革,努力营造良好市场环境。

(三)招标程序

国务院办公厅印发国务院有关部门实施招标投标活动行政监督的职责分工意见的通知

1. 2000年5月3日
2. 国办发[2000]34号

各省、自治区、直辖市人民政府,国务院各部委、各直属机构:

中央机构编制委员会办公室《关于国务院有关部门实施招标投标活动行政监督的职责分工的意见》已经国务院同意,现印发给你们,请遵照执行。

关于国务院有关部门实施招标投标活动行政监督的职责分工的意见

(2000年3月4日 中央机构编制委员会办公室)

根据《中华人民共和国招标投标法》(以下简称《招标投标法》)和国务院有关部门"三定"规定,现就国务院有关部门实施招标投标(以下简称招投标)活动行政监督的职责分工,提出如下意见:

一、国家发展计划委员会指导和协调全国招投标工作,会同有关行政主管部门拟定《招标投标法》配套法规、综合性政策和必须进行招标的项目的具体范围、规模标准以及不适宜进行招标的项目,报国务院批准;指定发布招标公告的报刊、信息网络或其他媒介。有关行政主管部门根据《招标投标法》和国家有关法规、政策,可联合或分别制定具体实施办法。

二、项目审批部门在审批必须进行招标的项目可行性研究报告时,核准项目的招标方式(委托招标或自行招标)以及国家出资项目的招标范围(发包初步方案)。项目审批后,及时向有关行政主管部门通报所确定的招标方式和范围等情况。

三、对于招投标过程(包括招标、投标、开标、评标、中标)中泄露保密资料、泄露标底、串通招标、串通投标、歧视排斥投标等违法活动的监督执法,按现行的职责分工，分别由有关行政主管部门负责并受理投标人和其他利害关系人的投诉。按照这一原则，工业（含内贸）、水利、交通、铁道、民航、信息产业等行业和产业项目的招投标活动的监督执法，分别由经贸、水利、交通、铁道、民航、信息产业等行政主管部门负责；各类房屋建筑及其附属设施的建造和与其配套的线路、管道、设备的安装项目和市政工程项目的招投标活动的监督执法，由建设行政主管部门负责；进口机电设备采购项目的招投标活动的监督执法，由外经贸行政主管部门负责。有关行政主管部门须将监督过程中发现的问题，及时通知项目审批部门，项目审批部门根据情况依法暂停项目执行或者暂停资金拨付。

四、从事各类工程建设项目招标代理业务的招标代理机构的资格，由建设行政主管部门认定；从事与工程建设有关的进口机电设备采购招标代理业务的招标代理机构的资格，由外经贸行政主管部门认定；从事其他招标代理业务的招标代理机构的资格，按现行职责分工，分别由有关行政主管部门认定。

五、国家发展计划委员会负责组织国家重大建设项目稽察特派员，对国家重大建设项目建设过程中的工程招投标进行监督检查。

各有关部门要严格依照上述职责分工，各司其职，密切配合，共同做好招投标的监督管理工作。各省、自治区、直辖市人民政府可根据《招标投标法》的规定，从本地实际出发，制定招投标管理办法。

评标委员会和评标方法暂行规定

1. 2001 年 7 月 5 日国家发展计划委员会、国家经济贸易委员会、建设部、铁道部、交通部、信息产业部、水利部令第 12 号公布

2. 根据 2013 年 3 月 11 日国家发展和改革委员会、工业和信息化部、财政部、住房和城乡建设部、交通运输部、铁道部、水利部、国家广播电影电视总局、中国民用航空局令第 23 号《关于废止和修改部分招标投标规章和规范性文件的决定》修订

第一章 总 则

第一条 为了规范评标活动，保证评标的公平、公正，维护招标投标活动当事人的合法权益，依照《中华人民共和国招标投标法》、《中华人民共和国招标投标法实施条例》，制定本规定。

第二条 本规定适用于依法必须招标项目的评标活动。

第三条 评标活动遵循公平、公正、科学、择优的原则。

第四条 评标活动依法进行,任何单位和个人不得非法干预或者影响评标过程和结果。

第五条 招标人应当采取必要措施,保证评标活动在严格保密的情况下进行。

第六条 评标活动及其当事人应当接受依法实施的监督。

有关行政监督部门依照国务院或者地方政府的职责分工,对评标活动实施监督,依法查处评标活动中的违法行为。

第二章 评标委员会

第七条 评标委员会依法组建,负责评标活动,向招标人推荐中标候选人或者根据招标人的授权直接确定中标人。

第八条 评标委员会由招标人负责组建。

评标委员会成员名单一般应于开标前确定。评标委员会成员名单在中标结果确定前应当保密。

第九条 评标委员会由招标人或其委托的招标代理机构熟悉相关业务的代表,以及有关技术、经济等方面的专家组成,成员人数为五人以上单数,其中技术、经济等方面的专家不得少于成员总数的三分之二。

评标委员会设负责人的,评标委员会负责人由评标委员会成员推举产生或者由招标人确定。评标委员会负责人与评标委员会的其他成员有同等的表决权。

第十条 评标委员会的专家成员应当从依法组建的专家库内的相关专家名单中确定。

按前款规定确定评标专家,可以采取随机抽取或者直接确定的方式。一般项目,可以采取随机抽取的方式;技术复杂、专业性强或者国家有特殊要求的招标项目,采取随机抽取方式确定的专家难以保证胜任的,可以由招标人直接确定。

第十一条 评标专家应符合下列条件:

(一)从事相关专业领域工作满八年并具有高级职称或者同等专业水平;

(二)熟悉有关招标投标的法律法规,并具有与招标项目相关的实践经验;

(三)能够认真、公正、诚实、廉洁地履行职责。

第十二条 有下列情形之一的,不得担任评标委员会成员:

(一)投标人或者投标人主要负责人的近亲属;

(二)项目主管部门或者行政监督部门的人员;

（三）与投标人有经济利益关系，可能影响对投标公正评审的；

（四）曾因在招标、评标以及其他与招标投标有关活动中从事违法行为而受过行政处罚或刑事处罚的。

评标委员会成员有前款规定情形之一的，应当主动提出回避。

第十三条　评标委员会成员应当客观、公正地履行职责，遵守职业道德，对所提出的评审意见承担个人责任。

评标委员会成员不得与任何投标人或者与招标结果有利害关系的人进行私下接触，不得收受投标人、中介人、其他利害关系人的财物或者其他好处，不得向招标人征询其确定中标人的意向，不得接受任何单位或者个人明示或者暗示提出的倾向或者排斥特定投标人的要求，不得有其他不客观、不公正履行职务的行为。

第十四条　评标委员会成员和与评标活动有关的工作人员不得透露对投标文件的评审和比较、中标候选人的推荐情况以及与评标有关的其他情况。

前款所称与评标活动有关的工作人员，是指评标委员会成员以外的因参与评标监督工作或者事务性工作而知悉有关评标情况的所有人员。

第三章　评标的准备与初步评审

第十五条　评标委员会成员应当编制供评标使用的相应表格，认真研究招标文件，至少应了解和熟悉以下内容：

（一）招标的目标；

（二）招标项目的范围和性质；

（三）招标文件中规定的主要技术要求、标准和商务条款；

（四）招标文件规定的评标标准、评标方法和在评标过程中考虑的相关因素。

第十六条　招标人或者其委托的招标代理机构应当向评标委员会提供评标所需的重要信息和数据，但不得带有明示或者暗示倾向或者排斥特定投标人的信息。

招标人设有标底的，标底在开标前应当保密，并在评标时作为参考。

第十七条　评标委员会应当根据招标文件规定的评标标准和方法，对投标文件进行系统地评审和比较。招标文件中没有规定的标准和方法不得作为评标的依据。

招标文件中规定的评标标准和评标方法应当合理，不得含有倾向或者排斥潜在投标人的内容，不得妨碍或者限制投标人之间的竞争。

第十八条　评标委员会应当按照投标报价的高低或者招标文件规定的其他方

法对投标文件排序。以多种货币报价的,应当按照中国银行在开标日公布的汇率中间价换算成人民币。

招标文件应当对汇率标准和汇率风险作出规定。未作规定的,汇率风险由投标人承担。

第十九条 评标委员会可以书面方式要求投标人对投标文件中含义不明确、对同类问题表述不一致或者有明显文字和计算错误的内容作必要的澄清、说明或者补正。澄清、说明或者补正应以书面方式进行并不得超出投标文件的范围或者改变投标文件的实质性内容。

投标文件中的大写金额和小写金额不一致的,以大写金额为准;总价金额与单价金额不一致的,以单价金额为准,但单价金额小数点有明显错误的除外;对不同文字文本投标文件的解释发生异议的,以中文文本为准。

第二十条 在评标过程中,评标委员会发现投标人以他人的名义投标、串通投标、以行贿手段谋取中标或者以其他弄虚作假方式投标的,应当否决该投标人的投标。

第二十一条 在评标过程中,评标委员会发现投标人的报价明显低于其他投标报价或者在设有标底时明显低于标底,使得其投标报价可能低于其个别成本的,应当要求该投标人作出书面说明并提供相关证明材料。投标人不能合理说明或者不能提供相关证明材料的,由评标委员会认定该投标人以低于成本报价竞标,应当否决其投标。

第二十二条 投标人资格条件不符合国家有关规定和招标文件要求的,或者拒不按照要求对投标文件进行澄清、说明或者补正的,评标委员会可以否决其投标。

第二十三条 评标委员会应当审查每一投标文件是否对招标文件提出的所有实质性要求和条件作出响应。未能在实质上响应的投标,应当予以否决。

第二十四条 评标委员会应当根据招标文件,审查并逐项列出投标文件的全部投标偏差。

投标偏差分为重大偏差和细微偏差。

第二十五条 下列情况属于重大偏差:

(一)没有按照招标文件要求提供投标担保或者所提供的投标担保有瑕疵;

(二)投标文件没有投标人授权代表签字和加盖公章;

(三)投标文件载明的招标项目完成期限超过招标文件规定的期限;

(四)明显不符合技术规格、技术标准的要求;

(五)投标文件载明的货物包装方式、检验标准和方法等不符合招标文件的要求；

(六)投标文件附有招标人不能接受的条件；

(七)不符合招标文件中规定的其他实质性要求。

投标文件有上述情形之一的,为未能对招标文件作出实质性响应,并按本规定第二十三条规定作否决投标处理。招标文件对重大偏差另有规定的,从其规定。

第二十六条 细微偏差是指投标文件在实质上响应招标文件要求,但在个别地方存在漏项或者提供了不完整的技术信息和数据等情况,并且补正这些遗漏或者不完整不会对其他投标人造成不公平的结果。细微偏差不影响投标文件的有效性。

评标委员会应当书面要求存在细微偏差的投标人在评标结束前予以补正。拒不补正的,在详细评审时可以对细微偏差作不利于该投标人的量化,量化标准应当在招标文件中规定。

第二十七条 评标委员会根据本规定第二十条、第二十一条、第二十二条、第二十三条、第二十五条的规定否决不合格投标后,因有效投标不足三个使得投标明显缺乏竞争的,评标委员会可以否决全部投标。

投标人少于三个或者所有投标被否决的,招标人在分析招标失败的原因并采取相应措施后,应当依法重新招标。

第四章 详细评审

第二十八条 经初步评审合格的投标文件,评标委员会应当根据招标文件确定的评标标准和方法,对其技术部分和商务部分作进一步评审、比较。

第二十九条 评标方法包括经评审的最低投标价法、综合评估法或者法律、行政法规允许的其他评标方法。

第三十条 经评审的最低投标价法一般适用于具有通用技术、性能标准或者招标人对其技术、性能没有特殊要求的招标项目。

第三十一条 根据经评审的最低投标价法,能够满足招标文件的实质性要求,并且经评审的最低投标价的投标,应当推荐为中标候选人。

第三十二条 采用经评审的最低投标价法的,评标委员会应当根据招标文件中规定的评标价格调整方法,对所有投标人的投标报价以及投标文件的商务部分作必要的价格调整。

采用经评审的最低投标价法的,中标人的投标应当符合招标文件规定的技术要求和标准,但评标委员会无需对投标文件的技术部分进行价格折算。

第三十三条 根据经评审的最低投标价法完成详细评审后,评标委员会应当拟定一份“标价比较表”，连同书面评标报告提交招标人。“标价比较表”应当载明投标人的投标报价、对商务偏差的价格调整和说明以及经评审的最终投标价。

第三十四条 不宜采用经评审的最低投标价法的招标项目，一般应当采取综合评估法进行评审。

第三十五条 根据综合评估法，最大限度地满足招标文件中规定的各项综合评价标准的投标，应当推荐为中标候选人。

衡量投标文件是否最大限度地满足招标文件中规定的各项评价标准，可以采取折算为货币的方法、打分的方法或者其他方法。需量化的因素及其权重应当在招标文件中明确规定。

第三十六条 评标委员会对各个评审因素进行量化时，应当将量化指标建立在同一基础或者同一标准上，使各投标文件具有可比性。

对技术部分和商务部分进行量化后，评标委员会应当对这两部分的量化结果进行加权，计算出每一投标的综合评估价或者综合评估分。

第三十七条 根据综合评估法完成评标后，评标委员会应当拟定一份“综合评估比较表”，连同书面评标报告提交招标人。“综合评估比较表”应当载明投标人的投标报价、所作的任何修正、对商务偏差的调整、对技术偏差的调整、对各评审因素的评估以及对每一投标的最终评审结果。

第三十八条 根据招标文件的规定，允许投标人投备选标的，评标委员会可以对中标人所投的备选标进行评审，以决定是否采纳备选标。不符合中标条件的投标人的备选标不予考虑。

第三十九条 对于划分有多个单项合同的招标项目，招标文件允许投标人为获得整个项目合同而提出优惠的，评标委员会可以对投标人提出的优惠进行审查，以决定是否将招标项目作为一个整体合同授予中标人。将招标项目作为一个整体合同授予的，整体合同中标人的投标应当最有利于招标人。

第四十条 评标和定标应当在投标有效期内完成。不能在投标有效期内完成评标和定标的，招标人应当通知所有投标人延长投标有效期。拒绝延长投标有效期的投标人有权收回投标保证金。同意延长投标有效期的投标人应当相应延长其投标担保的有效期，但不得修改投标文件的实质性内容。因延长投标有效期造成投标人损失的，招标人应当给予补偿，但因不可抗力需延长投标有效期的除外。

招标文件应当载明投标有效期。投标有效期从提交投标文件截止日起计算。

第五章 推荐中标候选人与定标

第四十一条 评标委员会在评标过程中发现的问题,应当及时作出处理或者向招标人提出处理建议,并作书面记录。

第四十二条 评标委员会完成评标后,应当向招标人提出书面评标报告,并抄送有关行政监督部门。评标报告应当如实记载以下内容:

(一)基本情况和数据表;

(二)评标委员会成员名单;

(三)开标记录;

(四)符合要求的投标一览表;

(五)否决投标的情况说明;

(六)评标标准、评标方法或者评标因素一览表;

(七)经评审的价格或者评分比较一览表;

(八)经评审的投标人排序;

(九)推荐的中标候选人名单与签订合同前要处理的事宜;

(十)澄清、说明、补正事项纪要。

第四十三条 评标报告由评标委员会全体成员签字。对评标结论持有异议的评标委员会成员可以书面方式阐述其不同意见和理由。评标委员会成员拒绝在评标报告上签字且不陈述其不同意见和理由的,视为同意评标结论。评标委员会应当对此作出书面说明并记录在案。

第四十四条 向招标人提交书面评标报告后,评标委员会应将评标过程中使用的文件、表格以及其他资料应当即时归还招标人。

第四十五条 评标委员会推荐的中标候选人应当限定在一至三人,并标明排列顺序。

第四十六条 中标人的投标应当符合下列条件之一:

(一)能够最大限度满足招标文件中规定的各项综合评价标准;

(二)能够满足招标文件的实质性要求,并且经评审的投标价格最低;但是投标价格低于成本的除外。

第四十七条 招标人不得与投标人就投标价格、投标方案等实质性内容进行谈判。

第四十八条 国有资金占控股或者主导地位的项目,招标人应当确定排名第一的中标候选人为中标人。排名第一的中标候选人放弃中标、因不可抗力提出不能履行合同,或者招标文件规定应当提交履约保证金而在规定的期限内未能提交,或者被查实存在影响中标结果的违法行为等情形,不符合中标条件的，招标人可以按照评标委员会提出的中标候选人名单排序依次确定其他中标候选人为中标人。依次确定其他中标候选人与招标人预期差距较大，或者对招标人明显不利的，招标人可以重新招标。

招标人可以授权评标委员会直接确定中标人。

国务院对中标人的确定另有规定的，从其规定。

第四十九条 中标人确定后，招标人应当向中标人发出中标通知书，同时通知未中标人，并与中标人在投标有效期内以及中标通知书发出之日起 30 日之内签订合同。

第五十条 中标通知书对招标人和中标人具有法律约束力。中标通知书发出后，招标人改变中标结果或者中标人放弃中标的，应当承担法律责任。

第五十一条 招标人应当与中标人按照招标文件和中标人的投标文件订立书面合同。招标人与中标人不得再行订立背离合同实质性内容的其他协议。

第五十二条 招标人与中标人签订合同后 5 日内，应当向中标人和未中标的投标人退还投标保证金。

第六章　罚　　则

第五十三条 评标委员会成员有下列行为之一的，由有关行政监督部门责令改正；情节严重的，禁止其在一定期限内参加依法必须进行招标的项目的评标；情节特别严重的，取消其担任评标委员会成员的资格：

（一）应当回避而不回避；

（二）擅离职守；

（三）不按照招标文件规定的评标标准和方法评标；

（四）私下接触投标人；

（五）向招标人征询确定中标人的意向或者接受任何单位或者个人明示或者暗示提出的倾向或者排斥特定投标人的要求；

（六）对依法应当否决的投标不提出否决意见；

（七）暗示或者诱导投标人作出澄清、说明或者接受投标人主动提出的澄清、说明；

（八）其他不客观、不公正履行职务的行为。

第五十四条 评标委员会成员收受投标人的财物或者其他好处的，评标委员会成员或者与评标活动有关的工作人员向他人透露对投标文件的评审和比较、中标候选人的推荐以及与评标有关的其他情况的，给予警告，没收收受的财物，可以并处三千元以上五万元以下的罚款；对有所列违法行为的评标委员会成员取消担任评标委员会成员的资格，不得再参加任何依法必须进行招标项目的评标;构成犯罪的,依法追究刑事责任。

第五十五条 招标人有下列情形之一的,责令改正,可以处中标项目金额千分之十以下的罚款;给他人造成损失的,依法承担赔偿责任;对单位直接负责的主管人员和其他直接责任人员依法给予处分:

(一)无正当理由不发出中标通知书;

(二)不按照规定确定中标人;

(三)中标通知书发出后无正当理由改变中标结果;

(四)无正当理由不与中标人订立合同;

(五)在订立合同时向中标人提出附加条件。

第五十六条 招标人与中标人不按照招标文件和中标人的投标文件订立合同的,合同的主要条款与招标文件、中标人的投标文件的内容不一致,或者招标人、中标人订立背离合同实质性内容的协议的,由有关行政监督部门责令改正,可以处中标项目金额千分之五以上千分之十以下的罚款。

第五十七条 中标人无正当理由不与招标人订立合同,在签订合同时向招标人提出附加条件,或者不按照招标文件要求提交履约保证金的,取消其中标资格,投标保证金不予退还。对依法必须进行招标的项目的中标人,由有关行政监督部门责令改正,可以处中标项目金额10‰以下的罚款。

第七章 附　　则

第五十八条 依法必须招标项目以外的评标活动,参照本规定执行。

第五十九条 使用国际组织或者外国政府贷款、援助资金的招标项目的评标活动,贷款方、资金提供方对评标委员会与评标方法另有规定的,适用其规定,但违背中华人民共和国的社会公共利益的除外。

第六十条 本规定颁布前有关评标机构和评标方法的规定与本规定不一致的,以本规定为准。法律或者行政法规另有规定的,从其规定。

第六十一条 本规定由国家发展改革委会同有关部门负责解释。

第六十二条 本规定自发布之日起施行。

评标专家和评标专家库管理办法

1. 2024年9月27日国家发展改革委令第26号公布
2. 自2025年1月1日起施行

第一章　总　　则

第一条　为了加强评标专家和评标专家库管理,提高评标专家队伍整体素质,促进评标专家资源共享,保证评标活动的公平、公正,提高评标质量,根据《中华人民共和国招标投标法》、《中华人民共和国招标投标法实施条例》等法律法规规定,制定本办法。

第二条　本办法适用于评标专家的选聘、抽取、管理以及评标专家库的组建、使用、共享、监督等活动。

第三条　本办法所称评标专家,是指符合本办法规定的条件,经评标专家库组建单位聘任,以独立身份为招标人提供评标服务的技术、经济等方面的专业人员。

本办法所称评标专家库,是指存储评标专家信息,并具备抽取专家参加评标、辅助评标专家库组建单位管理、向评标专家提供必要服务等功能的电子信息系统。

第四条　国务院发展改革部门指导和协调全国评标专家和评标专家库管理工作。国务院有关招标投标行政监督部门按照职责分工,对评标专家的评标活动和评标专家库的组建、使用、共享实施行政监督。

地方各级人民政府有关部门在各自职责范围内负责评标专家和评标专家库的监督管理工作。

第五条　国家实行统一的评标专家专业分类标准和评标专家库共享技术标准,推动专家资源跨区域、跨行业、跨评标专家库共享,应用数智技术提高评标专家管理水平,推广远程异地评标等评标组织形式。

第二章　基本要求

第六条　入选评标专家库的专业人员,应当具备下列条件:

(一)具备良好的职业道德;

(二)从事相关专业领域工作满八年并具有高级职称或者同等专业水平;

(三)具备参加评标工作所需要的专业知识和实践经验;

（四）熟悉有关招标投标的法律法规；

（五）熟练掌握电子化评标技能；

（六）具备正常履行职责的身体和年龄条件；

（七）法律、法规、规章规定的其他条件。

评标专家库组建单位应当根据前款所列条件，制定入选评标专家库的具体标准，并向社会公布。

第七条 存在下列情形之一的，不得入选评标专家库：

（一）无民事行为能力或者限制民事行为能力的；

（二）被有关行政监督部门取消担任评标委员会成员资格的；

（三）被开除公职的；

（四）受过刑事处罚的；

（五）被列入严重失信主体名单的；

（六）法律、法规、规章规定的其他情形。

第八条 评标专家享有下列权利：

（一）接受招标人聘请，担任评标委员会成员；

（二）依法对投标文件进行独立评审，提出评审意见，不受任何单位或者个人的干预；

（三）接受参加评标活动的劳务报酬；

（四）法律、法规、规章规定的其他权利。

第九条 评标专家负有下列义务：

（一）如实填报并及时更新个人基本信息，配合评标专家库组建单位的管理工作；

（二）存在法定回避情形的，主动提出回避；

（三）遵守评标工作纪律和评标现场秩序；

（四）按照招标文件确定的评标标准和方法客观公正地进行评标；

（五）协助、配合招标人处理异议，按规定程序复核、纠正评标报告中的错误；

（六）发现违法违规行为主动向招标人、有关行政监督部门反映，协助、配合有关行政监督部门、纪检监察机关、司法机关、审计部门开展监督、检查、调查；

（七）法律、法规、规章规定的其他义务。

第三章 评标专家库组建和评标专家选聘

第十条 评标专家库由法律、行政法规规定的组建单位依法组建。评标专家库的组建活动应当公开，接受公众监督。

第十一条 组建评标专家库，应当具备下列条件：

（一）有符合本办法规定条件的评标专家，且专家总人数不得少于2000人；

（二）有满足评标需要的专业分类；

（三）有满足异地抽取、随机抽取评标专家需要的必要条件；

（四）符合网络安全和数据安全管理有关规定；

（五）有负责系统运行和维护管理的专门机构和人员。

第十二条 专业人员入选评标专家库，实行个人申请和单位推荐相结合的方式。申请入库的专业人员应当提交下列材料：

（一）个人申请书；

（二）所在工作单位或者退休前原单位的推荐书；

（三）符合本办法第六条规定条件的证明材料；

（四）关于入库信息真实性合法性和依法履职的书面承诺；

（五）法律、法规、规章规定的其他材料。

第十三条 评标专家库组建单位应当对申请人或者被推荐人进行审核，决定是否聘任入库。审核过程及结果应当全过程记录并存档备查。

评标专家库组建单位应当组织测试或者评估，确认拟入库专家是否符合本办法第六条第一款第三项至第五项规定的条件。

第十四条 评标专家库组建单位应当根据评标专家的入库申请材料和测试、评估情况，确定评标专家参加评标的专业类别。

第十五条 评标专家实行聘期制，聘期届满自动解除聘任关系。评标专家可以在聘期届满前提出续聘申请，评标专家库组建单位应当按照入库标准进行审核，决定是否继续聘任。

评标专家库组建单位结合实际确定聘期，一般为三年至五年。

第四章 评标专家抽取和评标专家库共享

第十六条 依法必须进行招标项目的评标专家，应当从评标专家库中随机抽取。在一个评标专家库中无法随机抽取到足够数量专家的，应当从其他依法组建的相关评标专家库中随机抽取。

第十七条 技术复杂、专业性强或者国家有特殊要求的依法必须进行招标项目，采取随机抽取方式确定的专家难以胜任评标工作的，招标人可以依法直接确定评标专家，并向有关行政监督部门报告。

第十八条 政府投资项目的评标专家，应当从国务院有关部门组建的评标专家库或者省级综合评标专家库中抽取。

第十九条 评标专家库组建单位、招标投标电子交易系统运行服务机构应当建立健全与远程异地评标相适应的评标专家资源共享和协同管理机制，为评标专家远程异地参加评标提供服务保障，为有关行政监督部门开展监督提供支持。

第五章 履职管理

第二十条 评标专家库组建单位承担评标专家档案记录、教育培训、履职考核、动态调整等日常管理责任，加强评标专家全周期管理。

评标专家库组建单位不得以任何名义非法控制、干预或者影响评标专家的具体评标活动。

第二十一条 评标专家库组建单位应当建立并永久保存评标专家电子档案，详细记录评标专家的基本信息、参加评标的具体情况、参加教育培训和履职考核的情况，并进行动态更新。

第二十二条 评标专家库组建单位应当加强对评标专家的教育培训，每年组织招标投标有关专业知识、法律法规和电子化评标技能等方面培训，并开展廉洁教育。

评标专家库组建单位可以结合教育培训情况开展专项测试。

第二十三条 评标专家库组建单位应当建立评标专家年度履职考核制度，制定考核标准，并向社会公布。考核标准应当包含下列内容：

（一）响应抽取参加评标情况；

（二）遵守评标工作纪律和评标现场秩序情况；

（三）评标客观公正情况；

（四）协助、配合招标人处理异议、复核评标结果情况；

（五）协助、配合有关行政监督部门、纪检监察机关、司法机关、审计部门开展监督、检查、调查情况；

（六）参加教育培训情况；

（七）其他能够反映评标专家履职情况的内容。

评标专家库组建单位应当结合评标专家年度履职考核结论、在库年限、参加评标频次等开展履职风险评估，并根据评估情况调整抽取频次、设置抽取间隔期，防范评标专家履职风险。

第二十四条 年度履职考核结论应当通知评标专家。评标专家对考核结论有异议的，有权向评标专家库组建单位申请复核，评标专家库组建单位应当在收到异议后30日内核实有关情况并作出答复。

第二十五条 评标专家年度履职考核不合格的，评标专家库组建单位应当与其解除聘任关系，调整出库，并通报入库推荐单位。

第二十六条 对于入库后不再具备本办法第六条规定的条件，不再符合评标专家库组建单位制定的入库具体标准，或者存在本办法第七条规定情形的评标专家，评标专家库组建单位应当在发现有关情形后30日内与其解除聘任关系，调整出库，并通报入库推荐单位。

第二十七条 评标专家自愿退出评标专家库的，应当向评标专家库组建单位提出书面申请。

评标专家库组建单位收到申请后，应当停止抽取该评标专家参加评标，在10日内与其解除聘任关系，并调整出库。

第二十八条 评标专家库组建单位应当结合经济社会发展水平和评标专家工作价值，制定评标专家劳务报酬标准和支付机制。

第六章 法律责任

第二十九条 评标专家有下列情形之一的，由有关行政监督部门责令改正，没收收受的财物，并依法处以罚款；情节严重的，禁止其在一定期限内参加依法必须进行招标项目的评标；情节特别严重的，取消其担任评标委员会成员的资格，并向社会公布；涉嫌违纪违法犯罪的，及时移送纪检监察机关、司法机关处理。

（一）提供虚假材料入库的；

（二）应当回避而不回避的；

（三）擅离职守或者扰乱评标现场秩序的；

（四）不按照招标文件确定的评标标准和方法进行评标，或者对依法应当否决的投标不提出否决意见的；

（五）与招标人、招标代理机构、投标人或者其他利害关系人私下接触或者相互串通的；

（六）向招标人征询确定中标人的意向，或者接受任何单位、个人提出的倾向、排斥特定投标人要求的；

（七）暗示或者诱导投标人作出澄清、说明，或者接受投标人主动提出的澄清、说明的；

（八）对其他评标委员会成员的独立评标施加不当影响的；

（九）违法透露对投标文件的评审和比较、中标候选人的推荐以及与评标有关的其他情况的；

（十）索取或者收受评标劳务报酬以外财物的；

（十一）不协助、不配合有关部门的监督、检查、调查工作的；

（十二）其他不客观、不公正履行职责的行为。

有关行政监督部门对评标专家前款所列情形作出处理的，应当将处理结果通报评标专家库组建单位。

第三十条 评标专家对评标行为终身负责，不因退休或者与评标专家库组建单位解除聘任关系等免予追责。

评标专家存在本办法第二十九条第一款所列情形的，除依法给予行政处罚外，评标专家库组建单位应当作进一步核实，依照本办法第二十五条、第二十六条规定调整出库，并将处理结果通报其入库推荐单位；涉嫌违纪违法犯罪的，及时移送纪检监察机关、司法机关处理。

评标专家所在工作单位根据专家职务晋升、职称评审等工作需要，可以查询评标专家参加评标情况并作为参考；涉及国家秘密、商业秘密或者个人隐私的除外。

第三十一条 评标专家不履行本办法第九条规定的义务，给招标人造成损失的，依法承担赔偿责任。

第三十二条 评标专家库组建单位有下列情形之一的，由有关行政监督部门责令改正；情节严重的，对负有责任的领导人员和直接责任人员依法给予处分；涉嫌违纪违法犯罪的，及时移送纪检监察机关、司法机关处理。

（一）组建的评标专家库不符合本办法规定的；

（二）未按本办法规定开展评标专家管理的；

（三）违法泄露评标委员会成员名单的；

（四）以管理为名非法控制、干预或者影响评标专家的评标活动的；

（五）利用评标专家库开展其他业务谋取利益的；

（六）其他滥用职权、玩忽职守、徇私舞弊等违法违规行为。

法律、法规对前款规定行为的处罚另有规定的，从其规定。

第三十三条 招标投标电子交易系统运行服务机构违法泄露评标委员会成员名单的，依法处以罚款；对负有责任的领导人员和直接责任人员依法给予处分；涉嫌违纪违法犯罪的，及时移送纪检监察机关、司法机关处理。

第三十四条 依法必须进行招标项目的招标人违法组建评标委员会，或者违法确定、更换评标委员会成员的，由有关行政监督部门责令改正，可以处十万元以下的罚款；对负有责任的领导人员和直接责任人员依法给予处分；涉嫌违纪违法犯罪的，及时移送纪检监察机关、司法机关处理。

政府投资项目的招标人不按照本办法规定抽取专家的，由有关行政监督部门责令改正；对负有责任的领导人员和直接责任人员依法给予处分；涉嫌违纪违法犯罪的，及时移送纪检监察机关、司法机关处理。

违法确定或者更换的评标委员会成员作出的评标结论无效。

第七章　附　　则

第三十五条　本办法由国家发展和改革委员会负责解释。

第三十六条　本办法自2025年1月1日起实施。原《评标专家和评标专家库管理暂行办法》（国家发展计划委员会令2003年第29号）同时废止。

工程建设项目自行招标试行办法

1．2000年7月1日国家发展计划委员会令第5号公布

2．根据2013年3月11日国家发展和改革委员会、工业和信息化部、财政部、住房和城乡建设部、交通运输部、铁道部、水利部、国家广播电影电视总局、中国民用航空局令第23号《关于废止和修改部分招标投标规章和规范性文件的决定》修订

第一条　为了规范工程建设项目招标人自行招标行为，加强对招标投标活动的监督，根据《中华人民共和国招标投标法》（以下简称招标投标法）、《中华人民共和国招标投标法实施条例》（以下简称招标投标法实施条例）和《国务院办公厅印发国务院有关部门实施招标投标活动行政监督的职责分工意见的通知》（国办发〔2000〕34号），制定本办法。

第二条　本办法适用于经国家发展改革委审批、核准（含经国家发展改革委初审后报国务院审批）依法必须进行招标的工程建设项目的自行招标活动。

前款工程建设项目的招标范围和规模标准，适用《工程建设项目招标范围和规模标准规定》（国家计委第3号令）。

第三条　招标人是指依照法律规定进行工程建设项目的勘察、设计、施工、监理以及与工程建设有关的重要设备、材料等招标的法人。

第四条　招标人自行办理招标事宜，应当具有编制招标文件和组织评标的能力，具体包括：

（一）具有项目法人资格（或者法人资格）；

（二）具有与招标项目规模和复杂程度相适应的工程技术、概预算、财务和工程管理等方面专业技术力量；

（三）有从事同类工程建设项目招标的经验；

（四）拥有3名以上取得招标职业资格的专职招标业务人员；

（五）熟悉和掌握招标投标法及有关法规规章。

第五条 招标人自行招标的，项目法人或者组建中的项目法人应当在向国家发展改革委上报项目可行性研究报告或者资金申请报告、项目申请报告时，一并报送符合本办法第四条规定的书面材料。

书面材料应当至少包括：

（一）项目法人营业执照、法人证书或者项目法人组建文件；

（二）与招标项目相适应的专业技术力量情况；

（三）取得招标职业资格的专职招标业务人员的基本情况；

（四）拟使用的专家库情况；

（五）以往编制的同类工程建设项目招标文件和评标报告，以及招标业绩的证明材料；

（六）其他材料。

在报送可行性研究报告或者资金申请报告、项目申请报告前，招标人确需通过招标方式或者其他方式确定勘察、设计单位开展前期工作的，应当在前款规定的书面材料中说明。

第六条 国家发展改革委审查招标人报送的书面材料，核准招标人符合本办法规定的自行招标条件的，招标人可以自行办理招标事宜。任何单位和个人不得限制其自行办理招标事宜，也不得拒绝办理工程建设有关手续。

第七条 国家发展改革委审查招标人报送的书面材料，认定招标人不符合本办法规定的自行招标条件的，在批复、核准可行性研究报告或者资金申请报告、项目申请报告时，要求招标人委托招标代理机构办理招标事宜。

第八条 一次核准手续仅适用于一个工程建设项目。

第九条 招标人不具备自行招标条件，不影响国家发展改革委对项目的审批或者核准。

第十条 招标人自行招标的，应当自确定中标人之日起十五日内，向国家发展改革委提交招标投标情况的书面报告。书面报告至少应包括下列内容：

（一）招标方式和发布资格预审公告、招标公告的媒介；

（二）招标文件中投标人须知、技术规格、评标标准和方法、合同主要条款等内容；

（三）评标委员会的组成和评标报告；

（四）中标结果。

第十一条 招标人不按本办法规定要求履行自行招标核准手续的或者报送的

书面材料有遗漏的,国家发展改革委要求其补正;不及时补正的,视同不具备自行招标条件。

招标人履行核准手续中有弄虚作假情况的,视同不具备自行招标条件。

第十二条 招标人不按本办法提交招标投标情况的书面报告的,国家发展改革委要求补正;拒不补正的,给予警告,并视招标人是否有招标投标法第五章以及招标投标法实施条例第六章规定的违法行为,给予相应的处罚。

第十三条 任何单位和个人非法强制招标人委托招标代理机构或者其他组织办理招标事宜的,非法拒绝办理工程建设有关手续的,或者以其他任何方式非法干预招标人自行招标活动的,由国家发展改革委依据招标投标法以及招标投标法实施条例的有关规定处罚或者向有关行政监督部门提出处理建议。

第十四条 本办法自发布之日起施行。

工程建设项目申报材料增加招标内容和核准招标事项暂行规定

1. 2001 年 6 月 18 日国家发展计划委员会令第 9 号公布

2. 根据 2013 年 3 月 11 日国家发展和改革委员会、工业和信息化部、财政部、住房和城乡建设部、交通运输部、铁道部、水利部、国家广播电影电视总局、中国民用航空局令第 23 号《关于废止和修改部分招标投标规章和规范性文件的决定》修订

第一条 为了规范工程建设项目的招标活动,依据《中华人民共和国招标投标法》、《中华人民共和国招标投标法实施条例》,制定本规定。

第二条 本规定适用于《工程建设项目招标范围和规模标准规定》(国家发展计划委员会令第 3 号)中规定的依法必须进行招标且按照国家有关规定需要履行项目审批、核准手续的各类工程建设项目。

第三条 本规定第二条包括的工程建设项目,必须在报送的项目可行性研究报告或者资金申请报告、项目申请报告中增加有关招标的内容。

第四条 增加的招标内容包括:

(一)建设项目的勘察、设计、施工、监理以及重要设备、材料等采购活动的具体招标范围(全部或者部分招标);

(二)建设项目的勘察、设计、施工、监理以及重要设备、材料等采购活动拟采用的招标组织形式（委托招标或者自行招标）；拟自行招标的，还应按照《工程建设项目自行招标试行办法》（国家发展计划委员会令第5号）规定报送书面材料；

（三）建设项目的勘察、设计、施工、监理以及重要设备、材料等采购活动拟采用的招标方式（公开招标或者邀请招标）；国家发展改革委确定的国家重点项目和省、自治区、直辖市人民政府确定的地方重点项目，拟采用邀请招标的，应对采用邀请招标的理由作出说明；

（四）其他有关内容。

报送招标内容时应附招标基本情况表。

第五条 属于下列情况之一的，建设项目可以不进行招标。但在报送可行性研究报告或者资金申请报告、项目申请报告中须提出不招标申请，并说明不招标原因：

（一）涉及国家安全、国家秘密、抢险救灾或者属于利用扶贫资金实行以工代赈、需要使用农民工等特殊情况，不适宜进行招标；

（二）建设项目的勘察、设计，采用不可替代的专利或者专有技术，或者其建筑艺术造型有特殊要求；

（三）承包商、供应商或者服务提供者少于三家，不能形成有效竞争；

（四）采购人依法能够自行建设、生产或者提供；

（五）已通过招标方式选定的特许经营项目投资人依法能够自行建设、生产或者提供；

（六）需要向原中标人采购工程、货物或者服务，否则将影响施工或者配套要求；

（七）国家规定的其他特殊情形。

第六条 经项目审批、核准部门审批、核准，工程建设项目因特殊情况可以在报送可行性研究报告或者资金申请报告、项目申请报告前先行开展招标活动，但应在报送的可行性研究报告或者资金申请报告、项目申请报告中予以说明。项目审批、核准部门认定先行开展的招标活动中有违背法律、法规的情形的，应要求其纠正。

第七条 在项目可行性研究报告或者资金申请报告、项目申请报告中增加的招标内容，作为附件与可行性研究报告或者资金申请报告、项目申请报告一同报送。

第八条 项目审批、核准部门应依据法律、法规规定的权限，对项目建设单位拟定的招标范围、招标组织形式、招标方式等内容提出是否予以审批、核准的意见。项目审批、核准部门对招标事项审批、核准意见格式见附表二。

第九条 审批、核准招标事项,按以下分工办理:

(一)应报送国家发展改革委审批和国家发展改革委核报国务院审批的建设项目,由国家发展改革委审批;

(二)应报送国务院行业主管部门审批的建设项目,由国务院行业主管部门审批;

(三)应报送地方人民政府发展改革部门审批和地方人民政府发展改革部门核报地方人民政府审批的建设项目,由地方人民政府发展改革部门审批;

(四)按照规定应报送国家发展改革委核准的建设项目,由国家发展改革委核准;

(五)按照规定应报送地方人民政府发展改革部门核准的建设项目,由地方人民政府发展改革部门核准。

第十条 使用国际金融组织或者外国政府资金的建设项目,资金提供方对建设项目报送招标内容有规定的,从其规定。

第十一条 项目建设单位在招标活动中对审批、核准的招标范围、招标组织形式、招标方式等作出改变的,应向原审批、核准部门重新办理有关审批、核准手续。

第十二条 项目审批、核准部门应将审批、核准建设项目招标内容的意见抄送有关行政监督部门。

第十三条 项目建设单位在报送招标内容中弄虚作假,或者在招标活动中违背项目审批、核准部门审批、核准事项,由项目审批、核准部门和有关行政监督部门依法处罚。

第十四条 本规定由国家发展改革委解释。

第十五条 本规定自发布之日起施行。

附表一

招标基本情况表

建设项目名称：

	招标范围		招标组织形式		招标方式		不采用招标方式	招标估算金额(万元)	备注
	全部招标	部分招标	自行招标	委托招标	公开招标	邀请招标			
勘察									
设计									
建筑工程									
安装工程									
监理									
设备									
重要材料									
其他									
情况说明： 建设单位盖章 年　　月　　日									

注：情况说明在表内填写不下，可附另页。

附表二

审批部门核准意见

建设项目名称：

	招标范围		招标组织形式		招标方式		不采用招标方式
	全部招标	部分招标	自行招标	委托招标	公开招标	邀请招标	
勘察							
设计							
建筑工程							
安装工程							
监理							
主要设备							
重要材料							
其他							

审批部门核准意见说明：

审批部门盖章

年　　月　　日

注：审批部门在空格注明“核准”或者“不予核准”。

工程建设项目施工招标投标办法

1. 2003年3月8日国家发展计划委员会、建设部、铁道部、交通部、信息产业部、水利部、中国民用航空总局令第30号公布

2. 根据2013年3月11日国家发展和改革委员会、工业和信息化部、财政部、住房和城乡建设部、交通运输部、铁道部、水利部、国家广播电影电视总局、中国民用航空局令第23号《关于废止和修改部分招标投标规章和规范性文件的决定》修订

第一章　总　　则

第一条　为规范工程建设项目施工(以下简称工程施工)招标投标活动,根据《中华人民共和国招标投标法》、《中华人民共和国招标投标法实施条例》和国务院有关部门的职责分工,制定本办法。

第二条　在中华人民共和国境内进行工程施工招标投标活动,适用本办法。

第三条　工程建设项目符合《工程建设项目招标范围和规模标准规定》(国家计委令第3号)规定的范围和标准的,必须通过招标选择施工单位。

任何单位和个人不得将依法必须进行招标的项目化整为零或者以其他任何方式规避招标。

第四条　工程施工招标投标活动应当遵循公开、公平、公正和诚实信用的原则。

第五条　工程施工招标投标活动,依法由招标人负责。任何单位和个人不得以任何方式非法干涉工程施工招标投标活动。

施工招标投标活动不受地区或者部门的限制。

第六条　各级发展改革、工业和信息化、住房城乡建设、交通运输、铁道、水利、商务、民航等部门依照《国务院办公厅印发国务院有关部门实施招标投标活动行政监督的职责分工意见的通知》(国办发〔2000〕34号)和各地规定的职责分工,对工程施工招标投标活动实施监督,依法查处工程施工招标投标活动中的违法行为。

第二章　招　　标

第七条　工程施工招标人是依法提出施工招标项目、进行招标的法人或者其他组织。

第八条　依法必须招标的工程建设项目,应当具备下列条件才能进行施工招标:

（一）招标人已经依法成立；

（二）初步设计及概算应当履行审批手续的，已经批准；

（三）有相应资金或资金来源已经落实；

（四）有招标所需的设计图纸及技术资料。

第九条　工程施工招标分为公开招标和邀请招标。

第十条　按照国家有关规定需要履行项目审批、核准手续的依法必须进行施工招标的工程建设项目，其招标范围、招标方式、招标组织形式应当报项目审批部门审批、核准。项目审批、核准部门应当及时将审批、核准确定的招标内容通报有关行政监督部门。

第十一条　依法必须进行公开招标的项目，有下列情形之一的，可以邀请招标：

（一）项目技术复杂或有特殊要求，或者受自然地域环境限制，只有少量潜在投标人可供选择；

（二）涉及国家安全、国家秘密或者抢险救灾，适宜招标但不宜公开招标；

（三）采用公开招标方式的费用占项目合同金额的比例过大。

有前款第二项所列情形，属于本办法第十条规定的项目，由项目审批、核准部门在审批、核准项目时作出认定；其他项目由招标人申请有关行政监督部门作出认定。

全部使用国有资金投资或者国有资金投资占控股或者主导地位的并需要审批的工程建设项目的邀请招标，应当经项目审批部门批准，但项目审批部门只审批立项的，由有关行政监督部门审批。

第十二条　依法必须进行施工招标的工程建设项目有下列情形之一的，可以不进行施工招标：

（一）涉及国家安全、国家秘密、抢险救灾或者属于利用扶贫资金实行以工代赈需要使用农民工等特殊情况，不适宜进行招标；

（二）施工主要技术采用不可替代的专利或者专有技术；

（三）已通过招标方式选定的特许经营项目投资人依法能够自行建设；

（四）采购人依法能够自行建设；

（五）在建工程追加的附属小型工程或者主体加层工程，原中标人仍具备承包能力，并且其他人承担将影响施工或者功能配套要求；

（六）国家规定的其他情形。

第十三条　采用公开招标方式的，招标人应当发布招标公告，邀请不特定的法人或者其他组织投标。依法必须进行施工招标项目的招标公告，应当在国家指定的报刊和信息网络上发布。

采用邀请招标方式的,招标人应当向三家以上具备承担施工招标项目的能力、资信良好的特定的法人或者其他组织发出投标邀请书。

第十四条 招标公告或者投标邀请书应当至少载明下列内容:

(一)招标人的名称和地址;

(二)招标项目的内容、规模、资金来源;

(三)招标项目的实施地点和工期;

(四)获取招标文件或者资格预审文件的地点和时间;

(五)对招标文件或者资格预审文件收取的费用;

(六)对投标人的资质等级的要求。

第十五条 招标人应当按招标公告或者投标邀请书规定的时间、地点出售招标文件或资格预审文件。自招标文件或者资格预审文件出售之日起至停止出售之日止,最短不得少于五日。

招标人可以通过信息网络或者其他媒介发布招标文件,通过信息网络或者其他媒介发布的招标文件与书面招标文件具有同等法律效力,出现不一致时以书面招标文件为准,国家另有规定的除外。

对招标文件或者资格预审文件的收费应当限于补偿印刷、邮寄的成本支出,不得以营利为目的。对于所附的设计文件,招标人可以向投标人酌收押金;对于开标后投标人退还设计文件的,招标人应当向投标人退还押金。

招标文件或者资格预审文件售出后,不予退还。除不可抗力原因外,招标人在发布招标公告、发出投标邀请书后或者售出招标文件或资格预审文件后不得终止招标。

第十六条 招标人可以根据招标项目本身的特点和需要,要求潜在投标人或者投标人提供满足其资格要求的文件,对潜在投标人或者投标人进行资格审查;国家对潜在投标人或者投标人的资格条件有规定的,依照其规定。

第十七条 资格审查分为资格预审和资格后审。

资格预审,是指在投标前对潜在投标人进行的资格审查。

资格后审,是指在开标后对投标人进行的资格审查。

进行资格预审的,一般不再进行资格后审,但招标文件另有规定的除外。

第十八条 采取资格预审的,招标人应当发布资格预审公告。资格预审公告适用本办法第十三条、第十四条有关招标公告的规定。

采取资格预审的,招标人应当在资格预审文件中载明资格预审的条件、标准和方法;采取资格后审的,招标人应当在招标文件中载明对投标人资格要求的条件、标准和方法。

招标人不得改变载明的资格条件或者以没有载明的资格条件对潜在投

标人或者投标人进行资格审查。

第十九条 经资格预审后,招标人应当向资格预审合格的潜在投标人发出资格预审合格通知书,告知获取招标文件的时间、地点和方法,并同时向资格预审不合格的潜在投标人告知资格预审结果。资格预审不合格的潜在投标人不得参加投标。

经资格后审不合格的投标人的投标应予否决。

第二十条 资格审查应主要审查潜在投标人或者投标人是否符合下列条件:

(一)具有独立订立合同的权利;

(二)具有履行合同的能力,包括专业、技术资格和能力,资金、设备和其他物质设施状况,管理能力,经验、信誉和相应的从业人员;

(三)没有处于被责令停业,投标资格被取消,财产被接管、冻结,破产状态;

(四)在最近三年内没有骗取中标和严重违约及重大工程质量问题;

(五)国家规定的其他资格条件。

资格审查时,招标人不得以不合理的条件限制、排斥潜在投标人或者投标人,不得对潜在投标人或者投标人实行歧视待遇。任何单位和个人不得以行政手段或者其他不合理方式限制投标人的数量。

第二十一条 招标人符合法律规定的自行招标条件的,可以自行办理招标事宜。任何单位和个人不得强制其委托招标代理机构办理招标事宜。

第二十二条 招标代理机构应当在招标人委托的范围内承担招标事宜。招标代理机构可以在其资格等级范围内承担下列招标事宜:

(一)拟订招标方案,编制和出售招标文件、资格预审文件;

(二)审查投标人资格;

(三)编制标底;

(四)组织投标人踏勘现场;

(五)组织开标、评标,协助招标人定标;

(六)草拟合同;

(七)招标人委托的其他事项。

招标代理机构不得无权代理、越权代理,不得明知委托事项违法而进行代理。

招标代理机构不得在所代理的招标项目中投标或者代理投标,也不得为所代理的招标项目的投标人提供咨询;未经招标人同意,不得转让招标代理业务。

第二十三条 工程招标代理机构与招标人应当签订书面委托合同,并按双方约定的标准收取代理费;国家对收费标准有规定的,依照其规定。

第二十四条 招标人根据施工招标项目的特点和需要编制招标文件。招标文件一般包括下列内容:

(一)招标公告或投标邀请书;

(二)投标人须知;

(三)合同主要条款;

(四)投标文件格式;

(五)采用工程量清单招标的,应当提供工程量清单;

(六)技术条款;

(七)设计图纸;

(八)评标标准和方法;

(九)投标辅助材料。

招标人应当在招标文件中规定实质性要求和条件,并用醒目的方式标明。

第二十五条 招标人可以要求投标人在提交符合招标文件规定要求的投标文件外,提交备选投标方案,但应当在招标文件中作出说明,并提出相应的评审和比较办法。

第二十六条 招标文件规定的各项技术标准应符合国家强制性标准。

招标文件中规定的各项技术标准均不得要求或标明某一特定的专利、商标、名称、设计、原产地或生产供应者,不得含有倾向或者排斥潜在投标人的其他内容。如果必须引用某一生产供应者的技术标准才能准确或清楚地说明拟招标项目的技术标准时,则应当在参照后面加上"或相当于"的字样。

第二十七条 施工招标项目需要划分标段、确定工期的,招标人应当合理划分标段、确定工期,并在招标文件中载明。对工程技术上紧密相连、不可分割的单位工程不得分割标段。

招标人不得以不合理的标段或工期限制或者排斥潜在投标人或者投标人。依法必须进行施工招标的项目的招标人不得利用划分标段规避招标。

第二十八条 招标文件应当明确规定所有评标因素,以及如何将这些因素量化或者据以进行评估。

在评标过程中,不得改变招标文件中规定的评标标准、方法和中标条件。

第二十九条 招标文件应当规定一个适当的投标有效期,以保证招标人有足够的时间完成评标和与中标人签订合同。投标有效期从投标人提交投标文件截止之日起计算。

在原投标有效期结束前,出现特殊情况的,招标人可以书面形式要求所有投标人延长投标有效期。投标人同意延长的，不得要求或被允许修改其投标文件的实质性内容，但应当相应延长其投标保证金的有效期；投标人拒绝延长的，其投标失效，但投标人有权收回其投标保证金。因延长投标有效期造成投标人损失的，招标人应当给予补偿，但因不可抗力需要延长投标有效期的除外。

第三十条　施工招标项目工期较长的，招标文件中可以规定工程造价指数体系、价格调整因素和调整方法。

第三十一条　招标人应当确定投标人编制投标文件所需要的合理时间；但是，依法必须进行招标的项目，自招标文件开始发出之日起至投标人提交投标文件截止之日止，最短不得少于二十日。

第三十二条　招标人根据招标项目的具体情况，可以组织潜在投标人踏勘项目现场，向其介绍工程场地和相关环境的有关情况。潜在投标人依据招标人介绍情况作出的判断和决策，由投标人自行负责。

招标人不得单独或者分别组织任何一个投标人进行现场踏勘。

第三十三条　对于潜在投标人在阅读招标文件和现场踏勘中提出的疑问，招标人可以书面形式或召开投标预备会的方式解答，但需同时将解答以书面方式通知所有购买招标文件的潜在投标人。该解答的内容为招标文件的组成部分。

第三十四条　招标人可根据项目特点决定是否编制标底。编制标底的，标底编制过程和标底在开标前必须保密。

招标项目编制标底的，应根据批准的初步设计、投资概算，依据有关计价办法，参照有关工程定额，结合市场供求状况，综合考虑投资、工期和质量等方面的因素合理确定。

标底由招标人自行编制或委托中介机构编制。一个工程只能编制一个标底。

任何单位和个人不得强制招标人编制或报审标底，或干预其确定标底。

招标项目可以不设标底，进行无标底招标。

招标人设有最高投标限价的，应当在招标文件中明确最高投标限价或者最高投标限价的计算方法。招标人不得规定最低投标限价。

第三章　投　　标

第三十五条　投标人是响应招标、参加投标竞争的法人或者其他组织。招标人的任何不具独立法人资格的附属机构（单位），或者为招标项目的前期准备或者监理工作提供设计、咨询服务的任何法人及其任何附属机构（单位），都无资格参加该招标项目的投标。

第三十六条 投标人应当按照招标文件的要求编制投标文件。投标文件应当对招标文件提出的实质性要求和条件作出响应。

投标文件一般包括下列内容:

(一)投标函;

(二)投标报价;

(三)施工组织设计;

(四)商务和技术偏差表。

投标人根据招标文件载明的项目实际情况,拟在中标后将中标项目的部分非主体、非关键性工作进行分包的,应当在投标文件中载明。

第三十七条 招标人可以在招标文件中要求投标人提交投标保证金。投标保证金除现金外,可以是银行出具的银行保函、保兑支票、银行汇票或现金支票。

投标保证金不得超过项目估算价的百分之二,但最高不得超过八十万元人民币。投标保证金有效期应当与投标有效期一致。

投标人应当按照招标文件要求的方式和金额,将投标保证金随投标文件提交给招标人或其委托的招标代理机构。

依法必须进行施工招标的项目的境内投标单位,以现金或者支票形式提交的投标保证金应当从其基本账户转出。

第三十八条 投标人应当在招标文件要求提交投标文件的截止时间前,将投标文件密封送达投标地点。招标人收到投标文件后,应当向投标人出具标明签收人和签收时间的凭证,在开标前任何单位和个人不得开启投标文件。

在招标文件要求提交投标文件的截止时间后送达的投标文件,招标人应当拒收。

依法必须进行施工招标的项目提交投标文件的投标人少于三个的,招标人在分析招标失败的原因并采取相应措施后,应当依法重新招标。重新招标后投标人仍少于三个的,属于必须审批、核准的工程建设项目,报经原审批、核准部门审批、核准后可以不再进行招标;其他工程建设项目,招标人可自行决定不再进行招标。

第三十九条 投标人在招标文件要求提交投标文件的截止时间前,可以补充、修改、替代或者撤回已提交的投标文件,并书面通知招标人。补充、修改的内容为投标文件的组成部分。

第四十条 在提交投标文件截止时间后到招标文件规定的投标有效期终止之前,投标人不得撤销其投标文件,否则招标人可以不退还其投标保证金。

第四十一条 在开标前，招标人应妥善保管好已接收的投标文件、修改或撤回通知、备选投标方案等投标资料。

第四十二条 两个以上法人或者其他组织可以组成一个联合体，以一个投标人的身份共同投标。

联合体各方签订共同投标协议后，不得再以自己名义单独投标，也不得组成新的联合体或参加其他联合体在同一项目中投标。

第四十三条 招标人接受联合体投标并进行资格预审的，联合体应当在提交资格预审申请文件前组成。资格预审后联合体增减、更换成员的，其投标无效。

第四十四条 联合体各方应当指定牵头人，授权其代表所有联合体成员负责投标和合同实施阶段的主办、协调工作，并应当向招标人提交由所有联合体成员法定代表人签署的授权书。

第四十五条 联合体投标的，应当以联合体各方或者联合体中牵头人的名义提交投标保证金。以联合体中牵头人名义提交的投标保证金，对联合体各成员具有约束力。

第四十六条 下列行为均属投标人串通投标报价：

（一）投标人之间相互约定抬高或压低投标报价；

（二）投标人之间相互约定，在招标项目中分别以高、中、低价位报价；

（三）投标人之间先进行内部竞价，内定中标人，然后再参加投标；

（四）投标人之间其他串通投标报价的行为。

第四十七条 下列行为均属招标人与投标人串通投标：

（一）招标人在开标前开启投标文件并将有关信息泄露给其他投标人，或者授意投标人撤换、修改投标文件；

（二）招标人向投标人泄露标底、评标委员会成员等信息；

（三）招标人明示或者暗示投标人压低或抬高投标报价；

（四）招标人明示或者暗示投标人为特定投标人中标提供方便；

（五）招标人与投标人为谋求特定中标人中标而采取的其他串通行为。

第四十八条 投标人不得以他人名义投标。

前款所称以他人名义投标，指投标人挂靠其他施工单位，或从其他单位通过受让或租借的方式获取资格或资质证书，或者由其他单位及其法定代表人在自己编制的投标文件上加盖印章和签字等行为。

第四章 开标、评标和定标

第四十九条 开标应当在招标文件确定的提交投标文件截止时间的同一时间公开进行；开标地点应当为招标文件中确定的地点。

投标人对开标有异议的,应当在开标现场提出,招标人应当当场作出答复,并制作记录。

第五十条 投标文件有下列情形之一的,招标人应当拒收:

(一)逾期送达;

(二)未按招标文件要求密封。

有下列情形之一的,评标委员会应当否决其投标:

(一)投标文件未经投标单位盖章和单位负责人签字;

(二)投标联合体没有提交共同投标协议;

(三)投标人不符合国家或者招标文件规定的资格条件;

(四)同一投标人提交两个以上不同的投标文件或者投标报价,但招标文件要求提交备选投标的除外;

(五)投标报价低于成本或者高于招标文件设定的最高投标限价;

(六)投标文件没有对招标文件的实质性要求和条件作出响应;

(七)投标人有串通投标、弄虚作假、行贿等违法行为。

第五十一条 评标委员会可以书面方式要求投标人对投标文件中含义不明确、对同类问题表述不一致或者有明显文字和计算错误的内容作必要的澄清、说明或补正。评标委员会不得向投标人提出带有暗示性或诱导性的问题,或向其明确投标文件中的遗漏和错误。

第五十二条 投标文件不响应招标文件的实质性要求和条件的,评标委员会不得允许投标人通过修正或撤销其不符合要求的差异或保留,使之成为具有响应性的投标。

第五十三条 评标委员会在对实质上响应招标文件要求的投标进行报价评估时,除招标文件另有约定外,应当按下述原则进行修正:

(一)用数字表示的数额与用文字表示的数额不一致时,以文字数额为准;

(二)单价与工程量的乘积与总价之间不一致时,以单价为准。若单价有明显的小数点错位,应以总价为准,并修改单价。

按前款规定调整后的报价经投标人确认后产生约束力。

投标文件中没有列入的价格和优惠条件在评标时不予考虑。

第五十四条 对于投标人提交的优越于招标文件中技术标准的备选投标方案所产生的附加收益,不得考虑进评标价中。符合招标文件的基本技术要求且评标价最低或综合评分最高的投标人,其所提交的备选方案方可予以考虑。

第五十五条 招标人设有标底的,标底在评标中应当作为参考,但不得作为评标的唯一依据。

第五十六条 评标委员会完成评标后,应向招标人提出书面评标报告。评标报告由评标委员会全体成员签字。

依法必须进行招标的项目,招标人应当自收到评标报告之日起三日内公示中标候选人,公示期不得少于三日。

中标通知书由招标人发出。

第五十七条 评标委员会推荐的中标候选人应当限定在一至三人,并标明排列顺序。招标人应当接受评标委员会推荐的中标候选人,不得在评标委员会推荐的中标候选人之外确定中标人。

第五十八条 国有资金占控股或者主导地位的依法必须进行招标的项目,招标人应当确定排名第一的中标候选人为中标人。排名第一的中标候选人放弃中标、因不可抗力提出不能履行合同、不按照招标文件的要求提交履约保证金,或者被查实存在影响中标结果的违法行为等情形,不符合中标条件的,招标人可以按照评标委员会提出的中标候选人名单排序依次确定其他中标候选人为中标人。依次确定其他中标候选人与招标人预期差距较大,或者对招标人明显不利的,招标人可以重新招标。

招标人可以授权评标委员会直接确定中标人。

国务院对中标人的确定另有规定的,从其规定。

第五十九条 招标人不得向中标人提出压低报价、增加工作量、缩短工期或其他违背中标人意愿的要求,以此作为发出中标通知书和签订合同的条件。

第六十条 中标通知书对招标人和中标人具有法律效力。中标通知书发出后,招标人改变中标结果的,或者中标人放弃中标项目的,应当依法承担法律责任。

第六十一条 招标人全部或者部分使用非中标单位投标文件中的技术成果或技术方案时,需征得其书面同意,并给予一定的经济补偿。

第六十二条 招标人和中标人应当在投标有效期内并在自中标通知书发出之日起三十日内,按照招标文件和中标人的投标文件订立书面合同。招标人和中标人不得再行订立背离合同实质性内容的其他协议。

招标人要求中标人提供履约保证金或其他形式履约担保的,招标人应当同时向中标人提供工程款支付担保。

招标人不得擅自提高履约保证金,不得强制要求中标人垫付中标项目建设资金。

第六十三条 招标人最迟应当在与中标人签订合同后五日内,向中标人和未中标的投标人退还投标保证金及银行同期存款利息。

第六十四条 合同中确定的建设规模、建设标准、建设内容、合同价格应当控制在批准的初步设计及概算文件范围内;确需超出规定范围的,应当在中标合同签订前,报原项目审批部门审查同意。凡应报经审查而未报的,在初步设计及概算调整时,原项目审批部门一律不予承认。

第六十五条　依法必须进行施工招标的项目,招标人应当自发出中标通知书之日起十五日内,向有关行政监督部门提交招标投标情况的书面报告。

前款所称书面报告至少应包括下列内容:

(一)招标范围;

(二)招标方式和发布招标公告的媒介;

(三)招标文件中投标人须知、技术条款、评标标准和方法、合同主要条款等内容;

(四)评标委员会的组成和评标报告;

(五)中标结果。

第六十六条　招标人不得直接指定分包人。

第六十七条　对于不具备分包条件或者不符合分包规定的,招标人有权在签订合同或者中标人提出分包要求时予以拒绝。发现中标人转包或违法分包时,可要求其改正;拒不改正的,可终止合同,并报请有关行政监督部门查处。

监理人员和有关行政部门发现中标人违反合同约定进行转包或违法分包的,应当要求中标人改正,或者告知招标人要求其改正;对于拒不改正的,应当报请有关行政监督部门查处。

第五章　法 律 责 任

第六十八条　依法必须进行招标的项目而不招标的,将必须进行招标的项目化整为零或者以其他任何方式规避招标的,有关行政监督部门责令限期改正,可以处项目合同金额千分之五以上千分之十以下的罚款;对全部或者部分使用国有资金的项目,项目审批部门可以暂停项目执行或者暂停资金拨付;对单位直接负责的主管人员和其他直接责任人员依法给予处分。

第六十九条　招标代理机构违法泄露应当保密的与招标投标活动有关的情况和资料的,或者与招标人、投标人串通损害国家利益、社会公共利益或者他人合法权益的,由有关行政监督部门处五万元以上二十五万元以下罚款,对单位直接负责的主管人员和其他直接责任人员处单位罚款数额百分之五以上百分之十以下罚款;有违法所得的,并处没收违法所得;情节严重的,有关行政监督部门可停止其一定时期内参与相关领域的招标代理业务,资格认定部门可暂停直至取消招标代理资格;构成犯罪的,由司法部门依法追究刑事责任。给他人造成损失的,依法承担赔偿责任。

前款所列行为影响中标结果,并且中标人为前款所列行为的受益人的,中标无效。

第七十条 招标人以不合理的条件限制或者排斥潜在投标人的,对潜在投标人实行歧视待遇的,强制要求投标人组成联合体共同投标的,或者限制投标人之间竞争的,有关行政监督部门责令改正,可处一万元以上五万元以下罚款。

第七十一条 依法必须进行招标项目的招标人向他人透露已获取招标文件的潜在投标人的名称、数量或者可能影响公平竞争的有关招标投标的其他情况的,或者泄露标底的,有关行政监督部门给予警告,可以并处一万元以上十万元以下的罚款;对单位直接负责的主管人员和其他直接责任人员依法给予处分;构成犯罪的,依法追究刑事责任。

前款所列行为影响中标结果的,中标无效。

第七十二条 招标人在发布招标公告、发出投标邀请书或者售出招标文件或资格预审文件后终止招标的,应当及时退还所收取的资格预审文件、招标文件的费用,以及所收取的投标保证金及银行同期存款利息。给潜在投标人或者投标人造成损失的,应当赔偿损失。

第七十三条 招标人有下列限制或者排斥潜在投标人行为之一的,由有关行政监督部门依照招标投标法第五十一条的规定处罚;其中,构成依法必须进行施工招标的项目的招标人规避招标的,依照招标投标法第四十九条的规定处罚:

(一)依法应当公开招标的项目不按照规定在指定媒介发布资格预审公告或者招标公告;

(二)在不同媒介发布的同一招标项目的资格预审公告或者招标公告的内容不一致,影响潜在投标人申请资格预审或者投标。

招标人有下列情形之一的,由有关行政监督部门责令改正,可以处 10 万元以下的罚款:

(一)依法应当公开招标而采用邀请招标;

(二)招标文件、资格预审文件的发售、澄清、修改的时限,或者确定的提交资格预审申请文件、投标文件的时限不符合招标投标法和招标投标法实施条例规定;

(三)接受未通过资格预审的单位或者个人参加投标;

(四)接受应当拒收的投标文件。

招标人有前款第一项、第三项、第四项所列行为之一的,对单位直接负责的主管人员和其他直接责任人员依法给予处分。

第七十四条 投标人相互串通投标或者与招标人串通投标的,投标人以向招标人或者评标委员会成员行贿的手段谋取中标的，中标无效，由有关行政监督部门处中标项目金额千分之五以上千分之十以下的罚款，对单位直接负责的主管人员和其他直接责任人员处单位罚款数额百分之五以上百分之十以下的罚款；有违法所得的，并处没收违法所得；情节严重的，取消其一至二年的投标资格，并予以公告，直至由工商行政管理机关吊销营业执照；构成犯罪的，依法追究刑事责任。给他人造成损失的，依法承担赔偿责任。投标人未中标的，对单位的罚款金额按照招标项目合同金额依照招标投标法规定的比例计算。

第七十五条 投标人以他人名义投标或者以其他方式弄虚作假，骗取中标的，中标无效，给招标人造成损失的，依法承担赔偿责任；构成犯罪的，依法追究刑事责任。

依法必须进行招标项目的投标人有前款所列行为尚未构成犯罪的，有关行政监督部门处中标项目金额千分之五以上千分之十以下的罚款，对单位直接负责的主管人员和其他直接责任人员处单位罚款数额百分之五以上百分之十以下的罚款；有违法所得的，并处没收违法所得；情节严重的，取消其一至三年投标资格，并予以公告，直至由工商行政管理机关吊销营业执照。投标人未中标的，对单位的罚款金额按照招标项目合同金额依照招标投标法规定的比例计算。

第七十六条 依法必须进行招标的项目，招标人违法与投标人就投标价格、投标方案等实质性内容进行谈判的，有关行政监督部门给予警告，对单位直接负责的主管人员和其他直接责任人员依法给予处分。

前款所列行为影响中标结果的，中标无效。

第七十七条 评标委员会成员收受投标人的财物或者其他好处的，没收收受的财物，可以并处三千元以上五万元以下的罚款，取消担任评标委员会成员的资格并予以公告，不得再参加依法必须进行招标的项目的评标；构成犯罪的，依法追究刑事责任。

第七十八条 评标委员会成员应当回避而不回避，擅离职守，不按照招标文件规定的评标标准和方法评标，私下接触投标人，向招标人征询确定中标人的意向或者接受任何单位或者个人明示或者暗示提出的倾向或者排斥特定投标人的要求，对依法应当否决的投标不提出否决意见，暗示或者诱导投标人作出澄清、说明或者接受投标人主动提出的澄清、说明，或者有其他不能客观公正地履行职责行为的，有关行政监督部门责令改正；情节严重的，禁止其在一定期限内参加依法必须进行招标的项目的评标；情节特别严重的，取消其担任评标委员会成员的资格。

第七十九条 依法必须进行招标的项目的招标人不按照规定组建评标委员会，或者确定、更换评标委员会成员违反招标投标法和招标投标法实施条例规定的，由有关行政监督部门责令改正，可以处10万元以下的罚款，对单位直接负责的主管人员和其他直接责任人员依法给予处分；违法确定或者更换的评标委员会成员作出的评审决定无效，依法重新进行评审。

第八十条 依法必须进行招标的项目的招标人有下列情形之一的，由有关行政监督部门责令改正，可以处中标项目金额千分之十以下的罚款；给他人造成损失的，依法承担赔偿责任；对单位直接负责的主管人员和其他直接责任人员依法给予处分：

（一）无正当理由不发出中标通知书；

（二）不按照规定确定中标人；

（三）中标通知书发出后无正当理由改变中标结果；

（四）无正当理由不与中标人订立合同；

（五）在订立合同时向中标人提出附加条件。

第八十一条 中标通知书发出后，中标人放弃中标项目的，无正当理由不与招标人签订合同的，在签订合同时向招标人提出附加条件或者更改合同实质性内容的，或者拒不提交所要求的履约保证金的，取消其中标资格，投标保证金不予退还；给招标人的损失超过投标保证金数额的，中标人应当对超过部分予以赔偿；没有提交投标保证金的，应当对招标人的损失承担赔偿责任。对依法必须进行施工招标的项目的中标人，由有关行政监督部门责令改正，可以处中标金额千分之十以下罚款。

第八十二条 中标人将中标项目转让给他人的，将中标项目肢解后分别转让给他人的，违法将中标项目的部分主体、关键性工作分包给他人的，或者分包人再次分包的，转让、分包无效，有关行政监督部门处转让、分包项目金额千分之五以上千分之十以下的罚款；有违法所得的，并处没收违法所得；可以责令停业整顿；情节严重的，由工商行政管理机关吊销营业执照。

第八十三条 招标人与中标人不按照招标文件和中标人的投标文件订立合同的，合同的主要条款与招标文件、中标人的投标文件的内容不一致，或者招标人、中标人订立背离合同实质性内容的协议的，有关行政监督部门责令改正；可以处中标项目金额千分之五以上千分之十以下的罚款。

第八十四条 中标人不履行与招标人订立的合同的，履约保证金不予退还，给招标人造成的损失超过履约保证金数额的，还应当对超过部分予以赔偿；没有提交履约保证金的，应当对招标人的损失承担赔偿责任。

中标人不按照与招标人订立的合同履行义务，情节严重的，有关行政监督部门取消其二至五年参加招标项目的投标资格并予以公告,直至由工商行政管理机关吊销营业执照。

因不可抗力不能履行合同的,不适用前两款规定。

第八十五条 招标人不履行与中标人订立的合同的,应当返还中标人的履约保证金并承担相应的赔偿责任;没有提交履约保证金的,应当对中标人的损失承担赔偿责任。

因不可抗力不能履行合同的,不适用前款规定。

第八十六条 依法必须进行施工招标的项目违反法律规定,中标无效的,应当依照法律规定的中标条件从其余投标人中重新确定中标人或者依法重新进行招标。

中标无效的,发出的中标通知书和签订的合同自始没有法律约束力,但不影响合同中独立存在的有关解决争议方法的条款的效力。

第八十七条 任何单位违法限制或者排斥本地区、本系统以外的法人或者其他组织参加投标的,为招标人指定招标代理机构的,强制招标人委托招标代理机构办理招标事宜的,或者以其他方式干涉招标投标活动的,有关行政监督部门责令改正;对单位直接负责的主管人员和其他直接责任人员依法给予警告、记过、记大过的处分,情节较重的,依法给予降级、撤职、开除的处分。

个人利用职权进行前款违法行为的,依照前款规定追究责任。

第八十八条 对招标投标活动依法负有行政监督职责的国家机关工作人员徇私舞弊、滥用职权或者玩忽职守,构成犯罪的,依法追究刑事责任;不构成犯罪的,依法给予行政处分。

第八十九条 投标人或者其他利害关系人认为工程建设项目施工招标投标活动不符合国家规定的,可以自知道或者应当知道之日起 10 日内向有关行政监督部门投诉。投诉应当有明确的请求和必要的证明材料。

第六章 附　　则

第九十条 使用国际组织或者外国政府贷款、援助资金的项目进行招标,贷款方、资金提供方对工程施工招标投标活动的条件和程序有不同规定的,可以适用其规定,但违背中华人民共和国社会公共利益的除外。

第九十一条 本办法由国家发展改革委会同有关部门负责解释。

第九十二条 本办法自 2003 年 5 月 1 日起施行。

工程建设项目勘察设计招标投标办法

1. 2003年6月12日国家发展和改革委员会、建设部、交通部、信息产业部、水利部、民用航空总局、国家广播电影电视总局令第2号公布

2. 根据2013年3月11日国家发展和改革委员会、工业和信息化部、财政部、住房和城乡建设部、交通运输部、铁道部、水利部、国家广播电影电视总局、中国民用航空局令第23号《关于废止和修改部分招标投标规章和规范性文件的决定》修订

第一章　总　　则

第一条　为规范工程建设项目勘察设计招标投标活动，提高投资效益，保证工程质量，根据《中华人民共和国招标投标法》、《中华人民共和国招标投标法实施条例》，制定本办法。

第二条　在中华人民共和国境内进行工程建设项目勘察设计招标投标活动，适用本办法。

第三条　工程建设项目符合《工程建设项目招标范围和规模标准规定》（国家计委令第3号）规定的范围和标准的，必须依据本办法进行招标。

任何单位和个人不得将依法必须进行招标的项目化整为零或者以其他任何方式规避招标。

第四条　按照国家规定需要履行项目审批、核准手续的依法必须进行招标的项目，有下列情形之一的，经项目审批、核准部门审批、核准，项目的勘察设计可以不进行招标：

（一）涉及国家安全、国家秘密、抢险救灾或者属于利用扶贫资金实行以工代赈、需要使用农民工等特殊情况，不适宜进行招标；

（二）主要工艺、技术采用不可替代的专利或者专有技术，或者其建筑艺术造型有特殊要求；

（三）采购人依法能够自行勘察、设计；

（四）已通过招标方式选定的特许经营项目投资人依法能够自行勘察、设计；

（五）技术复杂或专业性强，能够满足条件的勘察设计单位少于三家，不能形成有效竞争；

（六）已建成项目需要改、扩建或者技术改造，由其他单位进行设计影响项目功能配套性；

（七）国家规定其他特殊情形。

第五条 勘察设计招标工作由招标人负责。任何单位和个人不得以任何方式非法干涉招标投标活动。

第六条 各级发展改革、工业和信息化、住房城乡建设、交通运输、铁道、水利、商务、广电民航等部门依照《国务院办公厅印发国务院有关部门实施招标投标活动行政监督的职责分工意见的通知》（国办发〔2000〕34 号）和各地规定的职责分工，对工程建设项目勘察设计招标投标活动实施监督，依法查处招标投标活动中的违法行为。

第二章 招　　标

第七条 招标人可以依据工程建设项目的不同特点，实行勘察设计一次性总体招标；也可以在保证项目完整性、连续性的前提下，按照技术要求实行分段或分项招标。

招标人不得利用前款规定限制或者排斥潜在投标人或者投标。依法必须进行招标的项目的招标人不得利用前款规定规避招标。

第八条 依法必须招标的工程建设项目，招标人可以对项目的勘察、设计、施工以及与工程建设有关的重要设备、材料的采购，实行总承包招标。

第九条 依法必须进行勘察设计招标的工程建设项目，在招标时应当具备下列条件：

（一）招标人已经依法成立；

（二）按照国家有关规定需要履行项目审批、核准或者备案手续的，已经审批、核准或者备案；

（三）勘察设计有相应资金或者资金来源已经落实；

（四）所必需的勘察设计基础资料已经收集完成；

（五）法律法规规定的其他条件。

第十条 工程建设项目勘察设计招标分为公开招标和邀请招标。

国有资金投资占控股或者主导地位的工程建设项目，以及国务院发展和改革部门确定的国家重点项目和省、自治区、直辖市人民政府确定的地方重点项目，除符合本办法第十一条规定条件并依法获得批准外，应当公开招标。

第十一条 依法必须进行公开招标的项目，在下列情况下可以进行邀请招标：

（一）技术复杂、有特殊要求或者受自然环境限制，只有少量潜在投标人可供选择；

（二）采用公开招标方式的费用占项目合同金额的比例过大。

有前款第二项所列情形，属于按照国家有关规定需要履行项目审批、核准手续的项目，由项目审批、核准部门在审批、核准项目时作出认定；其他项目由招标人申请有关行政监督部门作出认定。

招标人采用邀请招标方式的，应保证有三个以上具备承担招标项目勘察设计的能力，并具有相应资质的特定法人或者其他组织参加投标。

第十二条 招标人应当按照资格预审公告、招标公告或者投标邀请书规定的时间、地点出售招标文件或者资格预审文件。自招标文件或者资格预审文件出售之日起至停止出售之日止，最短不得少于五日。

第十三条 进行资格预审的，招标人只向资格预审合格的潜在投标人发售招标文件，并同时向资格预审不合格的潜在投标人告知资格预审结果。

第十四条 凡是资格预审合格的潜在投标人都应被允许参加投标。

招标人不得以抽签、摇号等不合理条件限制或者排斥资格预审合格的潜在投标人参加投标。

第十五条 招标人应当根据招标项目的特点和需要编制招标文件。

勘察设计招标文件应当包括下列内容：

（一）投标须知；

（二）投标文件格式及主要合同条款；

（三）项目说明书，包括资金来源情况；

（四）勘察设计范围，对勘察设计进度、阶段和深度要求；

（五）勘察设计基础资料；

（六）勘察设计费用支付方式，对未中标人是否给予补偿及补偿标准；

（七）投标报价要求；

（八）对投标人资格审查的标准；

（九）评标标准和方法；

（十）投标有效期。

投标有效期，从提交投标文件截止日起计算。

对招标文件的收费应仅限于补偿印刷、邮寄的成本支出，招标人不得通过出售招标文件谋取利益。

第十六条 招标人负责提供与招标项目有关的基础资料，并保证所提供资料的真实性、完整性。涉及国家秘密的除外。

第十七条 对于潜在投标人在阅读招标文件和现场踏勘中提出的疑问，招标人可以书面形式或召开投标预备会的方式解答，但需同时将解答以书面方式通知所有招标文件收受人。该解答的内容为招标文件的组成部分。

第十八条 招标人可以要求投标人在提交符合招标文件规定要求的投标文件外，提交备选投标文件，但应当在招标文件中做出说明，并提出相应的评审和比较办法。

第十九条 招标人应当确定潜在投标人编制投标文件所需要的合理时间。

依法必须进行勘察设计招标的项目，自招标文件开始发出之日起至投标人提交投标文件截止之日止，最短不得少于二十日。

第二十条 除不可抗力原因外，招标人在发布招标公告或者发出投标邀请书后不得终止招标，也不得在出售招标文件后终止招标。

第三章 投　　标

第二十一条 投标人是响应招标、参加投标竞争的法人或者其他组织。

在其本国注册登记，从事建筑、工程服务的国外设计企业参加投标的，必须符合中华人民共和国缔结或者参加的国际条约、协定中所作的市场准入承诺以及有关勘察设计市场准入的管理规定。

投标人应当符合国家规定的资质条件。

第二十二条 投标人应当按照招标文件或者投标邀请书的要求编制投标文件。投标文件中的勘察设计收费报价，应当符合国务院价格主管部门制定的工程勘察设计收费标准。

第二十三条 投标人在投标文件有关技术方案和要求中不得指定与工程建设项目有关的重要设备、材料的生产供应者，或者含有倾向或者排斥特定生产供应者的内容。

第二十四条 招标文件要求投标人提交投标保证金的，保证金数额不得超过勘察设计估算费用的百分之二，最多不超过十万元人民币。

依法必须进行招标的项目的境内投标单位，以现金或者支票形式提交的投标保证金应当从其基本账户转出。

第二十五条 在提交投标文件截止时间后到招标文件规定的投标有效期终止之前，投标人不得撤销其投标文件，否则招标人可以不退还投标保证金。

第二十六条 投标人在投标截止时间前提交的投标文件，补充、修改或撤回投标文件的通知，备选投标文件等，都必须加盖所在单位公章，并且由其法定代表人或授权代表签字，但招标文件另有规定的除外。

招标人在接收上述材料时，应检查其密封或签章是否完好，并向投标人出具标明签收人和签收时间的回执。

第二十七条 以联合体形式投标的，联合体各方应签订共同投标协议，连同投标文件一并提交招标人。

联合体各方不得再单独以自己名义，或者参加另外的联合体投同一个标。

招标人接受联合体投标并进行资格预审的，联合体应当在提交资格预审申请文件前组成。资格预审后联合体增减、更换成员的，其投标无效。

第二十八条 联合体中标的，应指定牵头人或代表，授权其代表所有联合体成员与招标人签订合同，负责整个合同实施阶段的协调工作。但是，需要向招标人提交由所有联合体成员法定代表人签署的授权委托书。

第二十九条 投标人不得以他人名义投标，也不得利用伪造、转让、无效或者租借的资质证书参加投标，或者以任何方式请其他单位在自己编制的投标文件代为签字盖章，损害国家利益、社会公共利益和招标人的合法权益。

第三十条 投标人不得通过故意压低投资额、降低施工技术要求、减少占地面积，或者缩短工期等手段弄虚作假，骗取中标。

第四章　开标、评标和中标

第三十一条 开标应当在招标文件确定的提交投标文件截止时间的同一时间公开进行；除不可抗力原因外，招标人不得以任何理由拖延开标，或者拒绝开标。

投标人对开标有异议的，应当在开标现场提出，招标人应当当场作出答复，并制作记录。

第三十二条 评标工作由评标委员会负责。评标委员会的组成方式及要求，按《中华人民共和国招标投标法》、《中华人民共和国招标投标法实施条例》及《评标委员会和评标方法暂行规定》（国家计委等七部委联合令第 12 号）的有关规定执行。

第三十三条 勘察设计评标一般采取综合评估法进行。评标委员会应当按照招标文件确定的评标标准和方法，结合经批准的项目建议书、可行性研究报告或者上阶段设计批复文件，对投标人的业绩、信誉和勘察设计人员的能力以及勘察设计方案的优劣进行综合评定。

招标文件中没有规定的标准和方法，不得作为评标的依据。

第三十四条 评标委员会可以要求投标人对其技术文件进行必要的说明或介绍，但不得提出带有暗示性或诱导性的问题，也不得明确指出其投标文件中的遗漏和错误。

第三十五条 根据招标文件的规定，允许投标人投备选标的，评标委员会可以对中标人所提交的备选标进行评审，以决定是否采纳备选标。不符合中标条件的投标人的备选标不予考虑。

第三十六条 投标文件有下列情况之一的，评标委员会应当否决其投标：

（一）未经投标单位盖章和单位负责人签字；

（二）投标报价不符合国家颁布的勘察设计取费标准，或者低于成本，或者高于招标文件设定的最高投标限价；

（三）未响应招标文件的实质性要求和条件。

第三十七条 投标人有下列情况之一的，评标委员会应当否决其投标：

（一）不符合国家或者招标文件规定的资格条件；

（二）与其他投标人或者与招标人串通投标；

（三）以他人名义投标，或者以其他方式弄虚作假；

（四）以向招标人或者评标委员会成员行贿的手段谋取中标；

（五）以联合体形式投标，未提交共同投标协议；

（六）提交两个以上不同的投标文件或者投标报价，但招标文件要求提交备选投标的除外。

第三十八条 评标委员会完成评标后，应当向招标人提出书面评标报告，推荐合格的中标候选人。

评标报告的内容应当符合《评标委员会和评标方法暂行规定》第四十二条的规定。但是，评标委员会决定否决所有投标的，应在评标报告中详细说明理由。

第三十九条 评标委员会推荐的中标候选人应当限定在一至三人，并标明排列顺序。

能够最大限度地满足招标文件中规定的各项综合评价标准的投标人，应当推荐为中标候选人。

第四十条 国有资金占控股或者主导地位的依法必须招标的项目，招标人应当确定排名第一的中标候选人为中标人。

排名第一的中标候选人放弃中标、因不可抗力提出不能履行合同，不按照招标文件要求提交履约保证金，或者被查实存在影响中标结果的违法行为等情形，不符合中标条件的，招标人可以按照评标委员会提出的中标候选人名单排序依次确定其他中标候选人为中标人。依次确定其他中标候选人与招标人预期差距较大，或者对招标人明显不利的，招标人可以重新招标。

招标人可以授权评标委员会直接确定中标人。

国务院对中标人的确定另有规定的，从其规定。

第四十一条 招标人应在接到评标委员会的书面评标报告之日起三日内公示中标候选人，公示期不少于三日。

第四十二条 招标人和中标人应当在投标有效期内并在自中标通知书发出之日起三十日内，按照招标文件和中标人的投标文件订立书面合同。

中标人履行合同应当遵守《合同法》以及《建设工程勘察设计管理条例》

中勘察设计文件编制实施的有关规定。

第四十三条　招标人不得以压低勘察设计费、增加工作量、缩短勘察设计周期等作为发出中标通知书的条件,也不得与中标人再行订立背离合同实质性内容的其他协议。

第四十四条　招标人与中标人签订合同后五日内,应当向中标人和未中标人一次性退还投标保证金及银行同期存款利息。招标文件中规定给予未中标人经济补偿的,也应在此期限内一并给付。

招标文件要求中标人提交履约保证金的,中标人应当提交;经中标人同意,可将其投标保证金抵作履约保证金。

第四十五条　招标人或者中标人采用其他未中标人投标文件中技术方案的,应当征得未中标人的书面同意,并支付合理的使用费。

第四十六条　评标定标工作应当在投标有效期内完成,不能如期完成的,招标人应当通知所有投标人延长投标有效期。

同意延长投标有效期的投标人应当相应延长其投标担保的有效期,但不得修改投标文件的实质性内容。

拒绝延长投标有效期的投标人有权收回投标保证金。招标文件中规定给予未中标人补偿的,拒绝延长的投标人有权获得补偿。

第四十七条　依法必须进行勘察设计招标的项目,招标人应当在确定中标人之日起十五日内,向有关行政监督部门提交招标投标情况的书面报告。

书面报告一般应包括以下内容:

(一)招标项目基本情况;

(二)投标人情况;

(三)评标委员会成员名单;

(四)开标情况;

(五)评标标准和方法;

(六)否决投标情况;

(七)评标委员会推荐的经排序的中标候选人名单;

(八)中标结果;

(九)未确定排名第一的中标候选人为中标人的原因;

(十)其他需说明的问题。

第四十八条　在下列情况下,依法必须招标项目的招标人在分析招标失败的原因并采取相应措施后,应当依照本办法重新招标:

(一)资格预审合格的潜在投标人不足三个的;

(二)在投标截止时间前提交投标文件的投标人少于三个的;

（三）所有投标均被否决的；

（四）评标委员会否决不合格投标后，因有效投标不足三个使得投标明显缺乏竞争，评标委员会决定否决全部投标的；

（五）根据第四十六条规定，同意延长投标有效期的投标人少于三个的。

第四十九条 招标人重新招标后，发生本办法第四十八条情形之一的，属于按照国家规定需要政府审批、核准的项目，报经原项目审批、核准部门审批、核准后可以不再进行招标；其他工程建设项目，招标人可自行决定不再进行招标。

第五章 罚 则

第五十条 招标人有下列限制或者排斥潜在投标人行为之一的，由有关行政监督部门依照招标投标法第五十一条的规定处罚；其中，构成依法必须进行勘察设计招标的项目的招标人规避招标的，依照招标投标法第四十九条的规定处罚：

（一）依法必须公开招标的项目不按照规定在指定媒介发布资格预审公告或者招标公告；

（二）在不同媒介发布的同一招标项目的资格预审公告或者招标公告的内容不一致，影响潜在投标人申请资格预审或者投标。

第五十一条 招标人有下列情形之一的，由有关行政监督部门责令改正，可以处10万元以下的罚款：

（一）依法应当公开招标而采用邀请招标；

（二）招标文件、资格预审文件的发售、澄清、修改的时限，或者确定的提交资格预审申请文件、投标文件的时限不符合招标投标法和招标投标法实施条例规定；

（三）接受未通过资格预审的单位或者个人参加投标；

（四）接受应当拒收的投标文件。招标人有前款第一项、第三项、第四项所列行为之一的，对单位直接负责的主管人员和其他直接责任人员依法给予处分。

第五十二条 依法必须进行招标的项目的投标人以他人名义投标，利用伪造、转让、租借、无效的资质证书参加投标，或者请其他单位在自己编制的投标文件上代为签字盖章，弄虚作假，骗取中标的，中标无效。尚未构成犯罪的，处中标项目金额千分之五以上千分之十以下的罚款，对单位直接负责的主管人员和其他直接责任人员处单位罚款数额百分之五以上百分之十以下的罚款；有违法所得的，并处没收违法所得；情节严重的，取消其一年至三年内参加依法必须进行招标的项目的投标资格并予以公告,直至由工商行政管理机关吊销营业执照。

第五十三条 招标人以抽签、摇号等不合理的条件限制或者排斥资格预审合格的潜在投标人参加投标,对潜在投标人实行歧视待遇的,强制要求投标人组成联合体共同投标的,或者限制投标人之间竞争的,责令改正,可以处一万元以上五万元以下的罚款。

依法必须进行招标的项目的招标人不按照规定组建评标委员会,或者确定、更换评标委员会成员违反招标投标法和招标投标法实施条例规定的,由有关行政监督部门责令改正,可以处10万元以下的罚款,对单位直接负责的主管人员和其他直接责任人员依法给予处分;违法确定或者更换的评标委员会成员作出的评审结论无效,依法重新进行评审。

第五十四条 评标委员会成员有下列行为之一的,由有关行政监督部门责令改正;情节严重的,禁止其在一定期限内参加依法必须进行招标的项目的评标;情节特别严重的,取消其担任评标委员会成员的资格:

(一)不按照招标文件规定的评标标准和方法评标;

(二)应当回避而不回避;

(三)擅离职守;

(四)私下接触投标人;

(五)向招标人征询确定中标人的意向或者接受任何单位或者个人明示或者暗示提出的倾向或者排斥特定投标人的要求;

(六)对依法应当否决的投标不提出否决意见;

(七)暗示或者诱导投标人作出澄清、说明或者接受投标人主动提出的澄清、说明;

(八)其他不客观、不公正履行职务的行为。

第五十五条 招标人与中标人不按照招标文件和中标人的投标文件订立合同,责令改正,可以处中标项目金额千分之五以上千分之十以下的罚款。

第五十六条 本办法对违法行为及其处罚措施未做规定的,依据《中华人民共和国招标投标法》、《中华人民共和国招标投标法实施条例》和有关法律、行政法规的规定执行。

第六章 附 则

第五十七条 使用国际组织或者外国政府贷款、援助资金的项目进行招标,贷款方、资金提供方对工程勘察设计招标投标的条件和程序另有规定的,可以适用其规定,但违背中华人民共和国社会公共利益的除外。

第五十八条 本办法发布之前有关勘察设计招标投标的规定与本办法不一致的,以本办法为准。法律或者行政法规另有规定的,从其规定。

第五十九条 本办法由国家发展和改革委员会会同有关部门负责解释。

第六十条 本办法自 2003 年 8 月 1 日起施行。

工程建设项目货物招标投标办法

1. 2005 年 1 月 18 日国家发展和改革委员会、建设部、铁道部、交通部、信息产业部、水利部、中国民用航空总局令第 27 号公布

2. 根据 2013 年 3 月 11 日国家发展和改革委员会、工业和信息化部、财政部、住房和城乡建设部、交通运输部、铁道部、水利部、国家广播电影电视总局、中国民用航空局令第 23 号《关于废止和修改部分招标投标规章和规范性文件的决定》修订

第一章 总 则

第一条 为规范工程建设项目的货物招标投标活动,保护国家利益、社会公共利益和招标投标活动当事人的合法权益,保证工程质量,提高投资效益,根据《中华人民共和国招标投标法》、《中华人民共和国招标投标法实施条例》和国务院有关部门的职责分工,制定本办法。

第二条 本办法适用于在中华人民共和国境内工程建设项目货物招标投标活动。

第三条 工程建设项目符合《工程建设项目招标范围和规模标准规定》(原国家计委令第 3 号)规定的范围和标准的,必须通过招标选择货物供应单位。

任何单位和个人不得将依法必须进行招标的项目化整为零或者以其他任何方式规避招标。

第四条 工程建设项目货物招标投标活动应当遵循公开、公平、公正和诚实信用的原则。货物招标投标活动不受地区或者部门的限制。

第五条 工程建设项目货物招标投标活动,依法由招标人负责。

工程建设项目招标人对项目实行总承包招标时,未包括在总承包范围内的货物属于依法必须进行招标的项目范围且达到国家规定规模标准的,应当由工程建设项目招标人依法组织招标。

工程建设项目实行总承包招标时,以暂估价形式包括在总承包范围内的货物属于依法必须进行招标的项目范围且达到国家规定规模标准的,应当依法组织招标。

第六条 各级发展改革、工业和信息化、住房城乡建设、交通运输、铁道、水利、民航等部门依照国务院和地方各级人民政府关于工程建设项目行政监督的职责分工，对工程建设项目中所包括的货物招标投标活动实施监督，依法查处货物招标投标活动中的违法行为。

第二章 招 标

第七条 工程建设项目招标人是依法提出招标项目、进行招标的法人或者其他组织。本办法第五条总承包中标人单独或者共同招标时，也为招标人。

第八条 依法必须招标的工程建设项目，应当具备下列条件才能进行货物招标：

（一）招标人已经依法成立；

（二）按照国家有关规定应当履行项目审批、核准或者备案手续的，已经审批、核准或者备案；

（三）有相应资金或者资金来源已经落实；

（四）能够提出货物的使用与技术要求。

第九条 依法必须进行招标的工程建设项目，按国家有关规定需要履行审批、核准手续的，招标人应当在报送的可行性研究报告、资金申请报告或者项目申请报告中将货物招标范围、招标方式（公开招标或邀请招标）、招标组织形式（自行招标或委托招标）等有关招标内容报项目审批、核准部门审批、核准。项目审批、核准部门应当将审批、核准的招标内容通报有关行政监督部门。

第十条 货物招标分为公开招标和邀请招标。

第十一条 依法应当公开招标的项目，有下列情形之一的，可以邀请招标：

（一）技术复杂、有特殊要求或者受自然环境限制，只有少量潜在投标人可供选择；

（二）采用公开招标方式的费用占项目合同金额的比例过大；

（三）涉及国家安全、国家秘密或者抢险救灾，适宜招标但不宜公开招标。

有前款第二项所列情形，属于按照国家有关规定需要履行项目审批、核准手续的依法必须进行招标的项目，由项目审批、核准部门认定；其他项目由招标人申请有关行政监督部门作出认定。

第十二条 采用公开招标方式的，招标人应当发布资格预审公告或者招标公告。依法必须进行货物招标的资格预审公告或者招标公告，应当在国家指定的报刊或者信息网络上发布。

采用邀请招标方式的,招标人应当向三家以上具备货物供应的能力、资信良好的特定的法人或者其他组织发出投标邀请书。

第十三条 招标公告或者投标邀请书应当载明下列内容:

(一)招标人的名称和地址;

(二)招标货物的名称、数量、技术规格、资金来源;

(三)交货的地点和时间;

(四)获取招标文件或者资格预审文件的地点和时间;

(五)对招标文件或者资格预审文件收取的费用;

(六)提交资格预审申请书或者投标文件的地点和截止日期;

(七)对投标人的资格要求。

第十四条 招标人应当按照资格预审公告、招标公告或者投标邀请书规定的时间、地点发售招标文件或者资格预审文件。自招标文件或者资格预审文件发售之日起至停止发售之日止,最短不得少于五日。

招标人可以通过信息网络或者其他媒介发布招标文件,通过信息网络或者其他媒介发布的招标文件与书面招标文件具有同等法律效力,出现不一致时以书面招标文件为准,但国家另有规定的除外。

对招标文件或者资格预审文件的收费应当限于补偿印刷、邮寄的成本支出,不得以营利为目的。

除不可抗力原因外,招标文件或者资格预审文件发出后,不予退还;招标人在发布招标公告、发出投标邀请书后或者发出招标文件或资格预审文件后不得终止招标。招标人终止招标的,应当及时发布公告,或者以书面形式通知被邀请的或者已经获取资格预审文件、招标文件的潜在投标人。已经发售资格预审文件、招标文件或者已经收取投标保证金的,招标人应当及时退还所收取的资格预审文件、招标文件的费用,以及所收取的投标保证金及银行同期存款利息。

第十五条 招标人可以根据招标货物的特点和需要,对潜在投标人或者投标人进行资格审查;国家对潜在投标人或者投标人的资格条件有规定的,依照其规定。

第十六条 资格审查分为资格预审和资格后审。

资格预审,是指招标人出售招标文件或者发出投标邀请书前对潜在投标人进行的资格审查。资格预审一般适用于潜在投标人较多或者大型、技术复杂货物的招标。

资格后审,是指在开标后对投标人进行的资格审查。资格后审一般在评标过程中的初步评审开始时进行。

第十七条 采取资格预审的,招标人应当发布资格预审公告。资格预审公告适用本办法第十二条、第十三条有关招标公告的规定。

第十八条 资格预审文件一般包括下列内容:

(一)资格预审公告;

(二)申请人须知;

(三)资格要求;

(四)其他业绩要求;

(五)资格审查标准和方法;

(六)资格预审结果的通知方式。

第十九条 采取资格预审的,招标人应当在资格预审文件中详细规定资格审查的标准和方法;采取资格后审的,招标人应当在招标文件中详细规定资格审查的标准和方法。

招标人在进行资格审查时,不得改变或补充载明的资格审查标准和方法或者以没有载明的资格审查标准和方法对潜在投标人或者投标人进行资格审查。

第二十条 经资格预审后,招标人应当向资格预审合格的潜在投标人发出资格预审合格通知书,告知获取招标文件的时间、地点和方法,并同时向资格预审不合格的潜在投标人告知资格预审结果。依法必须招标的项目通过资格预审的申请人不足三个的,招标人在分析招标失败的原因并采取相应措施后,应当重新招标。

对资格后审不合格的投标人,评标委员会应当否决其投标。

第二十一条 招标文件一般包括下列内容:

(一)招标公告或者投标邀请书;

(二)投标人须知;

(三)投标文件格式;

(四)技术规格、参数及其他要求;

(五)评标标准和方法;

(六)合同主要条款。

招标人应当在招标文件中规定实质性要求和条件,说明不满足其中任何一项实质性要求和条件的投标将被拒绝,并用醒目的方式标明;没有标明的要求和条件在评标时不得作为实质性要求和条件。对于非实质性要求和条件,应规定允许偏差的最大范围、最高项数,以及对这些偏差进行调整的方法。

国家对招标货物的技术、标准、质量等有规定的,招标人应当按照其规定在招标文件中提出相应要求。

第二十二条 招标货物需要划分标包的,招标人应合理划分标包,确定各标包的交货期,并在招标文件中如实载明。

招标人不得以不合理的标包限制或者排斥潜在投标人或者投标人。依法必须进行招标的项目的招标人不得利用标包划分规避招标。

第二十三条 招标人允许中标人对非主体货物进行分包的,应当在招标文件中载明。主要设备、材料或者供货合同的主要部分不得要求或者允许分包。

除招标文件要求不得改变标准货物的供应商外,中标人经招标人同意改变标准货物的供应商的,不应视为转包和违法分包。

第二十四条 招标人可以要求投标人在提交符合招标文件规定要求的投标文件外,提交备选投标方案,但应当在招标文件中作出说明。不符合中标条件的投标人的备选投标方案不予考虑。

第二十五条 招标文件规定的各项技术规格应当符合国家技术法规的规定。

招标文件中规定的各项技术规格均不得要求或标明某一特定的专利技术、商标、名称、设计、原产地或供应者等,不得含有倾向或者排斥潜在投标人的其他内容。如果必须引用某一供应者的技术规格才能准确或清楚地说明拟招标货物的技术规格时,则应当在参照后面加上"或相当于"的字样。

第二十六条 招标文件应当明确规定评标时包含价格在内的所有评标因素,以及据此进行评估的方法。

在评标过程中,不得改变招标文件中规定的评标标准、方法和中标条件。

第二十七条 招标人可以在招标文件中要求投标人以自己的名义提交投标保证金。投标保证金除现金外,可以是银行出具的银行保函、保兑支票、银行汇票或现金支票,也可以是招标人认可的其他合法担保形式。依法必须进行招标的项目的境内投标单位,以现金或者支票形式提交的投标保证金应当从其基本账户转出。

投标保证金不得超过项目估算价的百分之二,但最高不得超过八十万元人民币。投标保证金有效期应当与投标有效期一致。

投标人应当按照招标文件要求的方式和金额,在提交投标文件截止时间前将投标保证金提交给招标人或其委托的招标代理机构。

第二十八条 招标文件应当规定一个适当的投标有效期,以保证招标人有足够的时间完成评标和与中标人签订合同。投标有效期从招标文件规定的提交投标文件截止之日起计算。

在原投标有效期结束前,出现特殊情况的,招标人可以书面形式要求所有投标人延长投标有效期。投标人同意延长的,不得要求或被允许修改其投标文件的实质性内容，但应当相应延长其投标保证金的有效期；投标人拒绝延长的，其投标失效，但投标人有权收回其投标保证金及银行同期存款利息。

依法必须进行招标的项目同意延长投标有效期的投标人少于三个的，招标人在分析招标失败的原因并采取相应措施后，应当重新招标。

第二十九条 对于潜在投标人在阅读招标文件中提出的疑问，招标人应当以书面形式、投标预备会方式或者通过电子网络解答，但需同时将解答以书面方式通知所有购买招标文件的潜在投标人。该解答的内容为招标文件的组成部分。

除招标文件明确要求外，出席投标预备会不是强制性的，由潜在投标人自行决定，并自行承担由此可能产生的风险。

第三十条 招标人应当确定投标人编制投标文件所需的合理时间。依法必须进行招标的货物，自招标文件开始发出之日起至投标人提交投标文件截止之日止，最短不得少于二十日。

第三十一条 对无法精确拟定其技术规格的货物，招标人可以采用两阶段招标程序。

在第一阶段，招标人可以首先要求潜在投标人提交技术建议，详细阐明货物的技术规格、质量和其它特性。招标人可以与投标人就其建议的内容进行协商和讨论，达成一个统一的技术规格后编制招标文件。

在第二阶段，招标人应当向第一阶段提交了技术建议的投标人提供包含统一技术规格的正式招标文件，投标人根据正式招标文件的要求提交包括价格在内的最后投标文件。

招标人要求投标人提交投标保证金的，应当在第二阶段提出。

第三章　投　　标

第三十二条 投标人是响应招标、参加投标竞争的法人或者其他组织。

法定代表人为同一个人的两个及两个以上法人，母公司、全资子公司及其控股公司，都不得在同一货物招标中同时投标。

违反前两款规定的，相关投标均无效。

一个制造商对同一品牌同一型号的货物，仅能委托一个代理商参加投标。

第三十三条 投标人应当按照招标文件的要求编制投标文件。投标文件应当对招标文件提出的实质性要求和条件作出响应。

投标文件一般包括下列内容：

（一）投标函；

（二）投标一览表；

（三）技术性能参数的详细描述；

（四）商务和技术偏差表；

（五）投标保证金；

（六）有关资格证明文件；

（七）招标文件要求的其他内容。

投标人根据招标文件载明的货物实际情况，拟在中标后将供货合同中的非主要部分进行分包的，应当在投标文件中载明。

第三十四条 投标人应当在招标文件要求提交投标文件的截止时间前，将投标文件密封送达招标文件中规定的地点。招标人收到投标文件后，应当向投标人出具标明签收人和签收时间的凭证，在开标前任何单位和个人不得开启投标文件。

在招标文件要求提交投标文件的截止时间后送达的投标文件，招标人应当拒收。

依法必须进行招标的项目，提交投标文件的投标人少于三个的，招标人在分析招标失败的原因并采取相应措施后，应当重新招标。重新招标后投标人仍少于三个，按国家有关规定需要履行审批、核准手续的依法必须进行招标的项目，报项目审批、核准部门审批、核准后可以不再进行招标。

第三十五条 投标人在招标文件要求提交投标文件的截止时间前，可以补充、修改、替代或者撤回已提交的投标文件，并书面通知招标人。补充、修改的内容为投标文件的组成部分。

第三十六条 在提交投标文件截止时间后，投标人不得撤销其投标文件，否则招标人可以不退还其投标保证金。

第三十七条 招标人应妥善保管好已接收的投标文件、修改或撤回通知、备选投标方案等投标资料，并严格保密。

第三十八条 两个以上法人或者其他组织可以组成一个联合体，以一个投标人的身份共同投标。

联合体各方签订共同投标协议后，不得再以自己名义单独投标，也不得组成或参加其他联合体在同一项目中投标；否则相关投标均无效。

联合体中标的，应当指定牵头人或代表，授权其代表所有联合体成员与招标人签订合同，负责整个合同实施阶段的协调工作。但是，需要向招标人提交由所有联合体成员法定代表人签署的授权委托书。

第三十九条 招标人接受联合体投标并进行资格预审的，联合体应当在提交资格预审申请文件前组成。资格预审后联合体增减、更换成员的，其投标无效。

招标人不得强制资格预审合格的投标人组成联合体。

第四章 开标、评标和定标

第四十条 开标应当在招标文件确定的提交投标文件截止时间的同一时间公开进行；开标地点应当为招标文件中确定的地点。

投标人或其授权代表有权出席开标会，也可以自主决定不参加开标会。

投标人对开标有异议的，应当在开标现场提出，招标人应当当场作出答复，并制作记录。

第四十一条 投标文件有下列情形之一的，招标人应当拒收：

（一）逾期送达；

（二）未按招标文件要求密封。

有下列情形之一的，评标委员会应当否决其投标：

（一）投标文件未经投标单位盖章和单位负责人签字；

（二）投标联合体没有提交共同投标协议；

（三）投标人不符合国家或者招标文件规定的资格条件；

（四）同一投标人提交两个以上不同的投标文件或者投标报价，但招标文件要求提交备选投标的除外；

（五）投标标价低于成本或者高于招标文件设定的最高投标限价；

（六）投标文件没有对招标文件的实质性要求和条件作出响应；

（七）投标人有串通投标、弄虚作假、行贿等违法行为。

依法必须招标的项目评标委员会否决所有投标的，或者评标委员会否决一部分投标后其他有效投标不足三个使得投标明显缺乏竞争，决定否决全部投标的，招标人在分析招标失败的原因并采取相应措施后，应当重新招标。

第四十二条 评标委员会可以书面方式要求投标人对投标文件中含义不明确、对同类问题表述不一致或者有明显文字和计算错误的内容作必要的澄清、说明或补正。评标委员会不得向投标人提出带有暗示性或诱导性的问题，或向其明确投标文件中的遗漏和错误。

第四十三条 投标文件不响应招标文件的实质性要求和条件的，评标委员会不得允许投标人通过修正或撤销其不符合要求的差异或保留，使之成为具有响应性的投标。

第四十四条 技术简单或技术规格、性能、制作工艺要求统一的货物，一般采用经评审的最低投标价法进行评标。技术复杂或技术规格、性能、制作工艺要求难以统一的货物，一般采用综合评估法进行评标。

第四十五条 符合招标文件要求且评标价最低或综合评分最高而被推荐为中

标候选人的投标人,其所提交的备选投标方案方可予以考虑。

第四十六条 评标委员会完成评标后,应向招标人提出书面评标报告。评标报告由评标委员会全体成员签字。

第四十七条 评标委员会在书面评标报告中推荐的中标候选人应当限定在一至三人,并标明排列顺序。招标人应当接受评标委员会推荐的中标候选人,不得在评标委员会推荐的中标候选人之外确定中标人。

依法必须进行招标的项目,招标人应当自收到评标报告之日起三日内公示中标候选人,公示期不得少于三日。

第四十八条 国有资金占控股或者主导地位的依法必须进行招标的项目,招标人应当确定排名第一的中标候选人为中标人。排名第一的中标候选人放弃中标、因不可抗力提出不能履行合同、不按照招标文件要求提交履约保证金,或者被查实存在影响中标结果的违法行为等情形,不符合中标条件的,招标人可以按照评标委员会提出的中标候选人名单排序依次确定其他中标候选人为中标人。依次确定其他中标候选人与招标人预期差距较大,或者对招标人明显不利的,招标人可以重新招标。

招标人可以授权评标委员会直接确定中标人。

国务院对中标人的确定另有规定的,从其规定。

第四十九条 招标人不得向中标人提出压低报价、增加配件或者售后服务量以及其他超出招标文件规定的违背中标人意愿的要求,以此作为发出中标通知书和签订合同的条件。

第五十条 中标通知书对招标人和中标人具有法律效力。中标通知书发出后,招标人改变中标结果的,或者中标人放弃中标项目的,应当依法承担法律责任。

中标通知书由招标人发出,也可以委托其招标代理机构发出。

第五十一条 招标人和中标人应当在投标有效期内并在自中标通知书发出之日起三十日内,按照招标文件和中标人的投标文件订立书面合同。招标人和中标人不得再行订立背离合同实质性内容的其他协议。

招标文件要求中标人提交履约保证金或者其他形式履约担保的,中标人应当提交;拒绝提交的,视为放弃中标项目。招标人要求中标人提供履约保证金或其他形式履约担保的,招标人应当同时向中标人提供货物款支付担保。

履约保证金不得超过中标合同金额的10%。

第五十二条 招标人最迟应当在书面合同签订后五日内,向中标人和未中标的投标人一次性退还投标保证金及银行同期存款利息。

第五十三条 必须审批的工程建设项目,货物合同价格应当控制在批准的概算投资范围内;确需超出范围的,应当在中标合同签订前,报原项目审批部门审查同意。项目审批部门应当根据招标的实际情况,及时作出批准或者不予批准的决定;项目审批部门不予批准的,招标人应当自行平衡超出的概算。

第五十四条 依法必须进行货物招标的项目,招标人应当自确定中标人之日起十五日内,向有关行政监督部门提交招标投标情况的书面报告。

前款所称书面报告至少应包括下列内容:

(一)招标货物基本情况;

(二)招标方式和发布招标公告或者资格预审公告的媒介;

(三)招标文件中投标人须知、技术条款、评标标准和方法、合同主要条款等内容;

(四)评标委员会的组成和评标报告;

(五)中标结果。

第五章 罚　　则

第五十五条 招标人有下列限制或者排斥潜在投标行为之一的,由有关行政监督部门依照招标投标法第五十一条的规定处罚;其中,构成依法必须进行招标的项目的招标人规避招标的,依照招标投标法第四十九条的规定处罚:

(一)依法应当公开招标的项目不按照规定在指定媒介发布资格预审公告或者招标公告;

(二)在不同媒介发布的同一招标项目的资格预审公告或者招标公告内容不一致,影响潜在投标人申请资格预审或者投标。

第五十六条 招标人有下列情形之一的,由有关行政监督部门责令改正,可以处 10 万元以下的罚款:

(一)依法应当公开招标而采用邀请招标;

(二)招标文件、资格预审文件的发售、澄清、修改的时限,或者确定的提交资格预审申请文件、投标文件的时限不符合招标投标法和招标投标法实施条例规定;

(三)接受未通过资格预审的单位或者个人参加投标;

(四)接受应当拒收的投标文件。招标人有前款第一项、第三项、第四项所列行为之一的,对单位直接负责的主管人员和其他直接责任人员依法给予处分。

第五十七条 评标委员会成员有下列行为之一的,由有关行政监督部门责令改正;情节严重的,禁止其在一定期限内参加依法必须进行招标的项目的评标;

情节特别严重的，取消其担任评标委员会成员的资格：

（一）应当回避而不回避；

（二）擅离职守；

（三）不按照招标文件规定的评标标准和方法评标；

（四）私下接触投标人；

（五）向招标人征询确定中标人的意向或者接受任何单位或者个人明示或者暗示提出的倾向或者排斥特定投标人的要求；

（六）对依法应当否决的投标不提出否决意见；

（七）暗示或者诱导投标人作出澄清、说明或者接受投标人主动提出的澄清、说明；

（八）其他不客观、不公正履行职务的行为。

第五十八条　依法必须进行招标的项目的招标人有下列情形之一的，由有关行政监督部门责令改正，可以处中标项目金额千分之十以下的罚款；给他人造成损失的，依法承担赔偿责任；对单位直接负责的主管人员和其他直接责任人员依法给予处分：

（一）无正当理由不发出中标通知书；

（二）不按照规定确定中标人；

（三）中标通知书发出后无正当理由改变中标结果；

（四）无正当理由不与中标人订立合同；

（五）在订立合同时向中标人提出附加条件。

中标通知书发出后，中标人放弃中标项目的，无正当理由不与招标人签订合同的，在签订合同时向招标人提出附加条件或者更改合同实质性内容的，或者拒不提交所要求的履约保证金的，取消其中标资格，投标保证金不予退还；给招标人的损失超过投标保证金数额的，中标人应当对超过部分予以赔偿；没有提交投标保证金的，应当对招标人的损失承担赔偿责任。对依法必须进行招标的项目的中标人，由有关行政监督部门责令改正，可以处中标金额千分之十以下罚款。

第五十九条　招标人不履行与中标人订立的合同的，应当返还中标人的履约保证金，并承担相应的赔偿责任；没有提交履约保证金的，应当对中标人的损失承担赔偿责任。

因不可抗力不能履行合同的，不适用前款规定。

第六十条　中标无效的，发出的中标通知书和签订的合同自始没有法律约束力，但不影响合同中独立存在的有关解决争议方法的条款的效力。

第六章 附 则

第六十一条 不属于工程建设项目,但属于固定资产投资的货物招标投标活动,参照本办法执行。

第六十二条 使用国际组织或者外国政府贷款、援助资金的项目进行招标,贷款方、资金提供方对货物招标投标活动的条件和程序有不同规定的,可以适用其规定,但违背中华人民共和国社会公共利益的除外。

第六十三条 本办法由国家发展和改革委员会会同有关部门负责解释。

第六十四条 本办法自2005年3月1日起施行。

电子招标投标办法

1. 2013年2月4日国家发展和改革委员会、工业和信息化部、监察部、住房和城乡建设部、交通运输部、铁道部、水利部、商务部令第20号公布

2. 自2013年5月1日起施行

第一章 总 则

第一条 为了规范电子招标投标活动,促进电子招标投标健康发展,根据《中华人民共和国招标投标法》、《中华人民共和国招标投标法实施条例》(以下分别简称招标投标法、招标投标法实施条例),制定本办法。

第二条 在中华人民共和国境内进行电子招标投标活动,适用本办法。

本办法所称电子招标投标活动是指以数据电文形式,依托电子招标投标系统完成的全部或者部分招标投标交易、公共服务和行政监督活动。

数据电文形式与纸质形式的招标投标活动具有同等法律效力。

第三条 电子招标投标系统根据功能的不同,分为交易平台、公共服务平台和行政监督平台。

交易平台是以数据电文形式完成招标投标交易活动的信息平台。公共服务平台是满足交易平台之间信息交换、资源共享需要,并为市场主体、行政监督部门和社会公众提供信息服务的信息平台。行政监督平台是行政监督部门和监察机关在线监督电子招标投标活动的信息平台。

电子招标投标系统的开发、检测、认证、运营应当遵守本办法及所附《电子招标投标系统技术规范》(以下简称技术规范)。

第四条 国务院发展改革部门负责指导协调全国电子招标投标活动,各级地方人民政府发展改革部门负责指导协调本行政区域内电子招标投标活动。各级人民政府发展改革、工业和信息化、住房城乡建设、交通运输、铁道、水利、商务等部门，按照规定的职责分工，对电子招标投标活动实施监督，依法查处电子招标投标活动中的违法行为。

依法设立的招标投标交易场所的监管机构负责督促、指导招标投标交易场所推进电子招标投标工作，配合有关部门对电子招标投标活动实施监督。

省级以上人民政府有关部门对本行政区域内电子招标投标系统的建设、运营，以及相关检测、认证活动实施监督。

监察机关依法对与电子招标投标活动有关的监察对象实施监察。

第二章　电子招标投标交易平台

第五条　电子招标投标交易平台按照标准统一、互联互通、公开透明、安全高效的原则以及市场化、专业化、集约化方向建设和运营。

第六条　依法设立的招标投标交易场所、招标人、招标代理机构以及其他依法设立的法人组织可以按行业、专业类别，建设和运营电子招标投标交易平台。国家鼓励电子招标投标交易平台平等竞争。

第七条　电子招标投标交易平台应当按照本办法和技术规范规定，具备下列主要功能：

（一）在线完成招标投标全部交易过程；

（二）编辑、生成、对接、交换和发布有关招标投标数据信息；

（三）提供行政监督部门和监察机关依法实施监督和受理投诉所需的监督通道；

（四）本办法和技术规范规定的其他功能。

第八条　电子招标投标交易平台应当按照技术规范规定，执行统一的信息分类和编码标准，为各类电子招标投标信息的互联互通和交换共享开放数据接口、公布接口要求。

电子招标投标交易平台接口应当保持技术中立，与各类需要分离开发的工具软件相兼容对接，不得限制或者排斥符合技术规范规定的工具软件与其对接。

第九条　电子招标投标交易平台应当允许社会公众、市场主体免费注册登录和获取依法公开的招标投标信息，为招标投标活动当事人、行政监督部门和监察机关按各自职责和注册权限登录使用交易平台提供必要条件。

第十条　电子招标投标交易平台应当依照《中华人民共和国认证认可条例》等有关规定进行检测、认证，通过检测、认证的电子招标投标交易平台应当在省级以上电子招标投标公共服务平台上公布。

电子招标投标交易平台服务器应当设在中华人民共和国境内。

第十一条 电子招标投标交易平台运营机构应当是依法成立的法人，拥有一定数量的专职信息技术、招标专业人员。

第十二条 电子招标投标交易平台运营机构应当根据国家有关法律法规及技术规范，建立健全电子招标投标交易平台规范运行和安全管理制度，加强监控、检测，及时发现和排除隐患。

第十三条 电子招标投标交易平台运营机构应当采用可靠的身份识别、权限控制、加密、病毒防范等技术，防范非授权操作，保证交易平台的安全、稳定、可靠。

第十四条 电子招标投标交易平台运营机构应当采取有效措施，验证初始录入信息的真实性，并确保数据电文不被篡改、不遗漏和可追溯。

第十五条 电子招标投标交易平台运营机构不得以任何手段限制或者排斥潜在投标人，不得泄露依法应当保密的信息，不得弄虚作假、串通投标或者为弄虚作假、串通投标提供便利。

第三章 电子招标

第十六条 招标人或者其委托的招标代理机构应当在其使用的电子招标投标交易平台注册登记，选择使用除招标人或招标代理机构之外第三方运营的电子招标投标交易平台的，还应当与电子招标投标交易平台运营机构签订使用合同，明确服务内容、服务质量、服务费用等权利和义务，并对服务过程中相关信息的产权归属、保密责任、存档等依法作出约定。

电子招标投标交易平台运营机构不得以技术和数据接口配套为由，要求潜在投标人购买指定的工具软件。

第十七条 招标人或者其委托的招标代理机构应当在资格预审公告、招标公告或者投标邀请书中载明潜在投标人访问电子招标投标交易平台的网络地址和方法。依法必须进行公开招标项目的上述相关公告应当在电子招标投标交易平台和国家指定的招标公告媒介同步发布。

第十八条 招标人或者其委托的招标代理机构应当及时将数据电文形式的资格预审文件、招标文件加载至电子招标投标交易平台，供潜在投标人下载或者查阅。

第十九条 数据电文形式的资格预审公告、招标公告、资格预审文件、招标文件等应当标准化、格式化，并符合有关法律法规以及国家有关部门颁发的标准文本的要求。

第二十条 除本办法和技术规范规定的注册登记外，任何单位和个人不得在招标投标活动中设置注册登记、投标报名等前置条件限制潜在投标人下载资格预审文件或者招标文件。

第二十一条 在投标截止时间前,电子招标投标交易平台运营机构不得向招标人或者其委托的招标代理机构以外的任何单位和个人泄露下载资格预审文件、招标文件的潜在投标人名称、数量以及可能影响公平竞争的其他信息。

第二十二条 招标人对资格预审文件、招标文件进行澄清或者修改的,应当通过电子招标投标交易平台以醒目的方式公告澄清或者修改的内容,并以有效方式通知所有已下载资格预审文件或者招标文件的潜在投标人。

第四章 电子投标

第二十三条 电子招标投标交易平台的运营机构,以及与该机构有控股或者管理关系可能影响招标公正性的任何单位和个人,不得在该交易平台进行的招标项目中投标和代理投标。

第二十四条 投标人应当在资格预审公告、招标公告或者投标邀请书载明的电子招标投标交易平台注册登记,如实递交有关信息,并经电子招标投标交易平台运营机构验证。

第二十五条 投标人应当通过资格预审公告、招标公告或者投标邀请书载明的电子招标投标交易平台递交数据电文形式的资格预审申请文件或者投标文件。

第二十六条 电子招标投标交易平台应当允许投标人离线编制投标文件,并且具备分段或者整体加密、解密功能。

投标人应当按照招标文件和电子招标投标交易平台的要求编制并加密投标文件。

投标人未按规定加密的投标文件,电子招标投标交易平台应当拒收并提示。

第二十七条 投标人应当在投标截止时间前完成投标文件的传输递交,并可以补充、修改或者撤回投标文件。投标截止时间前未完成投标文件传输的,视为撤回投标文件。投标截止时间后送达的投标文件,电子招标投标交易平台应当拒收。

电子招标投标交易平台收到投标人送达的投标文件,应当即时向投标人发出确认回执通知,并妥善保存投标文件。在投标截止时间前,除投标人补充、修改或者撤回投标文件外,任何单位和个人不得解密、提取投标文件。

第二十八条 资格预审申请文件的编制、加密、递交、传输、接收确认等,适用本办法关于投标文件的规定。

第五章 电子开标、评标和中标

第二十九条 电子开标应当按照招标文件确定的时间，在电子招标投标交易平台上公开进行，所有投标人均应当准时在线参加开标。

第三十条 开标时，电子招标投标交易平台自动提取所有投标文件，提示招标人和投标人按招标文件规定方式按时在线解密。解密全部完成后，应当向所有投标人公布投标人名称、投标价格和招标文件规定的其他内容。

第三十一条 因投标人原因造成投标文件未解密的，视为撤销其投标文件；因投标人之外的原因造成投标文件未解密的，视为撤回其投标文件，投标人有权要求责任方赔偿因此遭受的直接损失。部分投标文件未解密的，其他投标文件的开标可以继续进行。

招标人可以在招标文件中明确投标文件解密失败的补救方案，投标文件应按照招标文件的要求作出响应。

第三十二条 电子招标投标交易平台应当生成开标记录并向社会公众公布，但依法应当保密的除外。

第三十三条 电子评标应当在有效监控和保密的环境下在线进行。

根据国家规定应当进入依法设立的招标投标交易场所的招标项目，评标委员会成员应当在依法设立的招标投标交易场所登录招标项目所使用的电子招标投标交易平台进行评标。

评标中需要投标人对投标文件澄清或者说明的，招标人和投标人应当通过电子招标投标交易平台交换数据电文。

第三十四条 评标委员会完成评标后，应当通过电子招标投标交易平台向招标人提交数据电文形式的评标报告。

第三十五条 依法必须进行招标的项目中标候选人和中标结果应当在电子招标投标交易平台进行公示和公布。

第三十六条 招标人确定中标人后，应当通过电子招标投标交易平台以数据电文形式向中标人发出中标通知书，并向未中标人发出中标结果通知书。

招标人应当通过电子招标投标交易平台，以数据电文形式与中标人签订合同。

第三十七条 鼓励招标人、中标人等相关主体及时通过电子招标投标交易平台递交和公布中标合同履行情况的信息。

第三十八条 资格预审申请文件的解密、开启、评审、发出结果通知书等，适用本办法关于投标文件的规定。

第三十九条 投标人或者其他利害关系人依法对资格预审文件、招标文件、开标和评标结果提出异议,以及招标人答复,均应当通过电子招标投标交易平台进行。

第四十条 招标投标活动中的下列数据电文应当按照《中华人民共和国电子签名法》和招标文件的要求进行电子签名并进行电子存档:

(一)资格预审公告、招标公告或者投标邀请书;

(二)资格预审文件、招标文件及其澄清、补充和修改;

(三)资格预审申请文件、投标文件及其澄清和说明;

(四)资格审查报告、评标报告;

(五)资格预审结果通知书和中标通知书;

(六)合同;

(七)国家规定的其他文件。

第六章 信息共享与公共服务

第四十一条 电子招标投标交易平台应当依法及时公布下列主要信息:

(一)招标人名称、地址、联系人及联系方式;

(二)招标项目名称、内容范围、规模、资金来源和主要技术要求;

(三)招标代理机构名称、资格、项目负责人及联系方式;

(四)投标人名称、资质和许可范围、项目负责人;

(五)中标人名称、中标金额、签约时间、合同期限;

(六)国家规定的公告、公示和技术规范规定公布和交换的其他信息。

鼓励招标投标活动当事人通过电子招标投标交易平台公布项目完成质量、期限、结算金额等合同履行情况。

第四十二条 各级人民政府有关部门应当按照《中华人民共和国政府信息公开条例》等规定,在本部门网站及时公布并允许下载下列信息:

(一)有关法律法规规章及规范性文件;

(二)取得相关工程、服务资质证书或货物生产、经营许可证的单位名称、营业范围及年检情况;

(三)取得有关职称、职业资格的从业人员的姓名、电子证书编号;

(四)对有关违法行为作出的行政处理决定和招标投标活动的投诉处理情况;

(五)依法公开的工商、税务、海关、金融等相关信息。

第四十三条 设区的市级以上人民政府发展改革部门会同有关部门,按照政府主导、共建共享、公益服务的原则,推动建立本地区统一的电子招标投标公共服务平台,为电子招标投标交易平台、招标投标活动当事人、社会公众和行政监督部门、监察机关提供信息服务。

第四十四条 电子招标投标公共服务平台应当按照本办法和技术规范规定，具备下列主要功能：

（一）链接各级人民政府及其部门网站，收集、整合和发布有关法律法规规章及规范性文件、行政许可、行政处理决定、市场监管和服务的相关信息；

（二）连接电子招标投标交易平台、国家规定的公告媒介，交换、整合和发布本办法第四十一条规定的信息；

（三）连接依法设立的评标专家库，实现专家资源共享；

（四）支持不同电子认证服务机构数字证书的兼容互认；

（五）提供行政监督部门和监察机关依法实施监督、监察所需的监督通道；

（六）整合分析相关数据信息，动态反映招标投标市场运行状况、相关市场主体业绩和信用情况。

属于依法必须公开的信息，公共服务平台应当无偿提供。

公共服务平台应同时遵守本办法第八条至第十五条规定。

第四十五条 电子招标投标交易平台应当按照本办法和技术规范规定，在任一电子招标投标公共服务平台注册登记，并向电子招标投标公共服务平台及时提供本办法第四十一条规定的信息，以及双方协商确定的其他信息。

电子招标投标公共服务平台应当按照本办法和技术规范规定，开放数据接口、公布接口要求，与电子招标投标交易平台及时交换招标投标活动所必需的信息，以及双方协商确定的其他信息。

电子招标投标公共服务平台应当按照本办法和技术规范规定，开放数据接口、公布接口要求，与上一层级电子招标投标公共服务平台连接并注册登记，及时交换本办法第四十四条规定的信息，以及双方协商确定的其他信息。

电子招标投标公共服务平台应当允许社会公众、市场主体免费注册登录和获取依法公开的招标投标信息，为招标人、投标人、行政监督部门和监察机关按各自职责和注册权限登录使用公共服务平台提供必要条件。

第七章 监督管理

第四十六条 电子招标投标活动及相关主体应当自觉接受行政监督部门、监察机关依法实施的监督、监察。

第四十七条 行政监督部门、监察机关结合电子政务建设，提升电子招标投标监督能力，依法设置并公布有关法律法规规章、行政监督的依据、职责权限、监督环节、程序和时限、信息交换要求和联系方式等相关内容。

第四十八条 电子招标投标交易平台和公共服务平台应当按照本办法和技术规范规定,向行政监督平台开放数据接口、公布接口要求,按有关规定及时对接交换和公布有关招标投标信息。

行政监督平台应当开放数据接口,公布数据接口要求,不得限制和排斥已通过检测认证的电子招标投标交易平台和公共服务平台与其对接交换信息,并参照执行本办法第八条至第十五条的有关规定。

第四十九条 电子招标投标交易平台应当依法设置电子招标投标工作人员的职责权限,如实记录招标投标过程、数据信息来源,以及每一操作环节的时间、网络地址和工作人员,并具备电子归档功能。

电子招标投标公共服务平台应当记录和公布相关交换数据信息的来源、时间并进行电子归档备份。

任何单位和个人不得伪造、篡改或者损毁电子招标投标活动信息。

第五十条 行政监督部门、监察机关及其工作人员,除依法履行职责外,不得干预电子招标投标活动,并遵守有关信息保密的规定。

第五十一条 投标人或者其他利害关系人认为电子招标投标活动不符合有关规定的,通过相关行政监督平台进行投诉。

第五十二条 行政监督部门和监察机关在依法监督检查招标投标活动或者处理投诉时,通过其平台发出的行政监督或者行政监察指令,招标投标活动当事人和电子招标投标交易平台、公共服务平台的运营机构应当执行,并如实提供相关信息,协助调查处理。

第八章 法律责任

第五十三条 电子招标投标系统有下列情形的,责令改正;拒不改正的,不得交付使用,已经运营的应当停止运营。

(一)不具备本办法及技术规范规定的主要功能;

(二)不向行政监督部门和监察机关提供监督通道;

(三)不执行统一的信息分类和编码标准;

(四)不开放数据接口、不公布接口要求;

(五)不按照规定注册登记、对接、交换、公布信息;

(六)不满足规定的技术和安全保障要求;

(七)未按照规定通过检测和认证。

第五十四条 招标人或者电子招标投标系统运营机构存在以下情形的,视为限制或者排斥潜在投标人,依照招标投标法第五十一条规定处罚。

(一)利用技术手段对享有相同权限的市场主体提供有差别的信息;

（二）拒绝或者限制社会公众、市场主体免费注册并获取依法必须公开的招标投标信息；

（三）违规设置注册登记、投标报名等前置条件；

（四）故意与各类需要分离开发并符合技术规范规定的工具软件不兼容对接；

（五）故意对递交或者解密投标文件设置障碍。

第五十五条 电子招标投标交易平台运营机构有下列情形的，责令改正，并按照有关规定处罚。

（一）违反规定要求投标人注册登记、收取费用；

（二）要求投标人购买指定的工具软件；

（三）其他侵犯招标投标活动当事人合法权益的情形。

第五十六条 电子招标投标系统运营机构向他人透露已获取招标文件的潜在投标人的名称、数量、投标文件内容或者对投标文件的评审和比较以及其他可能影响公平竞争的招标投标信息，参照招标投标法第五十二条关于招标人泄密的规定予以处罚。

第五十七条 招标投标活动当事人和电子招标投标系统运营机构协助招标人、投标人串通投标的，依照招标投标法第五十三条和招标投标法实施条例第六十七条规定处罚。

第五十八条 招标投标活动当事人和电子招标投标系统运营机构伪造、篡改、损毁招标投标信息，或者以其他方式弄虚作假的，依照招标投标法第五十四条和招标投标法实施条例第六十八条规定处罚。

第五十九条 电子招标投标系统运营机构未按照本办法和技术规范规定履行初始录入信息验证义务，造成招标投标活动当事人损失的，应当承担相应的赔偿责任。

第六十条 有关行政监督部门及其工作人员不履行职责，或者利用职务便利非法干涉电子招标投标活动的，依照有关法律法规处理。

第九章 附 则

第六十一条 招标投标协会应当按照有关规定，加强电子招标投标活动的自律管理和服务。

第六十二条 电子招标投标某些环节需要同时使用纸质文件的，应当在招标文件中明确约定；当纸质文件与数据电文不一致时，除招标文件特别约定外，以数据电文为准。

第六十三条 本办法未尽事宜，按照有关法律、法规、规章执行。

第六十四条 本办法由国家发展和改革委员会会同有关部门负责解释。

第六十五条 技术规范作为本办法的附件,与本办法具有同等效力。

第六十六条 本办法自2013年5月1日起施行。

附件:《电子招标投标系统技术规范——第1部分》(略)

招标公告和公示信息发布管理办法

1. 2017年11月23日国家发展和改革委员会令第10号公布

2. 自2018年1月1日起施行

第一条 为规范招标公告和公示信息发布活动,保证各类市场主体和社会公众平等、便捷、准确地获取招标信息,根据《中华人民共和国招标投标法》《中华人民共和国招标投标法实施条例》等有关法律法规规定,制定本办法。

第二条 本办法所称招标公告和公示信息,是指招标项目的资格预审公告、招标公告、中标候选人公示、中标结果公示等信息。

第三条 依法必须招标项目的招标公告和公示信息,除依法需要保密或者涉及商业秘密的内容外,应当按照公益服务、公开透明、高效便捷、集中共享的原则,依法向社会公开。

第四条 国家发展改革委根据招标投标法律法规规定,对依法必须招标项目招标公告和公示信息发布媒介的信息发布活动进行监督管理。

省级发展改革部门对本行政区域内招标公告和公示信息发布活动依法进行监督管理。省级人民政府另有规定的,从其规定。

第五条 依法必须招标项目的资格预审公告和招标公告,应当载明以下内容:

(一)招标项目名称、内容、范围、规模、资金来源;

(二)投标资格能力要求,以及是否接受联合体投标;

(三)获取资格预审文件或招标文件的时间、方式;

(四)递交资格预审文件或投标文件的截止时间、方式;

(五)招标人及其招标代理机构的名称、地址、联系人及联系方式;

(六)采用电子招标投标方式的,潜在投标人访问电子招标投标交易平台的网址和方法;

(七)其他依法应当载明的内容。

第六条 依法必须招标项目的中标候选人公示应当载明以下内容:

(一)中标候选人排序、名称、投标报价、质量、工期(交货期),以及评标情况；

（二）中标候选人按照招标文件要求承诺的项目负责人姓名及其相关证书名称和编号；

（三）中标候选人响应招标文件要求的资格能力条件；

（四）提出异议的渠道和方式；

（五）招标文件规定公示的其他内容。

依法必须招标项目的中标结果公示应当载明中标人名称。

第七条　依法必须招标项目的招标公告和公示信息应当根据招标投标法律法规，以及国家发展改革委会同有关部门制定的标准文件编制，实现标准化、格式化。

第八条　依法必须招标项目的招标公告和公示信息应当在“中国招标投标公共服务平台”或者项目所在地省级电子招标投标公共服务平台（以下统一简称“发布媒介”）发布。

第九条　省级电子招标投标公共服务平台应当与“中国招标投标公共服务平台”对接，按规定同步交互招标公告和公示信息。对依法必须招标项目的招标公告和公示信息，发布媒介应当与相应的公共资源交易平台实现信息共享。

“中国招标投标公共服务平台”应当汇总公开全国招标公告和公示信息，以及本办法第八条规定的发布媒介名称、网址、办公场所、联系方式等基本信息，及时维护更新，与全国公共资源交易平台共享，并归集至全国信用信息共享平台，按规定通过“信用中国”网站向社会公开。

第十条　拟发布的招标公告和公示信息文本应当由招标人或其招标代理机构盖章，并由主要负责人或其授权的项目负责人签名。采用数据电文形式的，应当按规定进行电子签名。

招标人或其招标代理机构发布招标公告和公示信息，应当遵守招标投标法律法规关于时限的规定。

第十一条　依法必须招标项目的招标公告和公示信息鼓励通过电子招标投标交易平台录入后交互至发布媒介核验发布，也可以直接通过发布媒介录入并核验发布。

按照电子招标投标有关数据规范要求交互招标公告和公示信息文本的，发布媒介应当自收到起12小时内发布。采用电子邮件、电子介质、传真、纸质文本等其他形式提交或者直接录入招标公告和公示信息文本的，发布媒介应当自核验确认起1个工作日内发布。核验确认最长不得超过3个工作日。

招标人或其招标代理机构应当对其提供的招标公告和公示信息的真实

性、准确性、合法性负责。发布媒介和电子招标投标交易平台应当对所发布的招标公告和公示信息的及时性、完整性负责。

发布媒介应当按照规定采取有效措施，确保发布招标公告和公示信息的数据电文不被篡改、不遗漏和至少10年内可追溯。

第十二条 发布媒介应当免费提供依法必须招标项目的招标公告和公示信息发布服务，并允许社会公众和市场主体免费、及时查阅前述招标公告和公示的完整信息。

第十三条 发布媒介应当通过专门栏目发布招标公告和公示信息，并免费提供信息归类和检索服务，对新发布的招标公告和公示信息作醒目标识，方便市场主体和社会公众查阅。

发布媒介应当设置专门栏目，方便市场主体和社会公众就其招标公告和公示信息发布工作反映情况、提出意见，并及时反馈。

第十四条 发布媒介应当实时统计本媒介招标公告和公示信息发布情况，及时向社会公布，并定期报送相应的省级以上发展改革部门或省级以上人民政府规定的其他部门。

第十五条 依法必须招标项目的招标公告和公示信息除在发布媒介发布外，招标人或其招标代理机构也可以同步在其他媒介公开，并确保内容一致。

其他媒介可以依法全文转载依法必须招标项目的招标公告和公示信息，但不得改变其内容，同时必须注明信息来源。

第十六条 依法必须招标项目的招标公告和公示信息有下列情形之一的，潜在投标人或者投标人可以要求招标人或其招标代理机构予以澄清、改正、补充或调整：

(一)资格预审公告、招标公告载明的事项不符合本办法第五条规定，中标候选人公示载明的事项不符合本办法第六条规定；

(二)在两家以上媒介发布的同一招标项目的招标公告和公示信息内容不一致；

(三)招标公告和公示信息内容不符合法律法规规定。

招标人或其招标代理机构应当认真核查，及时处理，并将处理结果告知提出意见的潜在投标人或者投标人。

第十七条 任何单位和个人认为招标人或其招标代理机构在招标公告和公示信息发布活动中存在违法违规行为的，可以依法向有关行政监督部门投诉、举报；认为发布媒介在招标公告和公示信息发布活动中存在违法违规行为的，根据有关规定可以向相应的省级以上发展改革部门或其他有关部门投诉、举报。

第十八条 招标人或其招标代理机构有下列行为之一的,由有关行政监督部门责令改正,并视情形依照《中华人民共和国招标投标法》第四十九条、第五十一条及有关规定处罚:

(一)依法必须公开招标的项目不按照规定在发布媒介发布招标公告和公示信息;

(二)在不同媒介发布的同一招标项目的资格预审公告或者招标公告的内容不一致,影响潜在投标人申请资格预审或者投标;

(三)资格预审公告或者招标公告中有关获取资格预审文件或者招标文件的时限不符合招标投标法律法规规定;

(四)资格预审公告或者招标公告中以不合理的条件限制或者排斥潜在投标人。

第十九条 发布媒介在发布依法必须招标项目的招标公告和公示信息活动中有下列情形之一的,由相应的省级以上发展改革部门或其他有关部门根据有关法律法规规定,责令改正;情节严重的,可以处1万元以下罚款:

(一)违法收取费用;

(二)无正当理由拒绝发布或者拒不按规定交互信息;

(三)无正当理由延误发布时间;

(四)因故意或重大过失导致发布的招标公告和公示信息发生遗漏、错误;

(五)违反本办法的其他行为。

其他媒介违规发布或转载依法必须招标项目的招标公告和公示信息的,由相应的省级以上发展改革部门或其他有关部门根据有关法律法规规定,责令改正;情节严重的,可以处1万元以下罚款。

第二十条 对依法必须招标项目的招标公告和公示信息进行澄清、修改,或者暂停、终止招标活动,采取公告形式向社会公布的,参照本办法执行。

第二十一条 使用国际组织或者外国政府贷款、援助资金的招标项目,贷款方、资金提供方对招标公告和公示信息的发布另有规定的,适用其规定。

第二十二条 本办法所称以上、以下包含本级或本数。

第二十三条 本办法由国家发展改革委负责解释。

第二十四条 本办法自2018年1月1日起施行。《招标公告发布暂行办法》(国家发展计划委第4号令)和《国家计委关于指定发布依法必须招标项目招标公告的媒介的通知》(计政策〔2000〕868号)同时废止。

（四）监督处理

关于监察机关和有关行政监督部门在查处工程建设招标投标违法违纪案件工作中加强协作配合的通知

1. 2008年10月9日监察部、国家发展和改革委员会、工业和信息化部、财政部、住房和城乡建设部、交通运输部、铁道部、水利部、商务部、国务院法制办公室发布
2. 监发〔2008〕8号

各省、自治区、直辖市监察厅（局、委）、发展改革委、信息产业厅（局、委、办）、通信管理局、财政厅（局）、建设厅（委）、交通厅（局）、水利（水务）厅（局）、商务厅（局），各铁路局，新疆生产建设兵团监察局、发展改革委、信息产业局、财务局、建设局、交通局、水利局，商务局，计划单列市财政局：

为及时有效地查处工程建设招标投标活动中的违法违纪案件，促进招标投标法律法规的贯彻实施，进一步遏制工程建设领域腐败现象，惩处工程建设招标投标活动中的违法违纪行为，现就监察机关和有关行政监督部门在查处工程建设招标投标违法违纪案件工作中加强协作配合的有关问题通知如下：

一、各级监察机关与发展改革、工业信息、财政、建设、交通运输、水利、商务、铁道等有关行政监督部门（以下简称有关行政监督部门）依照《中华人民共和国行政监察法》、《中华人民共和国招标投标法》和《国务院办公厅印发国务院有关部门实施招标投标活动行政监督的职责分工意见的通知》（国办发〔2000〕34号）等有关规定，充分发挥各自的职能作用，在查处工程建设招标投标违法违纪案件工作中加强协作配合，并可以根据需要召开联席会议研究有关问题，建立相应的沟通、协调机制。

二、有关行政监督部门在查处工程建设招标投标违法违纪案件中，发现监察对象违法违纪线索的，应当将线索及时移送同级监察机关。监察机关对移送的线索，应当依法依纪进行初步审查。对决定不予立案的，应当说明原因，并书面告知有关行政监督部门；对立案查处的，应当及时将调查处理结果书面告知有关行政监督部门。

三、监察机关在办理监察事项过程中，发现有关单位或者人员有涉嫌违反招标投标法律法规的行为，属于有关行政监督部门管辖范围的，应当将有关情况及材料及时移送相关的同级行政监督部门处理。有关行政监督部门应当及时将处理情况书面告知监察机关。

四、对于工程建设招标投标违法违纪案件，监察机关和有关行政监督部门根据职责分工和具体情况，可以共同立案查处，也可以分别立案查处。在查处工程建设招标投标违法违纪案件工作中，监察机关与有关行政监督部门或者有关行政监督部门之间需要协助配合的，相关单位应当予以协助配合。

五、监察机关和有关行政监督部门共同立案查处的工程建设招标投标违法违纪案件，由相关单位的有关人员共同组成联合调查组，按照法定职权开展调查。案件调查终结后，由参加调查的相关单位共同研究写出调查报告。需要给予处分的，由参与调查的监察机关负责落实；需要给予行政处罚的，由参与调查的有关行政监督部门负责落实。

六、移送的违法违纪案件材料应当包括以下内容：

（一）本单位或者主管单位同意移送的意见；

（二）案件的来源及立案材料；

（三）案件调查报告；

（四）有关证据材料；

（五）其他需要移送的材料。

七、监察机关和有关行政监督部门查处工程建设招标投标违法违纪案件，发现涉嫌犯罪的，应当及时移送司法机关依法处理。

八、地方各级监察机关和有关行政监督部门要按照本通知的要求，及时建立查处工程建设招标投标违法违纪案件工作的协作配合机制。在执行过程中有哪些问题和建议，请及时向国务院监察机关和各自的上级主管部门报告。

招标投标违法行为记录公告暂行办法

1. 2008年6月18日国家发展和改革委员会、工业和信息化部、监察部、财政部、住房和城乡建设部、交通运输部、铁道部、水利部、商务部、国务院法制办公室印发

2. 发改法规〔2008〕1531号

3. 自2009年1月1日起施行

第一章 总 则

第一条 为贯彻《国务院办公厅关于进一步规范招投标活动的若干意见》(国办发〔2004〕56号),促进招标投标信用体系建设,健全招标投标失信惩戒机制,规范招标投标当事人行为,根据《招标投标法》等相关法律规定,制定本办法。

第二条 对招标投标活动当事人的招标投标违法行为记录进行公告,适用本办法。

本办法所称招标投标活动当事人是指招标人、投标人、招标代理机构以及评标委员会成员。

本办法所称招标投标违法行为记录,是指有关行政主管部门在依法履行职责过程中,对招标投标当事人违法行为所作行政处理决定的记录。

第三条 国务院有关行政主管部门按照规定的职责分工,建立各自的招标投标违法行为记录公告平台,并负责公告平台的日常维护。

国家发展改革委会同国务院其他有关行政主管部门制定公告平台管理方面的综合性政策和相关规定。

省级人民政府有关行政主管部门按照规定的职责分工,建立招标投标违法行为记录公告平台,并负责公告平台的日常维护。

第四条 招标投标违法行为记录的公告应坚持准确、及时、客观的原则。

第五条 招标投标违法行为记录公告不得公开涉及国家秘密、商业秘密、个人隐私的记录。但是,经权利人同意公开或者行政机关认为不公开可能对公共利益造成重大影响的涉及商业秘密、个人隐私的违法行为记录,可以公开。

第二章 违法行为记录的公告

第六条 国务院有关行政主管部门和省级人民政府有关行政主管部门(以下

简称“公告部门”)应自招标投标违法行为行政处理决定作出之日起20个工作日内对外进行记录公告。

省级人民政府有关行政主管部门公告的招标投标违法行为行政处理决定应同时抄报相应国务院行政主管部门。

第七条 对招标投标违法行为所作出的以下行政处理决定应给予公告:

(一)警告;

(二)罚款;

(三)没收违法所得;

(四)暂停或者取消招标代理资格;

(五)取消在一定时期内参加依法必须进行招标的项目的投标资格;

(六)取消担任评标委员会成员的资格;

(七)暂停项目执行或追回已拨付资金;

(八)暂停安排国家建设资金;

(九)暂停建设项目的审查批准;

(十)行政主管部门依法作出的其他行政处理决定。

第八条 违法行为记录公告的基本内容为:被处理招标投标当事人名称(或姓名)、违法行为、处理依据、处理决定、处理时间和处理机关等。

公告部门可将招标投标违法行为行政处理决定书直接进行公告。

第九条 违法行为记录公告期限为六个月。公告期满后,转入后台保存。

依法限制招标投标当事人资质(资格)等方面的行政处理决定,所认定的限制期限长于六个月的,公告期限从其决定。

第十条 公告部门负责建立公告平台信息系统,对记录信息数据进行追加、修改、更新,并保证公告的违法行为记录与行政处理决定的相关内容一致。

公告平台信息系统应具备历史公告记录查询功能。

第十一条 公告部门应对公告记录所依据的招标投标违法行为行政处理决定书等材料妥善保管、留档备查。

第十二条 被公告的招标投标当事人认为公告记录与行政处理决定的相关内容不符的,可向公告部门提出书面更正申请,并提供相关证据。

公告部门接到书面申请后,应在5个工作日内进行核对。公告的记录与行政处理决定的相关内容不一致的,应当给予更正并告知申请人;公告的记录与行政处理决定的相关内容一致的,应当告知申请人。

公告部门在作出答复前不停止对违法行为记录的公告。

第十三条 行政处理决定在被行政复议或行政诉讼期间,公告部门依法不停止对违法行为记录的公告,但行政处理决定被依法停止执行的除外。

第十四条 原行政处理决定被依法变更或撤销的，公告部门应当及时对公告记录予以变更或撤销，并在公告平台上予以声明。

第三章 监督管理

第十五条 有关行政主管部门应依法加强对招标投标违法行为记录被公告当事人的监督管理。

第十六条 招标投标违法行为记录公告应逐步实现互联互通、互认共用，条件成熟时建立统一的招标投标违法行为记录公告平台。

第十七条 公告的招标投标违法行为记录应当作为招标代理机构资格认定，依法必须招标项目资质审查、招标代理机构选择、中标人推荐和确定、评标委员会成员确定和评标专家考核等活动的重要参考。

第十八条 有关行政主管部门及其工作人员在违法行为记录的提供、收集和公告等工作中有玩忽职守、弄虚作假或者徇私舞弊等行为的，由其所在单位或者上级主管机关予以通报批评，并依纪依法追究直接责任人和有关领导的责任；构成犯罪的，移送司法机关依法追究刑事责任。

第四章 附则

第十九条 各省、自治区、直辖市发展改革部门可会同有关部门根据本办法制定具体实施办法。

第二十条 本办法由国家发展改革委会同国务院有关部门负责解释。

第二十一条 本办法自2009年1月1日起施行。

关于进一步贯彻落实招标投标违法行为记录公告制度的通知

1. 2010年3月29日国家发展和改革委员会、工业和信息化部、监察部、财政部、住房和城乡建设部、交通运输部、铁道部、水利部、商务部、国务院法制办公室发布

2. 发改法规〔2010〕628号

各省、自治区、直辖市发展改革委、工业和信息化主管部门、通信管理局、监察厅、财政厅、住房城乡建设厅（建委、建设交通委）、交通厅、水利厅、商务主管部门、法制办、各铁路局、民航各地区管理局：

严格落实招标投标违法行为记录公告制度是工程建设领域突出问题专项治理工作的一项重要任务。《招标投标违法行为记录公告暂行办法》（发改法规〔2008〕1531号,以下简称《暂行办法》)自2009年1月1日颁布实施以来,各地认真贯彻落实,推进招标投标市场诚信建设取得积极成效。但是,总体进展尚不平衡,一些地方至今尚未建立公告平台,一些地方虽建立了公告平台却没有按照规定及时进行公告,影响了违法行为记录公告制度实施效果。为进一步贯彻落实中共中央办公厅、国务院办公厅《关于开展工程建设领域突出问题专项治理工作的意见》(中办发〔2009〕27号)、中央治理工程建设领域突出问题工作领导小组《工程建设领域突出问题专项治理工作实施方案》(中治工发〔2009〕2号)和《规范工程建设项目决策行为和招标投标活动指导意见》(中治工发〔2009〕3号)部署和要求,切实发挥招标投标违法行为记录公告制度的失信惩戒作用,促进招标投标市场信用体系建设,现将有关事项通知如下:

一、抓紧建立违法行为记录公告平台。2010年5月底前,各省级有关行政主管部门要按照《暂行办法》要求,在本部门网站上建立招标投标违法行为记录公告平台,并做好公告平台维护和管理工作;已经建立的,进一步规范和完善公告平台,逐步实现互联互通、互认共用;条件成熟的建立统一的违法行为记录公告平台。要加强对市、县级招标投标违法行为记录公告平台建设的指导和督促,争取今年年底前,建立起国务院有关部门,以及省、市、县四级公告平台。结合开展工程建设领域突出问题专项治理工作,将招标投标违法行为记录公告平台制度落实与工程建设领域项目信息公开和诚信体系建设相结合,促进信息共享。

二、依法公告违法行为记录。各省级有关行政主管部门要以落实中央工程建设领域突出问题专项治理工作部署为契机,加大监督检查工作力度,按照规定的职责分工,严肃查处招标投标违法违规行为。对于依法应当公告的违法行为,应及时在公告平台上公告。严格按照《暂行办法》规定的程序和要求发布公告,确保公告准确和客观。各省级有关行政主管部门公告的招标投标违法行为行政处理决定,须按要求及时抄报相应国务院行政主管部门。国务院有关行政主管部门将选取一批典型案件进行公告,并加强对本系统违法行为记录公告工作的指导,建立系统公告记录信息通报制度。

三、加大招标投标失信惩戒力度。各地可以结合本地实际,进一步健全失信惩戒制度,将公告的招标投标违法行为记录作为招标代理机构资格认定、依法必须招标项目投标人资格审查、招标代理机构选择、中标人推荐和确定、评标委员会成员确定和评标专家考核等活动的重要依据。

各地要按照中央工程建设领域突出问题专项治理工作统一部署,采取有效措施,全面落实招标投标违法行为记录公告制度。2010年上半年,国家发展改革委、监察部将会同国务院有关部门对各地贯彻落实情况进行监督检查,重点检查公告平台建立和运行情况。对没有建立公告平台,或者不按照规定及时公告违法行为记录的地方,要进行通报。

工程建设项目招标投标活动投诉处理办法

1. 2004年7月6日国家发展和改革委员会、建设部、铁道部、交通部、信息产业部、水利部、民用航空总局令第11号公布

2. 根据2013年3月11日国家发展和改革委员会、工业和信息化部、财政部、住房和城乡建设部、交通运输部、铁道部、水利部、国家广播电影电视总局、中国民用航空局令第23号《关于废止和修改部分招标投标规章和规范性文件的决定》修订

第一条 为保护国家利益、社会公共利益和招标投标当事人的合法权益,建立公平、高效的工程建设项目招标投标活动投诉处理机制,根据《中华人民共和国招标投标法》、《中华人民共和国招标投标法实施条例》,制定本办法。

第二条 本办法适用于工程建设项目招标投标活动的投诉及其处理活动。

前款所称招标投标活动,包括招标、投标、开标、评标、中标以及签订合同等各阶段。

第三条 投标人或者其他利害关系人认为招标投标活动不符合法律、法规和规章规定的,有权依法向有关行政监督部门投诉。

前款所称其他利害关系人是指投标人以外的,与招标项目或者招标活动有直接和间接利益关系的法人、其他组织和自然人。

第四条 各级发展改革、工业和信息化、住房城乡建设、水利、交通运输、铁道、商务、民航等招标投标活动行政监督部门,依照《国务院办公厅印发国务院有关部门实施招标投标活动行政监督的职责分工的意见的通知》(国办发〔2000〕34号)和地方各级人民政府规定的职责分工,受理投诉并依法做出处理决定。

对国家重大建设项目(含工业项目)招标投标活动的投诉,由国家发展改革委受理并依法做出处理决定。对国家重大建设项目招标投标活动的投诉,有关行业行政监督部门已经收到的,应当通报国家发展改革委,国家发展改革委不再受理。

第五条 行政监督部门处理投诉时,应当坚持公平、公正、高效原则,维持国家利益、社会公共利益和招标投标当事人的合法权益。

第六条 行政监督部门应当确定本部门内部负责受理投诉的机构及其电话、传真、电子信箱和通讯地址,并向社会公布。

第七条 投诉人投诉时,应当提交投诉书。投诉书应当包括下列内容:

(一)投诉人的名称、地址及有效联系方式;

(二)被投诉人的名称、地址及有效联系方式;

(三)投诉事项的基本事实;

(四)相关请求及主张;

(五)有效线索和相关证明材料。

对招标投标法实施条例规定应先提出异议的事项进行投诉的,应当附提出异议的证明文件。已向有关行政监督部门投诉的,应当一并说明。

投诉人是法人的,投诉书必须由其法定代表人或者授权代表签字并盖章;其他组织或者自然人投诉的,投诉书必须由其主要负责人或者投诉人本人签字,并附有效身份证明复印件。

投诉书有关材料是外文的,投诉人应当同时提供其中文译本。

第八条 投诉人不得以投诉为名排挤竞争对手,不得进行虚假、恶意投诉,阻碍招标投标活动的正常进行。

第九条 投诉人认为招标投标活动不符合法律行政法规规定的,可以在知道或者应当知道之日起十日内提出书面投诉。依照有关行政法规提出异议的,异议答复期间不计算在内。

第十条 投诉人可以自己直接投诉,也可以委托代理人办理投诉事务。代理人办理投诉事务时,应将授权委托书连同投诉书一并提交给行政监督部门。授权委托书应当明确有关委托代理权限和事项。

第十一条 行政监督部门收到投诉书后,应当在三个工作日内进行审查,视情况分别做出以下处理决定。

(一)不符合投诉处理条件的,决定不予受理,并将不予受理的理由书面告知投诉人;

(二)对符合投诉处理条件,但不属于本部门受理的投诉,书面告知投诉人向其他行政监督部门提出投诉。

对于符合投诉处理条件并决定受理的,收到投诉书之日即为正式受理。

第十二条 有下列情形之一的投诉,不予受理:

(一)投诉人不是所投诉招标投标活动的参与者,或者与投诉项目无任何利害关系;

(二)投诉事项不具体,且未提供有效线索,难以查证的;

(三)投诉书未署具投诉人真实姓名、签字和有效联系方式的;以法人名义投诉的，投诉书未经法定代表人签字并加盖公章的；

（四）超过投诉时效的；

（五）已经作出处理决定，并且投诉人没有提出新的证据；

（六）投诉事项应先提出异议没有提出异议、已进入行政复议或行政诉讼程序的。

第十三条 行政监督部门负责投诉处理的工作人员，有下列情形之一的，应当主动回避：

（一）近亲属是被投诉人、投诉人，或者是被投诉人、投诉人的主要负责人；

（二）在近三年内本人曾经在被投诉人单位担任高级管理职务；

（三）与被投诉人、投诉人有其他利害关系，可能影响对投诉事项公正处理的。

第十四条 行政监督部门受理投诉后，应当调取、查阅有关文件，调查、核实有关情况。

对情况复杂、涉及面广的重大投诉事项，有权受理投诉的行政监督部门可以会同其他有关的行政监督部门进行联合调查，共同研究后由受理部门做出处理决定。

第十五条 行政监督部门调查取证时，应当由两名以上行政执法人员进行，并做笔录，交被调查人签字确认。

第十六条 在投诉处理过程中，行政监督部门应当听取被投诉人的陈述和申辩，必要时可通知投诉人和被投诉人进行质证。

第十七条 行政监督部门负责处理投诉的人员应当严格遵守保密规定，对于在投诉处理过程中所接触到的国家秘密、商业秘密应当予以保密，也不得将投诉事项透露给与投诉无关的其他单位和个人。

第十八条 行政监督部门处理投诉，有权查阅、复制有关文件、资料，调查有关情况，相关单位和人员应当予以配合。必要时，行政监督部门可以责令暂停招标投标活动。

对行政监督部门依法进行的调查，投诉人、被投诉人以及评标委员会成员等与投诉事项有关的当事人应当予以配合，如实提供有关资料及情况，不得拒绝、隐匿或者伪报。

第十九条 投诉处理决定做出前，投诉人要求撤回投诉的，应当以书面形式提出并说明理由，由行政监督部门视以下情况，决定是否准予撤回：

（一）已经查实有明显违法行为的，应当不准撤回，并继续调查直至做出处理决定；

（二）撤回投诉不损害国家利益、社会公共利益或者其他当事人合法权益的，应当准予撤回，投诉处理过程终止。投诉人不得以同一事实和理由再提出投诉。

第二十条 行政监督部门应当根据调查和取证情况，对投诉事项进行审查，按照下列规定做出处理决定：

（一）投诉缺乏事实根据或者法律依据的，或者投诉人捏造事实、伪造材料或者以非法手段取得证明材料进行投诉的，驳回投诉；

（二）投诉情况属实，招标投标活动确实存在违法行为的，依据《中华人民共和国招标投标法》、《中华人民共和国招标投标法实施条例》及其他有关法规、规章做出处罚。

第二十一条 负责受理投诉的行政监督部门应当自受理投诉之日起三十个工作日内，对投诉事项做出处理决定，并以书面形式通知投诉人、被投诉人和其他与投诉处理结果有关的当事人。需要检验、检测、鉴定、专家评审的，所需时间不计算在内。

第二十二条 投诉处理决定应当包括下列主要内容：

（一）投诉人和被投诉人的名称、住址；

（二）投诉人的投诉事项及主张；

（三）被投诉人的答辩及请求；

（四）调查认定的基本事实；

（五）行政监督部门的处理意见及依据。

第二十三条 行政监督部门应当建立投诉处理档案，并做好保存和管理工作，接受有关方面的监督检查。

第二十四条 行政监督部门在处理投诉过程中，发现被投诉人单位直接负责的主管人员和其他直接责任人员有违法、违规或者违纪行为的，应当建议其行政主管机关、纪检监察部门给予处分；情节严重构成犯罪的，移送司法机关处理。

对招标代理机构有违法行为，且情节严重的，依法暂停直至取消招标代理资格。

第二十五条 当事人对行政监督部门的投诉处理决定不服或者行政监督部门逾期未做处理的，可以依法申请行政复议或者向人民法院提起行政诉讼。

第二十六条 投诉人故意捏造事实、伪造证明材料或者以非法手段取得证明材料进行投诉，给他人造成损失的，依法承担赔偿责任。

第二十七条 行政监督部门工作人员在处理投诉过程中徇私舞弊、滥用职权或者玩忽职守，对投诉人打击报复的，依法给予行政处分；构成犯罪的，依法追究刑事责任。

第二十八条 行政监督部门在处理投诉过程中，不得向投诉人和被投诉人收取任何费用。

第二十九条 对于性质恶劣、情节严重的投诉事项，行政监督部门可以将投诉处理结果在有关媒体上公布，接受舆论和公众监督。

第三十条 本办法由国家发展改革委会同国务院有关部门解释。

第三十一条 本办法自2004年8月1日起施行。

关于在招标投标活动中对失信被执行人实施联合惩戒的通知

1. 2016年8月30日最高人民法院、国家发展和改革委员会、工业和信息化部、住房和城乡建设部、交通运输部、水利部、商务部、国家铁路局、中国民用航空局发布

2. 法〔2016〕285号

为贯彻党的十八届三中、四中、五中全会精神，落实《中央政法委关于切实解决人民法院执行难问题的通知》（政法〔2005〕52号）、《国务院关于促进市场公平竞争维护市场正常秩序的若干意见》（国发〔2014〕20号）、《国务院关于印发社会信用体系建设规划纲要（2014—2020年）的通知》（国发〔2014〕21号）、《关于对失信被执行人实施联合惩戒的合作备忘录》（发改财金〔2016〕141号）要求，加快推进社会信用体系建设，健全跨部门失信联合惩戒机制，促进招标投标市场健康有序发展，现就在招标投标活动中对失信被执行人实施联合惩戒的有关事项通知如下。

一、充分认识在招标投标活动中实施联合惩戒的重要性

诚实信用是招标投标活动的基本原则之一。在招标投标活动中对失信被执行人开展联合惩戒，有利于规范招标投标活动中当事人的行为，促进招标投标市场健康有序发展；有利于建立健全“一处失信，处处受限”的信用联合惩戒机制，推进社会信用体系建设；有利于维护司法权威，提升司法公信力，在全社会形成尊重司法，诚实守信的良好氛围。各有关单位要进一步提高认识，在招标投标活动中对失信被执行人实施联合惩戒，有效应用失信被执行人信息，推动招标投标活动规范、高效、透明。

二、联合惩戒对象

联合惩戒对象为被人民法院列为失信被执行人的下列人员：投标人、招标代理机构、评标专家以及其他招标从业人员。

三、失信被执行人信息查询内容及方式

（一）查询内容

失信被执行人（法人或者其他组织）的名称、统一社会信用代码（或组织机构代码）、法定代表人或者负责人姓名；失信被执行人（自然人）的姓名、性别、年龄、身份证号码；生效法律文书确定的义务和被执行人的履行情况；失信被执行人失信行为的具体情形；执行依据的制作单位和文号、执行案号、立案时间、执行法院；人民法院认为应当记载和公布的不涉及国家秘密、商业秘密、个人隐私的其他事项。

（二）推送及查询方式

最高人民法院将失信被执行人信息推送到全国信用信息共享平台和“信用中国”网站，并负责及时更新。

招标人、招标代理机构、有关单位应当通过“信用中国”网站（www. creditchina. gov. cn）或各级信用信息共享平台查询相关主体是否为失信被执行人，并采取必要方式做好失信被执行人信息查询记录和证据留存。投标人可通过“信用中国”网站查询相关主体是否为失信被执行人。

国家公共资源交易平台、中国招标投标公共服务平台、各省级信用信息共享平台通过全国信用信息共享平台共享失信被执行人信息，各省级公共资源交易平台通过国家公共资源交易平台共享失信被执行人信息，逐步实现失信被执行人信息推送、接收、查询、应用的自动化。

四、联合惩戒措施

各相关部门应依据《中华人民共和国民事诉讼法》《中华人民共和国招标投标法》《中华人民共和国招标投标法实施条例》《最高人民法院关于公布失信被执行人名单信息的若干规定》等相关法律法规，依法对失信被执行人在招标投标活动中采取限制措施。

（一）限制失信被执行人的投标活动

依法必须进行招标的工程建设项目，招标人应当在资格预审公告、招标公告、投标邀请书及资格预审文件、招标文件中明确规定对失信被执行人的处理方法和评标标准，在评标阶段，招标人或者招标代理机构、评标专家委员会应当查询投标人是否为失信被执行人，对属于失信被执行人的投标活动依法予以限制。

两个以上的自然人、法人或者其他组织组成一个联合体，以一个投标人的身份共同参加投标活动的，应当对所有联合体成员进行失信被执行人信息查询。联合体中有一个或一个以上成员属于失信被执行人的，联合体视为失

信被执行人。

（二）限制失信被执行人的招标代理活动

招标人委托招标代理机构开展招标事宜的，应当查询其失信被执行人信息，鼓励优先选择无失信记录的招标代理机构。

（三）限制失信被执行人的评标活动

依法建立的评标专家库管理单位在对评标专家聘用审核及日常管理时，应当查询有关失信被执行人信息，不得聘用失信被执行人为评标专家。对评标专家在聘用期间成为失信被执行人的，应及时清退。

（四）限制失信被执行人招标从业活动

招标人、招标代理机构在聘用招标从业人员前，应当明确规定对失信被执行人的处理办法，查询相关人员的失信被执行人信息，对属于失信被执行人的招标从业人员应按照规定进行处理。

以上限制自失信被执行人从最高人民法院失信被执行人信息库中删除之时起终止。

五、工作要求

（一）有关单位要根据本《通知》，共同推动在招标投标活动中对失信被执行人开展联合惩戒工作，指导、督促各地、各部门落实联合惩戒工作要求，确保联合惩戒工作规范有序进行。

（二）有关单位应在规范招标投标活动中，建立相关单位和个人违法失信行为信用记录，通过全国信用信息共享平台、国家公共资源交易平台和中国招标投标公共服务平台实现信用信息交换共享和动态更新，并按照有关规定及时在“信用中国”网站予以公开。

（三）有关单位应当妥善保管失信被执行人信息，不得用于招标投标以外的事项，不得泄露企业经营秘密和相关个人隐私。

(五)领域规范

1. 房屋市政工程

(1)一般规定

关于进一步加强房屋建筑和市政工程项目招标投标监督管理工作的指导意见

1. 2012年4月18日住房和城乡建设部发布
2. 建市〔2012〕61号

各省、自治区住房和城乡建设厅,直辖市建委(建设交通委),新疆生产建设兵团建设局:

为全面贯彻《招标投标法实施条例》,深入落实工程建设领域突出问题专项治理有关要求,进一步规范房屋建筑和市政工程项目(以下简称房屋市政工程项目)招标投标活动,严厉打击招标投标过程中存在的规避招标、串通投标、以他人名义投标、弄虚作假等违法违规行为,维护建筑市场秩序,保障工程质量和安全,现就加强房屋市政工程项目招标投标监管有关重点工作提出如下意见。

一、依法履行招标投标监管职责,做好招标投标监管工作

招标投标活动是房屋市政工程项目建设的重要环节,加强招标投标监管是住房城乡建设主管部门履行建筑市场监管职责,规范建筑市场秩序,确保工程质量安全的重要手段。各地住房城乡建设主管部门要认真贯彻落实《招标投标法实施条例》,在全面清理现有规定的同时,抓紧完善配套法规和相关制度。按照法律法规等规定,依法履行房屋市政工程项目招标投标监管职责,合理配置监管资源,重点加强政府和国有投资房屋市政工程项目招标投标监管,探索优化非国有投资房屋市政工程项目的监管方式。加强招标投标过程监督和标后监管,形成"两场联动"监管机制,依法查处违法违规行为。加强有形市场(招标投标交易场所)建设,推进招标投标监管工作的规范化、标准化和信息化。加强与纪检监察部门的联动,加强管理、完善制度、堵塞漏洞。探索引入社会监督机制,建立招标投标特邀监督员、社会公众旁听等制度,提高招标投标工作的透明度。

二、加快推行电子招标投标,提高监管效率

电子招标投标是一种新型工程交易方式,有利于降低招标投标成本,方便各方当事人,提高评标效率,减少人为因素干扰,遏制弄虚作假行为,增加招标投标活动透明度,保证招标投标活动的公开、公平和公正,预防和减少腐败现象的发生。各省级住房城乡建设主管部门要充分认识推行电子招标投标的重要意义,统一规划,稳步推进,避免重复建设。可依托有形市场,按照科学、安全、高效、透明的原则,健全完善房屋市政工程项目电子招标投标系统。通过推行电子招标投标,实现招标投标交易、服务、监管和监察的全过程电子化。电子招标投标应当包括招标投标活动各类文件无纸化、工作流程网络化、计算机辅助评标、异地远程评标、招标投标档案电子化管理、电子监察等。各地住房城乡建设主管部门在积极探索完善电子招标投标系统的同时,应当逐步实现与行业注册人员、企业和房屋市政工程项目等数据库对接,不断提高监管效率。

各地住房城乡建设主管部门应当在电子招标投标系统功能建设、维护等方面给予政策、资金、人员和设施等支持,确保电子招标投标系统建设稳步推进。

三、建立完善综合评标专家库,探索开展标后评估制度

住房城乡建设部在2012年底前建立全国房屋市政工程项目综合评标专家库,研究制定评标专家特别是资深和稀缺专业评标专家标准及管理使用办法。各省级住房城乡建设主管部门应当按照我部的统一部署和要求,在2013年6月底前将本地区的房屋市政工程项目评标专家库与全国房屋市政工程项目综合评标专家库对接,逐步实现评标专家资源共享和评标专家异地远程评标,为招标人跨地区乃至在全国范围内选择评标专家提供服务。

各地住房城乡建设主管部门要研究出台评标专家管理和使用办法,健全完善对评标专家的入库审查、考核培训、动态监管和抽取监督等管理制度,加强对评标专家的管理,严格履行对评标专家的监管职责。研究建立住房城乡建设系统标后评估制度,推选一批“品德正、业务精、经验足、信誉好”的资深评标专家,对评标委员会评审情况和评标报告进行抽查和后评估,查找分析专家评标过程中存在的突出问题,提出评价建议,不断提高评标质量。对于不能胜任评标工作或者有不良行为记录的评标专家,应当暂停或者取消其评标专家资格;对于有违法违规行为、不能公正履行职责的评标专家,应当依法

从严查处、清出。

四、利用好现有资源，充分发挥有形市场作用

招标投标监管是建筑市场监管的源头，有形市场作为房屋市政工程项目交易服务平台，对于加强建筑市场交易活动管理和施工现场质量安全行为管理，促进“两场联动”具有重要意义。各地住房城乡建设主管部门要从实际出发，充分利用有形市场现有场地、人员、设备、信息及专业管理经验等资源，进一步完善有形市场服务功能，加强有形市场设施建设，为房屋市政工程项目招标投标活动和建筑市场监管、工程项目建设实施和质量安全监督、诚信体系建设等提供数据信息支持，为建设工程招标投标活动提供优良服务。各地住房城乡建设主管部门要按照《关于开展工程建设领域突出问题专项治理工作的意见》(中办发〔2009〕27 号)提出的“统一进场、集中交易、行业监管、行政监察”要求，加强对有形市场的管理，创新考核机制，强化对有形市场建设的监督、指导，严格规范有形市场的收费，坚决取消不合理的收费项目，及时研究、解决实际工作中遇到的困难和问题，继续做好与纪检监察及其他有关部门的协调配合工作。

五、加强工程建设项目招标代理机构资格管理，规范招标投标市场秩序

依据《招标投标法》及相关规定，从事工程建设项目招标代理业务的机构，应当依法取得国务院住房城乡建设主管部门或者省级人民政府住房城乡建设主管部门认定的工程建设项目招标代理机构资格，并在其资格许可的范围内从事相应的工程建设项目招标代理业务。各地住房城乡建设主管部门要依法严格执行工程建设项目招标代理机构资格市场准入和清出制度，加强对工程建设项目招标代理机构及其从业人员的动态监管，严肃查处工程建设项目招标代理机构挂靠出让资格、泄密、弄虚作假、串通投标等违法行为。对于有违法违规行为的工程建设项目招标代理机构和从业人员，要按照《关于印发〈建筑市场诚信行为信息管理办法〉的通知》(建市〔2007〕9 号)和《关于印发〈全国建筑市场注册执业人员不良行为记录认定标准〉(试行)的通知》(建办市〔2011〕38 号)要求，及时记入全国建筑市场主体不良行为记录，通过全国建筑市场诚信信息平台向全社会公布，营造“诚信激励、失信惩戒”的市场氛围。

各地住房城乡建设主管部门要加强工程建设项目招标代理合同管理。工程建设项目招标代理机构与招标人签订的书面委托代理合同应当明确招标代理项目负责人，项目负责人应当是具有工程建设类注册执业资格的本单位在职人员。工程建设项目招标代理机构从业人员应当具备相应能力，办理工程建设项目招标代理业务应当实行实名制，并对所代理业务承担相应责

任。工程建设项目招标代理合同应当报当地住房城乡建设主管部门备案。

六、加强招标公告管理,加大招标投标过程公开公示力度

公开透明是从源头预防和遏制腐败的治本之策,是实现招标投标“公开、公平、公正”的重要途径。各地住房城乡建设主管部门应当加强招标公告管理,房屋市政工程项目招标人应当通过有形市场发布资格预审公告或者招标公告。有形市场应当建立与法定招标公告发布媒介的有效链接。资格预审公告或招标公告内容应当真实合法,不得设定与招标项目的具体特点和实际需要不相适应的不合理条件限制和排斥潜在投标人。

各地住房城乡建设主管部门要进一步健全中标候选人公示制度,依法必须进行招标的项目,招标人应当在有形市场公示中标候选人。公示应当包括以下内容:评标委员会推荐的中标候选人名单及其排序;采用资格预审方式的,资格预审的结果;唱标记录;投标文件被判定为废标的投标人名称、废标原因及其依据;评标委员会对投标报价给予修正的原因、依据和修正结果;评标委员会成员对各投标人投标文件的评分;中标价和中标价中包括的暂估价、暂列金额等。

各地住房城乡建设主管部门要认真执行《招标投标法》、《招标投标法实施条例》等法律法规和本指导意见,不断总结完善招标投标监管成熟经验做法,狠抓制度配套落实,切实履行好房屋市政工程招标投标监管职责,不断规范招标投标行为,促进建筑市场健康发展。

住房和城乡建设部关于进一步加强房屋建筑和市政基础设施工程招标投标监管的指导意见

1. 2019年12月19日

2. 建市规〔2019〕11号

各省、自治区住房和城乡建设厅,直辖市住房和城乡建设(管)委,新疆生产建设兵团住房和城乡建设局:

工程招标投标制度在维护国家利益和社会公共利益、规范建筑市场行为、提高投资效益、促进廉政建设等方面发挥了重要作用。但是,当前工程招标投标活动中招标人主体责任缺失,串通投标、弄虚作假违法违规问题依然突出。为深入贯彻落实《国务院办公厅关于促进建筑业持续健康发展的意见》(国办发〔2017〕19号)、《国务院办公厅转发住房城乡建设部关于完善质量保障体系提升建筑工程品质指导意见的通知》(国办函〔2019〕92号),积极推进房屋建筑和市政基础设施工程招标投标制度改革,加强相关工程招标投标活动监管,严厉打击招标投标环节违法违规问题,维护建筑市场秩序,现提出如下意见。

一、夯实招标人的权责

(一)落实招标人首要责任。工程招标投标活动依法应由招标人负责,招标人自主决定发起招标,自主选择工程建设项目招标代理机构、资格审查方式、招标人代表和评标方法。夯实招标投标活动中各方主体责任,党员干部严禁利用职权或者职务上的影响干预招标投标活动。

(二)政府投资工程鼓励集中建设管理方式。实施相对集中专业化管理,采用组建集中建设机构或竞争选择企业实行代建的模式,严格控制工程项目投资,科学确定并严格执行合理的工程建设周期,保障工程质量安全,竣工验收后移交使用单位,提高政府投资工程的专业化管理水平。

二、优化招标投标方法

(三)缩小招标范围。社会投资的房屋建筑工程,建设单位自主决定发包方式,社会投资的市政基础设施工程依法决定发包方式。政府投资工程鼓励采用全过程工程咨询、工程总承包方式,减少招标投标层级,依据合同约定或经招标人同意,由总承包单位自主决定专业分包,招标人不得指定分包或肢解工程。

(四)探索推进评定分离方法。招标人应科学制定评标定标方法,组建评标委员会,通过资格审查强化对投标人的信用状况和履约能力审查,围绕高质量发展要求优先考虑创新、绿色等评审因素。评标委员会对投标文件的技术、质量、安全、工期的控制能力等因素提供技术咨询建议,向招标人推荐合格的中标候选人。由招标人按照科学、民主决策原则,建立健全内部控制程序和决策约束机制,根据报价情况和技术咨询建议,择优确定中标人,实现招标投标过程的规范透明,结果的合法公正,依法依规接受监督。

(五)全面推行电子招标投标。全面推行招标投标交易全过程电子化和异地远程评标,实现招标投标活动信息公开。积极创新电子化行政监督,招标投标交易平台应当与本地建筑市场监管平台实现数据对接,加快推动交易、监管数据互联共享,加大全国建筑市场监管公共服务平台工程项目数据信息的归集和共享力度。

(六)推动市场形成价格机制。实施工程造价供给侧结构性改革,鼓励地方建立工程造价数据库和发布市场化的造价指标指数,促进通过市场竞争形成合同价。对标国际,建立工程计量计价体系,完善工程材料、机械、人工等各类价格市场化信息发布机制。改进最高投标限价编制方式,强化招标人工程造价管控责任,推行全过程工程造价咨询。严格合同履约管理和工程变更,强化工程进度款支付和工程结算管理,招标人不得将未完成审计作为延期工程结算、拖欠工程款的理由。

三、加强招标投标过程监管

(七)加强招标投标活动监管。各级住房和城乡建设主管部门应按照"双随机、一公开"的要求,加大招标投标事中事后查处力度,严厉打击串通投标、弄虚作假等违法违规行为,维护建筑市场秩序。对围标串标等情节严重的,应纳入失信联合惩戒范围,直至清出市场。

(八)加强评标专家监管。各级住房和城乡建设主管部门要结合实际健全完善评标专家动态监管和抽取监督的管理制度,严格履行对评标专家的监管职责。建立评标专家考核和退出机制,对存在违法违规行为的评标专家,应取消其评标专家资格,依法依规严肃查处。

(九)强化招标代理机构市场行为监管。实行招标代理机构信息自愿报送和年度业绩公示制度,完善全过程工程咨询机构从事招标投标活动的监管。加强招标代理机构从业人员考核、评价,严格依法查处从业人员违法违规行为,信用评价信息向社会公开,实行招标代理机构"黑名单"制度,构建守信激励、失信惩戒机制。

(十)强化合同履约监管。加强建筑市场和施工现场"两场"联动,将履约行为纳入信用评价,中标人应严格按照投标承诺的技术力量和技术方案履约,对中标人拒不履行合同约定义务的,作为不良行为记入信用记录。

四、优化招标投标市场环境

(十一)加快推行工程担保制度。推行银行保函制度,在有条件的地区推行工程担保公司保函和工程保证保险。招标人要求中标人提供履约担保的,招标人应当同时向中标人提供工程款支付担保。对采用最低价中标的探索实行高保额履约担保。

(十二)加大信息公开力度。公开招标的项目信息,包括资格预审公告、招标公告、评审委员会评审信息、资格审查不合格名单、评标结果、中标候选人、定标方法、受理投诉的联系方式等内容,应在招标公告发布的公共服务平台、交易平台向社会公开,接受社会公众的监督。

(十三)完善建筑市场信用评价机制。积极开展建筑市场信用评价,健全招标人、投标人、招标代理机构及从业人员等市场主体信用档案,完善信用信息的分级管理制度,对存在严重失信行为的市场主体予以惩戒,推动建筑市场信用评价结果在招标投标活动中规范应用,严禁假借信用评价实行地方保护。

(十四)畅通投诉渠道,规范投诉行为。招标投标监管部门要建立健全公平、高效的投诉处理机制,及时受理并依法处理招标投标投诉,加大查处力度。要规范投诉行为,投诉书应包括投诉人和被投诉人的名称地址及有效联系方式、投诉的基本事实、相关请求及主张、有效线索和相关证明材料、已提出异议的证明文件。属于恶意投诉的,应追究其相应责任。

五、强化保障措施

(十五)强化组织领导。各地住房和城乡建设主管部门要高度重视建筑市场交易活动,创新工程招标投标监管机制,完善相关配套政策,加强对建筑市场交易活动的引导和支持,加强与发展改革、财政、审计等有关部门的沟通协调,切实解决招标投标活动中的实际问题。

(十六)推动示范引领。各地住房和城乡建设主管部门要积极推动工程建设项目招标投标改革,选择部分地区开展试点,及时总结试点做法,形成可复制、可推广的经验。试点中的问题和建议及时告住房和城乡建设部。

(十七)做好宣传引导。各地住房和城乡建设主管部门要通过多种形式及时宣传报道招标投标改革工作措施和取得的成效,加强舆论引导,争取社会公众和市场主体的支持,及时回应舆论关切,为顺利推进招标投标改革工作营造良好的舆论环境。

(2)使用权招标

招标拍卖挂牌出让国有建设用地使用权规定

1. 2002年5月9日国土资源部令第11号公布
2. 2007年9月28日国土资源部令第39号修订
3. 自2007年11月1日起施行

第一条 为规范国有建设用地使用权出让行为,优化土地资源配置,建立公开、公平、公正的土地使用制度,根据《中华人民共和国物权法》、《中华人民共和国土地管理法》、《中华人民共和国城市房地产管理法》和《中华人民共和国土地管理法实施条例》,制定本规定。

第二条 在中华人民共和国境内以招标、拍卖或者挂牌出让方式在土地的地表、地上或者地下设立国有建设用地使用权的,适用本规定。

本规定所称招标出让国有建设用地使用权,是指市、县人民政府国土资源行政主管部门(以下简称出让人)发布招标公告,邀请特定或者不特定的自然人、法人和其他组织参加国有建设用地使用权投标,根据投标结果确定国有建设用地使用权人的行为。

本规定所称拍卖出让国有建设用地使用权,是指出让人发布拍卖公告,由竞买人在指定时间、地点进行公开竞价,根据出价结果确定国有建设用地使用权人的行为。

本规定所称挂牌出让国有建设用地使用权,是指出让人发布挂牌公告,按公告规定的期限将拟出让宗地的交易条件在指定的土地交易场所挂牌公布,接受竞买人的报价申请并更新挂牌价格,根据挂牌期限截止时的出价结果或者现场竞价结果确定国有建设用地使用权人的行为。

第三条 招标、拍卖或者挂牌出让国有建设用地使用权,应当遵循公开、公平、公正和诚信的原则。

第四条 工业、商业、旅游、娱乐和商品住宅等经营性用地以及同一宗地有两个以上意向用地者的,应当以招标、拍卖或者挂牌方式出让。

前款规定的工业用地包括仓储用地,但不包括采矿用地。

第五条 国有建设用地使用权招标、拍卖或者挂牌出让活动,应当有计划地进行。

市、县人民政府国土资源行政主管部门根据经济社会发展计划、产业政策、土地利用总体规划、土地利用年度计划、城市规划和土地市场状况,编制国有建设用地使用权出让年度计划,报经同级人民政府批准后,及时向社会公开发布。

第六条 市、县人民政府国土资源行政主管部门应当按照出让年度计划,会同城市规划等有关部门共同拟订拟招标拍卖挂牌出让地块的出让方案,报经市、县人民政府批准后,由市、县人民政府国土资源行政主管部门组织实施。

前款规定的出让方案应当包括出让地块的空间范围、用途、年限、出让方式、时间和其他条件等。

第七条 出让人应当根据招标拍卖挂牌出让地块的情况,编制招标拍卖挂牌出让文件。

招标拍卖挂牌出让文件应当包括出让公告、投标或者竞买须知、土地使用条件、标书或者竞买申请书、报价单、中标通知书或者成交确认书、国有建设用地使用权出让合同文本。

第八条 出让人应当至少在投标、拍卖或者挂牌开始日前20日，在土地有形市场或者指定的场所、媒介发布招标、拍卖或者挂牌公告，公布招标拍卖挂牌出让宗地的基本情况和招标拍卖挂牌的时间、地点。

第九条 招标拍卖挂牌公告应当包括下列内容：

（一）出让人的名称和地址；

（二）出让宗地的面积、界址、空间范围、现状、使用年期、用途、规划指标要求；

（三）投标人、竞买人的资格要求以及申请取得投标、竞买资格的办法；

（四）索取招标拍卖挂牌出让文件的时间、地点和方式；

（五）招标拍卖挂牌时间、地点、投标挂牌期限、投标和竞价方式等；

（六）确定中标人、竞得人的标准和方法；

（七）投标、竞买保证金；

（八）其他需要公告的事项。

第十条 市、县人民政府国土资源行政主管部门应当根据土地估价结果和政府产业政策综合确定标底或者底价。

标底或者底价不得低于国家规定的最低价标准。

确定招标标底，拍卖和挂牌的起叫价、起始价、底价，投标、竞买保证金，应当实行集体决策。

招标标底和拍卖挂牌的底价，在招标开标前和拍卖挂牌出让活动结束之前应当保密。

第十一条 中华人民共和国境内外的自然人、法人和其他组织，除法律、法规另有规定外，均可申请参加国有建设用地使用权招标拍卖挂牌出让活动。

出让人在招标拍卖挂牌出让公告中不得设定影响公平、公正竞争的限制条件。挂牌出让的，出让公告中规定的申请截止时间，应当为挂牌出让结束日前2天。对符合招标拍卖挂牌公告规定条件的申请人，出让人应当通知其参加招标拍卖挂牌活动。

第十二条 市、县人民政府国土资源行政主管部门应当为投标人、竞买人查询拟出让土地的有关情况提供便利。

第十三条 投标、开标依照下列程序进行：

（一）投标人在投标截止时间前将标书投入标箱。招标公告允许邮寄标书的，投标人可以邮寄，但出让人在投标截止时间前收到的方为有效。

标书投入标箱后，不可撤回。投标人应当对标书和有关书面承诺承担责任。

（二）出让人按照招标公告规定的时间、地点开标，邀请所有投标人参加。由投标人或者其推选的代表检查标箱的密封情况，当众开启标箱，点算标书。投标人少于三人的，出让人应当终止招标活动。投标人不少于三人的，应当逐一宣布投标人名称、投标价格和投标文件的主要内容。

（三）评标小组进行评标。评标小组由出让人代表、有关专家组成，成员人数为五人以上的单数。

评标小组可以要求投标人对投标文件作出必要的澄清或者说明，但是澄清或者说明不得超出投标文件的范围或者改变投标文件的实质性内容。

评标小组应当按照招标文件确定的评标标准和方法，对投标文件进行评审。

（四）招标人根据评标结果，确定中标人。

按照价高者得的原则确定中标人的，可以不成立评标小组，由招标主持人根据开标结果，确定中标人。

第十四条 对能够最大限度地满足招标文件中规定的各项综合评价标准，或者能够满足招标文件的实质性要求且价格最高的投标人，应当确定为中标人。

第十五条 拍卖会依照下列程序进行：

（一）主持人点算竞买人；

（二）主持人介绍拍卖宗地的面积、界址、空间范围、现状、用途、使用年期、规划指标要求、开工和竣工时间以及其他有关事项；

（三）主持人宣布起叫价和增价规则及增价幅度。没有底价的，应当明确提示；

（四）主持人报出起叫价；

（五）竞买人举牌应价或者报价；

（六）主持人确认该应价或者报价后继续竞价；

（七）主持人连续三次宣布同一应价或者报价而没有再应价或者报价的，主持人落槌表示拍卖成交；

（八）主持人宣布最高应价或者报价者为竞得人。

第十六条 竞买人的最高应价或者报价未达到底价时，主持人应当终止拍卖。

拍卖主持人在拍卖中可以根据竞买人竞价情况调整拍卖增价幅度。

第十七条 挂牌依照以下程序进行：

（一）在挂牌公告规定的挂牌起始日，出让人将挂牌宗地的面积、界址、空间范围、现状、用途、使用年期、规划指标要求、开工时间和竣工时间、起始价、增价规则及增价幅度等，在挂牌公告规定的土地交易场所挂牌公布；

（二）符合条件的竞买人填写报价单报价；

（三）挂牌主持人确认该报价后，更新显示挂牌价格；

（四）挂牌主持人在挂牌公告规定的挂牌截止时间确定竞得人。

第十八条 挂牌时间不得少于10日。挂牌期间可根据竞买人竞价情况调整增价幅度。

第十九条 挂牌截止应当由挂牌主持人主持确定。挂牌期限届满，挂牌主持人现场宣布最高报价及其报价者，并询问竞买人是否愿意继续竞价。有竞买人表示愿意继续竞价的，挂牌出让转入现场竞价，通过现场竞价确定竞得人。挂牌主持人连续三次报出最高挂牌价格，没有竞买人表示愿意继续竞价的，按照下列规定确定是否成交：

（一）在挂牌期限内只有一个竞买人报价，且报价不低于底价，并符合其他条件的，挂牌成交；

（二）在挂牌期限内有两个或者两个以上的竞买人报价的，出价最高者为竞得人；报价相同的，先提交报价单者为竞得人，但报价低于底价者除外；

（三）在挂牌期限内无应价者或者竞买人的报价均低于底价或者均不符合其他条件的，挂牌不成交。

第二十条 以招标、拍卖或者挂牌方式确定中标人、竞得人后，中标人、竞得人支付的投标、竞买保证金，转作受让地块的定金。出让人应当向中标人发出中标通知书或者与竞得人签订成交确认书。

中标通知书或者成交确认书应当包括出让人和中标人或者竞得人的名称，出让标的，成交时间、地点、价款以及签订国有建设用地使用权出让合同的时间、地点等内容。

中标通知书或者成交确认书对出让人和中标人或者竞得人具有法律效力。出让人改变竞得结果，或者中标人、竞得人放弃中标宗地、竞得宗地的，应当依法承担责任。

第二十一条 中标人、竞得人应当按照中标通知书或者成交确认书约定的时间，与出让人签订国有建设用地使用权出让合同。中标人、竞得人支付的投标、竞买保证金抵作土地出让价款；其他投标人、竞买人支付的投标、竞买保证金，出让人必须在招标拍卖挂牌活动结束后5个工作日内予以退还，不计利息。

第二十二条 招标拍卖挂牌活动结束后，出让人应在10个工作日内将招标拍卖挂牌出让结果在土地有形市场或者指定的场所、媒介公布。

出让人公布出让结果，不得向受让人收取费用。

第二十三条 受让人依照国有建设用地使用权出让合同的约定付清全部土地出让价款后，方可申请办理土地登记，领取国有建设用地使用权证书。

未按出让合同约定缴清全部土地出让价款的,不得发放国有建设用地使用权证书,也不得按出让价款缴纳比例分割发放国有建设用地使用权证书。

第二十四条 应当以招标拍卖挂牌方式出让国有建设用地使用权而擅自采用协议方式出让的,对直接负责的主管人员和其他直接责任人员依法给予处分;构成犯罪的,依法追究刑事责任。

第二十五条 中标人、竞得人有下列行为之一的,中标、竞得结果无效;造成损失的,应当依法承担赔偿责任:

(一)提供虚假文件隐瞒事实的;

(二)采取行贿、恶意串通等非法手段中标或者竞得的。

第二十六条 国土资源行政主管部门的工作人员在招标拍卖挂牌出让活动中玩忽职守、滥用职权、徇私舞弊的,依法给予处分;构成犯罪的,依法追究刑事责任。

第二十七条 以招标拍卖挂牌方式租赁国有建设用地使用权的,参照本规定执行。

第二十八条 本规定自2007年11月1日起施行。

招标拍卖挂牌出让国有土地使用权规范(试行)

1. 2006年5月31日国土资源部发布

2. 国土资发〔2006〕114号

3. 自2006年8月1日起施行

目　　次

前　言

为完善国有土地使用权出让制度,规范国有土地使用权招标拍卖挂牌出让行为,统一程序和标准,优化土地资源配置,推进土地市场建设,根据《中华人民共和国土地管理法》、《中华人民共和国城市房地产管理法》、《中华人民共和国城镇国有土地使用权出让和转让暂行条例》、《招标拍卖挂牌出让国有土地使用权规定》等规定,制定本规范。

本规范的附录B为招标拍卖挂牌出让公告应当使用的文本格式,附录A、附录C、附录D、附录E、附录F、附录G、附录H、附录I、附录J为招标拍卖挂牌出让活动中所需其他文本的示范格式。

本规范由国土资源部提出并归口。

本规范起草单位:国土资源部土地利用管理司,国土资源部土地整理中心,辽宁省国土资源厅,江苏省国土资源厅,福建省国土资源厅,山东省国土资源厅,广东省国土资源厅,深圳市国土资源和房产管理局。

本规范主要起草人员:廖永林、冷宏志、岳晓武、雷爱先、高永、谢量雄、宋玉波、黄启才、潘光明、涂高坤、王联珠、牟傲风、叶卫东、钟松忆、林立森、申亮、陈梅英、周旭、沈飞、张防。

本规范参加起草人员(以姓氏笔画为序):于世专、马尚、王薇、车长志、邓岳方、叶元蓬、叶东、任钊洪、关文荣、刘显棋、刘祥元、刘瑞平、朱育德、闫洪溪、严政、吴永高、吴迪、吴海洋、张万中、张英奇、李延荣、李晓娟、李晓斌、束克欣、杨玉芳、杨江正、肖建军、陈永真、陈国庆、林君衡、罗演广、祝军、胡立兵、胡红兵、赵春华、郝吉虎、高志云、徐建设、秦水龙、钱友根、梁红、黄文波、韩建国、韩洪伟、靳薇、潘洪篙、魏成、魏莉华。

本规范由国土资源部负责解释。

1 适用范围

在中华人民共和国境内以招标、拍卖或者挂牌方式出让国有土地使用权,适用本规范;以招标、拍卖或者挂牌方式租赁国有土地使用权、出让国有土地他项权利,参照本规范执行。以招标、拍卖或者挂牌方式转让国有土地使用权,以及依法以招标、拍卖或者挂牌方式流转农民集体建设用地使用权,可参照本规范执行。

2 引用的标准和文件

下列标准和文件所包含的条文,通过在本规范中引用而构成本规范的条文。本规范颁布时,所示版本均为有效。使用本规范的各方应使用下列各标准和文件的最新版本。

GB/T 18508—2001《城镇土地估价规程》

国土资发〔2000〕303 号《国有土地使用权出让合同示范文本》

国土资发〔2001〕255 号《全国土地分类》

国土资发〔2004〕232 号《工业建设项目用地控制指标》

3 依据

(1)《中华人民共和国土地管理法》

(2)《中华人民共和国城市房地产管理法》

(3)《中华人民共和国城市规划法》

(4)《中华人民共和国行政许可法》

(5)《中华人民共和国合同法》

(6)《中华人民共和国城镇国有土地使用权出让和转让暂行条例》

(7)《建立健全教育、制度、监督并重的惩治和预防腐败体系实施纲要》(中发〔2005〕3 号)

(8)《国务院关于加强国有土地资产管理的通知》(国发〔2001〕15 号)

(9)《国务院关于深化改革严格土地管理的决定》(国发〔2004〕28 号)

(10)《中共中央纪委监察部关于领导干部利用职权违反规定干预和插手建设工程招投标、经营性土地使用权出让、房地产开发与经营等市场经济活动,为个人和亲友谋取私利的处理规定》(中纪发〔2004〕3号)

(11)《招标拍卖挂牌出让国有土地使用权规定》(国土资源部令第11号)

4 总则

4.1 招标拍卖挂牌出让国有土地使用权内涵

本规范所称招标出让国有土地使用权,是指市、县国土资源管理部门发布招标公告或者发出投标邀请书,邀请特定或者不特定的法人、自然人和其他组织参加国有土地使用权投标,根据投标结果确定土地使用者的行为。

本规范所称拍卖出让国有土地使用权,是指市、县国土资源管理部门发布拍卖公告,由竞买人在指定时间、地点进行公开竞价,根据出价结果确定土地使用者的行为。

本规范所称挂牌出让国有土地使用权,是指市、县国土资源管理部门发布挂牌公告,按公告规定的期限将拟出让宗地的交易条件在指定的土地交易场所挂牌公布,接受竞买人的报价申请并更新挂牌价格,根据挂牌期限截止时的出价结果或现场竞价结果确定土地使用者的行为。

4.2 招标拍卖挂牌出让国有土地使用权原则

(1)公开、公平、公正;

(2)诚实信用。

4.3 招标拍卖挂牌出让国有土地使用权范围

(1)供应商业、旅游、娱乐和商品住宅等各类经营性用地以及有竞争要求的工业用地;

(2)其他土地供地计划公布后同一宗地有两个或者两个以上意向用地者的;

(3)划拨土地使用权改变用途,《国有土地划拨决定书》或法律、法规、行政规定等明确应当收回土地使用权,实行招标拍卖挂牌出让的;

(4)划拨土地使用权转让,《国有土地划拨决定书》或法律、法规、行政规定等明确应当收回土地使用权,实行招标拍卖挂牌出让的;

(5)出让土地使用权改变用途,《国有土地使用权出让合同》约定或法律、法规、行政规定等明确应当收回土地使用权,实行招标拍卖挂牌出让的;

(6)法律、法规、行政规定明确应当招标拍卖挂牌出让的其他情形。

4.4 招标拍卖挂牌出让国有土地使用权组织实施

4.4.1 实施主体

国有土地使用权招标拍卖挂牌出让由市、县国土资源管理部门组织实施。

4.4.2　组织方式

市、县国土资源管理部门实施招标拍卖挂牌出让国有土地使用权活动，可以根据实际情况选择以下方式：

(1)市、县国土资源管理部门自行办理；

(2)市、县国土资源管理部门指定或授权下属事业单位具体承办；

(3)市、县国土资源管理部门委托具有相应资质的交易代理中介机构承办。

4.4.3　协调决策机构

国有土地使用权出让实行集体决策。市、县国土资源管理部门根据实际情况，可以成立国有土地使用权出让协调决策机构，负责协调解决出让中的相关问题，集体确定有关事项。

4.4.4　土地招标拍卖挂牌主持人

国有土地使用权招标拍卖挂牌出让活动，应当由符合国土资源部确定的土地招标拍卖挂牌主持人条件并取得资格的人员主持进行。

4.4.5　招标拍卖挂牌出让程序

(1)公布出让计划，确定供地方式；

(2)编制、确定出让方案；

(3)地价评估，确定出让底价；

(4)编制出让文件；

(5)发布出让公告；

(6)申请和资格审查；

(7)招标拍卖挂牌活动实施；

(8)签订出让合同，公布出让结果；

(9)核发《建设用地批准书》，交付土地；

(10)办理土地登记；

(11)资料归档。

4.5　地方补充规定

地方可对本规范做出补充规定或实施细则，并报上一级国土资源管理部门备案。

5　公布出让计划，确定供地方式

5.1　市、县国土资源管理部门应当将经批准的国有土地使用权出让计划向社会公布。有条件的地方可以根据供地进度安排，分阶段将国有土地使用权出让计划细化落实到地段、地块，并将相关信息及时向社会公布。国有土地使用权出让计划以及细化的地段、地块信息应当同时在中国土地市场网

(www. landchina. com)上公布。

5.2 市、县国土资源管理部门公布国有土地使用权出让计划、细化的地段、地块信息,应当同时明确用地者申请用地的途径和方式,公开接受用地申请。

5.3 需要使用土地的单位和个人(以下简称意向用地者)应当根据公布的国有土地使用权出让计划、细化的地段、地块信息以及自身用地需求,向市、县国土资源管理部门提出用地申请。

5.4 用地预申请

为充分了解市场需求情况,科学合理安排供地规模和进度,有条件的地方,可以建立用地预申请制度。单位和个人对列入招标拍卖挂牌出让计划内的具体地块有使用意向的,可以提出用地预申请,并承诺愿意支付的土地价格。市、县国土资源管理部门认为其承诺的土地价格和条件可以接受的,应当根据土地出让计划和土地市场情况,适时组织实施招标拍卖挂牌出让活动,并通知提出该宗地用地预申请的单位或个人参加。提出用地预申请的单位、个人,应当参加该宗地竞投或竞买,且报价不得低于其承诺的土地价格。

5.5 根据意向用地者申请情况,符合4.3规定条件的土地使用权出让,应当采取招标拍卖挂牌方式。对不能确定是否符合4.3规定条件的具体宗地,可由国有土地使用权出让协调决策机构集体认定。

对具有综合目标或特定社会、公益建设条件、开发建设要求较高、仅有少数单位和个人可能有受让意向的土地使用权出让,可以采取招标方式,按照综合条件最佳者得的原则确定受让人;其他的土地使用权出让,应当采取招标、拍卖或挂牌方式,按照价高者得的原则确定受让人。

采用招标方式出让国有土地使用权的,应当采取公开招标方式。对土地使用者有严格的限制和特别要求的,可以采用邀请招标方式。

6 编制、确定出让方案

6.1 编制招标拍卖挂牌出让方案

市、县国土资源管理部门应当会同城市规划管理等有关部门,依据国有土地使用权出让计划、城市规划等,编制国有土地使用权招标拍卖挂牌出让方案。

国有土地使用权招标拍卖挂牌出让方案应当包括:拟出让地块的具体位置、四至、用途、面积、年限、土地使用条件、供地时间、供地方式、建设时间等。属于综合用地的,应明确各类具体用途、所占面积及其各自的出让年期。对于各用途不动产之间可以分割,最终使用者为不同单位、个人的,应当按照综合用地所包含的具体土地用途分别确定出让年期;对于多种用途很难分割、最终使用者唯一的,也可以统一按照综合用地最高出让年限50年确定出让年期。

6.2 招标拍卖挂牌出让方案报批

国有土地使用权招标拍卖挂牌出让方案应按规定报市、县人民政府批准。

7 地价评估,确定出让底价

7.1 地价评估

市、县国土资源管理部门应当根据拟出让地块的条件和土地市场情况,依据《城镇土地估价规程》,组织对拟出让地块的正常土地市场价格进行评估。

地价评估由市、县国土资源管理部门或其所属事业单位组织进行,根据需要也可以委托具有土地估价资质的土地或不动产评估机构进行。

7.2 确定底价

有底价出让的,市、县国土资源管理部门或国有土地使用权出让协调决策机构应当根据土地估价结果、产业政策和土地市场情况等,集体决策,综合确定出让底价和投标、竞买保证金。招标出让的,应当同时确定标底;拍卖和挂牌出让的,应当同时确定起叫价、起始价等。

标底、底价确定后,在出让活动结束之前应当保密,任何单位和个人不得泄露。

8 编制出让文件

市、县国土资源管理部门应当根据经批准的招标拍卖挂牌出让方案,组织编制国有土地使用权招标拍卖挂牌出让文件。

8.1 招标出让文件应当包括:

(1)招标出让公告或投标邀请书

(2)招标出让须知

(3)标书

(4)投标申请书

(5)宗地界址图

(6)宗地规划指标要求

(7)中标通知书

(8)国有土地使用权出让合同

(9)其他相关文件

8.2 拍卖出让文件应当包括:

(1)拍卖出让公告

(2)拍卖出让须知
(3)竞买申请书
(4)宗地界址图
(5)宗地规划指标要求
(6)成交确认书
(7)国有土地使用权出让合同
(8)其他相关文件

8.3 挂牌出让文件应当包括:

(1)挂牌出让公告
(2)挂牌出让须知
(3)竞买申请书
(4)挂牌竞买报价单
(5)宗地界址图
(6)宗地规划指标要求
(7)成交确认书
(8)国有土地使用权出让合同
(9)其他相关文件

9 发布出让公告

9.1 发布公告

国有土地使用权招标拍卖挂牌出让公告应当由市、县国土资源管理部门发布。出让公告应当通过中国土地市场网和当地土地有形市场发布,也可同时通过报刊、电视台等媒体公开发布。

出让公告应当至少在招标拍卖挂牌活动开始前20日发布,以首次发布的时间为起始日。

经批准的出让方案已明确招标、拍卖、挂牌具体方式的,应当发布具体的"国有土地使用权招标出让公告"、"国有土地使用权拍卖出让公告"或"国有土地使用权挂牌出让公告";经批准的出让方案未明确招标、拍卖、挂牌具体方式的,可以发布"国有土地使用权公开出让公告",发布公开出让公告的,应当明确根据申请截止时的申请情况确定具体的招标、拍卖或挂牌方式。

出让公告可以是单宗地的公告,也可以是多宗地的联合公告。

9.2 公告内容

9.2.1 招标出让公告应当包括以下内容:

(1)出让人的名称、地址、联系电话等,授权或指定下属事业单位以及委托代理机构进行招标的,还应注明其机构的名称、地址和联系电话等;

(2)招标地块的位置、面积、用途、开发程度、规划指标要求、土地使用年限和建设时间等;

(3)投标人的资格要求及申请取得投标资格的办法;

(4)获取招标文件的时间、地点及方式;

(5)招标活动实施时间、地点,投标期限、地点和方式等;

(6)确定中标人的标准和方法;

(7)支付投标保证金的数额、方式和期限;

(8)其他需要公告的事项。

9.2.2 拍卖出让公告应当包括以下内容:

(1)出让人的名称、地址、联系电话等,授权或指定下属事业单位以及委托代理机构进行拍卖的,还应注明其名称、地址和联系电话等;

(2)拍卖地块的位置、面积、用途、开发程度、规划指标要求、土地使用年限和建设时间等;

(3)竞买人的资格要求及申请取得竞买资格的办法;

(4)获取拍卖文件的时间、地点及方式;

(5)拍卖会的地点、时间和竞价方式;

(6)支付竞买保证金的数额、方式和期限;

(7)其他需要公告的事项。

9.2.3 挂牌出让公告应当包括以下内容:

(1)出让人的名称、地址、联系电话等,授权或指定下属事业单位以及委托代理机构进行挂牌的,还应注明其机构名称、地址和联系电话等;

(2)挂牌地块的位置、面积、用途、开发程度、规划指标要求、土地使用年限和建设时间等;

(3)竞买人的资格要求及申请取得竞买资格的办法;

(4)获取挂牌文件的时间、地点及方式;

(5)挂牌地点和起止时间;

(6)支付竞买保证金的数额、方式和期限;

(7)其他需要公告的事项。

9.3 公告调整

公告期间,出让公告内容发生变化的,市、县国土资源管理部门应当按原公告发布渠道及时发布补充公告。涉及土地使用条件变更等影响土地价格的重大变动,补充公告发布时间距招标拍卖挂牌活动开始时间少于20日的,招标拍卖挂牌活动相应顺延。

发布补充公告的,市、县国土资源管理部门应当书面通知已报名的申请人。

10 申请和资格审查

10.1 申请人

国有土地使用权招标拍卖挂牌出让的申请人,可以是中华人民共和国境内外的法人、自然人和其他组织,但法律法规对申请人另有限制的除外。

申请人可以单独申请,也可以联合申请。

10.2 申请

申请人应在公告规定期限内交纳出让公告规定的投标、竞买保证金,并根据申请人类型,持相应文件向出让人提出竞买、竞投申请:

(1)法人申请的,应提交下列文件:

①申请书;

②法人单位有效证明文件;

③法定代表人的有效身份证明文件;

④申请人委托他人办理的,应提交授权委托书及委托代理人的有效身份证明文件;

⑤保证金交纳凭证;

⑥招标拍卖挂牌文件规定需要提交的其他文件。

(2)自然人申请的,应提交下列文件:

①申请书;

②申请人有效身份证明文件;

③申请人委托他人办理的,应提交授权委托书及委托代理人的身份证明文件;

④保证金交纳凭证;

⑤招标拍卖挂牌文件规定需要提交的其他文件。

(3)其他组织申请的,应提交下列文件:

①申请书;

②表明该组织合法存在的文件或有效证明;

③表明该组织负责人身份的有效证明文件;

④申请人委托他人办理的,应提交授权委托书及委托代理人的身份证明文件;

⑤保证金交纳凭证;

⑥招标拍卖挂牌文件规定需要提交的其他文件。

(4)境外申请人申请的,应提交下列文件:

①申请书;

②境外法人、自然人、其他组织的有效身份证明文件;

③申请人委托他人办理的,应提交授权委托书及委托代理的有效身份证明文件;

④保证金交纳凭证;

⑤招标拍卖挂牌文件规定需要提交的其他文件。

上述文件中,申请书必须用中文书写,其他文件可以使用其他语言,但必须附中文译本,所有文件的解释以中文译本为准。

(5)联合申请的,应提交下列文件:

①联合申请各方共同签署的申请书;

②联合申请各方的有效身份证明文件;

③联合竞买、竞投协议,协议要规定联合各方的权利、义务,包括联合各方的出资比例,并明确签订《国有土地使用权出让合同》时的受让人;

④申请人委托他人办理的,应提交授权委托书及委托代理人的有效身份证明文件;

⑤保证金交纳凭证;

⑥招标拍卖挂牌文件规定需要提交的其他文件。

(6)申请人竞得土地后,拟成立新公司进行开发建设的,应在申请书中明确新公司的出资构成、成立时间等内容。出让人可以根据招标拍卖挂牌出让结果,先与竞得人签订《国有土地使用权出让合同》,在竞得人按约定办理完新公司注册登记手续后,再与新公司签订《国有土地使用权出让合同变更协议》;也可按约定直接与新公司签订《国有土地使用权出让合同》。

10.3　受理申请及资格审查

出让人应当对出让公告规定的时间内收到的申请进行审查。经审查,有下列情形之一的,为无效申请:

(1)申请人不具备竞买资格的;

(2)未按规定交纳保证金的;

(3)申请文件不齐全或不符合规定的;

(4)委托他人代理但委托文件不齐全或不符合规定的;

(5)法律法规规定的其他情形。

经审查,符合规定条件的,应当确认申请人的投标或竞买资格,并通知其参加招标拍卖挂牌活动。采用招标或拍卖方式的,取得投标或竞买资格者不得少于3个。

10.4　出让人应当对申请人的情况进行保密。

10.5　申请人对招标拍卖挂牌文件有疑问的,可以书面或者口头方式向出让人咨询,出让人应当为申请人咨询以及查询出让地块有关情况提供便利。根据需要,出让人可以组织申请人对拟出让地块进行现场踏勘。

11 招标拍卖挂牌活动实施——招标

11.1 投标

市、县国土资源管理部门应当按照出让公告规定的时间、地点组织招标投标活动。投标活动应当由土地招标拍卖挂牌主持人主持进行。

投标开始前,招标主持人应当现场组织开启标箱,检查标箱情况后加封。

投标人应当在规定的时间将标书及其他文件送达指定的投标地点,经招标人登记后,将标书投入标箱。

招标公告允许邮寄投标文件的,投标人可以邮寄,但以招标人在投标截止时间前收到的方为有效。招标人登记后,负责在投标截止时间前将标书投入标箱。

投标人投标后,不可撤回投标文件,并对投标文件和有关书面承诺承担责任。投标人可以对已提交的投标文件进行补充说明,但应在招标文件要求提交投标文件的截止时间前书面通知招标人并将补充文件送达至投标地点。

11.2 开标

招标人按照招标出让公告规定的时间、地点开标,邀请所有投标人参加。开标应当由土地招标拍卖挂牌主持人主持进行。招标主持人邀请投标人或其推选的代表检查标箱的密封情况,当众开启标箱。

标箱开启后,招标主持人应当组织逐一检查标箱内的投标文件,经确认无误后,由工作人员当众拆封,宣读投标人名称、投标价格和投标文件的其他主要内容。

开标过程应当记录。

11.3 评标

按照价高者得的原则确定中标人的,可以不成立评标小组。按照综合条件最佳者得的原则确定中标人的,招标人应当成立评标小组进行评标。

11.3.1 评标小组由出让人、有关专家组成,成员人数为5人以上的单数。有条件的地方,可建立土地评标专家库,每次评标前随机从专家库中抽取评标小组专家成员。

11.3.2 招标人应当采取必要的措施,保证评标在严格保密的情况下进行。

11.3.3 评标小组可以要求投标人对投标文件中含义不明确的内容做出必要的澄清或者说明,但澄清或者说明不得超出投标文件的范围或者改变投标文件的实质性内容。

11.3.4 评标小组对投标文件进行有效性审查。有下列情形之一的,为无效投标文件:

(1)投标文件未密封的;

(2)投标文件未加盖投标人印鉴,也未经法定代表人签署的;

(3)投标文件不齐备、内容不全或不符合规定的;

(4)投标人对同一个标的有两个或两个以上报价的;

(5)委托投标但委托文件不齐全或不符合规定的;

(6)评标小组认为投标文件无效的其他情形。

11.3.5 评标要求

评标小组应当按照招标文件确定的评标标准和方法,对投标文件进行综合评分,根据综合评分结果确定中标候选人。

评标小组应当根据评标结果,按照综合评分高低确定中标候选人排序,但低于底价或标底者除外。同时有两个或两个以上申请人的综合评分相同的,按报价高低排名,报价也相同的,可以由综合评分相同的申请人通过现场竞价确定排名顺序。投标人的投标价均低于底价或投标条件均不能够满足标底要求的,投标活动终止。

11.4 定标

招标人应当根据评标小组推荐的中标候选人确定中标人。招标人也可以授权评标小组直接确定中标人。

按照价高者得的原则确定中标人的,由招标主持人根据开标结果,直接宣布报价最高且不低于底价者为中标人。有两个或两个以上申请人的报价相同且同为最高报价的,可以由相同报价的申请人在限定时间内再行报价,或者采取现场竞价方式确定中标人。

11.5 发出《中标通知书》

确定中标人后,招标人应当向中标人发出《中标通知书》,并同时将中标结果通知其他投标人。

《中标通知书》应包括招标人与中标人的名称,出让标的,成交时间、地点、价款,以及双方签订《国有土地使用权出让合同》的时间、地点等内容。

《中标通知书》对招标人和中标人具有法律效力,招标人改变中标结果,或者中标人不按约定签订《国有土地使用权出让合同》、放弃中标宗地的,应当承担法律责任。

12 招标拍卖挂牌活动实施——拍卖

12.1 市、县国土资源管理部门应当按照出让公告规定的时间、地点组织拍卖活动。拍卖活动应当由土地招标拍卖挂牌主持人主持进行。

12.2 拍卖会按下列程序进行:

(1)拍卖主持人宣布拍卖会开始;

(2)拍卖主持人宣布竞买人到场情况；

设有底价的，出让人应当现场将密封的拍卖底价交给拍卖主持人，拍卖主持人现场开启密封件。

(3)拍卖主持人介绍拍卖地块的位置、面积、用途、使用年限、规划指标要求、建设时间等；

(4)拍卖主持人宣布竞价规则；

拍卖主持人宣布拍卖宗地的起叫价、增价规则和增价幅度，并明确提示是否设有底价。在拍卖过程中，拍卖主持人可根据现场情况调整增价幅度。

(5)拍卖主持人报出起叫价，宣布竞价开始；

(6)竞买人举牌应价或者报价；

(7)拍卖主持人确认该竞买人应价或者报价后继续竞价；

(8)拍卖主持人连续三次宣布同一应价或报价而没有人再应价或出价，且该价格不低于底价的，拍卖主持人落槌表示拍卖成交，拍卖主持人宣布最高应价者为竞得人。成交结果对拍卖人、竞得人和出让人均具有法律效力。最高应价或报价低于底价的，拍卖主持人宣布拍卖终止。

12.3 签订《成交确认书》

确定竞得人后，拍卖人与竞得人当场签订《成交确认书》。拍卖人或竞得人不按规定签订《成交确认书》的，应当承担法律责任。竞得人拒绝签订《成交确认书》也不能对抗拍卖成交结果的法律效力。

《成交确认书》应包括拍卖人与竞得人的名称，出让标的，成交时间、地点、价款，以及双方签订《国有土地使用权出让合同》的时间、地点等内容。

《成交确认书》对拍卖人和竞得人具有法律效力，拍卖人改变拍卖结果的，或者竞得人不按约定签订《国有土地使用权出让合同》、放弃竞得宗地的，应当承担法律责任。

拍卖过程应当制作拍卖笔录。

13 招标拍卖挂牌活动实施——挂牌

市、县国土资源管理部门应当按照出让公告规定的时间、地点组织挂牌活动。挂牌活动应当由土地招标拍卖挂牌主持人主持进行。

13.1 公布挂牌信息

在挂牌公告规定的挂牌起始日，挂牌人将挂牌宗地的位置、面积、用途、使用年期、规划指标要求、起始价、增价规则及增价幅度等，在挂牌公告规定的土地交易地点挂牌公布。挂牌时间不得少于10个工作日。

13.2 竞买人报价

符合条件的竞买人应当填写报价单报价。有条件的地方，可以采用计算机系统报价。

竞买人报价有下列情形之一的,为无效报价:

(1)报价单未在挂牌期限内收到的;

(2)不按规定填写报价单的;

(3)报价单填写人与竞买申请文件不符的;

(4)报价不符合报价规则的;

(5)报价不符合挂牌文件规定的其他情形。

13.3 确认报价

挂牌主持人确认该报价后,更新显示挂牌价格,继续接受新的报价。有两个或两个以上竞买人报价相同的,先提交报价单者该挂牌价格的出价人。

13.4 挂牌截止

挂牌截止应当由挂牌主持人主持确定。设有底价的,出让应当在挂牌截止前将密封的挂牌底价交给挂牌主持人,挂牌主人现场打开密封件。在公告规定的挂牌截止时间,竞买人应当席挂牌现场,挂牌主持人宣布最高报价及其报价者,并询问竞买是否愿意继续竞价。

13.4.1 挂牌主持人连续三次报出最高挂牌价格,没有竞买人表示愿意继续竞价的,挂牌主持人宣布挂牌活动结束,并按下列规确定挂牌结果:

(1)最高挂牌价格不低于底价的,挂牌主持人宣布挂牌出让成交,最高挂牌价格的出价人为竞得人;

(2)最高挂牌价格低于底价的,挂牌主持人宣布挂牌出让不成交。

13.4.2 有竞买人表示愿意继续竞价的,即属于挂牌截止时有两个或两个以上竞买人要求报价的情形,挂牌主持人应当宣布挂牌出让转入现场竞价,并宣布现场竞价的时间和地点,通过现场竞价确定竞得人。

13.5 现场竞价

现场竞价应当由土地招标拍卖挂牌主持人主持进行,取得该宗地挂牌竞买资格的竞买人均可参加现场竞价。现场竞价按下列程序举行:

(1)挂牌主持人应当宣布现场竞价的起始价、竞价规则和增价幅度,并宣布现场竞价开始。现场竞价的起始价为挂牌活动截止时的最高报价增加一个加价幅度后的价格。

(2)参加现场竞价的竞买人按照竞价规则应价或报价。

(3)挂牌主持人确认该竞买人应价或者报价后继续竞价。

(4)挂牌主持人连续三次宣布同一应价或报价而没有人再应价或出价,且该价格不低于底价的,挂牌主持人落槌表示现场竞价成交,宣布最高应价或报价者为竞得人。成交结果对竞得人和出让人均具有法律效力。最高应价或报价低于底价的，挂牌主持人宣布现场竞价终止。

在现场竞价中无人参加竞买或无人应价或出价的，以挂牌截止时出价最高者为竞得人，但低于挂牌出让底价者除外。

13.6 签订《成交确认书》

确定竞得人后，挂牌人与竞得人当场签订《成交确认书》。挂牌人或竞得人不按规定签订《成交确认书》的，应当承担法律责任。竞得人拒绝签订《成交确认书》也不能对抗挂牌成交结果的法律效力。

《成交确认书》应包括挂牌人与竞得人的名称，出让标的，成交时间、地点、价款，以及双方签订《国有土地使用权出让合同》的时间、地点等内容。

《成交确认书》对挂牌人和竞得人具有法律效力，挂牌人改变挂牌结果的，或者竞得人不按规定签订《国有土地使用权出让合同》、放弃竞得宗地的，应当承担法律责任。

挂牌过程应当制作挂牌笔录。

14 签订出让合同，公布出让结果

14.1 签订《国有土地使用权出让合同》

招标拍卖挂牌出让活动结束后，中标人、竞得人应按照《中标通知书》或《成交确认书》的约定，与出让人签订《国有土地使用权出让合同》。

14.2 中标人、竞得人支付的投标、竞买保证金，在中标或竞得后转作受让地块的定金。其他投标人、竞买人交纳的投标、竞买保证金，出让人应在招标拍卖挂牌活动结束后5个工作日内予以退还，不计利息。

14.3 公布出让结果

招标拍卖挂牌活动结束后10个工作日内，出让人应当将招标拍卖挂牌出让结果通过中国土地市场网以及土地有形市场等指定场所向社会公布。

公布出让结果应当包括土地位置、面积、用途、开发程度、土地级别、容积率、出让年限、供地方式、受让人、成交价格和成交时间等内容。

出让人公布出让结果，不得向受让人收取费用。

15 核发《建设用地批准书》，交付土地

市、县国土资源管理部门向受让人核发《建设用地批准书》，并按照《国有土地使用权出让合同》、《建设用地批准书》确定的时间和条件将出让土地交付给受让人。

16 办理土地登记

受让人按照《国有土地使用权出让合同》约定付清全部国有土地使用权出让金，依法申请办理土地登记，领取《国有土地使用证》，取得国有土地使用权。

17 资料归档

出让手续全部办结后,市、县国土资源管理部门应当对宗地出让过程中的用地申请、审批、招标拍卖挂牌活动、签订合同等各环节相关资料、文件进行整理,并按规定归档。应归档的宗地出让资料包括:

(1)申请人的申请材料;

(2)宗地条件及相关资料;

(3)宗地评估资料;

(4)宗地出让底价及集体决策记录;

(5)宗地招标拍卖挂牌出让方案;

(6)宗地出让方案批复文件;

(7)招标拍卖挂牌出让文件;

(8)招标拍卖挂牌活动实施过程的记录资料;

(9)《中标通知书》或《成交确认书》;

(10)《国有土地使用权出让合同》及出让结果公布资料;

(11)其他应归档的材料。

附录 A　国有土地使用权出让预申请书示范文本(略)

附录 B　国有土地使用权出让公告文本格式(略)

附录 C　国有土地使用权出让须知示范文本(略)

附录 D　投标〔竞买〕申请书示范文本

投标〔竞买〕申请书

________国土资源局:

经认真阅读编号为________地块的招标〔拍卖〕〔挂牌〕出让文件,我方完全接受并愿意遵守你局国有土地使用权招标〔拍卖〕〔挂牌〕出让文件中的规定和要求,对所有文件均无异议。

我方现正式申请参加你局于________年____月____日在________(地点)举行的________地块国有土地使用权招标〔拍卖〕〔挂牌〕活动。

我方愿意按招标〔拍卖〕〔挂牌〕出让文件规定,交纳投标〔竞买〕保证金人民币____________万元(大写)(¥________)。

若能中标〔竞得〕该地块,我方保证按照国有土地使用权招标〔拍卖〕〔挂牌〕出让文件的规定和要求履行全部义务。

若我方在国有土地使用权招标〔拍卖〕〔挂牌〕出让活动中,出现不能按期付款或有其他违约行为,我方愿意承担全部法律责任,并赔偿由此产生的损失。

特此申请和承诺。

附件:

1. ________________;

2. ________________;

……

申 请 人:________(加盖公章)

法定代表人(或授权委托代理人)签名:________

联 系 人:______________________

地 址:______________________

邮政编码:______________________

电 话:______________________

申请日期:________年____月____日

附录 E 投标〔竞买〕资格确认书示范文本

投标〔竞买〕资格确认书

________(投标〔竞买〕人名称):

你方提交的对________号地块的投标〔竞买〕申请书及相关文件资料收悉。经审查,你方已按规定交纳了投标〔竞买〕保证金,所提交文件资料符合我方本次招标〔拍卖〕〔挂牌〕出让文件的规定和要求,现确认你方具备参加本次国有土地使用权投标〔拍卖竞买〕〔挂牌竞买〕资格。请持此《投标〔竞买〕资格确认书》参加我局于________年____月____日____时在________(地点)举行的国有土地使用权招标〔拍卖〕〔挂牌〕活动。

________国土资源局

________年____月____日

附录 F 国有土地使用权招标出让投标书示范文本

国有土地使用权招标出让投标书

________国土资源局：

经认真阅读________号地块招标出让文件和现场踏勘，我方完全接受招标出让文件中的规定和要求，愿意以人民币________万元（大写）（￥________）的价格竞投该地块国有土地使用权。按照招标文件规定，我方随本标书一同提交以下文件：

（1）________________；

（2）________________；

……

我方承诺，所提交的标书及相关文件真实准确。

我方已按招标出让文件的规定，交纳了人民币__________万元（大写）（￥________）的投标保证金。我方承诺，在接到你局发出的《中标通知书》后，将按约定及时签订《国有土地使用权出让合同》。如果我方未在规定期限内签订《国有土地使用权出让合同》，或不能按《国有土地使用权出让合同》约定交付全部中标价款，或违反招标文件的规定，或不履行本投标书承诺等，均可被视为违约，你局可不退还我方交纳的投标保证金。

在《中标通知书》发出后、《国有土地使用权出让合同》签订及履行以前，本标书为你局与我方之间具有法律约束力的文件。

其他需要说明的事项：________________

投 标 人：________（加盖公章）

法定代表人（或授权委托代理人）签名：________

联 系 人：________________

地　　址：________________

邮政编码：________________

电　　话：________________

投标日期：________年____月____日

附录 G　国有土地使用权挂牌出让竞买报价单示范文本

国有土地使用权挂牌出让竞买报价单

竞买人编号：________

<table>
<tr><td>地块编号</td><td></td><td rowspan="4">由竞买人填写</td></tr>
<tr><td>竞买报价</td><td>人民币________万元(大写)
¥________</td></tr>
<tr><td>竞 买 人</td><td>名称：(加盖公章)</td></tr>
<tr><td>法定代表人(或授权委托代理人)</td><td>(签名)</td></tr>
<tr><td>收到报价时间</td><td>______年___月___日___时___分</td><td rowspan="3">由挂牌主持人填写</td></tr>
<tr><td>挂牌主持人</td><td>(签名)</td></tr>
<tr><td>确认时间</td><td>______年___月___日___时___分</td></tr>
</table>

附录 H　授权委托书示范文本

授权委托书

<table>
<tr><td colspan="2">委　托　人</td><td colspan="2">受　托　人</td></tr>
<tr><td>姓　　名</td><td></td><td>姓　　名</td><td></td></tr>
<tr><td>性　　别</td><td></td><td>性　　别</td><td></td></tr>
<tr><td>出生日期</td><td></td><td>出生日期</td><td></td></tr>
<tr><td>工作单位</td><td></td><td>工作单位</td><td></td></tr>
<tr><td>职　　务</td><td></td><td>职　　务</td><td></td></tr>
<tr><td rowspan="2">证件号码</td><td>身份证(　)　护照(　)</td><td rowspan="2">证件号码</td><td>身份证(　)　护照(　)</td></tr>
<tr><td></td><td></td></tr>
<tr><td colspan="4">本人授权________(受托人)代表本人参加________年___月___日在________(地点)举办的编号为________地块的国有土地使用权招标〔拍卖〕〔挂牌〕出让活动，代表本人签订《国有土地使用权出让合同》等具有法律意义的文件、凭证等。
受托人在该地块招标〔拍卖〕〔挂牌〕出让活动中所做出的承诺、签署的合同或文件，本人均予以承认，并承担由此产生的法律后果。
委托人(签名)：________
________年___月___日</td></tr>
<tr><td>备注</td><td colspan="3">兹证明本委托书确系本单位法定代表人________亲自签署。
(单位公章)
________年___月___日</td></tr>
</table>

附录 I　中标通知书示范文本

中标通知书

________(中标人名称)：

现确定你方为编号________地块的国有土地使用权招标出让中标人，有关事项通知如下：

该地块中标单价为每平方米人民币________元(大写)(￥________)，总价为人民币________万元(大写)(￥________)。其中，出让金单价为每平方米人民币________元(大写)(￥________)，总价为人民币________万元(大写)(￥________)。

本《中标通知书》一经签发，即视为成交。你方交纳的投标保证金，自动转作受让地块的定金。你方应当于________年____月____日之前，持本《中标通知书》到________(地点)与________国土资源局签订《国有土地使用权出让合同》。不按期签订《国有土地使用权出让合同》的，视为你方放弃中标资格，你方应承担相应法律责任。

本《中标通知书》一式____份，招标人执____份，中标人执____份。

特此通知。

招标人：________(加盖公章)

________年____月____日

附录 J　成交确认书示范文本

成交确认书

在________年____月____日________(地点)举办的国有土地使用权拍卖〔挂牌〕出让活动中，________(竞得人)竞得编号________地块的国有土地使用权。现将有关事项确认如下：

该地块成交单价为每平方米人民币________元(大写)(￥________)，总价为人民币________万元(大写)(￥________)。其中，出让金单价为每平方米人民币________元(大写)(￥________)，总价为人民币________万元(大写)(￥________)。

竞得人交纳的竞买保证金，自动转作受让地块的定金。________(竞得人)应当于________年____月____日之前,持本《成交确认书》到________(地点)与________国土资源局签订《国有土地使用权出让合同》。不按期签订《国有土地使用权出让合同》的,视为竞得人放弃竞得资格,竞得人应承担相应法律责任。

本《成交确认书》一式____份,拍卖〔挂牌〕人执____份,竞得人执____份。

特此确认。

拍卖〔挂牌〕人:________

竞 得 人:________

________年____月____日

(3)设计招标

建筑工程设计招标投标管理办法

1. 2017年1月24日住房和城乡建设部令第33号公布

2. 自2017年5月1日起施行

第一条 为规范建筑工程设计市场,提高建筑工程设计水平,促进公平竞争,繁荣建筑创作,根据《中华人民共和国建筑法》、《中华人民共和国招标投标法》、《建设工程勘察设计管理条例》和《中华人民共和国招标投标法实施条例》等法律法规,制定本办法。

第二条 依法必须进行招标的各类房屋建筑工程,其设计招标投标活动,适用本办法。

第三条 国务院住房城乡建设主管部门依法对全国建筑工程设计招标投标活动实施监督。

县级以上地方人民政府住房城乡建设主管部门依法对本行政区域内建筑工程设计招标投标活动实施监督,依法查处招标投标活动中的违法违规行为。

第四条 建筑工程设计招标范围和规模标准按照国家有关规定执行,有下列情形之一的,可以不进行招标:

(一)采用不可替代的专利或者专有技术的;

（二）对建筑艺术造型有特殊要求，并经有关主管部门批准的；

（三）建设单位依法能够自行设计的；

（四）建筑工程项目的改建、扩建或者技术改造，需要由原设计单位设计，否则将影响功能配套要求的；

（五）国家规定的其他特殊情形。

第五条 建筑工程设计招标应当依法进行公开招标或者邀请招标。

第六条 建筑工程设计招标可以采用设计方案招标或者设计团队招标，招标人可以根据项目特点和实际需要选择。

设计方案招标，是指主要通过对投标人提交的设计方案进行评审确定中标人。

设计团队招标，是指主要通过对投标人拟派设计团队的综合能力进行评审确定中标人。

第七条 公开招标的，招标人应当发布招标公告。邀请招标的，招标人应当向3个以上潜在投标人发出投标邀请书。

招标公告或者投标邀请书应当载明招标人名称和地址、招标项目的基本要求、投标人的资质要求以及获取招标文件的办法等事项。

第八条 招标人一般应当将建筑工程的方案设计、初步设计和施工图设计一并招标。确需另行选择设计单位承担初步设计、施工图设计的，应当在招标公告或者投标邀请书中明确。

第九条 鼓励建筑工程实行设计总包。实行设计总包的，按照合同约定或者经招标人同意，设计单位可以不通过招标方式将建筑工程非主体部分的设计进行分包。

第十条 招标文件应当满足设计方案招标或者设计团队招标的不同需求，主要包括以下内容：

（一）项目基本情况；

（二）城乡规划和城市设计对项目的基本要求；

（三）项目工程经济技术要求；

（四）项目有关基础资料；

（五）招标内容；

（六）招标文件答疑、现场踏勘安排；

（七）投标文件编制要求；

（八）评标标准和方法；

（九）投标文件送达地点和截止时间；

（十）开标时间和地点；

(十一)拟签订合同的主要条款;

(十二)设计费或者计费方法;

(十三)未中标方案补偿办法。

第十一条 招标人应当在资格预审公告、招标公告或者投标邀请书中载明是否接受联合体投标。采用联合体形式投标的,联合体各方应当签订共同投标协议,明确约定各方承担的工作和责任,就中标项目向招标人承担连带责任。

第十二条 招标人可以对已发出的招标文件进行必要的澄清或者修改。澄清或者修改的内容可能影响投标文件编制的,招标人应当在投标截止时间至少15日前,以书面形式通知所有获取招标文件的潜在投标人,不足15日的,招标人应当顺延提交投标文件的截止时间。

潜在投标人或者其他利害关系人对招标文件有异议的,应当在投标截止时间10日前提出。招标人应当自收到异议之日起3日内作出答复;作出答复前,应当暂停招标投标活动。

第十三条 招标人应当确定投标人编制投标文件所需要的合理时间,自招标文件开始发出之日起至投标人提交投标文件截止之日止,时限最短不少于20日。

第十四条 投标人应当具有与招标项目相适应的工程设计资质。境外设计单位参加国内建筑工程设计投标的,按照国家有关规定执行。

第十五条 投标人应当按照招标文件的要求编制投标文件。投标文件应当对招标文件提出的实质性要求和条件作出响应。

第十六条 评标由评标委员会负责。

评标委员会由招标人代表和有关专家组成。评标委员会人数为5人以上单数,其中技术和经济方面的专家不得少于成员总数的2/3。建筑工程设计方案评标时,建筑专业专家不得少于技术和经济方面专家总数的2/3。

评标专家一般从专家库随机抽取,对于技术复杂、专业性强或者国家有特殊要求的项目,招标人也可以直接邀请相应专业的中国科学院院士、中国工程院院士、全国工程勘察设计大师以及境外具有相应资历的专家参加评标。

投标人或者与投标人有利害关系的人员不得参加评标委员会。

第十七条 有下列情形之一的,评标委员会应当否决其投标:

(一)投标文件未按招标文件要求经投标人盖章和单位负责人签字;

(二)投标联合体没有提交共同投标协议;

(三)投标人不符合国家或者招标文件规定的资格条件;

(四)同一投标人提交两个以上不同的投标文件或者投标报价,但招标文件要求提交备选投标的除外；

（五）投标文件没有对招标文件的实质性要求和条件作出响应；

（六）投标人有串通投标、弄虚作假、行贿等违法行为；

（七）法律法规规定的其他应当否决投标的情形。

第十八条 评标委员会应当按照招标文件确定的评标标准和方法，对投标文件进行评审。

采用设计方案招标的，评标委员会应当在符合城乡规划、城市设计以及安全、绿色、节能、环保要求的前提下，重点对功能、技术、经济和美观等进行评审。

采用设计团队招标的，评标委员会应当对投标人拟从事项目设计的人员构成、人员业绩、人员从业经历、项目解读、设计构思、投标人信用情况和业绩等进行评审。

第十九条 评标委员会应当在评标完成后，向招标人提出书面评标报告，推荐不超过3个中标候选人，并标明顺序。

第二十条 招标人应当公示中标候选人。采用设计团队招标的，招标人应当公示中标候选人投标文件中所列主要人员、业绩等内容。

第二十一条 招标人根据评标委员会的书面评标报告和推荐的中标候选人确定中标人。招标人也可以授权评标委员会直接确定中标人。

采用设计方案招标的，招标人认为评标委员会推荐的候选方案不能最大限度满足招标文件规定的要求的，应当依法重新招标。

第二十二条 招标人应当在确定中标人后及时向中标人发出中标通知书，并同时将中标结果通知所有未中标人。

第二十三条 招标人应当自确定中标人之日起15日内，向县级以上地方人民政府住房城乡建设主管部门提交招标投标情况的书面报告。

第二十四条 县级以上地方人民政府住房城乡建设主管部门应当自收到招标投标情况的书面报告之日起5个工作日内，公开专家评审意见等信息，涉及国家秘密、商业秘密的除外。

第二十五条 招标人和中标人应当自中标通知书发出之日起30日内，按照招标文件和中标人的投标文件订立书面合同。

第二十六条 招标人、中标人使用未中标方案的，应当征得提交方案的投标人同意并付给使用费。

第二十七条 国务院住房城乡建设主管部门，省、自治区、直辖市人民政府住房城乡建设主管部门应当加强建筑工程设计评标专家和专家库的管理。

建筑专业专家库应当按建筑工程类别细化分类。

第二十八条 住房城乡建设主管部门应当加快推进电子招标投标,完善招标投标信息平台建设,促进建筑工程设计招标投标信息化监管。

第二十九条 招标人以不合理的条件限制或者排斥潜在投标人的,对潜在投标人实行歧视待遇的,强制要求投标人组成联合体共同投标的,或者限制投标人之间竞争的,由县级以上地方人民政府住房城乡建设主管部门责令改正,可以处1万元以上5万元以下的罚款。

第三十条 招标人澄清、修改招标文件的时限,或者确定的提交投标文件的时限不符合本办法规定的,由县级以上地方人民政府住房城乡建设主管部门责令改正,可以处10万元以下的罚款。

第三十一条 招标人不按照规定组建评标委员会,或者评标委员会成员的确定违反本办法规定的,由县级以上地方人民政府住房城乡建设主管部门责令改正,可以处10万元以下的罚款,相应评审结论无效,依法重新进行评审。

第三十二条 招标人有下列情形之一的,由县级以上地方人民政府住房城乡建设主管部门责令改正,可以处中标项目金额10‰以下的罚款;给他人造成损失的,依法承担赔偿责任;对单位直接负责的主管人员和其他直接责任人员依法给予处分:

(一)无正当理由未按本办法规定发出中标通知书;

(二)不按照规定确定中标人;

(三)中标通知书发出后无正当理由改变中标结果;

(四)无正当理由未按本办法规定与中标人订立合同;

(五)在订立合同时向中标人提出附加条件。

第三十三条 投标人以他人名义投标或者以其他方式弄虚作假,骗取中标的,中标无效,给招标人造成损失的,依法承担赔偿责任;构成犯罪的,依法追究刑事责任。

投标人有前款所列行为尚未构成犯罪的,由县级以上地方人民政府住房城乡建设主管部门处中标项目金额5‰以上10‰以下的罚款,对单位直接负责的主管人员和其他直接责任人员处单位罚款数额5%以上10%以下的罚款;有违法所得的,并处没收违法所得;情节严重的,取消其1年至3年内参加依法必须进行招标的建筑工程设计招标的投标资格,并予以公告,直至由工商行政管理机关吊销营业执照。

第三十四条 评标委员会成员收受投标人的财物或者其他好处的,评标委员会成员或者参加评标的有关工作人员向他人透露对投标文件的评审和比较、中标候选人的推荐以及与评标有关的其他情况的,由县级以上地方人民政府住房城乡建设主管部门给予警告,没收收受的财物,可以并处3000元以上5万元以下的罚款。

评标委员会成员有前款所列行为的，由有关主管部门通报批评并取消担任评标委员会成员的资格，不得再参加任何依法必须进行招标的建筑工程设计招标投标的评标；构成犯罪的，依法追究刑事责任。

第三十五条 评标委员会成员违反本办法规定，对应当否决的投标不提出否决意见的，由县级以上地方人民政府住房城乡建设主管部门责令改正；情节严重的，禁止其在一定期限内参加依法必须进行招标的建筑工程设计招标投标的评标；情节特别严重的，由有关主管部门取消其担任评标委员会成员的资格。

第三十六条 住房城乡建设主管部门或者有关职能部门的工作人员徇私舞弊、滥用职权或者玩忽职守，构成犯罪的，依法追究刑事责任；不构成犯罪的，依法给予行政处分。

第三十七条 市政公用工程及园林工程设计招标投标参照本办法执行。

第三十八条 本办法自2017年5月1日起施行。2000年10月18日建设部颁布的《建筑工程设计招标投标管理办法》（建设部令第82号）同时废止。

建筑工程方案设计招标投标管理办法

1. 2008年3月21日住房和城乡建设部发布

2. 根据2019年3月18日《住房城乡建设部关于修改有关文件的通知》修正

第一章 总 则

第一条 为规范建筑工程方案设计招标投标活动，提高建筑工程方案设计质量，体现公平有序竞争，根据《中华人民共和国建筑法》、《中华人民共和国招标投标法》及相关法律、法规和规章，制定本办法。

第二条 在中华人民共和国境内从事建筑工程方案设计招标投标及其管理活动的，适用本办法。

学术性的项目方案设计竞赛或不对某工程项目下一步设计工作的承接具有直接因果关系的“创意征集”等活动，不适用本办法。

第三条 本办法所称建筑工程方案设计招标投标，是指在建筑工程方案设计阶段，按照有关招标投标法律、法规和规章等规定进行的方案设计招标投标活动。

第四条 按照国家规定需要政府审批的建筑工程项目，有下列情形之一的，经有关部门批准，可以不进行招标：

(一)涉及国家安全、国家秘密的；

(二)涉及抢险救灾的；

(三)主要工艺、技术采用特定专利、专有技术，或者建筑艺术造型有特殊要求的；

(四)技术复杂或专业性强，能够满足条件的设计机构少于三家，不能形成有效竞争的；

(五)项目的改、扩建或者技术改造，由其他设计机构设计影响项目功能配套性的；

(六)法律、法规规定可以不进行设计招标的其他情形。

第五条 国务院建设主管部门负责全国建筑工程方案设计招标投标活动统一监督管理。县级以上人民政府建设主管部门依法对本行政区域内建筑工程方案设计招标投标活动实施监督管理。

建筑工程方案设计招标投标管理流程图详见附件一。

第六条 建筑工程方案设计应按照科学发展观，全面贯彻适用、经济，在可能条件下注意美观的原则。建筑工程设计方案要与当地经济发展水平相适应，积极鼓励采用节能、节地、节水、节材、环保技术的建筑工程设计方案。

第七条 建筑工程方案设计招标投标活动应遵循公开、公平、公正、择优和诚实信用的原则。

第八条 建筑工程方案设计应严格执行《建设工程质量管理条例》、《建设工程勘察设计管理条例》和国家强制性标准条文；满足现行的建筑工程建设标准、设计规范(规程)和本办法规定的相应设计文件编制深度要求。

第二章 招　　标

第九条 建筑工程方案设计招标方式分为公开招标和邀请招标。

全部使用国有资金投资或者国有资金投资占控股或者主导地位的建筑工程项目，以及国务院发展和改革部门确定的国家重点项目和省、自治区、直辖市人民政府确定的地方重点项目，除符合本办法第四条及第十条规定条件并依法获得批准外，应当公开招标。

第十条 依法必须进行公开招标的建筑工程项目，在下列情形下可以进行邀请招标：

(一)项目的技术性、专业性强，或者环境资源条件特殊，符合条件的潜在投标人数量有限的；

（二）如采用公开招标，所需费用占建筑工程项目总投资额比例过大的；

（三）受自然因素限制，如采用公开招标，影响建筑工程项目实施时机的；

（四）法律、法规规定不宜公开招标的。

招标人采用邀请招标的方式，应保证有三个以上具备承担招标项目设计能力，并具有相应资质的机构参加投标。

第十一条 根据设计条件及设计深度，建筑工程方案设计招标类型分为建筑工程概念性方案设计招标和建筑工程实施性方案设计招标两种类型。

招标人应在招标公告或者投标邀请函中明示采用何种招标类型。

第十二条 建筑工程方案设计招标时应当具备下列条件：

（一）按照国家有关规定需要履行项目审批手续的，已履行审批手续，取得批准；

（二）设计所需要资金已经落实；

（三）设计基础资料已经收集完成；

（四）符合相关法律、法规规定的其他条件。

建筑工程概念性方案设计招标和建筑工程实施性方案设计招标的招标条件详见本办法附件二。

第十三条 公开招标的项目，招标人应当在指定的媒介发布招标公告。大型公共建筑工程的招标公告应当按照有关规定在指定的全国性媒介发布。

第十四条 招标人填写的招标公告或投标邀请函应当内容真实、准确和完整。

招标公告或投标邀请函的主要内容应当包括：工程概况、招标方式、招标类型、招标内容及范围、投标人承担设计任务范围、对投标人资质、经验及业绩的要求、投标人报名要求、招标文件工本费收费标准、投标报名时间、提交资格预审申请文件的截止时间、投标截止时间等。

建筑工程方案设计招标公告和投标邀请函样本详见本办法附件三。

第十五条 招标人应当按招标公告或者投标邀请函规定的时间、地点发出招标文件或者资格预审文件。自招标文件或者资格预审文件发出之日起至停止发出之日止，不得少于5个工作日。

第十六条 大型公共建筑工程项目或投标人报名数量较多的建筑工程项目招标可以实行资格预审。采用资格预审的，招标人应在招标公告中明示，并发出资格预审文件。招标人不得通过资格预审排斥潜在投标人。

对于投标人数量过多，招标人实行资格预审的情形，招标人应在招标公告中明确进行资格预审所需达到的投标人报名数量。招标人未在招标公告中明确或实际投标人报名数量未达到招标公告中规定的数量时，招标人不得进行资格预审。

资格预审必须由专业人员评审。资格预审不采用打分的方式评审,只有“通过”和“未通过”之分。如果通过资格预审投标人的数量不足三家,招标人应修订并公布新的资格预审条件,重新进行资格预审,直至三家或三家以上投标人通过资格预审为止。特殊情况下,招标人不能重新制定新的资格预审条件的,必须依据国家相关法律、法规规定执行。

建筑工程方案设计招标资格预审文件样本详见本办法附件四。

第十七条 招标人应当根据建筑工程特点和需要编制招标文件。招标文件包括以下方面内容:

(一)投标须知;

(二)投标技术文件要求;

(三)投标商务文件要求;

(四)评标、定标标准及方法说明;

(五)设计合同授予及投标补偿费用说明。

招标人应在招标文件中明确执行国家规定的设计收费标准或提供投标人设计收费的统一计算基价。

对政府或国有资金投资的大型公共建筑工程项目,招标人应当在招标文件中明确参与投标的设计方案必须包括有关使用功能、建筑节能、工程造价、运营成本等方面的专题报告。

设计招标文件中的投标须知样本、招标技术文件编写内容及深度要求、投标商务文件内容等分别详见本办法附件五、附件六和附件七。

第十八条 各级建设主管部门对招标投标活动实施监督。

第十九条 概念性方案设计招标或者实施性方案设计招标的中标人应按招标文件要求承担方案及后续阶段的设计和服务工作。但中标人为中华人民共和国境外企业的,若承担后续阶段的设计和服务工作应按照《关于外国企业在中华人民共和国境内从事建设工程设计活动的管理暂行规定》(建市〔2004〕78号)执行。

如果招标人只要求中标人承担方案阶段设计,而不再委托中标人承接或参加后续阶段工程设计业务的,应在招标公告或投标邀请函中明示,并说明支付中标人的设计费用。采用建筑工程实施性方案设计招标的,招标人应按照国家规定方案阶段设计付费标准支付中标人。采用建筑工程概念性方案设计招标的,招标人应按照国家规定方案阶段设计付费标准的80%支付中标人。

第三章 投 标

第二十条 参加建筑工程项目方案设计的投标人应具备下列主体资格：

（一）在中华人民共和国境内注册的企业，应当具有建设主管部门颁发的建筑工程设计资质证书或建筑专业事务所资质证书，并按规定的等级和范围参加建筑工程项目方案设计投标活动。

（二）注册在中华人民共和国境外的企业，应当是其所在国或者所在地区的建筑设计行业协会或组织推荐的会员。其行业协会或组织的推荐名单应由建设单位确认。

（三）各种形式的投标联合体各方应符合上述要求。招标人不得强制投标人组成联合体共同投标，不得限制投标人组成联合体参与投标。

招标人可以根据工程项目实际情况，在招标公告或投标邀请函中明确投标人其他资格条件。

第二十一条 采用国际招标的，不应人为设置条件排斥境内投标人。

第二十二条 投标人应按照招标文件确定的内容和深度提交投标文件。

第二十三条 招标人要求投标人提交备选方案的，应当在招标文件中明确相应的评审和比选办法。

凡招标文件中未明确规定允许提交备选方案的，投标人不得提交备选方案。如投标人擅自提交备选方案的，招标人应当拒绝该投标人提交的所有方案。

第二十四条 建筑工程概念性方案设计投标文件编制一般不少于二十日，其中大型公共建筑工程概念性方案设计投标文件编制一般不少于四十日；建筑工程实施性方案设计投标文件编制一般不少于四十五日。招标文件中规定的编制时间不符合上述要求的，建设主管部门对招标文件不予备案。

第四章 开标、评标、定标

第二十五条 开标应在招标文件规定提交投标文件截止时间的同一时间公开进行；除不可抗力外，招标人不得以任何理由拖延开标，或者拒绝开标。

建筑工程方案设计招标开标程序详见本办法附件八。

第二十六条 投标文件出现下列情形之一的，其投标文件作为无效标处理，招标人不予受理：

（一）逾期送达的或者未送达指定地点的；

（二）投标文件未按招标文件要求予以密封的；

（三）违反有关规定的其他情形。

第二十七条 招标人或招标代理机构根据招标建筑工程项目特点和需要组建

评标委员会,其组成应当符合有关法律、法规和本办法的规定:

(一)评标委员会的组成应包括招标人以及与建筑工程项目方案设计有关的建筑、规划、结构、经济、设备等专业专家。大型公共建筑工程项目应增加环境保护、节能、消防专家。评委应以建筑专业专家为主,其中技术、经济专家人数应占评委总数的三分之二以上;

(二)评标委员会人数为5人以上单数组成,其中大型公共建筑工程项目评标委员会人数不应少于9人;

(三)大型公共建筑工程或具有一定社会影响的建筑工程,以及技术特别复杂、专业性要求特别高的建筑工程,采取随机抽取确定的专家难以胜任的,经主管部门批准,招标人可以从设计类资深专家库中直接确定,必要时可以邀请外地或境外资深专家参加评标。

第二十八条 评标委员会必须严格按照招标文件确定的评标标准和评标办法进行评审。评委应遵循公平、公正、客观、科学、独立、实事求是的评标原则。

评审标准主要包括以下方面:

(一)对方案设计符合有关技术规范及标准规定的要求进行分析、评价;

(二)对方案设计水平、设计质量高低、对招标目标的响应度进行综合评审;

(三)对方案社会效益、经济效益及环境效益的高低进行分析、评价;

(四)对方案结构设计的安全性、合理性进行分析、评价;

(五)对方案投资估算的合理性进行分析、评价;

(六)对方案规划及经济技术指标的准确度进行比较、分析;

(七)对保证设计质量、配合工程实施,提供优质服务的措施进行分析、评价;

(八)对招标文件规定废标或被否决的投标文件进行评判。

评标方法主要包括记名投票法、排序法和百分制综合评估法等,招标人可根据项目实际情况确定评标方法。评标方法及实施步骤详见本办法附件九。

第二十九条 设计招标投标评审活动应当符合以下规定:

(一)招标人应确保评标专家有足够时间审阅投标文件,评审时间安排应与工程的复杂程度、设计深度、提交有效标的投标人数量和投标人提交设计方案的数量相适应。

(二)评审应由评标委员会负责人主持,负责人应从评标委员会中确定一名资深技术专家担任,并从技术评委中推荐一名评标会议纪要人。

(三)评标应严格按照招标文件中规定的评标标准和办法进行,除了有关法律、法规以及国家标准中规定的强制性条文外,不得引用招标文件规定以外的标准和办法进行评审。

（四）在评标过程中，当评标委员会对投标文件有疑问，需要向投标人质疑时，投标人可以到场解释或澄清投标文件有关内容。

（五）在评标过程中，一旦发现投标人有对招标人、评标委员会成员或其他有关人员施加不正当影响的行为，评标委员会有权拒绝该投标人的投标。

（六）投标人不得以任何形式干扰评标活动，否则评标委员会有权拒绝该投标人的投标。

（七）对于国有资金投资或国家融资的有重大社会影响的标志性建筑，招标人可以邀请人大代表、政协委员和社会公众代表列席，接受社会监督。但列席人员不发表评审意见，也不得以任何方式干涉评标委员会独立开展评标工作。

第三十条 大型公共建筑工程项目如有下列情况之一的，招标人可以在评标过程中对其中有关规划、安全、技术、经济、结构、环保、节能等方面进行专项技术论证：

（一）对于重要地区主要景观道路沿线，设计方案是否适合周边地区环境条件兴建的；

（二）设计方案中出现的安全、技术、经济、结构、材料、环保、节能等有重大不确定因素的；

（三）有特殊要求，需要进行设计方案技术论证的。

一般建筑工程项目，必要时，招标人也可进行涉及安全、技术、经济、结构、材料、环保、节能中的一个或多个方面的专项技术论证，以确保建筑方案的安全性和合理性。

第三十一条 投标文件有下列情形之一的，经评标委员会评审后按废标处理或被否决：

（一）投标文件中的投标函无投标人公章（有效签署）、投标人的法定代表人有效签章及未有相应资格的注册建筑师有效签章的；或者投标人的法定代表人授权委托人没有经有效签章的合法、有效授权委托书原件的；

（二）以联合体形式投标，未向招标人提交共同签署的联合体协议书的；

（三）投标联合体通过资格预审后在组成上发生变化的；

（四）投标文件中标明的投标人与资格预审的申请人在名称和组织结构上存在实质性差别的；

（五）未按招标文件规定的格式填写，内容不全，未响应招标文件的实质性要求和条件的，经评标委员会评审未通过的；

（六）违反编制投标文件的相关规定，可能对评标工作产生实质性影响的；

（七）与其他投标人串通投标，或者与招标人串通投标的；

（八）以他人名义投标，或者以其他方式弄虚作假的；

（九）未按招标文件的要求提交投标保证金的；

（十）投标文件中承诺的投标有效期短于招标文件规定的；

（十一）在投标过程中有商业贿赂行为的；

（十二）其他违反招标文件规定实质性条款要求的。

评标委员会对投标文件确认为废标的，应当由三分之二以上评委签字确认。

第三十二条 有下列情形之一的，招标人应当依法重新招标：

（一）所有投标均做废标处理或被否决的；

（二）评标委员会界定为不合格标或废标后，因有效投标人不足 3 个使得投标明显缺乏竞争，评标委员会决定否决全部投标的；

（三）同意延长投标有效期的投标人少于 3 个的。

符合前款第一种情形的，评标委员会应在评标纪要上详细说明所有投标均做废标处理或被否决的理由。

招标人依法重新招标的，应对有串标、欺诈、行贿、压价或弄虚作假等违法或严重违规行为的投标人取消其重新投标的资格。

第三十三条 评标委员会按如下规定向招标人推荐合格的中标候选人：

（一）采取公开和邀请招标方式的，推荐 1 至 3 名；

（二）招标人也可以委托评标委员会直接确定中标人；

（三）经评标委员会评审，认为各投标文件未最大程度响应招标文件要求，重新招标时间又不允许的，经评标委员会同意，评委可以以记名投票方式，按自然多数票产生 3 名或 3 名以上投标人进行方案优化设计。评标委员会重新对优化设计方案评审后，推荐合格的中标候选人。

第三十四条 各级建设主管部门应在评标结束后 15 天内在指定媒介上公开排名顺序，并对推荐中标方案、评标专家名单及各位专家评审意见进行公示，公示期为 5 个工作日。

第三十五条 推荐中标方案在公示期间没有异议、异议不成立、没有投诉或投诉处理后没有发现问题的，招标人应当根据招标文件中规定的定标方法从评标委员会推荐的中标候选方案中确定中标人。定标方法主要包括：

（一）招标人委托评标委员会直接确定中标人。

（二）招标人确定评标委员会推荐的排名第一的中标候选人为中标人。排名第一的中标候选人放弃中标、因不可抗力提出不能履行合同、招标文件规定应当提交履约保证金而在规定的期限内未提交的，或者存在违法行为被有关部门依法查处，且其违法行为影响中标结果的，招标人可以确定排名第二的中标候选人为中标人。如排名第二的中标候选人也发生上述问题，依次可确定排名第三的中标候选人为中标人。

（三）招标人根据评标委员会的书面评标报告，组织审查评标委员会推荐的中标候选方案后，确定中标人。

第三十六条 依法必须进行设计招标的项目，招标人应当在确定中标人之日起15日内，向有关建设主管部门提交招标投标情况的书面报告。

建筑工程方案设计招标投标情况书面报告的主要内容详见本办法附件十。

第五章 其 他

第三十七条 招标人和中标人应当自中标通知书发出之日起30日内，依据《中华人民共和国合同法》及有关工程设计合同管理规定的要求，按照不违背招标文件和中标人的投标文件内容签订设计委托合同，并履行合同约定的各项内容。合同中确定的建设标准、建设内容应当控制在经审批的可行性报告规定范围内。

国家制定的设计收费标准上下浮动20%是签订建筑工程设计合同的依据。招标人不得以压低设计费、增加工作量、缩短设计周期等作为发出中标通知书的条件，也不得与中标人再订立背离合同实质性内容的其他协议。如招标人违反上述规定，其签订的合同效力按《中华人民共和国合同法》有关规定执行，同时建设主管部门对设计合同不予备案，并依法予以处理。

招标人应在签订设计合同起7个工作日内，将设计合同报项目所在地建设或规划主管部门备案。

第三十八条 对于达到设计招标文件要求但未中标的设计方案，招标人应给予不同程度的补偿。

（一）采用公开招标，招标人应在招标文件中明确其补偿标准。若投标人数量过多，招标人可在招标文件中明确对一定数量的投标人进行补偿。

（二）采用邀请招标，招标人应给予每个未中标的投标人经济补偿，并在投标邀请函中明确补偿标准。

招标人可根据情况设置不同档次的补偿标准，以便对评标委员会评选出的优秀设计方案给予适当鼓励。

第三十九条 境内外设计企业在中华人民共和国境内参加建筑工程设计招标的设计收费，应按照同等国民待遇原则，严格执行中华人民共和国的设计收费标准。

工程设计中采用投标人自有专利或者专有技术的,其专利和专有技术收费由招标人和投标人协商确定。

第四十条 招标人应保护投标人的知识产权。投标人拥有设计方案的著作权(版权)。未经投标人书面同意,招标人不得将交付的设计方案向第三方转让或用于本招标范围以外的其他建设项目。

招标人与中标人签署设计合同后,招标人在该建设项目中拥有中标方案的使用权。中标人应保护招标人一旦使用其设计方案不能受到来自第三方的侵权诉讼或索赔,否则中标人应承担由此而产生的一切责任。

招标人或者中标人使用其他未中标人投标文件中的技术成果或技术方案的,应当事先征得该投标人的书面同意,并按规定支付使用费。未经相关投标人书面许可,招标人或者中标人不得擅自使用其他投标人投标文件中的技术成果或技术方案。

联合体投标人合作完成的设计方案,其知识产权由联合体成员共同所有。

第四十一条 设计单位应对其提供的方案设计的安全性、可行性、经济性、合理性、真实性及合同履行承担相应的法律责任。

由于设计原因造成工程项目总投资超出预算的,建设单位有权依法对设计单位追究责任。但设计单位根据建设单位要求,仅承担方案设计,不承担后续阶段工程设计业务的情形除外。

第四十二条 各级建设主管部门应加强对建设单位、招标代理机构、设计单位及取得执业资格注册人员的诚信管理。在设计招标投标活动中对招标代理机构、设计单位及取得执业资格注册人员的各种失信行为和违法违规行为记录在案,并建立招标代理机构、设计单位及取得执业资格注册人员的诚信档案。

第四十三条 各级政府部门不得干预正常的招标投标活动和无故否决依法按规定程序评出的中标方案。

各级政府相关部门应加强监督国家和地方建设方针、政策、标准、规范的落实情况,查处不正当竞争行为。

在建筑工程方案设计招标投标活动中,对违反《中华人民共和国招标投标法》、《工程建设项目勘察设计招标投标办法》和本办法规定的,建设主管部门应当依法予以处理。

第六章 附 则

第四十四条 本办法所称大型公共建筑工程一般指建筑面积2万平方米以上的办公建筑、商业建筑、旅游建筑、科教文卫建筑、通信建筑以及交通运输用房等。

第四十五条 使用国际组织或者外国政府贷款、援助资金的建筑工程进行设计招标时，贷款方、资金提供方对招标投标的条件和程序另有规定的，可以适用其规定，但违背中华人民共和国社会公共利益的除外。

第四十六条 各省、自治区、直辖市建设主管部门可依据本办法制定实施细则。

第四十七条 本办法自2008年5月1日起施行。

附件：（略）

（4）施工招标

关于加强房屋建筑和市政基础设施工程项目施工招标投标行政监督工作的若干意见

1. 2005年10月10日建设部发布

2. 建市〔2005〕208号

各省、自治区建设厅，直辖市建委，江苏省、山东省建管局，新疆生产建设兵团建设局，解放军总后营房部工程管理局，计划单列市建委：

近年来，各地建设行政主管部门以建立统一、开放、竞争、有序的建筑市场为目标，不断深化招标投标体制改革，完善招标投标法律法规，依法履行行政监督职能，健全建设工程交易中心的服务功能，使招标投标工作和建设工程交易中心建设取得了新的进展。为进一步规范房屋建筑和市政基础设施工程项目（以下简称工程项目）的施工招标投标活动，维护市场秩序，保证工程质量，根据《国务院办公厅关于进一步规范招投标活动的若干意见》（国办发〔2004〕56号）精神，现就加强招标投标行政监督的有关工作提出如下意见。

一、明确招标人自行办理招标事宜的条件和监督程序

依法必须进行招标的工程项目，招标人自行办理施工招标事宜的，应当在发布招标公告或者发出投标邀请书的5日前，向建设行政主管部门备案，以证明其具备以下编制招标文件和组织评标的能力：具有项目法人资格或者法人资格；有从事同类工程招标的经验；有与招标项目规模和复杂程度相适应的工程技术、概预算、财务和工程管理等方面的专业技术力量，即招标人应当具有3名以上本单位的中级以上职称的工程技术经济人员，并熟悉和掌握招标投标有关法规，并且至少包括1名在本单位注册的造价工程师。

建设行政主管部门在收到招标人自行办理招标事宜的备案材料后，应当对照标准及时进行核查，发现招标人不具备自行办理招标事宜的条件或者在备案材料中弄虚作假的，应当依法责令其改正，并且要求其委托具有相应资格的工程建设项目招标代理机构（以下简称招标代理机构）代理招标。

二、完善资格审查制度

资格审查分为资格预审和资格后审，一般使用合格制的资格审查方式。

在工程项目的施工招标中，除技术特别复杂或者具有特殊专业技术要求的以外，提倡实行资格后审。实行资格预审的，提倡招标人邀请所有资格预审合格的潜在投标人（以下简称合格申请人）参加投标。

依法必须公开招标的工程项目的施工招标实行资格预审，并且采用经评审的最低投标价法评标的，招标人必须邀请所有合格申请人参加投标，不得对投标人的数量进行限制。

依法必须公开招标的工程项目的施工招标实行资格预审，并且采用综合评估法评标的，当合格申请人数量过多时，一般采用随机抽签的方法，特殊情况也可以采用评分排名的方法选择规定数量的合格申请人参加投标。其中，工程投资额1000万元以上的工程项目，邀请的合格申请人应当不少于9个；工程投资额1000万元以下的工程项目，邀请的合格申请人应当不少于7个。

实行资格后审的，招标文件应当设置专门的章节，明确合格投标人的条件、资格后审的评审标准和评审方法。

实行资格预审的，资格预审文件应当明确合格申请人的条件、资格预审的评审标准和评审方法、合格申请人过多时将采用的选择方法和拟邀请参加投标的合格申请人数量等内容。资格预审文件一经发出，不得擅自更改。确需更改的，应当将更改的内容通知所有已经获取资格预审文件的潜在投标人。

对潜在投标人或者投标人的资格审查必须充分体现公开、公平、公正的原则，不得提出高于招标工程实际情况所需要的资质等级要求。资格审查中还应当注重对拟选派的项目经理（建造师）的劳动合同关系、参加社会保险、正在施工和正在承接的工程项目等方面情况的审查。要严格执行项目经理管理规定的要求，一个项目经理（建造师）只宜担任一个施工项目的管理工作，当其负责管理的施工项目临近竣工，并已经向发包人提出竣工验收申请后，方可参加其他工程项目的投标。

三、深化对评标专家和评标活动的管理

各地要不断深化对已经建立的评标专家名册的管理，建立对评标专家的培训教育、定期考核和准入、清出制度。要强化对评标专家的职业道德教育和纪律约束,有组织、有计划地组织培训学习和交流研讨,提高评标专家的综合素质。对不能胜任评标工作或者有不良行为记录的评标专家,应当暂停或者取消其评标专家资格。

工程项目的评标专家应当从建设部或者省、自治区、直辖市建设行政主管部门组建的专家名册内抽取,抽取工作应当在建设工程交易中心内进行,并采取必要的保密措施,参与抽取的所有人员应当在抽取清单上签字。评标委员会中招标人的代表应当具备评标专家的相应条件。

评标工作应当在建设工程交易中心进行,有条件的地方应当建立评标监控系统。评标时间在 1 天以上的,应当采取必要的隔离措施,隔断评委与外界,尤其是与投标人的联系。提倡采用电子招标、电子投标和计算机辅助评标等现代化的手段,提高招标投标的效率和评标结果的准确性、公正性。

四、积极推行工程量清单计价方式招标

各地要进一步在国有资金投资的工程项目中推行《建设工程工程量清单计价规范》(以下简称《计价规范》)。工程量清单作为招标文件的重要组成部分,应当本着严格、准确的原则,依据《计价规范》的规定进行编制。

提倡在工程项目的施工招标中设立对投标报价的最高限价,以预防和遏制串通投标和哄抬标价的行为。招标人设定最高限价的,应当在投标截止日 3 天前公布。

五、探索实行科学、公正、合理的评标方法

各地要深化对经评审的最低投标价法、综合评估法等评标方法的研究,制定更加明确的标准,尤其要突出《计价规范》所要求的技术与经济密切结合的特点。

对于具有通用技术和性能标准的一般工程,当采用经评审的不低于成本的最低投标价法时,提倡对技术部分采用合格制评审的方法。对可能低于成本的投标,评标委员会不仅要审查投标报价是否存在漏项或者缺项,是否符合招标文件规定的要求,还应当从技术和经济相结合的角度,对工程内容是否完整,施工方法是否正确,施工组织和技术措施是否合理、可行,单价和费用的组成、工料机消耗及费用、利润的确定是否合理,主要材料的规格、型号、价格是否合理,有无具有说服力的证明材料等方面进行重点评审。在充分发挥招标投标机制实现社会资源合理分配的同时,要防止恶意的、不理性的"低价抢标"行为,维护正当的竞争秩序。

在推行经评审的最低投标价法的同时,除了要完善与评标程序、评标标准有关的规定外,还应当积极推行工程担保制度的实施,按市场规律建立风险防范机制。国有资金投资的工程项目实行担保的，应当由金融机构或者具有风险防范能力的专业担保机构实施担保。对于以价格低为理由，在合同履行中偷工减料、减少必要的安全施工措施和设施、拖延工期、拖欠农民工工资、降低工程质量标准等行为，要予以公开曝光，依法处理，并记入信用档案。

对于技术复杂的工程项目，可以采用综合评估的方法，但不能任意提高技术部分的评分比重，一般技术部分的分值权重不得高于40%，商务部分的分值权重不得少于60%。

所有的评标标准和方法必须在招标文件中详细载明，招标文件未载明评标的具体标准和方法的，或者评标委员会使用与招标文件规定不一致的评标标准和方法的，评标结果无效，应当依法重新评标或者重新招标。招标文件应当将投标文件存在重大偏差和应当废除投标的情形集中在一起进行表述，并要求表达清晰、含义明确。严禁针对某一投标人的特点，采取“量体裁衣”等手法确定评标的标准和方法，对这类行为应当视为对投标人实行歧视待遇，要按照法律、法规、规章的相关规定予以处理。

六、建立中标候选人的公示制度，加强对确定中标人的管理

各地应当建立中标候选人的公示制度。采用公开招标的，在中标通知书发出前，要将预中标人的情况在该工程项目招标公告发布的同一信息网络和建设工程交易中心予以公示，公示的时间最短应当不少于2个工作日。

确定中标人必须以评标委员会出具的评标报告为依据，严格按照法定的程序，在规定的时间内完成，并向中标人发出中标通知书。对于拖延确定中标人、随意更换中标人、向中标人提出额外要求甚至无正当理由拒不与中标人签署合同的招标人，要依法予以处理。

七、建立和完善各管理机构之间的联动机制，监督合同的全面履行

各地建设行政主管部门应当进一步建立和完善建筑市场与招标投标、资质和资格、工程造价、质量和安全监督等管理机构之间的相互联动机制，相互配合，加强对合同履行的监督管理，及时发现和严厉查处中标后随意更换项目经理（建造师）、转包、违法分包、任意进行合同变更、不合理地增加合同价款、拖延支付工程款、拖延竣工结算等违法、违规和违约行为，促进合同的全面履行，营造诚信经营、忠实履约的市场环境。同时，要建立工程信息和信用档案管理系统，及时、全面地掌握工程项目的进展情况和合同履约情况，对于发现的不良行为和违法行为，要及时予以查处，并计人相应责任单位和责任人的信用档案，向社会公布。

八、加强对招标代理机构的管理，维护招标代理市场秩序

招标代理机构必须遵循《民法通则》和《合同法》的规定，订立工程招标代理合同,严格履行民事代理责任。招标代理服务费原则上向招标人收取。

各地建设行政主管部门要在严格招标代理机构资格市场准入的基础上,加强对招标代理机构承接业务后的行为管理,重点是代理合同的签订、代理项目专职人员的落实、在代理过程中签字、盖章手续的履行等。应当尽快建立和实施对招标代理机构及其专职人员的清出制度,严厉打击挂靠,出让代理资格,通过采用虚假招标、串通投标等违法方式操纵招标结果,违反规定将代理服务费转嫁给投标人或者中标人,以及以赢利为目的的高价出售资格预审文件和招标文件等行为。对上述行为,经查证核实的,除依法对招标代理机构进行处理外,还应当将负有直接和相关责任的专职人员清出招标代理机构。

各地工程招标投标行政监督机构和建设工程招标投标行业社团组织应当建立对招标代理机构专职人员的继续教育制度,通过不断的培训教育,提高其业务水平、综合素质和工程招标代理的服务质量。

各地建设行政主管部门要积极推动工程招标投标行业社团组织的建设,充分发挥行业社团组织的特点和优势,建立和完善工程招标投标行业自律机制,包括行业技术规范、行业行为准则以及行业创建活动等,规范和约束工程招标代理机构的行为,维护工程招标投标活动的秩序。

九、继续推进建设工程交易中心的建设与管理,充分发挥建设工程交易中心的作用

建设工程交易中心是经省级以上建设行政主管部门批准设立,为工程项目的交易活动提供服务的特殊场所,应当为非盈利性质的事业单位。各地建设行政主管部门要全面贯彻落实《国务院办公厅转发建设部、国家计委、监察部关于健全和规范有形建筑市场若干意见的通知》(国办发〔2002〕21 号)要求,加强对建设工程交易中心的管理,继续做好与纪检监察及其他有关部门的协调工作,强化对建设工程交易中心的监督、指导和考核,及时研究、解决实际工作中遇到的困难和问题,完善服务设施,规范服务行为,提高服务质量。

建设工程交易中心要在充分发挥现有服务功能的基础上,积极拓展服务范围、服务内容和服务领域,为工程项目的交易活动提供全面、规范和高效的服务。当前要重点做好以下两个方面的工作:一是为全国建筑市场与工程项目招标投标的信用体系建设提供信息网络平台,为建筑市场参与各方提供真实、准确、便捷的信用状况服务,为营造诚实守信、失信必惩的建筑市场环境,提高整个行业的信用水平,推进建设领域诚信建设创造条件。各地可以以项目经理(建造师)的联网管理作为试点,取得经验后逐步向其他方面拓展。二是建立档案管理制度,加强对工程项目交易档案的管理,及时收集和整理建设工程交易活动中产生的各类文字、音像、图片资料和原始记录,并妥善保存档案资料。

十、切实加强工程项目施工招标投标活动的监督管理

各地建设行政主管部门要切实加强对工程项目施工招标投标活动的监督管理工作,依法履行好行政监督职能。

对于招标投标活动中的各个重要环节,应当通过完善方式、明确重点来实施有效的监督。在监督的对象上,要以国有资金投资的工程项目为重点,对非国有资金投资的工程项目的施工招标投标活动,可以转变方式,突出重点;在监督的主体上,要以招标人、招标代理机构和评标委员会为重点;在监督的方法上,除了全过程监督外,要进一步创新方法,将有针对性的过程监督和随机监督有机地结合起来,提高行政监督的效率和权威。同时,要注意发挥建设工程交易中心的作用,相互配合,形成合力,共同推进招标投标工作水平的提高。

要按照国家七部委颁发的《工程建设项目招标投标活动投诉处理办法》的要求,进一步加强招标投标活动中的投诉处理工作,建立和完善公正、高效的投诉处理机制,及时受理和妥善处理投诉,查处投诉处理中发现的违法行为。

招标投标监督管理机构是受建设行政主管部门委托,依法对工程项目的招标投标活动实施监督的职能机构,各地要积极、认真地解决好工程招标投标监督管理机构的编制、人员和经费等问题,为工程项目招标投标的监督提供保障,同时要加强工程招标投标监督管理机构的廉政建设和所属工作人员的教育和培训,提高依法监督和依法行政的水平。

房屋建筑和市政基础设施工程施工招标投标管理办法

1. 2001年6月1日建设部令第89号公布

2. 根据2018年9月28日住房和城乡建设部令第43号《关于修改〈房屋建筑和市政基础设施工程施工招标投标管理办法〉的决定》第一次修正

3. 根据2019年3月13日住房和城乡建设部令第47号《关于修改部分部门规章的决定》第二次修正

第一章 总 则

第一条 为了规范房屋建筑和市政基础设施工程施工招标投标活动,维护招标投标当事人的合法权益,依据《中华人民共和国建筑法》、《中华人民共和国招标投标法》等法律、行政法规,制定本办法。

第二条 依法必须进行招标的房屋建筑和市政基础设施工程(以下简称工程),其施工招标投标活动,适用本办法。

本办法所称房屋建筑工程,是指各类房屋建筑及其附属设施和与其配套的线路、管道、设备安装工程及室内外装修工程。

本办法所称市政基础设施工程,是指城市道路、公共交通、供水、排水、燃气、热力、园林、环卫、污水处理、垃圾处理、防洪、地下公共设施及附属设施的土建、管道、设备安装工程。

第三条 国务院建设行政主管部门负责全国工程施工招标投标活动的监督管理。

县级以上地方人民政府建设行政主管部门负责本行政区域内工程施工招标投标活动的监督管理。具体的监督管理工作,可以委托工程招标投标监督管理机构负责实施。

第四条 任何单位和个人不得违反法律、行政法规规定,限制或者排斥本地区、本系统以外的法人或者其他组织参加投标,不得以任何方式非法干涉施工招标投标活动。

第五条 施工招标投标活动及其当事人应当依法接受监督。

建设行政主管部门依法对施工招标投标活动实施监督,查处施工招标投标活动中的违法行为。

第二章 招 标

第六条 工程施工招标由招标人依法组织实施。招标人不得以不合理条件限制或者排斥潜在投标人,不得对潜在投标人实行歧视待遇,不得对潜在投标人提出与招标工程实际要求不符的过高的资质等级要求和其他要求。

第七条 工程施工招标应当具备下列条件:

(一)按照国家有关规定需要履行项目审批手续的,已经履行审批手续;

(二)工程资金或者资金来源已经落实;

(三)有满足施工招标需要的设计文件及其他技术资料;

(四)法律、法规、规章规定的其他条件。

第八条 工程施工招标分为公开招标和邀请招标。

依法必须进行施工招标的工程,全部使用国有资金投资或者国有资金投资占控股或者主导地位的,应当公开招标,但经国家计委或者省、自治区、直辖市人民政府依法批准可以进行邀请招标的重点建设项目除外;其他工程可以实行邀请招标。

第九条 工程有下列情形之一的,经县级以上地方人民政府建设行政主管部门

批准,可以不进行施工招标:

(一)停建或者缓建后恢复建设的单位工程,且承包人未发生变更的;

(二)施工企业自建自用的工程,且该施工企业资质等级符合工程要求的;

(三)在建工程追加的附属小型工程或者主体加层工程,且承包人未发生变更的;

(四)法律、法规、规章规定的其他情形。

第十条 依法必须进行施工招标的工程,招标人自行办理施工招标事宜的,应当具有编制招标文件和组织评标的能力:

(一)有专门的施工招标组织机构;

(二)有与工程规模、复杂程度相适应并具有同类工程施工招标经验、熟悉有关工程施工招标法律法规的工程技术、概预算及工程管理的专业人员。

不具备上述条件的,招标人应当委托工程招标代理机构代理施工招标。

第十一条 招标人自行办理施工招标事宜的,应当在发布招标公告或者发出投标邀请书的5日前,向工程所在地县级以上地方人民政府建设行政主管部门备案,并报送下列材料:

(一)按照国家有关规定办理审批手续的各项批准文件;

(二)本办法第十一条所列条件的证明材料,包括专业技术人员的名单、职称证书或者执业资格证书及其工作经历的证明材料;

(三)法律、法规、规章规定的其他材料。

招标人不具备自行办理施工招标事宜条件的,建设行政主管部门应当自收到备案材料之日起5日内责令招标人停止自行办理施工招标事宜。

第十二条 全部使用国有资金投资或者国有资金投资占控股或者主导地位,依法必须进行施工招标的工程项目,应当进入有形建筑市场进行招标投标活动。

政府有关管理机关可以在有形建筑市场集中办理有关手续,并依法实施监督。

第十三条 依法必须进行施工公开招标的工程项目,应当在国家或者地方指定的报刊、信息网络或者其他媒介上发布招标公告,并同时在中国工程建设和建筑业信息网上发布招标公告。

招标公告应当载明招标人的名称和地址,招标工程的性质、规模、地点以及获取招标文件的办法等事项。

第十四条 招标人采用邀请招标方式的,应当向3个以上符合资质条件的施工企业发出投标邀请书。

投标邀请书应当载明本办法第十四条第二款规定的事项。

第十五条 招标人可以根据招标工程的需要,对投标申请人进行资格预审,也可以委托工程招标代理机构对投标申请人进行资格预审。实行资格预审的招标工程,招标人应当在招标公告或者投标邀请书中载明资格预审的条件和获取资格预审文件的办法。

资格预审文件一般应当包括资格预审申请书格式、申请人须知,以及需要投标申请人提供的企业资质、业绩、技术装备、财务状况和拟派出的项目经理与主要技术人员的简历、业绩等证明材料。

第十六条 经资格预审后,招标人应当向资格预审合格的投标申请人发出资格预审合格通知书,告知获取招标文件的时间、地点和方法,并同时向资格预审不合格的投标申请人告知资格预审结果。

在资格预审合格的投标申请人过多时,可以由招标人从中选择不少于 7 家资格预审合格的投标申请人。

第十七条 招标人应当根据招标工程的特点和需要,自行或者委托工程招标代理机构编制招标文件。招标文件应当包括下列内容:

(一)投标须知,包括工程概况,招标范围,资格审查条件,工程资金来源或者落实情况,标段划分,工期要求,质量标准,现场踏勘和答疑安排,投标文件编制、提交、修改、撤回的要求,投标报价要求,投标有效期,开标的时间和地点,评标的方法和标准等;

(二)招标工程的技术要求和设计文件;

(三)采用工程量清单招标的,应当提供工程量清单;

(四)投标函的格式及附录;

(五)拟签订合同的主要条款;

(六)要求投标人提交的其他材料。

第十八条 依法必须进行施工招标的工程,招标人应当在招标文件发出的同时,将招标文件报工程所在地的县级以上地方人民政府建设行政主管部门备案,但实施电子招标投标的项目除外。建设行政主管部门发现招标文件有违反法律、法规内容的,应当责令招标人改正。

第十九条 招标人对已发出的招标文件进行必要的澄清或者修改的,应当在招标文件要求提交投标文件截止时间至少 15 日前,以书面形式通知所有招标文件收受人,并同时报工程所在地的县级以上地方人民政府建设行政主管部门备案,但实施电子招标投标的项目除外。该澄清或者修改的内容为招标文件的组成部分。

第二十条 招标人设有标底的,应当依据国家规定的工程量计量规则及招标文件规定的计价方法和要求编制标底,并在开标前保密。一个招标工程只能编制一个标底。

第二十一条 招标人对于发出的招标文件可以酌收工本费。其中的设计文件，招标人可以酌收押金。对于开标后将设计文件退还的，招标人应当退还押金。

第三章 投 标

第二十二条 施工招标的投标人是响应施工招标、参与投标竞争的施工企业。

投标人应当具备相应的施工企业资质，并在工程业绩、技术能力、项目经理资格条件、财务状况等方面满足招标文件提出的要求。

第二十三条 投标人对招标文件有疑问需要澄清的，应当以书面形式向招标人提出。

第二十四条 投标人应当按照招标文件的要求编制投标文件，对招标文件提出的实质性要求和条件作出响应。

招标文件允许投标人提供备选标的，投标人可以按照招标文件的要求提交替代方案，并作出相应报价作备选标。

第二十五条 投标文件应当包括下列内容：

（一）投标函；

（二）施工组织设计或者施工方案；

（三）投标报价；

（四）招标文件要求提供的其他材料。

第二十六条 招标人可以在招标文件中要求投标人提交投标担保。投标担保可以采用投标保函或者投标保证金的方式。投标保证金可以使用支票、银行汇票等，一般不得超过投标总价的2%，最高不得超过50万元。

投标人应当按照招标文件要求的方式和金额，将投标保函或者投标保证金随投标文件提交招标人。

第二十七条 投标人应当在招标文件要求提交投标文件的截止时间前，将投标文件密封送达投标地点。招标人收到投标文件后，应当向投标人出具标明签收人和签收时间的凭证，并妥善保存投标文件。在开标前，任何单位和个人均不得开启投标文件。在招标文件要求提交投标文件的截止时间后送达的投标文件，为无效的投标文件，招标人应当拒收。

提交投标文件的投标人少于3个的，招标人应当依法重新招标。

第二十八条 投标人在招标文件要求提交投标文件的截止时间前，可以补充、修改或者撤回已提交的投标文件。补充、修改的内容为投标文件的组成部分，并应当按照本办法第二十八条第一款的规定送达、签收和保管。在招标文件要求提交投标文件的截止时间后送达的补充或者修改的内容无效。

第二十九条 两个以上施工企业可以组成一个联合体，签订共同投标协议，以一个投标人的身份共同投标。联合体各方均应当具备承担招标工程的相应资质条件。相同专业的施工企业组成的联合体，按照资质等级低的施工企业的业务许可范围承揽工程。

招标人不得强制投标人组成联合体共同投标，不得限制投标人之间的竞争。

第三十条 投标人不得相互串通投标，不得排挤其他投标人的公平竞争，损害招标人或者其他投标人的合法权益。

投标人不得与招标人串通投标，损害国家利益、社会公共利益或者他人的合法权益。

禁止投标人以向招标人或者评标委员会成员行贿的手段谋取中标。

第三十一条 投标人不得以低于其企业成本的报价竞标，不得以他人名义投标或者以其他方式弄虚作假，骗取中标。

第四章 开标、评标和中标

第三十二条 开标应当在招标文件确定的提交投标文件截止时间的同一时间公开进行；开标地点应当为招标文件中预先确定的地点。

第三十三条 开标由招标人主持，邀请所有投标人参加。开标应当按照下列规定进行：

由投标人或者其推选的代表检查投标文件的密封情况，也可以由招标人委托的公证机构进行检查并公证。经确认无误后，由有关工作人员当众拆封，宣读投标人名称、投标价格和投标文件的其他主要内容。

招标人在招标文件要求提交投标文件的截止时间前收到的所有投标文件，开标时都应当当众予以拆封、宣读。

开标过程应当记录，并存档备查。

第三十四条 在开标时，投标文件出现下列情形之一的，应当作为无效投标文件，不得进入评标：

（一）投标文件未按照招标文件的要求予以密封的；

（二）投标文件中的投标函未加盖投标人的企业及企业法定代表人印章的，或者企业法定代表人委托代理人没有合法、有效的委托书（原件）及委托代理人印章的；

（三）投标文件的关键内容字迹模糊、无法辨认的；

（四）投标人未按照招标文件的要求提供投标保函或者投标保证金的；

（五）组成联合体投标的，投标文件未附联合体各方共同投标协议的。

第三十五条　评标由招标人依法组建的评标委员会负责。

依法必须进行施工招标的工程，其评标委员会由招标人的代表和有关技术、经济等方面的专家组成，成员人数为5人以上单数，其中招标人、招标代理机构以外的技术、经济等方面专家不得少于成员总数的三分之二。评标委员会的专家成员，应当由招标人从建设行政主管部门及其他有关政府部门确定的专家名册或者工程招标代理机构的专家库内相关专业的专家名单中确定。确定专家成员一般应当采取随机抽取的方式。

与投标人有利害关系的人不得进入相关工程的评标委员会。评标委员会成员的名单在中标结果确定前应当保密。

第三十六条　建设行政主管部门的专家名册应当拥有一定数量规模并符合法定资格条件的专家。省、自治区、直辖市人民政府建设行政主管部门可以将专家数量少的地区的专家名册予以合并或者实行专家名册计算机联网。

建设行政主管部门应当对进入专家名册的专家组织有关法律和业务培训，对其评标能力、廉洁公正等进行综合评估，及时取消不称职或者违法违规人员的评标专家资格。被取消评标专家资格的人员，不得再参加任何评标活动。

第三十七条　评标委员会应当按照招标文件确定的评标标准和方法，对投标文件进行评审和比较，并对评标结果签字确认；设有标底的，应当参考标底。

第三十八条　评标委员会可以用书面形式要求投标人对投标文件中含义不明确的内容作必要的澄清或者说明。投标人应当采用书面形式进行澄清或者说明，其澄清或者说明不得超出投标文件的范围或者改变投标文件的实质性内容。

第三十九条　评标委员会经评审，认为所有投标文件都不符合招标文件要求的，可以否决所有投标。

依法必须进行施工招标工程的所有投标被否决的，招标人应当依法重新招标。

第四十条　评标可以采用综合评估法、经评审的最低投标价法或者法律法规允许的其他评标方法。

采用综合评估法的，应当对投标文件提出的工程质量、施工工期、投标价格、施工组织设计或者施工方案、投标人及项目经理业绩等，能否最大限度地满足招标文件中规定的各项要求和评价标准进行评审和比较。以评分方式进行评估的，对于各种评比奖项不得额外计分。

采用经评审的最低投标价法的，应当在投标文件能够满足招标文件实质性要求的投标人中，评审出投标价格最低的投标人，但投标价格低于其企业成本的除外。

第四十一条 评标委员会完成评标后,应当向招标人提出书面评标报告,阐明评标委员会对各投标文件的评审和比较意见,并按照招标文件中规定的评标方法,推荐不超过3名有排序的合格的中标候选人。招标人根据评标委员会提出的书面评标报告和推荐的中标候选人确定中标人。

使用国有资金投资或者国家融资的工程项目,招标人应当按照中标候选人的排序确定中标人。当确定中标的中标候选人放弃中标或者因不可抗力提出不能履行合同的,招标人可以依序确定其他中标候选人为中标人。

招标人也可以授权评标委员会直接确定中标人。

第四十二条 有下列情形之一的,评标委员会可以要求投标人作出书面说明并提供相关材料:

(一)设有标底的,投标报价低于标底合理幅度的;

(二)不设标底的,投标报价明显低于其他投标报价,有可能低于其企业成本的。

经评标委员会论证,认定该投标人的报价低于其企业成本的,不能推荐为中标候选人或者中标人。

第四十三条 招标人应当在投标有效期截止时限30日前确定中标人。投标有效期应当在招标文件中载明。

第四十四条 依法必须进行施工招标的工程,招标人应当自确定中标人之日起15日内,向工程所在地的县级以上地方人民政府建设行政主管部门提交施工招标投标情况的书面报告。书面报告应当包括下列内容:

(一)施工招标投标的基本情况,包括施工招标范围、施工招标方式、资格审查、开评标过程和确定中标人的方式及理由等。

(二)相关的文件资料,包括招标公告或者投标邀请书、投标报名表、资格预审文件、招标文件、评标委员会的评标报告(设有标底的,应当附标底)、中标人的投标文件。委托工程招标代理的,还应当附工程施工招标代理委托合同。

前款第二项中已按照本办法的规定办理了备案的文件资料,不再重复提交。

第四十五条 建设行政主管部门自收到书面报告之日起5日内未通知招标人在招标投标活动中有违法行为的,招标人可以向中标人发出中标通知书,并将中标结果通知所有未中标的投标人。

第四十六条 招标人和中标人应当自中标通知书发出之日起30日内,按照招标文件和中标人的投标文件订立书面合同;招标人和中标人不得再行订立背离合同实质性内容的其他协议。

中标人不与招标人订立合同的，投标保证金不予退还并取消其中标资格，给招标人造成的损失超过投标保证金数额的，应当对超过部分予以赔偿；没有提交投标保证金的，应当对招标人的损失承担赔偿责任。

招标人无正当理由不与中标人签订合同，给中标人造成损失的，招标人应当给予赔偿。

第四十七条 招标文件要求中标人提交履约担保的，中标人应当提交。招标人应当同时向中标人提供工程款支付担保。

第五章 罚 则

第四十八条 有违反《招标投标法》行为的，县级以上地方人民政府建设行政主管部门应当按照《招标投标法》的规定予以处罚。

第四十九条 招标投标活动中有《招标投标法》规定中标无效情形的，由县级以上地方人民政府建设行政主管部门宣布中标无效，责令重新组织招标，并依法追究有关责任人责任。

第五十条 应当招标未招标的，应当公开招标未公开招标的，县级以上地方人民政府建设行政主管部门应当责令改正，拒不改正的，不得颁发施工许可证。

第五十一条 招标人不具备自行办理施工招标事宜条件而自行招标的，县级以上地方人民政府建设行政主管部门应当责令改正，处1万元以下的罚款。

第五十二条 评标委员会的组成不符合法律、法规规定的，县级以上地方人民政府建设行政主管部门应当责令招标人重新组织评标委员会。

第五十三条 招标人未向建设行政主管部门提交施工招标投标情况书面报告的，县级以上地方人民政府建设行政主管部门应当责令改正。

第六章 附 则

第五十四条 工程施工专业分包、劳务分包采用招标方式的，参照本办法执行。

第五十五条 招标文件或者投标文件使用两种以上语言文字的，必须有一种是中文；如对不同文本的解释发生异议的，以中文文本为准。用文字表示的金额与数字表示的金额不一致的，以文字表示的金额为准。

第五十六条 涉及国家安全、国家秘密、抢险救灾或者属于利用扶贫资金实行以工代赈、需要使用农民工等特殊情况，不适宜进行施工招标的工程，按照国家有关规定可以不进行施工招标。

第五十七条 使用国际组织或者外国政府贷款、援助资金的工程进行施工招标，贷款方、资金提供方对招标投标的具体条件和程序有不同规定的，可以适用其规定，但违背中华人民共和国的社会公共利益的除外。

第五十八条 本办法由国务院建设行政主管部门负责解释。

第五十九条 本办法自发布之日起施行。1992 年 12 月 30 日建设部颁布的《工程建设施工招标投标管理办法》(建设部令第 23 号)同时废止。

2. 机电产品国际招标

机电产品出口招标办法

1. 2001 年 12 月 20 日对外贸易经济合作部令 2001 年第 19 号公布
2. 自 2002 年 1 月 1 日起施行

第一章 总 则

第一条 为了维护国家利益和对外贸易的正常秩序,建立平等竞争机制,保障出口企业的合法权益,根据《中华人民共和国对外贸易法》和《中华人民共和国货物进出口管理条例》,特制定本办法。

第二条 对外贸易经济合作部(以下简称外经贸部)负责制定、调整和公布实行出口招标的机电产品目录,并负责对相关机电产品出口招标工作进行管理、指导和监督。

第三条 机电产品出口招标应当遵循“公平、公开、公正”的原则。

第四条 本办法适用于以各种贸易方式出口的属于招标的机电产品,但法律、行政法规另有规定的遵从其规定。出口企业依据本办法,通过自主投标可无偿取得和使用相应机电产品出口数量。

第二章 组织机构、职责

第五条 机电产品出口招标工作在相关机电产品出口招标委员会(以下简称招标委员会)领导下进行。招标委员会由外经贸部有关司局、中国机电产品进出口商会(以下简称机电商会)和中国外商投资企业协会(以下简称外资协会)的相关人员组成,招标委员会主任由外经贸部主管司局负责人担任。

招标委员会下设招标办公室,负责出口招标的日常工作。招标办公室设在机电商会有关分会,设主任一人,副主任、成员若干人,招标办公室主任由机电商会有关分会秘书处负责人担任。

第六条 招标委员会的职责:

（一）审定招标工作方案；

（二）审定、发布招标工作的各项规定、通告、公告；

（三）根据招标商品的出口情况和国际市场需求，确定出口招标的市场范围和招标总量；

（四）负责开标、评标工作，审定招标办公室对投标材料的初审意见，确定中标单位及中标数量，公布中标结果；

（五）审批中标数量的转受让事宜；

（六）领导招标办公室工作，研究解决出口招标工作中的其他问题。

第七条 招标办公室的职责：

（一）调查研究招标商品市场情况，拟定招标工作方案、会议纪要、公告等文件，报招标委员会审定后实施；

（二）印制、发放招标商品的各类文件、材料；

（三）负责开标、评标的准备工作，对投标企业资格进行初审；

（四）根据海关统计数据确定投标企业出口业绩，计算投标企业中标数量，并报招标委员会审定；

（五）监督、检查中标企业对中标数量的使用和对招标规定的执行；

（六）办理中标数量的转受让事宜；

（七）招标委员会交办的其他有关招标事务。

第三章 投　　标

第八条 每次招标前二十个工作日，招标委员会在《国际商报》等媒体上公告招标的有关事项。

第九条 参加投标的企业必须具备的资格：

（一）在工商行政管理机关登记注册；

（二）具有外贸出口经营资格；

（三）机电商会会员或外资协会会员。

第十条 各投标企业应根据本企业的实际出口能力和产品规格进行投标，投标价格不得低于同行业协议价。

第十一条 参加投标的企业须按照招标公告的规定填报投标材料。

第十二条 每家企业限投标书一份，投标材料须密封，并在招标公告规定的截标日前送达招标办公室。

投标材料包括：

（一）投标申请书；

（二）投标保证书；

（三）机电商会会员或外资协会会员证明（复印件）；

（四）出口经营权批准文件，或“对外贸易企业审定证书”，或外商投资企业批准证书（复印件）；

（五）工商行政管理部门核发的法人营业执照（复印件）；

（六）国家质量监督检验检疫部门出具的出口产品质量许可证（复印件）；

（七）招标委员会规定的其他材料。

第十三条 招标办公室收到投标材料后应立即登记封存。

第四章 开标、评标

第十四条 招标委员会在规定的时间内开标，招标办公室对标书进行初评。

第十五条 为了促进企业规模经营，招标委员会可设定企业最低出口业绩，对达不到最低出口业绩的企业不予授标。

第十六条 招标办公室根据以下招标公式计算出企业的中标数量。

（一）确定中标企业在招标商品总量中所占比重“A”：

$$A=\frac{\text{该企业上年度出口该项商品总值}}{\text{该项商品上年度全国出口总值}}$$

（二）确定全国单位招标商品平均出口价格“B”和中标企业单位招标商品平均出口价格“C”：

$$B=\frac{\text{该项商品上年度全国出口总值}}{\text{该项商品上年度全国出口总量}}$$

$$C=\frac{\text{该中标企业上年度出口该项商品总值}}{\text{该中标企业上年度出口该项商品总量}}$$

（三）确定该中标企业中标数量“Q”：

$$Q=\text{招标总量}\times A\times\frac{C}{B}$$

招标委员会可以根据商品的不同情况，在对具体招标商品进行招标时，对上述公式加以调整。

第十七条 开标后，招标办公室在7个工作日内完成初评工作，上报招标委员会。招标委员会收到招标办公室初评后，在10个工作日内根据企业的有效投标材料，审核、评定中标企业及其中标数量。

第十八条 招标委员会在《国际商报》等媒体上公布中标企业名单，同时由招标办公室向中标企业下发《中标登记手册》。

第五章 转受让及出口许可证发放

第十九条 中标数量可以进行转受让，但必须通过招标办公室办理有关转受让手续,同时受让企业应具有投标资格。招标办公室向受让企业发放《受让通知书》,并抄送当地发证机关。

第二十条 企业取得《中标登记手册》后,到外经贸部授权的当地发证机关领取出口许可证。发证机关发放出口许可证的依据是:

(一)外经贸部以文件形式下发给各发证机关的中标结果或招标办公室发放的《受让通知书》;

(二)招标委员会发放的《中标登记手册》;

(三)中标企业的有效出口合同。

第二十一条 中标企业须在招标当年9月30日前向招标办公室申报登记使用不完的中标数量,并于当年11月15日前交回。企业申报登记或交回的中标数量可用于转受让。

中标企业被没收和被扣减的中标数量可用于当年转受让。

第六章 招 标 管 理

第二十二条 招标办公室要跟踪检查出口企业中标或受让指标使用情况,了解招标商品出口中的问题和企业的意见要求,并及时向招标委员会报告。

第二十三条 当出口招标总量不够用时,招标办公室须向招标委员会提出报告,由招标委员会根据实际情况,决定是否增加招标总量和招标次数。

第二十四条 中标企业自收到《中标登记手册》一个月内,按中标金额的一定比例交纳中标保证金,比例视招标商品的具体情况而定,但不超过万分之三。中标保证金按中标结果发布当日国家外汇管理部门公布的外汇卖出价折算成人民币支付。

第二十五条 中标保证金由招标办公室代财政部收取并存于专项帐户,招标办公室可申请部分资金用于招标管理工作,并每年向招标委员会报告中标保证金收支情况。

第七章 罚 则

第二十六条 对违反本办法的企业,招标委员会可给予相应的处罚:

(一)有下列行为之一者,视情节轻重,给予通报批评、警告、没收中标数量、取消投标资格等处罚;构成犯罪的,依法追究刑事责任:

(1)虚报投标材料;

(2)擅自转让或变卖中标数量;

(3)实际出口价格低于同行协议价或变相降价者;

(4)经有关部门查实侵犯知识产权者;

(5)不按期交纳中标保证金者。

（二）获得中标数量的企业不按规定交回使用不完的中标数量，则根据该企业未交数量占中标数量的比例相应扣减其下一年度中标数量。

（三）招标委员会将对中标企业的处罚结果通知当地发证机关，由其采取相应的措施。

第八章 附 则

第二十七条 本办法由外经贸部负责解释。

第二十八条 本办法自2002年1月1日起施行，原《机电产品出口招标办法》同时废止。

机电产品国际招标投标实施办法（试行）

1. 2014年2月21日商务部令2014年第1号公布

2. 自2014年4月1日起施行

第一章 总 则

第一条 为了规范机电产品国际招标投标活动，保护国家利益、社会公共利益和招标投标活动当事人的合法权益，提高经济效益，保证项目质量，根据《中华人民共和国招标投标法》（以下简称招标投标法）、《中华人民共和国招标投标法实施条例》（以下简称招标投标法实施条例）等法律、行政法规以及国务院对有关部门实施招标投标活动行政监督的职责分工，制定本办法。

第二条 在中华人民共和国境内进行机电产品国际招标投标活动，适用本办法。

本办法所称机电产品国际招标投标活动，是指中华人民共和国境内的招标人根据采购机电产品的条件和要求，在全球范围内以招标方式邀请潜在投标人参加投标，并按照规定程序从投标人中确定中标人的一种采购行为。

本办法所称机电产品，是指机械设备、电气设备、交通运输工具、电子产品、电器产品、仪器仪表、金属制品等及其零部件、元器件。机电产品的具体范围见附件1。

第三条 机电产品国际招标投标活动应当遵循公开、公平、公正、诚实信用和择优原则。机电产品国际招标投标活动不受地区或者部门的限制。

第四条 商务部负责管理和协调全国机电产品的国际招标投标工作，制定相关规定；根据国家有关规定，负责调整、公布机电产品国际招标范围；负责监督管理全国机电产品国际招标代理机构（以下简称招标机构）；负责利用国际组织和外国政府贷款、援助资金(以下简称国外贷款、援助资金)项目机电产品国际招标投标活动的行政监督;负责组建和管理机电产品国际招标评标专家库;负责建设和管理机电产品国际招标投标电子公共服务和行政监督平台。

各省、自治区、直辖市、计划单列市、新疆生产建设兵团、沿海开放城市及经济特区商务主管部门、国务院有关部门机电产品进出口管理机构负责本地区、本部门的机电产品国际招标投标活动的行政监督和协调;负责本地区、本部门所属招标机构的监督和管理;负责本地区、本部门机电产品国际招标评标专家的日常管理。

各级机电产品进出口管理机构(以下简称主管部门)及其工作人员应当依法履行职责,不得以任何方式非法干涉招标投标活动。主管部门的工作人员对监督检查过程中知悉的国家秘密、商业秘密,应当依法予以保密。

第五条 商务部委托专门网站为机电产品国际招标投标活动提供公共服务和行政监督的平台(以下简称招标网)。机电产品国际招标投标应当在招标网上完成招标项目建档、招标过程文件存档和备案、资格预审公告发布、招标公告发布、评审专家抽取、评标结果公示、异议投诉、中标结果公告等招标投标活动的相关程序,但涉及国家秘密的招标项目除外。

招标网承办单位应当在商务部委托的范围内提供网络服务,应当遵守法律、行政法规以及本办法的规定,不得损害国家利益、社会公共利益和招投标活动当事人的合法权益,不得泄露应当保密的信息,不得拒绝或者拖延办理委托范围内事项,不得利用委托范围内事项向有关当事人收取费用。

第二章 招标范围

第六条 通过招标方式采购原产地为中国关境外的机电产品,属于下列情形的必须进行国际招标:

(一)关系社会公共利益、公众安全的基础设施、公用事业等项目中进行国际采购的机电产品;

(二)全部或者部分使用国有资金投资项目中进行国际采购的机电产品;

(三)全部或者部分使用国家融资项目中进行国际采购的机电产品;

(四)使用国外贷款、援助资金项目中进行国际采购的机电产品;

(五)政府采购项目中进行国际采购的机电产品;

(六)其他依照法律、行政法规的规定需要国际招标采购的机电产品。

已经明确采购产品的原产地在中国关境内的,可以不进行国际招标。必须通过国际招标方式采购的,任何单位和个人不得将前款项目化整为零或者以国内招标等其他任何方式规避国际招标。

商务部制定、调整并公布本条第一项所列项目包含主要产品的国际招标范围。

第七条 有下列情形之一的,可以不进行国际招标:

(一)国(境)外赠送或无偿援助的机电产品;

(二)采购供生产企业及科研机构研究开发用的样品样机;

(三)单项合同估算价在国务院规定的必须进行招标的标准以下的;

(四)采购旧机电产品;

(五)采购供生产配套、维修用零件、部件;

(六)采购供生产企业生产需要的专用模具;

(七)根据法律、行政法规的规定,其他不适宜进行国际招标采购的机电产品。

招标人不得为适用前款规定弄虚作假规避招标。

第八条 鼓励采购人采用国际招标方式采购不属于依法必须进行国际招标项目范围内的机电产品。

第三章 招 标

第九条 招标人应当在所招标项目确立、资金到位或资金来源落实并具备招标所需的技术资料和其他条件后开展国际招标活动。

按照国家有关规定需要履行项目审批、核准手续的依法必须进行招标的项目,其招标范围、招标方式、招标组织形式应当先获得项目审批、核准部门的审批、核准。

第十条 国有资金占控股或者主导地位的依法必须进行机电产品国际招标的项目,应当公开招标;但有下列情形之一的,可以邀请招标:

(一)技术复杂、有特殊要求或者受自然环境限制,只有少量潜在投标人可供选择;

(二)采用公开招标方式的费用占项目合同金额的比例过大。

有前款第二项所列情形,属于本办法第九条第二款规定的项目,招标人应当在招标前向相应的主管部门提交项目审批、核准部门审批、核准邀请招标方式的文件;其他项目采用邀请招标方式应当由招标人申请相应的主管部门作出认定。

第十一条 招标人采用委托招标的,有权自行选择招标机构为其办理招标事宜。任何单位和个人不得以任何方式为招标人指定招标机构。

招标人自行办理招标事宜的,应当具有与招标项目规模和复杂程度相适应的技术、经济等方面专业人员，具备编制国际招标文件（中、英文）和组织评标的能力。依法必须进行招标的项目，招标人自行办理招标事宜的，应当向相应主管部门备案。

第十二条 招标机构应当具备从事招标代理业务的营业场所和相应资金；具备能够编制招标文件（中、英文）和组织评标的相应专业力量；拥有一定数量的取得招标职业资格的专业人员。

招标机构从事机电产品国际招标代理业务，应当在招标网免费注册，注册时应当在招标网在线填写机电产品国际招标机构登记表。

招标机构应当在招标人委托的范围内开展招标代理业务，任何单位和个人不得非法干涉。招标机构从事机电产品国际招标业务的人员应当为与本机构依法存在劳动合同关系的员工。招标机构可以依法跨区域开展业务，任何地区和部门不得以登记备案等方式加以限制。

招标机构代理招标业务，应当遵守招标投标法、招标投标法实施条例和本办法关于招标人的规定；在招标活动中，不得弄虚作假，损害国家利益、社会公共利益和招标人、投标人的合法权益。

招标人应当与被委托的招标机构签订书面委托合同，载明委托事项和代理权限，合同约定的收费标准应当符合国家有关规定。

招标机构不得接受招标人违法的委托内容和要求；不得在所代理的招标项目中投标或者代理投标，也不得为所代理的招标项目的投标人提供咨询。

招标机构管理办法由商务部另行制定。

第十三条 发布资格预审公告、招标公告或发出投标邀请书前，招标人或招标机构应当在招标网上进行项目建档，建档内容包括项目名称、招标人名称及性质、招标方式、招标组织形式、招标机构名称、资金来源及性质、委托招标金额、项目审批或核准部门、主管部门等。

第十四条 招标人采用公开招标方式的，应当发布招标公告。

招标人采用邀请招标方式的，应当向 3 个以上具备承担招标项目能力、资信良好的特定法人或者其他组织发出投标邀请书。

第十五条 资格预审公告、招标公告或者投标邀请书应当载明下列内容：

（一）招标项目名称、资金到位或资金来源落实情况；

（二）招标人或招标机构名称、地址和联系方式；

（三）招标产品名称、数量、简要技术规格；

（四）获取资格预审文件或者招标文件的地点、时间、方式和费用；

（五）提交资格预审申请文件或者投标文件的地点和截止时间；

（六）开标地点和时间；

（七）对资格预审申请人或者投标人的资格要求。

第十六条 招标人不得以招标投标法实施条例第三十二条规定的情形限制、排斥潜在投标人或者投标人。

第十七条 公开招标的项目，招标人可以对潜在投标人进行资格预审。资格预审按照招标投标法实施条例的有关规定执行。国有资金占控股或者主导地位的依法必须进行招标的项目，资格审查委员会及其成员应当遵守本办法有关评标委员会及其成员的规定。

第十八条 编制依法必须进行机电产品国际招标的项目的资格预审文件和招标文件，应当使用机电产品国际招标标准文本。

第十九条 招标人根据所采购机电产品的特点和需要编制招标文件。招标文件主要包括下列内容：

（一）招标公告或投标邀请书；

（二）投标人须知及投标资料表；

（三）招标产品的名称、数量、技术要求及其他要求；

（四）评标方法和标准；

（五）合同条款；

（六）合同格式；

（七）投标文件格式及其他材料要求：

1. 投标书；
2. 开标一览表；
3. 投标分项报价表；
4. 产品说明一览表；
5. 技术规格响应/偏离表；
6. 商务条款响应/偏离表；
7. 投标保证金银行保函；
8. 单位负责人授权书；
9. 资格证明文件；
10. 履约保证金银行保函；
11. 预付款银行保函；
12. 信用证样本；
13. 要求投标人提供的其他材料。

第二十条 招标文件中应当明确评标方法和标准。机电产品国际招标的评标一般采用最低评标价法。技术含量高、工艺或技术方案复杂的大型或成套设备招标项目可采用综合评价法进行评标。所有评标方法和标准应当作为招标文件不可分割的一部分并对潜在投标人公开。招标文件中没有规定的评标方法和标准不得作为评标依据。

最低评标价法，是指在投标满足招标文件商务、技术等实质性要求的前提下，按照招标文件中规定的价格评价因素和方法进行评价，确定各投标人的评标价格，并按投标人评标价格由低到高的顺序确定中标候选人的评标方法。

综合评价法，是指在投标满足招标文件实质性要求的前提下，按照招标文件中规定的各项评价因素和方法对投标进行综合评价后，按投标人综合评价的结果由优到劣的顺序确定中标候选人的评标方法。

综合评价法应当由评价内容、评价标准、评价程序及推荐中标候选人原则等组成。综合评价法应当根据招标项目的具体需求，设定商务、技术、价格、服务及其他评价内容的标准，并对每一项评价内容赋予相应的权重。

机电产品国际招标投标综合评价法实施规范由商务部另行制定。

第二十一条 招标文件的技术、商务等条款应当清晰、明确、无歧义，不得设立歧视性条款或不合理的要求排斥潜在投标人。招标文件编制内容原则上应当满足3个以上潜在投标人能够参与竞争。招标文件的编制应当符合下列规定：

（一）对招标文件中的重要条款（参数）应当加注星号（“*”），并注明如不满足任一带星号（“*”）的条款（参数）将被视为不满足招标文件实质性要求，并导致投标被否决。

构成投标被否决的评标依据除重要条款（参数）不满足外，还可以包括超过一般条款（参数）中允许偏离的最大范围、最多项数。

采用最低评标价法评标的，评标依据中应当包括：一般商务和技术条款（参数）在允许偏离范围和条款数内进行评标价格调整的计算方法，每个一般技术条款（参数）的偏离加价一般为该设备投标价格的0.5%，最高不得超过该设备投标价格的1%，投标文件中没有单独列出该设备分项报价的，评标价格调整时按投标总价计算；交货期、付款条件等商务条款的偏离加价计算方法在招标文件中可以另行规定。

采用综合评价法的，应当集中列明招标文件中所有加注星号（“*”）的重要条款（参数）。

（二）招标文件应当明确规定在实质性响应招标文件要求的前提下投标文件分项报价允许缺漏项的最大范围或比重，并注明如缺漏项超过允许的最大范围或比重，该投标将被视为实质性不满足招标文件要求，并将导致投标被否决。

（三）招标文件应当明确规定投标文件中投标人应当小签的相应内容，其中投标文件的报价部分、重要商务和技术条款（参数）响应等相应内容应当逐页小签。

（四）招标文件应当明确规定允许的投标货币和报价方式，并注明该条款是否为重要商务条款。招标文件应当明确规定不接受选择性报价或者附加条件的报价。

（五）招标人设有最高投标限价的，应当在招标文件中明确最高投标限价或者最高投标限价的计算方法。招标人不得规定最低投标限价。

（六）招标文件应当明确规定评标依据以及对投标人的业绩、财务、资信等商务条款和技术参数要求，不得使用模糊的、无明确界定的术语或指标作为重要商务或技术条款（参数）或以此作为价格调整的依据。招标文件对投标人资质提出要求的，应当列明所要求资质的名称及其认定机构和提交证明文件的形式，并要求相应资质在规定的期限内真实有效。

（七）招标人可以在招标文件中将有关行政监督部门公布的信用信息作为对投标人的资格要求的依据。

（八）招标文件内容应当符合国家有关安全、卫生、环保、质量、能耗、标准、社会责任等法律法规的规定。

（九）招标文件允许联合体投标的，应当明确规定对联合体牵头人和联合体各成员的资格条件及其他相应要求。

（十）招标文件允许投标人提供备选方案的，应当明确规定投标人在投标文件中只能提供一个备选方案并注明主选方案，且备选方案的投标价格不得高于主选方案。

（十一）招标文件应当明确计算评标总价时关境内、外产品的计算方法，并应当明确指定到货地点。除国外贷款、援助资金项目外，评标总价应当包含货物到达招标人指定到货地点之前的所有成本及费用。其中：

关境外产品为：CIF 价+进口环节税+国内运输、保险费等（采用 CIP、DDP 等其他报价方式的，参照此方法计算评标总价）；其中投标截止时间前已经进口的产品为：销售价（含进口环节税、销售环节增值税）+国内运输、保险费等。关境内制造的产品为：出厂价（含增值税）+消费税（如适用）+国内运输、保险费等。有价格调整的，计算评标总价时，应当包含偏离加价。

（十二）招标文件应当明确投标文件的大写金额和小写金额不一致的，以大写金额为准；投标总价金额与按分项报价汇总金额不一致的，以分项报价金额计算结果为准；分项报价金额小数点有明显错位的，应以投标总价为准，并修改分项报价；应当明确招标文件、投标文件和评标报告使用语言的种类;使用两种以上语言的,应当明确当出现表述内容不一致时以何种语言文本为准。

第二十二条 招标文件应当载明投标有效期,以保证招标人有足够的时间完成组织评标、定标以及签订合同。投标有效期从招标文件规定的提交投标文件的截止之日起算。

第二十三条 招标人在招标文件中要求投标人提交投标保证金的,投标保证金不得超过招标项目估算价的2%。投标保证金有效期应当与投标有效期一致。

依法必须进行招标的项目的境内投标单位,以现金或者支票形式提交的投标保证金应当从其基本账户转出。

投标保证金可以是银行出具的银行保函或不可撤销信用证、转账支票、银行即期汇票,也可以是招标文件要求的其他合法担保形式。

联合体投标的,应当以联合体共同投标协议中约定的投标保证金缴纳方式予以提交,可以是联合体中的一方或者共同提交投标保证金,以一方名义提交投标保证金的,对联合体各方均具有约束力。

招标人不得挪用投标保证金。

第二十四条 招标人或招标机构应当在资格预审文件或招标文件开始发售之日前将资格预审文件或招标文件发售稿上传招标网存档。

第二十五条 依法必须进行招标的项目的资格预审公告和招标公告应当在符合法律规定的媒体和招标网上发布。

第二十六条 招标人应当确定投标人编制投标文件所需的合理时间。依法必须进行招标的项目,自招标文件开始发售之日起至投标截止之日止,不得少于20日。

招标文件的发售期不得少于5个工作日。

招标人发售的纸质招标文件和电子介质的招标文件具有同等法律效力,除另有约定的,出现不一致时以纸质招标文件为准。

第二十七条 招标公告规定未领购招标文件不得参加投标的,招标文件发售期截止后,购买招标文件的潜在投标人少于3个的,招标人可以依照本办法重新招标。重新招标后潜在投标人或投标人仍少于3个的,可以依照本办法第四十六条第二款有关规定执行。

第二十八条 开标前,招标人、招标机构和有关工作人员不得向他人透露已获取招标文件的潜在投标人的名称、数量以及可能影响公平竞争的有关招标投标的其他信息。

第二十九条 招标人可以对已发出的资格预审文件或者招标文件进行必要的

澄清或者修改。澄清或者修改的内容可能影响资格预审申请文件或者投标文件编制的，招标人或招标机构应当在提交资格预审文件截止时间至少 3 日前，或者投标截止时间至少 15 日前，以书面形式通知所有获取资格预审文件或者招标文件的潜在投标人，并上传招标网存档；不足 3 日或者 15 日的，招标人或招标机构应当顺延提交资格预审申请文件或者投标文件的截止时间。该澄清或者修改内容为资格预审文件或者招标文件的组成部分。澄清或者修改的内容涉及到与资格预审公告或者招标公告内容不一致的，应当在原资格预审公告或者招标公告发布的媒体和招标网上发布变更公告。

因异议或投诉处理而导致对资格预审文件或者招标文件澄清或者修改的，应当按照前款规定执行。

第三十条 招标人顺延投标截止时间的，至少应当在招标文件要求提交投标文件的截止时间 3 日前，将变更时间书面通知所有获取招标文件的潜在投标人，并在招标网上发布变更公告。

第三十一条 除不可抗力原因外，招标文件或者资格预审文件发出后，不予退还；招标人在发布招标公告、发出投标邀请书后或者发出招标文件或资格预审文件后不得终止招标。

招标人终止招标的，应当及时发布公告，或者以书面形式通知被邀请的或者已经获取资格预审文件、招标文件的潜在投标人。已经发售资格预审文件、招标文件或者已经收取投标保证金的，招标人应当及时退还所收取的资格预审文件、招标文件的费用，以及所收取的投标保证金及银行同期存款利息。

第四章 投　　标

第三十二条 投标人是响应招标、参加投标竞争的法人或其他组织。

与招标人存在利害关系可能影响招标公正性的法人或其他组织不得参加投标；接受委托参与项目前期咨询和招标文件编制的法人或其他组织不得参加受托项目的投标，也不得为该项目的投标人编制投标文件或者提供咨询。

单位负责人为同一人或者存在控股、管理关系的不同单位，不得参加同一招标项目包投标，共同组成联合体投标的除外。

违反前三款规定的，相关投标均无效。

第三十三条 投标人应当根据招标文件要求编制投标文件，并根据自己的商务能力、技术水平对招标文件提出的要求和条件在投标文件中作出真实的响应。投标文件的所有内容在投标有效期内应当有效。

第三十四条 投标人对加注星号（“＊”）的重要技术条款（参数）应当在投标文件中提供技术支持资料。

技术支持资料以制造商公开发布的印刷资料、检测机构出具的检测报告或招标文件中允许的其他形式为准，凡不符合上述要求的，应当视为无效技术支持资料。

第三十五条 投标人应当提供在开标日前 3 个月内由其开立基本账户的银行开具的银行资信证明的原件或复印件。

第三十六条 潜在投标人或者其他利害关系人对资格预审文件有异议的，应当在提交资格预审申请文件截止时间 2 日前向招标人或招标机构提出，并将异议内容上传招标网；对招标文件有异议的，应当在投标截止时间 10 日前向招标人或招标机构提出，并将异议内容上传招标网。招标人或招标机构应当自收到异议之日起 3 日内作出答复，并将答复内容上传招标网；作出答复前，应当暂停招标投标活动。

第三十七条 招标人编制的资格预审文件、招标文件的内容违反法律、行政法规的强制性规定，违反公开、公平、公正和诚实信用原则，影响资格预审结果或者潜在投标人投标的，依法必须进行招标的项目的招标人应当在修改资格预审文件或者招标文件后重新招标。

第三十八条 投标人在招标文件要求的投标截止时间前，应当在招标网免费注册，注册时应当在招标网在线填写招投标注册登记表，并将由投标人加盖公章的招投标注册登记表及工商营业执照（复印件）提交至招标网；境外投标人提交所在地登记证明材料（复印件），投标人无印章的，提交由单位负责人签字的招投标注册登记表。投标截止时间前，投标人未在招标网完成注册的不得参加投标，有特殊原因的除外。

第三十九条 投标人在招标文件要求的投标截止时间前，应当将投标文件送达招标文件规定的投标地点。投标人可以在规定的投标截止时间前书面通知招标人，对已提交的投标文件进行补充、修改或撤回。补充、修改的内容应当作为投标文件的组成部分。投标人不得在投标截止时间后对投标文件进行补充、修改。

第四十条 投标人应当按照招标文件要求对投标文件进行包装和密封。投标人在投标截止时间前提交价格变更等相关内容的投标声明的，应与开标一览表一并或者单独密封，并加施明显标记，以便在开标时一并唱出。

第四十一条 未通过资格预审的申请人提交的投标文件，以及逾期送达或者不按照招标文件要求密封的投标文件，招标人应当拒收。

招标人或招标机构应当如实记载投标文件的送达时间和密封情况，并存档备查。

第四十二条 招标文件允许联合体投标的，两个以上法人或者其他组织可以组成一个联合体，以一个投标人的身份共同投标。

联合体各方均应当具备承担招标项目的相应能力；国家有关规定或者招标文件对投标人资格条件有规定的，联合体各方均应当具备规定的相应资格条件。由同一专业的单位组成的联合体，按照资质等级较低的单位确定资质等级。

联合体各方应当签订共同投标协议，明确约定各方拟承担的工作和责任，并将共同投标协议连同投标文件一并提交招标人。联合体中标的，联合体各方应当共同与招标人签订合同，就中标项目向招标人承担连带责任。

联合体各方在同一招标项目包中以自己名义单独投标或者参加其他联合体投标的，相关投标均无效。

第四十三条 投标人应当按照招标文件的要求，在提交投标文件截止时间前将投标保证金提交给招标人或招标机构。

投标人在投标截止时间前撤回已提交的投标文件，招标人或招标机构已收取投标保证金的，应当自收到投标人书面撤回通知之日起5日内退还。

投标截止后投标人撤销投标文件的，招标人可以不退还投标保证金。招标人主动要求延长投标有效期但投标人拒绝的，招标人应当退还投标保证金。

第四十四条 投标人发生合并、分立、破产等重大变化的，应当及时书面告知招标人。投标人不再具备资格预审文件、招标文件规定的资格条件或者其投标影响招标公正性的，其投标无效。

第四十五条 禁止招标投标法实施条例第三十九条、第四十条、第四十一条、第四十二条所规定的投标人相互串通投标、招标人与投标人串通投标、投标人以他人名义投标或者以其他方式弄虚作假的行为。

第五章 开标和评标

第四十六条 开标应当在招标文件确定的提交投标文件截止时间的同一时间公开进行；开标地点应当为招标文件中预先确定的地点。开标由招标人或招标机构主持，邀请所有投标人参加。

投标人少于3个的，不得开标，招标人应当依照本办法重新招标；开标后认定投标人少于3个的应当停止评标，招标人应当依照本办法重新招标。重新招标后投标人仍少于3个的，可以进入两家或一家开标评标；按国家有关规定需要履行审批、核准手续的依法必须进行招标的项目，报项目审批、核准部门审批、核准后可以不再进行招标。

认定投标人数量时,两家以上投标人的投标产品为同一家制造商或集成商生产的,按一家投标人认定。对两家以上集成商或代理商使用相同制造商产品作为其项目包的一部分,且相同产品的价格总和均超过该项目包各自投标总价60%的,按一家投标人认定。

对于国外贷款、援助资金项目,资金提供方规定当投标截止时间到达时,投标人少于3个可直接进入开标程序的,可以适用其规定。

第四十七条 开标时,由投标人或者其推选的代表检查投标文件的密封情况,也可以由招标人委托的公证机构检查并公证;经确认无误后,由工作人员当众拆封,宣读投标人名称、投标价格和投标文件的其他主要内容。

招标人在招标文件要求提交投标文件的截止时间前收到的所有投标文件,开标时都应当当众予以拆封、宣读。

投标人的开标一览表、投标声明(价格变更或其他声明)都应当在开标时一并唱出,否则在评标时不予认可。投标总价中不应当包含招标文件要求以外的产品或服务的价格。

第四十八条 投标人对开标有异议的,应当在开标现场提出,招标人或招标机构应当当场作出答复,并制作记录。

第四十九条 招标人或招标机构应当在开标时制作开标记录,并在开标后3个工作日内上传招标网存档。

第五十条 评标由招标人依照本办法组建的评标委员会负责。依法必须进行招标的项目,其评标委员会由招标人的代表和从事相关领域工作满8年并具有高级职称或者具有同等专业水平的技术、经济等相关领域专家组成,成员人数为5人以上单数,其中技术、经济等方面专家人数不得少于成员总数的2/3。

第五十一条 依法必须进行招标的项目,机电产品国际招标评标所需专家原则上由招标人或招标机构在招标网上从国家、地方两级专家库内相关专业类别中采用随机抽取的方式产生。任何单位和个人不得以明示、暗示等任何方式指定或者变相指定参加评标委员会的专家成员。但技术复杂、专业性强或者国家有特殊要求,采取随机抽取方式确定的专家难以保证其胜任评标工作的特殊招标项目,报相应主管部门后,可以由招标人直接确定评标专家。

抽取评标所需的评标专家的时间不得早于开标时间3个工作日;同一项目包评标中,来自同一法人单位的评标专家不得超过评标委员会总人数的1/3。

随机抽取专家人数为实际所需专家人数。一次招标金额在1000万美元以上的国际招标项目包，所需专家的1/2以上应当从国家级专家库中抽取。

抽取工作应当使用招标网评标专家随机抽取自动通知系统。除专家不能参加和应当回避的情形外，不得废弃随机抽取的专家。

机电产品国际招标评标专家及专家库管理办法由商务部另行制定。

第五十二条 与投标人或其制造商有利害关系的人不得进入相关项目的评标委员会，评标专家不得参加与自己有利害关系的项目评标，且应当主动回避；已经进入的应当更换。主管部门的工作人员不得担任本机构负责监督项目的评标委员会成员。

依法必须进行招标的项目的招标人非因招标投标法、招标投标法实施条例和本办法规定的事由，不得更换依法确定的评标委员会成员。更换评标委员会的专家成员应当依照本办法第五十一条规定进行。

第五十三条 评标委员会成员名单在中标结果确定前应当保密，如有泄密，除追究当事人责任外，还应当报相应主管部门后及时更换。

评标前，任何人不得向评标专家透露其即将参与的评标项目招标人、投标人的有关情况及其他应当保密的信息。

招标人和招标机构应当采取必要的措施保证评标在严格保密的情况下进行。任何单位和个人不得非法干预、影响评标的过程和结果。

泄密影响中标结果的，中标无效。

第五十四条 招标人应当向评标委员会提供评标所必需的信息，但不得向评标委员会成员明示或者暗示其倾向或者排斥特定投标人。

招标人应当根据项目规模和技术复杂程度等因素合理确定评标时间。超过1/3的评标委员会成员认为评标时间不够的，招标人应当适当延长。

评标过程中，评标委员会成员有回避事由、擅离职守或者因健康等原因不能继续评标的，应当于评标当日报相应主管部门后按照所缺专家的人数重新随机抽取，及时更换。被更换的评标委员会成员作出的评审结论无效，由更换后的评标委员会成员重新进行评审。

第五十五条 评标委员会应当在开标当日开始进行评标。有特殊原因当天不能评标的，应当将投标文件封存，并在开标后48小时内开始进行评标。评标委员会成员应当依照招标投标法、招标投标法实施条例和本办法的规定，按照招标文件规定的评标方法和标准，独立、客观、公正地对投标文件提出评审意见。招标文件没有规定的评标方法和标准不得作为评标的依据。

评标委员会成员不得私下接触投标人，不得收受投标人给予的财物或者其他好处，不得向招标人征询确定中标人的意向，不得接受任何单位或者个人明示或者暗示提出的倾向或者排斥特定投标人的要求，不得有其他不客观、不公正履行职务的行为。

第五十六条 采用最低评标价法评标的,在商务、技术条款均实质性满足招标文件要求时,评标价格最低者为排名第一的中标候选人;采用综合评价法评标的,在商务、技术条款均实质性满足招标文件要求时,综合评价最优者为排名第一的中标候选人。

第五十七条 在商务评议过程中,有下列情形之一者,应予否决投标:

(一)投标人或其制造商与招标人有利害关系可能影响招标公正性的;

(二)投标人参与项目前期咨询或招标文件编制的;

(三)不同投标人单位负责人为同一人或者存在控股、管理关系的;

(四)投标文件未按招标文件的要求签署的;

(五)投标联合体没有提交共同投标协议的;

(六)投标人的投标书、资格证明材料未提供,或不符合国家规定或者招标文件要求的;

(七)同一投标人提交两个以上不同的投标方案或者投标报价的,但招标文件要求提交备选方案的除外;

(八)投标人未按招标文件要求提交投标保证金或保证金金额不足、保函有效期不足、投标保证金形式或出具投标保函的银行不符合招标文件要求的;

(九)投标文件不满足招标文件加注星号("＊")的重要商务条款要求的;

(十)投标报价高于招标文件设定的最高投标限价的;

(十一)投标有效期不足的;

(十二)投标人有串通投标、弄虚作假、行贿等违法行为的;

(十三)存在招标文件中规定的否决投标的其他商务条款的。

前款所列材料在开标后不得澄清、后补;招标文件要求提供原件的,应当提供原件,否则将否决其投标。

第五十八条 对经资格预审合格、且商务评议合格的投标人不能再因其资格不合格否决其投标,但在招标周期内该投标人的资格发生了实质性变化不再满足原有资格要求的除外。

第五十九条 技术评议过程中,有下列情形之一者,应予否决投标:

(一)投标文件不满足招标文件技术规格中加注星号("＊")的重要条款(参数)要求,或加注星号("＊")的重要条款(参数)无符合招标文件要求的技术资料支持的;

(二)投标文件技术规格中一般参数超出允许偏离的最大范围或最多项

数的；

（三）投标文件技术规格中的响应与事实不符或虚假投标的；

（四）投标人复制招标文件的技术规格相关部分内容作为其投标文件中一部分的；

（五）存在招标文件中规定的否决投标的其他技术条款的。

第六十条　采用最低评标价法评标的，价格评议按下列原则进行：

（一）按招标文件中的评标依据进行评标。计算评标价格时，对需要进行价格调整的部分，要依据招标文件和投标文件的内容加以调整并说明。投标总价中包含的招标文件要求以外的产品或服务，在评标时不予核减；

（二）除国外贷款、援助资金项目外，计算评标总价时，以货物到达招标人指定到货地点为依据；

（三）招标文件允许以多种货币投标的，在进行价格评标时，应当以开标当日中国银行总行首次发布的外币对人民币的现汇卖出价进行投标货币对评标货币的转换以计算评标价格。

第六十一条　采用综合评价法评标时，按下列原则进行：

（一）评标办法应当充分考虑每个评价指标所有可能的投标响应，且每一种可能的投标响应应当对应一个明确的评价值，不得对应多个评价值或评价值区间，采用两步评价方法的除外。

对于总体设计、总体方案等难以量化比较的评价内容，可以采取两步评价方法：第一步，评标委员会成员独立确定投标人该项评价内容的优劣等级，根据优劣等级对应的评价值算术平均后确定该投标人该项评价内容的平均等级；第二步，评标委员会成员根据投标人的平均等级，在对应的分值区间内给出评价值。

（二）价格评价应当符合低价优先、经济节约的原则，并明确规定评议价格最低的有效投标人将获得价格评价的最高评价值，价格评价的最大可能评价值和最小可能评价值应当分别为价格最高评价值和零评价值。

（三）评标委员会应当根据综合评价值对各投标人进行排名。综合评价值相同的，依照价格、技术、商务、服务及其他评价内容的优先次序，根据分项评价值进行排名。

第六十二条　招标文件允许备选方案的，评标委员会对有备选方案的投标人进行评审时，应当以主选方案为准进行评标。备选方案应当实质性响应招标文件要求。凡提供两个以上备选方案或者未按要求注明主选方案的，该投标应当被否决。凡备选方案的投标价格高于主选方案的，该备选方案将不予采纳。

第六十三条 投标人应当根据招标文件要求和产品技术要求列出供货产品清单和分项报价。投标人投标报价缺漏项超出招标文件允许的范围或比重的，为实质性偏离招标文件要求，评标委员会应当否决其投标。缺漏项在招标文件允许的范围或比重内的，评标时应当要求投标人确认缺漏项是否包含在投标价中，确认包含的，将其他有效投标中该项的最高价计入其评标总价，并依据此评标总价对其一般商务和技术条款(参数)偏离进行价格调整；确认不包含的，评标委员会应当否决其投标；签订合同时以投标价为准。

第六十四条 投标文件中有含义不明确的内容、明显文字或者计算错误，评标委员会认为需要投标人作出必要澄清、说明的，应当书面通知该投标人。投标人的澄清、说明应当采用书面形式在评标委员会规定的时间内提交，并不得超出投标文件的范围或者改变投标文件的实质性内容。

投标人的投标文件不响应招标文件加注星号(“*”)的重要商务和技术条款(参数)，或加注星号(“*”)的重要技术条款(参数)未提供符合招标文件要求的技术支持资料的，评标委员会不得要求其进行澄清或后补。

评标委员会不得暗示或者诱导投标人作出澄清、说明，不得接受投标人主动提出的澄清、说明。

第六十五条 评标委员会经评审，认为所有投标都不符合招标文件要求的，可以否决所有投标。

依法必须进行招标的项目的所有投标被否决的，招标人应当依照本办法重新招标。

第六十六条 评标完成后，评标委员会应当向招标人提交书面评标报告和中标候选人名单。中标候选人应当不超过3个，并标明排序。

评标委员会的每位成员应当分别填写评标委员会成员评标意见表(见附件2)，评标意见表是评标报告必不可少的一部分。评标报告应当由评标委员会全体成员签字。对评标结果有不同意见的评标委员会成员应当以书面形式说明其不同意见和理由，评标报告应当注明该不同意见。评标委员会成员拒绝在评标报告上签字又不说明其不同意见和理由的，视为同意评标结果。

专家受聘承担的具体项目评审工作结束后，招标人或者招标机构应当在招标网对专家的能力、水平、履行职责等方面进行评价，评价结果分为优秀、称职和不称职。

第六章 评标结果公示和中标

第六十七条 依法必须进行招标的项目，招标人或招标机构应当依据评标报告填写《评标结果公示表》，并自收到评标委员会提交的书面评标报告之日起3日内在招标网上进行评标结果公示。评标结果应当一次性公示，公示期不得少于3日。

采用最低评标价法评标的，《评标结果公示表》中的内容包括"中标候选人排名"、"投标人及制造商名称"、"评标价格"和"评议情况"等。每个投标人的评议情况应当按商务、技术和价格评议三个方面在《评标结果公示表》中分别填写，填写的内容应当明确说明招标文件的要求和投标人的响应内容。对一般商务和技术条款(参数)偏离进行价格调整的，在评标结果公示时，招标人或招标机构应当明确公示价格调整的依据、计算方法、投标文件偏离内容及相应的调整金额。

采用综合评价法评标的，《评标结果公示表》中的内容包括"中标候选人排名"、"投标人及制造商名称"、"综合评价值"、"商务、技术、价格、服务及其他等大类评价项目的评价值"和"评议情况"等。每个投标人的评议情况应当明确说明招标文件的要求和投标人的响应内容。

使用国外贷款、援助资金的项目，招标人或招标机构应当自收到评标委员会提交的书面评标报告之日起3日内向资金提供方报送评标报告，并自获其出具不反对意见之日起3日内在招标网上进行评标结果公示。资金提供方对评标报告有反对意见的，招标人或招标机构应当及时将资金提供方的意见报相应的主管部门，并依照本办法重新招标或者重新评标。

第六十八条 评标结果进行公示后，各方当事人可以通过招标网查看评标结果公示的内容。招标人或招标机构应当应投标人的要求解释公示内容。

第六十九条 投标人或者其他利害关系人对依法必须进行招标的项目的评标结果有异议的，应当于公示期内向招标人或招标机构提出，并将异议内容上传招标网。招标人或招标机构应当在收到异议之日起3日内作出答复，并将答复内容上传招标网；作出答复前，应当暂停招标投标活动。

异议答复应当对异议问题逐项说明，但不得涉及其他投标人的投标秘密。未在评标报告中体现的不满足招标文件要求的其他方面的偏离不能作为答复异议的依据。

经原评标委员会按照招标文件规定的方法和标准审查确认，变更原评标结果的，变更后的评标结果应当依照本办法进行公示。

第七十条 招标人根据评标委员会提出的书面评标报告和推荐的中标候选人确定中标人。招标人也可以授权评标委员会直接确定中标人。国有资金占控股或者主导地位的依法必须进行招标的项目，以及使用国外贷款、援助资金的项目，招标人应当确定排名第一的中标候选人为中标人。排名第一的中标候选人放弃中标、因不可抗力不能履行合同、不按招标文件要求提交履约保证金,或者被查实存在影响中标结果的违法行为等情形,不符合中标条件的,招标人可以按照评标委员会提出的中标候选人名单排序依次确定其他中标候选人为中标人,也可以重新招标。

第七十一条 评标结果公示无异议的,公示期结束后该评标结果自动生效并进行中标结果公告;评标结果公示有异议,但是异议答复后10日内无投诉的,异议答复10日后按照异议处理结果进行公告;评标结果公示有投诉的,相应主管部门做出投诉处理决定后,按照投诉处理决定进行公告。

第七十二条 依法必须进行招标的项目,中标人确定后,招标人应当在中标结果公告后20日内向中标人发出中标通知书,并在中标结果公告后15日内将评标情况的报告(见附件3)提交至相应的主管部门。中标通知书也可以由招标人委托其招标机构发出。

使用国外贷款、援助资金的项目,异议或投诉的结果与报送资金提供方的评标报告不一致的,招标人或招标机构应当按照异议或投诉的结果修改评标报告,并将修改后的评标报告报送资金提供方,获其不反对意见后向中标人发出中标通知书。

第七十三条 中标结果公告后15日内,招标人或招标机构应当在招标网完成该项目包招标投标情况及其相关数据的存档。存档的内容应当与招标投标实际情况一致。

第七十四条 中标候选人的经营、财务状况发生较大变化或者存在违法行为,招标人认为可能影响其履约能力的,应当在发出中标通知书前由原评标委员会按照招标文件规定的方法和标准审查确认。

第七十五条 中标通知书对招标人和中标人具有法律效力。中标通知书发出后,招标人改变中标结果的,或者中标人放弃中标项目的,应当依法承担法律责任。

第七十六条 招标人和中标人应当自中标通知书发出之日起30日内,依照招标投标法、招标投标法实施条例和本办法的规定签订书面合同,合同的标的、价款、质量、履行期限等主要条款应当与招标文件和中标人的投标文件的内容一致。招标人或中标人不得拒绝或拖延与另一方签订合同。招标人和中标人不得再行订立背离合同实质性内容的其他协议。

招标人最迟应当在书面合同签订后5日内向中标人和未中标的投标人退还投标保证金及银行同期存款利息。

第七十七条 招标文件要求中标人提交履约保证金的,中标人应当按照招标文件的要求提交。履约保证金不得超过中标合同金额的10%。

第七十八条 中标产品来自关境外的，由招标人按照国家有关规定办理进口手续。

第七十九条 中标人应当按照合同约定履行义务，完成中标项目。中标人不得向他人转让中标项目，也不得将中标项目肢解后分别向他人转让。

第八十条 依法必须进行招标的项目，在国际招标过程中，因招标人的采购计划发生重大变更等原因，经项目主管部门批准，报相应的主管部门后，招标人可以重新组织招标。

第八十一条 招标人或招标机构应当按照有关规定妥善保存招标委托协议、资格预审公告、招标公告、资格预审文件、招标文件、资格预审申请文件、投标文件、异议及答复等相关资料，以及与评标相关的评标报告、专家评标意见、综合评价法评价原始记录表等资料，并对评标情况和资料严格保密。

第七章 投诉与处理

第八十二条 投标人或者其他利害关系人认为招标投标活动不符合法律、行政法规及本办法规定的，可以自知道或者应当知道之日起10日内向相应主管部门投诉。就本办法第三十六条规定事项进行投诉的，潜在投标人或者其他利害关系人应当在自领购资格预审文件或招标文件10日内向相应的主管部门提出；就本办法第四十八条规定事项进行投诉的，投标人或者其他利害关系人应当在自开标10日内向相应的主管部门提出；就本办法第六十九条规定事项进行投诉的，投标人或者其他利害关系人应当在自评标结果公示结束10日内向相应的主管部门提出。

就本办法第三十六条、第四十八条、第六十九条规定事项投诉的，应当先向招标人提出异议，异议答复期间不计算在前款规定的期限内。就异议事项投诉的，招标人或招标机构应当在该项目被网上投诉后3日内，将异议相关材料提交相应的主管部门。

第八十三条 投诉人应当于投诉期内在招标网上填写《投诉书》（见附件4）（就异议事项进行投诉的，应当提供异议和异议答复情况及相关证明材料），并将由投诉人单位负责人或单位负责人授权的人签字并盖章的《投诉书》、单位负责人证明文件及相关材料在投诉期内送达相应的主管部门。境外投诉人所在企业无印章的，以单位负责人或单位负责人授权的人签字为准。

投诉应当有明确的请求和必要的证明材料。投诉有关材料是外文的，投诉人应当同时提供其中文译本，并以中文译本为准。

投诉人应保证其提出投诉内容及相应证明材料的真实性及来源的合法性，并承担相应的法律责任。

第八十四条 主管部门应当自收到书面投诉书之日起3个工作日内决定是否受理投诉,并将是否受理的决定在招标网上告知投诉人。主管部门应当自受理投诉之日起30个工作日内作出书面处理决定(见附件5),并将书面处理决定在招标网上告知投诉人;需要检验、检测、鉴定、专家评审的,以及监察机关依法对与招标投标活动有关的监察对象实施调查并可能影响投诉处理决定的,所需时间不计算在内。使用国外贷款、援助资金的项目,需征求资金提供方意见的,所需时间不计算在内。

主管部门在处理投诉时,有权查阅、复制有关文件、资料,调查有关情况,相关单位和人员应当予以配合。必要时,主管部门可以责令暂停招标投标活动。

主管部门在处理投诉期间,招标人或招标机构应当就投诉的事项协助调查。

第八十五条 有下列情形之一的投诉,不予受理:

(一)就本办法第三十六条、第四十八条、第六十九条规定事项投诉,其投诉内容在提起投诉前未按照本办法的规定提出异议的;

(二)投诉人不是投标人或者其他利害关系人的;

(三)《投诉书》未按本办法有关规定签字或盖章,或者未提供单位负责人证明文件的;

(四)没有明确请求的,或者未按本办法提供相应证明材料的;

(五)涉及招标评标过程具体细节、其他投标人的商业秘密或其他投标人的投标文件具体内容但未能说明内容真实性和来源合法性的;

(六)未在规定期限内在招标网上提出的;

(七)未在规定期限内将投诉书及相关证明材料送达相应主管部门的。

第八十六条 在评标结果投诉处理过程中,发现招标文件重要商务或技术条款(参数)出现内容错误、前后矛盾或与国家相关法律法规不一致的情形,影响评标结果公正性的,当次招标无效,主管部门将在招标网上予以公布。

第八十七条 招标人对投诉的内容无法提供充分解释和说明的,主管部门可以自行组织或者责成招标人、招标机构组织专家就投诉的内容进行评审。

就本办法第三十六条规定事项投诉的,招标人或招标机构应当从专家库中随机抽取3人以上单数评审专家。评审专家不得作为同一项目包的评标专家。

就本办法第六十九条规定事项投诉的,招标人或招标机构应当从国家级专家库中随机抽取评审专家,国家级专家不足时,可由地方级专家库中补充,但国家级专家不得少于2/3。评审专家不得包含参与该项目包评标的专家,并且专家人数不得少于评标专家人数。

第八十八条 投诉人拒绝配合主管部门依法进行调查的，被投诉人不提交相关证据、依据和其他有关材料的，主管部门按照现有可获得的材料对相关投诉依法作出处理。

第八十九条 投诉处理决定作出前，经主管部门同意，投诉人可以撤回投诉。投诉人申请撤回投诉的，应当以书面形式提交给主管部门，并同时在网上提出撤回投诉申请。已经查实投诉内容成立的，投诉人撤回投诉的行为不影响投诉处理决定。投诉人撤回投诉的，不得以同一的事实和理由再次进行投诉。

第九十条 主管部门经审查，对投诉事项可作出下列处理决定：

（一）投诉内容未经查实前，投诉人撤回投诉的，终止投诉处理；

（二）投诉缺乏事实根据或者法律依据的，以及投诉人捏造事实、伪造材料或者以非法手段取得证明材料进行投诉的，驳回投诉；

（三）投诉情况属实，招标投标活动确实存在不符合法律、行政法规和本办法规定的，依法作出招标无效、投标无效、中标无效、修改资格预审文件或者招标文件等决定。

第九十一条 商务部在招标网设立信息发布栏，包括下列内容：

（一）投诉汇总统计，包括年度内受到投诉的项目、招标人、招标机构名称和投诉处理结果等；

（二）招标机构代理项目投诉情况统计，包括年度内项目投诉数量、投诉率及投诉处理结果等；

（三）投标人及其他利害关系人投诉情况统计，包括年度内项目投诉数量、投诉率及不予受理投诉、驳回投诉、不良投诉（本办法第九十六条第四项的投诉行为）等；

（四）违法统计，包括年度内在招标投标活动过程中违反相关法律、行政法规和本办法的当事人、项目名称、违法情况和处罚结果。

第九十二条 主管部门应当建立投诉处理档案，并妥善保存。

第八章 法律责任

第九十三条 招标人对依法必须进行招标的项目不招标或化整为零以及以其他任何方式规避国际招标的，由相应主管部门责令限期改正，可以处项目合同金额0.5%以上1%以下的罚款；对全部或者部分使用国有资金的项目，可以通告项目主管机构暂停项目执行或者暂停资金拨付；对单位直接负责的主管人员和其他直接责任人员依法给予处分。

第九十四条 招标人有下列行为之一的,依照招标投标法、招标投标法实施条例的有关规定处罚:

(一)依法应当公开招标而采用邀请招标的;

(二)以不合理的条件限制、排斥潜在投标人的,对潜在投标人实行歧视待遇的,强制要求投标人组成联合体共同投标的,或者限制投标人之间竞争的;

(三)招标文件、资格预审文件的发售、澄清、修改的时限,或者确定的提交资格预审申请文件、投标文件的时限不符合规定的;

(四)不按照规定组建评标委员会,或者确定、更换评标委员会成员违反规定的;

(五)接受未通过资格预审的单位或者个人参加投标,或者接受应当拒收的投标文件的;

(六)违反规定,在确定中标人前与投标人就投标价格、投标方案等实质性内容进行谈判的;

(七)不按照规定确定中标人的;

(八)不按照规定对异议作出答复,继续进行招标投标活动的;

(九)无正当理由不发出中标通知书,或者中标通知书发出后无正当理由改变中标结果的;

(十)无正当理由不与中标人订立合同,或者在订立合同时向中标人提出附加条件的;

(十一)不按照招标文件和中标人的投标文件与中标人订立合同,或者与中标人订立背离合同实质性内容的协议的;

(十二)向他人透露已获取招标文件的潜在投标人的名称、数量或者可能影响公平竞争的有关招标投标的其他情况的,或者泄露标底的。

第九十五条 招标人有下列行为之一的,给予警告,并处3万元以下罚款;该行为影响到评标结果的公正性的,当次招标无效:

(一)与投标人相互串通、虚假招标投标的;

(二)以不正当手段干扰招标投标活动的;

(三)不履行与中标人订立的合同的;

(四)除本办法第九十四条第十二项所列行为外,其他泄露应当保密的与招标投标活动有关的情况、材料或信息的;

(五)对主管部门的投诉处理决定拒不执行的;

(六)其他违反招标投标法、招标投标法实施条例和本办法的行为。

第九十六条 投标人有下列行为之一的,依照招标投标法、招标投标法实施条例的有关规定处罚：

（一）与其他投标人或者与招标人相互串通投标的；

（二）以向招标人或者评标委员会成员行贿的手段谋取中标的；

（三）以他人名义投标或者以其他方式弄虚作假，骗取中标的；

（四）捏造事实、伪造材料或者以非法手段取得证明材料进行投诉的。

有前款所列行为的投标人不得参与该项目的重新招标。

第九十七条 投标人有下列行为之一的，当次投标无效，并给予警告，并处3万元以下罚款：

（一）虚假招标投标的；

（二）以不正当手段干扰招标、评标工作的；

（三）投标文件及澄清资料与事实不符，弄虚作假的；

（四）在投诉处理过程中，提供虚假证明材料的；

（五）中标通知书发出之前与招标人签订合同的；

（六）中标的投标人不按照其投标文件和招标文件与招标人签订合同的或提供的产品不符合投标文件的；

（七）其他违反招标投标法、招标投标法实施条例和本办法的行为。

有前款所列行为的投标人不得参与该项目的重新招标。

第九十八条 中标人有下列行为之一的，依照招标投标法、招标投标法实施条例的有关规定处罚：

（一）无正当理由不与招标人订立合同的，或者在签订合同时向招标人提出附加条件的；

（二）不按照招标文件要求提交履约保证金的；

（三）不履行与招标人订立的合同的。

有前款所列行为的投标人不得参与该项目的重新招标。

第九十九条 招标机构有下列行为之一的，依照招标投标法、招标投标法实施条例的有关规定处罚：

（一）与招标人、投标人串通损害国家利益、社会公共利益或者他人合法权益的；

（二）在所代理的招标项目中投标、代理投标或者向该项目投标人提供咨询的；

（三）参加受托编制标底项目的投标或者为该项目的投标人编制投标文件、提供咨询的；

（四）泄露应当保密的与招标投标活动有关的情况和资料的。

第一百条 招标机构有下列行为之一的，给予警告，并处3万元以下罚款；该行为影响到整个招标公正性的，当次招标无效：

（一）与招标人、投标人相互串通、搞虚假招标投标的；

（二）在进行机电产品国际招标机构登记时填写虚假信息或提供虚假证明材料的；

（三）无故废弃随机抽取的评审专家的；

（四）不按照规定及时向主管部门报送材料或者向主管部门提供虚假材料的；

（五）未在规定的时间内将招标投标情况及其相关数据上传招标网，或者在招标网上发布、公示或存档的内容与招标公告、招标文件、投标文件、评标报告等相应书面内容存在实质性不符的；

（六）不按照本办法规定对异议作出答复的，或者在投诉处理的过程中未按照主管部门要求予以配合的；

（七）因招标机构的过失，投诉处理结果为招标无效或中标无效，6 个月内累计 2 次，或一年内累计 3 次的；

（八）不按照本办法规定发出中标通知书或者擅自变更中标结果的；

（九）其他违反招标投标法、招标投标法实施条例和本办法的行为。

第一百零一条 评标委员会成员有下列行为之一的，依照招标投标法、招标投标法实施条例的有关规定处罚：

（一）应当回避而不回避的；

（二）擅离职守的；

（三）不按照招标文件规定的评标方法和标准评标的；

（四）私下接触投标人的；

（五）向招标人征询确定中标人的意向或者接受任何单位或者个人明示或者暗示提出的倾向或者排斥特定投标人的要求的；

（六）暗示或者诱导投标人作出澄清、说明或者接受投标人主动提出的澄清、说明的；

（七）对依法应当否决的投标不提出否决意见的；

（八）向他人透露对投标文件的评审和比较、中标候选人的推荐以及与评标有关的其他情况的。

第一百零二条 评标委员会成员有下列行为之一的，将被从专家库名单中除名，同时在招标网上予以公告：

（一）弄虚作假，谋取私利的；

（二）在评标时拒绝出具明确书面意见的；

（三）除本办法第一百零一条第八项所列行为外，其他泄露应当保密的

与招标投标活动有关的情况和资料的;

(四)与投标人、招标人、招标机构串通的;

(五)专家1年内2次被评价为不称职的;

(六)专家无正当理由拒绝参加评标的;

(七)其他不客观公正地履行职责的行为,或违反招标投标法、招标投标法实施条例和本办法的行为。

前款所列行为影响中标结果的,中标无效。

第一百零三条 除评标委员会成员之外的其他评审专家有本办法第一百零一条和第一百零二条所列行为之一的,将被从专家库名单中除名,同时在招标网上予以公告。

第一百零四条 招标网承办单位有下列行为之一的,商务部予以警告并责令改正;情节严重的或拒不改正的,商务部可以中止或终止其委托服务协议;给招标投标活动当事人造成损失的,应当承担赔偿责任;构成犯罪的,依法追究刑事责任:

(一)超出商务部委托范围从事与委托事项相关活动的;

(二)利用承办商务部委托范围内事项向有关当事人收取费用的;

(三)无正当理由拒绝或者延误潜在投标人于投标截止时间前在招标网免费注册的;

(四)泄露应当保密的与招标投标活动有关情况和资料的;

(五)在委托范围内,利用有关当事人的信息非法获取利益的;

(六)擅自修改招标人、投标人或招标机构上传资料的;

(七)与招标人、投标人、招标机构相互串通、搞虚假招标投标的;

(八)其他违反招标投标法、招标投标法实施条例及本办法的。

第一百零五条 主管部门在处理投诉过程中,发现被投诉人单位直接负责的主管人员和其他直接责任人员有违法、违规或者违纪行为的,应当建议其行政主管机关、纪检监察部门给予处分;情节严重构成犯罪的,移送司法机关处理。

第一百零六条 主管部门不依法履行职责,对违反招标投标法、招标投标法实施条例和本办法规定的行为不依法查处,或者不按照规定处理投诉、不依法公告对招标投标当事人违法行为的行政处理决定的,对直接负责的主管人员和其他直接责任人员依法给予处分。

主管部门工作人员在招标投标活动监督过程中徇私舞弊、滥用职权、玩忽职守,构成犯罪的,依法追究刑事责任。

第一百零七条 出让或者出租资格、资质证书供他人投标的,依照法律、行政法规的规定给予行政处罚;构成犯罪的,依法追究刑事责任。

第一百零八条 依法必须进行招标的项目的招标投标活动违反招标投标法、招标投标法实施条例和本办法的规定,对中标结果造成实质性影响,且不能采取补救措施予以纠正的,招标、投标、中标无效,应当依照本办法重新招标或者重新评标。

重新评标应当由招标人依照本办法组建新的评标委员会负责。前一次参与评标的专家不得参与重新招标或者重新评标。依法必须进行招标的项目,重新评标的结果应当依照本办法进行公示。

除法律、行政法规和本办法规定外,招标人不得擅自决定重新招标或重新评标。

第一百零九条 本章规定的行政处罚,由相应的主管部门决定。招标投标法、招标投标法实施条例已对实施行政处罚的机关作出规定的除外。

第九章 附 则

第一百一十条 不属于工程建设项目,但属于固定资产投资项目的机电产品国际招标投标活动,按照本办法执行。

第一百一十一条 与机电产品有关的设计、方案、技术等国际招标投标,可参照本办法执行。

第一百一十二条 使用国外贷款、援助资金进行机电产品国际招标的,应当按照本办法的有关规定执行。贷款方、资金提供方对招标投标的具体条件和程序有不同规定的,可以适用其规定,但违背中华人民共和国的国家安全或社会公共利益的除外。

第一百一十三条 机电产品国际招标投标活动采用电子招标投标方式的,应当按照本办法和国家有关电子招标投标的规定执行。

第一百一十四条 本办法所称"单位负责人",是指单位法定代表人或者法律、行政法规规定代表单位行使职权的主要负责人。

第一百一十五条 本办法所称"日"为日历日,期限的最后一日是国家法定节假日的,顺延到节假日后的次日为期限的最后一日。

第一百一十六条 本办法中 CIF、CIP、DDP 等贸易术语,应当根据国际商会(ICC)现行最新版本的《国际贸易术语解释通则》的规定解释。

第一百一十七条 本办法由商务部负责解释。

第一百一十八条 本办法自 2014 年 4 月 1 日起施行。《机电产品国际招标投标实施办法》(商务部 2004 年第 13 号令)同时废止。

附件1：

机电产品范围

商品类别	海关商品编号
一、金属制品	7307—7326、7412—7419、75072、7508、7609—7616、7806、7907、8007、810192—810199、810292—810299、81039、81043、81049、81059、8106009、81079、81089、81099、8110009、8111009、811219、811299、82—83章
二、机械及设备	84章
三、电器及电子产品	85章
四、运输工具	86—89章(8710除外)
五、仪器仪表	90章
六、其他	
(含磨削工具用磨具、玻壳、钟表及其零件、电子乐器、运动枪支、飞机及车辆用坐具、医用家具、办公室用金属家具、各种灯具及照明装置、儿童带轮玩具、带动力装置的玩具及模型、健身器械及游艺设备、打火机等)	680421、6804221、6804301、6805、7011、91章、9207、93031—93033、9304、93052、93059、93061—93063、94011—94013、9402、94031、94032、9405、9501、95031、95038、95041、95043、95049、95069、9508、9613

附件2：(招标机构名称)评标委员会成员评标意见表(略)

附件3：评标情况的报告(略)

附件4：投诉书(略)

附件5：投诉处理决定书(略)

机电产品国际招标投标"双随机一公开"监管工作细则

1. 2017 年 8 月 17 日商务部办公厅发布
2. 商办贸函〔2017〕345 号

第一条　为进一步规范机电产品国际招标投标监督检查行为，全面推行"双随机、一公开"，根据《中华人民共和国招标投标法》《中华人民共和国招标投标法实施条例》，以及《机电产品国际招标投标实施办法（试行）》（商务部令 2014 年第 1 号）、《机电产品国际招标代理机构监督管理办法（试行）》（商务部令 2016 年第 5 号）等有关规定，制定本细则。

第二条　商务部负责组织和指导对全国机电产品国际招标投标活动和全国机电产品国际招标代理机构（以下简称招标机构）的监督检查工作。各省、自治区、直辖市、计划单列市、新疆生产建设兵团、沿海开放城市及经济特区商务主管部门、国务院有关部门机电产品进出口管理机构负责本地区、本部门所属机电产品国际招标投标活动和招标机构的监督检查工作。各级机电产品进出口管理机构（以下简称主管部门）对机电产品国际招标投标活动和招标机构实施监督检查时，适用本细则。

第三条　本细则所称"双随机、一公开"工作，是指主管部门依法实施机电产品国际招标投标监督检查时，采取随机抽取检查对象、随机选派执法检查人员，及时公开抽查情况和查处结果的活动。

第四条　机电产品国际招标投标监督检查按照本细则开展，坚持监管规范高效、公平公正、公开透明的原则。

第五条　商务部在中国国际招标网（以下简称招标网，网址：www.chinabidding.com）建立执法检查人员名录库和检查对象名录库。执法检查人员应为主管部门正式在编的工作人员，以机电产品国际招标投标业务主管工作人员为主。执法检查人员名录库由各主管部门负责各自执法检查人员信息录入和维护。检查对象为机电产品国际招标项目和招标机构，招标项目名录库、招标机构名录库由商务部负责信息录入和维护。招标项目名录库、招标机构名录库和执法检查人员名录库根据变动情况动态调整。

第六条　商务部根据法律法规规章修订情况和工作实际，制定并动态调整机电产品国际招标投标随机抽查事项清单(见附件),及时在招标网向社会公布。主管部门按照随机抽查事项清单,对机电产品国际招标投标活动和招标机构合法合规情况依法实施检查。

第七条 主管部门实施检查前,从招标网上的招标机构名录库中随机抽取被检查机构,从招标项目名录库中随机抽取被检查项目,从执法检查人员名录库中随机选派执法检查人员,抽取过程在招标网全程记录。主管部门可以设定招标时间、招标环节、招标行业、被投诉数量、错误操作数量等类别条件定向抽取被检查项目或被检查机构。

第八条 主管部门可以根据本地区、本行业招标机构和招标项目实际情况,合理确定随机抽查的比例和频次。对所属招标机构的随机抽查,年度检查率应当不低于所属招标机构数量的10%。每年随机抽查的所属招标项目数量,应当不少于5个或者上一年度所属招标项目数量的1%(两者以高者为准);上一年度所属招标项目数量低于5个的,应当至少随机抽查1个项目。近三年内检查过的招标项目,在抽取时可以排除。对投诉举报多、错误操作记录多或有严重违法记录等情况的招标机构,可增加抽查频次。商务部可以组织实施对全国范围内招标机构及项目进行“双随机”抽查。

第九条 主管部门开展“双随机”抽查工作,执法检查人员的抽取数量根据检查工作需要确定,同一检查组执法检查人员不得少于二人。出现随机抽取的执法检查人员因实际困难不能参加检查工作或需要回避等情形,应从执法检查人员名录库中及时随机抽取,补齐执法检查人员。

第十条 主管部门实施检查时,可以依法查阅、复制有关文件、资料,调查有关情况,被检查机构应当予以配合。

第十一条 执法检查人员应当填写检查记录表,如实记录检查情况,根据检查情况形成检查结果记录。随机抽取的检查对象名单和检查结果记录,由执法检查人员签字后存档并在招标网公布。任何单位和个人对公布的检查对象名单和检查结果记录信息有异议的,可以在招标网或通过其他书面形式向实施检查的主管部门或商务部提出,并提供相关证明材料。经核实,异议情况属实的,由主管部门更正相关信息后重新公布。

第十二条 主管部门应当依法履行监管职责,对检查发现的违法行为,要依法处理,依法公告处罚结果。对不属于主管部门职权范围的事项,依法依纪移送其他部门处理。

第十三条 主管部门实施检查不得妨碍被检查机构正常的经营活动,不得收受被检查机构给予的财物或者其他好处。

第十四条 各主管部门应当及时就当年开展“双随机、一公开”监管工作情况进行总结，并于当年12月5日前将总结报告通过招标网报商务部，同时于次年1月15日前将加盖单位公章的书面材料报商务部。

第十五条 商务部建立全国机电产品国际招标投标信用档案，“双随机”抽查结果纳入信用档案。

第十六条 本细则自发布之日起施行。

附件：机电产品国际招标投标随机抽查事项清单

附件：

机电产品国际招标投标随机抽查事项清单

序号	事项名称	抽查内容		抽查依据
1	招标代理机构检查	1. 从事招标代理业务的营业场所和相应资金情况。 2. 招标代理专业人员情况。 3. 招标代理机构注册及注册信息变更情况。 4. 招标代理行为。		1. 招标投标法第二章。 2. 条例第二章。 3. 1号令第三章。 4. 5号令。
2	招标投标活动检查	招标	1. 招标方式。 2. 招标组织形式。 3. 招标委托合同。 4. 资格预审公告、招标公告或投标邀请书。 5. 资格预审文件、招标文件。	1. 招标投标法第二章。 2. 条例第二章。 3. 1号令第三章。
		投标	1. 投标人资格。 2. 资格预审文件或招标文件异议提出及答复情况。 3. 投标文件包装、密封和送达情况。 4. 联合体组成情况。 5. 投标保证金提交情况。 6. 有无串通投标、以他人名义投标或者以其他方式弄虚作假的行为。	1. 招标投标法第三章。 2. 条例第三章。 3. 1号令第四章。
		开标和评标	1. 开标情况。 2. 开标异议提出及答复情况。 3. 评标委员会组建情况。 4. 评标专家选取情况。 5. 评标情况。	1. 招标投标法第四章。 2. 条例第四章。 3. 1号令第五章。

续表

序号	事项名称	抽查内容		抽查依据
2	招标投标活动检查	评标结果公示和中标	1. 评标结果公示。 2. 评标结果异议提出及答复情况。 3. 确定中标人。 4. 中标结果公告。 5. 中标通知书。 6. 合同签订和履行情况。 7. 招标、投标、评标情况依法上报及存档情况。	1. 招标投标法第四章。 2. 条例第四章。 3. 1号令第六章。

注:《中华人民共和国招标投标法》简称招标投标法,《中华人民共和国招标投标法实施条例》简称条例,《机电产品国际招标投标实施办法(试行)》(商务部令2014年第1号)简称1号令,《机电产品国际招标代理机构监督管理办法(试行)》(商务部令2016年第5号)简称5号令。

机电产品国际招标代理机构监督管理办法(试行)

1. 2016年11月16日商务部令2016年第5号公布
2. 自2017年1月1日起施行

第一章　总　　则

第一条　为加强机电产品国际招标代理机构(以下简称招标机构)监督管理,依据《中华人民共和国招标投标法》(以下简称招标投标法)、《中华人民共和国招标投标法实施条例》(以下简称招标投标法实施条例)等法律、行政法规以及国务院对有关部门实施招标投标活动行政监督的职责分工,制定本办法。

第二条　本办法适用于对在中华人民共和国境内从事机电产品国际招标代理业务的招标机构的监督管理。

第三条　招标机构是依法设立、从事机电产品国际招标代理业务并提供相关服务的社会中介组织。

招标机构应当具备从事招标代理业务的营业场所和相应资金;具备能够编制招标文件(中、英文)和组织评标的相应专业力量;拥有一定数量的招标专业人员。

第四条　商务部负责全国招标机构的监督管理工作;负责组织和指导对全国招

标机构的监督检查工作;负责建立全国招标机构信用档案,发布招标机构信用信息;负责指导机电产品国际招标投标有关行业协会开展工作。

各省、自治区、直辖市、计划单列市、新疆生产建设兵团、沿海开放城市及经济特区商务主管部门、国务院有关部门机电产品进出口管理机构负责本地区、本部门所属招标机构的监督管理工作;负责在本地区、本行业从事机电产品国际招标代理行为的监督检查工作。

各级机电产品进出口管理机构(以下简称主管部门)及其工作人员应当依法履行职责。

第二章 招标机构注册办法

第五条 招标机构从事机电产品国际招标代理业务,应当在中国国际招标网(网址:www. chinabidding. com,以下简称招标网)免费注册,注册前应当在招标网作出诚信承诺;注册时应当在招标网如实填写《机电产品国际招标代理机构注册登记表》(以下简称《注册登记表》,附件1)和《机电产品国际招标专职从业人员名单》(以下简称《人员名单》,附件2)。

第六条 招标机构对《注册登记表》所填写的登记信息的真实性、合法性负责。因招标机构填写信息错误、遗漏、虚假,以及提供虚假证明材料引起的法律责任由其自行承担。

第七条 注册信息发生变更的,招标机构应当在相关信息变更后30日内在招标网修改相关信息。

因合并、分立而续存的招标机构,其注册信息发生变化的,应当依照前款规定办理注册信息变更;因合并、分立而解散的招标机构,应当及时在招标网办理注销;因合并、分立而新设立的招标机构,应当依照本办法在招标网重新注册。

第八条 不再从事机电产品国际招标代理业务的招标机构,应当及时在招标网注销。

招标机构已在工商部门办理注销手续或被吊销营业执照的,自营业执照注销或被吊销之日起,其招标网注册自动失效。

第三章 招标机构代理行为规范

第九条 招标机构应当遵守招标投标法、招标投标法实施条例、机电产品国际招标投标实施办法和本办沃的规定;在招标代理活动中,应当依法经营、公平竞争、诚实守信,不得弄虚作假,不得损害国家利益、社会公共利益或者他人合法权益。

第十条 招标机构应当与招标人签订书面委托合同,载明委托事项和代理权限。招标机构应当在招标人委托的范围内开展招标代理业务，不得接受招标人违法的委托内容和要求；不得在所代理的招标项目中投标或者代理投标，也不得为所代理的招标项目的投标人提供咨询。

第十一条 招标机构从事机电产品国际招标代理业务的人员应当为与本机构依法存在劳动合同关系的员工，应当熟练掌握机电产品国际招标相关法律规定和政策。招标机构代理机电产品国际招标项目的负责人应当由招标专业人员担任。

第十二条 招标机构应当受招标人委托依法组织招标投标活动，协助招标人及时对异议作出答复。在招标项目所属主管部门处理投诉期间，招标机构应当按照招标项目所属主管部门要求积极予以配合。

招标机构应当按照规定及时向招标项目所属主管部门报送招标投标相关材料，并在规定的时间内将招标投标情况及其相关数据上传招标网，在招标网上发布、公示或存档的内容应当与相应书面材料一致。

招标机构应当按照有关规定妥善保存招标投标相关资料，并对评标情况和资料严格保密。

第十三条 招标机构应当积极开展招标投标相关法律规定、政策和业务培训，加强行业自律和内部管理。

第四章 信用监督管理

第十四条 商务部在招标网设立招标机构信息发布栏，公布以下信息：

（一）机构信息：招标机构名称、注册地址、企业性质、联系方式、法定代表人姓名、从事机电产品国际招标代理业务时间、人员、场所等；

（二）人员信息：机电产品国际招标专职从业人员姓名、学历、专业、职称、英语水平、劳动合同关系、从事机电产品国际招标代理业务时间、学术成果、机电产品国际招标代理主要业绩等；

（三）其他信息：招标机构职业教育培训、学术交流成果、参加社会公益活动、纳税额等；

（四）业绩记录：招标机构代理项目当年机电产品国际招标中标金额、历史年度机电产品国际招标中标金额、特定行业机电产品国际招标中标金额等；

（五）异议和投诉记录：招标机构当年及历史年度代理项目异议数量、异议率、异议结果，以及投诉数量、投诉率和投诉处理结果等；

（六）检查结果记录：本办法第十九条规定的监督检查记录；

（七）错误操作记录：招标机构在机电产品国际招标代理过程中的错误

操作行为,及直接责任人员和项目名称等(招标机构主动纠正,并且未对招标项目产生实质性影响的错误操作不记录在内);

(八)违法记录:当年及历史年度在从事机电产品国际招标代理业务过程中违法的招标机构名称、法定代表人姓名、直接责任人员姓名、项目名称、违法情况和行政处理决定等。

前款第一项至第三项由招标机构填报,由招标机构所属主管部门核实;第四项、第五项由商务部公布;第六项、第七项由招标机构或招标项目所属主管部门填写;第八项由作出行政处理决定的主管部门填写。

商务部建立全国招标机构信用档案,纳入第一款所列信息。

第十五条 任何单位和个人发现招标机构信息存在不实的,可以在招标网或通过其他书面形式向该招标机构所属主管部门提出,并提供相关证明材料。经核实,招标机构信息确实存在不实的,由招标机构所属主管部门责令限期改正。

第十六条 推动建立机电产品国际招标代理行业诚信自律体系,倡导招标机构签署行业诚信自律公约,承诺依法经营、诚实守信,共同维护公平竞争的招投标市场秩序。

第五章 行政监督管理

第十七条 招标机构在招标网完成注册登记后,应当向招标机构所属主管部门提交下列材料存档:

(一)由招标机构法定代表人签字并加盖单位公章的《注册登记表》原件;

(二)企业法人营业执照(复印件)、公司章程(复印件)并加盖单位公章;

(三)《人员名单》及相关证明材料(复印件)并加盖单位公章:身份证、劳动合同、学历(或学位)证书、职称证书、英语水平证明、注册前三个月的社会保险缴费凭证等;

(四)营业场所和资金证明材料(复印件)并加盖单位公章:房产证明(自有产权的提供房屋产权证书,非自有产权的提供房屋租赁合同和出租方房屋产权证书)、上一年度由会计师事务所出具的审计报告等(设立不满一年的企业可在下一年度补充提交)。

招标机构名称、法定代表人、营业场所发生变更的,应当在相关信息变更后30日内将变更后的由法定代表人签字并加盖单位公章的《注册登记表》及相关证明材料报送招标机构所属主管部门。机电产品国际招标专职从业人员发生变更的,应当在每年 1 月份将变更后的由法定代表人签字并加盖单位公章的《人员名单》及相关补充证明材料报送招标机构所属主管部门。

招标机构所属主管部门应当妥善保存招标机构的相关注册材料。

第十八条 主管部门应当加强招标机构在本地区、本行业从事机电产品国际招标代理行为的事中事后监督检查。主管部门开展监督检查工作,可以采取书面抽查、网络监测、实地检查等方式。各主管部门上年度监督检查情况,应当通过招标网于次年 1 月 15 日前报商务部。

第十九条 商务部建立随机抽取检查对象、随机选派检查人员的“双随机”抽查机制,在招标网建立招标机构名录库、招标项目库和招标检查人员名录库,根据法律法规规章修订情况和工作实际动态调整随机抽查事项清单,并及时在招标网向社会公布。

实地检查应当采用“双随机”抽查方式。实施实地检查的主管部门从招标机构名录库中随机抽取检查机构,从招标项目库中随机抽取检查项目,从招标检查人员名录库中随机选派检查人员,按照随机抽查事项清单依法实施检查。

主管部门可根据本地区、本行业招标机构和招标项目实际情况,合理确定随机抽查的比例和频次。对所属招标机构的实地检查,年度检查率应当不低于所属招标机构数量的 10%。每年实地检查的所属招标项目数量,应当不少于 5 个或者上一年度所属招标项目数量的 1%(两者以高者为准);上一年度所属招标项目数量低于 5 个的,应当至少实地检查 1 个项目。对投诉举报多、错误操作记录多或有严重违法记录等情况的招标机构,可增加抽查频次。

主管部门开展实地检查工作,检查人员不得少于二人。检查时,主管部门可以依法查阅、复制有关文件、资料,调查有关情况,被检查机构应当予以配合。检查人员应当填写实地检查记录表,如实记录检查情况。主管部门根据检查情况形成检查结果记录,由检查人员签字后存档并在招标网公布。

商务部可以组织对全国范围内招标机构及项目进行“双随机”抽查。

第二十条 主管部门应当对招标机构是否存在下列行为依法进行监督:

(一)与招标人、投标人串通损害国家利益、社会公共利益或者他人合法权益的;

(二)在所代理的招标项目中投标、代理投标或者向该项目投标人提供咨询的;

(三)参加受托编制标底项目的投标或者为该项目的投标人编制投标文件、提供咨询的;

（四）泄露应当保密的与招标投标活动有关的情况和资料的；

（五）与招标人、投标人相互串通、搞虚假招标投标的；

（六）在进行招标机构注册登记时填写虚假信息或提供虚假证明材料的；

（七）无故废弃随机抽取的评审专家的；

（八）不按照规定及时向主管部门报送材料或者向主管部门提供虚假材料的；

（九）未在规定的时间内将招标投标情况及其相关数据上传招标网，或者在招标网上发布、公示或存档的内容与招标公告、招标文件、投标文件、评标报告等相应书面内容存在实质性不符的；

（十）不按照规定对异议作出答复，或者在投诉处理的过程中未按照主管部门要求予以配合的；

（十一）因招标机构的过失，投诉处理结果为招标无效或中标无效的；

（十二）不按照规定发出中标通知书或者擅自变更中标结果的；

（十三）未按照本办法规定及时主动办理注册信息变更的；

（十四）招标网注册失效的招标机构，或者被暂停机电产品国际招标代理业务的招标机构，继续开展新的机电产品国际招标代理业务的；

（十五）从事机电产品国际招标代理业务未在招标网注册的；

（十六）其他违反招标投标法、招标投标法实施条例、机电产品国际招标投标实施办法和本办法的行为。

第二十一条 主管部门可以责成招标机构自查，可以依法利用其他政府部门作出的检查、核查结果或者专业机构作出的专业结论。

第二十二条 主管部门应当依法履行监管职责，对检查发现的违法行为，要依法处理。

主管部门实施检查不得妨碍被检查机构正常的经营活动，不得收受被检查机构给予的财物或者其他好处。

第二十三条 主管部门应当对本地区、本部门所属招标机构进行培训和指导，组织开展机电产品国际招标法律规定、政策和业务的交流和培训。

第六章 法律责任

第二十四条 招标机构有本办法第二十条第一项至第十二项所列的行为或者其他违反招标投标法、招标投标法实施条例、机电产品国际招标投标实施办法的行为的，依照招标投标法、招标投标法实施条例、机电产品国际招标投标实施办法的有关规定处罚。

第二十五条 招标机构有本办法第二十条第十三项至第十五项所列的行为或者其他违反本办法的行为的,责令改正,可以给予警告,并处3万元以下罚款。

第二十六条 招标机构有本办法第二十条第一项至第四项行为之一,情节严重的,商务部或招标机构所属主管部门可暂停其机电产品国际招标代理业务,并在招标网上公布。

在暂停机电产品国际招标代理业务期间,招标机构不得开展新的机电产品国际招标代理业务;同一单位法定代表人和直接责任人员不得作为法定代表人在招标网另行注册招标机构。

第二十七条 本章规定的行政处罚,由相应的招标机构所属主管部门或招标项目所属主管部门决定。招标投标法、招标投标法实施条例已对实施行政处罚的机关作出规定的除外。

第二十八条 主管部门应当依法履行职责,依法查处违反招标投标法、招标投标法实施条例、机电产品国际招标投标实施办法和本办法规定的行为,依法公告对招标机构当事人违法行为的行政处理决定。

第七章 附　　则

第二十九条 机电产品国际招标投标有关行业协会按照依法制定的章程开展活动,加强行业自律和服务。

第三十条 本办法所称“日”为日历日,期限的最后一日是国家法定节假日的,顺延到节假日后的次日为期限的最后一日。

第三十一条 本办法由商务部负责解释。

第三十二条 本办法自2017年1月1日起施行。《机电产品国际招标机构资格管理办法》(商务部令2012年第3号)同时废止。

附件:1. 机电产品国际招标代理机构注册登记表(略)

2. 机电产品国际招标专职从业人员名单(略)

3. 交通运输工程

(1)公路工程

公路工程建设项目招标投标管理办法

1. 2015年12月8日交通运输部令2015年第24号公布
2. 自2016年2月1日起施行

第一章 总 则

第一条 为规范公路工程建设项目招标投标活动,完善公路工程建设市场管理体系,根据《中华人民共和国公路法》《中华人民共和国招标投标法》《中华人民共和国招标投标法实施条例》等法律、行政法规,制定本办法。

第二条 在中华人民共和国境内从事公路工程建设项目勘察设计、施工、施工监理等的招标投标活动,适用本办法。

第三条 交通运输部负责全国公路工程建设项目招标投标活动的监督管理工作。

省级人民政府交通运输主管部门负责本行政区域内公路工程建设项目招标投标活动的监督管理工作。

第四条 各级交通运输主管部门应当按照国家有关规定,推进公路工程建设项目招标投标活动进入统一的公共资源交易平台进行。

第五条 各级交通运输主管部门应当按照国家有关规定,推进公路工程建设项目电子招标投标工作。招标投标活动信息应当公开,接受社会公众监督。

第六条 公路工程建设项目的招标人或者其指定机构应当对资格审查、开标、评标等过程录音录像并存档备查。

第二章 招 标

第七条 公路工程建设项目招标人是提出招标项目、进行招标的项目法人或者其他组织。

第八条 对于按照国家有关规定需要履行项目审批、核准手续的依法必须进行招标的公路工程建设项目,招标人应当按照项目审批、核准部门确定的招标范围、招标方式、招标组织形式开展招标。

公路工程建设项目履行项目审批或者核准手续后，方可开展勘察设计招标；初步设计文件批准后，方可开展施工监理、设计施工总承包招标；施工图设计文件批准后，方可开展施工招标。

施工招标采用资格预审方式的，在初步设计文件批准后，可以进行资格预审。

第九条 有下列情形之一的公路工程建设项目，可以不进行招标：

（一）涉及国家安全、国家秘密、抢险救灾或者属于利用扶贫资金实行以工代赈、需要使用农民工等特殊情况；

（二）需要采用不可替代的专利或者专有技术；

（三）采购人自身具有工程施工或者提供服务的资格和能力，且符合法定要求；

（四）已通过招标方式选定的特许经营项目投资人依法能够自行施工或者提供服务；

（五）需要向原中标人采购工程或者服务，否则将影响施工或者功能配套要求；

（六）国家规定的其他特殊情形。

招标人不得为适用前款规定弄虚作假，规避招标。

第十条 公路工程建设项目采用公开招标方式的，原则上采用资格后审办法对投标人进行资格审查。

第十一条 公路工程建设项目采用资格预审方式公开招标的，应当按照下列程序进行：

（一）编制资格预审文件；

（二）发布资格预审公告，发售资格预审文件，公开资格预审文件关键内容；

（三）接收资格预审申请文件；

（四）组建资格审查委员会对资格预审申请人进行资格审查，资格审查委员会编写资格审查报告；

（五）根据资格审查结果，向通过资格预审的申请人发出投标邀请书；向未通过资格预审的申请人发出资格预审结果通知书，告知未通过的依据和原因；

（六）编制招标文件；

（七）发售招标文件，公开招标文件的关键内容；

（八）需要时，组织潜在投标人踏勘项目现场，召开投标预备会；

(九)接收投标文件,公开开标;

(十)组建评标委员会评标,评标委员会编写评标报告、推荐中标候选人;

(十一)公示中标候选人相关信息;

(十二)确定中标人;

(十三)编制招标投标情况的书面报告;

(十四)向中标人发出中标通知书,同时将中标结果通知所有未中标的投标人;

(十五)与中标人订立合同。

采用资格后审方式公开招标的,在完成招标文件编制并发布招标公告后,按照前款程序第(七)项至第(十五)项进行。

采用邀请招标的,在完成招标文件编制并发出投标邀请书后,按照前款程序第(七)项至第(十五)项进行。

第十二条 国有资金占控股或者主导地位的依法必须进行招标的公路工程建设项目,采用资格预审的,招标人应当按照有关规定组建资格审查委员会审查资格预审申请文件。资格审查委员会的专家抽取以及资格审查工作要求,应当适用本办法关于评标委员会的规定。

第十三条 资格预审审查办法原则上采用合格制。

资格预审审查办法采用合格制的,符合资格预审文件规定审查标准的申请人均应当通过资格预审。

第十四条 资格预审审查工作结束后,资格审查委员会应当编制资格审查报告。资格审查报告应当载明下列内容:

(一)招标项目基本情况;

(二)资格审查委员会成员名单;

(三)监督人员名单;

(四)资格预审申请文件递交情况;

(五)通过资格审查的申请人名单;

(六)未通过资格审查的申请人名单以及未通过审查的理由;

(七)评分情况;

(八)澄清、说明事项纪要;

(九)需要说明的其他事项;

(十)资格审查附表。

除前款规定的第(一)、(三)、(四)项内容外,资格审查委员会所有成员应当在资格审查报告上逐页签字。

第十五条 资格预审申请人对资格预审审查结果有异议的,应当自收到资格预审结果通知书后3日内提出。招标人应当自收到异议之日起3日内作出答复;作出答复前,应当暂停招标投标活动。

招标人未收到异议或者收到异议并已作出答复的,应当及时向通过资格预审的申请人发出投标邀请书。未通过资格预审的申请人不具有投标资格。

第十六条 对依法必须进行招标的公路工程建设项目,招标人应当根据交通运输部制定的标准文本,结合招标项目具体特点和实际需要,编制资格预审文件和招标文件。

资格预审文件和招标文件应当载明详细的评审程序、标准和方法,招标人不得另行制定评审细则。

第十七条 招标人应当按照省级人民政府交通运输主管部门的规定,将资格预审文件及其澄清、修改,招标文件及其澄清、修改报相应的交通运输主管部门备案。

第十八条 招标人应当自资格预审文件或者招标文件开始发售之日起,将其关键内容上传至具有招标监督职责的交通运输主管部门政府网站或者其指定的其他网站上进行公开,公开内容包括项目概况、对申请人或者投标人的资格条件要求、资格审查办法、评标办法、招标人联系方式等,公开时间至提交资格预审申请文件截止时间2日前或者投标截止时间10日前结束。

招标人发出的资格预审文件或者招标文件的澄清或者修改涉及到前款规定的公开内容的,招标人应当在向交通运输主管部门备案的同时,将澄清或者修改的内容上传至前款规定的网站。

第十九条 潜在投标人或者其他利害关系人可以按照国家有关规定对资格预审文件或者招标文件提出异议。招标人应当对异议作出书面答复。未在规定时间内作出书面答复的,应当顺延提交资格预审申请文件截止时间或者投标截止时间。

招标人书面答复内容涉及影响资格预审申请文件或者投标文件编制的,应当按照有关澄清或者修改的规定,调整提交资格预审申请文件截止时间或者投标截止时间,并以书面形式通知所有获取资格预审文件或者招标文件的潜在投标人。

第二十条 招标人应当合理划分标段、确定工期,提出质量、安全目标要求,并在招标文件中载明。标段的划分应当有利于项目组织和施工管理、各专业的衔接与配合,不得利用划分标段规避招标、限制或者排斥潜在投标人。

招标人可以实行设计施工总承包招标、施工总承包招标或者分专业招标。

第二十一条 招标人结合招标项目的具体特点和实际需要，设定潜在投标人或者投标人的资质、业绩、主要人员、财务能力、履约信誉等资格条件，不得以不合理的条件限制、排斥潜在投标人或者投标人。

除《中华人民共和国招标投标法实施条例》第三十二条规定的情形外，招标人有下列行为之一的，属于以不合理的条件限制、排斥潜在投标人或者投标人：

（一）设定的资质、业绩、主要人员、财务能力、履约信誉等资格、技术、商务条件与招标项目的具体特点和实际需要不相适应或者与合同履行无关；

（二）强制要求潜在投标人或者投标人的法定代表人、企业负责人、技术负责人等特定人员亲自购买资格预审文件、招标文件或者参与开标活动；

（三）通过设置备案、登记、注册、设立分支机构等无法律、行政法规依据的不合理条件，限制潜在投标人或者投标人进入项目所在地进行投标。

第二十二条 招标人应当根据国家有关规定，结合招标项目的具体特点和实际需要，合理确定对投标人主要人员以及其他管理和技术人员的数量和资格要求。投标人拟投入的主要人员应当在投标文件中进行填报，其他管理和技术人员的具体人选由招标人和中标人在合同谈判阶段确定。对于特别复杂的特大桥梁和特长隧道项目主体工程和其他有特殊要求的工程，招标人可以要求投标人在投标文件中填报其他管理和技术人员。

本办法所称主要人员是指设计负责人、总监理工程师、项目经理和项目总工程师等项目管理和技术负责人。

第二十三条 招标人可以自行决定是否编制标底或者设置最高投标限价。招标人不得规定最低投标限价。

接受委托编制标底或者最高投标限价的中介机构不得参加该项目的投标，也不得为该项目的投标人编制投标文件或者提供咨询。

第二十四条 招标人应当严格遵守有关法律、行政法规关于各类保证金收取的规定，在招标文件中载明保证金收取的形式、金额以及返还时间。

招标人不得以任何名义增设或者变相增设保证金或者随意更改招标文件载明的保证金收取形式、金额以及返还时间。招标人不得在资格预审期间收取任何形式的保证金。

第二十五条 招标人在招标文件中要求投标人提交投标保证金的，投标保证金不得超过招标标段估算价的2%。投标保证金有效期应当与投标有效期一致。

依法必须进行招标的公路工程建设项目的投标人，以现金或者支票形式提交投标保证金的，应当从其基本账户转出。投标人提交的投标保证金不符合招标文件要求的,应当否决其投标。

招标人不得挪用投标保证金。

第二十六条 招标人应当按照国家有关法律法规规定,在招标文件中明确允许分包的或者不得分包的工程和服务,分包人应当满足的资格条件以及对分包实施的管理要求。

招标人不得在招标文件中设置对分包的歧视性条款。

招标人有下列行为之一的,属于前款所称的歧视性条款:

(一)以分包的工作量规模作为否决投标的条件;

(二)对投标人符合法律法规以及招标文件规定的分包计划设定扣分条款;

(三)按照分包的工作量规模对投标人进行区别评分;

(四)以其他不合理条件限制投标人进行分包的行为。

第二十七条 招标人应当在招标文件中合理划分双方风险,不得设置将应由招标人承担的风险转嫁给勘察设计、施工、监理等投标人的不合理条款。招标文件应当设置合理的价格调整条款,明确约定合同价款支付期限、利息计付标准和日期,确保双方主体地位平等。

第二十八条 招标人应当根据招标项目的具体特点以及本办法的相关规定,在招标文件中合理设定评标标准和方法。评标标准和方法中不得含有倾向或者排斥潜在投标人的内容,不得妨碍或者限制投标人之间的竞争。禁止采用抽签、摇号等博彩性方式直接确定中标候选人。

第二十九条 以暂估价形式包括在招标项目范围内的工程、货物、服务,属于依法必须进行招标的项目范围且达到国家规定规模标准的,应当依法进行招标。招标项目的合同条款中应当约定负责实施暂估价项目招标的主体以及相应的招标程序。

第三章 投 标

第三十条 投标人是响应招标、参加投标竞争的法人或者其他组织。

投标人应当具备招标文件规定的资格条件,具有承担所投标项目的相应能力。

第三十一条 投标人在投标文件中填报的资质、业绩、主要人员资历和目前在岗情况、信用等级等信息,应当与其在交通运输主管部门公路建设市场信用信息管理系统上填报并发布的相关信息一致。

第三十二条 投标人应当按照招标文件要求装订、密封投标文件,并按照招标文件规定的时间、地点和方式将投标文件送达招标人。

公路工程勘察设计和施工监理招标的投标文件应当以双信封形式密封，第一信封内为商务文件和技术文件，第二信封内为报价文件。

对公路工程施工招标，招标人采用资格预审方式进行招标且评标方法为技术评分最低标价法的，或者采用资格后审方式进行招标的，投标文件应当以双信封形式密封，第一信封内为商务文件和技术文件，第二信封内为报价文件。

第三十三条 投标文件按照要求送达后，在招标文件规定的投标截止时间前，投标人修改或者撤回投标文件的，应当以书面函件形式通知招标人。

修改投标文件的函件是投标文件的组成部分，其编制形式、密封方式、送达时间等，适用对投标文件的规定。

投标人在投标截止时间前撤回投标文件且招标人已收取投标保证金的，招标人应当自收到投标人书面撤回通知之日起5日内退还其投标保证金。

投标截止后投标人撤销投标文件的，招标人可以不退还投标保证金。

第三十四条 投标人根据招标文件有关分包的规定，拟在中标后将中标项目的部分工作进行分包的，应当在投标文件中载明。

投标人在投标文件中未列入分包计划的工程或者服务，中标后不得分包，法律法规或者招标文件另有规定的除外。

第四章 开标、评标和中标

第三十五条 开标应当在招标文件确定的提交投标文件截止时间的同一时间公开进行；开标地点应当为招标文件中预先确定的地点。

投标人少于3个的，不得开标，投标文件应当当场退还给投标人；招标人应当重新招标。

第三十六条 开标由招标人主持，邀请所有投标人参加。开标过程应当记录，并存档备查。投标人对开标有异议的，应当在开标现场提出，招标人应当当场作出答复，并制作记录。未参加开标的投标人，视为对开标过程无异议。

第三十七条 投标文件按照招标文件规定采用双信封形式密封的，开标分两个步骤公开进行：

第一步骤对第一信封内的商务文件和技术文件进行开标，对第二信封不予拆封并由招标人予以封存；

第二步骤宣布通过商务文件和技术文件评审的投标人名单，对其第二信封内的报价文件进行开标，宣读投标报价。未通过商务文件和技术文件评审的，对其第二信封不予拆封，并当场退还给投标人；投标人未参加第二信封开标的，招标人应当在评标结束后及时将第二信封原封退还投标人。

第三十八条 招标人应当按照国家有关规定组建评标委员会负责评标工作。

国家审批或者核准的高速公路、一级公路、独立桥梁和独立隧道项目，评标委员会专家应当由招标人从国家重点公路工程建设项目评标专家库相关专业中随机抽取；其他公路工程建设项目的评标委员会专家可以从省级公路工程建设项目评标专家库相关专业中随机抽取，也可以从国家重点公路工程建设项目评标专家库相关专业中随机抽取。

对于技术复杂、专业性强或者国家有特殊要求，采取随机抽取方式确定的评标专家难以保证胜任评标工作的特殊招标项目，可以由招标人直接确定。

第三十九条 交通运输部负责国家重点公路工程建设项目评标专家库的管理工作。

省级人民政府交通运输主管部门负责本行政区域公路工程建设项目评标专家库的管理工作。

第四十条 评标委员会应当民主推荐一名主任委员，负责组织评标委员会成员开展评标工作。评标委员会主任委员与评标委员会的其他成员享有同等权利与义务。

第四十一条 招标人应当向评标委员会提供评标所必需的信息，但不得明示或者暗示其倾向或者排斥特定投标人。

评标所必需的信息主要包括招标文件、招标文件的澄清或者修改、开标记录、投标文件、资格预审文件。招标人可以协助评标委员会开展下列工作并提供相关信息：

（一）根据招标文件，编制评标使用的相应表格；

（二）对投标报价进行算术性校核；

（三）以评标标准和方法为依据，列出投标文件相对于招标文件的所有偏差，并进行归类汇总；

（四）查询公路建设市场信用信息管理系统，对投标人的资质、业绩、主要人员资历和目前在岗情况、信用等级进行核实。

招标人不得对投标文件作出任何评价，不得故意遗漏或者片面摘录，不得在评标委员会对所有偏差定性之前透露存有偏差的投标人名称。

评标委员会应当根据招标文件规定，全面、独立评审所有投标文件，并对招标人提供的上述相关信息进行核查，发现错误或者遗漏的，应当进行修正。

第四十二条 评标委员会应当按照招标文件确定的评标标准和方法进行评标。招标文件没有规定的评标标准和方法不得作为评标的依据。

第四十三条 公路工程勘察设计和施工监理招标，应当采用综合评估法进行评标,对投标人的商务文件、技术文件和报价文件进行评分,按照综合得分由高到低排序,推荐中标候选人。评标价的评分权重不宜超过10%,评标价得分应当根据评标价与评标基准价的偏离程度进行计算。

第四十四条 公路工程施工招标,评标采用综合评估法或者经评审的最低投标价法。综合评估法包括合理低价法、技术评分最低标价法和综合评分法。

合理低价法,是指对通过初步评审的投标人,不再对其施工组织设计、项目管理机构、技术能力等因素进行评分,仅依据评标基准价对评标价进行评分,按照得分由高到低排序,推荐中标候选人的评标方法。

技术评分最低标价法,是指对通过初步评审的投标人的施工组织设计、项目管理机构、技术能力等因素进行评分,按照得分由高到低排序,对排名在招标文件规定数量以内的投标人的报价文件进行评审,按照评标价由低到高的顺序推荐中标候选人的评标方法。招标人在招标文件中规定的参与报价文件评审的投标人数量不得少于3个。

综合评分法,是指对通过初步评审的投标人的评标价、施工组织设计、项目管理机构、技术能力等因素进行评分,按照综合得分由高到低排序,推荐中标候选人的评标方法。其中评标价的评分权重不得低于50%。

经评审的最低投标价法,是指对通过初步评审的投标人,按照评标价由低到高排序,推荐中标候选人的评标方法。

公路工程施工招标评标,一般采用合理低价法或者技术评分最低标价法。技术特别复杂的特大桥梁和特长隧道项目主体工程,可以采用综合评分法。工程规模较小、技术含量较低的工程,可以采用经评审的最低投标价法。

第四十五条 实行设计施工总承包招标的,招标人应当根据工程地质条件、技术特点和施工难度确定评标办法。

设计施工总承包招标的评标采用综合评分法的,评分因素包括评标价、项目管理机构、技术能力、设计文件的优化建议、设计施工总承包管理方案、施工组织设计等因素,评标价的评分权重不得低于50%。

第四十六条 评标委员会成员应当客观、公正、审慎地履行职责,遵守职业道德。评标委员会成员应当依据评标办法规定的评审顺序和内容逐项完成评标工作,对本人提出的评审意见以及评分的公正性、客观性、准确性负责。

除评标价和履约信誉评分项外,评标委员会成员对投标人商务和技术各项因素的评分一般不得低于招标文件规定该因素满分值的60%;评分低于满分值60%的,评标委员会成员应当在评标报告中作出说明。

招标人应当对评标委员会成员在评标活动中的职责履行情况予以记录,并在招标投标情况的书面报告中载明。

第四十七条 招标人应当根据项目规模、技术复杂程度、投标文件数量和评标方法等因素合理确定评标时间。超过三分之一的评标委员会成员认为评标时间不够的，招标人应当适当延长。

评标过程中，评标委员会成员有回避事由、擅离职守或者因健康等原因不能继续评标的，应当及时更换。被更换的评标委员会成员作出的评审结论无效，由更换后的评标委员会成员重新进行评审。

根据前款规定被更换的评标委员会成员如为评标专家库专家，招标人应当从原评标专家库中按照原方式抽取更换后的评标委员会成员，或者在符合法律规定的前提下相应减少评标委员会中招标人代表数量。

第四十八条 评标委员会应当查询交通运输主管部门的公路建设市场信用信息管理系统，对投标人的资质、业绩、主要人员资历和目前在岗情况、信用等级等信息进行核实。若投标文件载明的信息与公路建设市场信用信息管理系统发布的信息不符，使得投标人的资格条件不符合招标文件规定的，评标委员会应当否决其投标。

第四十九条 评标委员会发现投标人的投标报价明显低于其他投标人报价或者在设有标底时明显低于标底的，应当要求该投标人对相应投标报价作出书面说明，并提供相关证明材料。

投标人不能证明可以按照其报价以及招标文件规定的质量标准和履行期限完成招标项目的，评标委员会应当认定该投标人以低于成本价竞标，并否决其投标。

第五十条 评标委员会应当根据《中华人民共和国招标投标法实施条例》第三十九条、第四十条、第四十一条的有关规定，对在评标过程中发现的投标人与投标人之间、投标人与招标人之间存在的串通投标的情形进行评审和认定。

第五十一条 评标委员会对投标文件进行评审后，因有效投标不足 3 个使得投标明显缺乏竞争的，可以否决全部投标。未否决全部投标的，评标委员会应当在评标报告中阐明理由并推荐中标候选人。

投标文件按照招标文件规定采用双信封形式密封的，通过第一信封商务文件和技术文件评审的投标人在 3 个以上的，招标人应当按照本办法第三十七条规定的程序进行第二信封报价文件开标；在对报价文件进行评审后，有效投标不足 3 个的，评标委员会应当按照本条第一款规定执行。

通过第一信封商务文件和技术文件评审的投标人少于 3 个的，评标委员会可以否决全部投标；未否决全部投标的，评标委员会应当在评标报告中阐明理由，招标人应当按照本办法第三十七条规定的程序进行第二信封报价文件开标，但评标委员会在进行报价文件评审时仍有权否决全部投标；评标委员会未在报价文件评审时否决全部投标的,应当在评标报告中阐明理由并推荐中标候选人。

第五十二条 评标完成后,评标委员会应当向招标人提交书面评标报告。评标报告中推荐的中标候选人应当不超过3个,并标明排序。

评标报告应当载明下列内容:

(一)招标项目基本情况;

(二)评标委员会成员名单;

(三)监督人员名单;

(四)开标记录;

(五)符合要求的投标人名单;

(六)否决的投标人名单以及否决理由;

(七)串通投标情形的评审情况说明;

(八)评分情况;

(九)经评审的投标人排序;

(十)中标候选人名单;

(十一)澄清、说明事项纪要;

(十二)需要说明的其他事项;

(十三)评标附表。

对评标监督人员或者招标人代表干预正常评标活动,以及对招标投标活动的其他不正当言行,评标委员会应当在评标报告第(十二)项内容中如实记录。

除第二款规定的第(一)、(三)、(四)项内容外,评标委员会所有成员应当在评标报告上逐页签字。对评标结果有不同意见的评标委员会成员应当以书面形式说明其不同意见和理由,评标报告应当注明该不同意见。评标委员会成员拒绝在评标报告上签字又不书面说明其不同意见和理由的,视为同意评标结果。

第五十三条 依法必须进行招标的公路工程建设项目,招标人应当自收到评标报告之日起3日内,在对该项目具有招标监督职责的交通运输主管部门政府网站或者其指定的其他网站上公示中标候选人,公示期不得少于3日,公示内容包括:

(一)中标候选人排序、名称、投标报价;

(二)中标候选人在投标文件中承诺的主要人员姓名、个人业绩、相关证书编号;

(三)中标候选人在投标文件中填报的项目业绩;

（四）被否决投标的投标人名称、否决依据和原因；

（五）招标文件规定公示的其他内容。

投标人或者其他利害关系人对依法必须进行招标的公路工程建设项目的评标结果有异议的，应当在中标候选人公示期间提出。招标人应当自收到异议之日起3日内作出答复；作出答复前，应当暂停招标投标活动。

第五十四条 除招标人授权评标委员会直接确定中标人外，招标人应当根据评标委员会提出的书面评标报告和推荐的中标候选人确定中标人。国有资金占控股或者主导地位的依法必须进行招标的公路工程建设项目，招标人应当确定排名第一的中标候选人为中标人。排名第一的中标候选人放弃中标、因不可抗力不能履行合同、不按照招标文件要求提交履约保证金，或者被查实存在影响中标结果的违法行为等情形，不符合中标条件的，招标人可以按照评标委员会提出的中标候选人名单排序依次确定其他中标候选人为中标人，也可以重新招标。

第五十五条 依法必须进行招标的公路工程建设项目，招标人应当自确定中标人之日起15日内，将招标投标情况的书面报告报对该项目具有招标监督职责的交通运输主管部门备案。

前款所称书面报告至少应当包括下列内容：

（一）招标项目基本情况；

（二）招标过程简述；

（三）评标情况说明；

（四）中标候选人公示情况；

（五）中标结果；

（六）附件，包括评标报告、评标委员会成员履职情况说明等。

有资格预审情况说明、异议及投诉处理情况和资格审查报告的，也应当包括在书面报告中。

第五十六条 招标人应当及时向中标人发出中标通知书，同时将中标结果通知所有未中标的投标人。

第五十七条 招标人和中标人应当自中标通知书发出之日起30日内，按照招标文件和中标人的投标文件订立书面合同，合同的标的、价格、质量、安全、履行期限、主要人员等主要条款应当与上述文件的内容一致。招标人和中标人不得再行订立背离合同实质性内容的其他协议。

招标人最迟应当在中标通知书发出后5日内向中标候选人以外的其他投标人退还投标保证金，与中标人签订书面合同后5日内向中标人和其他中标候选人退还投标保证金。以现金或者支票形式提交的投标保证金，招标人应当同时退还投标保证金的银行同期活期存款利息,且退还至投标人的基本账户。

第五十八条 招标文件要求中标人提交履约保证金的,中标人应当按照招标文件的要求提交。履约保证金不得超过中标合同金额的10%。招标人不得指定或者变相指定履约保证金的支付形式,由中标人自主选择银行保函或者现金、支票等支付形式。

第五十九条 招标人应当加强对合同履行的管理,建立对中标人主要人员的到位率考核制度。

省级人民政府交通运输主管部门应当定期组织开展合同履约评价工作的监督检查,将检查情况向社会公示,同时将检查结果记入中标人单位以及主要人员个人的信用档案。

第六十条 依法必须进行招标的公路工程建设项目,有下列情形之一的,招标人在分析招标失败的原因并采取相应措施后,应当依照本办法重新招标:

(一)通过资格预审的申请人少于3个的;

(二)投标人少于3个的;

(三)所有投标均被否决的;

(四)中标候选人均未与招标人订立书面合同的。

重新招标的,资格预审文件、招标文件和招标投标情况的书面报告应当按照本办法的规定重新报交通运输主管部门备案。

重新招标后投标人仍少于3个的,属于按照国家有关规定需要履行项目审批、核准手续的依法必须进行招标的公路工程建设项目,报经项目审批、核准部门批准后可以不再进行招标;其他项目可由招标人自行决定不再进行招标。

依照本条规定不再进行招标的,招标人可以邀请已提交资格预审申请文件的申请人或者已提交投标文件的投标人进行谈判,确定项目承担单位,并将谈判报告报对该项目具有招标监督职责的交通运输主管部门备案。

第五章 监督管理

第六十一条 各级交通运输主管部门应当按照《中华人民共和国招标投标法》《中华人民共和国招标投标法实施条例》等法律法规、规章以及招标投标活动行政监督职责分工,加强对公路工程建设项目招标投标活动的监督管理。

第六十二条 各级交通运输主管部门应当建立健全公路工程建设项目招标投标信用体系,加强信用评价工作的监督管理,维护公平公正的市场竞争秩序。

招标人应当将交通运输主管部门的信用评价结果应用于公路工程建设项目招标。鼓励和支持招标人优先选择信用等级高的从业企业。

招标人对信用等级高的资格预审申请人、投标人或者中标人,可以给予增加参与投标的标段数量,减免投标保证金,减少履约保证金、质量保证金等优惠措施。优惠措施以及信用评价结果的认定条件应当在资格预审文件和招标文件中载明。

资格预审申请人或者投标人的信用评价结果可以作为资格审查或者评标中履约信誉项的评分因素,各信用评价等级的对应得分应当符合省级人民政府交通运输主管部门有关规定,并在资格预审文件或者招标文件中载明。

第六十三条 投标人或者其他利害关系人认为招标投标活动不符合法律、行政法规规定的,可以自知道或者应当知道之日起 10 日内向交通运输主管部门投诉。

就本办法第十五条、第十九条、第三十六条、第五十三条规定事项投诉的,应当先向招标人提出异议,异议答复期间不计算在前款规定的期限内。

第六十四条 投诉人投诉时,应当提交投诉书。投诉书应当包括下列内容:

(一)投诉人的名称、地址及有效联系方式;

(二)被投诉人的名称、地址及有效联系方式;

(三)投诉事项的基本事实;

(四)异议的提出及招标人答复情况;

(五)相关请求及主张;

(六)有效线索和相关证明材料。

对本办法规定应先提出异议的事项进行投诉的,应当提交已提出异议的证明文件。未按规定提出异议或者未提交已提出异议的证明文件的投诉,交通运输主管部门可以不予受理。

第六十五条 投诉人就同一事项向两个以上交通运输主管部门投诉的,由具体承担该项目招标投标活动监督管理职责的交通运输主管部门负责处理。

交通运输主管部门应当自收到投诉之日起 3 个工作日内决定是否受理投诉,并自受理投诉之日起 30 个工作日内作出书面处理决定;需要检验、检测、鉴定、专家评审的,所需时间不计算在内。

投诉人缺乏事实根据或者法律依据进行投诉的,或者有证据表明投诉人捏造事实、伪造材料的,或者投诉人以非法手段取得证明材料进行投诉的,交通运输主管部门应当予以驳回,并对恶意投诉按照有关规定追究投诉人责任。

第六十六条 交通运输主管部门处理投诉,有权查阅、复制有关文件、资料,调查有关情况,相关单位和人员应当予以配合。必要时,交通运输主管部门可以责令暂停招标投标活动。

交通运输主管部门的工作人员对监督检查过程中知悉的国家秘密、商业秘密,应当依法予以保密。

第六十七条 交通运输主管部门对投诉事项作出的处理决定,应当在对该项目具有招标监督职责的交通运输主管部门政府网站上进行公告,包括投诉的事由、调查结果、处理决定、处罚依据以及处罚意见等内容。

第六章 法律责任

第六十八条 招标人有下列情形之一的,由交通运输主管部门责令改正,可以处三万元以下的罚款:

(一)不满足本办法第八条规定的条件而进行招标的;

(二)不按照本办法规定将资格预审文件、招标文件和招标投标情况的书面报告备案的;

(三)邀请招标不依法发出投标邀请书的;

(四)不按照项目审批、核准部门确定的招标范围、招标方式、招标组织形式进行招标的;

(五)不按照本办法规定编制资格预审文件或者招标文件的;

(六)由于招标人原因导致资格审查报告存在重大偏差且影响资格预审结果的;

(七)挪用投标保证金,增设或者变相增设保证金的;

(八)投标人数量不符合法定要求不重新招标的;

(九)向评标委员会提供的评标信息不符合本办法规定的;

(十)不按照本办法规定公示中标候选人的;

(十一)招标文件中规定的履约保证金的金额、支付形式不符合本办法规定的。

第六十九条 投标人在投标过程中存在弄虚作假、与招标人或者其他投标人串通投标、以行贿谋取中标、无正当理由放弃中标以及进行恶意投诉等投标不良行为的,除依照有关法律、法规进行处罚外,省级交通运输主管部门还可以扣减其年度信用评价分数或者降低年度信用评价等级。

第七十条 评标委员会成员未对招标人根据本办法第四十一条第二款(一)至(四)项规定提供的相关信息进行认真核查,导致评标出现疏漏或者错误的,由交通运输主管部门责令改正。

第七十一条 交通运输主管部门应当依法公告对公路工程建设项目招标投标活动中招标人、招标代理机构、投标人以及评标委员会成员等的违法违规或者恶意投诉等行为的行政处理决定,并将其作为招标投标不良行为信息记入相应当事人的信用档案。

第七章　附　　则

第七十二条　使用国际组织或者外国政府贷款、援助资金的项目进行招标，贷款方、资金提供方对招标投标的具体条件和程序有不同规定的，可以适用其规定，但违背中华人民共和国的社会公共利益的除外。

第七十三条　采用电子招标投标的，应当按照本办法和国家有关电子招标投标的规定执行。

第七十四条　本办法自2016年2月1日起施行。《公路工程施工招标投标管理办法》(交通部令2006年第7号)、《公路工程施工监理招标投标管理办法》(交通部令2006年第5号)、《公路工程勘察设计招标投标管理办法》(交通部令2001年第6号)和《关于修改〈公路工程勘察设计招标投标管理办法〉的决定》(交通运输部令2013年第3号)、《关于贯彻国务院办公厅关于进一步规范招投标活动的若干意见的通知》(交公路发〔2004〕688号)、《关于公路建设项目货物招标严禁指定材料产地的通知》(厅公路字〔2007〕224号)、《公路工程施工招标资格预审办法》(交公路发〔2006〕57号)、《关于加强公路工程评标专家管理工作的通知》(交公路发〔2003〕464号)、《关于进一步加强公路工程施工招标评标管理工作的通知》(交公路发〔2008〕261号)、《关于进一步加强公路工程施工招标资格审查工作的通知》(交公路发〔2009〕123号)、《关于改革使用国际金融组织或者外国政府贷款公路建设项目施工招标管理制度的通知》(厅公路字〔2008〕40号)、《公路工程勘察设计招标评标办法》(交公路发〔2001〕582号)、《关于认真贯彻执行公路工程勘察设计招标投标管理办法的通知》(交公路发〔2002〕303号)同时废止。

公路工程建设项目评标工作细则

1. 2017年9月21日《交通运输部关于发布〈公路工程建设项目评标工作细则〉的通知》(交公路发〔2017〕142号)发布

2. 根据2022年9月30日《交通运输部关于修订〈公路工程建设项目评标工作细则〉的通知》(交公路规〔2022〕8号)修正

3. 自2022年10月1日起施行

第一章　总　　则

第一条　为规范公路工程建设项目评标工作，维护招标投标活动当事人的合法权益，依据《中华人民共和国招标投标法》《中华人民共和国招标投标法实施条例》、交通运输部《公路工程建设项目招标投标管理办法》及国家有关法律法规，制定本细则。

第二条 依法必须进行招标的公路工程建设项目，其评标活动适用本细则；国有资金占控股或者主导地位的依法必须进行招标的公路工程建设项目，采用资格预审的，其资格审查活动适用本细则；其他项目的评标及资格审查活动可参照本细则执行。

第三条 公路工程建设项目评标工作是指招标人依法组建的评标委员会根据国家有关法律、法规和招标文件，对投标文件进行评审，推荐中标候选人或者由招标人授权直接确定中标人的工作过程。

采用资格预审的公路工程建设项目，招标人应当按照有关规定组建资格审查委员会审查资格预审申请文件。资格审查委员会的专家抽取以及资格审查工作要求，应当适用本细则关于评标委员会以及评标工作的规定。

第四条 评标工作应当遵循公平、公正、科学、择优的原则。任何单位和个人不得非法干预或者影响评标过程和结果。

第五条 招标人应当采取必要措施，保证评标工作在严格保密的情况下进行，所有参与评标活动的人员均不得泄露评标的有关信息。

第六条 公路工程建设项目的招标人或者其指定机构应当对评标过程录音录像并存档备查。

第二章 职责分工

第七条 招标人负责组织评标工作并履行下列职责：

（一）按照国家有关规定组建评标委员会；办理评标专家的抽取、通知等事宜；为参与评标工作的招标人代表提供授权函；

（二）向评标委员会提供评标所必需的工作环境、资料和信息以及必要的服务；

（三）向评标委员会成员发放合理的评标劳务报酬；

（四）在招标投标情况书面报告中载明评标委员会成员在评标活动中的履职情况；

（五）保障评标工作的安全性和保密性。

公路工程建设项目实行委托招标的，招标代理机构应当在招标人委托的范围内组织评标工作，且遵守本细则关于招标人的规定。

第八条 评标委员会负责评标工作并履行下列职责：

（一）审查、评价投标文件是否符合招标文件的实质性要求；

（二）要求投标人对投标文件有关事项作出澄清或者说明（如需要）；

（三）对投标文件进行比较和评价；

（四）撰写评标报告，推荐中标候选人，或者根据招标人授权直接确定中标人；

（五）在评标报告中记录评标监督人员、招标人代表或者其他工作人员有无干预正常评标活动或者其他不正当言行；

（六）向交通运输主管部门报告评标过程中发现的其他违法违规行为。

第九条 交通运输主管部门负责监督评标工作并履行下列职责：

（一）按照规定的招标监督职责分工，对评标委员会成员的确定方式、评标专家的抽取和评标活动进行监督；

（二）对评标程序、评标委员会使用的评标标准和方法进行监督；

（三）对招标人代表、评标专家和其他参加评标活动工作人员的不当言论或者违法违规行为及时制止和纠正；

（四）对招标人、招标代理机构、投标人以及评标委员会成员等当事人在评标活动中的违法违规行为进行行政处理并依法公告，同时将上述违法违规行为记入相应当事人的信用档案。

第三章 评标工作的组织与准备

第十条 评标由招标人依法组建的评标委员会负责。

评标委员会由评标专家和招标人代表共同组成，人数为五人以上单数。其中，评标专家人数不得少于成员总数的三分之二。评标专家由招标人按照交通运输部有关规定从评标专家库相关专业中随机抽取。

对于技术复杂、专业性强或者国家有特殊要求，采取随机抽取方式确定的评标专家难以保证胜任评标工作的特殊招标项目，招标人可以直接确定相应专业领域的评标专家。

投标文件采用双信封形式密封的，招标人不得组建两个评标委员会分别负责第一信封（商务文件和技术文件）和第二信封（报价文件）的评标工作。

第十一条 在评标委员会开始评标工作之前，招标人应当准备评标所必需的信息，主要包括招标文件、招标文件的澄清或者修改、开标记录、投标文件、资格预审文件。

第十二条 招标人协助评标委员会评标的，应当选派熟悉招标工作、政治素质高的人员，具体数量由招标人视工作量确定。评标委员会成员和招标人选派的协助评标人员应当实行回避制度。

属于下列情况之一的人员，不得进入评标委员会或者协助评标：

（一）负责招标项目监督管理的交通运输主管部门的工作人员；

（二）与投标人法定代表人或者授权参与投标的代理人有近亲属关系的人员；

（三）投标人的工作人员或者退休人员；

（四）与投标人有其他利害关系，可能影响评标活动公正性的人员；

（五）在与招标投标有关的活动中有过违法违规行为、曾受过行政处罚或者刑事处罚的人员。

招标人及其子公司、招标人下属单位、招标人的上级主管部门或者控股公司、招标代理机构的工作人员或者退休人员不得以专家身份参与本单位招标或者招标代理项目的评标。

第十三条 招标人协助评标的，应当在评标委员会开始评标工作的同时或者之前进行评标的协助工作。协助评标工作应当以招标文件规定的评标标准和方法为依据，主要内容包括：

（一）编制评标使用的相应表格；

（二）对投标报价进行算术性校核；

（三）列出投标文件相对于招标文件的所有偏差，并进行归类汇总；

（四）查询公路建设市场信用信息管理系统，对投标人的资质、业绩、主要人员资历和目前在岗情况、信用等级进行核实；

（五）通过相关网站对各类注册资格证书、安全生产考核合格证等证件进行查询核实；

（六）在评标过程中，对评标委员会各成员的评分表进行复核，统计汇总；对评标过程资料进行整理。

第十四条 招标人协助评标工作应当客观、准确，如实反映投标文件对招标文件规定的响应情况；不得故意遗漏或者片面摘录，不得对投标文件作出任何评价，不得在评标委员会对所有偏差定性之前透露存有偏差的投标人名称；不得明示或者暗示其倾向或者排斥特定投标人。

第四章 评标工作的实施

第十五条 评标工作现场应当处于通讯屏蔽状态，或者将评标委员会成员及现场工作人员的手机、电脑、录音录像等电子设备统一集中保管。

第十六条 评标工作应当按照以下程序进行：

（一）招标人代表出示加盖招标人单位公章的授权函及身份证，向评标委员会其他成员表明身份；

（二）招标人代表核对评标委员会其他成员的身份证；

（三）招标人代表宣布评标纪律；

（四）招标人代表公布已开标的投标人名单，并询问评标委员会成员有否回避的情形；评标委员会成员存在应当回避情形的，应当主动提出回避；

（五）招标人代表与评标委员会其他成员共同推选主任委员；

（六）评标委员会主任委员主持会议，要求招标人介绍项目概况、招标文件中与评标相关的关键内容及协助评标工作（如有）相关情况；

（七）评标委员会评标，完成并签署评标报告，将评标报告提交给招标人代表；

（八）招标人代表对评标报告进行形式检查，有本细则第三十三条规定情形的，提请评标委员会进行修改完善；

（九）评标报告经形式检查无误后，评标委员会主任委员宣布评标工作结束。

第十七条 投标文件采用双信封形式密封的，招标人应当合理安排第二信封（报价文件）公开开标的时间和地点，保证与第一信封（商务文件和技术文件）的评审工作有序衔接，避免泄露评标工作信息。

第十八条 评标过程中，评标委员会成员有回避事由、擅离职守或者因健康等原因不能继续评标的，应当及时更换。被更换的评标委员会成员作出的评审结论无效，由更换后的评标委员会成员重新进行评审。更换评标委员会成员的情况应当在评标报告中予以记录。

被更换的评标委员会成员如为评标专家库专家，招标人应当从原评标专家库中按照原方式抽取更换后的评标委员会成员，或者在符合法律规定的前提下相应减少评标委员会中招标人代表数量。

无法及时更换评标委员会成员导致评标委员会构成不满足法定要求的，评标委员会应当停止评标活动，已作出的评审结论无效。招标人封存所有投标文件和开标、评标资料，依法重新组建评标委员会进行评标。招标人应当将重新组建评标委员会的情况在招标投标情况书面报告中予以说明。

第十九条 评标委员会应当民主推荐一名主任委员，负责组织评标委员会成员开展评标工作。评标委员会主任委员与评标委员会的其他成员享有同等权利与义务。评标委员会应当保证各成员对所有投标文件的全面、客观、独立评审，确保评标工作质量。

第二十条 评标委员会应当首先听取招标人关于招标项目概况的介绍和协助评标工作内容（如有）的说明，并认真阅读招标文件，获取评标所需的重要信息和数据，主要包括以下内容：

（一）招标项目建设规模、技术标准和工程特点；

（二）招标文件规定的评标标准和方法；

（三）其它与评标有关的内容。

第二十一条 招标人协助评标的，评标委员会应当根据招标文件规定，对投标文件相对于招标文件的所有偏差依法逐类进行定性，对招标人提供的评标工作用表和评标内容进行认真核对，对与招标文件不一致、存在错误或者遗漏的内容要进行修正。

评标委员会应当对全部投标文件进行认真审查，招标人提供的协助评标工作内容及信息仅作为评标的参考。评标委员会不得以招标人在协助评标过程中未发现投标文件存有偏差或者招标人协助评标工作存在疏忽为由规避评标责任。

第二十二条 评标委员会应当按照招标文件规定的评标标准和方法，对投标文件进行评审和比较。招标文件没有规定的评标标准和方法不得作为评标的依据。

对于招标文件规定的评标标准和方法，评标委员会认为其违反法律、行政法规的强制性规定，违反公开、公平、公正和诚实信用原则，影响潜在投标人投标的，评标委员会应当停止评标工作并向招标人书面说明情况，招标人应当修改招标文件后重新招标。

评标委员会发现招标文件规定的评标标准和方法存在明显文字错误，且修改后不会影响评标结果的，评标委员会可以对其进行修改，并在评标报告说明修改的内容和修改原因。除此之外，评标委员会不得以任何理由修改评标标准和方法。

第二十三条 对于投标文件存在的偏差，评标委员会应当根据招标文件规定的评标标准和方法进行评审，依法判定其属于重大偏差还是细微偏差。凡属于招标文件评标标准和方法中规定的重大偏差，或者招标文件评标标准和方法中未做强制性规定，但出现了法律、行政法规规定的否决投标情形的，评标委员会应当否决投标人的投标文件。

由于评标标准和方法前后内容不一致或者部分条款存在易引起歧义、模糊的文字，导致难以界定投标文件偏差的性质，评标委员会应当按照有利于投标人的原则进行处理。

第二十四条 评标委员会应当根据《中华人民共和国招标投标法实施条例》第三十九条、第四十条、第四十一条的有关规定，对在评标过程中发现的投标人与投标人之间、投标人与招标人之间存在的串通投标的情形进行评审和认定；存在串通投标情形的，评标委员会应当否决其投标。

投标人以他人名义投标、以行贿手段谋取中标，或者投标弄虚作假的，评标委员会应当否决其投标。

第二十五条 评标过程中,投标文件中存在下列情形之一且评标委员会认为需要投标人作出必要澄清、说明的,应当书面通知该投标人进行澄清或者说明:

(一)投标文件中有含义不明确的内容或者明显文字错误;

(二)投标报价有算术性错误;

(三)投标报价可能低于成本价;

(四)招标文件规定的细微偏差。

评标委员会应当给予投标人合理的澄清、说明时间。

投标人的澄清、说明应当采用书面形式,按照招标文件规定的格式签署盖章,且不得超出投标文件的范围或者改变投标文件的实质性内容。投标人的澄清或者说明内容将视为投标文件的组成部分。投标标的、投标函文字报价、质量标准、履行期限均视为投标文件的实质性内容,评标委员会不得要求投标人进行澄清。

评标委员会不得暗示或者诱导投标人作出澄清、说明,不得接受投标人主动提出的澄清、说明。

第二十六条 投标报价有算术性错误的,评标委员会应当按照招标文件规定的原则对投标报价进行修正。对算术性修正结果,评标委员会应当按照本细则第二十五条规定的程序要求投标人进行书面澄清。投标人对修正结果进行书面确认的,修正结果对投标人具有约束力,其投标文件可继续参加评审。

投标人对算术性修正结果存有不同意见或者未做书面确认的,评标委员会应当重新复核修正结果。如果确认修正结果无误且投标人拒不按照要求对修正结果进行确认的,应当否决该投标人的投标;如果发现修正结果存在差错,应当及时作出调整并重新进行书面澄清。

第二十七条 评标委员会发现投标人的投标报价明显低于其他投标人报价或者在设有标底时明显低于标底的,应当按照本细则第二十五条规定的程序要求该投标人对相应投标报价作出书面说明,并提供相关证明材料。

如果投标人不能提供相关证明材料,或者提交的相关材料无法证明投标人可以按照其报价以及招标文件规定的质量标准和履行期限完成招标项目的,评标委员会应当认定该投标人以低于成本价竞标,并否决其投标。

第二十八条 除评标价和履约信誉评分项外,评标委员会成员对投标人商务和技术各项因素的评分一般不得低于招标文件规定该因素满分值的60%;评分低于满分值60%的,评标委员会成员应当在评标报告中作出说明。投标文件各项评分因素得分应以评标委员会各成员的打分平均值确定,评标委员会成员总数为七人以上时,该平均值以去掉一个最高分和一个最低分后计算。

第二十九条 在评标过程中,如有效投标不足3个,评标委员会应当对有效投标是否仍具有竞争性进行评审。评标委员会一致认为有效投标仍具有竞争性的,应当继续推荐中标候选人,并在评标报告中予以说明。评标委员会对有效投标是否仍具有竞争性无法达成一致意见的,应当否决全部投标。

第三十条 评标委员会成员对需要共同认定的事项存在争议的,应当按照少数服从多数的原则作出结论。持不同意见的评标委员会成员应当在评标报告上以书面形式说明其不同意见和理由并签字确认。评标委员会成员拒绝在评标报告上签字又不书面说明其不同意见和理由的,视为同意评标结果。

第三十一条 评审完成后,评标委员会主任委员应当组织编写书面评标报告。评标报告中推荐的中标候选人应当不超过 3 个,并标明排序。

第三十二条 评标报告应当载明下列内容:

(一)招标项目基本情况;

(二)评标委员会成员名单;

(三)监督人员名单;

(四)开标记录;

(五)符合要求的投标人名单;

(六)否决的投标人名单以及否决理由;

(七)串通投标情形的评审情况说明;

(八)评分情况;

(九)经评审的投标人排序;

(十)中标候选人名单;

(十一)澄清、说明事项纪要;

(十二)需要说明的其他事项;

(十三)评标附表。

对评标监督人员、招标人代表或者其他工作人员干预正常评标活动,以及对招标投标活动的其他不正当言行,评标委员会应当在评标报告第(十二)项内容中如实记录。

除第一款规定的第(一)、(三)、(四)项内容外,评标委员会所有成员应当在评标报告上逐页签字。

第三十三条 招标人代表收到评标委员会完成的评标报告后,应当对评标报告内容进行形式检查,发现问题应当及时告知评标委员会进行必要的修改完善。形式检查仅限于以下内容:

(一)评标报告正文以及所附文件、表格是否完整、清晰;

(二)报告正文和附表等内容是否有涂改,涂改处是否有做出涂改的评标委员会成员签名;

（三）投标报价修正和评分计算是否有算术性错误；

（四）评标委员会成员对客观评审因素评分是否一致；

（五）投标文件各项评分因素得分是否符合本细则第二十八条相关要求；

（六）评标委员会成员签字是否齐全。

形式检查并不免除评标委员会对评标工作应负的责任。

第三十四条 评标报告经形式检查无误后，评标委员会主任委员宣布评标工作结束。

第三十五条 评标结束后，如招标人发现提供给评标委员会的信息、数据有误或者不完整，或者由于评标委员会的原因导致评标结果出现重大偏差，招标人应当及时邀请原评标委员会成员按照招标文件规定的评标标准和方法对评标报告内容进行审查确认，并形成书面审查确认报告。

投标人或者其他利害关系人对招标项目的评标结果提出异议或者投诉的，评标委员会成员有义务针对异议或者投诉的事项进行审查确认，并形成书面审查确认报告。

审查确认过程应当接受交通运输主管部门的监督。审查确认改变评标结果的，招标人应当公示评标委员会重新推荐的中标候选人，并将审查确认报告作为招标投标情况书面报告的组成部分，报具有招标监督职责的交通运输主管部门备案。

第五章　纪　　律

第三十六条 评标委员会成员应当客观、公正、审慎地履行职责，遵守职业道德；应当依据评标办法规定的评审顺序和内容逐项完成评标工作，对本人提出的评审意见以及评分的公正性、客观性、准确性负责。

评标委员会成员不得对主观评审因素协商评分。

招标人不得向评标委员会作倾向性、误导性的解释或者说明。

第三十七条 评标委员会成员有依法获取劳务报酬的权利，但不得向招标人索取或者报销与评标工作无关的其他费用。

第三十八条 评标委员会向招标人提交书面评标报告后自动解散。评标工作中使用的文件、表格以及其他资料应当同时归还招标人。评标委员会成员不得记录、复制或者从评标现场带离任何评标资料。

第三十九条 评标委员会成员和其他参加评标活动的工作人员不得与任何投标人或者与投标人有利害关系的人进行私下接触，不得收受投标人和其他与投标有利害关系的人的财物或者其它好处。

在评标期间，评标委员会成员和其他参加评标活动的工作人员不得发表有倾向性或者诱导、影响其他评审成员的言论,不得对不同投标人采取不同的审查标准。

第四十条 评标委员会成员和其他参加评标活动的工作人员,不得向他人透露对投标文件的评审、中标候选人的推荐情况以及与评标有关的其它情况,且对在评标过程中获悉的国家秘密、商业秘密负有保密责任。

第四十一条 省级以上人民政府交通运输主管部门应当对评标专家实行动态监管,建立评标专家准入、诫勉、清退制度,健全对评标专家的评价机制,对评标专家的工作态度、业务水平、职业道德等进行全面考核。

第六章 附 则

第四十二条 本细则由交通运输部负责解释。

第四十三条 使用国际组织或者外国政府贷款、援助资金的项目,贷款方、资金提供方对评标工作和程序有不同规定的,可以适用其规定,但违背中华人民共和国的社会公共利益的除外。

第四十四条 在公共资源交易平台开展评标工作的,评标职责分工、评标工作的准备与实施等均应当遵守本细则规定。

采用电子评标的,应当按照本细则和国家有关电子评标的规定执行。

第四十五条 本细则自 2022 年 10 月 1 日起施行,有效期 5 年。《交通运输部关于发布〈公路工程建设项目评标工作细则〉的通知》(交公路发〔2017〕142 号)同时废止。

公路养护工程市场准入暂行规定

1. *2003 年 3 月 21 日发布*
2. *交公路发[2003]89 号*
3. *自 2003 年 6 月 1 日起施行*

第一章 总 则

第一条 为培育和规范公路养护工程市场,提高公路养护工程投资效益,根据《中华人民共和国公路法》及有关法律、法规的规定,制定本规定。

第二条 本规定适用于中华人民共和国境内国道、省道和县道的养护工程,其他公路的养护工程可参照执行。

改建工程从业单位的管理参照交通部《公路建设市场管理办法》的规定

执行。监控、通讯、收费设施维修的从业资质另行制定。

第三条 公路养护工程市场管理应当遵循公开、公平、公正、有序竞争的原则。

第四条 凡进入公路养护工程市场的公路养护从业单位应当取得本规定所确定的公路养护工程从业资质,并应遵守本规定。

第二章 职责与权限

第五条 公路养护工程市场实行统一领导、分级负责。

交通部主管全国公路养护工程市场准入的监督管理工作。

省级交通主管部门负责本行行政区域内公路养护工程市场准入的管理工作。

省级公路管理机构负责本行政区域内公路养护工程市场准入的具体管理工作。

第六条 交通部的主要职责

(一)监督执行国家有关公路养护的政策和法规。

(二)制定公路养护工程市场准入管理的有关规章。

(三)监督行业规章和技术规范的执行。

(四)培育和规范全国公路养护工程市场。

(五)依法查处违反本规定的行为。

第七条 省级交通主管部门的主要职责

(一)监督执行国家有关公路养护政策、法规、规章和技术规范。

(二)制定本行政区域内公路养护工程市场准入管理的有关规定。

(三)负责本行政区域内公路养护工程从业单位资质审定和资质证书的颁发。

(四)维护本行政区域内公路养护工程市场秩序。

(五)依法查处本行政区域内违反本规定的行为。

第八条 省级公路管理机构的主要职责

(一)监督执行公路养护工程市场准入管理的有关规定。

(二)负责组织本行政区域内公路养护工程从业单位从业资质的评定和复审等具体管理工作。

(三)负责对进入本行政区域内从事公路养护工程作业的外埠从业单位资质的确认。

(四)发布本行政区域内公路养护工程市场信息。

(五)承办省级交通主管部门委托的其他事情。

第三章 资质条件

第九条 公路养护工程市场准入实行资质评定、复审和确认制度。

资质评定是对公路养护工程从业单位的资历、能力和信誉的认定;复审是对已具备资质且已进入公路养护工程市场的从业单位的能力、业绩和信誉进行认定;确认是对外省、自治区、直辖市已具备资质的养护从业单位进入本省、自治区、直辖市承揽公路养护工程时对其能力、业绩和信誉进行认定。

第十条 申报公路养护工程资质的从业单位必须提出书面申请,按要求填写申报表,并提供下列资料:

(一)从业单位企业法人营业执照或者事业单位法人证书。

(二)主要负责人身份确认文件。

(三)所有工程技术、经济管理人员的职称(资格)证书复印件和养护技术工人上岗等级证书复印件。

(四)从事公路养护工程的资历、能力的评价和证明。

(五)从业单位连续三年财务状况的有效证明。

(六)拥有公路养护工程设备的有关证明。

第十一条 公路养护工程从业单位的资质分为三个类别,共五个级别。

一类:可以承担大型、特大型桥梁和长、特长隧道以及特殊复杂结构的桥隧构造物的中修和大修工程。

二类公路养护工程资质分为甲级、乙级。

甲级:可以承担一级公路和高速公路的路基、路面、中小桥、涵洞、中短隧道、绿化及沿线设施(不含监控、通讯、收费管理系统)等的中修、大修养护工程。

乙级:可以承担二级及其以下等级公路的路基、路面、中小桥、涵洞、中短隧道、绿化及洞线设施(不含监控、通讯、收费管理系统)等的中修、大修养护工程。

三类公路养护工程资质分为甲级、乙级。

甲级:可以承担高速公路和一级或者二级公路的小修保养。

乙级:可以承担二级及其以下等级公路的小修保养作业。

第十二条 各个类、级别的公路养护工程从业单位只允许进行本类、级别规定范围内的公路养护工程,不能跨级别从事其它级别的公路养护工程作业。公路养护工程从业单位可申请一个或一个以上类、级别的从业资质。

第十三条 申请一类公路养护工程从业资质的从业单位应同时具备下列条件:

(一)具有从事大、特大型桥梁、特殊复杂结构桥梁或长、特长隧道中修或者大修养护工程5年以上作业经历;

(二)近五年独立承担过10座以上的大、特大型桥梁和2座长、特长隧道的中修和大修工程,工程质量合格。没有长、特长隧道的省份,可取消隧道养护从业资质相关条件;

（三）工程技术、经济管理专业技术职称的人员不少于15人，其中公路、桥梁专业中级职称以上的人员不少于10人；

（四）从事公路桥梁或隧道大中修养护工程施工的工人必须具有相应养护维修操作等级证书，其中高级工不少于10人，中级工不少于20人；

（五）注册资本金或者固定资产200万元以上；

（六）具有与公路大、特大型桥梁、特殊复杂结构桥梁或者长、特长隧道中修以上养护工程施工相适应的专业机具设备。

第十四条 申请二类养护工程从业资质的从业单位应同时具备下列条件：

（一）甲级

1. 具有一定和高速公路的路基、路面、中小桥、中短隧道、涵洞、绿化、渡口及沿线设施（不含监控、通讯、收费系统）等的中修、大修养护工程5年以上作业经历。

2. 近五年独立承担过以下工程项目，且工程质量合格：

不少于30公里的一级公路和高速公路的路基、路面大中修工程；

不少于5座桥梁的大中修工程；

不少于20公里的一级公路和高速公路绿化工程。

3. 工程技术、经济管理人员不少于15人，其中公路、桥梁专业中级以上职称的人员不少于10人。

4. 从事一级和高速公路大中修工程施工的工人必须具有相应工种的养护维修操作等级证书，其中高级工不少于15人，中级工不少于30人。

5. 注册资本金或者固定资产200万元以上。

6. 具有与一级和高速公路中修、大修工程施工相适应的专业机具设备。

（二）乙级

1. 具有二级及其以下等级公路的路基、路面、中小桥、中短隧道、涵洞、绿化、渡口及沿线设施（不含监控、通讯、收费系统）等的中修、大修养护工程5年以上作业经历。

2. 近五年独立承担过以下工程项目，且工程质量合格：

不少于50公里的二级及以下公路的路基、路面大中修工程；

不少于5座桥梁的大中修工程；

不少于20公里的二级公路绿化工程。

3. 工程技术、经济管理人员不少于12人，其中具有公路、桥梁专业技术职称的人员不少于8人。

4. 从事二级及以下等级公路大中修工程施工的工人必须具有相应工种的养护维修操作等级证书，其中高级工不少于10人，中级工不少于20人。

5. 注册资本金或者固定资产 100 万元以上。

6. 具有与二级及其以下等级公路中修、大修工程施工相适应的专业机具设备。

第十五条 申请三类养护工程从业资质的从业单位应同时具备下列条件：

(一) 甲级

1. 从事高速公路或一级公路小修保养作业 5 年以上,或者二级公路小修保养作业 8 年以上。

2. 工程技术、经济管理人员不少于 10 人,其中具有公路、桥梁专业技术职称的人员不少于 3 人。

3. 从事小修保养作业的工人必须具有相应工种的养护维修操作等级证书,其中中、高级工不少于 20 人。

4. 注册资本金或者固定资产 100 万元以上。

5. 具有与高速公路及一级公路小修保养工程作业相适应的清扫、绿化及其它专业机具设备。

(二) 乙级

1. 从事二级及其以下等级公路小修保养作业 5 年以上。

2. 工程技术、经济管理人员不少于 6 人。

3. 从事小修保养作业的工人必须具有相应工种的养护维修操作等级证书,其中中、高级工人不少于 10 人。

4. 注册资本金或者固定资产 50 万元以上。

5. 具有与从事二级及其以下等级公路小修保养作业相适应的机具设备。

第四章 资质评定与管理

第十六条 公路养护工程从业资质应由申报单位向省级公路管理机构提出申请,经省级公路管理机构根据本行政区域公路养护工程施工单位资质管理规定初审后,报省级交通主管部门审定并颁发《公路养护工程从业资质证书》。

第十七条 跨省、自治区、直辖市进行公路养护工程施工的公路养护工程从业单位应向养护工程所在地的省级公路管理机构出示从业资质证书,省级公路管理机构予以确认后备案。

第十八条 省级公路管理机构对公路养护工程从业资质实行三年复审制,复审结果报省级交通主管部门核准。

第十九条 取得从业资质的公路养护工程从业单位,发生下列行为之一的,省级交通主管部门可暂停或者取消其从业资质。

(一) 发生质量责任事故的；

（二）隐瞒真实情况、弄虚作假取得从业资质的；

（三）发生安全责任事故的；

（四）无故拖延工期的；

（五）其它违规、违纪行为。

暂停从业资质的整改期一般为六个月。

暂停从业资质的从业单位在整改期内不得承揽相应类别的公路养护工程项目。

被取消从业资质的养护工程从业单位，一年内不得重新申报相应从业资质。

第二十条 公路养护工程从业单位应严格遵守国家有关公路养护的法规和规章，自觉接受县级以上人民政府交通主管部门和县级以上公路管理机构的行业管理。

第二十一条 县级以上人民政府交通主管部门和县级以上公路管理机构的工作人员应当遵守本规定，维护公路养护工程市场的正常秩序，对出现失职、渎职、索贿、受贿行为，损害有关单位合法权益和国家利益的，视其情节由上级交通主管部门会同有关部门依法给予行政处分，构成犯罪的依法追究刑事责任。

第五章 附 则

第二十二条 各省、自治区、直辖市交通主管部门可根据本规定，结合本地区的具体情况，制定实施细则，并报交通部备案。

第二十三条 公路养护工程从业资质证书式样由交通部统一制发。

第二十四条 本规定由交通部负责解释。

第二十五条 本规定自2003年6月1日起施行。

公路养护工程施工招标投标管理暂行规定

1. 2003年3月21日

2. 交公路发〔2003〕89号

第一章 总 则

第一条 为加强公路养护工程施工招标投标的管理，规范公路养护工程施工招标投标活动，保护招标人和投标人的合法权益，确保养护工程质量，提高投资效益，根据《中华人民共和国公路法》、《中华人民共和国招标投标法》等有关法律法规,制定本规定。

第二条 公路养护工程施工招标投标应坚持公开、公平、公正、诚实守信的原则。

第三条 国道、省道公路的养护工程作业采用招投标方式的,应按本规定实行招标投标,其他公路可参照执行。

凡列入国家和地方公路基本建设计划的公路养护工程项目,应按《公路工程施工招标投标管理办法》的规定执行。

第四条 凡具有相应公路养护工程从业资质的公路养护工程施工单位,均可参加投标。

第五条 交通部负责监督和指导全国公路养护工程招标投标活动。

县级以上人民政府交通主管部门负责监督和指导本行政区域内公路养护工程招标投标活动。

第六条 公路养护工程的施工招标投标活动受国家法律的保护和约束,任何单位和个人不得以任何方式干预养护工程施工招标投标活动。

第二章 招　　标

第七条 招标人可自行组织招标或委托具有相应资格的代理机构组织招标。自行组织招标的招标人或招标代理机构应具备下列条件:

(一)具有法人资格;

(二)有组织编制招标文件和标底的能力;

(三)有对投标人进行资格审查和组织评标定标的能力。

第八条 实施招标的养护工程项目,应具备以下条件:

(一)项目已列入年度养护维修计划;

(二)资金来源已落实;

(三)有关养护方案或设计文件已经完成并经批复;

(四)招标文件已编制完毕;

(五)其他相关准备工作已完成。

第九条 公路养护工程招标标的应满足下列条件之一:

(一)公路小修保养最小标的为连续20公里或小于20公里的整条路段,最短养护合同期限为一年;

(二)投资不低于100万元的公路养护工程项目。

第十条 招标方式

公路养护工程招标可采用公开招标、邀请招标两种形式。

(一)公开招标。招标人通过报刊、广播、电视、信息网络等媒介公开发布招标公告,邀请不特定的法人或者其他组织投标。

（二）邀请招标。招标人以投标邀请书的方式邀请特定的法人或者其它组织投标，邀请的投标人不得少于3个。

因突发事件、紧急抢险或战备需要的特殊公路养护工程项目可采取指定养护单位的方式进行养护。

第十一条 公开招标按下列程序进行：

（一）组织编制招标文件；

（二）发布招标公告；

（三）发售资格预审文件；

（四）资格预审，并向资格审查合格者发售招标文件；

（五）组织投标人勘察现场，针对投标人的询问，解释招标文件中的疑点；

（六）组织编制标底和制定评标办法；

（七）组织开标并进行标书清算、算术性复核与澄清；

（八）评标并确定推荐中标人；

（九）确定中标人，并履行有关批准程序；

（十）发出中标通知书；

（十一）与中标人签订养护工程项目合同。

第十二条 邀请招标按下列程序进行：

（一）发出投标邀请书；

（二）发售招标文件；

（三）组织投标人勘察现场，针对投标人的询问，解释招标文件中的疑点；

（四）组织编制标底和制定评标办法；

（五）组织开标并进行标书澄清；

（六）评标及推荐中标人；

（七）确定中标人，并履行有关批准程序；

（八）发出中标通知书；

（九）与中标人签订养护工程项目承包合同。

第十三条 开标后至发出中标通知书为评标阶段，编制标底和评标阶段的有关活动，均应按规定做好保密工作。

第三章 资格审查

第十四条 招标人发售的资格预审文件的主要内容应包括：

（一）资格预审通告（邀请书），包括招标人名称地址，招标项目性质、数量，获取资格预审文件办法、时间和地点等。

（二）资格预审申请人须知，包括资格预审申请的提交地点、截止日期、资质要求、主要证明文件、工程资金来源、工期、是否可联合投标，特别要求等；

（三）资格预审申请表，包括企业名称、组织机构、财务状况、人员、设备、业绩，投入本工程的主要管理人员、技术人员及设备；

（四）养护工程概况。

第十五条　投标人递交的资格预审文件的主要内容应包括：

（一）投标人有效的证明；

（二）投标人的养护工程从业资质证书；

（三）各类专业技术和管理人员的构成；

（四）试验设备和养护机具设备；

（五）投标人资产情况及负债；

（六）养护工程质量与同类项目业绩等。

第十六条　资格评审由招标人组织有关专业人员进行评审，重点评审投标人的财务状况、技术力量、设备、业绩、信誉和拟投入本工程的设备、人员，形成资格预审报告。

第四章　招标文件及标底

第十七条　公路小修保养、中修和大修工程的投标邀请书的主要内容包括：养护工程项目名称，递交投标文件、开标的时间和地点等。

第十八条　公路小修保养及中修、大修工程招标文件的主要内容：

（一）投标须知：包括养护工程项目概况、资金来源、工期要求、报价编制、招标程序和有关规定，评标定标原则等。

（二）合同及合同条款：包括合同文件格式、通用合同条款、特殊合同条款等。

承发包合同中明确的各项条款应全面、正确地阐述合同双方相互的权利义务关系。

合同条款主要内容：承发包形式、付款和结算办法、工期要求、质量要求、现场交通组织的要求、解决变更的方式、主要材料供应方式及价格、验收以及违约责任等。

（三）技术文件：包括应采用的技术标准和操作规程的名称、养护技术要求、养护工程项目特殊要求、原路技术状况、计量与支付规则、质量标准与验收等。

（四）投标书格式及附表：投标书应包括投标人投标标段或工程、投标价、工期、投标文件有效期等；附表主要有投标人组织机构及人员表、参加工程任职主要人员简历表、投入工程的主要机械设备表等。

（五）工程量清单。

（六）评标办法：包括对公路小修保养、中修和大修工程项目的评标、定标原则等。

第十九条 招标人如需对招标文件进行补充说明、勘误、澄清等局部修正时，最迟应在投标截止日期前7天，以书面形式通知所有投标人。

补充说明、勘误、澄清、局部修正等，与招标文件具有同等的法律效力。

第二十条 标底是审核投标报价、评标、定标的重要依据，应力求正确、合理。

每一个招标项目只允许有一个标底。标底在开标前严格保密。

第二十一条 标底由招标人负责编制，也可由受委托的招标代理机构负责编制。

编制标底应以招标文件、图纸、有关养护工程资料及省级交通主管部门颁发的养护工程定额为依据。

第二十二条 受招标人委托的标底编制单位及招标代理机构不得同时承接投标人的标书编制业务，不得泄漏应当保密的与招标活动有关的情况与资料。

第五章 投 标

第二十三条 投标人必须严格按照招标文件的要求，编制投标文件，投标文件及任何说明函件应经单位盖章及单位负责人或授权委托人签字，并按规定的时间和要求送达招标人。

第二十四条 投标文件递交招标人时，必须按招标文件规定的密封方式密封，否则可作废标处理。

第二十五条 投标文件包括下列内容：

（一）投标书及其附表；

（二）授权书；

（三）有报价的工程量清单及总价汇总表；

（四）公路养护工程作业方案：包括进度安排，平面布置，主要养护作业方法，交通疏导方案，技术和安全措施，质量保证体系等。

公路养护工程项目可按招标人的要求提交投标保证金（或开户银行出具的投标保函）。

第二十六条 投标人在投标文件要求提交投标书的截止时间前，可以补充、修改或者撤回已提交的投标书，并书面通知招标人或招标代理机构。补充、修改的内容为投标书的组成部分，应按规定的时间和要求送达招标人。

第二十七条 投标人不得串通作弊，不得哄抬标价，低价抢标，不得采取非法手段竞标。

第六章 开标、评标与定标

第二十八条 完成资格审查工作到开标的时间,一般不应少于二十天。

第二十九条 开标仪式由招标人或委托代理招标机构组织并主持。

投标人应出席开标仪式。规模较大的养护工程项目,可邀请交通主管部门、省级公路管理机构、项目监理工程师、纪检监察等部门代表参加。

第三十条 开标时,由招标人及有关各方检查各份标书的完整性;

招标人宣布评标、定标办法,并宣读各份投标书主要内容。

需要公证的,由公证人员对宣读的标价及相关内容现场复核,并致公证词。

第三十一条 属于下列情况之一者,应作为废标处理:

(一)投标书未密封;

(二)投标书未加盖本单位公章及未经单位负责人或授权委托人签字;

(三)投标书未按招标文件规定的格式、内容和要求编制;

(四)投标书字迹潦草、模糊、无法辨认;

(五)投标人在一份投标书中,对同一个项目报有两个或多个报价;

(六)投标人递交两份或多份内容不同的投标书,未书面声明哪一个有效;

(七)要求提交投标保证金(或由开户银行出具投标保函)未提交的;

(八)投标人未经招标人同意,不参加开标仪式。

第三十二条 评标工作由招标人或委托招标代理机构主持。

评标工作组由招标人代表和有关技术、经济等方面的专家组成。

评标工作组一般由 5 人以上的单数组成,其中技术、经济等方面的专家不少于成员总数的三分之二。

第三十三条 评标、定标原则:报价合理、养护工程作业方案可行、技术先进、能确保养护工程质量、具有良好的业绩和信誉。

最低报价不能作为中标唯一条件。

第三十四条 评标过程中,评标小组可分别请投标人就投标书的有关问题进行澄清,投标人应给予书面答复。澄清内容作为投标书的组成部分,但不得改变投标书的实质内容和报价。

第三十五条 评标工作组成员不得索贿受贿,不得泄漏应当保密的与招标投标活动有关的情况与资料。在评标、定标工作期间,评标工作组成员不得私下接触投标人。

第三十六条 评标可采用评分、经济技术比较,提出评标报告,推荐中标候选人。

定标可采用评分、投票或者其他约定方式进行。自开标到定标时间一般不超过七天。

第三十七条 招标人根据评标小组提出的评标结论和中标候选人确定中标人。

第七章 合同签订

第三十八条 中标人接到中标通知书及承包合同拟定稿(副本)后,应在30天内和招标人签订承包合同(以中标人签收回执日期起计)。

签订合同的依据是中标通知书,招标文件、投标书及有效的补充文件和信函。

合同价应等于中标价。

第三十九条 任何一方不得以提出第三十九条所列文件内容以外的条件未获满足为理由而拒绝签订合同。

第四十条 承包合同的承发包人应当按合同约定履行双方的权利和义务。

省级交通主管部门和公路管理机构要加强监督,维护合同双方的合法权益,确保养护质量,保障公路畅通。

第八章 罚 则

第四十一条 对公路养护工程招标投标活动中下列违纪违法者需进行处罚:

(一)招标人在标底编制及评标阶段泄漏标底或附加不合理条件,索取或收受回扣、佣金等好处的,招标视为无效,并赔偿投标人直接经济损失,由省级交通主管部门视情节予以通报批评或给予警告处分。

(二)招标代理机构或标底编制单位违反本规定第二十二条的,招标视为无效,并按《中华人民共和国招标投标法》第五十条的有关规定给予处罚。

(三)投标人违反本规定第二十八条的,投标视为无效,并无权索还投标保证金,由省级交通主管部门予以通报批评,视情节可取消或暂停其从业资质,并按《中华人民共和国招投标法》第五十四条的规定给予处罚。

(四)评标工作组成员违反本规定第三十六条的,一经发现应立即停止其评标资格,招标视为无效,并追究当事人的责任。

(五)违反本规定第四十条的,对中标人拒签合同的,报从业资质主管部门取消其养护从业资质,并无权请求返还投标保证金。招标人拒签合同,应双倍返还投标人的投标费用和投标保证金。

第四十二条 对公路养护工程招标投标活动中出现失职、渎职、索贿、行贿行为,损害有关单位合法权益和国家利益的,由交通主管部门会同有关部门给予行政处分,构成犯罪的由司法部门依法追究其刑事责任。

第四十三条 当事人对处罚决定不服的,自接到处罚决定之日起六十日内可向交通主管部门申请复议,或直接向人民法院起诉。

第九章 附　　则

第四十四条 省级交通主管部门可根据本规定,结合本地区的具体情况,制定实施细则。

第四十五条 本规定确定的招标投标程序为完备程序,各地在遵循《中华人民共和国招标投标法》的原则下,可根据养护工程投资额,技术要求等因素,作适当简化。

第四十六条 本规定由交通部负责解释。

第四十七条 本规定自 2003 年 6 月 1 日起施行。

交通运输部关于做好公路养护工程招标投标工作进一步推动优化营商环境政策落实的通知

1. 2020 年 4 月 29 日

2. 交公路规〔2020〕4 号

各省、自治区、直辖市、新疆生产建设兵团交通运输厅(局、委):

为全面贯彻落实党中央、国务院关于优化营商环境的决策部署,推动各项政策措施在公路养护工程招投标活动中落地,营造公平竞争公路养护市场环境,现就有关事项通知如下:

一、高度重视优化营商环境

优化营商环境是当前我国全面深化改革、建设开放型经济新体制、促进经济高质量发展的重要举措。公路行业是我国最早全面开放市场、最先实行招标投标制度的行业之一,2003 年,原交通部颁布实施《公路养护工程施工招标投标管理暂行规定》,对加强公路养护工程施工招标投标管理,规范公路养护工程施工招投标活动发挥了积极作用。但随着我国经济社会发展,公路养护工程招标投标活动的外部环境和内在要素发生重大变化,市场竞争不充分不平衡的矛盾日益凸显,与市场化、法治化、国际化的营商环境要求存在一定差距。各级交通运输主管部门要高度重视优化营商环境工作,查找公路养护工程招标投标活动中存在的各类不合理限制和市场壁垒,深入分析原因,通过健全制度、完善机制、强化监督等措施,扎实推进公路养护市场化水平,规范公路养护工程招标投标行为,优化养护工程项目管理,推动公路养护高质量发展。

二、进一步规范公路养护工程招标投标活动

（一）促进公路养护市场公平竞争。地方各级交通运输主管部门要督促招标人严格按照《中华人民共和国招标投标法》、《中华人民共和国政府采购法》等相关法律法规的要求，有序开展公路养护工程招标投标活动，严禁尚不具备法定招标条件的项目开展招标投标。各级交通运输主管部门要按照《优化营商环境条例》、《工程项目招投标领域营商环境专项整治工作方案》（发改办法规〔2019〕862 号）和《财政部关于促进政府采购公平竞争优化营商环境的通知》（财库〔2019〕38 号）要求，依法纠正非法限制、排斥潜在投标人等现象，确保各类市场主体平等参与招标投标活动。

（二）简化招标投标流程和证明材料。公路养护工程招标原则上不在招标前对投标人进行资格审查，可以采用资格后审。要合理缩短招标投标周期，便利投标人投标，对于施工技术方案简单、工期较短且季节性较强的公路养护工程项目，可进一步缩短投标截止期限。要进一步简化投标文件的格式和形式要求，不得因装订、纸张、非关键内容的文字错误等否决投标人投标。对营业执照、资质证书等可通过国家企业信用信息公示系统等政府网站进行查询的事项，不得另行要求投标人提供相关证明材料。

（三）全面实施招标投标信息公开。地方各级交通运输主管部门要督促招标人根据公路养护工程项目的具体性质和预算安排，通过发布招标公告的法定媒介和招标监督管理机构网站，按照年度或分阶段或逐个项目提前公布招标计划，并根据项目进展情况进行动态更新，供潜在投标人知悉和进行投标准备。逐个项目发布的招标计划，要包括拟招标项目概况、标段划分、预计招标时间、项目预计投资等内容，并于招标公告发布至少 10 日前公布。要增加招投标活动透明度，全面公开招标文件的关键内容（投标人资格条件全文和评标办法全文）、中标候选人关键信息、否决投标信息、投诉处理决定、招投标当事人不良行为等信息。对于投标符合招标文件要求但未中标的投标人，要书面告知未中标原因。

（四）合理划分标段。根据公路养护工程项目特点，可采取按整条路线或片、区域捆绑的方式划分标段，也可按年度周期、路段里程和工程类别划分标段。养护工程项目可以实行设计施工总承包招标。鼓励开展公路技术状况评定、设计咨询、养护施工及质量控制一体化招标，增强市场竞争力度，提高养护资金使用效率。

（五）合理分担合同风险。地方各级交通运输主管部门要督促招标人在招标文件中合理划分合同双方风险，不得设置将应由招标人承担的风险转嫁

给投标人的不合理条款。要明确约定合同双方的违约责任，对于因招标人原因导致变更、中止或者终止合同的，招标人应当依照合同约定对投标人受到的损失予以赔偿或补偿。

（六）规范保证金收取和退还。地方各级交通运输主管部门要督促招标人严格依法规范各类保证金的收取，对需要收取的保证金，要在招标文件中严格载明收取的形式和金额、返还时间、不予退还的情形以及逾期退还的违约责任；允许投标人自主选择以支票、银行汇票、银行本票、银行保函等非现金形式交纳或提交保证金。

（七）畅通异议和投诉处理渠道。地方各级交通运输主管部门要督促招标人在招标公告、招标文件中公布受理异议的联系人和联系方式，及时答复和处理潜在投标人或者其他利害关系人提出的异议。各级交通运输主管部门要依法及时对投标人提出的投诉进行处理，并公告投诉处理结果。

（八）加速推进电子招标投标。地方各级交通运输主管部门要积极会同发展改革等有关部门，加快建设并运行包括交易平台、公共服务平台和行政监督平台在内的电子招投标系统，积极推行全过程电子招标投标，逐步实现在线发布招标公告、提供招标文件、提供招标答疑、提交投标保证金、提交投标文件、抽取评标专家、电子开标、电子评标、网上异议投诉、公示中标候选人、公告中标结果、发出中标通知书、提交履约保证金、签订合同等全部功能。要加强电子招标投标网络安全保障，注意防控相关风险。

三、进一步加强公路养护工程履约管理

（一）全面披露合同履约信息。地方各级交通运输主管部门要督促招标人在合同签订后10日内，在发布招标公告的法定媒介或招标监督管理机构的网站，公开合同的关键性内容（包括项目名称、合同双方名称、合同价款、签约时间、合同期限），并定期通过招标监督管理机构网站，及时公开包括项目重大变动、合同重大变更、主要人员变更、合同中止和解除、重大违约行为处理结果、交竣工验收、价款结算等在内的履约信息。涉及国家秘密、商业秘密的内容除外。

（二）提高项目开工效率。地方各级交通运输主管部门要根据实际情况，商公安交管等部门简化开工前置条件，对于关系安全确需保留的工作手续，要合理压缩时限，确保合同签订后项目能够及时开工。

（三）加强工程款支付监管。公路养护工程项目合同应当约定合同款（包括月进度款、交工结算款、合同最终结清款等）支付的方式、时间和条件，明确逾期支付合同款的违约责任。地方各级交通运输主管部门要加强对工程款支付的履约监管，督促招标人按照合同约定及时支付合同款。对使用财政性资金的公路养护工程项目,满足合同约定的工程质量、档案管理等支付条件的,招标人必须在收到发票后30日内(其他资金来源的项目参照执行)将资金支付到投标人账户,不得以机构变动、人员更替、政策调整等为由延迟付款,不得将合同中未规定的义务作为向投标人付款的条件。

四、进一步加强招标投标活动监管

(一)*加强事中事后监管*。各级交通运输主管部门要切实转变监管方式,强化建设单位主体责任,简化或取消事前审核或审批环节,加强事中事后监管。

(二)*建立健全信用管理体系*。各级交通运输主管部门要积极推进公路养护从业单位及从业人员履约信用评价体系建设,逐步完善信用评价标准,严格信用评价机制,建立电子化信用档案。强化失信联合惩戒,对信用等级高的企业给予减免保证金等优惠措施。

五、工作要求

(一)各省级交通运输主管部门要高度重视公路养护工程招标投标营商环境优化工作,加强组织领导,落实责任机构和人员,明确工作措施和工作时限,周密安排部署,强化监督检查,确保各项要求落实到位。

(二)各省级交通运输主管部门要根据本《通知》要求,结合实际,研究具体落实措施,及时跟进解读,准确传递政策导向,合理引导预期。

(三)各省级交通运输主管部门要在2020年7月底前,向社会公布落实具体措施,完善公路养护工程招标投标营商环境投诉举报和回应制度,接受社会监督,及时纠正发现的问题。各地公路养护工程招标投标营商环境评价情况将纳入"十三五"全国公路养护管理评价工作。

公路建设项目评标专家库管理办法

1. 2011年12月29日交通运输部发布
2. 交公路发〔2011〕797号

第一条 为加强对公路建设项目评标专家和评标专家库的管理,保证评标活动的公平、公正,根据《中华人民共和国招标投标法》、《评标委员会和评标方法暂行规定》以及《公路建设市场管理办法》等规定,制定本办法。

第二条 本办法适用于公路建设项目评标专家库的更新、维护、使用、管理等活动。

第三条 公路建设项目评标专家库管理实行统一管理、分级负责。

第四条 国务院交通运输主管部门负责全国公路建设项目评标专家库的监督管理工作，主要职责是：

（一）贯彻执行国家有关法律、法规，制定全国公路建设项目评标专家库管理的规章制度；

（二）更新、维护并管理国家公路建设项目评标专家库及专家库管理系统；

（三）指导和监督省级公路建设项目评标专家库管理工作；

（四）依法受理投诉，查处相关违法行为；

（五）法律、法规、规章规定的其他职责。

第五条 省级交通运输主管部门负责本行政区域内公路建设项目评标专家库的监督管理工作，主要职责是：

（一）贯彻执行国家有关法律、法规、规章，结合实际情况，制定本行政区域内公路建设项目评标专家库管理制度，并报国务院交通运输主管部门备案；

（二）更新、维护并管理省级公路建设项目评标专家库及专家库管理系统；

（三）监督管理国家公路建设项目评标专家库的专家抽取活动；

（四）依法受理投诉，查处本行政区域内相关违法行为；

（五）法律、法规、规章规定的其他职责。

第六条 国家公路建设项目评标专家库专业分类标准如下：

类别	设计类（A04）	监理类（A05）	施工类（A08）	货物类（B）
专业	路线（A040301）	路基路面（A050301）	路基路面（A080301）	机械设备（B01）
	路基路面（A040302）	桥梁（A050302）	桥梁（A080302）	建筑材料（B07）
	桥梁（A040303）	隧道（A050303）	隧道（A080303）	商务合同（B10）
	隧道（A040304）	公路机电工程（A050304）	公路机电工程（A080304）	
	交通工程（A040305）	公路安全设施（A050305）	公路安全设施（A080305）	
	概预算（A040306）	商务合同（A050306）	商务合同（A080306）	
	勘察（A040307）		房建（A080307）	
	商务合同（A040308）		环保（含绿化等）（A080308）	

省级交通运输主管部门可根据实际需要，对省级公路建设项目评标专家库的专业分类进行补充和细化。

第七条 国家公路建设项目评标专家采用个人申请、单位推荐、国务院交通运

输主管部门审查的方式确定,其程序为:

(一)申请人填写“公路建设项目评标专家库评标专家申报表”(见附件),报申请人所在工作单位。

(二)申请人所在工作单位同意推荐后报有关单位初审。

(三)推荐单位所在地省级交通运输主管部门对申报材料进行初审;推荐单位为部属事业单位或中央管理企业及其所属单位的,由部属事业单位或中央管理企业负责初审。

(四)省级交通运输主管部门和部属事业单位或中央管理企业通过“全国公路建设市场信用信息管理系统”将初审合格的人员报国务院交通运输主管部门。

(五)国务院交通运输主管部门组织对申报材料进行审查,符合条件的,经培训考核合格后,纳入国家公路建设项目评标专家库。

省级公路建设项目评标专家库申报程序由省级交通运输主管部门确定。

第八条 推荐的公路建设项目评标专家应具备下列基本条件:

(一)具有良好的政治素质和职业道德,能够依法履行职责,维护招投标双方的合法权益;

(二)熟悉有关公路建设招标投标的法律、法规和规章;

(三)从事公路行业相关专业领域工作且满 8 年,具有高级职称或同等专业水平;

(四)年龄不超过 65 周岁,身体健康状况能够胜任评标工作;

(五)未曾受到刑事处罚或行政处罚;

(六)省级交通运输主管部门报送的申报国家公路建设项目评标专家库人员一般应为省级公路建设项目评标专家库专家。

第九条 评标专家的主要权利:

(一)接受招标人聘请,担任招标项目评标委员会成员;

(二)依法独立评标,不受任何单位和个人的非法干预和影响;

(三)向交通运输主管部门举报评标活动存在的违法、违规或不公正行为;

(四)依法获取劳动报酬;

(五)法律、法规、规章规定的其他权利。

第十条 评标专家的主要义务:

(一)准时参加评标活动;

(二)遵守职业道德,依法履行职责;

(三)接受交通运输主管部门的监督管理,协助配合有关投诉处理;

(四)国家公路建设项目评标专家库评标专家,及时登录“全国公路建设市场信用信息管理系统”维护个人信息；

（五）法律、法规、规章规定的其他义务。

第十一条 评标专家所在单位应当对评标专家参加评标活动和继续教育的培训给予支持。

第十二条 国家公路建设项目评标专家库评标专家，因故无法参加某一时段评标时，可事先登录“全国公路建设市场信用信息管理系统”进行自主屏蔽，1年之内自主屏蔽次数不得超过5次，总时间不得超过30天。

第十三条 国家审批（核准）公路建设项目的勘察、设计、施工、监理以及与工程建设有关的重要设备、材料采购等依法必须招标的，应当从国家公路建设项目评标专家库中确定资格审查委员会和评标委员会专家；其他公路招标项目，从省级公路建设项目评标专家库或国家公路建设项目评标专家库中确定资格审查委员会和评标委员会专家。

第十四条 评标专家的确定，应当采取随机抽取方式。对于技术复杂、专业性强，采取随机抽取方式确定的评标专家难以胜任评标工作的特殊招标项目，可以由招标人采取人工选择方式直接确定，并按照项目管理权限报交通运输主管部门备案。

第十五条 招标人应按照资格审查或评标项目招标类型和所含专业确定评标专家类别和专业，商务合同专业和招标所含主要专业均需抽取至少1名专家，不得抽取项目招标类型和所含专业以外的专家。施工招标可根据工程特点和评标需要，从设计类概预算专业抽取1名专家，房建或环保（含绿化等）工程单独开展设计或监理招标的，所含专业专家从施工类相应专业中抽取。

第十六条 有下列情形之一的，不得担任资格审查委员会和评标委员会成员：

（一）投标人的工作人员或退休人员；

（二）投标人主要负责人和具体负责人的近亲属；

（三）负责招标项目监督管理的交通运输主管部门的工作人员；

（四）其他与投标人有利害关系、可能影响评标活动公正性的人员。

招标人应按前款规定设定回避条件，禁止以其他各种理由排斥或限制评标专家参加评标。评标专家有前款规定情形之一的，应当主动提出回避；未提出回避的，招标人或者有关交通运输主管部门发现后，应当立即停止其参加评标。

第十七条 国家公路建设项目评标专家库抽取使用程序如下：

（一）招标人向省级交通运输主管部门提出书面申请，明确抽取方式、类别、专业、数量和回避条件；

（二）在省级交通运输主管部门监督下，招标人通过“全国公路建设市场信用信息管理系统”抽取评标专家；

（三）省级交通运输主管部门登录“全国公路建设市场信用信息管理系统”确认评标结束；

（四）招标人和评标专家登录“全国公路建设市场信用信息管理系统”进行相互评价。

省级公路建设项目评标专家库抽取使用程序由省级交通运输主管部门确定。

第十八条 评标专家确定后，发生不能到场或需要回避等特殊情况的，应当从原评标专家库中按原抽取方式补选确定，也可在符合规定的前提下相应减少招标人代表数量。

第十九条 评标专家有下列情形之一的，注销其评标专家资格：

（一）本人申请不再担任；

（二）健康等原因不能胜任；

（三）工作调动不再适宜继续担任；

（四）年龄超过70周岁（不含院士、勘察设计大师）。

第二十条 评标专家有下列情形之一的，暂停其评标专家资格半年：

（一）连续5次被抽中均未参加；

（二）1年之内被抽中3次以上，参加次数少于被抽中次数2/3；

（三）承诺参加但没有参加；

（四）有关行政监督部门依法对投诉进行调查时，不予配合；

（五）国家公路建设项目评标专家库专家，在评标结束一周内未对招标人进行评价，或未及时维护个人信息。

第二十一条 评标专家有下列情形之一的，取消其评标专家资格：

（一）以虚假材料骗取评标专家资格；

（二）未按要求参加培训或考核不合格；

（三）评标出现重大疏漏或错误；

（四）被暂停评标专家资格的处罚期满后，再次出现本办法第二十条规定情形之一；

（五）受到刑事处罚或行政处罚；

（六）违反招标投标法律、法规和规章。

被取消评标专家资格的，5年内不得再次申请入选公路建设项目评标专家库，有违法违规行为的，终身不得入选公路建设项目评标专家库。

第二十二条 公路建设项目评标专家库实行动态管理。评标专家有违反招标投标法律、法规、规章和本办法规定行为，以及存在其他不适宜继续担任专家情形的，交通运输主管部门应当及时作出处理，暂停、取消或注销其评标专家资格。根据需要，可适时补充评标专家。

第二十三条 本办法由交通运输部负责解释。

第二十四条 本办法自发布之日起施行，2001 年 6 月 11 日实施的《公路建设项目评标专家库管理办法》（交公路发〔2001〕300 号）同时废止。

附件：公路建设项目评标专家库评标专家申报表（略）

公路工程设计施工总承包管理办法

1. 2015 年 6 月 26 日交通运输部令 2015 年第 10 号公布
2. 自 2015 年 8 月 1 日起施行

第一章 总 则

第一条 为促进公路工程设计与施工相融合，提高公路工程设计施工质量，推进现代工程管理，依据有关法律、行政法规，制定本办法。

第二条 公路新建、改建、扩建工程和独立桥梁、隧道（以下简称公路工程）的设计施工总承包，适用本办法。

本办法所称设计施工总承包（以下简称总承包），是指将公路工程的施工图勘察设计、工程施工等工程内容由总承包单位统一实施的承发包方式。

第三条 国家鼓励具备条件的公路工程实行总承包。

总承包可以实行项目整体总承包，也可以分路段实行总承包，或者对交通机电、房建及绿化工程等实行专业总承包。

项目法人可以根据项目实际情况，确定采用总承包的范围。

第四条 各级交通运输主管部门依据职责负责对公路工程总承包的监督管理。

交通运输主管部门应当对总承包合同相关当事方执行法律、法规、规章和强制性标准等情况进行督查，对初步设计、施工图设计、设计变更等进行管理。按照有关规定对总承包单位进行信用评价。

第二章 总承包单位选择及合同要求

第五条 总承包单位由项目法人依法通过招标方式确定。

项目法人负责组织公路工程总承包招标。

公路工程总承包招标应当在初步设计文件获得批准并落实建设资金后进行。

第六条 总承包单位应当具备以下要求：

（一）同时具备与招标工程相适应的勘察设计和施工资质，或者由具备相应资质的勘察设计和施工单位组成联合体；

（二）具有与招标工程相适应的财务能力，满足招标文件中提出的关于勘察设计、施工能力、业绩等方面的条件要求；

（三）以联合体投标的，应当根据项目的特点和复杂程度，合理确定牵头单位，并在联合体协议中明确联合体成员单位的责任和权利；

（四）总承包单位（包括总承包联合体成员单位，下同）不得是总承包项目的初步设计单位、代建单位、监理单位或以上单位的附属单位。

第七条 总承包招标文件的编制应当使用交通运输部统一制定的标准招标文件。

在总承包招标文件中，应当对招标内容、投标人的资格条件、报价组成、合同工期、分包的相关要求、勘察设计与施工技术要求、质量等级、缺陷责任期工程修复要求、保险要求、费用支付办法等作出明确规定。

第八条 总承包招标应当向投标人提供初步设计文件和相应的勘察资料，以及项目有关批复文件和前期咨询意见。

第九条 总承包投标文件应当结合工程地质条件和技术特点，按照招标文件要求编制。投标文件应当包括以下内容：

（一）初步设计的优化建议；

（二）项目实施与设计施工进度计划；

（三）拟分包专项工程；

（四）报价清单及说明；

（五）按招标人要求提供的施工图设计技术方案；

（六）以联合体投标的，还应当提交联合体协议；

（七）以项目法人和总承包单位的联合名义依法投保相关的工程保险的承诺。

第十条 招标人应当合理确定投标文件的编制时间，自招标文件开始发售之日起至投标人提交投标文件截止时间止，不得少于60天。

招标人应当根据项目实际情况，提出投标人在投标文件中提供施工图设计技术方案的具体要求。招标人在招标文件中明确中标人有权使用未中标人的技术方案的，一般应当同时明确给予相应的费用补偿。

第十一条 招标人应当根据工程地质条件、技术特点和施工难度确定评标方法。

评标专家抽取应当符合有关法律法规的规定。评标委员会应当包含勘察设计、施工等专家,总人数应当不少于9人。

第十二条 项目法人应当与中标单位签订总承包合同。

第十三条 项目法人和总承包单位应当在招标文件或者合同中约定总承包风险的合理分担。风险分担可以参照以下因素约定:

项目法人承担的风险一般包括:

(一)项目法人提出的工期调整、重大或者较大设计变更、建设标准或者工程规模的调整;

(二)因国家税收等政策调整引起的税费变化;

(三)钢材、水泥、沥青、燃油等主要工程材料价格与招标时基价相比,波动幅度超过合同约定幅度的部分;

(四)施工图勘察设计时发现的在初步设计阶段难以预见的滑坡、泥石流、突泥、涌水、溶洞、采空区、有毒气体等重大地质变化,其损失与处治费用可以约定由项目法人承担,或者约定项目法人和总承包单位的分担比例。工程实施中出现重大地质变化的,其损失与处治费用除保险公司赔付外,可以约定由总承包单位承担,或者约定项目法人与总承包单位的分担比例。因总承包单位施工组织、措施不当造成的上述问题,其损失与处治费用由总承包单位承担;

(五)其他不可抗力所造成的工程费用的增加。

除项目法人承担的风险外,其他风险可以约定由总承包单位承担。

第十四条 总承包费用或者投标报价应当包括相应工程的施工图勘察设计费、建筑安装工程费、设备购置费、缺陷责任期维修费、保险费等。总承包采用总价合同,除应当由项目法人承担的风险费用外,总承包合同总价一般不予调整。

项目法人应当在初步设计批准概算范围内确定最高投标限价。

第三章 总承包管理

第十五条 项目法人应当依据合同加强总承包管理,督促总承包单位履行合同义务,加强工程勘察设计管理和地质勘察验收,严格对工程质量、安全、进度、投资和环保等环节进行把关。

项目法人对总承包单位在合同履行中存在过失或偏差行为,可能造成重大损失或者严重影响合同目标实现的,应当对总承包单位法人代表进行约谈,必要时可以依据合同约定,终止总承包合同。

第十六条 采用总承包的项目,初步设计应当加大设计深度,加强地质勘察,明确重大技术方案,严格核定工程量和概算。

初步设计单位负责总承包项目初步设计阶段的勘察设计,按照项目法人要求对施工图设计或者设计变更进行咨询核查。

第十七条 总承包单位应当按照合同规定和工程施工需要,分阶段提交详勘资料和施工图设计文件,并按照审查意见进行修改完善。施工图设计应当符合经审批的初步设计文件要求,满足工程质量、耐久和安全的强制性标准和相关规定,经项目法人同意后,按照相关规定报交通运输主管部门审批。施工图设计经批准后方可组织实施。

第十八条 总承包单位依据总承包合同,对施工图设计及工程质量、安全、进度负总责。负责施工图勘察设计、工程施工和缺陷责任期工程修复工作,配合项目法人完成征地拆迁、地方协调、项目审计及交竣工验收等工作。

第十九条 项目法人根据建设项目的规模、技术复杂程度等要素,依据有关规定程序选择社会化的监理开展工程监理工作。监理单位应当依据有关规定和合同,对总承包施工图勘察设计、工程质量、施工安全、进度、环保、计量支付和缺陷责任期工程修复等进行监理,对总承包单位编制的勘察设计计划、采购与施工的组织实施计划、施工图设计文件、专项技术方案、项目实施进度计划、质量安全保障措施、计量支付、工程变更等进行审核。

第二十条 总承包工程应当按照批准的施工图设计组织施工。总承包单位应当根据工程特点和合同约定,细化设计施工组织计划,拟定设计施工进度安排、工程质量和施工安全目标、环境保护措施、投资完成计划。

第二十一条 总承包单位应当加强设计与施工的协调,建立工程管理与协调制度,根据工程实际及时完善、优化设计,改进施工方案,合理调配设计和施工力量,完善质量保证体系。

第二十二条 工程永久使用的大宗材料、关键设备和主要构件可由项目法人依法招标采购,也可由总承包单位按规定采购。招标人在招标文件中应当明确采购责任。由总承包单位采购的,应当采取集中采购的方式,采购方案应当经项目法人同意,并接受项目法人的监督。

第二十三条 总承包单位应当加强对分包工程的管理。选择的分包单位应当具备相应资格条件,并经项目法人同意,分包合同应当送项目法人。

第二十四条 总承包工程应当按照招标文件明确的计量支付办法与程序进行计量支付。

当采用工程量清单方式进行管理时,总承包单位应当依据交通运输主管部门批准的施工图设计文件,按照各分项工程合计总价与合同总价一致的原则,调整工程量清单,经项目法人审定后作为支付依据;工程实施中,按照清单及合同条款约定进行计量支付;项目完成后,总承包单位应当根据调整后最终的工程量清单编制竣工文件和工程决算。

第二十五条 总承包工程实施过程中需要设计变更的,较大变更或者重大变更应当依据有关规定报交通运输主管部门审批。一般变更应当在实施前告知监理单位和项目法人,项目法人认为变更不合理的有权予以否定。任何设计变更不得降低初步设计批复的质量安全标准,不得降低工程质量、耐久性和安全度。

设计变更引起的工程费用变化,按照风险划分原则处理。其中,属于总承包单位风险范围的设计变更(含完善设计),超出原报价部分由总承包单位自付,低于原报价部分,按第二十四条规定支付。属于项目法人风险范围的设计变更,工程量清单与合同总价均调整,按规定报批后执行。

项目法人应当根据设计变更管理规定,制定鼓励总承包单位优化设计、节省造价的管理制度。

第二十六条 总承包单位应当按照有关规定和合同要求,负责缺陷责任期的工程修复等工作,确保公路技术状况符合规定要求。

第二十七条 总承包单位完成合同约定的全部工程,符合质量安全标准,在缺陷责任期内履行规定义务后,项目法人应当按照合同完成全部支付。

第二十八条 总承包单位应当按照交、竣工验收的有关规定,编制和提交竣工图纸和相关文件资料。

第四章 附 则

第二十九条 本办法自2015年8月1日起施行。

公路建设市场管理办法

1. 2004年12月21日交通部令2004年第14号公布

2. 根据2011年11月30日交通运输部令2011年第11号《关于修改〈公路建设市场管理办法〉的决定》第一次修正

3. 根据2015年6月26日交通运输部令2015年第11号《关于修改〈公路建设市场管理办法〉的决定》第二次修正

第一章 总 则

第一条 为加强公路建设市场管理,规范公路建设市场秩序,保证公路工程质量,促进公路建设市场健康发展,根据《中华人民共和国公路法》、《中华人民共和国招标投标法》、《建设工程质量管理条例》,制定本办法。

第二条 本办法适用于各级交通运输主管部门对公路建设市场的监督管理活动。

第三条 公路建设市场遵循公平、公正、公开、诚信的原则。

第四条 国家建立和完善统一、开放、竞争、有序的公路建设市场,禁止任何形式的地区封锁。

第五条 本办法中下列用语的含义是指:

公路建设市场主体是指公路建设的从业单位和从业人员。

从业单位是指从事公路建设的项目法人,项目建设管理单位,咨询、勘察、设计、施工、监理、试验检测单位,提供相关服务的社会中介机构以及设备和材料的供应单位。

从业人员是指从事公路建设活动的人员。

第二章 管理职责

第六条 公路建设市场管理实行统一管理、分级负责。

第七条 国务院交通运输主管部门负责全国公路建设市场的监督管理工作,主要职责是:

(一)贯彻执行国家有关法律、法规,制定全国公路建设市场管理的规章制度;

(二)组织制定和监督执行公路建设的技术标准、规范和规程;

(三)依法实施公路建设市场准入管理、市场动态管理,并依法对全国公路建设市场进行监督检查;

(四)建立公路建设行业评标专家库,加强评标专家管理;

(五)发布全国公路建设市场信息;

(六)指导和监督省级地方人民政府交通运输主管部门的公路建设市场管理工作;

(七)依法受理举报和投诉,依法查处公路建设市场违法行为;

(八)法律、行政法规规定的其他职责。

第八条 省级人民政府交通运输主管部门负责本行政区域内公路建设市场的监督管理工作,主要职责是:

(一)贯彻执行国家有关法律、法规、规章和公路建设技术标准、规范和规程,结合本行政区域内的实际情况,制定具体的管理制度;

(二)依法实施公路建设市场准入管理,对本行政区域内公路建设市场实施动态管理和监督检查;

(三)建立本地区公路建设招标评标专家库,加强评标专家管理;

（四）发布本行政区域公路建设市场信息，并按规定向国务院交通运输主管部门报送本行政区域公路建设市场的信息；

（五）指导和监督下级交通运输主管部门的公路建设市场管理工作；

（六）依法受理举报和投诉，依法查处本行政区域内公路建设市场违法行为；

（七）法律、法规、规章规定的其他职责。

第九条 省级以下地方人民政府交通运输主管部门负责本行政区域内公路建设市场的监督管理工作，主要职责是：

（一）贯彻执行国家有关法律、法规、规章和公路建设技术标准、规范和规程；

（二）配合省级地方人民政府交通运输主管部门进行公路建设市场准入管理和动态管理；

（三）对本行政区域内公路建设市场进行监督检查；

（四）依法受理举报和投诉，依法查处本行政区域内公路建设市场违法行为；

（五）法律、法规、规章规定的其他职责。

第三章 市场准入管理

第十条 凡符合法律、法规规定的市场准入条件的从业单位和从业人员均可进入公路建设市场，任何单位和个人不得对公路建设市场实行地方保护，不得对符合市场准入条件的从业单位和从业人员实行歧视待遇。

第十一条 公路建设项目依法实行项目法人负责制。项目法人可自行管理公路建设项目，也可委托具备法人资格的项目建设管理单位进行项目管理。

项目法人或者其委托的项目建设管理单位的组织机构、主要负责人的技术和管理能力应当满足拟建项目的管理需要，符合国务院交通运输主管部门有关规定的要求。

第十二条 收费公路建设项目法人和项目建设管理单位进入公路建设市场实行备案制度。

收费公路建设项目可行性研究报告批准或依法核准后，项目投资主体应当成立或者明确项目法人。项目法人应当按照项目管理的隶属关系将其或者其委托的项目建设管理单位的有关情况报交通运输主管部门备案。

对不符合规定要求的项目法人或者项目建设管理单位，交通运输主管部门应当提出整改要求。

第十三条 公路工程勘察、设计、施工、监理、试验检测等从业单位应当按照法律、法规的规定,取得有关管理部门颁发的相应资质后,方可进入公路建设市场。

第十四条 法律、法规对公路建设从业人员的执业资格作出规定的,从业人员应当依法取得相应的执业资格后,方可进入公路建设市场。

第四章 市场主体行为管理

第十五条 公路建设从业单位和从业人员在公路建设市场中必须严格遵守国家有关法律、法规和规章,严格执行公路建设行业的强制性标准、各类技术规范及规程的要求。

第十六条 公路建设项目法人必须严格执行国家规定的基本建设程序,不得违反或者擅自简化基本建设程序。

第十七条 公路建设项目法人负责组织有关专家或者委托有相应工程咨询或者设计资质的单位,对施工图设计文件进行审查。施工图设计文件审查的主要内容包括:

(一)是否采纳工程可行性研究报告、初步设计批复意见;

(二)是否符合公路工程强制性标准、有关技术规范和规程要求;

(三)施工图设计文件是否齐全,是否达到规定的技术深度要求;

(四)工程结构设计是否符合安全和稳定性要求。

第十八条 公路建设项目法人应当按照项目管理隶属关系将施工图设计文件报交通运输主管部门审批。施工图设计文件未经审批的,不得使用。

第十九条 申请施工图设计文件审批应当向相关的交通运输主管部门提交以下材料:

(一)施工图设计的全套文件;

(二)专家或者委托的审查单位对施工图设计文件的审查意见;

(三)项目法人认为需要提交的其他说明材料。

第二十条 交通运输主管部门应当自收到完整齐备的申请材料之日起20日内审查完毕。经审查合格的,批准使用,并将许可决定及时通知申请人。审查不合格的,不予批准使用,应当书面通知申请人并说明理由。

第二十一条 公路建设项目法人应当按照公开、公平、公正的原则,依法组织公路建设项目的招标投标工作。不得规避招标,不得对潜在投标人和投标人实行歧视政策,不得实行地方保护和暗箱操作。

第二十二条 公路工程的勘察、设计、施工、监理单位和设备、材料供应单位应当依法投标,不得弄虚作假,不得串通投标,不得以行贿等不合法手段谋取中标。

第二十三条 公路建设项目法人与中标人应当根据招标文件和投标文件签订合同,不得附加不合理、不公正条款,不得签订虚假合同。

国家投资的公路建设项目,项目法人与施工、监理单位应当按照国务院交通运输主管部门的规定,签订廉政合同。

第二十四条 公路建设项目依法实行施工许可制度。国家和国务院交通运输主管部门确定的重点公路建设项目的施工许可由省级人民政府交通运输主管部门实施,其他公路建设项目的施工许可按照项目管理权限由县级以上地方人民政府交通运输主管部门实施。

第二十五条 项目施工应当具备以下条件:

(一)项目已列入公路建设年度计划;

(二)施工图设计文件已经完成并经审批同意;

(三)建设资金已经落实,并经交通运输主管部门审计;

(四)征地手续已办理,拆迁基本完成;

(五)施工、监理单位已依法确定;

(六)已办理质量监督手续,已落实保证质量和安全的措施。

第二十六条 项目法人在申请施工许可时应当向相关的交通运输主管部门提交以下材料:

(一)施工图设计文件批复;

(二)交通运输主管部门对建设资金落实情况的审计意见;

(三)国土资源部门关于征地的批复或者控制性用地的批复;

(四)建设项目各合同段的施工单位和监理单位名单、合同价情况;

(五)应当报备的资格预审报告、招标文件和评标报告;

(六)已办理的质量监督手续材料;

(七)保证工程质量和安全措施的材料。

第二十七条 交通运输主管部门应当自收到完整齐备的申请材料之日起 20 日内作出行政许可决定。予以许可的,应当将许可决定及时通知申请人;不予许可的,应当书面通知申请人并说明理由。

第二十八条 公路建设从业单位应当按照合同约定全面履行义务:

(一)项目法人应当按照合同约定履行相应的职责,为项目实施创造良好的条件;

(二)勘察、设计单位应当按照合同约定,按期提供勘察设计资料和设计文件。工程实施过程中,应当按照合同约定派驻设计代表,提供设计后续服务;

(三)施工单位应当按照合同约定组织施工,管理和技术人员及施工设

备应当及时到位,以满足工程需要。要均衡组织生产,加强现场管理,确保工程质量和进度,做到文明施工和安全生产;

(四)监理单位应当按照合同约定配备人员和设备,建立相应的现场监理机构,健全监理管理制度,保持监理人员稳定,确保对工程的有效监理;

(五)设备和材料供应单位应当按照合同约定,确保供货质量和时间,做好售后服务工作;

(六)试验检测单位应当按照试验规程和合同约定进行取样、试验和检测,提供真实、完整的试验检测资料。

第二十九条 公路工程实行政府监督、法人管理、社会监理、企业自检的质量保证体系。交通运输主管部门及其所属的质量监督机构对工程质量负监督责任,项目法人对工程质量负管理责任,勘察设计单位对勘察设计质量负责,施工单位对施工质量负责,监理单位对工程质量负现场管理责任,试验检测单位对试验检测结果负责,其他从业单位和从业人员按照有关规定对其产品或者服务质量负相应责任。

第三十条 各级交通运输主管部门及其所属的质量监督机构对工程建设项目进行监督检查时,公路建设从业单位和从业人员应当积极配合,不得拒绝和阻挠。

第三十一条 公路建设从业单位和从业人员应当严格执行国家有关安全生产的法律、法规、国家标准及行业标准,建立健全安全生产的各项规章制度,明确安全责任,落实安全措施,履行安全管理的职责。

第三十二条 发生工程质量、安全事故后,从业单位应当按照有关规定及时报有关主管部门,不得拖延和隐瞒。

第三十三条 公路建设项目法人应当合理确定建设工期,严格按照合同工期组织项目建设。项目法人不得随意要求更改合同工期。如遇特殊情况,确需缩短合同工期的,经合同双方协商一致,可以缩短合同工期,但应当采取措施,确保工程质量,并按照合同规定给予经济补偿。

第三十四条 公路建设项目法人应当按照国家有关规定管理和使用公路建设资金,做到专款专用,专户储存;按照工程进度,及时支付工程款;按照规定的期限及时退还保证金、办理工程结算。不得拖欠工程款和征地拆迁款,不得挤占挪用建设资金。

施工单位应当加强工程款管理,做到专款专用,不得拖欠分包人的工程款和农民工工资;项目法人对工程款使用情况进行监督检查时,施工单位应当积极配合,不得阻挠和拒绝。

第三十五条 公路建设从业单位和从业人员应当严格执行国家和地方有关环

境保护和土地管理的规定,采取有效措施保护环境和节约用地。

第三十六条 公路建设项目法人、监理单位和施工单位对勘察设计中存在的问题应当及时提出设计变更的意见,并依法履行审批手续。设计变更应当符合国家制定的技术标准和设计规范要求。

任何单位和个人不得借设计变更虚报工程量或者提高单价。

重大工程变更设计应当按有关规定报原初步设计审批部门批准。

第三十七条 勘察、设计单位经项目法人批准,可以将工程设计中跨专业或者有特殊要求的勘察、设计工作委托给有相应资质条件的单位,但不得转包或者二次分包。

监理工作不得分包或者转包。

第三十八条 施工单位可以将非关键性工程或者适合专业化队伍施工的工程分包给具有相应资格条件的单位,并对分包工程负连带责任。允许分包的工程范围应当在招标文件中规定。分包工程不得再次分包,严禁转包。

任何单位和个人不得违反规定指定分包、指定采购或者分割工程。

项目法人应当加强对施工单位工程分包的管理,所有分包合同须经监理审查,并报项目法人备案。

第三十九条 施工单位可以直接招用农民工或者将劳务作业发包给具有劳务分包资质的劳务分包人。施工单位招用农民工的,应当依法签订劳动合同,并将劳动合同报项目监理工程师和项目法人备案。

施工单位和劳务分包人应当按照合同按时支付劳务工资,落实各项劳动保护措施,确保农民工安全。

劳务分包人应当接受施工单位的管理,按照技术规范要求进行劳务作业。劳务分包人不得将其分包的劳务作业再次分包。

第四十条 项目法人和监理单位应当加强对施工单位使用农民工的管理,对不签订劳动合同、非法使用农民工的,或者拖延和克扣农民工工资的,要予以纠正。拒不纠正的,项目法人要及时将有关情况报交通运输主管部门调查处理。

第四十一条 项目法人应当按照交通部《公路工程竣(交)工验收办法》的规定及时组织项目的交工验收,并报请交通运输主管部门进行竣工验收。

第五章 动态管理

第四十二条 各级交通运输主管部门应当加强对公路建设从业单位和从业人员的市场行为的动态管理。应当建立举报投诉制度,查处违法行为,对有关责任单位和责任人依法进行处理。

第四十三条 国务院交通运输主管部门和省级地方人民政府交通运输主管部门应当建立公路建设市场的信用管理体系,对进入公路建设市场的从业单位和主要从业人员在招投标活动、签订合同和履行合同中的信用情况进行记录并向社会公布。

第四十四条 公路工程勘察、设计、施工、监理等从业单位应当按照项目管理的隶属关系,向交通运输主管部门提供本单位的基本情况、承接任务情况和其他动态信息,并对所提供信息的真实性、准确性和完整性负责。项目法人应当将其他从业单位在建设项目中的履约情况,按照项目管理的隶属关系报交通运输主管部门,由交通运输主管部门核实后记入从业单位信用记录中。

第四十五条 从业单位和主要从业人员的信用记录应当作为公路建设项目招标资格审查和评标工作的重要依据。

第六章 法律责任

第四十六条 对公路建设从业单位和从业人员违反本办法规定进行的处罚,国家有关法律、法规和交通运输部规章已有规定的,适用其规定;没有规定的,由交通运输主管部门根据各自的职责按照本办法规定进行处罚。

第四十七条 项目法人违反本办法规定,实行地方保护的或者对公路建设从业单位和从业人员实行歧视待遇的,由交通运输主管部门责令改正。

第四十八条 从业单位违反本办法规定,在申请公路建设从业许可时,隐瞒有关情况或者提供虚假材料的,行政机关不予受理或者不予行政许可,并给予警告;行政许可申请人在1年内不得再次申请该行政许可。

被许可人以欺骗、贿赂等不正当手段取得从业许可的,行政机关应当依照法律、法规给予行政处罚;申请人在3年内不得再次申请该行政许可;构成犯罪的,依法追究刑事责任。

第四十九条 投标人相互串通投标或者与招标人串通投标的,投标人以向招标人或者评标委员会成员行贿的手段谋取中标的,中标无效,处中标项目金额5‰以上10‰以下的罚款,对单位直接负责的主管人员和其他直接责任人员处单位罚款数额5%以上10%以下的罚款;有违法所得的,并处没收违法所得;情节严重的,取消其1年至2年内参加依法必须进行招标的项目的投标资格并予以公告;构成犯罪的,依法追究刑事责任。给他人造成损失的,依法承担赔偿责任。

第五十条 投标人以他人名义投标或者以其他方式弄虚作假,骗取中标的,中标无效,给招标人造成损失的,依法承担赔偿责任;构成犯罪的,依法追究刑事责任。

依法必须进行招标的项目的投标人有前款所列行为尚未构成犯罪的，处中标项目金额5‰以上10‰以下的罚款，对单位直接负责的主管人员和其他直接责任人员处单位罚款数额5%以上10%以下的罚款；有违法所得的，并处没收违法所得；情节严重的，取消其1年至3年内参加依法必须进行招标的项目的投标资格并予以公告。

第五十一条 项目法人违反本办法规定，拖欠工程款和征地拆迁款的，由交通运输主管部门责令改正，并由有关部门依法对有关责任人员给予行政处分。

第五十二条 除因不可抗力不能履行合同的，中标人不按照与招标人订立的合同履行施工质量、施工工期等义务，造成重大或者特大质量和安全事故，或者造成工期延误的，取消其2年至5年内参加依法必须进行招标的项目的投标资格并予以公告。

第五十三条 施工单位有以下违法违规行为的，由交通运输主管部门责令改正，并由有关部门依法对有关责任人员给予行政处分：

（一）违反本办法规定，拖欠分包人工程款和农民工工资的；

（二）违反本办法规定，造成生态环境破坏和乱占土地的；

（三）违反本办法规定，在变更设计中弄虚作假的；

（四）违反本办法规定，不按规定签订劳动合同的。

第五十四条 违反本办法规定，承包单位将承包的工程转包或者违法分包的，责令改正，没收违法所得，对勘察、设计单位处合同约定的勘察费、设计费25%以上50%以下的罚款；对施工单位处工程合同价款5‰以上10‰以下的罚款；可以责令停业整顿，降低资质等级；情节严重的，吊销资质证书。

工程监理单位转让工程监理业务的，责令改正，没收违法所得，处合同约定的监理酬金25%以上50%以下的罚款；可以责令停业整顿，降低资质等级；情节严重的，吊销资质证书。

第五十五条 公路建设从业单位违反本办法规定，在向交通运输主管部门填报有关市场信息时弄虚作假的，由交通运输主管部门责令改正。

第五十六条 各级交通运输主管部门和其所属的质量监督机构的工作人员违反本办法规定，在建设市场管理中徇私舞弊、滥用职权或者玩忽职守的，按照国家有关规定处理。构成犯罪的，由司法部门依法追究刑事责任。

第七章 附　　则

第五十七条 本办法由交通运输部负责解释。

第五十八条 本办法自2005年3月1日起施行。交通部1996年7月11日公布的《公路建设市场管理办法》同时废止。

经营性公路建设项目投资人招标投标管理规定

1. 2007年10月16日交通部令2007年第8号公布

2. 根据2015年6月24日交通运输部令2015年第13号《关于修改〈经营性公路建设项目投资人招标投标管理规定〉的决定》修正

第一章　总　　则

第一条　为规范经营性公路建设项目投资人招标投标活动，根据《中华人民共和国公路法》、《中华人民共和国招标投标法》和《收费公路管理条例》，制定本规定。

第二条　在中华人民共和国境内的经营性公路建设项目投资人招标投标活动，适用本规定。

本规定所称经营性公路是指符合《收费公路管理条例》的规定，由国内外经济组织投资建设，经批准依法收取车辆通行费的公路（含桥梁和隧道）。

第三条　经营性公路建设项目投资人招标投标活动应当遵循公开、公平、公正、诚信、择优的原则。

任何单位和个人不得非法干涉招标投标活动。

第四条　国务院交通主管部门负责全国经营性公路建设项目投资人招标投标活动的监督管理工作。主要职责是：

（一）根据有关法律、行政法规，制定相关规章和制度，规范和指导全国经营性公路建设项目投资人招标投标活动；

（二）监督全国经营性公路建设项目投资人招标投标活动，依法受理举报和投诉，查处招标投标活动中的违法行为；

（三）对全国经营性公路建设项目投资人进行动态管理，定期公布投资人信用情况。

第五条　省级人民政府交通主管部门负责本行政区域内经营性公路建设项目投资人招标投标活动的监督管理工作。主要职责是：

（一）贯彻执行有关法律、行政法规、规章，结合本行政区域内的实际情况，制定具体管理制度；

（二）确定下级人民政府交通主管部门对经营性公路建设项目投资人招标投标活动的监督管理职责；

（三）发布本行政区域内经营性公路建设项目投资人招标信息；

（四）负责组织对列入国家高速公路网规划和省级人民政府确定的重点经营性公路建设项目的投资人招标工作；

（五）指导和监督本行政区域内的经营性公路建设项目投资人招标投标活动，依法受理举报和投诉，查处招标投标活动中的违法行为。

第六条 省级以下人民政府交通主管部门的主要职责是：

（一）贯彻执行有关法律、行政法规、规章和相关制度；

（二）负责组织本行政区域内除第五条第（四）项规定以外的经营性公路建设项目投资人招标工作；

（三）按照省级人民政府交通主管部门的规定，对本行政区域内的经营性公路建设项目投资人招标投标活动进行监督管理。

第二章 招 标

第七条 需要进行投资人招标的经营性公路建设项目应当符合下列条件：

（一）符合国家和省、自治区、直辖市公路发展规划；

（二）符合《收费公路管理条例》第十八条规定的技术等级和规模；

（三）已经编制项目可行性研究报告。

第八条 招标人是依照本规定提出经营性公路建设项目、组织投资人招标工作的交通主管部门。

招标人可以自行组织招标或委托具有相应资格的招标代理机构代理有关招标事宜。

第九条 经营性公路建设项目投资人招标应当采用公开招标方式。

第十条 经营性公路建设项目投资人招标实行资格审查制度。资格审查方式采取资格预审或资格后审。

资格预审，是指招标人在投标前对潜在投标人进行资格审查。

资格后审，是指招标人在开标后对投标人进行资格审查。

实行资格预审的，一般不再进行资格后审，但招标文件另有规定的除外。

第十一条 资格审查的基本内容应当包括投标人的财务状况、注册资本、净资产、投融资能力、初步融资方案、从业经验和商业信誉等情况。

第十二条 经营性公路建设项目招标工作应当按照以下程序进行：

（一）发布招标公告；

（二）潜在投标人提出投资意向；

（三）招标人向提出投资意向的潜在投标人推介投资项目；

（四）潜在投标人提出投资申请；

（五）招标人向提出投资申请的潜在投标人详细介绍项目情况，可以组织潜在投标人踏勘项目现场并解答有关问题；

（六）实行资格预审的，由招标人向提出投资申请的潜在投标人发售资格预审文件；实行资格后审的，由招标人向提出投资申请的投标人发售招标文件；

（七）实行资格预审的，潜在投标人编制资格预审申请文件，并递交招标人；招标人应当对递交资格预审申请文件的潜在投标人进行资格审查，并向资格预审合格的潜在投标人发售招标文件；

（八）投标人编制投标文件，并提交招标人；

（九）招标人组织开标，组建评标委员会；

（十）实行资格后审的，评标委员会应当在开标后首先对投标人进行资格审查；

（十一）评标委员会进行评标，推荐中标候选人；

（十二）招标人确定中标人，并发出中标通知书；

（十三）招标人与中标人签订投资协议。

第十三条 招标人应通过国家指定的全国性报刊、信息网络等媒介发布招标公告。

采用国际招标的，应通过相关国际媒介发布招标公告。

第十四条 招标人应当参照国务院交通主管部门制定的经营性公路建设项目投资人招标资格预审文件范本编制资格预审文件，并结合项目特点和需要确定资格审查标准。

招标人应当组建资格预审委员会对递交资格预审申请文件的潜在投标人进行资格审查。资格预审委员会由招标人代表和公路、财务、金融等方面的专家组成，成员人数为七人以上单数。

第十五条 招标人应当参照国务院交通主管部门制定的经营性公路建设项目投资人招标文件范本，并结合项目特点和需要编制招标文件。

招标人编制招标文件时，应当充分考虑项目投资回收能力和预期收益的不确定性，合理分配项目的各类风险，并对特许权内容、最长收费期限、相关政策等予以说明。招标人编制的可行性研究报告应当作为招标文件的组成部分。

第十六条 招标人应当合理确定资格预审申请文件和投标文件的编制时间。

编制资格预审申请文件时间，自资格预审文件开始发售之日起至潜在投标人提交资格预审申请文件截止之日止，不得少于三十个工作日。

编制投标文件的时间，自招标文件开始发售之日起至投标人提交投标文件截止之日止，不得少于四十五个工作日。

第十七条 列入国家高速公路网规划和需经国务院投资主管部门核准的经营性公路建设项目投资人招标投标活动，应当按照招标工作程序，及时将招标文件、资格预审结果、评标报告报国务院交通主管部门备案。国务院交通主管部门应当在收到备案文件七个工作日内，对不符合法律、法规规定的内容提出处理意见，及时行使监督职责。

其他经营性公路建设项目投资人招标投标活动的备案工作按照省级人民政府交通主管部门的有关规定执行。

第三章 投 标

第十八条 投标人是响应招标、参加投标竞争的国内外经济组织。

采用资格预审方式招标的，潜在投标人通过资格预审后，方可参加投标。

第十九条 投标人应当具备以下基本条件：

（一）总资产六亿元人民币以上，净资产二亿五千万元人民币以上；

（二）最近连续三年每年均为盈利，且年度财务报告应当经具有法定资格的中介机构审计；

（三）具有不低于项目估算的投融资能力，其中净资产不低于项目估算投资的百分之三十五；

（四）商业信誉良好，无重大违法行为。

招标人可以根据招标项目的实际情况，提高对投标人的条件要求。

第二十条 两个以上的国内外经济组织可以组成一个联合体，以一个投标人的身份共同投标。联合体各方均应符合招标人对投标人的资格审查标准。

以联合体形式参加投标的，应提交联合体各方签订的共同投标协议。共同投标协议应当明确约定联合体各方的出资比例、相互关系、拟承担的工作和责任。联合体中标的，联合体各方应当共同与招标人签订项目投资协议，并向招标人承担连带责任。

联合体的控股方为联合体主办人。

第二十一条 投标人应当按照招标文件的要求编制投标文件，投标文件应当对招标文件提出的实质性要求和条件作出响应。

第二十二条 招标文件明确要求提交投标担保的，投标人应按照招标文件要求的额度、期限和形式提交投标担保。投标人未按照招标文件的要求提交投标担保的，其提交的投标文件为废标。

投标担保的额度一般为项目投资的千分之三，但最高不得超过五百万元人民币。

第二十三条 投标人参加投标，不得弄虚作假，不得与其他投标人串通投标，不得采取商业贿赂以及其他不正当手段谋取中标,不得妨碍其他投标人投标。

第四章 开标与评标

第二十四条 开标应当在招标文件确定的提交投标文件截止时间的同一时间公开进行。

开标由招标人主持,邀请所有投标人代表参加。招标人对开标过程应当记录,并存档备查。

第二十五条 评标由招标人依法组建的评标委员会负责。评标委员会由招标人代表和公路、财务、金融等方面的专家组成,成员人数为七人以上单数。招标人代表的人数不得超过评标委员会总人数的三分之一。

与投标人有利害关系以及其他可能影响公正评标的人员不得进入相关项目的评标委员会,已经进入的应当更换。

评标委员会成员的名单在中标结果确定前应当保密。

第二十六条 评标委员会可以直接或者通过招标人以书面方式要求投标人对投标文件中含义不明确、对同类问题表述不一致或者有明显文字错误的内容作出必要的澄清或者说明,但是澄清或者说明不得超出或者改变投标文件的范围或者改变投标文件的实质性内容。

第二十七条 经营性公路建设项目投资人招标的评标办法应当采用综合评估法或者最短收费期限法。

采用综合评估法的,应当在招标文件中载明对收费期限、融资能力、资金筹措方案、融资经验、项目建设方案、项目运营、移交方案等评价内容的评分权重,根据综合得分由高到低推荐中标候选人。

采用最短收费期限法的,应当在投标人实质性响应招标文件的前提下,推荐经评审的收费期限最短的投标人为中标候选人,但收费期限不得违反国家有关法规的规定。

第二十八条 评标委员会完成评标后,应当向招标人提出书面评标报告,推荐一至三名中标候选人,并标明排名顺序。

评标报告需要由评标委员会全体成员签字。

第五章 中标与协议的签订

第二十九条 招标人应当确定排名第一的中标候选人为中标人。招标人也可以授权评标委员会直接确定中标人。

排名第一的中标候选人有下列情形之一的,招标人可以确定排名第二的中标候选人为中标人:

(一)自动放弃中标;

(二)因不可抗力提出不能履行合同;

(三)不能按照招标文件要求提交履约保证金;

(四)存在违法行为被有关部门依法查处,且其违法行为影响中标结果的。

如果排名第二的中标候选人存在上述情形之一,招标人可以确定排名第三的中标候选人为中标人。

三个中标候选人都存在本条第二款所列情形的,招标人应当依法重新招标。

招标人不得在评标委员会推荐的中标候选人之外确定中标人。

第三十条 提交投标文件的投标人少于三个或者因其他原因导致招标失败的,招标人应当依法重新招标。重新招标前,应当根据前次的招标情况,对招标文件进行适当调整。

第三十一条 招标人确定中标人后,应当在十五个工作日内向中标人发出中标通知书,同时通知所有未中标的投标人。

第三十二条 招标文件要求中标人提供履约担保的,中标人应当提供。担保的金额一般为项目资本金出资额的百分之十。

履约保证金应当在中标人履行项目投资协议后三十日内予以退还。其他形式的履约担保,应当在中标人履行项目投资协议后三十日内予以撤销。

第三十三条 招标人和中标人应当自中标通知书发出之日起三十个工作日内按照招标文件和中标人的投标文件订立书面投资协议。投资协议应包括以下内容:

(一)招标人与中标人的权利义务;

(二)履约担保的有关要求;

(三)违约责任;

(四)免责事由;

(五)争议的解决方式;

(六)双方认为应当规定的其他事项。

招标人应当在与中标人签订投资协议后五个工作日内向所有投标人退回投标担保。

第三十四条 中标人应在签订项目投资协议后九十日内到工商行政管理部门办理项目法人的工商登记手续,完成项目法人组建。

第三十五条 招标人与项目法人应当在完成项目核准手续后签订项目特许权协议。特许权协议应当参照国务院交通主管部门制定的特许权协议示范文本并结合项目的特点和需要制定。特许权协议应当包括以下内容:

（一）特许权的内容及期限；
（二）双方的权利及义务；
（三）项目建设要求；
（四）项目运营管理要求；
（五）有关担保要求；
（六）特许权益转让要求；
（七）违约责任；
（八）协议的终止；
（九）争议的解决；
（十）双方认为应规定的其他事项。

第六章 附 则

第三十六条 对招投标活动中的违法行为，应当按照国家有关法律、法规的规定予以处罚。

第三十七条 招标人违反本办法规定，以不合理的条件限制或者排斥潜在投标人，对潜在投标人实行歧视待遇的，由上级交通主管部门责令改正。

第三十八条 本规定自 2008 年 1 月 1 日起施行。

（2）水运工程

水运工程建设项目招标投标管理办法

1. 2012 年 12 月 20 日交通运输部发布

2. 根据 2021 年 8 月 11 日交通运输部《关于修改〈水运工程建设项目招标投标管理办法〉的决定》修正

第一章 总 则

第一条 为了规范水运工程建设项目招标投标活动，保护招标投标活动当事人的合法权益，保证水运工程建设项目的质量，根据《中华人民共和国招标投标法》《中华人民共和国招标投标法实施条例》等法律法规，制定本办法。

第二条 在中华人民共和国境内依法必须进行的水运工程建设项目招标投标活动适用本办法。

水运工程建设项目是指水运工程以及与水运工程建设有关的货物、服务。

前款所称水运工程包括港口工程、航道整治、航道疏浚、航运枢纽、过船建筑物、修造船水工建筑物等及其附属建筑物和设施的新建、改建、扩建及其相关的装修、拆除、修缮等工程;货物是指构成水运工程不可分割的组成部分,且为实现工程基本功能所必需的设备、材料等;服务是指为完成水运工程所需的勘察、设计、监理等服务。

第三条 水运工程建设项目招标投标活动,应遵循公开、公平、公正和诚实信用的原则。

第四条 水运工程建设项目招标投标活动不受地区或者部门的限制。

任何单位和个人不得以任何方式非法干涉招标投标活动,不得将依法必须进行招标的项目化整为零或者以其他任何方式规避招标。

第五条 水运工程建设项目招标投标工作实行统一领导、分级管理。

交通运输部主管全国水运工程建设项目招标投标活动,并具体负责经国家发展和改革委员会等部门审批、核准和经交通运输部审批的水运工程建设项目招标投标活动的监督管理工作。

省级交通运输主管部门主管本行政区域内的水运工程建设项目招标投标活动,并具体负责省级人民政府有关部门审批、核准的水运工程建设项目招标投标活动的监督管理工作。

省级以下交通运输主管部门按照各自职责对水运工程建设项目招标投标活动实施监督管理。

第六条 水运工程建设项目应当按照国家有关规定,进入项目所在地设区的市级以上人民政府设立的公共资源交易场所或者授权的其他招标投标交易场所开展招标投标活动。

鼓励利用依法建立的招标投标网络服务平台及现代信息技术进行水运工程建设项目电子招标投标。

第二章 招 标

第七条 水运工程建设项目招标的具体范围及规模标准执行国务院的有关规定。

鼓励水运工程建设项目的招标代理机构、专项科学试验研究项目、监测等承担单位的选取采用招标或者竞争性谈判等其他竞争性方式确定。

第八条 水运工程建设项目招标人是指提出招标项目并进行招标的水运工程建设项目法人。

第九条 按照国家有关规定需要履行项目立项审批、核准手续的水运工程建设项目，在取得批准后方可开展勘察、设计招标。

水运工程建设项目通过初步设计审批后，方可开展监理、施工、设备、材料等招标。

第十条 水运工程建设项目招标分为公开招标和邀请招标。

按照国家有关规定需要履行项目立项审批、核准手续的水运工程建设项目，招标人应当按照项目审批、核准时确定的招标范围、招标方式、招标组织形式开展招标；没有确定招标范围、招标方式、招标组织形式的，依据国家有关规定确定。

不需要履行项目立项审批、核准手续的水运工程建设项目，其招标范围、招标方式、招标组织形式，依据国家有关规定确定。

第十一条 招标人应当合理划分标段、确定工期，并在招标文件中载明。不得利用划分标段规避招标、虚假招标、限制或者排斥潜在投标人。

第十二条 国有资金占控股或者主导地位的水运工程建设项目，应当公开招标。但有下列情形之一的，可以进行邀请招标：

（一）技术复杂、有特殊要求或者受自然环境限制，只有少量潜在投标人可供选择；

（二）采用公开招标方式的费用占项目合同金额的比例过大。

本条所规定的水运工程建设项目，需要按照国家有关规定履行项目审批、核准手续的，由项目审批、核准部门对该项目是否具有前款第（二）项所列情形予以认定；其他项目由招标人向对项目负有监管职责的交通运输主管部门申请作出认定。

第十三条 有下列情形之一的水运工程建设项目，可以不进行招标：

（一）涉及国家安全、国家秘密、抢险救灾或者属于利用扶贫资金实行以工代赈、需要使用农民工等特殊情况，不适宜进行招标的；

（二）需要采用不可替代的专利或者专有技术的；

（三）采购人自身具有工程建设、货物生产或者服务提供的资格和能力，且符合法定要求的；

（四）已通过招标方式选定的特许经营项目投资人依法能够自行建设、生产或者提供的；

（五）需要向原中标人采购工程、货物或者服务，否则将影响施工或者功能配套要求的；

（六）国家规定的其他特殊情形。

招标人为适用前款规定弄虚作假的，属于招标投标法第四条规定的规避招标。

第十四条 水运工程建设项目设计招标可采用设计方案招标或设计组织招标。

第十五条 招标人可以依法对工程以及与工程建设有关的货物、服务全部或者部分实行总承包招标。

以暂估价形式包括在总承包范围内的工程、货物、服务,属于依法必须进行招标的项目范围且达到国家规定规模标准的,应当依法进行招标,其招标实施主体应当在总承包合同中约定,并统一由总承包发包的招标人按照第十八条的规定履行招标及备案手续。

前款所称暂估价,是指总承包招标时不能确定价格而由招标人在招标文件中暂时估定的工程、货物、服务的金额。

第十六条 招标人自行办理招标事宜的,应当具备下列条件:

(一)招标人应当是该水运工程建设项目的项目法人;

(二)具有与招标项目规模和复杂程度相适应的水运工程建设项目技术、经济等方面的专业人员;

(三)具有能够承担编制招标文件和组织评标的组织机构或者专职业务人员;

(四)熟悉和掌握招标投标的程序及相关法规。

招标人自行办理招标事宜的,应当向具有监督管理职责的交通运输主管部门备案。

招标人不具备本条前款规定条件的,应当委托招标代理机构办理水运工程建设项目招标事宜。任何单位和个人不得为招标人指定招标代理机构。

第十七条 招标人采用招标或其他竞争性方式选择招标代理机构的,应当从业绩、信誉、从业人员素质、服务方案等方面进行考查。招标人与招标代理机构应当签订书面委托合同。合同约定的收费标准应当符合国家有关规定。

招标代理机构在其资格许可和招标人委托的范围内开展招标代理业务,不受任何单位、个人的非法干预或者限制。

第十八条 水运工程建设项目采用资格预审方式公开招标的,招标人应当按下列程序开展招标投标活动:

(一)编制资格预审文件和招标文件,报交通运输主管部门备案;

(二)发布资格预审公告并发售资格预审文件;

(三)对提出投标申请的潜在投标人进行资格预审,资格审查结果报交通运输主管部门备案;

国有资金占控股或者主导地位的依法必须进行招标的水运工程建设项目,招标人应当组建资格审查委员会审查资格预审申请文件;

（四）向通过资格预审的潜在投标人发出投标邀请书；向未通过资格预审的潜在投标人发出资格预审结果通知书；

（五）发售招标文件；

（六）需要时组织潜在投标人踏勘现场，并进行答疑；

（七）接收投标人的投标文件，公开开标；

（八）组建评标委员会评标，推荐中标候选人；

（九）公示中标候选人，确定中标人；

（十）编制招标投标情况书面报告报交通运输主管部门备案；

（十一）发出中标通知书；

（十二）与中标人签订合同。

第十九条 水运工程建设项目采用资格后审方式公开招标的，应当参照第十八条规定的程序进行，并应当在开标后由评标委员会按照招标文件规定的标准和方法对投标人的资格进行审查。

第二十条 水运工程建设项目实行邀请招标的，招标文件应当报有监督管理权限的交通运输主管部门备案。

第二十一条 招标人编制的资格预审文件、招标文件的内容违反法律、行政法规的强制性规定，违反公开、公平、公正和诚实信用原则，影响资格预审结果或者潜在投标人投标的，依法必须进行招标的项目的招标人应当在修改资格预审文件或者招标文件后重新招标。

依法必须进行招标的水运工程建设项目的资格预审文件和招标文件的编制，应当使用国务院发展改革部门会同有关行政监督部门制定的标准文本以及交通运输部发布的行业标准文本。

招标人在制定资格审查条件、评标标准和方法时，应利用水运工程建设市场信用信息成果以及招标投标违法行为记录公告平台发布的信息，对潜在投标人或投标人进行综合评价。

第二十二条 资格预审公告和招标公告除按照规定在指定的媒体发布外，招标人可以同时在交通运输行业主流媒体或者建设等相关单位的门户网站发布。

资格预审公告和招标公告的发布应当充分公开，任何单位和个人不得非法干涉、限制发布地点、发布范围或发布方式。

在网络上发布的资格预审公告和招标公告，至少应当持续到资格预审文件和招标文件发售截止时间为止。

第二十三条 招标人应当按资格预审公告、招标公告或者投标邀请书规定的时间、地点发售资格预审文件或者招标文件。资格预审文件或者招标文件的发售期不得少于5日。资格预审文件或者招标文件售出后，不予退还。

第二十四条 自资格预审文件停止发售之日起至提交资格预审申请文件截止之日止，不得少于5日。

对资格预审文件的澄清或修改可能影响资格预审申请文件编制的，应当在提交资格预审申请文件截止时间至少3日前以书面形式通知所有获取资格预审文件的潜在投标人。不足3日的，招标人应当顺延提交资格预审申请文件的截止时间。

依法必须招标的项目在资格预审文件停止发售之日止，获取资格预审文件的潜在投标人少于3个的，应当重新招标。

第二十五条 潜在投标人或者其他利害关系人对资格预审文件有异议的，应当在提交资格预审申请文件截止时间2日前提出。招标人应当自收到异议之日起3日内作出答复；作出答复前，应当暂停招标投标活动。对异议作出的答复如果实质性影响资格预审申请文件的编制，则相应顺延提交资格预审申请文件的截止时间。

第二十六条 资格预审审查方法分为合格制和有限数量制。一般情况下应当采用合格制，凡符合资格预审文件规定资格条件的资格预审申请人，均通过资格预审。潜在投标人过多的，可采用有限数量制，但该数额不得少于7个；符合资格条件的申请人不足该数额的，均视为通过资格预审。

通过资格预审的申请人少于3个的，应当重新招标。

资格预审应当按照资格预审文件载明的标准和方法进行。资格预审文件未载明的标准和方法，不得作为资格审查的依据。

第二十七条 自招标文件开始发售之日起至潜在投标人提交投标文件截止之日止，最短不得少于20日。

对招标文件的澄清或修改可能影响投标文件编制的，应当在提交投标文件截止时间至少15日前，以书面形式通知所有获取招标文件的潜在投标人；不足15日的，招标人应当顺延提交投标文件的截止时间。

获取招标文件的潜在投标人少于3个的，应当重新招标。

第二十八条 潜在投标人或者其他利害关系人对招标文件有异议的，应当在提交投标文件截止时间10日前提出；招标人应当自收到异议之日起3日内作出答复；作出答复前，应当暂停招标投标活动。对异议作出的答复如果实质性影响投标文件的编制，则相应顺延提交投标文件截止时间。

第二十九条 招标人应当在招标文件中载明投标有效期。投标有效期从提交投标文件的截止之日起算。

第三十条 招标人在招标文件中要求投标人提交投标保证金的，投标保证金不得超过招标项目估算价的2%，投标保证金有效期应当与投标有效期一致。

投标保证金的额度和支付形式应当在招标文件中确定。境内投标单位如果采用现金或者支票形式提交投标保证金的,应当从投标人的基本账户转出。

投标保证金不得挪用。

第三十一条　招标人可以自行决定是否编制标底。一个招标项目只能有一个标底。开标前标底必须保密。

接受委托编制标底的中介机构不得参加受托编制标底项目的投标,也不得为该项目的投标人编制投标文件或者提供咨询等相关的服务。

招标人设有最高投标限价的,应当在招标文件中明确最高投标限价或者最高投标限价的计算方法。招标人不得规定最低投标限价。

第三十二条　招标人组织踏勘项目现场的,应通知所有潜在投标人参与,不得组织单个或者部分潜在投标人踏勘项目现场。潜在投标人因自身原因不参与踏勘现场的,不得提出异议。

第三十三条　招标人在发布资格预审公告、招标公告、发出投标邀请书或者售出资格预审文件、招标文件后,无正当理由不得随意终止招标。招标人因特殊原因需要终止招标的,应当及时发布公告,或者以书面形式通知被邀请的或者已经获取资格预审文件、招标文件的潜在投标人。已经发售资格预审文件、招标文件或者已经收取投标保证金的,招标人应当及时退还所收取的购买资格预审文件、招标文件的费用,以及所收取的投标保证金及银行同期存款利息。利息的计算方法应当在招标文件中载明。

第三十四条　招标人不得以不合理的条件限制、排斥潜在投标人或者投标人。招标人有下列行为之一的,属于以不合理条件限制、排斥潜在投标人或者投标人:

(一)就同一招标项目向潜在投标人或者投标人提供有差别的项目信息;

(二)设定的资格、技术、商务条件与招标项目的具体特点和实际需要不相适应或者与合同履行无关;

(三)依法必须进行招标的项目以特定行政区域或者特定行业的业绩、奖项作为加分条件或者中标条件;

(四)对潜在投标人或者投标人采取不同的资格审查或者评标标准;

(五)限定或者指定特定的专利、商标、品牌、原产地或者供应商;

(六)依法必须进行招标的项目非法限定潜在投标人或者投标人的所有制形式或者组织形式;

(七)以其他不合理条件限制、排斥潜在投标人或者投标人。

第三章 投 标

第三十五条 与招标人存在利害关系可能影响招标公正性的法人、其他组织或者个人,不得参加投标。

单位负责人为同一人或者存在控股、管理关系的不同单位,不得参加同一标段投标或者未划分标段的同一招标项目投标。

施工投标人与本标段的设计人、监理人、代建人或招标代理机构不得为同一个法定代表人、存在相互控股或参股或法定代表人相互任职、工作。

违反上述规定的,相关投标均无效。

第三十六条 投标人可以按照招标文件的要求由两个以上法人或者其他组织组成一个联合体,以一个投标人的身份共同投标。国家有关规定或者招标文件对投标人资格条件有规定的,联合体各方均应当具备规定的相应资格条件,资格条件考核以联合体协议书中约定的分工为依据。由同一专业的单位组成的联合体,按照资质等级较低的单位确定资质等级。

联合体成员间应签订共同投标协议,明确牵头人以及各方的责任、权利和义务,并将协议连同资格预审申请文件、投标文件一并提交招标人。联合体各方签署联合体协议后,不得再以自己名义单独或者参加其他联合体在同一招标项目中投标。联合体中标的,联合体各方应当共同与招标人签订合同,就中标项目向招标人承担连带责任。

招标人不得强制投标人组成联合体共同投标。

第三十七条 投标人发生合并、分立、破产等重大变化的,应当及时书面告知招标人。投标人不再具备资格预审文件、招标文件规定的资格条件或者投标影响公正性的,其投标无效。

招标人接受联合体投标并进行资格预审的,联合体应当在提交资格预审申请文件前组成。资格预审后联合体增减、更换成员的,其投标无效。

第三十八条 资格预审申请文件或投标文件按要求送达后,在资格预审文件、招标文件规定的截止时间前,招标人应允许潜在投标人或投标人对已提交的资格预审申请文件、投标文件进行撤回或补充、修改。潜在投标人或投标人如需撤回或者补充、修改资格预审申请文件、投标文件,应当以正式函件向招标人提出并做出说明。

修改资格预审申请文件、投标文件的函件是资格预审申请文件、投标文件的组成部分,其形式要求、密封方式、送达时间,适用本办法有关投标文件的规定。

第三十九条 招标人接收资格预审申请文件和投标文件,应当如实记载送达时间和密封情况，签收保存，不得开启。

资格预审申请文件、投标文件有下列情形之一的，招标人应当拒收：

（一）逾期送达的；

（二）未送达指定地点的；

（三）未按资格预审文件、招标文件要求密封的。

招标人拒收资格预审申请文件、投标文件的，应当如实记载送达时间和拒收情况，并将该记录签字存档。

第四十条 投标人在投标截止时间之前撤回已提交投标文件的，招标人应当自收到投标人书面撤回通知之日起5日内退还已收取的投标保证金。

投标截止后投标人撤销投标文件的，招标人可以不退还投标保证金。

出现特殊情况需要延长投标有效期的，招标人以书面形式通知所有投标人延长投标有效期。投标人同意延长的，应当延长其投标保证金的有效期，但不得要求或被允许修改其投标文件；投标人拒绝延长的，其投标失效，投标人有权撤销其投标文件，并收回投标保证金。

第四十一条 禁止投标人相互串通投标、招标人与投标人串通投标、以他人名义投标以及以其他方式弄虚作假的行为，认定标准执行《中华人民共和国招标投标法实施条例》有关规定。

第四章 开标、评标和定标

第四十二条 招标人应当按照招标文件中规定的时间、地点开标。

投标人少于3个的，不得开标，招标人应当重新招标。

第四十三条 开标由招标人或招标代理组织并主持。

开标应按照招标文件确定的程序进行，开标过程应当场记录，招标人、招标代理机构、投标人、参加开标的公证和监督机构等单位的代表应签字，并存档备查。开标记录应包括投标人名称、投标保证金、投标报价、工期、密封情况以及招标文件确定的其他内容。

投标人对开标有异议的，应当在开标现场提出，招标人或招标代理应当场作出答复，并制作记录。

第四十四条 招标人开标时，邀请所有投标人的法定代表人或其委托代理人准时参加。投标人未参加开标的，视为承认开标记录，事后对开标结果提出的任何异议无效。

第四十五条 评标由招标人依法组建的评标委员会负责。

依法必须进行招标的水运工程建设项目，其评标委员会成员由招标人的代表及有关技术、经济等方面的专家组成，人数为五人以上单数，其中技术、经济等方面的专家不得少于成员总数的三分之二。招标人的代表应具有相关专业知识和工程管理经验。

与投标人有利害关系的人员不得进入评标委员会。任何单位和个人不得以明示、暗示等任何方式指定或者变相指定参加评标委员会的专家成员。行政监督部门的工作人员不得担任本部门负责监督项目的评标委员会成员。

交通运输部具体负责监督管理的水运工程建设项目,其评标专家从交通运输部水运工程和交通支持系统综合评标专家库中随机抽取确定,其他水运工程建设项目的评标专家从省级交通运输主管部门建立的评标专家库或其他依法组建的综合评标专家库中随机抽取确定。

评标委员会成员名单在中标结果确定前应当保密。评标结束后,招标人应当按照交通运输主管部门的要求及时对评标专家的能力、履行职责等进行评价。

第四十六条 招标人设有标底的,应在开标时公布。标底只能作为评标的参考,不得以投标报价是否接近标底作为中标条件,也不得以投标报价超过标底上下浮动范围作为否决投标的条件。

第四十七条 招标人应当向评标委员会提供评标所必需的信息和数据,并根据项目规模和技术复杂程度等确定合理的评标时间;必要时可向评标委员会说明招标文件有关内容,但不得明示或者暗示其倾向或者排斥特定投标人。

在评标过程中,评标委员会成员因存在回避事由、健康等原因不能继续评标,或者擅离职守的,应当及时更换。被更换的评标委员会成员已作出的评审结论无效,由更换后的评标专家重新进行评审。已形成评标报告的,应当作相应修改。

第四十八条 有下列情形之一的,评标委员会应当否决其投标:

(一)投标文件未按招标文件要求盖章并由法定代表人或其书面授权的代理人签字的;

(二)投标联合体没有提交共同投标协议的;

(三)未按照招标文件要求提交投标保证金的;

(四)投标函未按照招标文件规定的格式填写,内容不全或者关键字迹模糊无法辨认的;

(五)投标人不符合国家或者招标文件规定的资格条件的;

(六)投标人名称或者组织结构与资格预审时不一致且未提供有效证明的;

(七)投标人提交两份或者多份内容不同的投标文件,或者在同一份投标文件中对同一招标项目有两个或者多个报价,且未声明哪一个为最终报价

的,但按招标文件要求提交备选投标的除外;

(八)串通投标、以行贿手段谋取中标、以他人名义或者其他弄虚作假方式投标的;

(九)报价明显低于成本或者高于招标文件中设定的最高限价的;

(十)无正当理由不按照评标委员会的要求对投标文件进行澄清或说明的;

(十一)没有对招标文件提出的实质性要求和条件做出响应的;

(十二)招标文件明确规定废标的其他情形。

第四十九条 投标文件在实质上响应招标文件要求,但存在含义不明确的内容、明显文字或者计算错误,评标委员会不得随意否决投标,评标委员会认为需要投标人做出必要澄清、说明的,应当书面通知该投标人。投标人的澄清、说明应当采用书面形式,并不得超出投标文件的范围或者改变投标文件的实质性内容。

评标委员会不得暗示或者诱导投标人做出澄清、说明,不得接受投标人主动提出的澄清、说明。

第五十条 评标委员会经评审,认为所有投标都不符合招标文件要求的,或者否决不合格投标后,因有效投标不足3个使得投标明显缺乏竞争的,可以否决全部投标。

所有投标被否决的,招标人应当依法重新招标。

第五十一条 评标委员会应当遵循公平、公正、科学、择优的原则,按照招标文件规定的标准和方法,对投标文件进行评审和比较。

招标文件没有规定的评标标准和方法,不得作为评标的依据。

第五十二条 根据本办法第二十四条、第二十六条、第二十七条、第四十二条、第五十条规定重新进行了资格预审或招标,再次出现了需要重新资格预审或者重新招标的情形之一的,经书面报告交通运输主管部门后,招标人可不再招标,并可通过与已提交资格预审申请文件或投标文件的潜在投标人进行谈判确定中标人,将谈判情况书面报告交通运输主管部门备案。

第五十三条 中标人的投标应当符合下列条件之一:

(一)能够最大限度地满足招标文件规定的各项综合评价标准;

(二)能够满足招标文件的实质性要求,并且经评审的投标价格最低,但是投标价格低于成本的除外。

第五十四条 评标委员会完成评标后,应当向招标人提交书面评标报告并推荐中标候选人。中标候选人应当不超过三个,并标明排序。

评标报告由评标委员会全体成员签字。对评标结论持有异议的评标委员会成员可以书面方式阐述其不同意见和理由，评标报告应当注明该不同意见。评标委员会成员拒绝在评标报告上签字又不书面说明其不同意见和理由的，视为同意评标结论，评标委员会应当对此做出书面说明并记录。

第五十五条 评标报告应包括以下内容：

（一）评标委员会成员名单；

（二）对投标文件的符合性评审情况；

（三）否决投标情况；

（四）评标标准、评标方法或者评标因素一览表；

（五）经评审的投标价格或者评分比较一览表；

（六）经评审的投标人排序；

（七）推荐的中标候选人名单与签订合同前需要处理的事宜；

（八）澄清、说明、补正事项纪要。

第五十六条 依法必须进行招标的项目，招标人应当自收到书面评标报告之日起 3 日内按照国家有关规定公示中标候选人，公示期不得少于 3 日。

投标人或者其他利害关系人对评标结果有异议的，应当在中标候选人公示期间提出。招标人应当自收到异议之日起 3 日内作出答复；作出答复前，应当暂停招标投标活动。

第五十七条 公示期间没有异议、异议不成立、没有投诉或者投诉处理后没有发现问题的，招标人应当从评标委员会推荐的中标候选人中确定中标人。异议成立或者投诉发现问题的，应当及时更正。

国有资金占控股或者主导地位的水运工程建设项目，招标人应当确定排名第一的中标候选人为中标人。排名第一的中标候选人放弃中标、因不可抗力不能履行合同、不按照招标文件要求提交履约保证金，或者被查实存在影响中标结果的违法行为等情形，不符合中标条件的，招标人可以按照评标委员会提出的中标候选人名单排序依次确定其他中标候选人为中标人，也可以重新招标。

第五十八条 中标人确定后，招标人应当及时向中标人发出中标通知书，并同时将中标结果通知所有未中标的投标人。

第五十九条 招标人和中标人应当自中标通知书发出之日起 30 日内，按照招标文件和中标人的投标文件订立书面合同，合同的标的、价款、质量、履行期限等主要条款应当与招标文件和中标人的投标文件的内容一致。招标人和中标人不得再行订立背离合同实质性内容的其他协议。

招标文件要求中标人提交履约保证金的，中标人应当按照招标文件的要求提交。履约保证金不得超过中标金额的 10%。

招标人最迟应当在书面合同签订后5日内向中标人和未中标的投标人退还投标保证金及银行同期存款利息。

第六十条 中标候选人的经营、财务状况发生较大变化或者存在违法行为，招标人认为可能影响其履约能力的，应当在发出中标通知书前由原评标委员会按照招标文件规定的标准和方法审查确认。

第六十一条 招标人应当自确定中标人之日起15日内，向具体负责本项目招标活动监督管理的交通运输主管部门提交招标投标情况的书面报告。

招标投标情况书面报告主要内容包括：招标项目基本情况、投标人开标签到表、开标记录、监督人员名单、评标标准和方法、评标委员会评分表和汇总表、评标委员会推荐的中标候选人名单、中标人、经评标委员会签字的评标报告、评标结果公示、投诉处理情况等。

第六十二条 中标人应当按照合同约定履行义务，完成中标项目。中标人不得向他人转让中标项目，也不得将中标项目肢解后分别向他人转让。

中标人按照合同约定或者经招标人同意，可以将中标项目的部分非主体、非关键性工作分包给他人完成。接受分包的人应当具备相应的资格条件，并不得再次分包。

中标人应当就分包项目向招标人负责，接受分包的人就分包项目承担连带责任。

第五章 投诉与处理

第六十三条 投标人或者其他利害关系人认为招标投标活动不符合法律、行政法规规定的，可以自知道或者应当知道之日起10日内向交通运输主管部门投诉。投诉应当有明确的请求和必要的证明材料。

就本办法第二十五条、第二十八条、第四十三条、第五十六条规定事项投诉的，应当先向招标人提出异议，异议答复期间不计算在前款规定的期限内。

第六十四条 投诉人就同一招标事项向两个以上交通运输主管部门投诉的，由具体承担该项目招标活动监督管理职责的交通运输主管部门负责处理。

交通运输主管部门应当自收到投诉之日起3个工作日内决定是否受理投诉，并自受理投诉之日起30个工作日内作出书面处理决定；需要检验、检测、鉴定、专家评审的，所需时间不计算在内。

投诉人捏造事实、伪造材料或者以非法手段取得证明材料进行投诉的，交通运输主管部门应当予以驳回。

第六十五条 交通运输主管部门处理投诉，有权查阅、复制有关文件、资料，调查有关情况，相关单位和人员应当予以配合。必要时，交通运输主管部门责令暂停该项目的招标投标活动。

交通运输主管部门的工作人员对监督检查过程中知悉的国家秘密、商业秘密,应当依法予以保密。

第六章 法律责任

第六十六条 违反本办法第九条规定,水运工程建设项目未履行相关审批、核准手续开展招标活动的,由交通运输主管部门责令改正,可处三万元以下罚款。

第六十七条 违反本办法第十六条规定,招标人不具备自行招标条件而自行招标的,由交通运输主管部门责令改正。

第六十八条 违反本办法第二十一条规定,资格预审文件和招标文件的编制,未使用国务院发展改革部门会同有关行政监督部门制定的标准文本或者交通运输部发布的行业标准文本的,由交通运输主管部门责令改正。

第六十九条 交通运输主管部门应当按照《中华人民共和国招标投标法》、《中华人民共和国招标投标法实施条例》等规定,对水运工程建设项目招标投标活动中的违法行为进行处理。

第七十条 交通运输主管部门应当建立健全水运工程建设项目招标投标信用制度,并应当对招标人、招标代理机构、投标人、评标委员会成员等当事人的违法行为及处理情况予以公告。

第七章 附 则

第七十一条 使用国际金融组织或者外国政府贷款、援助资金的项目进行招标,贷款方、资金提供方对招标投标的具体条件和程序有特殊要求的,可以适用其要求,但有损我国社会公共利益的除外。

第七十二条 水运工程建设项目机电产品国际招标投标活动,依照国家相关规定办理。

第七十三条 交通支持系统建设项目招标投标活动参照本办法执行。

第七十四条 本办法自 2013 年 2 月 1 日起施行,《水运工程施工招标投标管理办法》(交通部令 2000 年第 4 号)、《水运工程施工监理招标投标管理办法》(交通部令 2002 年第 3 号)、《水运工程勘察设计招标投标管理办法》(交通部令 2003 年第 4 号)、《水运工程机电设备招标投标管理办法》(交通部令 2004 年第 9 号)同时废止。

关于进一步规范水运工程招标投标活动的若干意见

1. 2012年2月7日交通运输部发布
2. 交水发〔2012〕48号

各省(区、市)交通运输厅(委),天津市、上海市交通运输和港口管理局:

为全面落实《中华人民共和国招标投标法实施条例》(国务院令第613号,以下简称《实施条例》),深入贯彻中央工程建设领域突出问题专项治理工作有关要求,进一步加强水运工程建设项目招标投标管理,规范招标投标活动,现提出如下意见:

一、充分认识规范水运工程招标投标活动的重要意义

水运建设行业是最早全面开放、最先实行招标投标制度的行业之一。随着水运工程招标投标实践活动的全面推行和招标投标制度的不断完善,招标投标已经成为水运工程建设活动的重要内容,对保证工程质量和控制工程投资发挥了重要作用,水运工程招标投标活动总体情况良好。但是,由于社会主义市场经济体制还处于不断完善的过程中,水运基本建设投资规模大、建设任务重,水运建设市场信用体系还不健全等原因,水运工程招标投标活动仍然存在一些不容忽视的问题,如未批先招、规避招标、虚假招标、围标串标、不合理低价中标等违法违规现象依然没有得到有效遏制。整顿和规范水运建设市场秩序,创造公开、公平、公正的市场环境,进一步规范招标投标活动,促进水运建设事业健康发展是非常必要的。

二、认真清理招标投标规章和规范性文件,确保招标投标制度协调统一

各级交通运输主管部门要加快清理有关水运工程招标投标管理的各类规范性文件,推动修订与《实施条例》等法律法规相抵触的地方性法规和规章,并及时向社会公布。

三、严格执行招标投标制度

建设单位必须按照国家有关法律法规规定,开展水运工程建设项目勘察、设计、施工、监理以及与工程建设有关的设备、材料等的招标活动,除有关法律法规规定不进行招标和经主管部门批准同意采用邀请招标方式外,一律采用公开招标方式。在招标过程中,要切实贯彻有关规定,坚持"合理标段、合理标价、合理周期"的原则,依照规定程序科学有效地进行,必须按照交通运输部关于水运工程招标备案管理的要求,严格履行招标备案手续。对不履行备案手续的，交通运输主管部门应责令限期改正，拒不改正的，可依据国家有关规定作出相应的行政处罚决定。

四、严格落实招标公告公示制度

为保证潜在投标人及时、便捷地获取水运工程招标信息，依法必须招标的水运工程建设项目资格预审公告和招标公告，应当在依法指定的报刊、信息网络或者其他媒介发布。在招标人自愿的前提下，为扩大招标公告影响力，创造公开、公平、公正的市场环境，可以同时在交通运输行业主流媒体或交通运输主管部门、建设单位等门户网站发布。建设单位不得通过违规发布招标信息等方式搞虚假招标。评标结果应在依法发布招标公告的报刊、信息网络或其他媒体上及时公示，公示期不少于三日，主要内容包括招标项目名称、评标结果、举报受理方式等。

五、严格规范招标文件编制

建设单位应当认真落实国家和行业有关招标文件的编写要求，按照公平、公正、科学、合理的原则，认真组织编写水运工程勘察、设计、施工、监理以及与工程建设有关的设备、材料等标段的资格预审文件和招标文件，切实提高文件的编制质量。其中，水运工程施工招标资格预审文件和招标文件的编制应当符合《标准施工招标资格预审文件》、《标准施工招标文件》和《水运工程标准施工招标文件》的有关规定和要求。

严禁在资格预审文件和招标文件中以不合理条件或歧视性条款排斥潜在投标人，或设置特别条款倾向潜在投标人。资格预审文件或者招标文件经备案后如需对关键条款或重要内容进行变更，应重新办理备案手续；招标人可以对出售之后的资格预审文件或者招标文件进行必要的澄清或者修改，澄清或者修改的内容可能影响资格预审申请文件或者投标文件编制的，应当在提交资格预审申请文件截止时间至少 3 日前或者提交投标文件截止时间至少 15 日前，以书面形式通知所有获取资格预审文件或者招标文件的潜在投标人，并经所有潜在投标人签字确认，潜在投标人不以书面签字确认的，招标人有权拒绝该潜在投标人的资格预审申请文件或者投标文件。不足 3 日或者 15 日的，招标人应当顺延提交资格预审申请文件或者投标文件的截止时间。该澄清或者修改的内容为资格预审文件或者招标文件的组成部分，需在评标报告中作出说明。招标文件中设定的废标条款要依法、严谨，没有列明的因素和标准不得作为资格审查或评标的依据。

六、完善资格审查制度

资格审查分为资格预审和资格后审。建设单位应坚持公平、公正、公开的原则，按照预先设置的资格审查条件认真做好资格审查工作，禁止通过资格审查排斥潜在投标人。采用资格预审的,资格审查方法可采用合格制和有限数量制。一般情况下应当采用合格制,凡符合资格预审文件规定的资格条件的资格预审申请人,都可通过资格预审。潜在投标人过多的,可采用有限数量制,招标人应当在资格预审文件中载明允许通过资格预审的申请人数额,但该数额不得少于 7 个,符合资格条件的申请人不足该数额的,不再进行量化,所有符合资格条件的申请人均视为通过资格预审。

七、进一步完善评标办法

建设单位应根据相关规定科学、合理设定评标办法。评标办法可采用综合评估法和经评审的最低评标价法,一般采用综合评估法。在采用综合评估法作为评标办法时,应在充分考虑工程建设技术和质量需要的基础上,合理设定标价所占评分比例,水运工程施工招标标价所占比例一般不高于 50~60%(其中政府投资项目一般不高于 50%),水运工程勘察设计的标价所占评分比例一般不高于 25%、水运工程监理招标的标价所占评分比例一般不高于 15%。对技术含量低、规模较小的工程可采用经评审的最低评标价法,但要适当通过提高履约保证金的形式,防止恶性竞争、以低于成本的报价竞标等。

八、严格监管招标代理行为

招标代理机构应按照资质允许的范围从事水运工程招标代理活动,禁止无资质或者超越资质范围承担招标代理业务。鼓励建设单位通过适当的竞争方式择优选择招标代理机构。招标代理机构应当依法经营,平等竞争,对严重违法违规的招标代理机构,要严格限制其进入水运建设市场。

九、严格规范投标行为

投标人要严格遵守国家有关规定,依法合规地进行投标活动,严禁围标串标、恶意低价中标、挂靠借用资质等违法违规行为。各级交通运输主管部门应采取切实可行的办法加大查处和打击力度,对围标串标、弄虚作假骗取中标、向招标人或者评标委员会成员行贿等手段谋取中标以及随意放弃中标的投标人,要按照有关信用信息管理办法的规定对其不良行为进行认定。对无正当理由放弃中标的投标人,招标人不予退还投标保证金。

十、加强评标专家管理

建设单位应从依法设立的水运工程评标专家库中抽取专家,在交通运输部进行备案的招标项目应当在交通运输部水运工程评标专家库中抽取;在省级交通运输主管部门备案的招标项目应当在省级水运工程评标专家库中抽取,也可在交通运输部水运工程评标专家库中抽取。使用交通运输部水运工程评标专家库时,应提前 4 天提出书面申请,明确抽取专家的人数、专业及投标人等,提前 2 天在纪检监察部门的监督下随机抽取专家,禁止建设单位违规挑选评标专家,不得利用各种借口拒绝评标专家参加评标,在评标结束后应及时对评标专家进行网上评价。

各级交通运输主管部门应强化对评标专家的动态监管,建立评标专家准入、诫勉、清退制度,健全对评标专家的评价机制,对评标专家的工作态度、业务水平、职业道德等方面进行考核。加大对评标专家的培训力度,加强对评标专家违法、违规行为的惩罚力度。

十一、加强招标投标监管

各级交通运输主管部门要高度重视,加强对招标投标活动的监督管理。监督建设单位严格按照有关部门批复或核准的招标方式、招标组织形式、招标范围开展招标活动,禁止建设单位将公开招标擅自改为邀请招标;对不按相关规定招标和应招而不招的项目要严格查处;加大对各级招标投标监管人员的业务培训力度,提高其思想政治素质和依法行政意识。

十二、大力推进信用体系建设

各级交通运输主管部门要重视水运建设市场信用体系建设,把信用体系建设作为规范招标投标行为、规范市场秩序的重要抓手和关键突破口,切实按照我部水运工程建设市场信用信息管理的有关规定,坚持"激励诚信、惩戒失信"的原则,不断加快水运建设市场信用体系建设步伐,积极研究探索水运工程建设信用评价的方式方法,充分发挥各级水运建设市场信用信息管理系统的功能,及时公布不良信用信息,加大对市场违法违规行为的处罚力度。水运工程招标投标活动的市场责任主体,应当按规定及时完成信用信息的录入及更新等工作。

十三、应用现代信息技术,提高招标投标工作效率

各级交通运输主管部门要重视现代电子信息技术在招标投标工作中的应用,要与建设水运工程建设市场信用信息系统相结合,不断提高招标投标工作效率,节约招标投标工作成本。有条件的地区,应积极探索推进电子招标投标和网络远程评标。

各级交通运输主管部门要认真执行《实施条例》等法律法规和本意见,不断完善招标投标规章制度,狠抓制度落实,切实加强对水运工程招标投标活动的监管,不断规范招标投标行为,促进水运建设事业科学发展。

交通运输部水运工程和交通支持系统工程综合评标专家库管理办法

1. 2012年10月26日交通运输部发布
2. 交水发〔2012〕554号

第一条 为加强对水运工程和交通支持系统工程综合评标专家库的管理,规范专家评标行为,维护招标投标活动当事人的合法权益,根据《中华人民共和国招标投标法》、《中华人民共和国招标投标法实施条例》,制定本办法。

第二条 交通运输部负责水运工程和交通支持系统工程综合评标专家(以下简称评标专家)的资格认定、培训、入库、管理等活动。

第三条 经国家发展改革委等部门审批、核准和经交通运输部审批的水运工程和交通支持系统工程招标活动的评标专家,原则上从交通运输部水运工程和交通支持系统工程综合评标专家库(以下简称综合评标专家库)中随机抽取确定,其他水运工程招标活动的评标专家也可从综合评标专家库中随机抽取确定。

第四条 入选综合评标专家库的专家,必须具备以下基本条件:

(一)熟悉国家有关工程招标投标方面的法律法规,工作业绩突出,工程实践经验丰富,具有独立判断和分析问题的能力;

(二)具有良好的职业道德和保密意识,能够认真、公正、诚实、廉洁地履行职责,自觉接受监督管理,无不良信用记录等;

(三)从事水运工程或交通支持系统工程建设、勘察设计、施工、监理、质量监督、科研等领域工作满15年,并具有高级技术职称;

(四)每申报一个专业(《水运工程和交通支持系统工程综合评标专家库专业分类表》见附件1)应承担过3个以上(含3个)大中型水运工程或交通支持系统工程建设项目相应的业务工作(《水运工程和交通支持系统工程大中型业绩认定标准表》见附件2),且应担任以下职务之一:

1. 设计专业负责人以上;
2. 施工项目经理部总工、副经理以上;
3. 监理项目总监代表、副总监以上;
4. 建设管理项目部门负责人以上;

5. 质量监督项目负责人以上；

6. 前期工作、科研等项目负责人以上。

（五）年龄在65周岁以下，身体健康，能够承担评标工作。两院院士、勘察设计大师（含水运行业）、交通运输部专家委员会委员可不受年龄限制。

凡具备前款规定条件的专业人员，均可申请进入综合评标专家库，经交通运输部审查通过后取得评标专家资格。

第五条 评标专家由本人申请和单位推荐方式产生。申请程序如下：

（一）申请人填写《水运工程和交通支持系统工程综合评标专家库入库申请表》（见附件3）并附相关证明材料后报所在单位，申报材料要求如下：

1. 两院院士、勘察设计大师（含水运行业）、交通运输部专家委员会委员不需附证明材料；

2. 原入库专家只需提供原专家资格证书复印件，专家所在单位、职务、学历等个人信息如有变动的，需要提供相应证明材料；

3. 具有甲级以上设计资质、一级以上施工资质及甲级监理资质企业的总工程师、副总工程师、总经济师、副总经济师只需提供任职文件；

4. 获得国家职业资质证书（指咨询工程师、勘察设计工程师、建造师、监理工程师等）与正高级职称人员只需提供身份证、职业资格证书（或职称证书）和毕业证书复印件；

5. 其他人员应提供身份证、毕业证书、职称证书复印件，并提供所承担项目的规模证书（如设计批复文件、合同文件、交竣工验收证书等复印件）和在项目中的任职证明（如设计文件扉页、图签、聘任文件等复印件）。

（二）所在单位与上级单位审核同意后，填写《水运工程和交通支持系统工程综合评标专家库入库申请汇总表》（见附件4），按以下渠道上报：

1. 海事、救捞、船级社、长航系统所属单位，分别报部海事局、部救助打捞局，中国船级社，长江航务管理局；

2. 中央企业所属单位，分别报主管集团公司；

3. 其他单位按属地管理原则，报当地省级交通运输主管部门。

（三）省级交通运输主管部门或部海事局、救助打捞局、中国船级社、长江航务管理局、中央企业集团公司审核同意后，填写《水运工程和交通支持系统工程综合评标专家库入库审核汇总表》（见附件5），连同申报材料一起报交通运输部；

（四）除海事、救捞、船级社、长航系统外，部其他直属单位直接报交通运输部；

（五）交通运输部将根据申报材料组织评审，确定申请人是否具备评标专家资格,并对符合评标专家资格的人员进行统一培训,培训合格后颁发资格证书,并向社会公布。

第六条 抽取评标专家应实行回避制度。有下列情形之一的,不得进入评标委员会或资格审查委员会。

(一)投标人主要负责人的近亲属;

(二)项目主管部门或者行政监督部门的人员;

(三)与投标人有经济利益关系,可能影响公正评审的;

(四)暂停评标专家资格的;

(五)曾因在招标、评标以及其他与招标投标有关活动中从事违法行为而受过行政处罚或刑事处罚的。

第七条 由招标人或公共资源交易市场人员通过远程异地的方式从部综合评标专家库中抽取评标专家,并按以下程序进行:

(一)根据评标工作安排,提前4天向交通运输部提出书面申请(《水运工程和交通支持系统工程评标专家抽取申请表》见附件6);

(二)符合抽取条件的,综合评标专家库管理系统(以下简称系统)提前2天自动随机产生口令密码,发送到招标人提供的邮箱;

(三)招标人或公共资源交易市场人员在行政主管部门或纪检监察部门的监督下,输入口令密码登陆系统后进行随机抽取;

(四)招标人或公共资源交易市场人员根据系统随机抽取的评标专家及联系方式,及时与评标专家联系确认,系统将同时通过短信自动将有关信息通知评标专家;

(五)将评标专家抽取结果打印并签字归档。

第八条 招标人或公共资源交易市场人员在抽取评标专家时,不得利用各种借口拒绝评标专家参加评标,禁止违规挑选评标专家。评标专家抽取过程及专家名单应当保密。

第九条 招标人或公共资源交易市场人员应在评标工作结束后,重新登陆系统对评标专家的评标活动进行评价(《水运工程和交通支持系统工程评标专家综合评价表》见附件7)。未完成上一次评标专家评定的,不得再次抽取评标专家。

第十条 评标专家所在单位应积极支持评标专家的工作,优先安排其参加评标活动。

第十一条 评标专家享受以下权利:

(一)进入资格审查委员会或评标委员会,参加资格审查或评标活动;

(二)对资格申请文件或投标文件进行独立评审,不受任何单位和个人的非法干预和影响；

（三）按照资格审查委员会或评标委员会的统一安排，要求资格申请人或投标人对资格申请文件或投标文件作出必要的澄清、说明；

（四）如招标人、招标代理机构、资格审查委员会或评标委员会其他成员有违法、违规或不公正行为，有权向交通运输部报告。

第十二条 评标专家承担以下义务：

（一）严格执行国家有关招标投标的法律、法规、规章和招标文件的有关规定，并接受交通运输部等有关部门的监督管理；

（二）客观、公正地对资格申请文件或投标文件进行评审，遵守职业道德，不徇私舞弊，对所提出的评审意见承担责任；

（三）遵守保密规定，不泄露资格审查、投标文件的评审、评标委员会成员组成等有关情况；

（四）参加交通运输部组织的培训。

第十三条 招标人应负担评标专家在评标工作期间的食宿、交通等费用，并按有关规定支付评标专家报酬。

第十四条 评标专家有下列情况之一的，交通运输部核实后将暂停其评标专家资格六个月：

（一）一年之内连续三次被抽取但拒绝参加评标活动的；

（二）无正当理由，承诺参加但不参加评标活动的。

评标专家在一定时期内因客观原因不能参加评标活动的，应向交通运输部提出书面申请，并附有关证明材料。

第十五条 评标专家有下列情况之一的，交通运输部核实后将取消其评标专家资格：

（一）无正当理由，中途退出评标活动的；

（二）评标期间私下接触投标人的；

（三）收受投标人的财物或其他好处的；

（四）违反保密规定，泄露资格审查或评标情况的；

（五）接受任何单位或者个人明示或者暗示提出的倾向或者排斥特定资格审查申请人或投标人要求的；

（六）暗示或者诱导投标人对投标文件中含义不明确的内容、明显文字或者计算错误等作出澄清、说明，影响评审公正性的；

（七）不参加培训的；

（八）由于健康等原因，不能胜任评标工作的；

（九）曾因在招标、评标以及其他与招标有关活动中从事违法行为而受过行政处罚或刑事处罚的。

第十六条 交通运输部定期对评标专家进行培训。

第十七条 综合评标专家库实行动态管理。根据工作需要,交通运输部可对专业分类和业绩认定标准进行调整,并补充符合资格要求的评标专家进入综合评标专家库。交通运输部每年将对评标专家的评标工作进行评价。

第十八条 本办法由交通运输部负责解释。

第十九条 本办法自发布之日起施行。原交通部《水运工程评标专家和评标专家库管理办法》(交水发〔2006〕333号)同时废止。

附件:(略)

(3)铁路工程

铁路建设工程招标投标实施办法

1. 2002年8月24日铁道部令2002年第8号公布

2. 自2002年10月1日起施行

第一章 总 则

第一条 铁路建设工程是关系社会公共利益、公众安全的基础设施建设,必须依法进行招标投标。为规范铁路建设工程招标投标活动,保护国家利益、社会公共利益和招标投标当事人的合法权益,保证项目质量和公众安全,提高投资效益,依据《中华人民共和国招标投标法》和国家有关法律、法规,制定本实施办法。

第二条 本办法适用于新建、改建国家铁路、国家与地方或企业合资铁路、地方铁路的固定资产投资项目的施工、监理及与建设工程有关的重要设备和主要材料采购等的招标投标活动。

专用铁路和铁路专用线的建设项目可参照执行。

第三条 铁路建设项目达到以下规模和标准之一的必须进行招标:

(一)工程总投资200万元(含)以上或施工单项合同估算价在100万元人民币以上的;

(二)监理单项合同估算价在10万元人民币以上的;

(三)重要设备、主要材料采购单项合同估算价在50万元人民币以上的。

不足以上规模和标准的铁路建设项目参照本办法进行招标。

第四条 铁路建设工程招标投标活动应遵循公开、公平、公正、诚实信用的原则。

第五条 任何单位和个人不得将必须招标的铁路建设项目化整为零或者以其他任何方式规避招标。

第六条 必须招标的铁路建设项目,其招标投标活动不受地区或部门的限制。任何单位和个人不得违法限制或排斥本地区、本系统以外的具备相应资质的法人或其他组织参加投标,不得以任何方式非法干涉招标投标活动。

第七条 铁路建设工程招标投标活动受国家法律保护,招标投标活动及其当事人应当接受依法实施的监督。

第八条 国务院铁路主管部门及受其委托的部门归口管理全国铁路建设工程招标投标工作,主要职责是:

(一)贯彻国家有关招标投标的法律、法规,制定铁路建设工程招标投标管理的规章制度并监督实施;

(二)对铁路建设项目工程招标投标活动实施监督;

(三)审查招标人资质。

第九条 受国务院铁路主管部门委托的铁道部工程招标投标管理办公室和铁路局工程招标投标管理办公室(以下统称工程招投标管理办公室)按委托规定权限负责监督、检查铁路建设项目招标投标活动。

工程招投标管理办公室的主要职责是:

(一)宣传、贯彻有关建设工程招标投标法律、法规和规章制度;

(二)审查招标人、招标代理机构和标底编制单位资格;

(三)监督、检查招标投标当事人的招标投标行为是否符合法律、法规规定的权限和程序;

(四)对新建、改建国家铁路、国家与地方或企业合资铁路的招标计划、标底、评标办法、招标结果进行审查、核准;

(五)协调与省、市地方招标投标管理部门的工作关系;

(六)组建并管理招标评标委员会评委专家库。

第十条 铁路建设工程施工、监理及与建设工程有关的重要设备和主要材料采购等招标投标活动,除特殊情况经工程招投标管理办公室批准外,一律在铁路有形建设市场的交易中心进行。

第二章 招 标

第十一条 铁路建设项目招标应具备下列条件:

(一)大中型建设项目可行性研究报告经国家批准,其他建设项目按规定已履行相应审批手续;

(二)有批准的设计文件(两阶段设计有初步设计文件,一阶段设计有施工图);

(三)建设资金已落实;

(四)建设项目管理机构已建立。

第十二条 铁路建设工程的招标人是依照本办法规定提出招标项目、负责组织招标活动的法人或其他组织。

第十三条 招标人的责任与权利

(一)责任:

1. 发布招标公告及编制招标文件,负责组织招标;

2. 审查投标人资格;

3. 组织现场踏勘,解答和澄清招标文件中的问题;

4. 编制标底,组建评标委员会,编写评标报告;

5. 按招标文件和中标人的投标文件与中标人签订合同;

6. 对招标文件、合同条款与建设项目目标实现的差异承担责任;

7. 接受依法实施的监督,遵守招标投标有关法规,按规定保守秘密;

8. 负责招标档案的建立和保存。

(二)权利:

1. 参加设计文件鉴定;

2. 按招标投标法律、法规,根据招标项目特点,经过资格审查选定投标人;

3. 具备自行招标条件的招标人有权自行办理招标,有权拒绝任何单位和个人强制其委托招标代理机构办理招标事宜。不具备自行招标条件的招标人,有权自行选择招标代理机构,委托办理招标事宜,拒绝任何单位和个人指定的招标代理机构;

4. 有权拒绝不符合招标文件要求的投标;

5. 按评标委员会的书面评标报告和推荐的中标候选人确定中标人。

第十四条 招标人可自行招标或委托招标。经项目审批部门核准招标人符合自行招标条件的,可以自行组织招标。不符合自行招标条件的,由招标人委托具有相应资质的招标代理机构办理招标事宜。

第十五条　招标人自行组织招标时必须具备下列条件：

（一）具有项目法人资格（或法人资格）；

（二）有与建设项目规模相适应的，熟悉和掌握招标投标法律、法规、规章的专业齐全的技术、经济管理人员；

（三）具有编制招标文件、审查投标人资格和组织开标、评标、定标的能力；

（四）设有财务机构和具有会计从业资格的人员，能按有关法规进行财务管理和独立的会计核算；

（五）资质等级与建设项目的投资规模相适应，有从事同类铁路建设项目招标的经验。

第十六条　招标人自行招标应在上报可行性研究报告时向项目审批部门报送下列书面材料，经核准后方能自行招标：

（一）项目法人营业执照、法人证书或项目法人组建的文件；

（二）与招标项目相适应的专业技术力量情况，包括工程技术、概（预）算、财务和工程管理人员的高、中、初级职称的人数；

（三）内设的招标机构或专职招标人员的基本情况；

（四）拟使用的评委专家库；

（五）以往编制的同类建设项目招标文件和评标报告，以及招标业绩的证明材料；

（六）其他材料。

在报送可行性研究报告前，需通过招标方式或其他方式确定勘察、设计单位开展前期工作的，应在上述书面材料中说明。

第十七条　任何单位和个人不得限制招标人自行办理招标事宜，不得强制其委托招标代理机构办理招标事宜。不得为招标人指定招标代理机构。也不得拒绝办理工程建设的有关手续。

第十八条　委托招标应遵守下列规定：

（一）招标人与招标代理机构应签订委托代理合同，招标代理机构在招标人委托的范围内办理招标事宜，并遵守本办法关于招标人的规定；

（二）招标代理机构应维护招标人的合法权益，对招标文件、评标办法、评标报告等的科学性、准确性负责，不得向外泄漏有关情况，影响公正、公平竞争；

（三）招标代理机构不得接受已代理的同一招标项目的投标咨询业务，不得转让招标代理；

（四）招标代理机构与行政机关和其他国家机关及投标人不得有隶属关

系或其他利益关系。

第十九条 招标分为公开招标和邀请招标。必须招标的铁路建设工程项目均应公开招标。公开招标项目的招标人必须以招标公告的方式邀请不特定的法人或其他组织投标。

不适宜公开招标的项目,经项目审批部门批准,可以采用邀请招标。招标人以投标邀请书的形式邀请三个以上具备承担招标项目的能力、资信良好的特定投标人投标。投标邀请书的内容可比照招标公告。

第二十条 招标公告应在《中国日报》、《中国经济导报》、《中国建设报》、《中国采购与招标网》等至少一家媒介上发布,其中,必须招标的国际招标项目的招标公告应在《中国日报》发布。同时应将招标公告抄送指定网络。公告发布手续由铁路有形建设市场的交易中心归口对指定媒介办理,同时在交易中心网站发布。

招标公告的内容包括:

(一)招标人的名称和地址;

(二)招标项目的名称、资金来源、内容、规模、实施的地点和工期;

(三)获取资格审查文件和招标文件的办法、地点和时间;

(四)对投标人资质条件的要求;

(五)招标的日程安排;

(六)对资格预审文件和招标文件收取的费用。

第二十一条 铁路建设工程招标程序如下:

(一)编制、报批招标计划;

(二)发布招标公告;

(三)申请投标;

(四)审查投标资格;

(五)发售招标文件;

(六)召开标前会;

(七)递送投标文件;

(八)确定评标方案、标底;

(九)开标、评标、定标;

(十)核准招标结果,发中标通知书;

(十一)上报招标投标情况的书面报告;

(十二)承发包合同签订与登记。

第二十二条 招标人应提出招标计划报工程招投标管理办公室审批,招标计划应包括以下内容:

（一）工程项目概况，招标依据，招标方式、范围和内容；

（二）标段划分依据及数量，每个标段的主要工程量及估价；

（三）投标人选择标段的方式；

（四）招标时间安排和地点；

（五）评委会组成方案，从专家库中选择专家的专业分类、人数；

（六）建议定标方式。

第二十三条 招标文件的编制应符合下列要求：

（一）招标文件包括以下主要内容：

1. 投标邀请书；

2. 投标人须知；

3. 合同条件；

4. 技术规范；

5. 图纸；

6. 工程量清单；

7. 投标书格式及投标保证；

8. 辅助资料表及各类文件格式；

9. 履约保证金；

10. 合同协议书；

11. 评标的标准和方法；

12. 国家对招标项目的技术、标准有规定的，应按照其规定在招标文件中提出相应要求；

13. 招标文件应对技术标和商务标的划分、内容要求、密封、标志、递交投标文件和开标等作出具体规定。

（二）招标文件应载明：严禁中标人转包工程，中标人不得将招标项目的主体、关键工程进行分包；重要的设备和主要材料的招标范围，其他设备和材料的采购供应方式；开标时的唱标内容。

（三）招标文件不得规定任何不合理的标准、要求和程序，不得要求或者标明特定的生产供应者，不得含有倾向或排斥潜在投标人的内容，不得强制投标人组成联合体或限制投标人之间的竞争。

第二十四条 招标文件发出后，招标人不得擅自变更和增加附加条件，确需进行必要的澄清或修改，应在招标文件要求提交投标文件截止时间至少15日前，以书面形式通知所有招标文件的收受人。澄清或修改内容以及对投标人所提问题的书面答复均为招标文件的组成部分。

第二十五条 标段划分应符合下列要求：

（一）标段不宜过小；

（二）根据工程项目的特点，考虑工程的整体性、专业性；

（三）有利于组织工程建设和管理，工程衔接和相关工程的配合，场地平面布置，大型临时设施、过渡工程和辅助工程的合理配置，分段施工、分期投产、分期受益。

第二十六条 招标人应按招标公告和招标文件载明的条件对潜在投标人进行资格审查。资格审查分为资格预审和资格后审。资格预审是指在投标前对潜在投标人进行的资格审查，资格后审是指在开标后对投标人的资格审查。采取资格预审的，招标人应当在资格预审文件中载明资格预审的条件；采取资格后审的，招标人应当在招标文件中载明对投标人的资格要求。

第二十七条 资格审查一般应审查潜在投标人是否符合下列条件：

（一）具有独立签订合同的资格；

（二）具有与招标项目相适应的资质证书、生产许可证或特许证等；

（三）具有有效履行合同的能力；

（四）以往承担类似项目的业绩情况；

（五）没有处于被责令停业，暂停投标期限，财产被接管、冻结，破产状态等；

（六）近两年内没有与骗取合同有关的犯罪或严重违法行为；

（七）近一年无重大质量、安全事故及既有线施工造成的铁路行车重大、大事故；

（八）投标联合体还应符合本办法第三十五条规定的资格条件。

国家对投标人资格条件有规定的，依照其规定。

第二十八条 招标人应将资格审查结果通知潜在投标人，并在铁路有形建设市场的交易中心公布资格审查合格的潜在投标人。只有资格审查合格的潜在投标人才能购买招标文件。

第二十九条 招标人可按下列原则和方式确定潜在投标人投标标段：

（一）若潜在投标人自报投标标段，资格审查通过后即为潜在投标人投标标段；

（二）考虑资格审查通过的潜在投标人的专业特长确定投标标段；

（三）结合资格审查通过的潜在投标人的企业规模，做到投标机会基本公平。

第三十条 招标人应组织召开有购买招标文件的潜在投标人参加的标前会。标前会的内容包括：

（一）招标人介绍招标文件和工程概况，设计单位介绍设计情况。

（二）现场踏勘。可根据项目的具体情况，由招标人统一组织或明确由潜在投标人自行进行。

（三）潜在投标人提出问题，招标人答疑。

提出问题应以书面方式，答复问题以书面形式通知所有招标文件收受人。

第三十一条 招标人不得与投标人串通，不得向他人透露已获取招标文件的潜在投标人的名称、数量以及可能影响公平竞争的有关招标投标的其他情况。

第三十二条 招标中各项工作的期限应满足下列要求：

（一）向交易中心报送招标公告资料至发售招标资格审查文件一般不少于12日；

（二）招标人发售资格审查文件至潜在投标人报送资格审查申请文件一般不少于7日；

（三）潜在投标人向招标人提出的问题一般应在提交投标文件截止时间16日前，过时不予受理；

（四）自招标文件开始发售之时起至提交投标文件截止之时止不得少于20日；

（五）评委专家的产生时间：开标前1—3日；

（六）评标时间：从开标至推荐中标候选人一般在15日之内完成；

（七）招标人应于确定中标人后5日内，向工程招投标管理办公室上报招标结果，工程招投标管理办公室核准时间不超过5个工作日；

（八）中标通知书发出时间应不超过招标文件载明的投标文件的有效期；

（九）自中标通知书发出之日起，30日内签订书面合同。

第三十三条 出现下列情况，招标人必须按本办法的规定重新招标：

（一）一个招标标段递交投标文件的投标人少于三个；

（二）一个招标标段所有投标人递交的投标文件，符合本办法第三十七条的有效投标文件少于三个；

（三）所有投标被评标委员会否决；

（四）投标人放弃中标，其余又无有效的中标候选人；

（五）由于行为人的违法行为中标无效，其余又无有效的中标候选人；

（六）经主管部门批准，其他原因需要重新招标的。

第三章 投　　标

第三十四条 必须招标的铁路建设工程项目的投标人应具备下列条件：

（一）经工商行政管理部门注册登记核准的营业执照；

（二）与招标工程相应的铁路行业资质条件，承担招标项目的相应能力；

（三）重要设备、主要材料的产品生产许可证或特许证；

（四）开户银行的资信证明；

（五）社会中介机构对年度财务报表出具的年审报告。

第三十五条 由两个以上的法人或者其他组织组成联合体共同投标的应符合下列要求：

（一）联合体投标人的资格条件：

1. 联合体各方均应符合本办法第三十四条的条件；

2. 国家有关规定或者招标文件对投标人资格条件有规定的，联合体各方均应具备规定的相应条件；

3. 由同一专业的各方组成的联合体，按照资质等级较低的一方考核。

（二）联合体各方应当签订共同投标协议，约定各方拟承担的工作和责任，明确联合体代表及授权。联合体代表在协议授权的范围内代表联合体各方处理有关问题。

（三）联合体中标的，联合体各方应当共同与招标人签订合同，就中标项目向招标人承担连带责任。

第三十六条 投标人的权利与义务：

（一）权利：

1. 有权决定参加或不参加投标；

2. 在提交投标文件截止时间前有权补充、修改以至撤回投标文件；

3. 有权要求招标人书面澄清招标文件中词义表达不清、遗漏的内容或对比较复杂的事项进行说明；

4. 当自己的权益受到损害或认为招投标活动不符合有关法律、法规规定时，有权向招标人提出异议或依法向有关行政部门投诉。

（二）义务：

1. 接受依法实施的监督，遵守招标投标法律、法规和招标文件的规定，遵循诚实信用原则，公平竞争；对投标文件的真实性负责；

2. 按评标委员会的要求对投标文件中含义不明确的内容作必要的澄清或者说明，但不得超出投标文件范围或者改变投标文件实质内容；

3. 按规定提供投标保证金、履约保证金或其他经济担保；

4. 中标通知书发出后在规定期限内，按招标文件和中标的投标文件与招标人签订合同。

第三十七条 投标文件的编制应符合下列要求：

（一）投标人应当严格按招标文件的要求编制投标文件，投标文件应对招标文件提出的实质性要求作出响应，即对招标项目的价格和其他商务条件、项目的计划和组织实施安排、技术规范、合同主要条款等作出响应。

投标人拟投标项目的预定项目经理（总监理工程师）必须参与投标文件的编制。

（二）投标文件一般应包括以下内容：

1. 投标书；

2. 法定代表人证书或授权书；

3. 各种投标保证；

4. 投标价格及有关分析资料；

5. 投标项目的实施或重要设备和主要材料供应方案及说明；

6. 投标项目达到的目标及措施；

7. 投标保证金和其他担保；

8. 项目管理或监理机构主要负责人和专业人员资格的简历、业绩；

9. 完成项目的主要设备和检测仪器；

10. 招标文件要求的其他内容。

（三）技术标文件和商务标文件应分别编写。

（四）投标人拟在中标后将中标项目的部分非主体、非关键工程进行分包的，应在投标文件中说明，并将分包人的资质证明文件载入投标文件。

（五）投标人组成联合体投标的，应在投标文件中说明，并将各方联合投标的协议载入投标文件。

（六）除有变化和招标文件规定外，投标文件中不再重复资格审查申请文件已报送的资料。

（七）投标人在规定提交投标文件的截止时间前，以书面方式对已提交投标文件的补充、修改内容，为投标文件的组成内容。

第三十八条　投标人应当在招标文件要求提交投标文件的截止时间前，将投标文件密封送达招标地点。招标人在收到投标文件后，应当向投标人出具标明签收人和签收时间的凭证，对投标文件要妥善保存并不得开启。

第四章　评标委员会和评标办法

第三十九条　评标委员会由招标人依法组建，负责人由招标人确定。

评标委员会成员人数，铁路大中型建设项目为7人以上、其他建设项目为5人以上，均应为单数。其中招标人代表不得多于总人数的三分之一，技术、经济方面的专家名额不得少于总人数的三分之二。技术、经济专家于开标前 1—3 天在工程招投标管理办公室的监督下,由招标人从评委专家库相应专业中随机抽取。每次可抽取与评委专家名额相同的备选评委专家。

技术特别复杂、专业性要求特别高或者国家有特殊要求的招标项目,采取随机抽取方式确定的专家难以胜任的,可以由招标人直接确定。

评标委员会可根据需要安排工作人员负责评标的具体事务性工作。

第四十条 抽取的评委专家与招标人、投标人有利害关系或因故不能出席的,应从备选评委专家中依次递补。

评委专家确定后由招标人通知评委专家本人,其名单在中标结果确定前应严格保密。

第四十一条 评标委员会职责

(一)按评标办法评审投标文件;

(二)编写评标报告,向招标人推荐中标候选人(按顺序列出第 1、2、3 名),或根据招标人的授权直接确定中标人;

(三)负责评标工作,接受依法实施的监督。

第四十二条 评标办法应遵循下列原则:

(一)评标办法应根据选定的评标方法(即最低评标价法、综合评分法、合理最低投标价法三种之一)制定。

(二)评标办法应详细、具体,便于操作,避免随意性。内容、标准应与招标文件一致,条件尽可能量化。技术标文件和商务标文件应分开评审,技术标文件作为暗标先评审,技术标文件未通过的,商务标文件不再参加评审。

(三)评标方法若采用综合评分法,报价评分比例不宜超过百分之四十,报价较标底的增减幅度应拉开分差。

(四)国家对特定的招标项目的评标有特别规定的,从其规定。

(五)评标办法经工程招投标管理办公室审核确定后应即时密封,待开标会上当场启封公布。评标办法公布后,其内容不得作任何修改。

第四十三条 招标项目需要编制标底的,由招标人自行编制或委托经主管部门批准具有编制标底能力的中介机构代理编制。

第四十四条 编制标底应遵循以下依据和原则:

(一)依据:

1. 招标文件的商务条款及其他规定;

2. 批复的设计文件及概算;

3. 工程施工组织设计,重要设备和主要材料供应计划;

4. 国务院铁路及建设主管部门颁发的概算定额、费用标准和有关规定。

(二)原则:

1. 标底价格应根据市场情况，力求科学、合理，有利于竞争和保证项目质量；

2. 标底的计价内容、依据应与批准的设计文件和招标文件一致；

3. 按招标文件工程量清单的工程项目划分、统一计量单位和工程量计算规则确定工程数量和编制标底；

4. 不由投标人承包的项目及费用不计入标底；

5. 标底价格由成本、利润、税金等组成。按概算章、节编制，应低于招标概算，即批准的设计概算中招标项目的概算金额；

6. 一个标段只能编制一个标底。

第四十五条 标底经工程招投标管理办公室审核确定后应即时密封，待开标会上当场启封公布。

第五章 开 标

第四十六条 开标应按招标文件规定的时间，在交易中心举行。

第四十七条 开标由招标人主持。邀请所有投标人、监督部门代表等参加。必要时招标人可委托公证部门的公证人员对整个开标过程依法进行公证。

第四十八条 开标会按以下程序进行：

（一）宣布参加开标会的投标人及法定代表人或委托代理人名单。

（二）介绍招标项目的有关情况。

（三）公布评标、定标办法。宣布开标顺序和唱标主要内容。

（四）请投标人代表确认投标文件的密封完整性。当众检验、启封投标文件和补充、修改函件。

（五）宣读投标文件的主要内容：

1. 必须按当场启封的投标文件正本宣读；

2. 在提交投标文件截止时间前收到的所有投标文件和对投标文件的补充、修改函件都应当当众予以宣读。

（六）当众启封、公布标底。

（七）当场作出开标记录，并由招标人、投标人法定代表人或委托代理人在记录上签字，确认开标结果。

第六章 评 标

第四十九条 招标人应根据评标工作量和难易程度安排足够的评标时间，并采取必要的措施，保证评标在严格保密的情况下进行。避免任何单位和个人非法干预、影响评标过程和结果。

评标委员会应组织全体评标委员学习有关规定和保密要求，宣布评标纪律,熟悉招标文件和评标办法。

第五十条　评标只对有效投标文件进行评审,有下列情形之一的属于无效投标文件:

(一)逾期送达;

(二)未按规定密封;

(三)投标人的法定代表人或委托代理人未参加开标会;

(四)未按招标文件规定提交投标保证金;

(五)未同时加盖投标人和法定代表人或委托代理人的印鉴或签字(含投标联合体各方);

(六)实质性内容不全或数据模糊、辨认不清或者拒不按照要求对投标文件进行澄清、说明或补正的;

(七)投标人未对招标文件作出实质性的响应或与招标文件有重大的偏离;

(八)投标人有《中华人民共和国反不正当竞争法》所列的不正当竞争行为;

(九)投标人在同一个投标段,提交一个以上的标价或自行投标又参加联合体投标或同时参加一个以上联合体投标;

(十)在技术标文件中显示或暗示投标人的。

第五十一条　评标应按照招标文件和评标办法规定的标准和方法进行。不得采用招标文件和评标办法未列明的标准和方法;不得改变招标文件和评标办法规定的标准和方法;也不得在招标文件和评标办法规定的评审内容之外增加和延伸评审内容。

第五十二条　评标过程中评标委员会可以要求投标人对投标文件中含义不明确的内容以书面方式作必要的澄清或说明,但澄清或者说明不得超出投标文件的范围,不得改变投标文件的实质内容。评标委员会不得向投标人提出超出招标文件范围的问题,不得与投标人就投标价格和投标方案进行实质性谈判。

第五十三条　评标委员应在阅读投标文件的基础上,对同一标段各投标文件同一评审分项进行横向比较,客观、公正、独立的提出评审意见。不得采取事先议论某标段可能中标的总体意向后再评审,不得有迎合任何人评标意图的倾向,不得以分项评审人的评审意见代替其余评标委员的意见。

经评标委员会评审,认为所有的投标都不符合招标文件的要求,可以否决所有投标,对低于成本价格的投标应予否决。

第五十四条　经评审具备下列条件之一,应推荐为第一中标候选人:

(一)若采用最低评标价法,评标价最低的投标人;

(二)若采用综合评分法,平均分最高的投标人;

(三)若采用合理最低投标价法,能够满足招标文件各项要求,投标价格最低(但低于成本的除外)的投标人。

若有不同意见,以多数评标委员的意见为准。

第五十五条 评标委员会全体委员应对评标结果经签字确认,并向招标人提出书面评标报告和推荐中标候选人。评标委员对中标候选人有不同意见在评标报告中说明。

第七章 中　　标

第五十六条 中标人的投标应当符合下列条件之一:

(一)能最大限度的满足招标文件中规定的各项综合评标标准;综合评分最高;

(二)能够满足招标文件的实质性要求,并且经评审的投标价格最低;但是投标价格低于成本的除外。

第五十七条 招标人应根据评标委员会的书面评标报告和推荐的中标候选人确定排名第一的中标候选人为中标人。排名领先的中标候选人放弃中标、因不可抗力提出不能履行合同,或者招标文件规定应当提交履约保证金而在规定的期限内未能提交的,可以确定顺延排名的中标候选人为中标人。

招标人可以授权评标委员会直接确定中标人。

第五十八条 招标人在确定中标人 5 日内,将招标结果书面报工程招投标管理办公室。书面报告的内容包括:中标人,中标标段的招标概算、标底、中标价、降造幅度、评分,评标报告等。

招标人的书面评标报告经工程招投标管理办公室核准后,招标人应向中标人发出中标通知书,并同时将中标结果通知所有未中标的投标人。

第五十九条 经国家计委核准自行招标的铁路建设项目,招标人在最终确定中标人之日起 15 日内向国家计委提交招标投标情况的书面报告,同时抄送国务院铁路主管部门。书面报告至少应包括下列内容:

(一)招标方式和发布招标公告的媒介;

(二)招标文件中投标人须知、技术标准、评标标准和方法、合同主要条款等内容;

(三)评标委员会的组成和评标报告;

(四)中标结果。

第六十条 招标文件规定提交履约保证金的,中标人应在收到中标通知书后、签订合同前按规定提交履约保证金。若中标人未按期或拒绝提交履约保证金,可视为放弃中标项目,中标人依法承担法律责任。招标人可以从其余仍然有效的中标候选排序最前的投标人选取中标人,签订合同。

第六十一条 中标人在提交履约保证金的同时,应按中标的承诺,将中标项目的项目经理的资质证书原件交由招标人保存。该项目经理在合同履行期间不得在其他建设工程项目任职。

第六十二条 招标人与中标人应当自中标通知书发出之日起30日内,按照招标文件和中标人的投标文件订立书面合同,并在签订合同后5个工作日内向中标人和未中标的投标人退还投标保证金。

招标人和中标人不得再订立背离合同实质性内容的其他协议。招标人不得对中标人的中标工程指定分包或将任务切割。

双方当事人应按招、投标文件的承诺和合同约定履行义务。中标人在投标文件中承诺的人员、装备,一般不允许更换;因特殊原因需要更换时,必须经招标人同意,且技术能力不得低于资格审查和投标时的水平。

第八章 罚 则

第六十三条 招标投标有关当事人在招标投标活动中,发生违法行为的,依据《中华人民共和国招标投标法》规定承担相应法律责任。

国务院铁路主管部门依据《中华人民共和国招标投标法》和本办法对违法行为进行行政处罚。受国务院铁路主管部门委托的部门,认为需要进行行政处罚时,报国务院铁路主管部门批准后实施。

第六十四条 必须进行招标的项目而不招标的,将必须进行招标的项目化整为零或者以其他任何方式规避招标的,限期改正,可以处项目合同金额千分之五以上千分之十以下的罚款;对全部或者部分使用国有资金的项目,可以暂停项目执行或者暂停资金拨付;对单位直接负责的主管人员和其他直接责任人依法给予处分。

第六十五条 招标代理机构泄露应当保密的与招标投标活动有关的情况和资料的,或者与招标人、投标人串通损害国家利益、社会公共利益或者他人合法权益的,处五万元以上二十五万元以下的罚款,对单位直接负责的主管人员和其他直接责任人员处单位罚款数额百分之五以上百分之十以下的罚款;有违法所得的,并处没收违法所得;情节严重的,暂停直至取消招标代理机构资格;构成犯罪的,依法追究刑事责任。给他人造成损失的,依法承担赔偿责任。

前款所列行为影响中标结果的,中标无效。

第六十六条 招标人以不合理的条件限制或者排斥潜在投标人的,对潜在投标人实行歧视待遇的,强制要求投标人组织联合体共同投标的,或者限制投标人之间竞争的,责令改正,可以处一万元以上五万元以下的罚款。

第六十七条 招标人向他人透露已获取招标文件的潜在投标人的名称、数量或者可能影响公平竞争的有关招标投标的其他情况的,或者泄露标底的,给予警告,可以并处一万元以上十万元以下的罚款;对单位直接负责的主管人员和其他直接责任人依法给予处分;构成犯罪的,依法追究刑事责任。

前款所列行为影响中标结果的,中标无效。

第六十八条 投标人相互串通投标或者与招标人串通投标的,投标人以向招标人或者评标委员会成员行贿的手段谋取中标的,中标无效,处中标项目金额千分之五以上千分之十以下的罚款,对单位直接负责的主管人员和其他直接责任人员处单位罚款数额百分之五以上百分之十以下的罚款;有违法所得的并处没收违法所得;情节严重的,取消其一年至二年参加招标项目的投标资格并予以公告,直至由主管部门建议工商行政管理机关吊销营业执照;构成犯罪的,依法追究刑事责任。给他人造成损失的,依法承担赔偿责任。

第六十九条 投标人以他人名义投标或者以其他方式弄虚作假、骗取中标的,中标无效;处中标项目金额千分之五以上千分之十以下的罚款,对单位直接负责的主管人员和其他直接责任人员处单位罚款数额百分之五以上百分之十以下的罚款;有违法所得的,并处没收违法所得;情节严重的,取消其一年至三年内参加招标项目的投标资格并予以公告,直至由主管部门建议工商行政管理机关吊销营业执照;给招标人造成损失的,依法承担赔偿责任;构成犯罪的,依法追究刑事责任。

第七十条 招标人与投标人就投标价格、投标方案等实质性内容进行谈判的,给予警告,对单位直接负责的主管人员和其他直接责任人员依法给予处分。影响中标结果的,中标无效。

第七十一条 评标委员会成员收受投标人的财物或者其他好处的,评标委员会成员或者参加评标的有关工作人员向他人透露对投标文件的评审和比较、中标候选人的推荐以及与评标有关的其他情况的,给予警告,没收收受的财物,可以并处三千元以上五万元以下的罚款,对有所列违法行为的评标委员会成员,取消担任评标委员会成员的资格,不得参加任何招标项目的评标;构成犯罪的,依法追究刑事责任。

第七十二条 招标人在评标委员会依法推荐的中标候选人以外确定中标人的,在所有投标被评标委员会否决后自行确定中标人的,中标无效,责令改正。可以处中标项目金额千分之五以上千分之十以下的罚款;对单位直接负责的主管人员和其他直接责任人员依法给予处分。

第七十三条 中标人将中标项目转让给他人的,将中标项目肢解后分别转让给他人的,将中标项目的部分主体、关键性工程分包给他人的,或者分包人再次分包的,转让、分包无效,处转让、分包项目金额千分之五以上千分之十以下的罚款;有违法所得的,并处没收违法所得;可以责令停业整顿;情况严重的,由主管部门建议工商行政管理机关吊销营业执照。

第七十四条 招标人与中标人不按照招标文件和中标人的投标文件订立合同,或者招标人、中标人订立背离合同实质性内容的协议的,责令改正;可以处中标项目金额千分之五以上千分之十以下的罚款。

第七十五条 中标人不履行与招标人订立的合同的,履约保证金不予退还,给招标人造成的损失超过履约保证金数额的,应当对超过部分予以赔偿;没有提交履约保证金的,应当对招标人的损失承担赔偿责任。

中标人不按照与招标人订立的合同履行义务,情节严重的,取消其二年至五年内参加招标项目的投标资格并予以公告,直至由工商行政管理机关吊销营业执照。

前两项规定不包括因不可抗力不能履行合同的。

第七十六条 由于招标人自身原因违约,使得中标人无法签订合同的,招标人应对中标人的损失承担赔偿责任。

第七十七条 限制或者排斥本地区、本系统以外的法人或者其他组织参加投标的,为招标人指定招标代理机构的,强制招标人委托招标代理机构办理招标事宜的,或者以其他方式干涉招标投标活动的,责令改正;对单位直接负责的主管人员和其他直接责任人员依法给予警告、记过、记大过的处分,情节较重的,依法给予降级、撤职、开除的处分。

第七十八条 对招标投标活动依法负有行政监督职责的国家机关工作人员徇私舞弊、滥用职权或者玩忽职守,构成犯罪的,依法追究刑事责任;不构成犯罪的,依法给予行政处分。

第九章 附 则

第七十九条 必须招标的铁路建设项目使用国际组织或者外国政府贷款、援助资金进行招标,贷款方、资金提供方对招标投标的具体条件和程序有不同规定的,可以适用其规定,但违背中华人民共和国的社会公共利益的除外。

第八十条 本实施办法中所涉及的资格预审文件、资格预审办法、招标文件(含工程量清单)、评标办法的示范文本和招标档案的目录,应按照各类招标实施细则的规定编制。

第八十一条 本实施办法生效后,必须招标的铁路建设项目招标投标活动一律以本办法为准。

第八十二条 铁路建设工程勘察、设计招标投标实施办法另行制定。

第八十三条 本办法自2002年10月1日起施行。

第八十四条 本办法由国务院铁路主管部门负责解释。

铁路建设工程质量安全事故与招投标挂钩办法

1. 2009年9月22日铁道部建设管理司、铁道部安全监察司发布
2. 建建〔2009〕273号

第一条 为加强铁路建设项目工程质量安全管理,提高铁路建设管理水平,根据国务院《建设工程质量管理条例》、《建设工程安全生产管理条例》、《铁路运输安全保护条例》及铁道部有关规定,制定本办法。

第二条 铁路建设工程质量事故,按照铁道部《铁路建设工程质量事故调查处理规定》分为特别重大事故、重大事故、较大事故、一般事故和工程质量问题。

第三条 铁路建设工程安全事故,按照国务院《生产安全事故报告和调查处理条例》分为生产安全特别重大事故、重大事故、较大事故及一般事故。

第四条 铁路交通事故,按照国务院《铁路交通事故应急救援和调查处理条例》分为铁路交通特别重大事故、重大事故、较大事故和一般事故。

第五条 对造成铁路建设工程质量事故、安全事故以及铁路交通事故的责任单位,除按国家和铁道部有关规定处理外,对施工(工程局及以下企业)、监理企业参加铁路大中型建设项目的投标做出限制,对设计单位在施工图考核中给予降低等级或停止投标的处理。

因全国性或区域性不可抗拒自然灾害造成的事故除外。

第六条 发生铁路建设工程质量事故的,在事故责任认定之日起,对事故责任单位进行如下处罚:

(一)特别重大事故,根据情节,取消施工企业6个月及以上投标资格;取消监理企业4个月及以上投标资格。

(二)重大事故,根据情节,取消施工企业4个月及以上投标资格;取消监理企业2个月及以上投标资格。

(三)较大事故,根据情节,取消施工企业2个月及以上投标资格;取消监理企业1个月及以上投标资格。

（四）一般事故，根据情节，取消施工企业1个月及以上投标资格；取消监理企业20天及以上投标资格。

（五）工程质量问题，根据情节，给予相应处罚。

对于偷工减料、内业资料弄虚作假等情节严重、影响恶劣的质量事故或工程质量问题加重处理。

第七条 发生生产安全特别重大事故、重大事故的，自事故发生之日起，进行如下处罚：

（一）特别重大事故，根据情节，取消施工企业6个月及以上投标资格；取消监理企业4个月及以上投标资格。

（二）重大事故，根据情节，取消施工企业4个月及以上投标资格；取消监理企业2个月及以上投标资格。

被吊销或暂扣安全生产许可证的施工企业一律不准参加铁路建设项目投标。

第八条 发生生产安全较大事故的，进行如下处罚。

（一）造成人员死亡的，自事故发生之日起：

1. 死亡7~9人的，取消施工企业10次投标资格；取消监理企业6次投标资格。

2. 死亡5~6人的，取消施工企业7次投标资格；取消监理企业4次投标资格。

3. 死亡3~4人的，取消施工企业4次投标资格；取消监理企业2次投标资格。

（二）未造成人员死亡的，自事故责任认定之日起，停止投标次数比照本条第一款第3项进行处罚。

第九条 发生生产安全一般事故的，进行如下处罚。

（一）造成人员死亡的，自事故发生之日起：

1. 死亡2人的，取消施工企业2次投标资格；取消监理企业1次投标资格。

2. 死亡1人的，取消施工企业1次投标资格。

（二）未造成人员死亡的，自事故责任认定之日起，比照本条第一款第2项进行处罚。

第十条 由于工程建设引起铁路交通事故的，自事故责任认定之日起，对事故责任单位进行如下处罚：

（一）特别重大事故，负有全部或主要责任的，取消施工企业6个月及以上投标资格；取消监理企业4个月及以上投标资格。负有重要责任的，取消施工企业4个月及以上投标资格；取消监理企业2个月及以上投标资格。

（二）重大事故，负有全部或主要责任的，取消施工企业4个月及以上投标资格；取消监理企业2个月及以上投标资格。负有重要责任的，取消施工企业2个月及以上投标资格；取消监理企业1个月及以上投标资格。

（三）较大事故，负有全部或主要责任的，取消施工企业2个月及以上投标资格；取消监理企业1个月及以上投标资格。负有重要责任的，取消施工企业1个月及以上投标资格；取消监理企业20天及以上投标资格。

（四）一般事故：

1. A、B类事故，取消施工企业1~2次投标资格，取消监理企业1次投标资格。

2. C类事故，一个季度内发生二次，自第二起事故责任认定之日起，取消施工企业1次投标资格。

3. D类事故，一个季度内发生三次，自第三起事故责任认定之日起，取消施工企业1次投标资格。

第十一条　五年内（自第一起事故发生之日起）连续发生二起特别重大事故的、一年内（自第一起事故发生之日起）连续发生二起重大事故的、六个月内（自第一起事故发生之日起）连续发生二起较大事故的或三个月内（自第一起事故发生之日起）连续发生一般事故（不含C、D类）的，第二起事故及以后事故的停止投标时间或次数加倍。

第十二条　事故发生后不按规定上报的，或影响项目总工期的，按照事故等级对应停止投标时间或次数的1.5倍处罚；对隐瞒不报的，发现后按事故等级加倍处理。

第十三条　事故情节严重、社会影响恶劣的，招投标监管部门在进行招投标处罚时可加重处理。

第十四条　在停止投标期间再次发生事故的，停止投标时间和次数按本办法累计后顺延。

第十五条　向铁道部递交年度《铁路建设项目安全质量承诺书》的，发生事故后应按其承诺进行处罚，承诺书中没有相应处罚内容的按照本办法相应条款办理。

第十六条　本办法自印发之日起实行。《铁路建设工程安全质量事故与招投标挂钩办法》（建建〔2007〕64号）同时废止。

铁路工程建设项目招标投标活动监督办法

1. 2012年5月22日铁道部印发

2. 铁建设〔2012〕105号

3. 自2012年6月1日起施行

第一章　总　　则

第一条　为维护铁路工程建设招标投标秩序，加强招标投标工作监督，依据《行政监察法》、《招标投标法实施条例》、《关于印发国务院有关部门实施招标投标活动行政监督的职责分工意见的通知》等有关法律法规及相关规定，制定本办法。

第二条　本办法适用于铁路工程建设项目招标投标活动的监督。

第三条　铁道部对铁道行业建设工程招标投标活动实施监督，监督工作分标前、标中和标后三个阶段。

第四条　铁路工程建设项目招标投标监督应依法进行，监督人员应严格履行监督职责，铁路工程建设招标投标活动及其当事人应当接受监督部门依法实施的监督。

第二章　监督内容

第五条　铁道部建设司归口监督铁路工程建设招标投标活动，对铁路工程建设招标投标活动进行监督抽查，受理并组织调查涉及违反招标投标法律、法规、规定和程序的投诉举报。

第六条　监察部驻铁道部监察局（简称驻部监察局）依法对铁路工程建设项目招标投标监督工作和监察对象实施监察，对铁路工程建设招标投标监督工作进行抽查，受理并组织调查涉及人员违纪行为的投诉举报。

第七条　铁道部计划司负责监督铁路建设项目勘察设计招标投标活动，受理并组织调查涉及相关内容的投诉举报。

第八条　铁道部建设司和驻部监察局对铁路工程建设招标投标活动进行抽查，每年对组织招标的铁路局和部管铁路公司抽查比例不低于30%。

第九条　铁路建设工程招标计划审批、招标人招标投标情况的书面报告备案等招标管理工作以及投标人投标活动等，均属于招标投标监督工作内容。

第三章 标前监督

第十条 标前监督是指对铁路建设项目入场前招标投标活动进行的监督，重点监督是否执行可研报告批复中的招标方式，是否具备招标条件，资格预审公告、招标公告、交易场所、评标办法选用、评标委员会组成方案、招标文件等是否符合法律法规和铁道部相关规定。

第十一条 铁道部计划司、建设司等部门按照职责负责在建设项目入场前，抽查铁路建设项目招标条件执行国家、铁道部相关规定情况，审查铁路大中型建设项目勘察设计、施工、监理、甲供物资设备招标计划。

第十二条 铁道部建设司、驻部监察局、计划司等部门按照职责分工受理并组织调查入场前招标投标活动投诉举报，查处招标投标活动中存在的问题。

第四章 标中监督

第十三条 标中监督是指铁路建设项目入场至定标期间对招标投标活动进行的监督，重点监督招标人按批准事项办理入场手续、资格预审公告和招标公告的发布、开标过程；监督招标投标活动现场等。

第十四条 铁道部建设司、驻部监察局、计划司等部门对铁路建设项目入场后至定标期间招标投标活动实施监督抽查，主要包括：

1. 抽查建设项目资格预审公告、招标公告等是否执行招标计划批复；
2. 抽查资格预审文件和招标文件发售情况；
3. 抽查资格预审结果备案情况；
4. 抽查招标项目资格审查委员会和评标委员会组成方案合规性，对专家抽取过程进行抽查；
5. 抽查开标时间、开标地点、开标程序、异议答复等情况；
6. 通过监控系统对评标过程进行抽查；
7. 抽查中标候选人公示、招标人对异议的答复、中标通知书发出等情况；
8. 对招标人、投标人、评委专家等有关人员在交易场所中违反交易规则的行为责令改正，对发现的违法违规行为进行处理。

第十五条 铁道部建设司、驻部监察局、计划司等部门按照职责分工受理并组织调查入场至定标期间招标投标活动投诉举报，查处招标投标活动中存在的问题。

第五章 标后监督

第十六条 标后监督是指对铁路建设项目招标人确定中标人后的招标投标活动进行的监督。

第十七条 铁道部建设司负责监督检查铁道部批复招标计划的施工、监理等招标项目招标投标情况书面报告备案情况。

第十八条 铁道部建设司等相关部门负责抽查部管项目和铁路局管理大中型建设项目施工、监理合同签订的时间、合同条款的合规性以及合同备案办理情况,并查处违法分包、转包行为。合同条款存在违规情形的,应责令招标投标双方予以改正并监督其按规定重新办理备案手续。

第十九条 铁道部建设司、驻部监察局、计划司等相关部门按照职责分工受理并组织调查定标后招标投标活动投诉举报,查处招标投标活动中存在的问题。

第六章 项目实施

第二十条 部管项目在铁道部招标投标管理办公室指导下由铁道部工程管理中心负责对招标投标活动实施驻场监督,对监督过程中发现的违规行为及时纠正并提出处理建议,受委托组织或协助铁道部建设司、驻部监察局进行投诉举报调查。

1. 对部管项目入场后至开标前招标投标活动实施驻场监督,主要包括检查建设项目资格预审公告、招标公告、资格预审文件和招标文件等合规性;检查资格预审文件和招标文件发售情况;检查资格预审结果备案情况;检查招标项目资格审查委员会和评标委员会组成方案合规性,对专家抽取过程进行现场监督等。

2. 对部管项目开标至定标期间招标投标活动实施驻场监督,主要包括检查开标时间、开标地点、开标程序、开标现场、异议答复等情况;通过监控系统对评标过程进行驻场监督;检查中标候选人公示、招标人对异议的答复、中标通知书发出等情况。

3. 对招标人、评委专家等有关人员在交易场所中违反交易规则的行为予以纠正,对拒不改正的以及依法应当予以处罚的行为,应及时向铁道部建设司、驻部监察局等相关部门报告,并提出处罚建议。

第二十一条 局管项目在铁道部招标投标管理办公室指导下由铁路局负责对招标投标全过程实施监督工作,对招标投标违规行为及时纠正并提出处理建议,受委托组织或协助铁道部建设司、驻部监察局、计划司进行投诉举报调查。

1. 在局管项目入场前,检查招标条件和国家、铁道部相关规定执行等情况。

2. 对局管项目入场后至定标前招标投标活动实施驻场监督,主要工作包括:检查建设项目资格预审公告、招标公告、资格预审文件和招标文件等合规性;检查资格预审文件和招标文件发售情况;检查资格预审结果备案情况;检查招标项目资格审查委员会和评标委员会组成方案合规性,对专家抽取过程进行现场监督;驻场监督检查开标时间、开标地点、开标程序、开标现场、异议答复等情况;对评标过程进行现场监督;检查中标候选人公示、招标人对异议的答复、中标通知书发出等情况。

3. 对招标人、评委专家等有关人员在交易场所中违反交易规则的行为予以纠正,对拒不改正的以及依法应当予以处罚的行为,应及时向铁道部建设司、驻部监察局、计划司等相关部门报告,并提出处罚建议。

铁路局应细化明确建设管理和纪检监察等相关部门的监督职责及内容。

第七章 附　　则

第二十二条　监督工作应按照事事有标准、事事有程序、事事有责任人的要求,制定实施细则,细化监督办法,明确责任追究事项,明确监督记录格式及记录保管要求,明确监督岗位及责任,落实监督人员,切实保证监督工作有效进行。

第二十三条　监督工作人员应当严格遵守有关保密规定,对监督检查过程中知悉的国家机密、商业秘密、招标投标信息和投诉信息等,依法予以保密。

第二十四条　监督工作人员不依法履行职责,存在失职渎职行为的,由纪检监察部门组织调查处理。

第二十五条　本办法由铁道部建设管理司组织解释。

第二十六条　本办法自 2012 年 6 月 1 日起施行。铁道部前发《铁路有形建设市场交易规则》(铁建设〔2008〕56 号)、《铁路有形建设市场管理办法》(铁建设〔2010〕39 号)同时废止。

铁路建设工程评标专家库及评标专家管理办法

1. 2017 年 4 月 20 日国家铁路局发布

2. 国铁工程监〔2017〕27 号

3. 自 2017 年 6 月 1 日起施行

第一章 总　　则

第一条　为规范铁路建设工程评标专家库管理,加强对评标专家的监督管理,保证评标活动公平公正,根据《中华人民共和国招标投标法》《中华人民共和国招标投标法实施条例》《评标专家和评标专家库管理暂行办法》《评标专家专业分类标准》等,制定本办法。

第二条 本办法适用于铁路建设工程评标专家库的组建、使用、管理,以及对评标专家参与铁路工程建设项目评标活动的监督管理。

第三条 国家铁路局负责组建、管理铁路建设工程评标专家库。国家铁路局工程质量监督中心受国家铁路局委托具体负责铁路建设工程评标专家库日常管理工作。

地区铁路监督管理局(含北京铁路督察室,下同)负责监督铁路建设工程评标专家参与辖区内铁路工程建设项目评标的活动,与地方政府有关部门协调涉及评标专家管理和使用的有关事项。

第四条 铁路建设工程评标专家库按招标项目类别,分为施工监理货物服务评标专家库和勘察设计评标专家库两个子库。铁路建设工程评标专家的专业分类执行国家统一的分类标准。

第二章 专家入库

第五条 评标专家应具备以下基本条件:

1. 拥护中国共产党的路线、方针、政策,遵纪守法,具有良好的职业道德,能够依法、认真、公正、诚实、廉洁履行职责,维护招标投标双方的合法权益;

2. 熟悉有关招标投标的法律、法规、规章和铁路建设工程招标投标规定;

3. 从事铁路建设工程专业领域工作满 8 年并具有高级职称或同等专业水平;

4. 熟悉主评专业的专业技术要求和发展状况,了解兼评专业的专业技术要求和发展状况;

5. 在国家联合惩戒机制范围内没有失信记录;

6. 新入库专家年龄不超过 65 周岁,在库专家年龄不超过 68 周岁,身体健康,能够承担异地评标工作;

7. 能熟练使用计算机常用办公软件,适应电子评标需要;

8. 法律法规规定的其他条件。

前款第 3 项中"同等专业水平"是指本科毕业满 12 年、硕士毕业满 6 年、博士毕业满 3 年。

第六条 铁路建设工程评标专家采用单位推荐和个人申请方式,按下列程序进行:

1. 国家铁路局根据评标专家库中专业人员数量及实际需求,发布更新、增补评标专家通知。

2. 参与铁路工程建设活动的建设、勘察、设计、施工、监理、咨询、科研、院校等单位均可向国家铁路局推荐本单位符合评标专家条件的人选，推荐时应事先征得本人同意。符合评标专家条件的个人可以自行申请，但应经所在单位人事部门审核同意。

3. 所在单位人事部门对评标专家人选的有关证明材料进行初审并出具初审意见。单位推荐书或个人申请书应附本办法第五条规定条件的证明材料及本人签字的评标承诺书（见附件1）。

4. 国家铁路局组织对申报材料进行审核，并组织对审核合格专家人选进行业务培训。

5. 经培训考核合格的专家人选，纳入国家铁路局铁路建设工程评标专家库进行统一管理。

第七条 评标专家人选应根据所学专业和从业经历申报评标专业。每位评标专家人选只能申报施工监理货物服务评标专家子库或勘察设计评标专家子库中的一个专业作为主评专业，同时可以选择另一个熟悉的专业作为兼评专业。

施工监理货物服务评标专家子库和勘察设计评标专家子库中专业名称相同的专家，必要时可以互为备选专业专家。

第八条 根据招标项目评标需要，施工监理货物服务评标专家子库和勘察设计评标专家子库各设全国库、区域库、应急库三个级别。

按照地区铁路监督管理局的监管辖区，设沈阳、北京、上海、广州、成都、武汉、西安、兰州八个区域库；根据交易中心（或交易平台，以下简称交易中心）和铁路建设工程实际，可设立应急库。所有入库专家均为全国库的评标专家（年龄65周岁以上的专家原则上不再入全国库），并同时纳入工作单位所在地（或常驻地）相对应的区域库。能在3小时内自工作单位所在地或常驻地抵达交易中心评标场所的评标专家，可自主申请加入与该交易中心相对应的应急库。

评标专家工作单位所在地或常驻地发生较大变动的，应主动申请退出原地点对应的区域库或应急库，并重新申请加入新地点对应的区域库或应急库。

第三章　专家使用

第九条 依法必须进行招标的铁路工程建设项目，除招标投标法第三十七条第三款规定的特殊招标项目外，其评标委员会中的铁路工程专业评标专家（含资格预审委员会中的铁路工程专业评审专家，下同）应当从铁路建设工程评标专家库及其他依法组建的评标专家库中以随机抽取方式确定。

政府投资的铁路工程建设项目评标专家，必须从铁路建设工程评标专家库和其他政府有关部门组建的评标专家库中抽取。

除招标人代表外，招标人的其他人员不得另以评标专家身份参加资格审查或评标。

第十条 铁路工程建设项目施工、监理、勘察设计招标项目的评标专家一般应从全国库中抽取，物资（货物）、其他服务类招标项目的评标专家可从交易中心对应的区域库或全国库中抽取。因故需要临时补抽且从全国库或区域库中抽取专家难以满足评标时间要求的，可从应急库中抽取评标专家。

第十一条 招标人（或招标代理机构，下同）通过交易中心抽取铁路工程某一具体专业的评标专家时，应依次从主评专业、兼评专业、备选专业为该专业的评标专家中抽取。

第十二条 专家抽取完成后，一般不得更换。确需更换的，应依法补抽，并将有关情况纳入招标投标情况书面报告。

评标专家信息在中标结果确定前应当保密。

第十三条 招标人使用全国库抽取铁路建设工程评标专家的，应在开标前的48小时内抽取；使用区域库抽取的，应在开标前24小时内抽取；开标前4小时内或开标后需要临时补抽评标专家的，方可使用应急库。

第四章 专家权利和义务

第十四条 评标专家享有下列权利：

1. 接受聘请担任评标委员会成员；

2. 依法对投标文件进行独立评审，提出公正评审意见，不受任何单位或者个人的干预；

3. 接受参加评标活动的劳务报酬；

4. 对本人违规行为的处理有权提出异议；

5. 法律法规规定的其他权利。

第十五条 评标专家负有下列义务：

1. 具有法定回避情形的，应主动提出回避；

2. 遵守有关法律、法规和规章规定，遵守评标工作纪律，客观公正进行评审；

3. 及时更新个人信息、参加业务培训，接受评价和考核；

4. 协助、配合有关行政监督部门的监督、检查及投诉调查；

5. 法律法规规章规定的其他义务。

第十六条 有下列情形之一的，不得担任招标项目的评标专家：

1. 投标人或投标人主要负责人的近亲属；

2. 项目主管部门或者行政监督部门的人员；

3. 与投标人有经济利益关系，可能影响对投标公正评审的；

4. 曾因在招标、评标以及其他与招标投标有关活动中从事违法行为而受过行政处罚或刑事处罚的；

5. 法律法规规定的其他应当回避的情形。

评标专家有前款规定情形之一的，应当主动提出回避；未提出回避的，招标人或行政监督部门发现后，应立即停止其参加评审；已完成评审的，该专家的评审结论无效。

第十七条 评标专家应当遵守下列评标工作纪律：

1. 按时参加评标，不迟到、不早退，不无故缺席；

2. 评标时应携带有效身份证明，接受核验和监督；

3. 不委托他人代替评标；

4. 遵守交易中心评标区相关规定。

第十八条 评标专家的评审费，以及因参加评标所发生的交通、食宿等费用由招标人承担，相关费用标准可参考国家和省级人民政府财政部门有关规定。

第五章 专家考评

第十九条 国家铁路局对评标专家实行动态管理，通过"铁路建设工程评标专家库管理系统"建立包括记录评标专家基本信息、教育培训、评标记录、年度考核等内容的专家个人档案。

评标专家的单位、住址、联系电话等个人基本信息发生变更，或因故无法参加某一时段内评标的，应当及时登录"铁路建设工程评标专家库管理系统"进行信息申报。

第二十条 招标人在招标活动结束后应对评标专家进行评价（评价内容见附件2），有关评价意见纳入招标投标情况书面报告。

第二十一条 国家铁路局建立铁路建设工程评标专家年度考核制度，对评标专家实施记分管理，考核内容和记分分值详见《铁路建设工程评标专家动态考核分值表》（附件3）。

记分周期为12个月，对在记分周期内记分累计满6分的，暂停6个月参与依法必须进行招标的铁路工程建设项目的评标资格；记分满10分的，暂停12个月参与依法必须进行招标的铁路工程建设项目的评标资格。一个记分周期期满后，记分清零，不计入下一周期。

相关各方反映评标专家履职情况的信息经地区铁路监督管理局核实后予以记录,并纳入“铁路建设工程评标专家库管理系统”。

第二十二条 评标专家有下列违法违规行为之一的责令改正,记 3 分;情节严重的,记 6 分;情节特别严重的,取消担任评标委员会成员资格,从专家库中除名,不再接受其评标专家入库申请:

1. 应当回避而不回避;
2. 擅离职守;
3. 不按照招标文件规定的评标标准和方法评标;
4. 私下接触投标人;
5. 向招标人征询确定中标人的意向或者接受任何单位或者个人明示或者暗示提出的倾向或者排斥特定投标人的要求;
6. 对依法应当否决的投标不提出否决意见;
7. 暗示或者诱导投标人作出澄清、说明或者接受投标人主动提出的澄清、说明;
8. 其他不客观、不公正履行职责的行为。

对收受投标人财物或者其他好处的,向他人透露对投标文件的评审和比较意见、中标候选人的推荐情况以及与评标有关的其他情况的评标专家,直接从评标专家库中除名,不再接受其评标专家入库申请,并按《评标专家和评标专家库管理暂行办法》第十五条处理。

第二十三条 评标专家有下列情形之一的,停止担任评标委员会成员资格,并从铁路建设工程评标专家库中除名:

1. 以虚假材料骗取入库的;
2. 连续两个记分周期内考核满 10 分的;
3. “信用中国”网站公布的失信被执行人;
4. 其他违反法律、法规规定不再适宜担任评标专家的。

第二十四条 评标专家有下列情形之一的,停止担任评标委员会成员资格,并从铁路建设工程评标专家库中移出:

1. 年龄满 68 周岁;
2. 健康状况等原因不能胜任评标工作的;
3. 因工作调动等原因不适宜继续参加评标的;
4. 经本人申请不再担任评标专家的;
5. 连续 5 年未从事铁路工程建设或管理工作的。

第二十五条 招标人、交易中心以及相关当事人发现在专家抽取、专家评标等活动中存在违法违规和违反评标工作纪律行为的,应当及时向地区铁路监督管理局书面反映。地区铁路监督管理局收到相关反映的,应按规定依法处理。

第二十六条 评标专家对因自身违法违规受到处理持有异议的,可向作出处理的部门提出书面申诉。确属处理不当的,应当及时更正。

第二十七条 地区铁路监督管理局应及时协调交易中心使用的综合评标专家库同"铁路建设工程评标专家库管理系统"进行数据交换,动态更新铁路工程专业评标专家基本信息、抽取及参评记录、违法行为记录、惩戒等信息。

第六章 附 则

第二十八条 评标专家所在单位对评标专家参加铁路工程建设项目评标及相关教育培训活动应给予支持。

第二十九条 省级人民政府组织实施的地方政府审批(核准)铁路工程建设项目的评标专家监督工作,可参照本办法执行。

第三十条 本办法由国家铁路局工程监督管理司负责解释。

第三十一条 本办法自2017年6月1日起实施,《铁道部关于印发〈铁路建设工程评标专家库及评标专家管理办法〉的通知》(铁建设〔2012〕152号)同时废止。

附件:1. 评标承诺书(略)

2. 评标专家评价意见(略)

3. 铁路建设工程评标专家动态考核分值表(略)

铁路建设工程招标投标监管暂行办法

1. 2016年2月25日国家铁路局发布

2. 国铁工程监〔2016〕8号

3. 自2016年3月15日起施行

第一章 总 则

第一条 为加强和规范铁路建设工程招标投标监督管理工作,依据《中华人民共和国招标投标法》、《中华人民共和国招标投标法实施条例》、《铁路安全管理条例》等有关法律法规和规章,制定本办法。

第二条 本办法适用于国家铁路局、地区铁路监督管理局(含北京铁路督察室,下同)依法实施的铁路建设工程招标投标监督管理工作。

第三条 铁路建设工程招标投标监督管理应依法、公平、公正进行，并接受社会监督。

第二章 监督管理

第四条 国家铁路局负责铁路建设工程招标投标行业监督管理，指导、协调地区铁路监督管理局铁路建设工程招标投标监督管理工作，管理铁路建设工程评标专家库，对地方政府有关部门铁路建设工程招标投标监管工作予以行业指导。

第五条 地区铁路监督管理局负责辖区内铁路建设工程招标投标行业监督管理工作，监督国务院投资主管部门审批（核准、备案）的铁路建设项目招标投标，通报或报告辖区内铁路建设工程招标投标违法违规行为和相关监管信息，分析铁路建设工程招标投标相关情况；联系地方政府有关部门并提供行业指导。

第六条 涉及跨越地区铁路监督管理局监管辖区的铁路建设项目的招标投标监督，原则上由项目法人注册地所在的地区铁路监督管理局承担；情况特殊的，由国家铁路局指定。

第三章 监管方式

第七条 铁路建设工程招标投标监管方式主要包括监督检查、投诉处理、办理备案、行政处罚、记录公告等方式。

第八条 监督检查包括专项检查、抽查，并以抽查方式为主。地区铁路监督管理局应制定监督检查计划，合理确定抽查比例和频次，随机确定检查人员和检查对象，依法开展监督检查工作。

第九条 地区铁路监督管理局开展监督检查可以联合有关行政监管部门共同进行，必要时可聘请有关专家、邀请建设项目上级管理部门参加。

第十条 地区铁路监督管理局应为依法必须进行招标的铁路建设项目招标人办理自行招标备案手续、提交招标投标情况书面报告提供便利条件，并告知所需提交的有关材料清单及相关事项。

第十一条 铁路建设工程招标投标投诉受理及调查，执行《工程建设项目招标投标活动投诉处理办法》（发改委等七部委令第11号）和国家铁路局有关规定。地区铁路监督管理局应当向社会公布受理铁路建设工程招标投标投诉的联系方式，并按规定受理、调查、处理投诉。

第十二条 地区铁路监督管理局依法开展监督检查及调查，监督人员应主动出示证件，并有权要求招标人、投标人、投诉人、被投诉人和评标委员会成员等有关当事人予以配合，如实提供相关资料及情况。

第十三条 地区铁路监督管理局应按规定对招标投标违法行为予以处罚，并按《招标投标违法行为记录公告暂行办法》(发改法规〔2008〕1531号)及国家铁路局有关规定进行记录公告。

第十四条 监督人员应严格履行监管职责，不得非法干涉招标投标活动，对监督工作中知悉的招标投标信息和投诉信息等应依法予以保密。

第四章 监管内容

第十五条 重点监督以下内容是否符合相关法律法规规章的规定：

1. 招标范围、招标方式、招标组织形式。
2. 资格预审文件、招标文件及公告。
3. 资格预审文件和招标文件发售。
4. 评标委员会(资格预审委员会)组成、专家抽取过程。
5. 开标时间、开标地点、开标程序、异议处理等。
6. 中标候选人公示、中标人确定及发放中标通知书、签订合同。

第十六条 首次办理自行招标备案接收的材料主要如下：

1. 项目法人营业执照、法人证书或者项目法人组建文件；设立项目管理机构具体负责建设管理的，还应一并报送项目管理机构组建文件及其职责权限的证明文件。
2. 具有与招标项目规模和复杂程度相适应的工程技术、概预算、财务和工程管理等方面专业技术人员的证明材料(职称证书、执业证书复印件和个人履历等)。
3. 取得招标职业资格的专职招标业务人员的证明材料(3名以上招标师职业资格证件和个人招投标工作业绩)。
4. 项目可研批复文件。
5. 初步设计及概算批复文件。
6. 各招标批次初步安排(时间、地点)。

后续备案只需接受前述所涉事项变化的有关材料。

第十七条 招标投标情况书面报告应包括以下主要内容：

1. 招标范围。
2. 招标方式和发布招标公告的媒介。
3. 招标文件中投标人须知、技术条款、评标标准和方法、合同主要条款等内容。
4. 评标委员会的组成和评标报告。
5. 中标结果。

第五章 附 则

第十八条 省级地方人民政府按《国务院办公厅关于创新投资管理方式建立协同监管机制的若干意见》(国办发〔2015〕12 号)组织实施的地方政府审批(核准)铁路建设项目招标投标监管工作,可参照本办法执行。

第十九条 本办法由国家铁路局工程监督管理司负责解释。

第二十条 本办法自 2016 年 3 月 15 日起施行,《铁路建设工程招标投标监管暂行办法》(国铁工程监〔2014〕6 号)同时废止。

铁路工程建设项目招标投标管理办法

1. 2018 年 8 月 31 日交通运输部令 2018 年第 13 号公布

2. 自 2019 年 1 月 1 日起施行

第一章 总 则

第一条 为了规范铁路工程建设项目招标投标活动,保护国家利益、社会公共利益和招标投标活动当事人的合法权益,根据《中华人民共和国招标投标法》《中华人民共和国招标投标法实施条例》等法律、行政法规,制定本办法。

第二条 在中华人民共和国境内从事铁路工程建设项目的招标投标活动适用本办法。前款所称铁路工程建设项目是指铁路工程以及与铁路工程建设有关的货物、服务。

第三条 依法必须进行招标的铁路工程建设项目的招标投标,应当依照《公共资源交易平台管理暂行办法》等国家规定纳入公共资源交易平台。

依法必须进行招标的铁路工程建设项目的具体范围和规模标准,依照《中华人民共和国招标投标法》《中华人民共和国招标投标法实施条例》《必须招标的工程项目规定》等确定。

第四条 国家铁路局负责全国铁路工程建设项目招标投标活动的监督管理工作。

地区铁路监督管理局负责辖区内铁路工程建设项目招标投标活动的监督管理工作。

国家铁路局、地区铁路监督管理局以下统称铁路工程建设项目招标投标行政监管部门。

第五条 铁路工程建设项目的招标人和交易场所应当按照国家有关规定推行

电子招标投标。

国家铁路局建立铁路工程建设行政监督平台，对铁路工程建设项目招标投标活动实行信息化监督管理。

第二章 招 标

第六条 铁路工程建设项目的招标人是指提出招标项目、进行招标的法人或者其他组织。

招标人组织开展的铁路工程建设项目招标活动，应当具备《中华人民共和国招标投标法》《中华人民共和国招标投标法实施条例》《工程建设项目勘察设计招标投标办法》《工程建设项目施工招标投标办法》《工程建设项目货物招标投标办法》等规定的有关条件。

第七条 招标人委托招标代理机构进行招标的，应当与被委托的招标代理机构签订书面委托合同。招标人授权项目管理机构进行招标或者由项目代建人承担招标工作的，招标人或者代建项目的委托人应当出具包括委托授权招标范围、招标工作权限等内容的委托授权书。多个招标人就相同或者类似的招标项目进行联合招标的，可以委托招标代理机构或者其中一个招标人牵头组织招标工作。

第八条 依法必须进行招标的铁路工程建设项目，招标人应当根据国务院发展改革部门会同有关行政监督部门制定的《标准施工招标资格预审文件》《标准施工招标文件》《标准设备采购招标文件》《标准材料采购招标文件》《标准勘察招标文件》《标准设计招标文件》《标准监理招标文件》等标准文本以及铁路行业补充文本，结合招标项目具体特点和实际需要，编制资格预审文件和招标文件。

第九条 采用公开招标方式的铁路工程建设项目，招标人应当依法发布资格预审公告或者招标公告。

依法必须进行招标的铁路工程建设项目的资格预审公告或者招标公告应当至少载明下列内容：

（一）招标项目名称、内容、范围、规模、资金来源；

（二）投标资格能力要求，以及是否接受联合体投标；

（三）获取资格预审文件或者招标文件的时间、方式；

（四）递交资格预审文件或者投标文件的截止时间、方式；

（五）招标人及其招标代理机构的名称、地址、联系人及联系方式；

（六）采用电子招标投标方式的，潜在投标人访问电子招标投标交易平台的网址和方法；

（七）对具有行贿犯罪记录、失信被执行人等失信情形潜在投标人的依法限制要求；

（八）其他依法应当载明的内容。

第十条 采用邀请招标方式的铁路工程建设项目，招标人应当向 3 家以上具备相应资质能力、资信良好的特定的法人或者其他组织发出投标邀请书。

第十一条 依法必须进行招标的铁路工程建设项目，招标人应当在发布资格预审公告或者招标公告前 7 个工作日内向铁路工程建设项目招标投标行政监管部门备案。鼓励采用电子方式进行备案。

第十二条 资格预审应当按照资格预审文件载明的标准和方法进行。

第十三条 国有资金占控股或者主导地位的依法必须进行招标的铁路工程建设项目资格预审结束后，资格审查委员会应当编制资格审查报告。资格审查报告应当载明下列内容，如果有评分情况，在资格审查报告中一并列明：

（一）招标项目基本情况；

（二）资格审查委员会成员名单；

（三）资格预审申请文件递交情况；

（四）通过资格审查的申请人名单；

（五）未通过资格审查的申请人名单，以及未通过审查的具体理由、依据（应当指明不符合资格预审文件的具体条款序号）；

（六）澄清、说明事项；

（七）需要说明的其他事项。

资格审查委员会所有成员应当在资格审查报告上签字。对审查结果有不同意见的资格审查委员会成员应当以书面形式说明其不同意见和理由，资格审查报告应当注明该不同意见。资格审查委员会成员拒绝在资格审查报告上签字又不书面说明其不同意见和理由的，视为同意资格审查结果。

第十四条 招标人应当及时向资格预审合格的潜在投标人发出资格预审合格通知书或者投标邀请书，告知获取招标文件的时间、地点和方法；同时向资格预审不合格的潜在投标人发出资格预审结果通知书，注明未通过资格预审的具体理由。

通过资格预审的申请人少于 3 个的，应当重新招标。

第十五条 资格预审申请人对资格预审结果有异议的，可以自收到或者应当收到资格预审结果通知书后 3 日内提出。招标人应当自收到异议之日起 3 日内作出答复，异议答复应当列明事实和依据；作出答复前，应当暂停招标投标活动。

第十六条 招标人应当依照国家有关法律法规规定，在招标文件中载明招标项目是否允许分包，以及允许分包或者不得分包的范围。

第十七条 招标人应当在招标文件或者资格预审文件中集中载明评标办法、评审标准和否决情形。否决情形应当以醒目方式标注。资格审查委员会或者评标委员会不得以未集中载明的评审标准和否决情形限制、排斥潜在投标人或者否决投标。

第十八条 招标人不得以不合理的条件限制或者排斥潜在投标人，不得对潜在投标人实行歧视待遇。

除《中华人民共和国招标投标法实施条例》第三十二条规定的情形外，招标人有下列行为之一的，视为以不合理的条件限制或者排斥潜在投标人：

（一）对符合国家关于铁路建设市场开放规定的设计、施工、监理企业，不接受其参加有关招标项目的投标；

（二）设定的企业资质、个人执业资格条件违反国家有关规定，或者与招标项目实际内容无关；

（三）招标文件或者资格预审文件中设定的投标人资格要求高于招标公告载明的投标人资格要求；

（四）对企业或者项目负责人的业绩指标要求，超出招标项目对应的工程实际需要。

第十九条 招标人以暂估价形式包括在总承包范围内的工程、货物、服务属于依法必须进行招标的项目范围且达到国家规定规模标准的，应当依法进行招标。暂估价部分招标的实施主体应当在总承包项目的合同条款中约定。

第二十条 招标人在发布招标公告、发出投标邀请书、售出招标文件或者资格预审文件后，除不可抗力、国家政策变化等原因外，不得擅自终止招标。

招标人终止招标的，应当及时发布公告，或者以书面形式通知被邀请的或者已经获取资格预审文件、招标文件的潜在投标人。已经发售资格预审文件、招标文件或者已经收取投标保证金的，招标人应当及时退还所收取的资格预审文件、招标文件的费用，以及所收取的投标保证金及银行同期存款利息。

第三章　投　　标

第二十一条 铁路工程建设项目的投标人是指响应招标、参加投标竞争的法人或者其他组织。

投标人应当具备承担招标项目的能力，并具备招标文件规定和国家规定的资格条件。

第二十二条 投标人应当按照招标文件的要求编制投标文件。投标文件应当对招标文件提出的实质性要求和条件予以响应。

第二十三条 投标人可以银行保函方式提交投标保证金。招标人不得拒绝投标人以银行保函形式提交的投标保证金,评标委员会也不得以此理由否决其投标。

第二十四条 根据招标文件载明的项目实际情况和工程分包的有关规定,投标人应当在投标文件中载明中标后拟分包的工程内容等事项。

第二十五条 投标人在投标文件中填报的资质、业绩、主要人员资历和目前在岗情况、信用等信息,应当与其在铁路工程建设行政监督平台上填报、发布的一致。

第二十六条 投标人不得有下列行为:

(一)串通投标;

(二)向招标人、招标代理机构或者评标委员会成员行贿;

(三)采取挂靠、转让、租借等方式从其他法人、组织获取资格或者资质证书进行投标,或者以其他方式弄虚作假进行投标;

(四)排挤其他投标人公平竞争的行为。

第四章 开标、评标和中标

第二十七条 招标人应当按照招标文件规定的时间、地点开标,并邀请所有投标人参加。

递交投标文件的投标人少于3个的标段或者包件,招标人不得开标,应当将相应标段或者包件的投标文件当场退还给投标人,并依法重新组织招标。

重新招标后投标人仍少于3个,属于按照国家规定需要政府审批、核准的铁路工程建设项目的,报经原审批、核准部门审批、核准后可以不再进行招标;其他铁路工程建设项目,招标人可以自行决定不再进行招标。

依照本条规定不再进行招标的,招标人可以邀请已提交资格预审申请文件的申请人或者已提交投标文件的投标人进行谈判,确定项目承担单位,并将谈判报告报对该项目具有招标监督职责的铁路工程建设项目招标投标行政监管部门备案。

第二十八条 招标人应当记录关于开标过程的下列内容并存档备查:

(一)开标时间和地点;

(二)投标文件密封检查情况;

(三)投标人名称、投标价格和招标文件规定的其他主要内容;

(四)投标人提出的异议及当场答复情况。

第二十九条 评标由招标人依法组建的评标委员会负责。评标委员会成员的确定和更换应当遵守《中华人民共和国招标投标法》《中华人民共和国招标投标法实施条例》《评标委员会和评标方法暂行规定》等规定。

依法必须进行招标的铁路工程建设项目的评标委员会中,除招标人代表外,招标人及与该工程建设项目有监督管理关系的人员不得以技术、经济专家身份等名义参加评审。

第三十条 招标人应当向评标委员会提供评标所必需的信息和材料,但不得明示或者暗示其倾向或者排斥特定投标人。提供评标所必需的信息和材料主要包括招标文件、招标文件的澄清或者修改、开标记录、投标文件、资格预审相关文件、投标人信用信息等。

第三十一条 评标委员会设负责人的,评标委员会负责人应当由评标委员会成员推举产生或者由招标人确定。评标委员会负责人负责组织并与评标委员会成员一起开展评标工作,其与评标委员会的其他成员享有同等权利与义务。

第三十二条 评标委员会认为投标人的报价明显低于其他投标报价,有可能影响工程质量或者不能诚信履约的,可以要求其澄清、说明是否低于成本价投标,必要时应当要求其一并提交相关证明材料。投标人不能证明其报价合理性的,评标委员会应当认定其以低于成本价竞标,并否决其投标。

第三十三条 评标委员会经评审,否决投标的,应当在评标报告中列明否决投标人的原因及依据;认为所有投标都不符合招标文件要求,或者符合招标文件要求的投标人不足3家使得投标明显缺乏竞争性的,可以否决所有投标。评标委员会作出否决投标或者否决所有投标意见的,应当有三分之二及以上评标委员会成员同意。

第三十四条 评标委员会成员应当客观、公正地履行职务,恪守职业道德,对所提出的评审意见承担个人责任。

评标委员会成员不得私下接触投标人,不得收受投标人的财物或者其他好处,不得向招标人征询确定中标人的意向,不得接受任何单位或者个人明示或者暗示提出的倾向或者排斥特定投标人的要求。

评标委员会成员和参与评标的有关工作人员不得透露对投标文件的评审和比较、中标候选人的推荐情况以及与评标有关的其他情况。

第三十五条 评标完成后,评标委员会应当向招标人提交书面评标报告和中标候选人名单。中标候选人应当不超过3个,并标明排序。

评标报告应当如实记载下列内容:

(一)基本情况和数据表;

(二)评标委员会成员名单,评标委员会设有负责人的一并注明;

（三）开标记录；

（四）符合要求的投标人名单；

（五）否决投标的情况说明，包括具体理由及招标文件中的相应否决条款；

（六）评标标准、评标方法或者评标因素一览表；

（七）经评审的价格或者评分比较一览表；

（八）经评审的投标人排序；

（九）推荐的中标候选人名单与签订合同前要处理的事宜；

（十）澄清、说明、补正事项纪要。

评标报告应当由评标委员会全体成员签字；设立评标委员会负责人的，评标委员会负责人应当在评标报告上逐页签字。对评标结果有不同意见的评标委员会成员应当以书面形式说明其不同意见和理由，评标报告应当注明该不同意见。评标委员会成员拒绝在评标报告上签字又不书面说明其不同意见和理由的，视为同意评标结果。评标委员会提交的评标报告内容不符合前款要求的，应当补充完善。

第三十六条 依法必须进行招标的铁路工程建设项目的招标人，应当对评标委员会成员履职情况如实记录并按规定对铁路建设工程评标专家予以评价。

第三十七条 招标人根据评标委员会提出的书面评标报告和推荐的中标候选人确定中标人。招标人也可以授权评标委员会直接确定中标人。依法必须进行招标的铁路工程建设项目，招标人应当自收到评标报告之日起 3 日内在规定的媒介上公示中标候选人，公示期不得少于 3 日。

对中标候选人的公示信息应当包括：招标项目名称，标段或者包件编号，中标候选人排序、名称、投标报价、工期或者交货期承诺，评分或者经评审的投标报价情况，项目负责人姓名及其相关证书名称和编号，中标候选人在投标文件中填报的企业和项目负责人的工程业绩，异议受理部门及联系方式等。

第三十八条 依法必须进行招标的铁路工程建设项目的投标人或者其他利害关系人对评标结果有异议的，应当在中标候选人公示期间提出。招标人应当自收到异议之日起 3 日内作出答复，异议答复应当列明事实、依据；作出答复前，应当暂停招标投标活动。

招标人经核查发现异议成立并对中标结果产生实质性影响的，应当组织原评标委员会按照招标文件规定的标准和方法审查确认。若异议事项涉嫌弄虚作假等违法行为或者原评标委员会无法根据招标文件和投标文件审查确认的，以及招标人发现评标结果有明显错误的，招标人应当向铁路工程建设项目招标投标行政监管部门反映或者投诉。

第三十九条 中标候选人的经营、财务状况发生较大变化或者存在违法行为，招标人认为可能影响其履约能力的，应当在发出中标通知书前由原评标委员会按照招标文件规定的标准和方法审查确认。

非因本办法第三十八条第二款及本条第一款规定的事由，招标人不得擅自组织原评标委员会或者另行组建评标委员会审查确认。

第四十条 中标人确定后，招标人应当向中标人发出中标通知书，并同时将中标结果通知所有未中标的投标人。依法必须进行招标项目的中标结果还应当按规定在有关媒介公示中标人名称。

所有投标均被否决的，招标人应当书面通知所有投标人，并说明具体原因。

第四十一条 依法必须进行招标的铁路工程建设项目，招标人应当自确定中标人之日起 15 日内，向铁路工程建设项目招标投标行政监管部门提交招标投标情况书面报告。鼓励采用电子方式报告。

招标投标情况书面报告应当包括下列主要内容：

（一）招标范围；

（二）招标方式和发布招标公告的媒介；

（三）招标文件中投标人须知、技术条款、评标标准和方法、合同主要条款等内容；

（四）评标委员会的组成、成员遵守评标纪律和履职情况，对评标专家的评价意见；

（五）评标报告；

（六）中标结果；

（七）其他需提交的问题说明和资料。

第四十二条 招标人和中标人应当在投标有效期内并自中标通知书发出之日起 30 日内，按照招标文件和中标人的投标文件订立书面合同。招标人和中标人不得再行订立背离合同实质性内容的其他协议。

第四十三条 招标文件要求中标人提交履约保证金的，中标人应当提交。履约保证金可以银行保函、支票、现金等方式提交。

中标人提交履约保证金的，在工程项目竣工前，招标人不得再同时预留工程质量保证金。

第四十四条 中标人应当按照合同约定履行义务，完成中标项目。

招标人应当加强对合同履行的管理，建立对中标人合同履约的考核制度。依法必须进行招标的铁路工程建设项目，招标人、中标人应当按规定向铁路工程建设项目招标投标行政监管部门提交合同履约信息。

第四十五条 铁路工程建设项目的施工中标人对已包含在中标工程内的货物再次通过招标方式采购的,招标人应当依据承包合同约定对再次招标活动进行监督,对施工中标人再次招标选定的货物进场质量验收情况进行检查。

第五章 监督管理

第四十六条 铁路工程建设项目招标投标行政监管部门应当依法加强对铁路工程建设项目招标投标活动的监督管理。

国家铁路局组建、管理铁路建设工程评标专家库,指导、协调地区铁路监督管理局开展铁路工程建设项目招标投标监督管理工作。

地区铁路监督管理局应当按规定通报或者报告辖区内的铁路工程建设项目招标投标违法违规行为和相关监督管理信息,分析铁路工程建设项目招标投标相关情况。

第四十七条 铁路工程建设项目招标投标监督管理方式主要包括监督抽查、投诉处理、办理备案、接收书面报告、行政处罚、记录公告等方式。

第四十八条 投标人或者其他利害关系人(以下简称投诉人)认为铁路工程建设项目招标投标活动不符合法律、行政法规规定的,可以自知道或者应当知道之日起10日内向铁路工程建设项目招标投标行政监管部门投诉。

第四十九条 投诉人投诉时,应当提交投诉书。投诉书应当包括下列内容:

(一)投诉人的名称、地址及有效联系方式;

(二)被投诉人的名称、地址及有效联系方式;

(三)投诉事项的基本事实;

(四)相关请求及主张;

(五)有效线索和相关证明材料。

对按规定应当先向招标人提出异议的事项进行投诉的,还应当提交已提出异议的证明文件。如果已向有关行政监督部门投诉的,应当一并说明。

投诉人是法人的,投诉书必须由其法定代表人或者授权代表签字并盖章;其他组织或者自然人投诉的,投诉书必须由其主要负责人或者投诉人本人签字,并附有效身份证明复印件。

投诉书有关材料是外文的,投诉人应当同时提供其中文译本。

第五十条 有下列情形之一的投诉,铁路工程建设项目招标投标行政监管部门不予受理:

(一)投诉人不是所投诉招标投标活动的参与者,或者与投诉项目无任何利害关系;

(二)投诉事项不具体,且未提供有效线索,难以查证的;

（三）投诉书未署具投诉人真实姓名、签字和有效联系方式的；以法人名义投诉的，投诉书未经法定代表人或者授权代表签字并加盖公章的；

（四）超过投诉时效的；

（五）已经作出处理决定，并且投诉人没有提出新的证据的；

（六）投诉事项应当先提出异议没有提出异议的，或者已进入行政复议或者行政诉讼程序的。

第五十一条 铁路工程建设项目招标投标行政监管部门受理投诉后，应当调取、查阅有关文件，调查、核实有关情况，根据调查和取证情况，对投诉事项进行审查，按照下列规定做出处理决定：

（一）投诉缺乏事实根据或者法律依据的，驳回投诉；

（二）投诉情况属实，招标投标活动确实存在违法行为的，依照《中华人民共和国招标投标法》及其他有关法规、规章进行处理。

第五十二条 铁路工程建设项目招标投标行政监管部门积极推进铁路建设工程招标投标信用体系建设，建立健全守信激励和失信惩戒机制，维护公平公正的市场竞争秩序。

鼓励和支持招标人优先选择信用良好的从业企业。招标人可以对信用良好的投标人或者中标人，减免投标保证金，减少履约保证金或者质量保证金。招标人采用相关信用优惠措施的，应当在招标文件中载明。

第五十三条 铁路工程建设项目招标投标行政监管部门对招标人、招标代理机构、投标人以及评标委员会成员等的违法违规行为依法作出行政处理决定的，应当按规定予以公告，并记入相应当事人的不良行为记录。

对于列入不良行为记录、行贿犯罪档案、失信被执行人名录的市场主体，依法按规定在招标投标活动中对其予以限制。

第五十四条 铁路工程建设项目招标投标行政监管部门履行监督管理职责过程中，有权查阅、复制招标投标活动的有关文件、资料和数据；在投诉调查处理中，发现有违反法律、法规、规章规定的，应当要求相关当事人整改，必要时可以责令暂停招标投标活动。招标投标活动交易服务机构及市场主体应当如实提供相关情况和材料。

第五十五条 铁路工程建设项目招标投标行政监管部门的工作人员对监督过程中知悉的国家秘密、商业秘密，应当依法予以保密。

第六章 法律责任

第五十六条 招标人有下列情形之一的，由铁路工程建设项目招标投标行政监管部门责令改正，给予警告；情节严重的，可以并处3万元以下的罚款：

（一）不按本办法规定编制资格预审文件或者招标文件的；

（二）拒绝以银行保函方式提交的投标保证金或者履约保证金的，或者违规在招标文件中增设保证金的；

（三）向评标委员会提供的评标所需信息不符合本办法规定的；

（四）不按本办法规定公示中标候选人的；

（五）不按本办法规定进行招标备案或者提交招标投标情况书面报告的；

（六）否决所有投标未按本办法规定告知的；

（七）擅自终止招标活动的，或者终止招标未按规定告知有关潜在投标人的；

（八）非因本办法第三十八条第二款和第三十九条第一款规定的事由，擅自组织原评标委员会或者另行组建评标委员会审查确认的。

第五十七条 投标人或者其他利害关系人捏造事实、伪造材料或者以非法手段取得证明材料进行投诉，尚未构成犯罪的，由铁路工程建设项目招标投标行政监管部门责令改正，给予警告；情节严重的，可以并处3万元以下的罚款。

第五十八条 评标委员会成员、资格审查委员会成员有下列情形之一的，由铁路工程建设项目招标投标行政监管部门责令改正，给予警告；情节严重的，禁止其在6个月至1年内参加依法必须进行招标的铁路工程建设项目的评审；情节特别严重的，取消担任评标委员会、资格审查委员会成员资格，并从专家库中除名，不再接受其评标专家入库申请：

（一）应当回避而不回避；

（二）擅离职守；

（三）不按照招标文件规定的评标标准和方法评标；

（四）私下接触投标人；

（五）向招标人征询确定中标人的意向，或者接受任何单位或者个人明示或者暗示提出的倾向或者排斥特定投标人的要求；

（六）对依法应当否决的投标不提出否决意见；

（七）暗示或者诱导投标人作出澄清、说明或者接受投标人主动提出的澄清、说明；

（八）评审活动中其他不客观、不公正的行为。

第七章 附 则

第五十九条 采用电子方式进行招标投标的，应当符合本办法和国家有关电子招标投标的规定。

第六十条 本办法自2019年1月1日起施行。

关于铁路工程项目进入地方公共资源交易市场招投标工作的指导意见

1. 2012年5月12日中央治理工程建设领域突出问题工作领导小组办公室、铁道部发布
2. 中治工办发〔2012〕3号

为贯彻落实第十七届中央纪委第七次全会和国务院第五次廉政工作会议精神，按照2012年工程建设领域突出问题专项治理工作有关要求，现就做好铁路工程项目进入地方公共资源交易市场招投标有关事宜，提出如下意见。

一、充分认识铁路工程项目进入地方公共资源交易市场招投标的重要意义和应把握的基本原则

党的十七大对加快形成统一开放竞争有序的现代市场体系作出重要部署。十七届四中全会指出，要按照加快形成统一开放竞争有序市场体系要求推进相关改革。第十七届中央纪委第七次全会和国务院第五次廉政工作会议强调，深入推进工程建设领域突出问题专项治理，建设统一规范的公共资源交易市场，推动政府投资和使用国有资金的工程项目、土地使用权和矿业权进场交易。铁路工程项目进入地方公共资源交易市场招投标，是铁路工程招投标管理体制的重大改革，是铁路系统反腐倡廉建设的重要举措，是2012年工程建设领域突出问题专项治理工作的重要任务。铁路系统和有关地方要充分认识这项改革的重要意义，按照完善社会主义市场经济体制的要求，以《中华人民共和国招标投标法实施条例》出台为契机，以地方公共资源交易市场建设为基础，改革铁路工程招投标管理体制机制，推动铁路工程项目按照属地或授权原则，进入地方公共资源交易市场招投标，保障铁路建设市场主体平等、充分竞争，防范领导干部违规插手干预招投标、明招暗定、权钱交易等突出问题，促进铁路建设市场持续健康发展。

（一）市场调节、行政监管。坚持完善社会主义市场经济体制的根本方向，通过市场机制提高铁路建设资源配置的效率和质量。发挥行业主管部门、监管部门职能作用，加强和改进铁路工程招投标的管理和监督。

（二）积极稳妥、确保质量。在抓紧推进铁路工程进入地方公共资源交易市场的同时，从铁路工程项目交易的实际出发，审慎选择设施完备、管理规

范的公共资源交易市场，细化工作方案，完善政策规定，扎实稳妥地做好相关工作。

（三）管办分离、分工协作。按照决策权、操作权、监督权既相互制约、又相互协调的要求，铁路工程项目进入地方公共资源交易市场招投标，铁路部门集中精力履行好项目审批、行业监管等职责，保证铁路工程招投标依法有序开展。

二、扎实有序做好铁路工程项目进入地方公共资源交易市场招投标工作

2011年底，铁道部管理的大中型建设项目已一次性全部进入北京市建设工程发包承包交易中心招标。2012年，18个铁路局（公司）管理的项目要按照属地或授权原则，进入地方公共资源交易市场招投标。

（一）5月底前，8个铁路局（公司）管理的工程项目一次性进入地方公共资源交易市场招投标。北京、济南、南昌、昆明铁路局和广铁集团公司管理的铁路项目（含大中型、更新改造及小型建设项目）按照属地原则，分别进入北京市建设工程发包承包交易中心、济南公共资源交易中心、江西省南昌公共资源交易中心、云南省公共资源交易中心和广州建设工程交易中心招投标。铁道部同意上海铁路局按照授权原则，将其管理的铁路项目进入南京市公共资源交易中心，太原、西安铁路局将其管理的铁路项目进入北京市建设工程发包承包交易中心。同时取消上述7个铁路局和广铁集团公司原有的铁路二级建设交易市场。

（二）6月底前，10个铁路局（公司）管理的工程项目分别进入地方公共资源交易市场招投标。鉴于一些地方公共资源交易市场目前不具备隔夜评标条件，哈尔滨、沈阳、呼和浩特、郑州、武汉、南宁、成都、兰州、乌鲁木齐等9个铁路局管理的大中型铁路项目，进入北京市建设工程发包承包交易中心招投标；更新改造和小型项目按照属地原则，分别进入哈尔滨市建设工程交易中心、沈阳市公共资源交易中心、内蒙古自治区建设工程招投标服务中心、郑州市建设工程交易中心、湖北省综合招投标中心、广西自治区公共资源招投标服务中心、四川省人民政府政务服务中心招投标中心、甘肃省机电设备交易中心和新疆自治区建设工程交易中心招投标。铁道部同意青藏铁路公司按照授权原则，将其管理的大中型建设项目进入北京建设工程发包承包交易中心招投标，更新改造和小型项目进入甘肃省机电设备交易中心招投标。同时取消上述9个铁路局和青藏铁路公司原有的铁路二级建设交易市场。有关地方公共资源交易市场达到隔夜评标等条件后，上述铁路局工程项目可返回属地公共资源交易市场招投标。

（三）按照市场规则，签订铁路工程进入地方公共资源交易市场招投标

服务协议。铁路部门和地方公共资源交易市场要本着平等自愿原则，协商签订《铁路工程进入地方公共资源交易市场招投标服务协议书》(见附件)，约定铁路工程项目进入地方公共资源交易市场招投标的业务流程和操作环节、工作内容和具体要求、各自的责任和义务等，并报铁道部和地方公共资源交易市场管理机构、监管部门备案。在积极推动政府采购法实施条例出台的基础上，探索利用地方公共资源交易市场平台开展政府采购招投标活动，逐步将铁路机车、车辆等设备采购纳入地方公共资源交易市场。

三、切实加强铁路工程进入地方公共资源交易市场后的管理和监督

充分发挥铁路行业主管部门、地方公共资源交易市场及相关管理机构的职能作用，加强铁路工程招投标全过程的监管，保证铁路工程招投标活动按照法律法规和铁道部、地方公共资源交易市场有关规定，依法有序开展。

(一)强化铁路部门对铁路工程招投标的行业监管。铁路部门要制定铁路工程招投标行业监管的内部分工制度，明确铁路工程招投标各环节的监管内容、方式和责任主体。招标前，重点监管招标方式核准、招标人自主招标的专业人员配备、标段划分、资格预审公告、招标公告、交易场所、评标办法选用、评委会组成方案、招标文件等是否符合法律法规。招标过程中，重点监管招标人按批准事项办理入场手续、资格预审公告和招标公告的发布、开标过程，协助地方公共资源交易市场办理铁路专家入场手续、监控招投标活动现场等。招标结束后，重点抓好投诉举报受理、违规违纪问题核查。

(二)提高有关地方公共资源交易市场服务水平。地方各有关公共资源交易市场要进一步完善开标区、封闭评标区等硬件设施和视频监控、电子评标等软件设施，健全各项管理制度，根据铁路工程招投标工作需求，对现有交易平台进行优化调整，提供公开、公平、公正的交易平台和优质服务。协助铁路部门核验招标方是否采用经核准的招标方式、市场主体及进场交易项目资料是否完整；配合招标方按照有关规定抽取评标专家、为开标评标提供场所和服务；现场监控招投标交易活动，整理、保存交易过程的相关资料备查；及时发现和制止场内交易活动中的违法违规行为，及时报告铁路部门并协助调查；通过地方公共资源交易市场平台，向社会发布招投标信息、过程和结果。各有关地方要按照《国家计委、财政部关于整顿和规范招投标收费的通知》(计价格〔2002〕520号)"保本微利"的要求，在保证交易中心基本运转费用的基础上，参照铁道部原交易服务费标准收费，每个招标批次上限封顶为10万元。

(三)加强铁路工程评标专家库建设和管理。铁路部门要按照国家评标专家专业分类标准，对铁路专业评标专家库进行扩容调整，建立健全评标专家动态管理、考核和退出等机制。将铁路专业评标专家库纳入国家综合评标专家库，并与接收铁路工程进场地方的省级专家库实现平台对接、兼容共享。扩大评标专家抽取的覆盖面，铁路专业工程评标专家要从全国抽取，通用工程属地、跨行业抽取，铁路局更新改造及小型项目从本地区和邻近区域铁路专业评标专家库中抽取。

（四）探索推行铁路工程电子招投标。研究制定铁路工程电子招投标规则，争取今年第三季度前完成铁路工程电子评标模块及软件系统的研发和试运行。四季度，在北京、南京、南昌三个公共资源交易市场进行电子招投标试点，探索三个区域互相连通的铁路工程远程异地评标。

（五）深化铁路工程信息公开和诚信体系建设。进一步健全铁路行业信用等级评价、信用信息采集发布、失信惩戒等制度规范，实现与其他相关行业间的信用信息互认共享、成果运用。严格诚信标准，认真记录铁路建设从业企业的不良行为信息，及时在铁路部门信息公开专栏和地方公共资源交易市场平台上公开，探索将信用信息与企业资质资格认定、招投标市场准入等挂钩，营造铁路工程建设讲诚实、守信用的市场秩序。

四、明确有关工作要求

（一）加强组织领导，形成工作合力。各地各有关部门和铁路部门要增强政治意识和大局意识，把思想统一到中央工程治理领导小组的决策部署上来，加强领导、密切配合，落实责任、协调行动。地方相关主管部门要与相应的铁路局建立沟通协作机制，共同研究制定具体方案，定期研究分析进场交易情况，协调解决工作中遇到的问题，确保铁路工程项目平稳进入地方公共资源交易市场招投标。

（二）采取有力措施，狠抓任务落实。铁路部门和地方公共资源交易市场要按照有关法律法规和进场协议，履行好各自的职责和义务，细化各环节的责任单位、责任人员、工作内容和操作性规定。有关地方公共资源交易市场监管部门和监察机关要加强监督检查，对不认真履行职责、违规为招标人指定招标代理机构、违规收取交易费用、干预操纵铁路工程招投标的，要严肃查处，并追究有关人员的责任。

（三）及时总结经验，巩固改革成果。2012 年底，铁路部门和有关地方公共资源交易市场要提交阶段性报告，总结铁路工程进入地方公共资源交易市场招投标工作，查找存在的问题，提出改进建议。有关地方工程治理领导小组办公室要加强组织协调和政策研究，及时总结铁路工程进场交易、地方公共资源交易市场提供服务的做法、成效和经验，加强宣传引导，发挥导向和示范作用。重要政策问题及时报告中央工程治理领导小组办公室和国家有关业务主管部门。

附件:铁路工程进入地方公共资源交易市场招投标服务协议书(参照样本)(略)

(4)民航工程

住房和城乡建设部、民航局关于进一步明确民航建设工程招投标管理和质量监督工作职责分工的通知

1. 2011年3月4日
2. 民航发〔2011〕34号

各省、自治区住房和城乡建设厅、直辖市城乡建委(建设交通委),民航各地区管理局,民航专业工程质量监督总站:

根据国务院办公厅《国务院办公厅印发国务院有关部门实施招标投标活动行政监督的职责分工意见的通知》(国办发〔2000〕34号文)和《建设工程质量管理条例》(国务院令第279号),建设部与民航局于2001年和2003年分别发布了《关于民航建设工程招投标管理和质量监督工作职责分工的通知》(民航机发〔2001〕229号文)和《关于民航建设工程招投标管理和质量监督工作职责分工的补充通知》(总局厅发〔2003〕41号文),对民航建设工程招投标管理和质量监督工作的职责进行了划分,为规范民航建设工程管理起到了积极作用。随着行业技术进步和工程建设规模的扩展,原有对民航建设工程范围的描述已不能完全涵盖现有工程类型。为此,经民航局与住房和城乡建设部协商,现将两部门的职责分工进一步明确如下:

一、民航建设工程中民航专业工程的招投标管理和质量监督工作由民航局负责。民航专业工程包括:

(一)机场场道工程,包括:

1. 飞行区土石方(不含填海工程)、地基处理、基础、道面工程;

2. 飞行区排水、桥梁、涵隧、消防管网、管沟(廊)工程;

3. 飞行区服务车道、巡场路、围界(含监控系统)工程。

(二)民航空管工程,包括:

1. 区域管制中心、终端(进近)管制中心和塔台建设工程;

2. 通信(包括地空通信和地地通信)工程、导航(包括地基导航和星基导航)工程、监视(包括雷达和自动相关监视系统)工程;

3. 航空气象(包括观测系统、卫星云图接收系统等)工程;

4. 航行情报工程。

(三)机场目视助航工程,包括:

1. 机场助航灯光及其监控系统工程;

2. 飞行区标记牌和标志工程;

3. 助航灯光变电站和飞行区供电工程;

4. 泊位引导系统及目视助航辅助设施工程。

(四)航站楼、货运站的工艺流程及民航专业弱电系统工程。其中,民航专业弱电系统包括:信息集成系统、航班信息显示系统、离港控制系统、泊位引导系统、安检信息管理系统、标识引导系统、行李处理系统、安全检查系统、值机引导系统、登机门显示系统、旅客问讯系统、网络交换系统、公共广播系统、安全防范系统、主时钟系统、内部通讯系统、呼叫中心(含电话自动问讯系统),以及飞行区内各类专业弱电系统。

(五)航空供油工程,包括:

1. 航空加油站、机坪输油管线系统工程;

2. 机场油库、中转油库工程(不含土建工程);

3. 场外输油管线工程、卸油站工程(不含码头水工工程和铁路专用线工程);

4. 飞行区内地面设备加油站工程。

二、民航建设工程中,航站楼、机务维修设施、货运系统、油库、航空食品厂等工程的土建和水、暖、电气(不含民航专业弱电系统)等设备安装工程属于非民航专业工程,其招投标管理和质量监督工作由县级以上人民政府住房城乡建设行政管理部门负责。

三、2001 年发布的《关于民航建设工程招投标管理和质量监督工作职责分工的通知》(民航机发〔2001〕229 号文)和 2003 年发布的《关于民航建设工程招投标管理和质量监督工作职责分工的补充通知》(总局厅发〔2003〕41 号文)同时废止。

民航专业工程及货物招标投标评标专家和专家库管理办法

1. 2013 年 11 月 25 日中国民用航空局机场司发布
2. MD-CA-2013-2-R2

第一章　总　　则

第一条　为加强民航专业工程及货物招标评标专家和专家库(以下分别简称评标专家、专家库)的管理,提高民航专业工程项目评标的科学性、公正性,进一步规范评标活动,依据《中华人民共和国招标投标法》、《中华人民共和国招标投标法实施条例》、国家发展和改革委员会《评标专家和评标专家库管理暂行办法》、民航局机场司《民航专业工程及货物招标投标管理办法》,制定本办法。

第二条　本办法适用于评标专家的资格认定、入库及专家库的建立、使用、更新、维护等管理活动。

第三条　评标专家的管理实行"统一聘用、集中管理、随机选取、管用分离"的原则。

第四条　民航局机场司负责:

(一)制定评标专家及专家库管理的规章制度;

(二)指导评标专家的资格认定、入库及专家库的组建;

(三)指导评标专家及专家库的管理;

(四)依法受理与评标专家有关的投诉,查处相关违法行为;

(五)法律、法规、规章规定的其他职责。

第五条　民航地区管理局负责:

(一)对辖区内评标专家的申报材料进行初审;

(二)依法受理辖区内招标投标活动中与评标专家有关的投诉,查处相关违法行为;

(三)就评标专家及专家库管理提出意见和建议;

(四)法律、法规、规章规定的其他职责。

第六条　民航专业工程质量监督总站(以下简称质监总站)负责:

(一)评标专家的资格认定及证书颁发,参与对评标专家的监督管理;

（二）专家库的建立、使用、更新、维护等工作；

（三）建立入选评标专家档案，记载评标专家评标的具体情况；

（四）根据项目需求随机抽取评标专家；

（五）专家库管理系统的运行、维护工作；

（六）建立入选评标专家培训与考核制度，组织有关招标投标法律、法规、规章的培训及考核；

（七）其他有关评标专家及专家库管理事宜。

第二章 评标专家的资格认定

第七条 评标专家应当具备以下条件：

（一）从事相关工作满八年，并具有高级职称；特种车辆专业，从事相关专业满十年，具有中级职称；

（二）熟悉国家和民航有关招标投标的法律、法规和规章要求；

（三）能够认真、公正、诚实、廉洁地履行职责；

（四）身体健康，能够承担项目评标工作，年龄不超过70周岁；

（五）无违纪违法等行为。

第八条 评标专家入库的申请及审批程序为：

（一）申请人填写"民航专业工程及货物评标专家申请表"（见附件1），并提供如下纸质和电子版个人材料：

1. 本人有效身份证件、学历、职称以及其他有关资格证书的复印件，所有复印件均应加盖单位人事部门公章；

2. 个人研究或工作成就简况，包括学术论文、科研成果和发明创造等；

3. 电子版个人资料应将有关证照的扫描件粘贴在申请表背面。

（二）经申请人所在单位（或退休前原单位）审核同意后，将纸质及电子版资料报所在地民航地区管理局初审；

（三）民航地区管理局将初审合格的申请材料（包括"申报民航专业工程评标专家信息汇总表"，见附件3）提交质监总站；

（四）质监总站于每年四月、九月对通过初审的材料进行资格认定，并视情组织开展评标专家的培训和考核工作；

（五）质监总站将考核合格的专家名单报民航局机场司备案后，录入评标专家库，并颁发《民航专业工程及货物评标专家证书》。

第九条 评标专家每届聘期5年，届满后续聘程序如下：

（一）填写"民航专业工程及货物评标专家信息复核登记表"（见附件2），经申请人所在单位审核后，随同电子版资料一并报质监总站；

（二）质监总站每年四月、九月对续聘专家进行资格认定，并视情组织开展评标专家的培训和考核工作；

（三）质监总站将考核合格的专家名单报民航局机场司备案后，确认评标专家资格，并对《民航专业工程及货物评标专家证书》进行签注。

第十条 因故不再担任评标专家的，由质监总站办理有关手续，并收回《民航专业工程及货物评标专家证书》。

第三章 评标专家的权利和义务

第十一条 评标专家在评标活动中享有以下权利：

（一）根据随机抽取结果，担任民航专业工程招标项目的评标委员会成员；

（二）依法对投标文件进行独立评审，提出评审意见；

（三）接受参加评标活动的合法劳务报酬；

（四）向民航管理部门举报评标活动中存在的违法、违规或不公正行为；

（五）法律、法规和规章规定的其他权利。

第十二条 评标专家在评标活动中承担以下义务：

（一）遵守评标工作纪律，不得私下接触投标人，不得收受投标人、中间人、利益相关人的财物或者其他好处，不得透露对投标文件的评审、中标候选人的推荐情况以及与评标有关的其他情况；

（二）准时出席评标活动，依法客观公正地进行评标；

（三）积极协助和配合有关行政监督部门的监督检查和投诉调查；

（四）存在应回避的情形时，应当主动提出回避；

（五）定期或及时更新个人变更信息；

（六）因故不能参加评标活动时，应于评标前24小时告知招标人；

（七）法律、法规、规章规定的其他义务。

第四章 评标专家的使用与管理

第十三条 依法必须招标的民航专业工程项目，由招标人或者其委托的招标代理机构，填写“民航专业工程项目及货物评标专家抽取申请表”（见附件4），提出专家使用申请。

第十四条 有下列情形之一者，不得担任评标委员会成员：

（一）投标人或者投标人主要负责人的近亲属；

（二）项目主管部门（即项目的批复部门）或者行政监督部门的人员；

（三）与投标人有经济利益关系，可能影响公正评审的；

（四）曾因在招标、评标以及其他与招标投标有关活动中从事违法行为而受过行政处罚或刑事处罚的；

（五）退休或者离职前为投标人员工，并且退休或者离职不满三年的。

第十五条 评标专家名单通常应在开标前44小时内尽晚确定，特别情况下可延长至48小时内确定。

第十六条 对于技术复杂、专业性强、要求特别高或者国家有特殊要求的招标项目，采取随机抽取方式确定的评标专家难以胜任时，招标人可直接确定。

第十七条 评标专家有下列情形之一的，由质监总站注销其评标专家资格：

（一）本人申请不再担任；

（二）由于健康等原因不能胜任；

（三）因工作调动不再适宜继续担任；

（四）年龄超过70周岁；

（五）无故不参加有关培训无法对其进行考核的。

第十八条 评标专家有下列情形之一的，由质监总站予以记录，暂停其评标专家资格半年：

（一）连续6次被抽中但均未参加；

（二）承诺参加但没有参加（提前告知招标人者除外）。

第十九条 评标专家有下列情形之一的，经民航局机场司同意，由质监总站取消其评标专家资格：

（一）评标专家申请材料弄虚作假；

（二）连续两次被暂停评标专家资格的；

（三）拒绝协助、配合民航管理部门监督、检查的；

（四）受到刑事处罚或与招标投标活动有关的行政处罚的；

（五）其他违反招标投标法律、法规和规章的。

第二十条 评标专家有下列情形之一的，由有关民航管理部门责令改正；情节严重的，一年内不得参加评标活动；情节特别严重的，取消其评标专家资格：

（一）应当回避而不回避；

（二）擅离职守；

（三）不按照招标文件规定的评标标准和方法评标，评标过程中出现影响到评标结果的重大疏漏或错误；

（四）在评标期间接触投标人；

（五）向招标人征询确定中标人的意向或者接受任何单位或者个人明示或者暗示提出的倾向或者排斥特定投标人的要求；

（六）对依法应当否决的投标不提出否决意见；

（七）暗示或者诱导投标人作出澄清、说明或者接受投标人主动提出的澄清、说明；

（八）其他不客观、不公正履行职务的行为。

第二十一条 被取消评标专家资格者，五年内不得再次申请入选民航专业工程评标专家库。

第五章 附 则

第二十二条 民航局直属行政事业单位开展民航专业工程中货物和服务的采购活动，应按照《政府采购评审专家管理办法》（财库〔2003〕119号）、《财政部关于中央单位政府采购专家库管理使用有关问题的通知》（财办库〔2004〕80号）及政府采购招投标管理相关规定执行。

第二十三条 本办法由民航局机场司负责解释。

第二十四条 本办法自发布之日起实施，2007年发布实施的《民航专业工程专家库管理办法》（MD-CA-2007-1-R1）废止。

附件：1. 民航专业工程及货物评标专家申请表（略）

2. 民航专业工程及货物评标专家信息复核登记表（略）

3. 申报民航专业工程及货物评标专家信息汇总表（略）

4. 民航专业工程项目及货物评标专家抽取申请表（略）

民航专业工程建设项目招标投标管理办法

1. 2024年2月26日

2. 民航规〔2024〕22号

3. 自2024年5月1日起实施

第一章 总 则

第一条 为规范民航专业工程建设项目招标投标活动，加强监督管理，根据《中华人民共和国招标投标法》《中华人民共和国招标投标法实施条例》等法律、法规以及有关规章和规范性文件，制定本办法。

第二条 本办法适用于依法必须招标民航专业工程建设项目（以下简称“必须招标项目”）的招标投标管理，机电产品的国际招标投标除外。

本办法所称工程建设项目，是指工程以及与工程建设有关的货物、服务。工程是指建设工程，建设工程是指土木工程、建筑工程、线路管道和设备安装工程及装修工程，包括建筑物和构筑物的新建、改建、扩建及其相关的装修、拆除、修缮等；与工程建设有关的货物，是指构成工程不可分割的组成部分，且为实现工程基本功能所必需的设备、材料等；与工程建设有关的服务，是指为完成工程所需的勘察、设计、监理等服务。

民航专业工程按照民航局会同住房城乡建设部制定并公布的内容执行。

飞行区内与民航专业工程功能上难以拆分，或属于民航专业工程辅助设施的小型房屋建筑划分为民航专业工程，如围界工程通道口、灯光变电站、消防泵房等；功能相对独立和主要为办公服务的房屋建筑划分为非民航专业工程，如特种车库、消防执勤点等。

第三条 必须招标项目的范围和规模标准，按照国家发展改革委有关规定执行。

任何单位和个人不得将必须招标项目化整为零或者以其他任何方式规避招标。

第四条 民航局机场司负责：

（一）贯彻执行国家有关招标投标管理的法律、法规、规章和规范性文件，制定民航专业工程建设项目招标投标管理的有关规定；

（二）全国必须招标项目招标投标活动的监督管理；

（三）对委托民航专业工程质量监督总站（以下简称"质监总站"）的承办事项进行指导，并监督办理情况；

（四）其他与招标投标活动管理有关的事宜。

第五条 民航地区管理局负责：

（一）贯彻执行国家及民航有关招标投标管理的法律、法规、规章和规范性文件；

（二）辖区必须招标项目招标投标活动的监督管理；

（三）与辖区内具备交易条件的省级或者市级地方公共资源交易中心（以下简称"交易中心"）签订全国必须招标项目的入场交易服务协议；

（四）受理辖区内有关招标投标活动的投诉，依法查处招标投标活动中的违法违规行为。

第六条 质监总站负责：

（一）贯彻执行国家有关招标投标管理的法律、法规、规章和规范性文件；

（二）承担民航专业工程评标专家及专家库的管理和评标专家的抽取管理工作；

（三）配合民航管理部门开展对招标投标活动各当事人的信用体系建设；

(四)受委托的其它招标投标管理的有关工作。

第七条 必须招标项目的招标投标活动应当遵循公平、公正、公开、诚实信用原则,项目当事人及相关工作人员应当严格遵守保密原则,禁止以任何方式非法干涉民航专业工程建设项目招标投标活动。

第八条 必须招标项目的招标投标活动,应当通过"民航专业工程建设项目招标投标管理系统"(以下简称"民航监督平台")和交易中心实施。

具备电子化交易条件的,可通过民航专业工程建设项目招投标电子交易平台(以下简称"电子交易平台")在线上开展资格审查、开标、评标等交易活动,并接受监管部门的在线监管。

数据电文形式与纸质形式的招标投标活动具有同等法律效力。

第二章 招　　标

第九条 招标人是提出招标项目、进行招标的项目法人(或者受项目法人委托的法人)或者其他组织。

第十条 按照国家有关规定需要履行项目审批、核准手续的必须招标项目,其招标范围、招标方式、招标组织形式应当报送项目审批、核准部门审批、核准。

招标人应当按照项目审批、核准部门确定的招标范围、招标方式、招标组织形式开展招标。

第十一条 必须招标项目应当具备下列条件才能进行招标:

(一)招标人已经依法成立;

(二)取得项目审批、核准部门审批、核准的文件;

(三)工程建设项目初步设计按照有关规定要求已获批准(勘察、设计招标除外);

(四)有相应资金或者资金来源已经落实;

(五)能够提出招标技术要求,施工项目有招标所需的设计图纸及技术资料。

依法必须招标的专业工程总承包项目,应当符合《运输机场专业工程总承包管理办法(试行)》中关于招标条件的有关规定。

第十二条 招标人可以自行招标或委托招标。招标人自行办理招标事宜的,应当符合国家发展改革委《工程建设项目自行招标试行办法》要求,按程序办理。

招标人不具备自行办理招标条件的,应当委托符合要求的招标代理机构办理招标事宜。确定委托前,应当查询相关招标代理机构失信被执行人信息,鼓励优先选择无失信记录的招标代理机构。招标代理机构应当遵守本办法关于招标人的规定。

第十三条 必须招标的施工项目,招标人应当在项目招标公告首次发布(或投标邀请书首次发出)至少30日前,将招标计划在民航监督平台公布,内容主要包括招标人、项目名称、招标内容、投资估算、招标公告预计发布时间等,以鼓励更多潜在投标人参与投标,提高招标项目的参与度与竞争度。

第十四条 招标人自行组织招标的必须招标项目,在发布资格预审公告、招标公告或发出投标邀请书前5个工作日,招标人应当通过民航监督平台将招标方案报民航地区管理局备案。

招标方案备案材料应当包括:

(一)项目批准(或核准)文件;

(二)按规定获得的初步设计批准文件,初步设计批准文件由民航管理部门以外的部门或单位批准的,需附民航行业审查意见(勘察、设计招标除外);

(三)招标人具有自行编制招标文件和组织评标能力的说明;

(四)其他有必要说明的事项。

第十五条 公开招标的项目,应当依法发布招标公告、编制招标文件。

招标人采用资格预审办法对潜在投标人进行资格审查的,应当发布资格预审公告、编制资格预审文件。

招标公告、投标邀请书、招标文件及资格预审文件的编写应当符合相关规定,其中招标文件中的评标委员会组成方案、评标办法、否决投标条件应当予以明确。

必须招标项目的资格预审公告和招标公告,应当在民航监督平台及国务院发展改革部门依法指定的媒介发布。在不同媒介发布的同一招标项目的资格预审公告或者招标公告的内容应当一致。指定媒介发布依法必须进行招标的项目的境内资格预审公告、招标公告,不得收取费用。

资格预审文件或者招标文件的发售期不得少于5日,发售期最后一天应当回避节假日。

第十六条 招标人应当强化主体责任,对必须招标范围负责。招标人通过民航监督平台招标的范围应当严格限定为必须招标项目,不得随意扩大或者更改。

民航地区管理局应当在招标计划、招标公告等环节加强事中监管,一经发现非民航专业工程建设项目或者非必须招标项目通过民航监督平台发布招标公告,可以要求招标人变更或撤销。民航专业工程质量监督机构在招标计划、招标公告等环节发现存在此类问题的,应当及时向民航地区管理局报告。

第十七条 必须招标项目的施工招标资格预审文件和施工招标文件应当按照《民航专业工程标准施工招标资格预审文件》和《民航专业工程标准施工招标文件》的要求编制。设备、材料、勘察、设计、监理招标文件应当按照《标准设备采购招标文件》《标准材料采购招标文件》《标准勘察招标文件》《标准设计招标文件》《标准监理招标文件》的要求编制。必须招标项目的专业工程总承包招标文件应当按照《运输机场专业工程总承包管理办法(试行)》的要求编制。

第十八条 必须招标项目的招标人或者其委托的招标代理机构应当通过民航监督平台上传并同时发布资格预审文件、招标文件。

实施全流程电子交易的必须招标项目,招标人或者其委托的招标代理机构应当将数据电文形式的资格预审文件、招标文件加载至民航监督平台,供潜在投标人下载或者查阅。

所有必须招标项目的资格预审文件、招标文件,将在民航监督平台留存。

第十九条 必须招标项目应当在满足交易条件的交易中心进行资格审查、开标、评标。

前款所述交易条件是指,交易中心应当管理制度健全、管理规范、收费合理,具备电子交易平台使用条件及资格审查、开标、评标过程现场监视、录音录像并存档备查等条件,能够保证资格审查、开标、评标过程保密、封闭、有序地进行,并同意接受民航管理部门的监督管理。

招标人可以根据项目实际,从满足交易条件的交易中心中自主选定一家入场交易。

第二十条 招标人应当在资格预审公告、招标公告或者投标邀请书中载明是否接受联合体投标。

第二十一条 招标人应当在资格预审公告、招标公告、投标邀请书及资格预审文件、招标文件中明确规定对失信被执行人的处理方法和评标标准,对其投标活动依法予以限制。

招标人接受联合体投标的,联合体中有一个或一个以上成员属于失信被执行人的,联合体视为失信被执行人。

第二十二条 招标人应当在招标文件中载明投标有效期。投标有效期从提交投标文件的截止之日起算。

第二十三条 招标人在招标文件中要求投标人提交投标保证金的,投标保证金不得超过招标项目估算价的2%,最高不得超过80万元(勘察、设计最高不得超过10万元)。投标保证金有效期应当与投标有效期一致。

境内投标单位以现金或者支票形式提交的投标保证金应当从其基本账户转出。

招标人或者招标代理机构不得挪用投标保证金。

投标保证金鼓励采用电子保函形式收取。

第二十四条 招标人设有最高投标限价的,应当在招标文件中明确最高投标限价或者最高投标限价的计算方法。招标人不得规定最低投标限价。

第二十五条 招标人可以对已发出的资格预审文件或者招标文件进行必要的澄清或者修改。澄清或者修改的内容可能影响资格预审申请文件或者投标文件编制的,招标人应当在提交资格预审申请文件截止时间至少 3 日前,或者投标截止时间至少 15 日前,通过民航监督平台通知所有获取资格预审文件或者招标文件的潜在投标人;不足 3 日或者 15 日的,招标人应当顺延提交资格预审申请文件或者投标文件的截止时间。

实施全流程电子交易的民航专业工程建设项目,招标人或者其委托的招标代理机构应当以数据电文形式将必要的澄清或修改加载至民航监督平台,供所有已下载资格预审文件或者招标文件的潜在投标人下载或者查阅。

发布或加载的澄清或修改为招标文件的组成部分,并将在民航监督平台留存。

第二十六条 招标失败的,招标人应当在分析原因并采取相应措施后,依法重新招标。

重新招标后投标人仍少于 3 个的,属于必须审批、核准的工程建设项目,报经原审批、核准部门审批、核准后可以不再进行招标。

第二十七条 招标人终止招标的,应当及时发布公告,或者以书面形式通知被邀请的或者已经获取资格预审文件、招标文件的潜在投标人。已经发售资格预审文件、招标文件或者已经收取投标保证金的,招标人应当及时退还所收取的资格预审文件、招标文件的费用,以及所收取的投标保证金及银行同期存款利息。

第二十八条 招标人应当在资格预审公告中载明资格预审后投标人的数量,一般不得少于 7 个投标人,且应当采用专家评审的办法,由专家综合评分排序,按得分高低顺序确定投标人。

资格预审合格的潜在投标人不足 3 个的,招标人应当重新进行招标。

第三章 投　　标

第二十九条 投标人是响应招标、参加投标竞争的法人或者其他组织。

与招标人存在利害关系且可能影响招标公正性的法人、其他组织或者个人,不得参加投标。

单位负责人为同一人或者存在控股、管理关系的不同单位,不得参加同一标段投标或者未划分标段的同一招标项目投标。

违反前两款规定的,相关投标均无效。

工程建设项目货物招标投标活动中,一个制造商对同一品牌同一型号的货物,仅能委托一个代理商参加投标。

第三十条 投标人应当具备承担招标项目的相应能力;国家有关规定对投标人资格条件或者招标文件对投标人资格条件有规定的,投标人应当具备规定的资格条件。其中,勘察设计企业、建筑业企业、工程监理企业应当按照住房城乡建设部有关规定取得相应资质证书。

具备相应资格条件的投标人承担招标项目的范围,应当按照住房城乡建设部有关规定执行。

第三十一条 招标人接受联合体投标并进行资格预审的,联合体应当在提交资格预审申请文件前组成。资格预审后联合体增减、更换成员的,其投标无效。

联合体各方在同一招标项目中以自己名义单独投标或者参加其他联合体投标的,相关投标均无效。

投标人组织投标联合体的,应当签订共同投标协议,并划分联合体各成员的专业职责,联合体各成员应当具备相应的专业工程资质。联合体中同一专业分工由两个及以上单位共同承担的,按照就低不就高的原则确定联合体的该专业资质;不同专业分工由不同单位分别承担的,按照各自的专业资质确定联合体的该专业资质。

第三十二条 必须招标项目的投标人应当通过民航监督平台上传资格预审申请文件、投标文件。

实施全流程电子交易的必须招标项目,投标人应当在投标截止时间前通过民航监督平台递交数据电文形式的资格预审申请文件、投标文件。在投标截止时间前,除投标人补充、修改或者撤回投标文件外,任何单位和个人不得解密、提取投标文件。民航监督平台收到投标人送达的投标文件,应当即时向投标人发出确认回执通知。

所有必须招标项目的资格预审申请文件、投标文件,将在民航监督平台留存。

必须招标项目,自招标文件开始发出之日起至投标人提交投标文件截止之日止,最短不得少于 20 日。

第三十三条 投标人撤回已提交的投标文件,应当在投标截止时间前通过民航监督平台在线通知招标人。

招标人已收取投标保证金的,应当自收到投标人撤回通知之日起5日内退还。投标截止后投标人撤销投标文件的,招标人可以不退还投标保证金。

第四章 开标、评标和定标

第三十四条 开标应当程序规范,符合相关规定要求。

第三十五条 民航地区管理局可以委托招标投标活动主体以外的单位(以下简称驻场服务单位)提供驻场服务,负责有关进入交易中心开标评标活动的协调、对接、日常管理和其他服务保障,或者直接由交易中心提供服务保障。

第三十六条 招标人应当按照招标文件规定的时间、地点开标。

投标人少于3个的,不得开标,招标人应当重新招标。

投标人对开标有异议的,应当在开标现场提出,招标人应当当场做出答复,并制作记录。

电子开标应当按照招标文件确定的时间,在电子交易平台上公开进行,所有投标人均应当准时在线参加开标。电子交易平台应当生成开标记录并向社会公众公布,但依法应当保密的除外。

第三十七条 评标应当由招标人依法组建的评标委员会负责。评标委员会人数应当为5人及以上单数,其中从专家库中抽取的专家人数不得少于评标委员会人员总数的三分之二。

评标委员会的专家成员应当从专家库内相关专业的专家名单中以随机抽取的方式确定。任何单位和个人不得以明示、暗示等任何方式指定或者变相指定参加评标委员会的专家成员。

当招标项目需要民航以外专业的专家参与评标时,经民航地区管理局批准,可采取在其他专业省部级或国家级评标专家库抽取的方式选择部分专家共同组成评标委员会。

第三十八条 对于技术复杂、专业性强或者国家有特殊要求的招标项目,采取随机抽取方式确定的专家难以保证胜任时,可以经民航地区管理局特别批准后由招标人直接选择确定。

第三十九条 评标委员会成员与投标人有利害关系的,应当主动回避。

有下列情形之一者,不得担任评标委员会成员:

(一)投标人或者投标人主要负责人的近亲属;

(二)项目主管部门(即项目的批复部门)或者行政监督部门的人员;

(三)与投标人有经济利益关系,可能影响公正评审的;

(四)曾因在招标、评标以及其他与招标投标有关活动中从事违法行为而受过行政处罚或刑事处罚的;

(五)退休或者离职前为投标人职工,并且退休或者离职不满三年的;

(六)属于失信被执行人的。

除招标人代表外,招标人的其他人员不得另以评标专家身份参加资格审查或评标。

第四十条 招标人应当依据相关规定,合理确定评标专家组成及抽取方案,通过民航监督平台的评标专家抽取模块抽取专家。

第四十一条 专家抽取模块随机自动盲抽评标专家后,自动通知专家报到时间、地点和请假方式等信息。交易中心所在省(市)的评标专家不得早于评标开始时间前22小时通知,外地专家通知时间原则上不得早于评标开始时间前44小时。

抽取过程中如果出现部分专业抽空、专家回避等特殊情形,由招标人或者招标代理向质监总站提出申请,再次补充抽取评标专家。

质监总站在专家抽取和通知过程中应当操作规范,所有评标项目及专家信息均须保密。

第四十二条 在评标开始前10分钟,民航监督平台将评标专家信息发送至对应的交易中心。有关服务单位或者工作人员应当对评标专家信息严格保密。

第四十三条 评标委员会成员报到后,评标专家凭身份证、招标人代表凭介绍信(或授权委托书)和身份证进入封闭评标区域,评标活动结束前不得与评标无关的人员进行接触。

第四十四条 评标委员会成员应当遵守交易中心的有关规定。

第四十五条 评标委员会成员应当按照招标文件规定的评标标准和方法,客观、公正地对投标文件提出评审意见。招标文件没有规定的评标标准和方法不得作为评标的依据。

实施电子评标的民航专业工程建设项目,评标委员会成员应当在其入场的交易中心登录电子交易平台进行评标。

第四十六条 评标委员会成员应当客观、公正地履行职责,遵守职业道德,对所提出的评审意见承担个人责任,并接受监督。

评标委员会成员不得私下接触投标人,不得收受投标人给予的财物或者其他好处,不得向招标人征询确定中标人的意向,不得接受任何单位或者个人明示或者暗示提出的倾向或者排斥特定投标人的要求。

第四十七条 任何单位和个人不得非法干预、影响评标的过程和结果。

评标委员会成员和与评标有关的工作人员不得透露对投标文件的评审和比较、中标候选人的推荐情况以及与评标有关的其他情况。

第四十八条 资格预审应当采取专家评审的方式,其专家抽取过程及评审要求按本办法评标规定执行。

第四十九条 招标人采用资格后审办法对投标人进行资格审查的，应当在开标后由评标委员会按照招标文件规定的标准和方法对投标人的资格进行审查。

第五十条 投标人的投标报价超出最高投标限价，或者由评标委员会认定该投标人以明显低于成本报价竞标的，其投标文件按否决投标处理。

有效投标不足三个的，应当对投标是否明显缺乏竞争和是否需要否决全部投标进行充分论证，如满足《评标委员会和评标方法暂行规定》相关要求，可以否决全部投标，并在评标报告中记载论证过程和结果。

第五十一条 评标委员会成员评审计分工作实行实名制。每位评委的评分应当予以记录。

采用综合评估法时，应当将所有评委评分在去掉一个最高分和一个最低分之后的算术平均值作为评委算术平均分。对于评委的打分超出评委算术平均分±30%时（技术部分总评分和商务部分评分应当分别计算），该评委应当就打分情况向评标委员会提供书面说明，并将该书面说明附在评标报告中。

第五十二条 投标文件中有含义不明确的内容、明显文字或者计算错误，评标委员会认为需要投标人作出必要澄清、说明的，应当书面通知该投标人。投标人的澄清、说明应当采用书面形式，并不得超出投标文件的范围或者改变投标文件的实质性内容。

实施电子评标的必须招标项目，评标委员会的通知和投标人的澄清、说明均应当以数据电文形式通过电子交易平台在线交换。

评标委员会不得暗示或者诱导投标人作出澄清、说明，不得接受投标人主动提出的澄清、说明。

第五十三条 评标委员会完成评标后，应当向招标人提交书面评标报告。评标报告应当如实记载以下内容：

（一）基本情况和数据表；

（二）评标委员会成员名单；

（三）开标记录；

（四）符合要求的投标一览表；

（五）否决投标情况说明（如有）；

（六）评标标准、评标方法或者评标因素一览表；

（七）经评审的价格或者评分比较一览表；

（八）经评审的投标人排序；

（九）推荐的中标候选人名单与签订合同前要处理的事宜；

(十)澄清、说明、补正事项纪要(如有);

(十一)打分超出评委算术平均分±30%的评委就打分情况提供的书面说明(如有)。

实施电子评标的必须招标项目,评标委员会完成评标后,应当通过电子交易平台向招标人提交数据电文形式的评标报告。

第五十四条 评标报告由评标委员会全体成员签字。对评标结论持有异议的评标委员会成员可以书面方式或通过电子交易平台在线提交其不同意见和理由。评标委员会成员拒绝在评标报告上签字且不陈述其不同意见和理由的,视为同意评标结论。评标委员会应当对此做出说明并记录在案。

评标结论以评标委员会全体成员三分之二以上人数签署同意意见,方为有效。

评标结果汇总完成后,除下列情形外,任何人不得修改评标结果:

(一)分值汇总计算错误的;

(二)分项评分超出评分标准范围的;

(三)评标委员会成员对客观评审因素评分不一致的。

评标报告签署前,经复核发现存在以上情形之一的,评标委员会应当当场修改评标结果,并在评标报告中记载。

评标委员会对资格预审评审结果的复核适用前款之规定。

第五十五条 招标人应当在中标候选人公示前认真审查评标委员会提交的评标报告,确认存在问题的,依照法定程序予以纠正;无法纠正的,向民航地区管理局报告。

招标人对资格预审评审报告的复核适用前款之规定。

第五十六条 必须招标项目的招标人应当自收到评标报告之日起3日内在民航监督平台上对中标候选人进行公示。公示期不得少于3日,公示期最后一天应当回避节假日。

中标候选人公示应当载明以下内容:

(一)中标候选人排序、名称、投标报价、质量、工期(交货期),以及评标情况;

(二)中标候选人按照招标文件要求承诺的项目负责人姓名及其相关证书名称和编号;

(三)中标候选人响应招标文件要求的资格能力条件;

(四)提出异议的渠道和方式;

(五)招标文件规定公示的其他内容。

投标人或者其他利害关系人对依法必须进行招标民航专业工程建设项

目的评标结果有异议的,应当在中标候选人公示期间提出。招标人应当自收到异议之日起 3 日内作出答复;作出答复前,应当暂停招标投标活动。

第五十七条 招标人根据评标委员会提出的评标报告和推荐的中标候选人确定中标人。招标人也可以授权评标委员会直接确定中标人。

中标候选人公示结束,中标人确定后,必须招标项目的招标人应当向中标人发出中标通知书,并将中标结果通知所有未中标的投标人。同时,在民航监督平台上公告中标结果,载明中标人名称。

所有投标均被否决的,招标人应当通过民航监督平台在线通知所有投标人,并说明具体原因。

第五十八条 依法必须招标项目的招标人应当自确定中标人之日起 15 个工作日内,通过民航监督平台向民航地区管理局提交招标工作报告,至少应当包括下列内容:

(一)招标项目基本情况;

(二)招标过程简述;

(三)评标情况说明;

(四)中标候选人公示情况;

(五)中标结果;

(六)相关附件。

有资格预审情况说明、异议及投诉处理情况、资格审查报告和评标专家评价意见的,也应当包括在工作报告中。

第五十九条 招标人和中标人应当自中标通知书发出之日起 30 日内依法签订书面合同,合同的标的、价款、质量、履行期限等主要条款应当与招标文件和中标人的投标文件的内容一致。招标人和中标人不得再行订立背离合同实质性内容的其他协议。

实施全流程电子交易的民航专业工程建设项目,应当通过民航监督平台,以数据电文形式与中标人签订合同。

招标人或招标代理机构最迟应当在书面合同签订后 5 日内向中标人和未中标的投标人退还投标保证金及银行同期存款利息。

第六十条 必须招标项目(实施全流程电子交易的项目除外)的招标人应当自订立书面合同之日起 20 日内,通过民航监督平台进行合同登记。

所有必须招标项目的合同,将在民航监督平台留存。

第五章　监 督 管 理

第六十一条 民航地区管理局应当依据有关法律、法规、规章和规范性文件,加强对必须招标项目招标投标活动的监督管理,并对违法违规行为做出处理。

项目法人或其授权的项目建设实施单位应当加强招标投标活动的管理,可以对评标过程进行现场监督。

非民航专业工程建设项目或者非必须招标项目通过民航监督平台进行招标的,民航地区管理局可以将与之相关的投诉转由具有对应法定职责的管理部门进行处理。

第六十二条 民航专业工程建设项目招标投标活动的投诉处理按照《工程建设项目招标投标活动投诉处理办法》相关规定执行。

投标人或者其他利害关系人认为民航专业工程建设项目招标投标活动不符合法律、行政法规规定的,可以自知道或者应当知道之日起10日内向项目所在地民航地区管理局投诉。对招标投标法实施条例规定应先提出异议的事项进行投诉的,应当附提出异议的证明文件。

民航地区管理局应当自收到投诉之日起5个工作日内决定是否受理投诉,并自受理投诉之日起30个工作日内作出书面处理决定,需要检验、检测、鉴定、专家评审的,所需时间不计算在内。

民航地区管理局处理投诉,有权查阅、复制有关文件、资料,调查有关情况,相关单位和人员应当予以配合。必要时,民航地区管理局可以责令暂停招标投标活动。

投诉人捏造事实、伪造材料或者以非法手段取得证明材料进行投诉的,民航地区管理局应当予以驳回。

第六十三条 投诉处理决定做出前,投诉人要求撤回投诉的,应当以书面形式提出并说明理由,由民航地区管理局视以下情况,决定是否准予撤回:

(一)已经查实有明显违法行为的,应当不准撤回,并继续调查直至做出处理决定;

(二)撤回投诉不损害国家利益、社会公共利益或者其他当事人合法权益的,应当准予撤回,投诉处理过程终止。投诉人不得以同一事实和理由再提出投诉。

第六十四条 当事人对民航地区管理局的投诉处理决定不服或者民航地区管理局逾期未做处理的,可以依法向民航局申请行政复议或者向人民法院提起行政诉讼。

第六十五条 民航地区管理局、质监总站应当按照《中华人民共和国行政处罚法》《民用航空行政处罚实施办法》等法律、法规、规章要求,将招标投标违法行为行政处罚决定的相关信息,通过民航监督平台依法进行公告。

第六十六条 质监总站应当依据《民航专业工程建设项目评标专家和专家库

管理办法》,对民航专业工程建设项目评标专家和专家库进行管理。

第六十七条 招标代理机构及其从业人员应当依法依规、诚信自律经营。

严禁采取行贿、提供回扣或者输送不正当利益等非法手段承揽业务;对于招标人、投标人、评标专家等提出的违法要求应当坚决抵制、及时劝阻,不得背离职业道德无原则附和;不得泄露应当保密的与招标投标活动有关的情况和资料;不得以营利为目的收取高额的招标文件等资料费用;招标代理活动结束后,及时向招标人提交全套招标档案资料,不得篡改、损毁、伪造或擅自销毁;不得与招标人、投标人、评标专家、交易平台运行服务机构等串通损害国家利益、社会公共利益和招标投标活动当事人合法权益。

第六十八条 必须招标项目的招标公告、资格预审文件、资格预审评审报告、招标文件、评标报告、中标通知书、合同等文件,招标人应当按照国家有关要求妥善保存,以备核查。

第六十九条 招标人、招标代理机构、投标人、有关单位应当通过"信用中国"网站(www. creditchina. gov. cn)或各级信用信息共享平台查询相关主体是否为失信被执行人,并采取必要措施做好失信被执行人信息查询记录和证据留存。

第七十条 中标通知书发出后、工程竣工验收完成前,民航监督平台将对施工现场关键人员进行锁定。

项目通过竣工验收,中标人在民航监督平台上传竣工验收报告(附竣工验收表),民航地区管理局或者其委托的民航质监机构 5 个工作日内在民航监督平台予以确认,方可解除对关键人员的锁定。

关键人员原则上不得更换。确需变更的,由中标人通过民航监督平台提出变更申请,附证明材料,经招标人同意后,由管理局或者其委托的质量监督机构在 5 个工作日内予以变更。变更后的人员执业资格和技术职称等条件不得降低,且其个人业绩条件应当符合招标文件有关要求。

关键人员的范围及变更申请证明材料、被更换人员再次投标的证明材料均应符合《关于加强民航专业工程建设质量管理工作的二十条措施》(民航规〔2023〕33 号)相关规定。

关键人员发生变更的工程项目,自中标之日起至竣工验收完成之日止,仅履职时间占总时间比例不低于 60%的关键人员拥有相应的个人业绩。

第七十一条 满足下列条件之一的,同一注册建造师或者总监理工程师可以分别担任两个及以上建设工程施工项目负责人:

(一)同一工程相邻分段发包或分期施工;

(二)同一地点、同一类型的工程;

同一地点指同一场区，而非同一城市或者地区。工程类型是指机场场道工程、民航空管工程、航站楼货运站的工艺流程及民航专业弱电系统工程、机场目视助航工程、航空供油工程。

（三）工程整体未竣工，但中标单位合同约定的工程已完工且竣工验收合格；

（四）因非承包方原因致使工程项目停工超过120天（含）。

中标人通过民航监督平台提出兼任申请，经招标人同意后，由管理局或者其委托的质量监督机构在5个工作日内审核同意。

投标人使用同一注册建造师担任施工项目负责人，或者使用同一总监理工程师担任监理项目负责人，参加两个及以上工程项目投标时，若先期已中标一个工程项目，投标人应当及时更换符合招标要求的关键人员继续投标，没有及时更换的，或者更换人员不符合招标要求的，可以视为投标人放弃投标，符合本条（一）、（二）款情形的除外。

第七十二条 必须招标项目，投标人2018年之后的民航专业工程企业业绩和个人业绩的认定，以民航监督平台业绩库中该投标人已完成项目为准。

实施全流程电子交易的项目，评标、评审委员会在评标、评审时，应当根据投标人、资格预审申请人在民航监督平台“企业业绩信息库”中的业绩信息对其申报的业绩进行核实。如发现存在业绩少报、漏报、错报、信息不清等问题，可以要求投标人、资格预审申请人进行澄清说明，并在评标、评审报告中做出相应说明。

第六章 附　　则

第七十三条 民航监督平台、电子交易平台与公共服务平台应当按照《电子招标投标办法》有关规定，实现互联互通、信息交换和数据共享。

必须招标项目招标投标活动中依法公开发布的相关信息，可以在民航监督平台、电子交易平台或公共服务平台同时发布，也可以仅在民航监督平台或者电子交易平台发布。

第七十四条 必须招标项目招标投标活动除应当符合本办法外，还应当符合工程建设项目招标投标相关法律、法规、规章和其他规范性文件的要求。

第七十五条 政府采购法律、行政法规对民航专业工程建设项目及与其有关的货物和服务采购另有规定的，从其规定。

第七十六条 使用国际组织或者外国政府贷款、援助资金的项目进行招标，贷款方、资金提供方对招标投标的具体条件和程序有不同规定的，可以适用其规定，但违背中华人民共和国的社会公共利益的除外。

第七十七条 本办法由民航局负责解释。

第七十八条 2019年9月23日发布的《民航专业工程建设项目招标投标管理办法》(AP-158-CA-2018-01-R3)自本办法施行之日起废止。

4. 水利工程

水利工程建设项目招标投标管理规定

1. 2001年10月29日水利部令第14号公布

2. 自2002年1月1日起施行

第一章 总 则

第一条 为加强水利工程建设项目招标投标工作的管理,规范招标投标活动,根据《中华人民共和国招标投标法》和国家有关规定,结合水利工程建设的特点,制定本规定。

第二条 本规定适用于水利工程建设项目的勘察设计、施工、监理以及与水利工程建设有关的重要设备、材料采购等的招标投标活动。

第三条 符合下列具体范围并达到规模标准之一的水利工程建设项目必须进行招标。

(一)具体范围

1. 关系社会公共利益、公共安全的防洪、排涝、灌溉、水力发电、引(供)水、滩涂治理、水土保持、水资源保护等水利工程建设项目;

2. 使用国有资金投资或者国家融资的水利工程建设项目;

3. 使用国际组织或者外国政府贷款、援助资金的水利工程建设项目。

(二)规模标准

1. 施工单项合同估算价在200万元人民币以上的;

2. 重要设备、材料等货物的采购,单项合同估算价在100万元人民币以上的;

3. 勘察设计、监理等服务的采购,单项合同估算价在50万元人民币以上的;

4. 项目总投资额在3000万元人民币以上,但分标单项合同估算价低于本项第1、2、3目规定的标准的项目原则上都必须招标。

第四条 招标投标活动应当遵循公开、公平、公正和诚实信用的原则。建设项目的招标工作由招标人负责,任何单位和个人不得以任何方式非法干涉招标投标活动。

第二章 行政监督与管理

第五条 水利部是全国水利工程建设项目招标投标活动的行政监督与管理部门,其主要职责是:

(一)负责组织、指导、监督全国水利行业贯彻执行国家有关招标投标的法律、法规、规章和政策;

(二)依据国家有关招标投标法律、法规和政策,制定水利工程建设项目招标投标的管理规定和办法;

(三)受理有关水利工程建设项目招标投标活动的投诉,依法查处招标投标活动中的违法违规行为;

(四)对水利工程建设项目招标代理活动进行监督;

(五)对水利工程建设项目评标专家资格进行监督与管理;

(六)负责国家重点水利项目和水利部所属流域管理机构(以下简称流域管理机构)主要负责人兼任项目法人代表的中央项目的招标投标活动的行政监督。

第六条 流域管理机构受水利部委托,对除第五条第六项规定以外的中央项目的招标投标活动进行行政监督。

第七条 省、自治区、直辖市人民政府水行政主管部门是本行政区域内地方水利工程建设项目招标投标活动的行政监督与管理部门,其主要职责是:

(一)贯彻执行有关招标投标的法律、法规、规章和政策;

(二)依照有关法律、法规和规章,制定地方水利工程建设项目招标投标的管理办法;

(三)受理管理权限范围内的水利工程建设项目招标投标活动的投诉,依法查处招标投标活动中的违法违规行为;

(四)对本行政区域内地方水利工程建设项目招标代理活动进行监督;

(五)组建并管理省级水利工程建设项目评标专家库;

(六)负责本行政区域内除第五条第六项规定以外的地方项目的招标投标活动的行政监督。

第八条 水行政主管部门依法对水利工程建设项目的招标投标活动进行行政监督,内容包括:

(一)接受招标人招标前提交备案的招标报告;

(二)可派员监督开标、评标、定标等活动。对发现的招标投标活动的违法违规行为,应当立即责令改正,必要时可做出包括暂停开标或评标以及宣布开标、评标结果无效的决定,对违法的中标结果予以否决;

(三)接受招标人提交备案的招标投标情况书面总结报告。

第三章 招 标

第九条 招标分为公开招标和邀请招标。

第十条 依法必须招标的项目中,国家重点水利项目、地方重点水利项目及全部使用国有资金投资或者国有资金投资占控股或者主导地位的项目应当公开招标,但有下列情况之一的,按第十一条的规定经批准后可采用邀请招标:

(一)属于第三条第二项第 4 目规定的项目;

(二)项目技术复杂,有特殊要求或涉及专利权保护,受自然资源或环境限制,新技术或技术规格事先难以确定的项目;

(三)应急度汛项目;

(四)其它特殊项目。

第十一条 符合第十条规定,采用邀请招标的,招标前招标人必须履行下列批准手续:

(一)国家重点水利项目经水利部初审后,报国家发展计划委员会批准;其他中央项目报水利部或其委托的流域管理机构批准;

(二)地方重点水利项目经省、自治区、直辖市人民政府水行政主管部门会同同级发展计划行政主管部门审核后,报本级人民政府批准;其它地方项目报省、自治区、直辖市人民政府水行政主管部门批准。

第十二条 下列项目可不进行招标,但须经项目主管部门批准:

(一)涉及国家安全、国家秘密的项目;

(二)应急防汛、抗旱、抢险、救灾等项目;

(三)项目中经批准使用农民投工、投劳施工的部分(不包括该部分中勘察设计、监理和重要设备、材料采购);

(四)不具备招标条件的公益性水利工程建设项目的项目建议书和可行性研究报告;

(五)采用特定专利技术或特有技术的;

(六)其它特殊项目。

第十三条 当招标人具备以下条件时,按有关规定和管理权限经核准可自行办理招标事宜:

（一）具有项目法人资格（或法人资格）；

（二）具有与招标项目规模和复杂程度相适应的工程技术、概预算、财务和工程管理等方面专业技术力量；

（三）具有编制招标文件和组织评标的能力；

（四）具有从事同类工程建设项目招标的经验；

（五）设有专门的招标机构或者拥有 3 名以上专职招标业务人员；

（六）熟悉和掌握招标投标法律、法规、规章。

第十四条 当招标人不具备第十三条的条件时，应当委托符合相应条件的招标代理机构办理招标事宜。

第十五条 招标人申请自行办理招标事宜时，应当报送以下书面材料：

（一）项目法人营业执照、法人证书或者项目法人组建文件；

（二）与招标项目相适应的专业技术力量情况；

（三）内设的招标机构或者专职招标业务人员的基本情况；

（四）拟使用的评标专家库情况；

（五）以往编制的同类工程建设项目招标文件和评标报告，以及招标业绩的证明材料；

（六）其它材料。

第十六条 水利工程建设项目招标应当具备以下条件：

（一）勘察设计招标应当具备的条件

1. 勘察设计项目已经确定；

2. 勘察设计所需资金已落实；

3. 必需的勘察设计基础资料已收集完成。

（二）监理招标应当具备的条件

1. 初步设计已经批准；

2. 监理所需资金已落实；

3. 项目已列入年度计划。

（三）施工招标应当具备的条件

1. 初步设计已经批准；

2. 建设资金来源已落实，年度投资计划已经安排；

3. 监理单位已确定；

4. 具有能满足招标要求的设计文件，已与设计单位签订适应施工进度要求的图纸交付合同或协议；

5. 有关建设项目永久征地、临时征地和移民搬迁的实施、安置工作已经落实或已有明确安排。

（四）重要设备、材料招标应当具备的条件

1. 初步设计已经批准；

2. 重要设备、材料技术经济指标已基本确定；

3. 设备、材料所需资金已落实。

第十七条 招标工作一般按下列程序进行：

（一）招标前，按项目管理权限向水行政主管部门提交招标报告备案。报告具体内容应当包括：招标已具备的条件、招标方式、分标方案、招标计划安排、投标人资质（资格）条件、评标方法、评标委员会组建方案以及开标、评标的工作具体安排等；

（二）编制招标文件；

（三）发布招标信息（招标公告或投标邀请书）；

（四）发售资格预审文件；

（五）按规定日期接受潜在投标人编制的资格预审文件；

（六）组织对潜在投标人资格预审文件进行审核；

（七）向资格预审合格的潜在投标人发售招标文件；

（八）组织购买招标文件的潜在投标人现场踏勘；

（九）接受投标人对招标文件有关问题要求澄清的函件，对问题进行澄清，并书面通知所有潜在投标人；

（十）组织成立评标委员会，并在中标结果确定前保密；

（十一）在规定时间和地点，接受符合招标文件要求的投标文件；

（十二）组织开标评标会；

（十三）在评标委员会推荐的中标候选人中，确定中标人；

（十四）向水行政主管部门提交招标投标情况的书面总结报告；

（十五）发中标通知书，并将中标结果通知所有投标人；

（十六）进行合同谈判，并与中标人订立书面合同。

第十八条 采用公开招标方式的项目，招标人应当在国家发展计划委员会指定的媒介发布招标公告，其中大型水利工程建设项目以及国家重点项目、中央项目、地方重点项目同时还应当在《中国水利报》发布招标公告，公告正式媒介发布至发售资格预审文件（或招标文件）的时间间隔一般不少于 10 日。招标人应当对招标公告的真实性负责。招标公告不得限制潜在投标人的数量。

采用邀请招标方式的，招标人应当向 3 个以上有投标资格的法人或其它组织发出投标邀请书。

投标人少于 3 个的，招标人应当依照本规定重新招标。

第十九条　招标人应当根据国家有关规定，结合项目特点和需要编制招标文件。

第二十条　招标人应当对投标人进行资格审查，并提出资格审查报告，经参审人员签字后存档备查。

第二十一条　在一个项目中，招标人应当以相同条件对所有潜在投标人的资格进行审查，不得以任何理由限制或者排斥部分潜在投标人。

第二十二条　招标人对已发出的招标文件进行必要澄清或者修改的，应当在招标文件要求提交投标文件截止日期至少15日前，以书面形式通知所有投标人。该澄清或者修改的内容为招标文件的组成部分。

第二十三条　依法必须进行招标的项目，自招标文件开始发出之日起至投标人提交投标文件截止之日止，最短不应当少于20日。

第二十四条　招标文件应当按其制作成本确定售价，一般可按1000元至3000元人民币标准控制。

第二十五条　招标文件中应当明确投标保证金金额，一般可按以下标准控制：

（一）合同估算价10000万元人民币以上，投标保证金金额不超过合同估算价的千分之五；

（二）合同估算价3000万元至10000万元人民币之间，投标保证金金额不超过合同估算价的千分之六；

（三）合同估算价3000万元人民币以下，投标保证金金额不超过合同估算价的千分之七，但最低不得少于1万元人民币。

第四章　投　　标

第二十六条　投标人必须具备水利工程建设项目所需的资质（资格）。

第二十七条　投标人应当按照招标文件的要求编写投标文件，并在招标文件规定的投标截止时间之前密封送达招标人。在投标截止时间之前，投标人可以撤回已递交的投标文件或进行更正和补充，但应当符合招标文件的要求。

第二十八条　投标人必须按招标文件规定投标，也可附加提出“替代方案”，且应当在其封面上注明“替代方案”字样，供招标人选用，但不作为评标的主要依据。

第二十九条　两个或两个以上单位联合投标的，应当按资质等级较低的单位确定联合体资质（资格）等级。招标人不得强制投标人组成联合体共同投标。

第三十条　投标人在递交投标文件的同时，应当递交投标保证金。

招标人与中标人签订合同后5个工作日内，应当退还投标保证金。

第三十一条　投标人应当对递交的资质（资格）预审文件及投标文件中有关资

料的真实性负责。

第五章 评标标准与方法

第三十二条 评标标准和方法应当在招标文件中载明，在评标时不得另行制定或修改、补充任何评标标准和方法。

第三十三条 招标人在一个项目中，对所有投标人评标标准和方法必须相同。

第三十四条 评标标准分为技术标准和商务标准，一般包含以下内容：

（一）勘察设计评标标准

1. 投标人的业绩和资信；
2. 勘察总工程师、设计总工程师的经历；
3. 人力资源配备；
4. 技术方案和技术创新；
5. 质量标准及质量管理措施；
6. 技术支持与保障；
7. 投标价格和评标价格；
8. 财务状况；
9. 组织实施方案及进度安排。

（二）监理评标标准

1. 投标人的业绩和资信；
2. 项目总监理工程师经历及主要监理人员情况；
3. 监理规划（大纲）；
4. 投标价格和评标价格；
5. 财务状况。

（三）施工评标标准

1. 施工方案（或施工组织设计）与工期；
2. 投标价格和评标价格；
3. 施工项目经理及技术负责人的经历；
4. 组织机构及主要管理人员；
5. 主要施工设备；
6. 质量标准、质量和安全管理措施；
7. 投标人的业绩、类似工程经历和资信；
8. 财务状况。

（四）设备、材料评标标准

1. 投标价格和评标价格；

2. 质量标准及质量管理措施；

3. 组织供应计划；

4. 售后服务；

5. 投标人的业绩和资信；

6. 财务状况。

第三十五条 评标方法可采用综合评分法、综合最低评标价法、合理最低投标价法、综合评议法及两阶段评标法。

第三十六条 施工招标设有标底的，评标标底可采用：

（一）招标人组织编制的标底A；

（二）以全部或部分投标人报价的平均值作为标底B；

（三）以标底A和标底B的加权平均值作为标底；

（四）以标底A值作为确定有效标的标准，以进入有效标内投标人的报价平均值作为标底。

施工招标未设标底的，按不低于成本价的有效标进行评审。

第六章 开标、评标和中标

第三十七条 开标由招标人主持，邀请所有投标人参加。

第三十八条 开标应当按招标文件中确定的时间和地点进行。开标人员至少由主持人、监标人、开标人、唱标人、记录人组成，上述人员对开标负责。

第三十九条 开标一般按以下程序进行：

（一）主持人在招标文件确定的时间停止接收投标文件，开始开标；

（二）宣布开标人员名单；

（三）确认投标人法定代表人或授权代表人是否在场；

（四）宣布投标文件开启顺序；

（五）依开标顺序，先检查投标文件密封是否完好，再启封投标文件；

（六）宣布投标要素，并作记录，同时由投标人代表签字确认；

（七）对上述工作进行纪录，存档备查。

第四十条 评标工作由评标委员会负责。评标委员会由招标人的代表和有关技术、经济、合同管理等方面的专家组成，成员人数为七人以上单数，其中专家（不含招标人代表人数）不得少于成员总数的三分之二。

第四十一条 公益性水利工程建设项目中，中央项目的评标专家应当从水利部或流域管理机构组建的评标专家库中抽取；地方项目的评标专家应当从省、自治区、直辖市人民政府水行政主管部门组建的评标专家库中抽取，也可从水利部或流域管理机构组建的评标专家库中抽取。

第四十二条 评标专家的选择应当采取随机的方式抽取。根据工程特殊专业技术需要,经水行政主管部门批准,招标人可以指定部分评标专家,但不得超过专家人数的三分之一。

第四十三条 评标委员会成员不得与投标人有利害关系。所指利害关系包括:是投标人或其代理人的近亲属;在5年内与投标人曾有工作关系;或有其他社会关系或经济利益关系。

评标委员会成员名单在招标结果确定前应当保密。

第四十四条 评标工作一般按以下程序进行:

(一)招标人宣布评标委员会成员名单并确定主任委员;

(二)招标人宣布有关评标纪律;

(三)在主任委员主持下,根据需要,讨论通过成立有关专业组和工作组;

(四)听取招标人介绍招标文件;

(五)组织评标人员学习评标标准和方法;

(六)经评标委员会讨论,并经二分之一以上委员同意,提出需投标人澄清的问题,以书面形式送达投标人;

(七)对需要文字澄清的问题,投标人应当以书面形式送达评标委员会;

(八)评标委员会按招标文件确定的评标标准和方法,对投标文件进行评审,确定中标候选人推荐顺序;

(九)在评标委员会三分之二以上委员同意并签字的情况下,通过评标委员会工作报告,并报招标人。评标委员会工作报告附件包括有关评标的往来澄清函、有关评标资料及推荐意见等。

第四十五条 招标人对有下列情况之一的投标文件,可以拒绝或按无效标处理:

(一)投标文件密封不符合招标文件要求的;

(二)逾期送达的;

(三)投标人法定代表人或授权代表人未参加开标会议的;

(四)未按招标文件规定加盖单位公章和法定代表人(或其授权人)的签字(或印鉴)的;

(五)招标文件规定不得标明投标人名称,但投标文件上标明投标人名称或有任何可能透露投标人名称的标记的;

(六)未按招标文件要求编写或字迹模糊导致无法确认关键技术方案、关键工期、关键工程质量保证措施、投标价格的;

(七)未按规定交纳投标保证金的;

（八）超出招标文件规定，违反国家有关规定的；

（九）投标人提供虚假资料的。

第四十六条 评标委员会经过评审，认为所有投标文件都不符合招标文件要求时，可以否决所有投标，招标人应当重新组织招标。对已参加本次投标的单位，重新参加投标不应当再收取招标文件费。

第四十七条 评标委员会应当进行秘密评审，不得泄露评审过程、中标候选人的推荐情况以及与评标有关的其他情况。

第四十八条 在评标过程中，评标委员会可以要求投标人对投标文件中含义不明确的内容采取书面方式作出必要的澄清或说明，但不得超出投标文件的范围或改变投标文件的实质性内容。

第四十九条 评标委员会经过评审，从合格的投标人中排序推荐中标候选人。

第五十条 中标人的投标应当符合下列条件之一：

（一）能够最大限度地满足招标文件中规定的各项综合评价标准；

（二）能够满足招标文件的实质性要求，并且经评审的投标价格合理最低；但投标价格低于成本的除外。

第五十一条 招标人可授权评标委员会直接确定中标人，也可根据评标委员会提出的书面评标报告和推荐的中标候选人顺序确定中标人。当招标人确定的中标人与评标委员会推荐的中标候选人顺序不一致时，应当有充足的理由，并按项目管理权限报水行政主管部门备案。

第五十二条 自中标通知书发出之日起30日内，招标人和中标人应当按照招标文件和中标人的投标文件订立书面合同，中标人提交履约保函。招标人和中标人不得另行订立背离招标文件实质性内容的其他协议。

第五十三条 招标人在确定中标人后，应当在15日之内按项目管理权限向水行政主管部门提交招标投标情况的书面报告。

第五十四条 当确定的中标人拒绝签订合同时，招标人可与确定的候补中标人签订合同，并按项目管理权限向水行政主管部门备案。

第五十五条 由于招标人自身原因致使招标工作失败（包括未能如期签订合同），招标人应当按投标保证金双倍的金额赔偿投标人，同时退还投标保证金。

第七章 附　　则

第五十六条 在招标投标活动中出现的违法违规行为，按照《中华人民共和国招标投标法》和国务院的有关规定进行处罚。

第五十七条 各省、自治区、直辖市可以根据本规定，结合本地区实际制订相应的实施办法。

第五十八条 本规定由水利部负责解释。

第五十九条 本规定自2002年1月1日起施行,《水利工程建设项目施工招标投标管理规定》(水建〔1994〕130号1995年4月21日颁发,水政资〔1998〕51号1998年2月9日修正)同时废止。

水利部关于在营商环境创新试点城市暂时调整实施《水利工程建设项目招标投标管理规定》有关条款的通知

1. 2022年1月13日
2. 水建设〔2022〕15号

部机关各司局,部直属各单位,各省、自治区、直辖市水利(水务)厅(局),各计划单列市水利(水务)局,新疆生产建设兵团水利局,各有关单位:

根据《国务院关于开展营商环境创新试点工作的意见》(国发〔2021〕24号),水利部决定,自即日起在营商环境创新试点城市暂时调整实施《水利工程建设项目招标投标管理规定》(水利部令第14号)有关规定。现就有关事项通知如下:

一、暂时调整实施《水利工程建设项目招标投标管理规定》(水利部令第14号)第十六条第(三)项关于水利工程施工招标条件中"监理单位已确定"的规定,取消水利工程施工招标条件中"监理单位已确定"的条件。

二、暂时调整实施《水利工程建设项目招标投标管理规定》(水利部令第14号)第十八条第一款关于在正式媒介发布招标公告至发售资格预审文件(或招标文件)的时间间隔一般不少于10日的规定,在发布水利工程招标信息(招标公告或投标邀请书)时可同步发售资格预审文件(或招标文件)。

三、首批营商环境创新试点城市为北京、上海、重庆、杭州、广州、深圳6个城市,试点城市范围扩大事宜执行国务院有关工作安排。

四、有关地方人民政府水行政主管部门要根据上述调整,及时对本部门制定的规范性文件作相应调整,建立与试点要求相适应的管理制度。

五、试点中的重要情况,有关地方人民政府水行政主管部门要及时向水利部报告。水利部将按照国务院统一部署,结合试点情况,对具备条件的创新试点举措在全国范围推开。

水利部关于暂时调整实施《水利工程建设项目招标投标管理规定》有关条款的通知

1. 2022年9月6日发布
2. 水建设〔2022〕346号

部机关各司局，部直属各单位，各省、自治区、直辖市水利（水务）厅（局），各计划单列市水利（水务）局，新疆生产建设兵团水利局，各有关单位：

为贯彻落实国务院深化“放管服”改革，持续优化营商环境工作部署，在总结前期营商环境创新试点经验的基础上，自即日起在全国暂时调整实施《水利工程建设项目招标投标管理规定》（水利部令第14号）有关条款。现就有关事项通知如下：

一、暂时调整实施《水利工程建设项目招标投标管理规定》（水利部令第14号）第十六条第（三）项水利工程建设项目施工招标条件中“监理单位已确定”的规定，取消水利工程建设项目施工招标条件中“监理单位已确定”的条件。

二、暂时调整实施《水利工程建设项目招标投标管理规定》（水利部令第14号）第十八条第一款关于在正式媒介发布招标公告至发售资格预审文件（或招标文件）的时间间隔一般不少于10日的规定，在发布水利工程招标信息（招标公告或投标邀请书）时可同步发售资格预审文件（或招标文件）。

三、各省级水行政主管部门要根据上述调整，及时对本部门制定的规范性文件作相应调整。

四、上述规定调整实施过程中的重要情况，有关省级水行政主管部门要及时向水利部报告。

水利工程建设项目监理招标投标管理办法

1. 2002 年 12 月 25 日水利部发布
2. 水建管〔2002〕587 号

第一章　总　　则

第一条　为了规范水利工程建设项目监理招标投标活动，根据《水利工程建设项目招标投标管理规定》(水利部第 14 号令，以下简称《规定》)和国家有关规定，结合水利工程建设监理的特点，制定本办法。

第二条　本办法适用于水利工程建设项目(以下简称“项目”)监理的招标投标活动。

第三条　项目符合《规定》第三条规定的范围与标准必须进行监理招标。

国家和水利部对项目技术复杂或者有特殊要求的水利工程建设项目监理另有规定的，从其规定。

第四条　项目监理招标一般不宜分标。如若分标，各监理标的监理合同估算价应当在 50 万元人民币以上。

项目监理分标的，应当利于管理和竞争，利于保证监理工作的连续性和相对独立性，避免相互交叉和干扰，造成监理责任不清。

第五条　水行政主管部门依法对项目监理招标投标活动进行行政监督。内容包括：

(一)监督检查招标人是否按照招标前提交备案的项目招标报告进行监理招标；

(二)可派员监督项目开标、评标、定标等活动，查处监理招标投标活动中违法违规行为；

(三)接受招标人依法备案的项目监理招标投标情况报告。

第六条　项目监理招标投标活动应当遵循公开、公平、公正和诚实信用的原则。项目监理招标工作由招标人负责，任何单位和个人不得以任何方式非法干涉项目监理招标投标活动。

第二章　招　　标

第七条　项目监理招标分为公开招标和邀请招标。

第八条　项目监理招标的招标人是该项目的项目法人。

第九条 招标人自行办理项目监理招标事宜时，应当按有关规定履行核准手续。

第十条 招标人委托招标代理机构办理招标事宜时，受委托的招标代理机构应符合水利工程建设项目招标代理有关规定的要求。

第十一条 项目监理招标应当具备下列条件：

（一）项目可行性研究报告或者初步设计已经批复；

（二）监理所需资金已经落实；

（三）项目已列入年度计划。

第十二条 项目监理招标宜在相应的工程勘察、设计、施工、设备和材料招标活动开始前完成。

第十三条 项目监理招标一般按照《规定》第十七条规定的程序进行。

第十四条 招标公告或者投标邀请书应当至少载明下列内容：

（一）招标人的名称和地址；

（二）监理项目的内容、规模、资金来源；

（三）监理项目的实施地点和服务期；

（四）获取招标文件或者资格预审文件的地点和时间；

（五）对招标文件或者资格预审文件收取的费用；

（六）对投标人的资质等级的要求。

第十五条 招标人应当对投标人进行资格审查。资格审查分为资格预审和资格后审。进行资格预审的，一般不再进行资格后审，但招标文件另有规定的除外。

第十六条 资格预审，是指在投标前对潜在投标人进行的资格审查。资格预审一般按照下列原则进行：

（一）招标人组建的资格预审工作组负责资格预审。

（二）资格预审工作组按照资格预审文件中规定的资格评审条件，对所有潜在投标人提交的资格预审文件进行评审。

（三）资格预审完成后，资格预审工作组应提交由资格预审工作组成员签字的资格预审报告，并由招标人存档备查。

（四）经资格预审后，招标人应当向资格预审合格的潜在投标人发出资格预审合格通知书，告知获取招标文件的时间、地点和方法，并同时向资格预审不合格的潜在投标人告知资格预审结果。

第十七条 资格后审，是指在开标后，招标人对投标人进行资格审查，提出资格审查报告，经参审人员签字由招标人存档备查，同时交评标委员会参考。

第十八条 资格审查应主要审查潜在投标人或者投标人是否符合下列条件：

（一）具有独立合同签署及履行的权利；

（二）具有履行合同的能力，包括专业、技术资格和能力，资金、设备和其他物质设施能力，管理能力，类似工程经验、信誉状况等；

（三）没有处于被责令停业，投标资格被取消，财产被接管、冻结等；

（四）在最近三年内没有骗取中标和严重违约及重大质量问题。

资格审查时，招标人不得以不合理的条件限制、排斥潜在投标人或者投标人，不得对潜在投标人或者投标人实行歧视待遇。任何单位和个人不得以行政手段或者其他不合理方式限制投标人的数量。

第十九条 招标文件应当包括下列内容：

（一）投标邀请书；

（二）投标人须知。投标人须知应当包括：招标项目概况，监理范围、内容和监理服务期，招标人提供的现场工作及生活条件（包括交通、通讯、住宿等）和试验检测条件，对投标人和现场监理人员的要求，投标人应当提供的有关资格和资信证明文件，投标文件的编制要求，提交投标文件的方式、地点和截止时间，开标日程安排，投标有效期等；

（三）书面合同书格式。大、中型项目的监理合同书、应当使用《水利工程建设监理合同示范文本》（GF—2000—0211），小型项目可参照使用；

（四）投标报价书、投标保证金和授权委托书、协议书和履约保函的格式；

（五）必要的设计文件、图纸和有关资料；

（六）投标报价要求及其计算方式；

（七）评标标准与方法；

（八）投标文件格式；

（九）其它辅助资料。

第二十条 依法必须进行招标的项目，自招标文件开始发出之日起至投标人提交投标文件截止之日止，最短不得少于20日。

第二十一条 招标文件一经发出，招标内容一般不得修改。招标文件的修改和澄清，应当于提交投标文件截止日期15日前书面通知所有潜在投标人。该修改和澄清的内容为招标文件的组成部分。

第二十二条 投标人少于3个的，招标人应当依法重新招标。

第二十三条 资格预审文件售价最高不得超过500元人民币。

第二十四条 招标文件售价应当按照《规定》第二十四条规定的标准控制。

第二十五条 投标保证金的金额一般按照招标文件售价的10倍控制。履约保证金的金额按照监理合同价的2%～5%控制，但最低不少于1万元人民币。

第三章　投　　标

第二十六条　投标人必须具有水利部颁发的水利工程建设监理资质证书，并具备下列条件：

（一）具有招标文件要求的资质等级和类似项目的监理经验与业绩；

（二）与招标项目要求相适应的人力、物力和财力；

（三）其他条件。

第二十七条　招标代理机构代理项目监理招标时，该代理机构不得参加或代理该项目监理的投标。

第二十八条　投标人应当按照招标文件的要求编制投标文件。投标文件一般包括下列内容：

（一）投标报价书；

（二）投标保证金；

（三）委托投标时，法定代表人签署的授权委托书；

（四）投标人营业执照、资质证书以及其它有效证明文件的复印件；

（五）监理大纲；

（六）项目总监理工程师及主要监理人员简历、业绩、学历证书、职称证书以及监理工程师资格证书和岗位证书等证明文件；

（七）拟用于本工程的设施设备、仪器；

（八）近3~5年完成的类似工程、有关方面对投标人的评价意见、以及获奖证明；

（九）投标人近3年财务状况；

（十）投标报价的计算和说明；

（十一）招标文件要求的其他内容。

第二十九条　监理大纲的主要内容应当包括：工程概况、监理范围、监理目标、监理措施、对工程的理解、项目监理机构组织机构、监理人员等。

第三十条　投标人应当在招标文件要求提交投标文件的截止时间前，将投标文件密封送达招标人。投标人的投标文件正本和副本应当分别包装，包装封套上加贴封条，加盖“正本”或“副本”标记。

第三十一条　投标人在招标文件要求提交投标文件截止时间之前，可以书面方式对投标文件进行修改、补充或者撤回，但应当符合招标文件的要求。

第三十二条　两个以上监理单位可以组成一个联合体，以一个投标人的身份投标。

联合体各方签订共同投标协议后，不得再以自己名义单独投标，也不得组成新的联合体或参加其他联合体在同一项目中投标。

招标人不得强制投标人组成联合体共同投标。

第三十三条 联合体参加资格预审并获通过的,其组成的任何变化都必须在提交投标文件截止之日前征得招标人的同意。如果变化后的联合体削弱了竞争,含有事先未经过资格预审或者资格预审不合格的法人,或者使联合体的资质降到资格预审文件中规定的最低标准下,招标人有权拒绝。

第三十四条 联合体各方必须指定牵头人,授权其代表所有联合体成员负责投标和合同实施阶段的主办、协调工作,并应当向招标人提交由所有联合体成员法定代表人签署的授权书。

第三十五条 联合体投标的,应当以联合体各方或者联合体中牵头人的名义提交投标保证金。

第三十六条 投标人应当对递交的资格预审文件、投标文件中有关资料的真实性负责。

第四章 评标标准与方法

第三十七条 项目监理评标标准和方法应当体现根据监理服务质量选择中标人的原则。评标标准和方法应当在招标文件中载明,在评标时不得另行制定或者修改、补充任何评标标准和方法。

项目监理招标不宜设置标底。

第三十八条 评标标准包括投标人的业绩和资信、项目总监理工程师的素质和能力、资源配置、监理大纲以及投标报价等五个方面。其重要程度宜分别赋予20%、25%、25%、20%、10%的权重,也可根据项目具体情况确定。

第三十九条 业绩和资信可以从以下几个方面设置评价指标:

(一)有关资质证书、营业执照等情况;

(二)人力、物力与财力资源;

(三)近3~5年完成或者正在实施的项目情况及监理效果;

(四)投标人以往的履约情况;

(五)近5年受到的表彰或者不良业绩记录情况;

(六)有关方面对投标人的评价意见等。

第四十条 项目总监理工程师的素质和能力可以从以下几个方面设置评价指标:

(一)项目总监理工程师的简历、监理资格;

(二)项目总监理工程师主持或者参与监理的类似工程项目及监理业绩;

（三）有关方面对项目总监理工程师的评价意见；

（四）项目总监理工程师月驻现场工作时间；

（五）项目总监理工程师的陈述情况等。

第四十一条 资源配置可以从以下几个方面设置评价指标：

（一）项目副总监理工程师、部门负责人的简历及监理资格；

（二）项目相关专业人员和管理人员的数量、来源、职称、监理资格、年龄结构、人员进场计划；

（三）主要监理人员的月驻现场工作时间；

（四）主要监理人员从事类似工程的相关经验；

（五）拟为工程项目配置的检测及办公设备；

（六）随时可调用的后备资源等。

第四十二条 监理大纲可以从以下几个方面设置评价指标：

（一）监理范围与目标；

（二）对影响项目工期、质量和投资的关键问题的理解程度；

（三）项目监理组织机构与管理的实效性；

（四）质量、进度、投资控制和合同、信息管理的方法与措施的针对性；

（五）拟定的监理质量体系文件等；

（六）工程安全监督措施的有效性。

第四十三条 投标报价可以从以下几个方面设置评价指标：

（一）监理服务范围、时限；

（二）监理费用结构、总价及所包含的项目；

（三）人员进场计划；

（四）监理费用报价取费原则是否合理。

第四十四条 评标方法主要为综合评分法、两阶段评标法和综合评议法，可根据工程规模和技术难易程度选择采用。大、中型项目或者技术复杂的项目宜采用综合评分法或者两阶段评标法，项目规模小或者技术简单的项目可采用综合评议法。

（一）综合评分法。根据评标标准设置详细的评价指标和评分标准，经评标委员会集体评审后，评标委员会分别对所有投标文件的各项评价指标进行评分，去掉最高分和最低分后，其余评委评分的算术和即为投标人的总得分。评标委员会根据投标人总得分的高低排序选择中标候选人1~3名。若候选人出现分值相同情况，则对分值相同的投标人改为投票法，以少数服从多数的方式，也可根据总监理工程师、监理大纲的得分高低决定次序选择中标候选人。

（二）两阶段评标法。对投标文件的评审分为两阶段进行。首先进行技术评审，然后进行商务评审。有关评审方法可采用综合评分法或综合评议法。评标委员会在技术评审结束之前，不得接触投标文件中商务部分的内容。

评标委员会根据确定的评审标准选出技术评审排序的前几名投标人，而后对其进行商务评审。根据规定的技术和商务权重，对这些投标人进行综合评价和比较，确定中标候选人1~3名。

（三）综合评议法。根据评标标准设置详细的评价指标，评标委员会成员对各个投标人进行定性比较分析，综合评议，采用投票表决的形式，以少数服从多数的方式，排序推荐中标候选人1~3名。

第五章 开标、评标和中标

第四十五条 开标时间、地点应当为招标文件中确定的时间、地点。开标工作人员至少有主持人、监标人、开标人、唱标人、记录人组成。招标人收到投标文件时，应当检查其密封性，进行登记并提供回执。已收投标文件应妥善保管，开标前不得开启。在招标文件要求提交投标文件的截止时间后送达的投标文件，应当拒收。

第四十六条 开标由招标人主持，邀请所有投标人参加。

投标人的法定代表人或者授权代表人应当出席开标会议。评标委员会成员不得出席开标会议。

第四十七条 开标人员应当在开标前检查出席开标会议的投标人法定代表人的证明文件或者授权代表人有关身份证明。法定代表人或者授权代表人应当在指定的登记表上签名报到。

第四十八条 开标一般按照《规定》第三十九条规定的程序进行。

第四十九条 属于下列情况之一的投标文件，招标人可以拒绝或者按无效标处理：

（一）投标人的法定代表人或者授权代表人未参加开标会议；

（二）投标文件未按照要求密封或者逾期送达；

（三）投标文件未加盖投标人公章或者未经法定代表人（或者授权代表人）签字（或者印鉴）；

（四）投标人未按照招标文件要求提交投标保证金；

（五）投标文件字迹模糊导致无法确认涉及关键技术方案、关键工期、关键工程质量保证措施、投标价格；

（六）投标文件未按照规定的格式、内容和要求编制；

（七）投标人在一份投标文件中，对同一招标项目报有两个或者多个报价且没有确定的报价说明；

（八）投标人对同一招标项目递交两份或者多份内容不同的投标文件，未书面声明哪一个有效；

（九）投标文件中含有虚假资料；

（十）投标人名称与组织机构与资格预审文件不一致；

（十一）不符合招标文件中规定的其他实质性要求。

第五十条 评标由评标委员会负责。评标委员会的组成按照《规定》第四十条的规定进行。

第五十一条 评标专家的选择按照《规定》第四十一条、第四十二条的规定进行。

第五十二条 评标委员会成员实行回避制度，有下列情形之一的，应当主动提出回避并不得担任评标委员会成员：

（一）投标人或者投标人、代理人主要负责人的近亲属；

（二）项目主管部门或者行政监督部门的人员；

（三）在5年内与投标人或其代理人曾有工作关系；

（四）5年内与投标人或其代理人有经济利益关系，可能影响对投标的公正评审的人员；

（五）曾因在招标、评标以及其他与招标投标有关活动中从事违法行为而受到行政处罚或者刑事处罚的人员。

第五十三条 招标人应当采取必要的措施，保证评标过程在严格保密的情况下进行。

第五十四条 评标工作一般按照以下程序进行：

（一）招标人宣布评标委员会成员名单并确定主任委员；

（二）招标人宣布有关评标纪律；

（三）在主任委员的主持下，根据需要，讨论通过成立有关专业组和工作组；

（四）听取招标人介绍招标文件；

（五）组织评标人员学习评标标准与方法；

（六）评标委员会对投标文件进行符合性和响应性评定；

（七）评标委员会对投标文件中的算术错误进行更正；

（八）评标委员会根据招标文件规定的评标标准与方法对有效投标文件进行评审；

（九）评标委员会听取项目总监理工程师陈述；

（十）经评标委员会讨论，并经二分之一以上成员同意，提出需投标人澄清的问题，并以书面形式送达投标人；

（十一）投标人对需书面澄清的问题，经法定代表人或者授权代表人签字后，作为投标文件的组成部分，在规定的时间内送达评标委员会；

（十二）评标委员会依据招标文件确定的评标标准与方法，对投标文件进行横向比较，确定中标候选人推荐顺序；

（十三）在评标委员会三分之二以上成员同意并在全体成员签字的情况下，通过评标报告。评标委员会成员必须在评标报告上签字。若有不同意见，应明确记载并由其本人签字，方可作为评标报告附件。

第五十五条 评标报告应当包括以下内容：

（一）招标项目基本情况；

（二）对投标人的业绩和资信的评价；

（三）对项目总监理工程师的素质和能力的评价；

（四）对资源配置的评价；

（五）对监理大纲的评价；

（六）对投标报价的评价；

（七）评标标准和方法；

（八）评审结果及推荐顺序；

（九）废标情况说明；

（十）问题澄清、说明、补正事项纪要；

（十一）其它说明；

（十二）附件。

第五十六条 评标委员会要求投标人对投标文件中含义不明确的内容作出必要的澄清或者说明，但澄清或说明不得改变投标文件提出的主要监理人员、监理大纲和投标报价等实质性内容。

第五十七条 评标委员会经评审，认为所有投标文件都不符合招标文件要求，可以否决所有投标，招标人应当重新招标，并报水行政主管部门备案。

第五十八条 评标委员会成员应当客观、公正地履行职责，遵守职业道德，对所提出的评审意见承担个人责任。

第五十九条 遵循根据监理服务质量选择中标人的原则，中标人应当是能够最大限度地满足招标文件中规定的各项综合评价标准的投标人。

第六十条 招标人可授权评标委员会直接确定中标人，也可根据评标委员会提出的书面评标报告和推荐的中标候选人顺序确定中标人。当招标人确定的中标人与评标委员会推荐的中标候选人顺序不一致时，应当有充足的理由，并按项目管理权限报水行政主管部门备案。

第六十一条 在确定中标人前，招标人不得与投标人就投标方案、投标价格等实质性内容进行谈判。自评标委员会提出书面评标报告之日起，招标人一般应在15日内确定中标人，最迟应在投标有效期结束日30个工作日前确定。

第六十二条 中标人确定后，招标人应当在招标文件规定的有效期内以书面形式向中标人发出中标通知书，并将中标结果通知所有未中标的投标人。招标人不得向中标人提出压低报价、增加工作量、延长服务期或其他违背中标人意愿的要求，以此作为发出中标通知书和签订合同的条件。

第六十三条 中标通知书对招标人和中标人具有法律效力。中标通知书发出后，招标人改变中标结果的，或者中标人放弃中标项目的，应当依法承担法律责任。

第六十四条 中标人收到中标通知书后，应当在签订合同前向招标人提交履约保证金。

第六十五条 招标人和中标人应当自中标通知书发出之日起在30日内，按照招标文件和中标人的投标文件订立书面合同。招标人和中标人不得再行订立背离合同实质性内容的其他协议。

第六十六条 当确定的中标人拒绝签订合同时，招标人可与确定的候补中标人签订合同。

第六十七条 中标人不得向他人转让中标项目，也不得将中标项目肢解后向他人转让。

第六十八条 招标人与中标人签订合同后5个工作日内，应当向中标人和未中标的投标人退还投标保证金。

第六十九条 在确定中标人后15日之内，招标人应当按项目管理权限向水行政主管部门提交招标投标情况的书面总结报告。书面总结报告至少应包括下列内容：

（一）开标前招标准备情况；

（二）开标记录；

（三）评标委员会的组成和评标报告；

（四）中标结果确定；

（五）附件：招标文件。

第七十条 由于招标人自身原因致使招标失败（包括未能如期签订合同），招标人应当按照投标保证金双倍的金额赔偿投标人，同时退还投标保证金。

第六章 附 则

第七十一条 在招标投标活动中出现的违法违规行为，按照《中华人民共和国招标投标法》和国务院的有关规定进行处罚。

第七十二条 使用国际组织或者外国政府贷款、援助资金的项目监理招标，贷款方、资金提供方对招标投标的具体条件和程序有不同规定的，可以从其规定，但违背中华人民共和国的社会公众利益的除外。

第七十三条 本办法由水利部负责解释。

第七十四条 本办法自发布之日起施行。

水利工程建设项目招标投标审计办法

1. 2007年12月29日水利部发布

2. 水审计〔2007〕560号

3. 自2008年4月1日起施行

第一章 总 则

第一条 为了加强对水利工程建设项目招标投标的审计监督，规范水利招标投标行为，提高投资效益，根据《中华人民共和国审计法》、《中华人民共和国招标投标法》、《中华人民共和国政府采购法》等法律、法规，结合水利工作实际，制定本办法。

第二条 各级水利审计部门（以下简称“审计部门”）在本单位负责人领导下，依法对本单位及其所属单位水利工程建设项目的招标投标进行审计监督。

上级水利审计部门对下级单位的招标投标审计工作进行指导和监督。

第三条 本办法适用于《水利工程建设项目招标投标管理规定》所规定的水利工程建设项目的勘察设计、施工、监理以及与水利工程建设项目有关的重要设备、材料采购等的招标投标的审计监督。

第四条 审计部门根据工作需要，对水利工程建设项目的招标投标进行事前、事中、事后的审计监督，对重点水利建设项目的招标投标进行全过程跟踪审计，对有关招标投标的重要事项进行专项审计或审计调查。

第二章 审计职责

第五条 在招标投标审计中，审计部门具有以下职责：

（一）对招标人、招标代理机构及有关人员执行招标投标有关法律、法规和行业制度的情况进行审计监督；

（二）对招标项目评标委员会成员执行招标投标有关法律、法规和行业制度的情况进行审计监督；

（三）对属于审计监督对象的投标人及有关人员遵守招标投标有关法律、法规和行业制度的情况进行审计监督；

（四）对与招标投标项目有关的投资管理和资金运行情况进行审计监督；

（五）协同行政监督部门、行政监察部门查处招标投标中的违法违纪行为。

第三章 审计权限

第六条 在招标投标审计中，审计部门具有以下权限：

（一）有权参加招标人或其代理机构组织的开标、评标、定标等活动，招标人或其代理机构应当通知同级审计部门参加；

（二）有权要求招标人或其代理机构提供与招标投标活动有关的文件、资料，招标人或其代理机构应当按照审计部门的要求提供相关文件、资料；

（三）对招标人或其代理机构正在进行的违反国家法律、法规规定的招标投标行为，有权予以纠正或制止；

（四）有权向招标人、投标人、招标代理机构等调查了解与招标投标有关的情况；

（五）监督检查招标投标结果执行情况。

第四章 审计内容

第七条 审计部门对水利工程建设项目招标投标中的下列事项进行审计监督：

（一）招标项目前期工作是否符合水利工程建设项目管理规定，是否履行规定的审批程序；

（二）招标项目资金计划是否落实，资金来源是否符合规定；

（三）招标文件确定的水利工程建设项目的标准、建设内容和投资是否符合批准的设计文件；

（四）与招标投标有关的取费是否符合规定；

（五）招标人与中标人是否签订书面合同，所签合同是否真实、合法；

（六）与水利工程建设项目招标投标有关的其他经济事项。

第八条 审计部门会同行政监督部门、行政监察部门对招标投标中的下列事项进行审计监督：

（一）招标项目的招标方式、招标范围是否符合规定；

（二）招标人是否符合规定的招标条件，招标代理机构是否具有相应资质，招标代理合同是否真实、合法；

（三）招标项目的招标、投标、开标、评标和中标程序是否合法；

（四）招标项目评标委员会、评标专家的产生及人员组成、评标标准和评标方法是否符合规定；

（五）对招投标过程中泄露保密资料、泄露标底、串通招标、串通投标、规避招标、歧视排斥投标等违法行为进行审计监督；

（六）对勘察、设计、施工单位转包、违法分包和监理单位违法转让监理业务，以及无证或借用资质承接工程业务等违法违规行为进行审计监督。

第九条 审计部门和审计人员对招标投标工作中涉及保密的事项负有保密责任。

第五章 审计程序

第十条 招标人编制的年度招标工作计划，以及重大水利工程建设项目的招投标文件，应当报送同级审计部门备案。

第十一条 审计部门根据年度审计工作计划、招标人年度招标计划和招标项目具体情况，确定招标投标项目审计计划，经单位主管审计工作负责人批准后实施审计。

第十二条 审计部门根据审计项目计划确定的审计事项组成审计组，并应在实施审计三日前，向被审计单位送达审计通知书。

被审计单位以及与招标投标活动有关的单位、部门，应当配合审计部门的工作，并提供必要的工作条件。

第十三条 审计人员通过审查招标投标文件、合同、会计资料，以及向有关单位和个人进行调查等方式实施审计，并取得证明材料。

第十四条 审计组对招标投标事项实施审计后，应当向派出的审计部门提出审计报告。审计报告应当征求被审计单位的意见。被审计单位应当自接到审计报告之日起十日内，将其书面意见送交审计组或者审计部门。

第十五条 审计部门审定审计报告，对审计事项作出评价，出具审计意见书；对违反国家规定的招标投标行为，需要依法给予处理、处罚的，在职权范围内作出审计决定或者向有关主管部门提出处理、处罚意见。

被审计单位应当执行审计决定并将结果反馈审计部门；有关主管部门对审计部门提出的处理、处罚意见应及时进行研究，并将结果反馈审计部门。

第六章 罚则

第十六条 被审计单位违反本办法，拒绝或者拖延提供与审计事项有关的资料，或者拒绝、阻碍审计的，审计部门责令改正；拒不改正的，可以通报批评，对负有直接责任的主管人员和其他直接责任人员提出给予行政处分的建议，被审计单位或者其主管单位、监察部门应当及时作出处理，并将结果抄送审计部门。

第十七条　被审计单位拒不执行审计决定的，对负有直接责任的主管人员和其他直接责任人员提出给予行政处分的建议，被审计单位或者其主管单位、监察部门应当及时作出处理，并将结果抄送审计部门。

第十八条　招标人、招标代理机构及其有关人员违反国家招标投标的法律、法规的，依照《中华人民共和国招标投标法》予以处理。

第十九条　审计人员滥用职权、徇私舞弊、玩忽职守，涉嫌犯罪的，依法移送司法机关处理；不构成犯罪的，给予行政处分。

第七章　附　　则

第二十条　各省、自治区、直辖市水行政主管部门、流域机构、新疆生产建设兵团，可以根据本办法制定实施细则并报部备案。

第二十一条　本办法由水利部负责解释。

第二十二条　本办法自2008年4月1日起执行。

关于推进水利工程建设项目招标投标进入公共资源交易市场的指导意见

1. 2012年5月2日水利部发布

2. 水建管〔2012〕182号

为深入贯彻落实《中共中央国务院关于加快水利改革发展的决定》精神，根据《中华人民共和国招标投标法》、《中华人民共和国招标投标法实施条例》等法律法规和有关规定，按照中央工程建设领域突出问题专项治理工作部署，结合水利实际，现就推进水利工程建设项目招标投标活动进入统一规范的公共资源交易市场（以下简称公共交易市场）提出如下意见。

一、充分认识水利工程建设项目招标投标进入公共交易市场的重要意义

水利工程建设项目招标投标进入公共交易市场，是贯彻落实《中华人民共和国招标投标法》、《中华人民共和国招标投标法实施条例》，深入推进工程建设领域突出问题专项治理、建立健全水利建设市场、保障大规模水利建设顺利实施的重要举措,有利于发挥市场配置公共资源的基础性作用,有利于规范水利工程建设项目招标投标活动,有利于从源头上预防腐败。各级水行政主管部门要增强政治意识、大局意识和责任意识,充分认识水利工程建设项目招标投标进入公共交易市场的重要意义,认真贯彻落实中央决策部署,切实抓好水利工程建设项目招标投标进入公共交易市场的各项工作。

二、总体要求和进场原则

(一)总体要求。深入贯彻落实《中华人民共和国招标投标法实施条例》,按照中央关于治理工程建设领域突出问题工作的统一部署,积极、稳妥、有序地推进水利工程建设项目招标投标进入公共交易市场,进一步加强组织领导和行业监管,切实保障水利建设市场交易更加公开透明、规范有序。

(二)进场原则。水利工程建设项目招标投标按照属地管理和权限管理原则进入公共交易市场进行交易。中央水利工程建设项目招标投标应进入工程所在地设区的市级以上地方人民政府组建的公共交易市场。地方水利工程建设项目招标投标由省级水行政主管部门根据当地实际情况确定进场要求。

三、工作目标

政府投资和使用国有资金、依法必须招标的水利工程建设项目招标投标,自 2012 年 7 月 1 日起逐步进入公共交易市场,其中大中型或总投资 3000 万元以上的水利工程建设项目招标投标应于 2013 年 1 月 1 日起全部进入公共交易市场,其他水利工程建设项目招标投标应于 2013 年 7 月 1 日起全部进入公共交易市场。具备条件的地方,鼓励水利工程建设项目招标投标及早进入公共交易市场。水利工程建设项目招标投标已经进入公共交易市场的地方,当地水行政主管部门应继续规范和完善交易活动。尚未建立公共交易市场的地方,水行政主管部门应积极做好水利工程建设项目招标投标进入公共交易市场的各项前期准备工作,待公共交易市场建立后,立即按照上述要求进场交易。

四、加强对招标投标活动的监督管理

(一)认真履行行政监督职责。各级水行政主管部门要按照《中华人民共和国招标投标法实施条例》等有关规定,加强水利工程建设项目招标投标进入公共交易市场的监管工作,切实履行好对水利工程建设项目招标投标的行政监督职能,按照职责分工对水利工程建设项目招标投标的审批核准备案情况、评标委员会成员确定方式、交易过程、履约实施等环节进行行业监管,依法查处违法违规行为,形成行业监督管理与市场综合管理分工明确、密切协作、运行有序的工作机制。

（二）落实项目法人的招标人主体责任。根据《中华人民共和国招标投标法》的要求，在水利工程建设项目招标投标进入公共交易市场后，项目法人作为招标人，应当依法履行招标人主体责任，自主选择代理机构、发布招标公告、组建评标委员会、定标等。各级水行政主管部门要在水利工程建设项目招标投标进入公共交易市场时，依法保障招标人主体责任的落实到位。任何单位不得指定招标代理机构或违法指定招标公告发布媒介；不得直接参与或非法干涉专家评标；不得违反规定乱收费；不得以任何形式或技术手段干涉招标投标活动。

（三）强化评标专家管理。省级以上水行政主管部门应按照《评标专家分类标准（试行）》（发改法规〔2010〕1538号）的要求，建立健全水利行业评标专家库，进行专业分类，实现资源共享。依法必须进行招标的水利工程建设项目，其评标委员会的专家成员应当从水利行业评标专家库内相关专业的专家名单中以随机抽取方式确定。省级以上水行政主管部门负责水利行业评标专家库的资格审查、日常动态管理和维护；加强对水利工程评标专家的管理和监督，严格评标专家资格认定，建立健全对评标专家的培训、考核、评价和档案管理制度，根据实际需要和考核情况及时对评标专家进行补充和调整，实行动态管理。

（四）深入推进诚信体系建设。设区的市级以上人民政府水行政主管部门负责对进入公共交易市场进行水利工程建设项目招标投标活动的各方主体诚信行为进行检查，记录并公开信用信息，健全奖惩机制。

五、切实加强组织领导

各级水行政主管部门要加强组织领导，主动与公共交易市场管理机构沟通协调，建立健全工作机制，积极推进水利工程建设项目招标投标进入公共交易市场，确保招标投标活动规范有序。要定期对水利工程建设项目招标投标进入交易市场的交易情况进行检查评估，分析研究存在的问题，提出解决的意见和建议。

各地进入公共交易市场的情况、有关问题和建议，请及时报送水利部。

5. 通信工程

通信工程建设项目招标投标管理办法

1. 2014年5月4日工业和信息化部令第27号公布
2. 自2014年7月1日起施行

第一章 总 则

第一条 为了规范通信工程建设项目招标投标活动,根据《中华人民共和国招标投标法》(以下简称《招标投标法》)和《中华人民共和国招标投标法实施条例》(以下简称《实施条例》),制定本办法。

第二条 在中华人民共和国境内进行通信工程建设项目招标投标活动,适用本办法。

前款所称通信工程建设项目,是指通信工程以及与通信工程建设有关的货物、服务。其中,通信工程包括通信设施或者通信网络的新建、改建、扩建、拆除等施工;与通信工程建设有关的货物,是指构成通信工程不可分割的组成部分,且为实现通信工程基本功能所必需的设备、材料等;与通信工程建设有关的服务,是指为完成通信工程所需的勘察、设计、监理等服务。

依法必须进行招标的通信工程建设项目的具体范围和规模标准,依据国家有关规定确定。

第三条 工业和信息化部和各省、自治区、直辖市通信管理局(以下统称为"通信行政监督部门")依法对通信工程建设项目招标投标活动实施监督。

第四条 工业和信息化部鼓励按照《电子招标投标办法》进行通信工程建设项目电子招标投标。

第五条 工业和信息化部建立"通信工程建设项目招标投标管理信息平台"(以下简称"管理平台"),实行通信工程建设项目招标投标活动信息化管理。

第二章 招标和投标

第六条 国有资金占控股或者主导地位的依法必须进行招标的通信工程建设项目,应当公开招标;但有下列情形之一的,可以邀请招标:

(一)技术复杂、有特殊要求或者受自然环境限制,只有少量潜在投标人可供选择；

（二）采用公开招标方式的费用占项目合同金额的比例过大。

有前款第一项所列情形，招标人邀请招标的，应当向其知道或者应当知道的全部潜在投标人发出投标邀请书。

采用公开招标方式的费用占项目合同金额的比例超过1.5%，且采用邀请招标方式的费用明显低于公开招标方式的费用的，方可被认定为有本条第一款第二项所列情形。

第七条 除《招标投标法》第六十六条和《实施条例》第九条规定的可以不进行招标的情形外，潜在投标人少于3个的，可以不进行招标。

招标人为适用前款规定弄虚作假的，属于《招标投标法》第四条规定的规避招标。

第八条 依法必须进行招标的通信工程建设项目的招标人自行办理招标事宜的，应当自发布招标公告或者发出投标邀请书之日起2日内通过“管理平台”向通信行政监督部门提交《通信工程建设项目自行招标备案表》（见附录一）。

第九条 招标代理机构代理招标业务，适用《招标投标法》、《实施条例》和本办法关于招标人的规定。

第十条 公开招标的项目，招标人采用资格预审办法对潜在投标人进行资格审查的，应当发布资格预审公告、编制资格预审文件。招标人发布资格预审公告后，可不再发布招标公告。

依法必须进行招标的通信工程建设项目的资格预审公告和招标公告，除在国家发展和改革委员会依法指定的媒介发布外，还应当在“管理平台”发布。在不同媒介发布的同一招标项目的资格预审公告或者招标公告的内容应当一致。

第十一条 资格预审公告、招标公告或者投标邀请书应当载明下列内容：

（一）招标人的名称和地址；

（二）招标项目的性质、内容、规模、技术要求和资金来源；

（三）招标项目的实施或者交货时间和地点要求；

（四）获取招标文件或者资格预审文件的时间、地点和方法；

（五）对招标文件或者资格预审文件收取的费用；

（六）提交资格预审申请文件或者投标文件的地点和截止时间。

招标人对投标人的资格要求，应当在资格预审公告、招标公告或者投标邀请书中载明。

第十二条 资格预审文件一般包括下列内容：

(一)资格预审公告;

(二)申请人须知;

(三)资格要求;

(四)业绩要求;

(五)资格审查标准和方法;

(六)资格预审结果的通知方式;

(七)资格预审申请文件格式。

资格预审应当按照资格预审文件载明的标准和方法进行,资格预审文件没有规定的标准和方法不得作为资格预审的依据。

第十三条 招标人应当根据招标项目的特点和需要编制招标文件。招标文件一般包括下列内容:

(一)招标公告或者投标邀请书;

(二)投标人须知;

(三)投标文件格式;

(四)项目的技术要求;

(五)投标报价要求;

(六)评标标准、方法和条件;

(七)网络与信息安全有关要求;

(八)合同主要条款。

招标文件应当载明所有评标标准、方法和条件,并能够指导评标工作,在评标过程中不得作任何改变。

第十四条 招标人应当在招标文件中以显著的方式标明实质性要求、条件以及不满足实质性要求和条件的投标将被否决的提示;对于非实质性要求和条件,应当规定允许偏差的最大范围、最高项数和调整偏差的方法。

第十五条 编制依法必须进行招标的通信工程建设项目资格预审文件和招标文件,应当使用国家发展和改革委员会会同有关行政监督部门制定的标准文本及工业和信息化部制定的范本。

第十六条 勘察设计招标项目的评标标准一般包括下列内容:

(一)投标人的资质、业绩、财务状况和履约表现;

(二)项目负责人的资格和业绩;

(三)勘察设计团队人员;

(四)技术方案和技术创新;

(五)质量标准及质量管理措施;

(六)技术支持与保障;

（七）投标价格；

（八）组织实施方案及进度安排。

第十七条 监理招标项目的评标标准一般包括下列内容：

（一）投标人的资质、业绩、财务状况和履约表现；

（二）项目总监理工程师的资格和业绩；

（三）主要监理人员及安全监理人员；

（四）监理大纲；

（五）质量和安全管理措施；

（六）投标价格。

第十八条 施工招标项目的评标标准一般包括下列内容：

（一）投标人的资质、业绩、财务状况和履约表现；

（二）项目负责人的资格和业绩；

（三）专职安全生产管理人员；

（四）主要施工设备及施工安全防护设施；

（五）质量和安全管理措施；

（六）投标价格；

（七）施工组织设计及安全生产应急预案。

第十九条 与通信工程建设有关的货物招标项目的评标标准一般包括下列内容：

（一）投标人的资质、业绩、财务状况和履约表现；

（二）投标价格；

（三）技术标准及质量标准；

（四）组织供货计划；

（五）售后服务。

第二十条 评标方法包括综合评估法、经评审的最低投标价法或者法律、行政法规允许的其他评标方法。

鼓励通信工程建设项目使用综合评估法进行评标。

第二十一条 通信工程建设项目需要划分标段的，招标人应当在招标文件中载明允许投标人中标的最多标段数。

第二十二条 通信工程建设项目已确定投资计划并落实资金来源的，招标人可以将多个同类通信工程建设项目集中进行招标。

招标人进行集中招标的，应当遵守《招标投标法》、《实施条例》和本办法有关依法必须进行招标的项目的规定。

第二十三条 招标人进行集中招标的，应当在招标文件中载明工程或者有关货物、服务的类型、预估招标规模、中标人数量及每个中标人对应的中标份额等;对与工程或者有关服务进行集中招标的,还应当载明每个中标人对应的实施地域。

第二十四条 招标人可以对多个同类通信工程建设项目的潜在投标人进行集中资格预审。招标人进行集中资格预审的,应当发布资格预审公告,明确集中资格预审的适用范围和有效期限,并且应当预估项目规模,合理设定资格、技术和商务条件,不得限制、排斥潜在投标人。

招标人进行集中资格预审,应当遵守国家有关勘察、设计、施工、监理等资质管理的规定。

集中资格预审后,通信工程建设项目的招标人应当继续完成招标程序,不得直接发包工程;直接发包工程的,属于《招标投标法》第四条规定的规避招标。

第二十五条 招标人根据招标项目的具体情况,可以在发售招标文件截止之日后,组织潜在投标人踏勘项目现场和召开投标预备会。

招标人组织潜在投标人踏勘项目现场或者召开投标预备会的,应当向全部潜在投标人发出邀请。

第二十六条 投标人应当在招标文件要求提交投标文件的截止时间前,将投标文件送达投标地点。通信工程建设项目划分标段的,投标人应当在投标文件上标明相应的标段。

未通过资格预审的申请人提交的投标文件,以及逾期送达或者不按照招标文件要求密封的投标文件,招标人应当拒收。

招标人收到投标文件后,不得开启,并应当如实记载投标文件的送达时间和密封情况,存档备查。

第三章 开标、评标和中标

第二十七条 通信工程建设项目投标人少于 3 个的,不得开标,招标人在分析招标失败的原因并采取相应措施后,应当依法重新招标。划分标段的通信工程建设项目某一标段的投标人少于 3 个的,该标段不得开标,招标人在分析招标失败的原因并采取相应措施后,应当依法对该标段重新招标。

投标人认为存在低于成本价投标情形的,可以在开标现场提出异议,并在评标完成前向招标人提交书面材料。招标人应当及时将书面材料转交评标委员会。

第二十八条 招标人应当根据《招标投标法》和《实施条例》的规定开标,记录开标过程并存档备查。招标人应当记录下列内容:

(一)开标时间和地点;

(二)投标人名称、投标价格等唱标内容;

(三)开标过程是否经过公证;

(四)投标人提出的异议。

开标记录应当由投标人代表、唱标人、记录人和监督人签字。

因不可抗力或者其他特殊原因需要变更开标地点的,招标人应提前通知所有潜在投标人,确保其有足够的时间能够到达开标地点。

第二十九条 评标由招标人依法组建的评标委员会负责。

通信工程建设项目评标委员会的专家成员应当具备下列条件:

(一)从事通信相关领域工作满 8 年并具有高级职称或者同等专业水平。掌握通信新技术的特殊人才经工作单位推荐,可以视为具备本项规定的条件;

(二)熟悉国家和通信行业有关招标投标以及通信建设管理的法律、行政法规和规章,并具有与招标项目有关的实践经验;

(三)能够认真、公正、诚实、廉洁地履行职责;

(四)未因违法、违纪被取消评标资格或者未因在招标、评标以及其他与招标投标有关活动中从事违法行为而受过行政处罚或者刑事处罚;

(五)身体健康,能够承担评标工作。

工业和信息化部统一组建和管理通信工程建设项目评标专家库,各省、自治区、直辖市通信管理局负责本行政区域内评标专家的监督管理工作。

第三十条 依法必须进行招标的通信工程建设项目,评标委员会的专家应当从通信工程建设项目评标专家库内相关专业的专家名单中采取随机抽取方式确定;个别技术复杂、专业性强或者国家有特殊要求,采取随机抽取方式确定的专家难以保证胜任评标工作的招标项目,可以由招标人从通信工程建设项目评标专家库内相关专业的专家名单中直接确定。

依法必须进行招标的通信工程建设项目的招标人应当通过“管理平台”抽取评标委员会的专家成员,通信行政监督部门可以对抽取过程进行远程监督或者现场监督。

第三十一条 依法必须进行招标的通信工程建设项目技术复杂、评审工作量大,其评标委员会需要分组评审的,每组成员人数应为 5 人以上,且每组每个成员应对所有投标文件进行评审。评标委员会的分组方案应当经全体成员同意。

评标委员会设负责人的,其负责人由评标委员会成员推举产生或者由招标人确定。评标委员会其他成员与负责人享有同等的表决权。

第三十二条 评标委员会成员应当客观、公正地对投标文件提出评审意见，并对所提出的评审意见负责。

招标文件没有规定的评标标准和方法不得作为评标依据。

第三十三条 评标过程中，评标委员会收到低于成本价投标的书面质疑材料、发现投标人的综合报价明显低于其他投标报价或者设有标底时明显低于标底，认为投标报价可能低于成本的，应当书面要求该投标人作出书面说明并提供相关证明材料。招标人要求以某一单项报价核定是否低于成本的，应当在招标文件中载明。

投标人不能合理说明或者不能提供相关证明材料的，评标委员会应当否决其投标。

第三十四条 投标人以他人名义投标或者投标人经资格审查不合格的，评标委员会应当否决其投标。

部分投标人在开标后撤销投标文件或者部分投标人被否决投标后，有效投标不足3个且明显缺乏竞争的，评标委员会应当否决全部投标。有效投标不足3个，评标委员会未否决全部投标的，应当在评标报告中说明理由。

依法必须进行招标的通信工程建设项目，评标委员会否决全部投标的，招标人应当重新招标。

第三十五条 评标完成后，评标委员会应当根据《招标投标法》和《实施条例》的有关规定向招标人提交评标报告和中标候选人名单。

招标人进行集中招标的，评标委员会应当推荐不少于招标文件载明的中标人数量的中标候选人，并标明排序。

评标委员会分组的，应当形成统一、完整的评标报告。

第三十六条 评标报告应当包括下列内容：

（一）基本情况；

（二）开标记录和投标一览表；

（三）评标方法、评标标准或者评标因素一览表；

（四）评标专家评分原始记录表和否决投标的情况说明；

（五）经评审的价格或者评分比较一览表和投标人排序；

（六）推荐的中标候选人名单及其排序；

（七）签订合同前要处理的事宜；

（八）澄清、说明、补正事项纪要；

（九）评标委员会成员名单及本人签字、拒绝在评标报告上签字的评标委员会成员名单及其陈述的不同意见和理由。

第三十七条 依法必须进行招标的通信工程建设项目的招标人应当自收到评

标报告之日起 3 日内通过“管理平台”公示中标候选人,公示期不得少于 3 日。

第三十八条 招标人应当根据《招标投标法》和《实施条例》的有关规定确定中标人。

招标人进行集中招标的,应当依次确定排名靠前的中标候选人为中标人,且中标人数量及每个中标人对应的中标份额等应当与招标文件载明的内容一致。招标人与中标人订立的合同中应当明确中标价格、预估合同份额等主要条款。

中标人不能履行合同的,招标人可以按照评标委员会提出的中标候选人名单排序依次确定其他中标候选人为中标人,也可以对中标人的中标份额进行调整,但应当在招标文件中载明调整规则。

第三十九条 在确定中标人之前,招标人不得与投标人就投标价格、投标方案等实质性内容进行谈判。

招标人不得向中标人提出压低报价、增加工作量、增加配件、增加售后服务量、缩短工期或其他违背中标人的投标文件实质性内容的要求。

第四十条 依法必须进行招标的通信工程建设项目的招标人应当自确定中标人之日起 15 日内,通过“管理平台”向通信行政监督部门提交《通信工程建设项目招标投标情况报告表》(见附录二)。

第四十一条 招标人应建立完整的招标档案,并按国家有关规定保存。招标档案应当包括下列内容:

(一)招标文件;

(二)中标人的投标文件;

(三)评标报告;

(四)中标通知书;

(五)招标人与中标人签订的书面合同;

(六)向通信行政监督部门提交的《通信工程建设项目自行招标备案表》、《通信工程建设项目招标投标情况报告表》;

(七)其他需要存档的内容。

第四十二条 招标人进行集中招标的,应当在所有项目实施完成之日起 30 日内通过“管理平台”向通信行政监督部门报告项目实施情况。

第四十三条 通信行政监督部门对通信工程建设项目招标投标活动实施监督检查,可以查阅、复制招标投标活动中有关文件、资料,调查有关情况,相关单位和人员应当配合。必要时,通信行政监督部门可以责令暂停招标投标活动。

通信行政监督部门的工作人员对监督检查过程中知悉的国家秘密、商业秘密,应当依法予以保密。

第四章 法律责任

第四十四条 招标人在发布招标公告、发出投标邀请书或者售出招标文件或资格预审文件后无正当理由终止招标的,由通信行政监督部门处以警告,可以并处 1 万元以上 3 万元以下的罚款。

第四十五条 依法必须进行招标的通信工程建设项目的招标人或者招标代理机构有下列情形之一的,由通信行政监督部门责令改正,可以处 3 万元以下的罚款:

(一)招标人自行招标,未按规定向通信行政监督部门备案;

(二)未通过"管理平台"确定评标委员会的专家;

(三)招标人未通过"管理平台"公示中标候选人;

(四)确定中标人后,未按规定向通信行政监督部门提交招标投标情况报告。

第四十六条 招标人有下列情形之一的,由通信行政监督部门责令改正,可以处 3 万元以下的罚款,对单位直接负责的主管人员和其他直接责任人员依法给予处分;对中标结果造成实质性影响,且不能采取补救措施予以纠正的,招标人应当重新招标或者评标:

(一)编制的资格预审文件、招标文件中未载明所有资格审查或者评标的标准和方法;

(二)招标文件中含有要求投标人多轮次报价、投标人保证报价不高于历史价格等违法条款;

(三)不按规定组建资格审查委员会;

(四)投标人数量不符合法定要求时未重新招标而直接发包;

(五)开标过程、开标记录不符合《招标投标法》、《实施条例》和本办法的规定;

(六)违反《实施条例》第三十二条的规定限制、排斥投标人;

(七)以任何方式要求评标委员会成员以其指定的投标人作为中标候选人、以招标文件未规定的评标标准和方法作为评标依据,或者以其他方式非法干涉评标活动,影响评标结果。

第四十七条 招标人进行集中招标或者集中资格预审,违反本办法第二十三条、第二十四条、第三十五条或者第三十八条规定的,由通信行政监督部门责令改正,可以处 3 万元以下的罚款。

第五章 附 则

第四十八条 通信行政监督部门建立通信工程建设项目招标投标情况通报制度，定期通报通信工程建设项目招标投标总体情况、公开招标及招标备案情况、重大违法违约事件等信息。

第四十九条 本办法自2014年7月1日起施行。原中华人民共和国信息产业部2000年9月22日公布的《通信建设项目招标投标管理暂行规定》（中华人民共和国信息产业部令第2号）同时废止。

附录：（略）

通信工程建设项目评标专家及评标专家库管理办法

1. 2014年7月14日工业和信息化部印发

2. 工信部通〔2014〕302号

第一条 为了加强对通信工程建设项目评标专家及评标专家库的管理，提高评标质量，保证评标活动的公平、公正，根据《通信工程建设项目招标投标管理办法》（工业和信息化部令第27号），制定本办法。

第二条 本办法适用于通信工程建设项目评标专家（以下简称"评标专家"）的管理及通信工程建设项目评标专家库（以下简称"评标专家库"）的组建、使用、管理活动。

第三条 工业和信息化部负责评标专家及评标专家库的监督管理，其主要职责是：

（一）贯彻执行国家有关法律、法规，制定评标专家及评标专家库管理的规章制度；

（二）统一组建、维护、管理评标专家库；

（三）审核评标专家的入库申请；

（四）建立评标专家的个人档案，维护、管理评标专家信息；

（五）监督依法必须进行招标的通信工程建设项目的评标专家抽取过程，依法受理投诉，查处相关违法行为；

（六）法律、法规、规章规定的其他职责。

第四条 各省、自治区、直辖市通信管理局负责本行政区域内评标专家的监督管理，其主要职责是：

（一）贯彻执行国家有关法律、法规、规章；

（二）初审本行政区域内评标专家的入库申请；

（三）维护、管理本行政区域内的评标专家信息；

（四）监督本行政区域内依法必须进行招标的通信工程建设项目的评标专家抽取过程，依法受理投诉，查处本行政区域内相关违法行为；

（五）法律、法规、规章规定的其他职责。

第五条 工业和信息化部和各省、自治区、直辖市通信管理局统称为通信行政监督部门。

第六条 评标专家专业包括一级专业和二级专业（具体专业分类标准见附件1）。

第七条 评标专家应当具备下列条件：

（一）从事通信相关领域工作满8年并具有高级职称或者同等专业水平，掌握通信新技术的特殊人才经工作单位推荐，可以视为具备本项规定的条件；

（二）熟悉国家和通信行业有关招标投标以及通信建设管理的法律、法规和规章，并具有与招标项目有关的实践经验；

（三）能够认真、公正、诚实、廉洁地履行职责；

（四）未曾因违法、违纪被取消评标资格，未曾在招标、评标以及其他与招投标有关活动中从事违法、违纪行为而受到行政处罚或者刑事处罚；

（五）身体健康，能够承担评标工作。

前款第一项中“同等专业水平”是指本科毕业满12年、硕士毕业满6年、博士毕业满3年、副教授（副研究员）及以上职称；“掌握通信新技术的特殊人才经工作单位推荐”是指从事通信新技术相关工作满3年、具有硕士及以上学历、工作单位认可并推荐。

第八条 评标专家申请进入评标专家库的程序为：

（一）申请人通过“通信工程建设项目招标投标管理信息平台”（网址为http://txzb. miit. gov. cn，以下简称“管理平台”）填写《通信工程建设项目评标专家库入库申请表》（见附件2）、选择申请专业（每个申请人最多可申请两个一级专业），并提供身份证原件扫描件、职称证书或学历证书原件扫描件、通信工程建设项目评标专家培训合格证书原件扫描件等材料，掌握通信新技术的特殊人才还需提供工作单位人事部门出具的证明文件扫描件。

（二）申请人工作单位或招标代理机构审核同意后，通过“管理平台”报通信行政监督部门初审或审核。

（三）申请人工作单位所在地通信管理局对申报材料进行初审，申请人工作单位为部直属事业单位或中央管理企业集团公司的，直接由工业和信息化部审核。

（四）工业和信息化部组织对申报材料进行审核，符合条件的申请人进入评标专家库。

（五）工业和信息化部定期向社会公布评标专家的名单及其专家编号。

第九条 从事通信工程建设项目招标代理业务的机构应当通过“管理平台”在评标专家库中选择并聘用足够数量的评标专家，组成本机构的评标专家子库。

招标代理机构选聘评标专家应当征得评标专家同意。

第十条 依法必须进行招标的通信工程建设项目，招标人或招标代理机构应当依据《通信工程建设项目招标投标管理办法》第三十条的规定随机抽取或直接确定评标专家。

招标人或招标代理机构随机抽取评标专家的，其具体程序为：

（一）招标人自行招标的，应当从评标专家库中抽取评标专家；招标人委托招标代理机构招标的，可以选择从招标代理机构的评标专家子库中抽取评标专家。

（二）招标人或招标代理机构设置专家地域、专业、数量等抽取条件。设置抽取条件后，可供抽取的专家总数不得少于拟抽取专家数量的5倍。

（三）“管理平台”随机抽取专家，招标人或招标代理机构逐一联系、确认评标专家是否出席，系统存档备查。

（四）评标专家需要回避或因其他原因不能出席的，招标人或招标代理机构应当继续随机抽取评标专家，直至确认出席的专家人数达到要求。

招标人或招标代理机构直接确定评标专家的，应当从评标专家库相关专业的专家名单中直接确定。

第十一条 有下列情形之一的，不得担任资格审查委员会和评标委员会成员：

（一）投标人主要负责人的近亲属；

（二）项目主管部门或通信行政监督部门的人员；

（三）与投标人有经济利益关系，可能影响公正评审。

评标专家有前款规定情形之一的，应当主动提出回避；未提出回避的，招标人和通信行政监督部门发现后，应当立即停止其参加资格审查或评标。

第十二条 招标人或招标代理机构确认评标专家出席资格审查或评标活动后，发生评标专家临时不能到场或需要回避等特殊情形的，应当按照原抽取方式补抽确定。

第十三条 评标专家享有下列权利：

（一）接受招标人或其委托的招标代理机构聘请，担任资格审查委员会或评标委员会的成员，参加资格审查或评标活动；

（二）依法对资格申请文件或投标文件进行独立评审，提出评审意见，不受任何单位或个人的干预和影响；

（三）向通信行政监督部门举报资格审查或评标活动存在的违法、违规或不公正行为；

（四）依法获取劳动报酬；

（五）对招标人或招标代理机构作出的履职评议进行申辩；

（六）法律、法规、规章规定的其他权利。

第十四条 评标专家承担下列义务：

（一）严格遵守国家和通信行业有关招标投标的法律、法规和规章，接受通信行政监督部门的监督管理，协助配合有关检查及投诉处理；

（二）准时参加资格审查或评标活动，并客观、公正地进行评审，遵守职业道德，不徇私舞弊，对所提出的评审意见承担责任；

（三）遵守评标工作纪律和保密规定，不得泄露与资格审查或评标有关信息，不得私下接触投标人及其利害关系人，不得收受他人的财物或其他好处；

（四）具有法定回避情形的，应主动提出回避；

（五）参加评标专家培训和继续教育；

（六）及时登录“管理平台”维护个人信息；

（七）法律、行政法规规定的其他义务。

第十五条 招标人或招标代理机构应当负担评标专家在资格审查或评标工作期间的食宿、交通等费用，并按有关规定支付评标专家报酬。

第十六条 评标专家工作单位应当对评标专家参加资格审查或评标活动、培训和继续教育给予支持。

第十七条 招标人或招标代理机构在抽取评标专家时，不得利用各种借口拒绝评标专家参加资格审查或评标，禁止违规挑选评标专家。评标专家抽取过程及专家名单应当保密。

第十八条 招标人或招标代理机构应当在资格审查或评标工作结束后，重新登录“管理平台”对评标专家的综合表现进行履职评议。

履职评议是指招标人或招标代理机构对评标专家的能力、态度、成效等进行评分，并填写相关评语。评标专家对履职评议无申辩的，该履职评议记入评标专家档案；评标专家对履职评议有申辩的，由通信行政监督部门作出判定。

第十九条 工业和信息化部委托有关机构对进入评标专家库的评标专家进行继续教育培训。

第二十条 评标专家的联系电话、职称等个人信息变更的,由评标专家自行登录“管理平台”进行信息更新。

评标专家的工作单位、专业等变更的,由评标专家工作单位或招标代理机构通过“管理平台”提交申请,评标专家工作单位所在地通信管理局审核通过后,对专家信息进行更新。

第二十一条 评标专家有下列情形之一的,通信行政监督部门核实后将暂停其参加资格审查和评标活动的资格6个月:

(一)连续三次被抽取但拒绝参加评标活动;

(二)无正当理由,承诺参加但未参加评标活动;

(三)评标出现重大疏漏或者错误;

(四)通信行政监督部门依法对投诉进行调查时,不予配合。

第二十二条 评标专家有下列情形之一的,工业和信息化部核实后将取消其参加资格审查或评标活动的资格:

(一)以虚假材料骗取进入评标专家库;

(二)无正当理由,中途退出评标活动;

(三)评标期间私下接触投标人;

(四)收受投标人的财物或其他好处;

(五)违反保密规定,泄露资格审查或评标情况;

(六)接受任何单位或者个人明示或暗示提出的倾向或排斥特定资格审查申请人或投标人要求;

(七)暗示或者诱导投标人对投标文件作出澄清、说明,影响评审公正性;

(八)自进入评标专家库之日起3年内未参加评标专家继续教育;

(九)被暂停资格审查和评标资格期满后,再次出现本办法第二十一条规定情形之一;

(十)曾因在招标、评标以及其他与招标有关活动中从事违法行为而受到行政处罚或刑事处罚。

第二十三条 评标专家有下列情形,本人申请不再担任评标专家的,注销其相关信息:

(一)因身体健康原因不能胜任评标工作的;

(二)工作调动不再适宜继续参与评标活动的;

(三)其他原因。

第二十四条 评标专家档案包括下列内容：

（一）评标专家个人情况，包括个人申请或推荐登记表以及有关证明材料，入选专家库的审查确认过程以及结果；

（二）评标专家评标情况及其履职评议；

（三）评标专家奖惩信息；

（四）参加继续教育情况。

第二十五条 通信行政监督部门可依据《招标投标违法行为记录公告暂行办法》，对评标专家的违法违纪行为予以公示。

第二十六条 通信行政监督部门及相关工作人员应当遵守有关信息保密的规定，并加强"管理平台"的安全防护，防止相关信息泄露。

第二十七条 本办法由工业和信息化部负责解释。

第二十八条 本办法自发布之日起施行，原信息产业部《通信建设项目招标投标管理实施细则》（信部规〔2001〕632号）同时废止。

附件1：通信工程建设项目评标专家专业分类标准

附件2：《通信工程建设项目评标专家库入库申请表》（略）

附件1：

通信工程建设项目评标专家专业分类标准

一级专业	二级专业	备　注
线路	光电缆	
	水底光电缆	
	用户接入	
管道		
传输设备	光电传输设备	WDM、OTN、SDH、PDH、PTN 等
	光电接入设备	xPON、xDSL、MSAP、光收发器、协议转换器等
	同步设备	
	配线设备	ODF/DDF/MDF/光电交接箱/分线盒等
交换	固网交换	固网语音网、信令网、智能网等设备
	移动网电路域交换	移动核心语音网、信令网及智能网等设备
	移动网分组域交换	GPRS、3G 分组域、IMS 域中的核心网设备

续表

一级专业	二级专业	备　注
数据	数据网	互联网络设备(骨干路由器等)、IP 承载网设备(骨干路由器等)、ATM 网设备(ATM 交换机等)
	业务平台	移动增值业务平台、固网增值业务平台
	IT 支撑系统	MSS 管理支撑系统、BSS 业务支撑系统、OSS 运维支撑系统
计算机网络	服务器及计算机终端	
	存储设备	磁盘阵列、磁带库等系统设备
	路由器及交换机	广域网互连设备、防火墙设备、局域网交换机设备、局域网负载分担设备等
	网络安全设备及产品	
	网络接入设备及配套	
	计算机软件	数据库系统软件及相关平台工具软件、各类中间件平台系统软件
微波		微波专业设备及天馈线
卫星		卫星专业设备及天馈线
电源		
移动	无线主设备	移动通信网的基站控制器、基站设备等
	室内分布系统	室内分布系统所用的功率放大器和合路器、功分器、滤波器、耦合器等无源器件
	无线局域网设备	无线局域网的接入点 AP、接入控制器 AC、宽带接入服务器、交换机等
	天馈系统	移动通信天线、馈线和相关器件等
	应急通信系统	应急通信系统设备
	铁塔	移动通信基站铁塔
概预算		
财务		
局房配套	楼宇智能化	
	消防	
	空调	
	走线架、槽道	

续表

一级专业	二级专业	备注
工程服务	线路施工	
	设备施工	
	有线设计	
	无线设计	
	电信监理	
	铁塔监理	
	系统集成	

工业和信息化部直属单位固定资产投资项目招标投标管理办法

1. 2019年1月2日工业和信息化部印发
2. 工信部规〔2019〕5号

第一章　总　　则

第一条　为了加强固定资产投资项目管理，规范招标投标活动，发挥投资效益，根据《中华人民共和国招标投标法》、《中华人民共和国招标投标法实施条例》和国家有关规定，制定本办法。

第二条　本办法适用于各省、自治区、直辖市通信管理局、工业和信息化部直属事业单位和部属高校（以下统称直属单位）全部或部分使用中央财政资金，由工业和信息化部审批的固定资产投资项目招标投标活动。

第三条　依法必须招标的固定资产投资项目的具体范围和规模标准，依据国家现行有关规定确定。

任何单位和个人不得将依法必须招标的固定资产投资项目化整为零或者以其他任何方式规避招标。

第四条　工业和信息化部对直属单位依法必须招标的固定资产投资项目招标投标活动进行审批、备案、管理。

第五条　工业和信息化部在直属单位固定资产投资项目中逐步推广电子招标投标，直属单位按照填报说明（另行发布）及时在线填报招标投标信息（填报网址：http://39.106.22.141/）。涉密项目除外。

第二章 招标和投标

第六条 依法必须招标的固定资产投资项目,应进行公开招标。有下列情形之一的,应在上报招标方案阶段提出,经由工业和信息化部审批后,可以邀请招标:

(一)技术复杂、有特殊要求或者受自然环境限制,只有少数潜在投标人可供选择;

(二)采用公开招标方式的费用占项目合同金额的比例过大。

第七条 有下列情形之一的,应在上报招标方案阶段提出,经由工业和信息化部审批,可以不进行招标:

(一)涉及国家安全、国家秘密;

(二)涉及防汛、抢险、救灾;

(三)属于利用扶贫资金实行以工代赈、需要使用农民工等特殊情况;

(四)需要采用不可替代的专利或者专有技术;

(五)采购人依法能够自行建设、生产或者提供;

(六)已通过招标方式选定的特许经营项目投资人依法能够自行建设、生产或者提供;

(七)需要向原中标人采购工程、货物或者服务,否则将影响施工或者功能配套要求;

(八)国家规定的其他特殊情形。

第八条 直属单位固定资产投资项目鼓励采用委托招标。委托的招标代理机构应具备承揽相应项目的经验和能力,信誉良好。

招标代理机构应依法在招标人委托的范围内开展招标代理业务,任何单位和个人不得非法干涉。

第九条 具备以下条件的直属单位,可以自行招标:

(一)具有与招标项目规模和复杂程度相适应的技术、经济和管理等方面专业技术力量;

(二)有编制招标文件、组织招标的能力和条件;

(三)熟悉和掌握招标投标法律及相关规定。

第十条 直属单位在上报项目可行性研究报告时,应包括项目招标方案。

在招标工作实施前,应制定详细的招标实施方案,并向工业和信息化部上报招标实施方案备案表。

实施过程中,确因情况变化需要调整招标方案的,应向工业和信息化部上报招标方案调整申请,经批准后方可实施。

第十一条 招标人应根据项目特点和需要编制招标文件,并对招标文件的质量负责。委托招标代理机构招标的,应向招标代理机构提供编制招标文件所需的项目情况及技术要求等材料。招标文件不得要求或者标明特定的生产供应者或者含有倾向性、歧视性内容。

第十二条 依法必须招标的固定资产投资项目的资格预审公告和招标公告,依照《招标公告和公示信息发布管理办法》规定,应当载明以下内容:

(一)招标项目名称、内容、范围、规模、资金来源;

(二)投标资格能力要求,以及是否接受联合体投标;

(三)获取资格预审文件或招标文件的时间、方式;

(四)递交资格预审文件或投标文件的截止时间、方式;

(五)招标人及其招标代理机构的名称、地址、联系人及联系方式;

(六)采用电子招标投标方式的,潜在投标人访问电子招标投标交易平台的网址和方法;

(七)其他依法应当载明的内容。

第十三条 招标人应当确定投标人编制投标文件所需要的合理时间;依法必须招标的项目,招标文件发出之日起至截止提交投标文件的时限,依照《中华人民共和国招标投标法》有关规定执行。

第三章 开标、评标和中标

第十四条 开标应当在招标文件确定的提交投标文件截止时间的同一时间公开进行;开标地点应当为招标文件中预先确定的地点。

开标由招标人主持,邀请所有投标人参加。

第十五条 投标人少于3个的,不得开标,招标人在分析招标失败原因并采取相应措施后,应当依法重新招标。

重新招标后投标人仍少于3个的依法必须招标的固定资产投资项目,经工业和信息化部审批后,可终止该事项招标。

第十六条 招标人终止招标的,应当及时发布公告,或者以书面形式通知被邀请的或者已经获取资格预审文件、招标文件的潜在投标人。

第十七条 招标人应严格按规定组成评标委员会。成员人数为5人及以上单数,其中技术、经济等方面专家不得少于总数的2/3。

技术、经济等方面专家应根据相关管理规定从有关行政监督部门统一建立的专家库中抽取。

第十八条 评标委员会根据招标文件中的评标标准和方法进行评标,并完成评标报告,提出中标人选或标明排序的中标候选人。

评标报告应包括以下内容：

（一）基本情况和数据表；

（二）评标委员会成员名单；

（三）开标记录；

（四）符合要求的投标一览表；

（五）废标情况说明；

（六）评标标准、评标方法或者评标因素一览表；

（七）经评审的价格或者评分比较一览表；

（八）经评审的投标人排序；

（九）推荐的中标候选人名单与签订合同前要处理的事宜；

（十）澄清、说明、补正事项纪要。

第十九条 依法必须招标的固定资产投资项目，招标人应当自收到评标报告之日起3日内公示中标候选人，公示期不得少于3日。

第二十条 依法必须招标的固定资产投资项目，依照《招标公告和公示信息发布管理办法》规定，中标候选人公示应当载明以下内容：

（一）中标候选人排序、名称、投标报价、质量、工期（交货期），以及评标情况；

（二）中标候选人按照招标文件要求承诺的项目负责人姓名及其相关证书名称和编号；

（三）中标候选人响应招标文件要求的资格能力条件；

（四）提出异议的渠道和方式；

（五）招标文件规定公示的其他内容。

依法必须招标的固定资产投资项目的中标结果公示应当载明中标人名称。

第二十一条 招标人依照《中华人民共和国招标投标法》、《中华人民共和国招标投标法实施条例》有关规定确定中标人。

第二十二条 招标人应及时向中标人发出《中标通知书》，并同时将中标结果通知所有未中标的投标人。

中标通知书应载明以下内容：

（一）中标人名称；

（二）中标项目名称及招标编号；

（三）中标内容；

（四）中标金额；

（五）中标后签约期限；

（六）招标人或招标代理机构名称及签发时间；

（七）其他需在中标通知书中注明的内容。

第二十三条 直属单位应当在《中标通知书》签发之日起30日内，按照招标文件和中标人的投标文件订立书面合同，不得再行订立背离合同实质性内容的其他协议。

第二十四条 依法必须招标的固定资产投资项目，直属单位在《中标通知书》发出之日起20日内，应向工业和信息化部上报招标情况报告。

第二十五条 直属单位应当按照合同约定履行相关权利义务，做好合同管理工作。有关合同履行情况应按有关规定及时上报。

第二十六条 直属单位应将招标投标相关文件和资料进行认真归档，并根据各类型项目的文档管理期限进行妥善保管。

第二十七条 招标投标活动中出现的异议，招标人应认真调查，并及时向异议方作出回复。

第二十八条 对违反本办法有关规定且情节较轻的，工业和信息化部予以通报；情节严重的，暂停受理该单位申报固定资产投资项目。

第二十九条 投标人存在串通投标、以他人名义投标、弄虚作假骗取中标及中标后不严格履行合同、非法转包和违规分包等行为的，工业和信息化部予以通报。

第四章 附 则

第三十条 本办法由工业和信息化部负责解释。

第三十一条 本办法自发布之日起施行。原《工业和信息化部直属单位固定资产投资项目招标投标管理办法（试行）》（工信部规〔2012〕165号）同时废止。

6. 医疗采购

关于进一步规范医疗机构药品集中招标采购的若干规定

1. 2004年9月23日卫生部、国家发展和改革委员会、国家工商行政管理总局、国家食品药品监督管理局、国家中医药管理局、国务院纠正行业不正之风办公室发布
2. 卫规财发[2004]320号

为进一步完善药品集中招标采购政策，规范药品集中招标采购行为，对医疗机构药品集中招标采购工作作出如下规定：

一、规范药品集中招标采购活动。县及县以上人民政府、国有企业（含国有控股企业）等所属的非营利性医疗机构，必须全部参加医疗机构药品集中招标采购活动。医疗机构药品集中招标采购以省或市（地）为组织单位，县（市）或单一医疗机构不得单独组织招标采购活动。省或市（地）组织的集中招标采购活动应充分考虑各级各类医疗机构的用药特点。鼓励市（地）进一步联合组织集中招标采购活动或者参加省统一组织的集中招标采购活动。每一个集中招标采购组织单位每年实施集中招标采购活动不得超过两次，以减轻医疗机构和企业负担。

二、扩大药品集中招标采购范围。将医疗机构药品采购支出中80%以上的品种（中药饮片除外）纳入集中招标采购。具备网上交易和监管条件的地区，应将医疗机构广泛应用、采购量大、价格高的药品全部纳入招标采购目录，实行公开招标和集中议价采购，对其它药品实行网上竞价采购。不具备网上交易和监管条件的地区，仍按药品类别将采购量大、价格高的药品纳入集中招标采购目录，防止中标药品被其它同类品种替代。按药品类别编制集中招标采购目录的地区，对价格低廉、采购数量少、临床不易滥用的药品是否纳入集中招标采购目录，由省级卫生行政部门会同有关部门规定。

三、医疗机构与中标企业签订药品购销合同时，必须明确采购数量，并严格执行。在合同采购期内，实际采购数量与合同采购数量之间允许确定合理的浮动幅度。一个品种有几家企业中标的，必须在合同中明确向每家中标企业采购药品的数量。

四、合理确定中标药品零售价格,切实做到让利于民。中标药品的零售价格,实行以中标价为基础顺加规定流通差价率的作价方法,由医疗机构按省级价格主管部门规定的作价办法自行核定执行,并报价格主管部门备案。

五、简化药品集中招标采购程序,减轻投标企业负担。严格执行卫生部制订的《医疗机构药品集中招标采购和集中议价文件范本(试行)》对投标文件的规定。不得要求投标企业提交上述规定以外的证明文件,如荣誉证书、商标注册证、税务登记证、年检机构代码证、生产工艺证明、近期省级三批药检报告等。对投标企业在上一期招标中已经提交、尚在有效期内的资质证明文件和资料,不得要求重复提交;对政府有关部门的药品基础数据库和药品价格信息库等发布的企业资质、产品认证数据和价格信息,各地在药品招标时可以直接采用,不得再向企业索取。原则上不要求投标企业提交样品。

在不违背有关法律法规以及公开、公平、公正和诚实信用原则的基础上,各地要按照统一、规范、简化、高效的要求,积极探索切实减轻企业负担的有效措施。

药品生产企业可以直接参加投标,以减少药品流通中间环节,降低药品投标价格。药品批发企业投标,必须持有药品生产企业的合法授权。

六、规范药品集中招标采购代理机构行为。药品招标代理机构必须在招标人授权范围内办理集中招标采购事宜,不得越权进行资格预审;不得要求投标企业重复提供资质证明文件;不得对资质证明文件进行重复认证;不得利用潜在投标企业的资质信息和其他招标、投标、评标信息牟取不正当利益;不得收取价格主管部门规定的标书费、代理服务费以外的任何费用;不得与行政机关、医疗机构和药品生产经营企业存在隶属关系、产权关系和其他经济利益关系,以确保招标代理机构的中立和公正。

遴选药品招标代理机构要引进竞争机制,由医疗机构通过公开竞争的方式自主选择招标代理机构。禁止行政机关为医疗机构指定招标代理机构,禁止招标代理机构以不正当方式获取集中招标采购项目的代理权。招标代理机构应确保招标过程中涉及数据的准确性、安全性,并承担相应责任。

七、严格按照《合同法》规定,履行中标药品购销合同。市(地)级以上人民政府、国有企业(含国有控股企业)等所属的非营利性医疗机构,药品回款时间从货到之日起最长不得超过60天,其他医疗机构的回款时间严格按双方签订的合同执行。对于纳入集中招标采购目录的药品,医疗机构必须按药品购销合同明确的品种、价格和供货渠道采购药品,不得再同中标企业进行价格谈判以扩大折扣让利幅度,不得擅自采购非中标企业的药品。中标企业要保证药品的及时配送,不得转让或者分包药品购销合同,不得以任何方式对中标药品进行回扣促销。

八、**以剂型为单位进行招标、投标、评标，防止投标企业以奇异规格规避药品集中招标采购**。同时要避免投标企业不合理减少投标药品的规格而影响临床用药。

九、**积极发展医药电子商务、物流配送等现代流通方式**。鼓励有条件的地区充分利用现代信息网络技术，进行网上招标、投标、竞价和交易，实现药品采购全过程的信息公开，便于政府和社会监督。

十、**加大对药品集中招标采购的监督管理力度**。实行纠风与价格、社保、卫生、工商、药监、中医药等部门各司其职、齐抓共管的联合监督工作机制。各地应根据当地实际情况设立监督机构，公布投诉电话，及时受理、依法查处违法违规行为。各相关部门要根据各自职责，切实建立不良记录登记公布制度。各地纠风部门负责协调、督促各相关部门开展经常性的监督检查工作，通过定期开展抽查和互查，发现问题，并及时予以纠正和处理。监督检查结果要及时上报，并向社会通报有关情况。

十一、**进一步强化政府对药品集中招标采购的组织领导**。各级政府和有关部门要从立党为公、执政为民的高度，充分认识规范药品集中招标采购工作对于纠正药品购销中的不正之风、减轻群众不合理医药费用负担的重要意义和作用。要统一思想，提高认识，加强对药品集中招标采购工作的组织、领导。有关部门要建立联席会议制度，及时协调、确定药品集中招标采购的具体实施政策，研究、处理出现的重大问题，对药品集中招标采购工作及时进行督导，确保药品集中招标采购工作的规范进行。

十二、**本规定自下发之日起实行**。《医疗机构药品集中招标采购工作规范（试行）》及《医疗机构药品集中招标采购和集中议价文件范本（试行）》与本规定有抵触的，以本规定为准。各地区要按照本规定的要求，尽快制订具体实施办法，切实抓好药品集中招标采购工作。

关于进一步加强医疗器械集中采购管理的通知

1. 2007年6月21日卫生部发布

2. 卫规财发〔2007〕208号

各省、自治区、直辖市卫生厅局，新疆生产建设兵团卫生局：

为完善医疗器械采购制度，规范采购行为，现就进一步加强医疗器械集中采购管理有关工作通知如下：

一、进一步提高对医疗器械集中采购工作的认识

医疗器械集中采购是规范采购行为，降低采购价格，保障医疗器械质量的有效手段，也是改进和加强医疗机构管理工作，促进医疗机构进一步降低医疗成本，减轻患者医疗费用负担，改善医疗服务质量，提高医疗服务水平的重要措施。实行医疗器械集中采购，杜绝暗箱操作，纠正医疗器械购销中的不正之风，关系到人民群众的切身利益，也关系到卫生行业的形象和声誉。

各地要统一思想，高度重视医疗器械集中采购工作，将其作为加强党风廉政建设和防治医药购销领域商业贿赂的一项长效机制抓紧抓好。各级卫生行政部门要在当地政府的领导下，与各有关部门相互配合，健全组织机构，明确各方责任，认真组织实施，全面推进医疗器械集中采购工作。

二、规范推进医疗器械集中采购

各地卫生行政部门要在认真总结药品和高值医用耗材集中采购工作经验基础上，针对当前医疗器械采购工作中存在的突出问题，研究制定和完善有关制度、实施办法，从制度上、机制上进一步规范医疗器械采购行为，确保医疗器械集中采购工作顺利实施，取得实效。

（一）集中采购的组织原则

医疗器械集中采购按属地化管理原则，以政府为主导，分中央、省和地市三级，以省级为主组织实施。各级政府、行业和国有企业举办的所有非营利性医疗机构，均应参加医疗器械集中采购。任何医疗机构不得规避集中采购。

（二）集中采购的品目与范围

本通知所指医疗器械包括医疗设备和医用耗材。

卫生部负责的政府项目医疗器械集中采购，由卫生部负责组织。《大型医用设备配置与使用管理办法》（卫规财发〔2004〕474 号）管理品目中的甲类大型医用设备配置工作由卫生部审批，其集中采购由卫生部统一负责组织。心脏起搏器、心脏介入类等高值医用耗材临床应用的医疗机构少，各地采购价格差异大，价格虚高问题较为突出，由卫生部统一负责组织。

大型医用设备管理品目中的乙类大型医用设备，以及除心脏起搏器、心脏介入类等以外的高值医用耗材，应纳入省级集中采购范围，由省级负责组织集中采购。

其他医疗设备和耗材，由省级卫生行政部门根据实际情况，具体研究制定本地区省级和地市级集中采购目录。

未列入集中采购目录但单批次采购金额较大的，也应实行集中采购，具

体采购限额标准由省级卫生行政部门确定。

各地要按照《大型医用设备配置与使用管理办法》的规定,加强大型医用设备配置规划管理,大型医用设备必须先取得配置许可证,方可列入集中采购计划。要严格控制医疗机构利用贷款、融资、集资等形式,负债购置大型医用设备。

(三)集中采购的方式

医疗器械集中采购必须遵循公开、公平、公正和诚实信用的基本准则,采购方式以公开招标为主。高值医用耗材可采取邀请招标、竞争性谈判等方式进行,要积极借鉴以政府为主导的药品网上集中采购办法和经验,规范和完善集中采购工作。鼓励资质合格、产品优良的企业直接参与竞标。具体采购方式应经集中采购主管部门批准。

(四)严格程序和措施

各地要按照有关法律法规,结合当地实际情况,制定和完善医疗器械集中采购程序和实施办法,确保程序公正、环节透明。严格实行招标采购信息提前公告、评标办法公布和招标结果公示。招标结果确认后,要及时组织医疗机构签订合同,并监督履行。

(五)加强评标专家管理

各地要按照财政部、监察部《政府采购评审专家管理办法》(财库〔2003〕119号),规范评标专家的管理与使用。各级卫生行政部门要积极协调有关部门,广泛吸纳相关领域专家,建立和充实医疗器械集中采购专家库。本地区专家来源不足的,要从全国有关学会、协会补充专家,确保专家数量满足有关法律法规的要求。要建立专家库维护管理与专家抽取使用相互分离的管理制度,评标专家应以随机方式抽取确定。实行专家回避与监督评价制度,与采购项目存在利害关系的专家一律不得参与评审工作;对不能公正、廉洁履行职责的专家应坚决取消其评标资格并从专家库中清除。

(六)医疗器械应用评价与选型

各地要积极开展医疗器械应用评价,建立、完善供应商和产品信息库,切实做好资格预审工作,优选出技术成熟、应用广泛的产品。卫生部将组织开展医疗器械评估选型工作,适时发布评估选型结果,并组织集中展示,以指导各地集中采购工作。

(七)控制采购成本

各地应充分利用现有的集中采购平台开展医疗器械集中采购工作,努力降低采购成本。各级卫生行政部门应组织医疗机构做好医疗器械采购年度计划编制工作,集中采购批次不宜过多。

三、着力加强医疗器械集中采购的监督管理

各地卫生行政部门要主动协调纪检监察、财政、药监、工商、审计等部门，建立起齐抓共管、各司其职的联合监管工作机制，对医疗器械集中采购实行全过程监督管理。要对社会公布投诉电话，主动接受社会公众、舆论监督，及时受理集中采购过程中发生的质疑、投诉，并及时查处违法违纪行为，向社会公布处理结果。

四、疾病预防控制中心、卫生执法监督等政府举办的卫生机构的设备采购工作也应按照本通知要求实行集中采购

各地要根据上述要求抓紧研究制定实施细则，加快推进本地区医疗器械集中采购工作，并将本地区开展医疗器械集中采购工作情况以及下一步工作计划和实施方案于今年7月底前报送我部。

关于进一步规范医疗机构药品集中采购工作的意见

1. 2009年1月17日卫生部、国务院纠正行业不正之风办公室、国家发展和改革委员会、国家工商行政管理总局、国家食品药品监督管理局、国家中医药管理局发布
2. 卫规财发〔2009〕7号

近几年来，各地结合实际，积极推行医疗机构药品集中采购工作，进行了有益探索，取得了明显成效，但也存在各地发展不平衡、采购政策不统一、采购办法不完善、中介服务成本高等突出问题。为进一步规范医疗机构药品集中采购工作，使其在保证药品质量、控制虚高药价、整顿购销秩序、治理商业贿赂、纠正不正之风、减轻人民群众医药费用负担等方面发挥重要作用，根据中央纪委第十七届三次全会精神和国务院对纠风工作的要求，现提出以下意见：

一、全面实行政府主导、以省（自治区、直辖市）为单位的网上药品集中采购工作

药品是维护人民健康的特殊商品，与群众利益密切相关。各级政府对药品集中采购工作要切实加强领导，积极发挥主导作用。各省（区、市）人民政府负责组织建立药品集中采购工作领导机构、工作机构和非营利性的药品集中采购平台，确保采购平台功能完善、设施齐全，并对药品集中采购工作机构的人员编制、经费补助等给予积极支持。有条件的地区可建立财政全额补助的集中采购机构，具体负责药品集中采购的实施工作，形成政府组织推动、医疗机构和药品生产流通企业通过采购平台直接免费交易的购销方式。

医疗机构药品集中采购工作,要以省(区、市)为单位组织开展。县及县以上人民政府、国有企业(含国有控股企业)等所属的非营利性医疗机构,必须全部参加药品集中采购。鼓励其他医疗机构参加药品集中采购活动。药品集中采购要充分考虑各级各类医疗机构的临床用药需求特点。集中采购周期原则上一年一次。

全面推行网上集中采购,提高医疗机构药品采购透明度。医疗机构按申报集中采购药品的品种、规格、数量,通过药品采购平台采购所需的药品。

二、规范集中采购药品目录和采购方式

各省(区、市)要制定药品集中采购目录。列入国家基本药物目录的药品,按照国家基本药物制度规定执行。国家实行特殊管理的第二类精神药品、医疗用毒性药品和放射性药品等少数品种以及中药材和中药饮片等可不纳入药品集中采购目录,麻醉药品和第一类精神药品不纳入药品集中采购目录。除上述药品外,医疗机构使用的其他药品原则上必须全部纳入集中采购目录。

对纳入集中采购目录的药品,实行公开招标、网上竞价、集中议价和直接挂网(包括直接执行政府定价)采购。对经过多次集中采购、价格已基本稳定的药品,可采取直接挂网采购的办法,具体品种由省级集中采购管理部门确定。

三、建立科学的药品采购评价办法

集中采购药品要建立科学的评价办法,坚持"质量优先、价格合理"的原则,合理划分药品类别,加大质量分权重,并考虑临床疗效、质量标准、科技水平等因素,对药品的质量、价格、服务和信誉等进行综合评价。省级卫生行政部门要汇总提出本地区有关医疗机构集中采购药品的品种、规格和数量,保证医疗机构的临床用药,满足人民群众多样化的用药需求。进一步做好专家库建设和专业分类管理工作。

四、减少药品流通环节

药品集中采购由批发企业投标改为药品生产企业直接投标。由生产企业或委托具有现代物流能力的药品经营企业向医疗机构直接配送,原则上只允许委托一次。如被委托企业无法向医疗机构直接配送时,经省级药品集中采购管理部门批准,可委托其他企业配送。

五、认真履行药品购销合同

医疗机构要与中标(入围)药品生产企业或其委托的批发企业签订药品购销合同,明确品种、规格、数量、价格、回款时间、履约方式、违约责任等内容。合同采购数量要以医疗机构上年度的实际药品使用数量为基础，适当增减调整后确定。

药品企业和医疗机构必须严格按照《合同法》等规定，履行药品购销合同规定的责任和义务，合同周期一般不低于1年。医疗机构必须按照药品购销合同确定的品种、数量、价格和供货渠道采购使用药品，不得擅自采购非中标（入围）药品；必须严格按照合同约定的时间及时回款，回款时间从货到之日起最长不超过60天。药品企业未按合同生产供应药品或医疗机构未按合同规定采购药品以及逾期不能回款的，都应支付一定比例的违约金（具体比例由省级药品集中采购机构确定）。情节严重的要公示警告并依法追究责任。积极探索采用银行承兑汇票等多种方式规范医疗机构货款结算。

六、规范医疗机构合理用药

医疗机构要加强处方开具和药品使用的规范化管理，提高处方质量，规范医务人员用药行为，纠正为追求经济利益而滥用药物的问题。强化监督检查，推行医疗机构药品用量动态监测、超常预警、处方点评等制度，坚决查处大处方等损害群众利益的行为，保障患者用药安全。

对于部分常用药、廉价药，医疗机构可按照政府规定的最高零售价格销售，具体品种由省级集中采购管理部门确定。

七、落实部门责任，严格监督管理

各地区有关部门要密切协作，加大监管力度。卫生行政部门牵头组织药品集中采购工作，并负责对医疗机构执行中标（入围）结果和履行合同情况进行监督检查；物价管理部门负责对收费行为、中标（入围）药品零售价格的核定及执行情况进行监督检查；工商行政管理部门负责对药品集中采购及招投标过程中的商业贿赂等不正当竞争行为进行监督检查；药监部门负责药品企业的资质认定，并对中标（入围）药品的质量和配送情况进行监督检查；纠风部门负责对药品集中采购的全过程进行监督，受理有关药品集中采购的检举和投诉，并对违纪违法行为进行调查处理。各部门要加强协调配合，及时研究解决药品集中采购工作中出现的重大问题。

各地区有关部门要通过采购平台，对医疗机构采购药品的品种、数量、价格、加价率、回款、使用和药品企业参与投标、供应药品等情况进行动态监管，使药品采购全过程公开透明。要定期检查，发现问题及时解决。要及时受理并认真调查处理有关投诉。对在药品集中采购中违反有关政策和规定的机构和有关人员，一经发现，要严肃追究责任。

本意见自印发之日起施行。以前所发药品集中采购文件与本意见不一致的，按本意见规定执行。

药品集中采购监督管理办法

1. 2010年6月2日国务院纠正行业不正之风办公室、卫生部、国家发展和改革委员会、监察部、财政部、国家工商行政管理总局、国家食品药品监督管理局发布

2. 国纠办发〔2010〕6号

第一章 总　　则

第一条 为加强对以政府为主导,以省、自治区、直辖市为单位的网上药品集中采购工作的监督管理,规范药品集中采购行为,依据有关法律法规,制定本办法。

第二条 药品集中采购监督管理工作遵循实事求是、依法办事、惩防结合、预防为主的原则,坚持加强监督与规范管理相结合。

第三条 药品集中采购监督管理工作实行分级负责、以省级为主,相关职能部门按照法定权限各负其责、密切配合的领导体制和工作机制。

第四条 药品集中采购监督管理机构应当公开监督管理制度,明确办事程序,自觉接受社会监督。

第二章 监督管理机构及职责

第五条 纠正医药购销和医疗服务中不正之风部际联席会议负责全国药品集中采购监督管理的组织协调,依法监督药品集中采购工作联席会议成员单位正确履行职责,督促下级人民政府及相关部门认真落实上级关于药品集中采购的决策部署,检查药品集中采购政策和规章制度的贯彻落实情况,调查处理药品集中采购中的违法违规问题。各省、自治区、直辖市可根据本地区实际,确定药品集中采购监督管理机构的组织形式和基本职责。

第六条 监察机关和纠风办负责对药品集中采购工作参与部门履行职责的情况进行监察,对药品集中采购工作中的行政机关公务员以及由国家行政机关任命或选聘的其他人员的行为进行监督,对违反行政纪律的行为进行查处。

第七条 卫生行政部门负责监督管理医疗机构执行入围结果、采购用药及履行合同等行为。

第八条 价格管理部门负责监督管理药品集中采购过程中的价格、收费行为。

第九条 财政部门负责组织实施相应的财政监督。

第十条 工商行政管理部门负责查处药品集中采购中的商业贿赂、非法促销、虚假宣传等不正当竞争行为。

第十一条 食品药品监督管理部门负责审查参与药品集中采购的药品生产经营企业资质,依法对集中采购的药品质量进行监督管理。

第三章 监督管理的对象、内容和方式

第十二条 药品集中采购监督管理的对象是:

(一)组织药品集中采购的政府部门和公务员;

(二)实施药品集中采购的单位及其工作人员和选聘人员;

(三)参与药品集中采购的医疗机构、药品生产经营企业及其工作人员。

第十三条 药品集中采购监督管理的主要内容是:

(一)相关部门依法履行职责、执行上级部署、相互协作配合的情况;

(二)执行医疗机构药品集中采购有关规定的情况;

(三)坚持公开、公平、公正和"质量优先、价格合理"原则的情况;

(四)相关单位和个人遵纪守法和廉洁从政从业的情况;

(五)医疗机构参与药品集中采购并按照合同约定使用入围药品的情况;

(六)药品生产经营企业依法参与竞标和履行采购配送合同的情况。

第十四条 药品集中采购监督管理的主要方式是:

(一)组织网上监管、专项检查和重点督查;

(二)受理投诉、申诉和举报;

(三)纠正、查处违法违规行为和问题,通报典型案件;

(四)推动有关部门建立健全监督管理有关规章制度。

药品集中采购监督管理机构在履行监督管理职责时,可以依法查阅、复制相关文件、资料、账目、电子信息数据等,要求有关单位或人员就相关问题作出解释说明,商请有关职能部门或者专业机构给予协助。

第四章 违法违规问题的处理

第十五条 负责组织药品集中采购的政府部门、公务员及工作人员,有下列行为之一的,由监察机关和纠风办会同有关部门依法给予处理:

(一)拒不执行上级机关依法作出的决策部署的;

(二)违反以政府为主导,以省、自治区、直辖市为单位规定组织开展药品集中采购的;

(三)违反决策程序和规定,决定药品集中采购重大事项的;

(四)违法违规进行行政委托,或者设置歧视性规定、条款的;

(五)违反回避规定,或者操纵、干预药品集中采购的;

(六)泄露药品集中采购工作秘密,或者误导、欺骗领导和公众的;

(七)违规设定收费项目、收费标准或者摊派的;

(八)索取或收受钱物,谋取单位或个人不正当利益的;

(九)其他违法违规行为。

第十六条 负责实施药品集中采购的政府部门、单位及其工作人员和选聘人员,有下列行为之一的,由监察机关和纠风办督促有关部门依法给予处理:

(一)违反药品集中采购方式、程序、时限要求和信息发布等有关规定实施药品集中采购的;

(二)在文件材料审核、药品评审遴选等方面疏于监管或设置歧视性条件的;

(三)违反规定建设、管理和使用专家库的;

(四)违反有关信息维护和安全保障规定,或者谎报、瞒报、擅自更改药品采购数据信息的;

(五)对医疗机构和药品生产经营企业的违约情况调查处理不及时的;

(六)接受可能有碍公正的参观、考察、学术研讨交流等,索取或收受钱物,谋取单位或个人不正当利益的;

(七)其他违法违规行为。

第十七条 参与药品集中采购的医疗机构及其工作人员有下列行为之一的,由卫生行政、工商行政管理等部门依法给予处理:

(一)规避药品集中采购,擅自采购非入围药品,或者不按规定程序组织选购药品的;

(二)提供虚假药品采购信息的;

(三)不按规定签订采购合同,或者不按时回款的;

(四)不执行集中采购药品价格,二次议价、变相压价,或者与企业再签订背离合同实质性内容的补充性条款和协议的;

(五)在药品采购、销售、使用和回款等过程中收受回扣或者谋取不正当利益的;

(六)其他违法违规行为。

第十八条 参与药品集中采购的药品生产经营企业及其工作人员有下列行为之一的,由价格管理、工商行政管理、食品药品监督管理等部门依法给予处理:

(一)提供虚假证明文件或者以其他方式弄虚作假的;

(二)采取串通报价、操纵价格等手段妨碍公平竞争,或者以非法促销、商业贿赂、虚假宣传等手段进行不正当竞争的;

（三）公布药品采购品种后，非因不可抗力撤标或拒绝与医疗机构签订采购合同的；

（四）不通过药品集中采购平台交易的；

（五）在采购周期内，擅自涨价或者变相涨价的；

（六）擅自配送非入围药品，不按合同约定配送药品，或者违反有关规定配送的；

（七）其他违法违规行为。

第十九条 政府部门、单位和医疗机构违反本办法的，应当责令其纠正错误并通报批评，情节严重的依纪依法对有关领导和责任人进行责任追究。

行政机关公务员、由国家行政机关任命或选聘的相关人员、医务人员违反本办法的，依照有关规定给予批评教育、组织处理、党纪政纪处分，涉嫌犯罪的，移送司法机关处理。

药品生产经营企业及其工作人员违反本办法的，依照有关规定给予行政处罚，涉嫌犯罪的，移送司法机关处理。

第五章　附　　则

第二十条 各省、自治区、直辖市药品集中采购监督管理机构可以依据本办法，结合本地区实际，制定实施细则。

第二十一条 本办法由国务院纠正行业不正之风办公室会同有关部门负责解释。

第二十二条 本办法自发布之日起施行。《医疗机构药品集中招标采购监督管理暂行办法》（国纠办发〔2001〕17号）同时废止。

医疗机构药品集中采购工作规范

1. 2010年7月7日卫生部、国务院纠正行业不正之风办公室、国家发展和改革委员会、监察部、财政部、国家工商行政管理总局、国家食品药品监督管理局发布

2. 卫规财发〔2010〕64号

第一章　总　　则

第一条 为进一步规范药品集中采购工作，明确药品集中采购当事人的行为规范，依据有关法律法规，制定本规范。

第二条 本规范适用于参加医疗机构药品集中采购活动的药品集中采购机构、

医疗机构和药品生产经营企业。

第三条　县级及县级以上人民政府、国有企业(含国有控股企业)等举办的非营利性医疗机构必须参加医疗机构药品集中采购工作。鼓励其他医疗机构参加药品集中采购活动。

第四条　实行以政府主导、以省(区、市)为单位的医疗机构网上药品集中采购工作。医疗机构和药品生产经营企业购销药品必须通过各省(区、市)政府建立的非营利性药品集中采购平台开展采购,实行统一组织、统一平台和统一监管。执行国家基本药物政策药品的采购规范性文件另行制定。

第五条　医疗机构药品集中采购必须坚持质量优先、价格合理的原则,做好药品的评价工作。

第六条　坚持公开、公平、公正的原则,确保不同地区、不同所有制的药品生产经营企业平等参与,公平竞争,禁止任何形式的地方保护。

第七条　药品集中采购机构、医疗机构和药品生产经营企业等各方当事人,在医疗机构药品集中采购活动中享有平等权利并承担相应义务。

第八条　依照本规范必须进行集中采购的药品,有下列情形之一的,不实行集中采购:

(一)因战争、自然灾害等,需进行紧急采购的;

(二)发生重大疫情、重大事故等,需进行紧急采购的;

(三)卫生部和省级人民政府认定的其他情形。

第二章　药品集中采购机构

第九条　各省(区、市)人民政府负责成立由相关部门组成的药品集中采购工作领导机构、管理机构和工作机构,建立非营利性药品集中采购平台。

第十条　药品集中采购工作领导机构由省(区、市)人民政府分管领导牵头,卫生、纠风、发展改革(物价)、财政、监察、工商行政管理、食品药品监督管理等部门组成。药品集中采购工作领导机构负责制定本省(区、市)医疗机构药品集中采购工作的实施意见和监督管理办法,并监督执行,研究药品集中采购工作的重大问题,协调并督促各部门按照各自职责做好集中采购相关工作。

第十一条　卫生行政部门牵头组织药品集中采购工作,汇总并提出本地区有关医疗机构集中采购药品的品种、规格和数量,负责对医疗机构执行集中采购结果和履行采购合同情况进行监督检查。

第十二条　纠风、监察部门负责对药品集中采购工作的监督,受理有关药品集中采购的检举和投诉,对违纪违规行为及时进行调查处理。具体办法另行制定。

第十三条 价格管理部门负责对企业递交的价格文件、按集中采购价格和规定加价政策确定的集中采购药品零售价格进行审核,并对价格执行情况进行监督检查。

第十四条 工商行政管理部门负责对参加药品集中采购的药品生产经营企业提供的营业执照信息进行核对,对药品集中采购过程中的不正当竞争行为进行调查处理。

第十五条 食品药品监督管理部门负责对参加药品集中采购的药品生产经营企业及其申报药品的资质及有关证明文件进行审核,对入围药品的质量进行监督检查,提供药品质量和药品生产经营企业不良记录等信息,加大对明显低于成本投标药品质量的监督检查力度。

第十六条 财政部门负责安排药品集中采购工作所需必要的工作经费。

第十七条 药品集中采购工作管理机构设在卫生行政部门,要明确承办日常事务的处室。纠风、物价、药监等相关部门可确定专人参加管理机构工作,具体组成由各省(区、市)确定。其主要职责是制定规则、组织管理、监督检查。

(一)按照药品集中采购工作领导机构的要求,编制采购目录,确定采购方式;

(二)组织、协调、推动全省(区、市)的药品集中采购工作;

(三)依据实施意见制定实施细则、工作制度、工作程序和工作纪律等,并组织实施;

(四)组建并管理全省(区、市)药品集中采购专家库;

(五)指导、管理并监督集中采购工作机构按照规定程序,公开、公平、公正地开展药品集中采购工作;

(六)指导并监督各市(地)集中采购管理部门开展集中采购相关工作,加强对各市(地)执行情况的督促检查,将各项指标完成情况作为对市(地)目标考核的重要内容;

(七)审核药品集中采购工作机构报送的采购文件及集中采购结果等;

(八)组织对医疗机构和药品生产经营企业的履约情况进行监督检查;

(九)负责调查、处理相关投诉和举报;

(十)在集中采购工作结束后15个工作日内,将集中采购结果上传至卫生部全国药品集中采购信息交流平台;

(十一)向药品集中采购工作领导机构负责并报告工作;

(十二)承办药品集中采购工作领导机构交办的其他事项。

第十八条 药品集中采购工作机构原则上设在卫生行政部门,也可根据本地实际依托政府采购工作机构，接受药品集中采购工作管理机构的领导，负责全省(区、市)药品集中采购工作的具体实施。其主要职责是具体操作、提供服务、维护平台。

(一)依据实施细则，编制药品集中采购工作文件(须使用国家药品编码)，报药品集中采购工作管理机构审核并公布；

(二)受理企业及药品相关资质证明文件、工商资质证明材料和价格文件等，并提请有关部门进行审核；

(三)具体协助组织实施药品评价、品种遴选等工作；

(四)提请药品集中采购工作管理机构审定并公告集中采购结果；

(五)组织医疗机构与药品生产经营企业按集中采购结果签订药品购销合同，并协助药品集中采购工作管理机构监督合同的执行；

(六)负责本省(区、市)医疗机构药品集中采购平台的技术管理、网络安全、数据和设备的维护，提供相关的服务和技术支持；

(七)为医疗机构和药品生产经营企业提供咨询服务；

(八)定期统计分析本省(区、市)医疗机构和药品生产经营企业网上药品采购、配送、回款情况，做好网上监控；

(九)及时维护和管理药品生产经营企业及集中采购药品的基础信息；

(十)根据食品药品监督管理部门提供的药品质量、药品不良反应、企业不良记录等信息，按规定及时作出相应处理；

(十一)及时报送药品集中采购工作管理机构要求的信息和统计资料，组织相关的业务技术培训；

(十二)协助调查和处理相关申投诉和举报；

(十三)向本省(区、市)药品集中采购工作管理机构负责并报告工作；

(十四)承办药品集中采购工作管理机构交办的其他事项。

第十九条 药品集中采购平台是政府建立的非营利性药品集中采购、监督管理平台。政府拥有平台的所有权和使用权。采购平台要做到安全可靠、功能完善、数据齐全、监管严密。采购平台设置在药品集中采购工作机构内，不得单独设置。

第二十条 药品集中采购平台应当具备以下功能：

(一)进行药品集中采购各个环节、各类信息的公示；

(二)开展网上药品评价；

(三)提供药品采购载体和网络技术支持；

(四)向采购双方提供与集中采购相关的信息查询和服务；

(五)准确汇总动态采购数据和统计分析数据；

（六）实现网上采购动态监管；

（七）药品集中采购工作管理机构的其他要求。

第二十一条 市（地）、县级人民政府负责本级药品集中采购的监督管理工作。

（一）建立健全药品集中采购工作的管理体制，确定专门人员、落实工作经费；

（二）负责组织本辖区内医疗机构与药品生产经营企业按照互惠互利的原则签订购销合同；

（三）加强对本辖区内医疗机构药品集中采购的指导、督促、现场检查和处理；

（四）负责收集上报本地区医疗机构集中采购药品的相关信息；

（五）承办上级药品集中采购工作领导机构和管理机构交办的其他事项。

第三章 制度建设

第二十二条 药品集中采购工作领导机构组成部门要按照职责分工，认真履行职能，及时沟通联系，主动协调配合，不得相互推诿，共同推动药品集中采购工作。

第二十三条 药品集中采购工作管理机构和工作机构要加强自身建设，为医疗机构和药品生产经营企业提供服务。

第二十四条 健全和完善各项规章制度。建立健全药品集中采购工作领导机构工作制度、联席会议制度和药品集中采购工作管理机构、工作机构的监督管理制度和关键岗位定期轮换制度。

第二十五条 建立药品集中采购各环节特别是关键环节的工作流程、监督制度和多重复核制度，使每个环节和程序都处于监督之下。

第二十六条 加强药品集中采购网络管理，建立药品集中采购平台监督管理的各项规章制度，落实责任制，确保网络数据的安全。

第二十七条 加强对药品集中采购工作人员的廉洁自律教育和日常管理。严肃工作纪律，严禁以权谋私。参加药品集中采购工作的所有工作人员，不得以任何理由和方式收取生产经营企业的财物或牟取其他不正当利益；不得进行任何形式的违规操作；不得参加任何医药企业、社会团体以任何名义组织的有关药品采购管理的活动和成立的相关组织；不得从事代理药品销售。

第二十八条 药品集中采购工作管理机构要设立举报电话、开通电子邮箱等并向社会公布，保证医疗机构、药品生产经营企业以及社会公众对工作人员履行职责的情况进行监督。

第四章 医疗机构

第二十九条 医疗机构应当按照卫生行政部门规定建立药物与治疗学委员会(组)。医院药物与治疗学委员会(组)要根据有关规定,在省级集中采购入围药品目录范围内组织遴选本院使用的药品目录。

第三十条 医疗机构必须通过政府建立的非营利性药品集中采购平台采购药品。

第三十一条 医疗机构应当在规定时间内,根据本单位的药品使用目录,编制采购计划,签订采购合同,明确采购品种和数量。

第三十二条 医疗机构原则上不得购买药品集中采购入围药品目录外的药品。有特殊需要的,须经省级药品集中采购工作管理机构审批同意。

第三十三条 医疗机构应当执行价格主管部门公布的集中采购药品零售价格。

第三十四条 医疗机构应当按照不低于上年度药品实际使用量的80%,向省级药品集中采购工作管理部门申报当年采购数量。

第三十五条 医疗机构应当严格按照《合同法》的规定签订药品购销合同,明确品种、规格、数量、价格、回款时间、履约方式、违约责任等内容,合同周期一般至少一年。合同采购数量应当与医疗机构上报的计划采购数量相符。如合同采购数量不能满足临床用药需要,可以签订追加合同。有条件的省(区、市)可同时签订电子合同备查,接受社会和有关部门监督。

第三十六条 医疗机构按照合同购销药品,不得进行"二次议价"。严格对药品采购发票进行审核,防止标外采购、违价采购或从非规定渠道采购药品。

第三十七条 医疗机构应当严格按照合同约定的时间回款,回款时间从货到之日起最长不超过60天。无正当理由未按合同规定时间回款的,应当支付一定比例的违约金,具体由省级药品集中采购工作管理机构确定。

第三十八条 医疗机构在药品集中采购活动中,不得有下列行为:

(一)不参加药品集中采购活动,或以其他任何方式规避集中采购活动;

(二)提供虚假的药品采购历史资料;

(三)不按照规定要求同药品生产经营企业签订药品购销合同;

(四)不按购销合同采购药品,擅自采购非入围药品替代入围药品,不按时结算货款或者其他不履行合同义务的行为;

(五)药品购销合同签订后,再同企业订立背离合同实质性内容的其他协议,牟取其他不正当利益;

(六)不执行价格主管部门制定的集中采购药品零售价格;

(七)不按照规定向卫生行政部门报送集中采购履约情况报表;

(八)其他违反法律法规的行为。

第五章　药品生产经营企业

第三十九条　药品集中采购实行药品生产企业直接投标。药品生产企业设立的仅销售本公司产品的商业公司、境外产品国内总代理可视同生产企业。集团公司所属全资及控股子公司的产品参加投标的,应当允许以集团公司名义进行,并提供相应证明材料。

药品生产企业必须委托本企业的工作人员,持法人委托书在内的生产企业证明文件等材料办理相关集中采购手续。对委托其他企业人员(或个人)办理集中采购相关手续的,由此而产生的一切法律责任由生产企业承担。

第四十条　参加药品集中采购活动的药品生产经营企业应当具备以下基本条件:

(一)药品生产经营企业必须依法取得相应的资质证书,参加集中采购的产品必须具备相应的资质证书;

(二)信誉良好;

(三)具有履行合同必须具备的药品供应保障能力;

(四)参加集中采购活动近两年内,在生产或经营活动中无严重违法违规记录;

(五)法律法规规定的其他条件。

各省(区、市)不得以不合理的条件加大企业负担,对生产经营企业实行差别待遇或者歧视。

第四十一条　参加药品集中采购活动的生产企业应当按照集中采购文件的要求,按时提供真实、有效、合法的委托书、药品和企业资质证明文件及保证供应承诺函,在药品集中采购平台上如实申报相关信息。

第四十二条　负责配送的药品生产经营企业应当具备在药品集中采购平台上进行销售的条件,按规定和要求进行订单确认、备货、配送,保证上网医疗机构的用药需要。

第四十三条　药品生产经营企业必须提供合法生产的药品,并按照药品购销合同规定的通用名、剂型、规格、包装、品牌、价格和效期等及时供货,不得提供集中采购入围药品目录外的药品。药品生产经营企业未按合同生产、供应药品的,应当支付一定比例的违约金,具体由省级药品集中采购工作管理机构确定。

第四十四条　集中采购药品的配送费用包含在集中采购价格之内。

第四十五条　入围药品可以由生产企业直接配送,也可以委托药品经营企业配送。生产企业委托配送的,应当充分考虑配送企业的实际配送能力和配送业绩以及医疗机构对其服务质量、服务信誉的认同程度等。

第四十六条 原则上每种药品只允许委托配送一次,但在一个地区可以委托多家进行配送。如果被委托企业不能直接完成配送任务,可再委托另一家药品经营企业配送,并报省级药品集中采购工作管理机构备案,但不得提高药品的采购价格。

第四十七条 药品生产经营企业在药品集中采购活动中,不得有下列行为:

(一)进行虚假宣传、商业贿赂等不正当竞争行为;

(二)以低于成本的价格恶意投标,扰乱市场秩序;

(三)相互串通报价,妨碍公平竞争;

(四)向集中采购机构、医疗机构或者个人行贿,牟取不正当利益;

(五)提供虚假证明文件,或者以其他方式弄虚作假;

(六)在规定期限内不签订药品购销合同或者不履行合同义务;

(七)其他违反法律法规及有关规定的行为。

第六章 药品集中采购目录和采购方式

第四十八条 各省(区、市)集中采购管理机构负责编制本行政区域内医疗机构药品集中采购目录。

纳入目录的药品均使用通用名,并应当包括该通用名下的相关剂型、规格。

第四十九条 国家实行特殊管理的麻醉药品和第一类精神药品不纳入药品集中采购目录。第二类精神药品、医疗放射药品、医疗毒性药品、原料药、中药材和中药饮片等药品可不纳入药品集中采购目录。

医疗机构使用上述药品以外的其他药品必须全部纳入集中采购目录。

第五十条 对纳入集中采购目录的药品,实行公开招标、邀请招标和直接采购等方式进行采购。各省(区、市)可结合实际情况,确定药品集中采购方式。

公开招标,是指以招标公告的方式,邀请不特定的药品生产企业投标的采购方式。

邀请招标,是指以投标邀请书的方式,邀请特定的药品生产企业投标的采购方式。

直接采购,是指医疗机构按照价格部门规定的价格或历史成交价格直接向符合资质的药品生产企业购买药品的采购方式。

第五十一条 对通过公开招标采购能够成交的药品,原则上不得进行邀请招标采购。对采购量较小、潜在投标人较少或者无投标的,可以进行邀请招标采购。部分廉价常用药,经多次集中采购价格已基本稳定,可以进行直接采购。直接采购具体品种和办法由省级药品集中采购工作管理机构确定。

第七章 药品集中采购程序

第五十二条 药品集中采购主要按以下程序实施:

(一)制定药品集中采购实施细则和集中采购文件等,并公开征求意见;

(二)发布药品集中采购公告和集中采购文件;

(三)接受企业咨询,企业准备并提交相关资质证明文件,企业同时提供国家食品药品监督管理局为所申报药品赋予的编码;

(四)相关部门对企业递交的材料进行审核;

(五)公示审核结果,接受企业咨询和申诉,并及时回复;

(六)组织药品评价和遴选,确定入围企业及其产品;

(七)将集中采购结果报药品集中采购工作管理机构审核;

(八)对药品集中采购结果进行公示;

(九)受理企业申诉并及时处理;

(十)价格主管部门按照集中采购价格审核入围药品零售价格;

(十一)公布入围品种、药品采购价格及零售价格;

(十二)医疗机构确认纳入本单位药品购销合同的品种及采购数量;

(十三)医疗机构与药品生产企业或受委托的药品经营企业签订药品购销合同并开展采购活动。

第五十三条 药品集中采购文件主要包括集中采购药品目录(范围)、药品评价办法、企业应当提交的资质证明文件、药品配送方法、网上药品采购与使用原则、药品质量要求、采购工作监督等内容。

第五十四条 药品集中采购公告应当通过网络或报刊等媒介发布。公告应当载明药品集中采购工作机构、地址、采购范围以及获取集中采购文件的办法等。

第五十五条 省级药品集中采购工作机构应当合理确定药品生产企业准备资质证明文件和网上申报所需要的时间。自公告发布之日起至提交资质证明文件的截止之日止,原则上不得少于15个工作日。

第五十六条 药品生产企业应当按照公告要求,在截止时间前将申报文件送达指定地点。在截止时间前,可以补充、修改或者撤回已提交的申报文件。补充修改的内容为申报文件的组成部分。

第五十七条 药品生产企业必须如实在药品集中采购平台上申报企业和药品的资质证明材料,并提交纸质资质证明材料。网上申报信息与递交的纸质资质证明材料必须一致,不一致的以递交的纸质材料为准。相关部门审核通过的材料,提交药品集中采购工作机构,作为实施集中采购的依据。

第五十八条 资质审核完成后,在药品集中采购平台上公示,并接受企业咨询和书面申诉,公示期一般不少于3个工作日。

第五十九条 对企业的书面申诉,药品集中采购工作机构应当做好登记、回执、分类汇总,提请相关部门按照有关规定处理,并将有关情况报送管理机构。对合理的申诉要及时予以采信。对于实施细则中不能解决的问题,应当提交药品集中采购工作管理机构或组织专家进行研究,处理及研究结果应当及时回复。

第六十条 药品集中采购的周期原则上不少于一年。对在采购期内新上市的产品,可建立增补或备案采购流程,具体由各省(区、市)药品集中采购管理部门确定。

第六十一条 价格主管部门应当在药品集中采购价格上报后的20个工作日内,审核集中采购品种的零售价格并向社会公布。

医疗机构自价格主管部门公布药品零售价格之日起,30个工作日内执行新的采购价格和零售价格。

第八章 药品集中采购评价方法

第六十二条 药品评价可参考价格主管部门按质论价的原则进行。按照上述原则评价药品时,不同类别药品之间价格可有合理的差别。

第六十三条 建立科学的药品集中采购评价方法。

(一)坚持"质量优先、价格合理"的原则,科学开展药品评价;

(二)加大质量分权重,并考虑临床疗效、质量和科技水平等因素;

(三)鼓励药品研发创新,药品价格要有利于促进企业提高创新力,研究开发新产品和新技术;

(四)以循证原则综合评价药品的质量、价格、服务和信誉等,择优选择入围药品;

(五)坚持为满足各级各类医疗机构临床用药需要服务,充分考虑各级各类医疗机构的用药差异,满足人民群众多样化的用药需求。

第六十四条 在确定入围率时,应当全面分析投标品种数量,并考虑本地社会经济发展差异,以及本省(区、市)地域范围等因素。评审时,应当充分考虑临床常用剂型规格和合理用药的需要。

第六十五条 集中采购时应当充分考虑药品的临床疗效、药品的质量和科技水平,对申报药品实行综合评价。

（一）综合评价要素应当包括药品质量、药品价格、服务和信誉等。将每个评价要素量化为若干个评价指标并形成指标体系，根据各项指标的重要程度进行百分制定量加权。

（二）评价要素量化后形成的指标体系，应当全面反映医疗机构对药品集中采购的要求，对社会和企业公开。

综合评价的指标体系按照以上要求由各省（区、市）药品集中采购工作管理机构确定。

第六十六条 综合评价时，确定评分权重应当遵循以下原则：

（一）质量要素实际权重一般不应当低于总分的50%；

（二）价格要素实际权重不应当低于总分的30%；

（三）服务和信誉要素实际权重应当不超过总分权重的20%。

在以上评价中，主观分权重不超过总分的25%。

第六十七条 根据药品集中采购的方式，按照国家差比价规则确定药品集中采购价格。各省（区、市）要制定并公布确定药品集中采购价格的标准、方法和程序，整个过程应当公开、透明，接受各方监督。

第九章 专家库建设和管理

第六十八条 建立药品集中采购专家库，并按照专业实行分类管理。

专家库应当包括药学和不同级别医疗机构的医学专家等。医学专家包括临床医学各学科及亚专业的专家，药学专家包括西药学、中药学和药品管理专家。

进入专家库的专家应当具备以下基本条件：

（一）熟悉国家有关法律、法规、政策；

（二）有良好的政治素质和职业道德，遵纪守法；

（三）具有大学本科或同等以上学历；

（四）具有副高级专业技术职称或同等专业水平，并从事相关领域工作3年以上；

（五）熟悉本专业领域国内外技术水平和发展动向。

第六十九条 专家库专家承担药品集中采购评标、议价和对企业申诉的讨论等工作。专家应当客观公正地履行职责，遵守职业道德，对所提出的评审意见负责，并承担相应的责任。

评审意见应当以药品疗效和安全性为依据，并记录在案，严禁以专家个人意愿确定入围品种。专家不得私下接触企业，不得收受企业的财物或者其他好处。

第七十条 根据药品的类别,由药品集中采购工作管理机构从专家库中按照专家类别随机抽取产生,并组成专家委员会。药学和医学专家原则上按照 32 的比例确定,同时考虑不同级别医疗机构的专家参与。

从抽取专家到开始工作的时间一般不得超过 24 小时。在抽取专家的同时,应当抽取足够数量的备选专家,在专家因故缺席时及时予以替补。

专家名单一经抽取确定,必须严格保密。如有泄密,除追究当事人责任外,应当报告监督机构并重新在专家库中抽取专家。

第七十一条 实行公开招标采购的专家委员会人数应当为 13 人以上单数,实行邀请招标和直接采购的专家委员会人数应当为 7 人以上单数。

第七十二条 专家委员会的专家不得参加与本人有利害关系的项目评标。如与药品生产经营企业有利害关系的专家应当主动申请回避。有下列情形之一的应当回避:

(一)专家在药品生产经营企业任职、兼职或者持有股份的;

(二)专家任职单位与药品生产经营企业为同一法人代表的;

(三)专家近亲属在药品生产经营企业担任领导职务的;

(四)有其他利害关系,可能影响公正参与药品集中采购工作的。

专家知晓本人与药品生产经营企业存在利害关系但不主动回避的,药品集中采购工作管理机构应当取消其专家资格,通报专家所在单位,且当次评审结果无效。

第七十三条 药品集中采购监督部门应当采取必要措施,保证评标过程在严格保密的情况下进行。任何单位和个人不得非法干预、影响评标的过程和结果。

第十章 监督管理与申诉

第七十四条 药品集中采购工作管理机构要通过药品集中采购平台提供的网上监管系统,对采购双方的购销行为实行实时监控,对医疗机构采购药品的品种、数量、价格、加价率、回款、使用和药品生产经营企业参与投标、配送等情况进行动态监管。定期或不定期现场检查分析医疗机构实际药品采购、使用和回款情况,并与网上采购情况进行对比分析,使药品采购全过程公开透明、真实有效。

第七十五条 各级卫生行政部门对医疗机构药品集中采购的执行情况实行定期考核,纳入目标管理及医疗机构等级评审和复查工作中,并向社会公布,接受社会监督。

第七十六条 建立药品生产经营企业不良记录公示制度。对在药品购销活动中存在的不正当竞争、商业贿赂行为，以及提供虚假、过期资质证明材料、不按合同提供药品的行为进行不良记录公示，规范企业行为。

第七十七条 建立健全信息安全保障措施、管理制度和突发事件应急预案，确保网上药品集中采购数据安全和完整。严格遵守保密制度，杜绝涉密文件、资料、数据在平台上运行。设定专人负责，严格权限管理。严格密码、口令管理。建立严格的数据备份制度，数据保存期限不得少于3年。

第七十八条 建立健全企业申诉机制，通过多种渠道听取企业意见，及时解决企业合理诉求，不断改进和完善药品集中采购办法。制定企业申诉、受理管理办法和程序。

建立专人接待和接受企业书面申诉、多部门专人定期负责处理企业申诉机制。按照申诉内容，如有必要的，由药品集中采购管理机构分层分类随机抽取专家进行讨论。企业当面陈述理由，专家现场讨论投票，可邀请人大代表、政协委员和消费者代表全程参与和监督。

第十一章　不良记录管理

第七十九条 实行药品生产经营企业不良记录动态管理制度。药品生产经营企业有下列行为之一的，列入不良记录并网上公示，取消该企业所有产品的入围资格，药品集中采购管理机构自取消之日起两年内不得接受其任何产品集中采购申请，全省（区、市）医疗机构两年内不得以任何形式采购其产品，原签订的购销合同终止。

（一）经执法执纪机关认定，在药品购销活动中存在商业贿赂行为的；

（二）提供虚假、无效文件的；

（三）以其他方式弄虚作假，骗取入围的。

第八十条 药品生产经营企业有下列行为之一的，列入不良记录并网上公示，取消该企业所有产品的入围资格，药品集中采购管理机构自取消之日起两年内不得接受其任何产品集中采购申请，全省（区、市）医疗机构两年内不得以任何形式采购其产品，原签订的购销合同终止。

（一）以低于成本的价格恶意投标，扰乱市场秩序的；

（二）对入围产品擅自涨价或变相涨价的；

（三）不配送或不按时配送入围药品，造成医疗机构临床用药短缺的；

（四）经医疗机构验收确认，配送的药品规格、包装与入围规格、包装不一致并不同意更换的；

（五）以其他非入围药品取代入围药品进行配送的；

（六）药品集中采购工作管理机构规定的其他情形。

第八十一条 医疗机构有下列行为之一的，除追究当事人的责任外，视其情节追究主管领导的责任。涉嫌犯罪的，移交司法机关依法处理。

（一）不参加药品集中采购活动，以其他任何方式规避集中采购活动的；

（二）提供虚假的药品采购历史资料的；

（三）不按照规定同药品企业签订药品购销合同的；

（四）不按购销合同采购药品，擅自采购非入围药品替代入围药品，不按时结算货款或者其他不履行合同义务的行为的；

（五）药品购销合同签订后，再同企业订立背离合同实质性内容的其他协议，牟取其他不正当利益的；

（六）不执行价格主管部门审核的集中采购药品临时零售价的；

（七）收受药品生产经营企业钱物或其他利益的；

（八）其他违反法律法规的行为。

第十二章 附　　则

第八十二条 军队、武警部队医疗机构药品集中采购办法，由中国人民解放军卫生主管部门制定。

第八十三条 本规范由卫生部会同相关部门负责解释。

第八十四条 本规范自发布之日起施行。《医疗机构药品集中招标采购工作规范（试行）》（卫规财发〔2001〕308号）同时废止。以前所发药品集中采购文件与本规范不一致的，按照本规范规定执行。

国家食品药品监督管理总局采购与招标管理办法

1. 2014年6月23日国家食品药品监督管理总局办公厅发布

2. 食药监办财〔2014〕120号

第一章 总　　则

第一条 为规范总局采购与招标行为，加强监督管理，提高资金使用效益，促进廉政建设，依据《中华人民共和国政府采购法》和《中华人民共和国招标投标法》等法律法规，制定本办法。

第二条 本办法适用于总局机关及直属单位使用财政性资金从事包括信息化建设项目在内的各类工程、货物和服务的采购与招标活动。

第三条 采购与招标活动遵循公开、公平、公正和诚实、守信、高效的原则。

第二章 职责分工

第四条 采购与招标具体工作由提出建设和采购任务的项目司局或直属单位(下称项目单位)负责。项目单位可根据项目内容、项目特点等实际情况,组成采购或招标工作小组。项目单位根据实际工作需要,可委托总局信息中心组织信息化建设项目采购和招标工作。规划财务司按照政府采购有关要求,承担总局机关固定资产及办公用品的采购工作。项目单位纪检监察部门对采购与招标活动实施全程监督。

第五条 采购与招标一般应当委托采购或招标代理机构进行。代理机构由项目单位根据实际情况采用直接委托、比较选择等方式确定,并签订委托代理协议。任何单位和个人不得为项目指定采购或招标代理机构。

纳入国家集中采购目录的采购项目,应当按规定委托集中采购机构代理采购。采取网上询价、协议供货以及定点采购等方式的,按有关规定办理。

第六条 代理机构需具备以下条件:

(一)具有与采购或招标项目相应的代理资质和相关业绩;

(二)具有一定数量的专业技术人员;

(三)在过去3年内,没有因违法行为而受过行政处罚的不良记录;

(四)具备采购或招标项目所需要的其他条件。

第七条 项目单位主要职责:研究确定代理机构,组织相关司局(直属单位)提出采购需求或编制招标文件技术部分,审核确认招标文件,通知代理机构发布采购或招标公告,参加采购评审或开标、评标工作,审核确认评审结果(评标报告),通知代理机构公告(公示)评审结果,向有关行政监督部门提交招标投标情况的书面报告,审定采购合同并组织签订,协调解决合同执行中的有关问题等。

第八条 代理机构主要职责:协助项目单位制定招标方案、分包建议和实施进度,编制招标文件商务部分,整合招标文件技术部分和商务部分并组织专家进行论证,将招标文件报项目单位审核,发布采购或招标公告,印制和发售招标文件,组织开标、评标、编制评标报告并将评标报告送项目单位审核,公告(公示)评审结果,发出中标通知,协助合同签订和执行等。

第九条 纪检监察部门主要职责:监督代理机构选择,监督审查招标文件,监督评标委员抽取,监督开标、评标全过程,监督合同签订等程序的合法合规。

第三章 采购与招标管理

第十条 采购与招标方式分为公开招标、邀请招标、竞争性谈判、单一来源采购、询价或国家采购监督管理部门认定的其他采购方式,以公开招标为主。

达到有关法律法规规定的限额以上的各类工程建设项目、货物和服务的采购,必须按照法律法规进行招标。

项目单位不得将应当公开招标的项目化整为零或者以其他任何方式规避公开招标。

第十一条 采购与招标活动应当严格按照相关法律法规及有关规定明确的程序进行。工程建设项目的采购与招标适用《中华人民共和国招标投标法》,其他项目的采购与招标适用《中华人民共和国政府采购法》。

第十二条 因特殊情况需采用公开招标以外的方式,适用于《中华人民共和国招标投标法》的,其招标范围、招标方式、招标组织形式应当报项目审批部门审批或在项目批复中明确;适用于《中华人民共和国政府采购法》的,经总局规划财务司报财政部批准后实施。

第十三条 依照《中华人民共和国政府采购法》有关规定采购进口产品的,项目单位应当按有关规定组织专家论证,经总局规划财务司报财政部批准后实施。

第十四条 采购与招标工作完成后,项目单位应当将有关文件、材料等存档备案。

第四章 附 则

第十五条 采购与招标过程中,有关单位和个人应当严格遵守《中华人民共和国政府采购法》和《中华人民共和国招标投标法》有关规定,存在违法违纪行为的,根据有关法律条款予以追究。

第十六条 项目单位可以依据本办法,结合采购和招标项目实际制定实施细则。

第十七条 本办法由国家食品药品监督管理总局规划财务司负责解释。

第十八条 本办法自发布之日起执行。《国家食品药品监督管理局招标采购项目管理办法(试行)》(国食药监办〔2006〕547号)同时废止。

国务院办公厅关于完善公立医院药品集中采购工作的指导意见

1. 2015年2月9日
2. 国办发〔2015〕7号

各省、自治区、直辖市人民政府，国务院各部委、各直属机构：

完善公立医院药品集中采购工作是深化医药卫生体制改革的重要内容和关键环节，对于加快公立医院改革，规范药品流通秩序，建立健全以基本药物制度为基础的药品供应保障体系具有重要意义。经国务院同意，现就完善公立医院药品集中采购工作提出以下指导意见。

一、总体思路

全面贯彻落实党的十八大和十八届二中、三中、四中全会精神，按照市场在资源配置中起决定性作用和更好发挥政府作用的总要求，借鉴国际药品采购通行做法，充分吸收基本药物采购经验，坚持以省（区、市）为单位的网上药品集中采购方向，实行一个平台、上下联动、公开透明、分类采购，采取招生产企业、招采合一、量价挂钩、双信封制、全程监控等措施，加强药品采购全过程综合监管，切实保障药品质量和供应。鼓励地方结合实际探索创新，进一步提高医院在药品采购中的参与度。

药品集中采购要有利于破除以药补医机制，加快公立医院特别是县级公立医院改革；有利于降低药品虚高价格，减轻人民群众用药负担；有利于预防和遏制药品购销领域腐败行为，抵制商业贿赂；有利于推动药品生产流通企业整合重组、公平竞争，促进医药产业健康发展。

二、实行药品分类采购

（一）对临床用量大、采购金额高、多家企业生产的基本药物和非专利药品，发挥省级集中批量采购优势，由省级药品采购机构采取双信封制公开招标采购，医院作为采购主体，按中标价格采购药品。

落实带量采购。医院按照不低于上年度药品实际使用量的80%制定采购计划和预算，并具体到品种、剂型和规格，每种药品采购的剂型原则上不超过3种，每种剂型对应的规格原则上不超过2种，兼顾成人和儿童用药需要。省级药品采购机构应根据医院用药需求汇总情况，编制公开招标采购的药品清单,合理确定每个竞价分组的药品采购数量,并向社会公布。

进一步完善双信封评价办法。投标的药品生产企业须同时编制经济技术标书和商务标书。经济技术标书主要对企业的药品生产质量管理规范(GMP)资质认证、药品质量抽验抽查情况、生产规模、配送能力、销售额、市场信誉、电子监管能力等指标进行评审,并将通过《药品生产质量管理规范(2010年修订)》认证情况,在欧盟、美国、日本等发达国家(地区)上市销售情况,标准化的剂型、规格、包装等作为重要指标。通过经济技术标书评审的企业方可进入商务标书评审。在商务标书评审中,同一个竞价分组按报价由低到高选择中标企业和候选中标企业。对竞标价格明显偏低、可能存在质量和供应风险的药品,必须进行综合评估,避免恶性竞争。优先采购达到国际水平的仿制药。

在公立医院改革试点城市,允许以市为单位在省级药品集中采购平台上自行采购。试点城市成交价格不得高于省级中标价格。试点城市成交价格明显低于省级中标价格的,省级中标价格应按试点城市成交价格进行调整,具体办法由各省(区、市)制定。

(二)对部分专利药品、独家生产药品,建立公开透明、多方参与的价格谈判机制。谈判结果在国家药品供应保障综合管理信息平台上公布,医院按谈判结果采购药品。

(三)对妇儿专科非专利药品、急(抢)救药品、基础输液、临床用量小的药品(上述药品的具体范围由各省区市确定)和常用低价药品,实行集中挂网,由医院直接采购。

(四)对临床必需、用量小、市场供应短缺的药品,由国家招标定点生产、议价采购。

(五)对麻醉药品、精神药品、防治传染病和寄生虫病的免费用药、国家免疫规划疫苗、计划生育药品及中药饮片,按国家现行规定采购,确保公开透明。

医院使用的所有药品(不含中药饮片)均应通过省级药品集中采购平台采购。省级药品采购机构应汇总医院上报的采购计划和预算,依据国家基本药物目录、医疗保险药品报销目录、基本药物临床应用指南和处方集等,按照上述原则合理编制本行政区域医院药品采购目录,分类列明招标采购药品、谈判采购药品、医院直接采购药品、定点生产药品等。鼓励省际跨区域、专科医院等联合采购。采购周期原则上一年一次。对采购周期内新批准上市的药品,各地可根据疾病防治需要,经过药物经济学和循证医学评价,另行组织以省(区、市)为单位的集中采购。

三、改进药款结算方式

（一）加强药品购销合同管理。医院签订药品采购合同时应当明确采购品种、剂型、规格、价格、数量、配送批量和时限、结算方式和结算时间等内容。合同约定的采购数量应是采购计划申报的一个采购周期的全部采购量。

（二）规范药品货款支付。医院应将药品收支纳入预算管理，严格按照合同约定的时间支付货款，从交货验收合格到付款不得超过 30 天。依托和发挥省级药品集中采购平台集中支付结算的优势，鼓励医院与药品生产企业直接结算药品货款、药品生产企业与配送企业结算配送费用。

四、加强药品配送管理

（一）药品生产企业是保障药品质量和供应的第一责任人。药品可由中标生产企业直接配送或委托有配送能力的药品经营企业配送到指定医院。药品生产企业委托的药品经营企业应在省级药品集中采购平台上备案，备案情况向社会公开。省级药品采购机构应及时公布每家医院的配送企业名单，接受社会监督。

（二）对偏远、交通不便地区的药品配送，各级卫生计生部门要加强组织协调，按照远近结合、城乡联动的原则，提高采购、配送集中度，统筹做好医院与基层医疗卫生机构的药品供应配送管理工作。鼓励各地结合实际探索县乡村一体化配送。发挥邮政等物流行业服务网络优势，支持其在符合规定的条件下参与药品配送。

（三）对因配送不及时影响临床用药或拒绝提供偏远地区配送服务的企业，省级药品采购机构应及时纠正，并督促其限期整改。对逾期不改的企业取消其中标资格，医院因此被迫使用其他企业药品替代的，超支费用由原中标企业承担，具体办法由各省（区、市）制定。

五、规范采购平台建设

（一）省级药品采购机构负责省级药品集中采购平台的使用、管理和维护，省（区、市）人民政府要给予必要的人力、财力、物力支持，保证其工作正常运行。

（二）建立药品采购数据共享机制，统一省级药品集中采购平台规范化建设标准，推动药品采购编码标准化，实现国家药品供应保障综合管理信息平台、省级药品集中采购平台、医院、医保经办机构、价格主管部门等信息数据互联互通、资源共享。

（三）省级药品集中采购平台要面向各级医院和药品生产经营企业提供服务，提高药品招标采购、配送管理、评价、统计分析、动态监管等能力，及时收集分析医院药品采购价格、数量、回款时间及药品生产经营企业配送到位率、不良记录等情况,定期向社会公布。鼓励有条件的地方开展电子交易,采取通过药品集中采购平台签订电子合同、在线支付等多种方式,节约交易成本,提高交易透明度。

六、强化综合监督管理

(一)加强医务人员合理用药培训和考核,发挥药师的用药指导作用,规范医生处方行为,切实减少不合理用药。建立处方点评和医师约谈制度,重点跟踪监控辅助用药、医院超常使用的药品。建立健全以基本药物为重点的临床用药综合评价体系,推进药品剂型、规格、包装标准化。

(二)以省(区、市)为单位,选择若干医院和基层医疗卫生机构作为短缺药品监测点,及时收集分析药品供求信息,强化短缺药品监测和预警。

(三)将药品集中采购情况作为医院及其负责人的重要考核内容,纳入目标管理及医院评审评价工作。对违规网下采购、拖延货款的医院,视情节轻重给予通报批评、限期整改、责令支付违约金、降低等级等处理。涉及商业贿赂等腐败行为的,依法严肃查处。

(四)加强对药品价格执行情况的监督检查,强化药品成本调查和市场购销价格监测,规范价格行为,保护患者合法权益。依法严肃查处价格违法和垄断行为,以及伪造或虚开发票、挂靠经营、"走票"等违法行为。强化重点药品质量追踪和全程质量监管,严厉打击制售假冒伪劣药品行为。

(五)严格执行诚信记录和市场清退制度。各省(区、市)要建立健全检查督导制度,建立药品生产经营企业诚信记录并及时向社会公布。对列入不良记录名单的企业,医院两年内不得购入其药品。加强对医院、药品生产经营企业履行《医疗卫生机构医药产品廉洁购销合同》情况的监督。

(六)全面推进信息公开,确保药品采购各环节在阳光下运行。建立有奖举报制度,自觉接受人大、政协和社会各界监督。坚持全国统一市场,维护公平竞争环境,反对各种形式的地方保护。

七、切实加强组织领导

(一)落实各方责任。各省(区、市)人民政府要加强组织领导和督导评估,及时研究解决药品集中采购工作中的重大问题。卫生计生、发展改革、人力资源社会保障、财政、商务、工业和信息化、工商、食品药品监管、保险监管等有关部门要各司其职,密切配合,形成工作合力。医保经办机构、商业保险机构要按规定与医疗机构及时、足额结算医疗费用。

(二)精心组织实施。各省(区、市)要按照本意见精神,抓紧研究制定本地公立医院药品集中采购实施方案,2015 年全面启动新一轮药品采购。省级药品采购机构要切实做好本地药品集中采购的组织管理和具体实施。地方可结合实际,按照本意见总体思路中明确的"四个有利于"原则,探索跨区域联合采购的多种形式。军队医院药品集中采购办法由军队卫生主管部门研究制定。

(三)加强廉政风险防范。加强对省级药品采购机构的监管,健全省级药品采购机构内部制约和外部监督机制,坚持用制度管权管事管人,加强廉洁从业教育,不断提高业务能力和廉洁意识。建立权力运行监控机制,实现权力的相互制约与协调,实行重要岗位人员定期轮岗制度。

(四)做好舆论宣传引导。药品集中采购工作涉及多方利益调整,各地区、各有关部门要坚持正确导向,加强政策解读和舆论引导,充分宣传药品集中采购工作的政策方向、意义、措施和成效,妥善回应社会关切,营造良好社会氛围。

7. 其　他

国家技术创新项目招标投标管理办法

1. 2002 年 10 月 29 日国家经济贸易委员会令第 40 号公布

2. 自 2002 年 12 月 1 日起施行

第一条　为规范国家技术创新项目招标投标工作,保证项目实施质量,提高投资效益,依据《中华人民共和国招标投标法》等有关法律法规,制定本办法。

第二条　本办法所称国家技术创新项目招标投标,是指运用招标投标方式为重大国家技术创新项目选择、确定项目承担单位的活动。

第三条　国家技术创新项目招标投标工作应当遵循公开、公平、公正的原则。任何单位和个人不得以任何方式非法干预国家技术创新项目的招标投标工作。

第四条　国家经济贸易委员会(以下简称国家经贸委)负责国家技术创新项目招标投标管理工作,各省、自治区、直辖市、计划单列市及新疆生产建设兵团经贸委(经委)负责本地区的技术创新项目招标投标管理工作。

第五条　国家经贸委根据国家产业技术政策,围绕国民经济发展急需解决的产业共性、关键性和前瞻性的重大技术问题在国家技术创新项目和装备研制项目选项范围内确定招标项目。

第六条 国家技术创新项目的招标工作应当委托国家有关部门认可资格的招标机构进行。

第七条 招标分为公开招标和邀请招标。公开招标,是指以招标公告方式邀请不特定的法人或其他组织投标。邀请招标,是指以投标邀请书的方式邀请特定的法人或其他组织投标。

有下列情形之一的,可以进行邀请招标:

(一)项目内容涉及项目单位知识产权和商业秘密的;

(二)涉及国家安全、秘密,不宜公开招标的;

(三)投标人数有限,不宜公开招标的;

(四)国家规定其他可以进行邀请招标的。

第八条 采取公开招标方式的,招标机构应当根据国家经贸委出具的《招标委托书》,在《中国招标》周刊、中国技术创新信息网等媒体上发布招标公告。

招标公告应当载明下列事项:

(一)招标项目名称;

(二)招标项目的性质和主要实施目标;

(三)对拟投标企业资格要求;

(四)招标机构的名称、地址及联系方式;

(五)获取招标文件的办法;

(六)投标及开标的时间和地点。

从招标公告发出之日起到开标之日止,一般为45个工作日。

第九条 采取邀请招标形式的,应当向3个以上具备承担招标项目能力、资信良好的企业发出投标邀请书。邀请书应载明第八条第二款规定的事项。

第十条 招标机构应当参照《国家技术创新计划项目立项建议书》编制招标文件,并组织有关专家或机构进行审查,招标文件经国家经贸委审定后发出。对专业性强的国家技术创新项目,招标机构应当对有投标意向的企业进行资格预审后发出招标文件。

招标文件应当载明下列事项:

(一)投标邀请;

(二)投标人所应具备的技术条件、资格和业绩;

(三)项目名称;

(四)项目实施的内容和目标;

(五)国家经贸委对项目实施提供的政策支持和资金;

(六)中标方对项目应当承担的义务和责任;

（七）项目进度、时间要求；

（八）投标文件的格式、内容要求；

（九）提交投标文件的方式、地点和截止日期。

第十一条 根据招标项目的实际需要，招标可以分两个阶段进行：第一阶段招标主要是取得投标者对招标项目的技术经济指标、技术方案和标底的建议；第二阶段招标按本办法第二十、第二十一、第二十二条规定确定中标人。

第十二条 国家经贸委与招标机构综合考虑有关因素，共同商定标底。

第十三条 招标机构对招标文件所作的澄清或修改应当在投标截止日期15日以前，以书面形式通知所有招标文件收受人。该澄清或修改的内容为招标文件的组成部分。

第十四条 国家经贸委决定撤销招标委托，终止招标活动的，应当以书面形式向社会公开说明；因招标机构的原因取消招标，导致招标终止的，招标机构应当以书面形式报国家经贸委批准，并向社会公开说明。

第十五条 投标人应当是具有法人资格、在国内注册的企业或其他组织。投标人参加投标应当具备下列条件：

（一）与招标文件要求相适应的技术条件；

（二）招标文件要求的资格和相应业绩；

（三）良好的资信情况；

（四）法律法规规定的其他条件。

第十六条 符合招标公告要求的投标人，均可参加投标。鼓励企业或高等院校、科研院所联合投标。

第十七条 投标人应履行招标文件的各项规定，严格按照招标文件编写投标文件，并在规定期限内向招标机构提交投标文件。

投标人在招标文件要求提交投标文件的截止时间前，可以补充、修改或者撤回已提交的投标文件，并书面通知招标机构。补充、修改的内容为招标文件的组成部分。

第十八条 开标由招标机构主持，邀请所有投标人参加，并公开进行。

第十九条 评标委员会应当由国家经贸委和招标机构的代表及技术、经济、法律等方面的专家组成，人数不少于9人，人选须经国家经贸委审定。技术、经济、法律等方面的外聘专家人数不得少于评标委员会成员总数的三分之一。

与投标人有利害关系的人不得进入相关项目的评标委员会；已经进入的应当更换。

评标委员会成员不得泄露与评标有关的情况，不得与投标人串通，损害国家利益或他人的合法权益。

第二十条 评标委员会应当按照招标文件确定的评标标准和办法确定2至3个拟中标方,形成评标报告提交国家经贸委。

第二十一条 国家经贸委接到评标报告后7个工作日内,审查评标报告和定标结论,确定中标方,并通知招标机构。

第二十二条 招标机构接到国家经贸委确定中标方的通知后3个工作日内,向中标人发出《中标通知书》,同时向落标的投标方发出《落标通知书》。

第二十三条 经招标投标确定的国家技术创新项目承担单位,应当以招标文件和评标报告为依据,由国家经贸委委托项目主持单位与承担单位签订项目目标责任书。经招标确定的国家技术创新项目纳入国家技术创新计划管理,享受相关政策。未按招标文件和评标报告签订项目目标责任书的,国家经贸委依照国家有关法律法规进行处理。

第二十四条 招标项目的实施管理、资金使用、鉴定验收、项目调整等按《国家技术创新计划管理办法》和《新产品新技术鉴定验收管理办法》的有关规定执行。

第二十五条 各省、自治区、直辖市、计划单列市及新疆生产建设兵团经贸委(经委)可依据本办法制定本地区的技术创新项目招标投标管理办法。

第二十六条 本办法由国家经贸委负责解释。

第二十七条 本办法自2002年12月1日起施行。

探矿权采矿权招标拍卖挂牌管理办法(试行)

1. 2003年6月11日国土资源部发布
2. 国土资发〔2003〕197号
3. 自2003年8月1日起施行

第一章 总　则

第一条 为完善探矿权采矿权有偿取得制度,规范探矿权采矿权招标拍卖挂牌活动,维护国家对矿产资源的所有权,保护探矿权人、采矿权人合法权益,根据《中华人民共和国矿产资源法》、《矿产资源勘查区块登记管理办法》和《矿产资源开采登记管理办法》,制定本办法。

第二条 探矿权采矿权招标拍卖挂牌活动,按照颁发勘查许可证、采矿许可证的法定权限,由县级以上人民政府国土资源行政主管部门(以下简称主管部门)负责组织实施。

第三条 本办法所称探矿权采矿权招标,是指主管部门发布招标公告,邀请特定或者不特定的投标人参加投标,根据投标结果确定探矿权采矿权中标人的活动。

本办法所称探矿权采矿权拍卖,是指主管部门发布拍卖公告,由竞买人在指定的时间、地点进行公开竞价,根据出价结果确定探矿权采矿权竞得人的活动。

本办法所称探矿权采矿权挂牌,是指主管部门发布挂牌公告,在挂牌公告规定的期限和场所接受竞买人的报价申请并更新挂牌价格,根据挂牌期限截止时的出价结果确定探矿权采矿权竞得人的活动。

第四条 探矿权采矿权招标拍卖挂牌活动,应当遵循公开、公平、公正和诚实信用的原则。

第五条 国土资源部负责全国探矿权采矿权招标拍卖挂牌活动的监督管理。

上级主管部门负责监督下级主管部门的探矿权采矿权招标拍卖挂牌活动。

第六条 主管部门工作人员在探矿权采矿权招标拍卖挂牌活动中玩忽职守、滥用职权、徇私舞弊的,依法给予行政处分。

第二章 范 围

第七条 新设探矿权有下列情形之一的,主管部门应当以招标拍卖挂牌的方式授予:

(一)国家出资勘查并已探明可供进一步勘查的矿产地;

(二)探矿权灭失的矿产地;

(三)国家和省两级矿产资源勘查专项规划划定的勘查区块;

(四)主管部门规定的其他情形。

第八条 新设采矿权有下列情形之一的,主管部门应当以招标拍卖挂牌的方式授予:

(一)国家出资勘查并已探明可供开采的矿产地;

(二)采矿权灭失的矿产地;

(三)探矿权灭失的可供开采的矿产地;

(四)主管部门规定无需勘查即可直接开采的矿产;

(五)国土资源部、省级主管部门规定的其他情形。

第九条 符合本办法第七条、第八条规定的范围,有下列情形之一的,主管部门应当以招标的方式授予探矿权采矿权:

(一)国家出资的勘查项目;

（二）矿产资源储量规模为大型的能源、金属矿产地；

（三）共伴生组分多、综合利用技术水平要求高的矿产地；

（四）对国民经济具有重要价值的矿区；

（五）根据法律法规、国家政策规定可以新设探矿权采矿权的环境敏感地区和未达到国家规定的环境质量标准的地区。

第十条 有下列情形之一的，主管部门不得以招标拍卖挂牌的方式授予：

（一）探矿权人依法申请其勘查区块范围内的采矿权；

（二）符合矿产资源规划或者矿区总体规划的矿山企业的接续矿区、已设采矿权的矿区范围上下部需要统一开采的区域；

（三）为国家重点基础设施建设项目提供建筑用矿产；

（四）探矿权采矿权权属有争议；

（五）法律法规另有规定以及主管部门规定因特殊情形不适于以招标拍卖挂牌方式授予的。

第十一条 违反本办法第七条、第八条、第九条和第十条的规定授予探矿权采矿权的，由上级主管部门责令限期改正；逾期不改正的，对直接负责的主管人员和其他直接责任人员依法给予行政处分。

第三章 实　　施

第一节 一般规定

第十二条 探矿权采矿权招标拍卖挂牌活动，应当有计划地进行。

主管部门应当根据矿产资源规划、矿产资源勘查专项规划、矿区总体规划、国家产业政策以及市场供需情况，按照颁发勘查许可证、采矿许可证的法定权限，编制探矿权采矿权招标拍卖挂牌年度计划，报上级主管部门备案。

第十三条 上级主管部门可以委托下级主管部门组织探矿权采矿权招标拍卖挂牌的具体工作，勘查许可证、采矿许可证由委托机关审核颁发。

受委托的主管部门不得再委托下级主管部门组织探矿权采矿权招标拍卖挂牌的具体工作。

第十四条 主管部门应当根据探矿权采矿权招标拍卖挂牌年度计划和《外商投资产业指导目录》，编制招标拍卖挂牌方案；招标拍卖挂牌方案，县级以上地方主管部门可以根据实际情况报同级人民政府组织审定。

第十五条 主管部门应当根据招标拍卖挂牌方案，编制招标拍卖挂牌文件。

招标拍卖挂牌文件，应当包括招标拍卖挂牌公告、标书、竞买申请书、报价单、矿产地的地质报告、矿产资源开发利用和矿山环境保护要求、成交确认书等。

第十六条 招标标底、拍卖挂牌底价,由主管部门依规定委托有探矿权采矿权评估资质的评估机构或者采取询价、类比等方式进行评估,并根据评估结果和国家产业政策等综合因素集体决定。

在招标拍卖挂牌活动结束之前,招标标底、拍卖挂牌底价须保密,且不得变更。

第十七条 招标拍卖挂牌公告应当包括下列内容:

(一)主管部门的名称和地址;

(二)拟招标拍卖挂牌的勘查区块、开采矿区的简要情况;

(三)申请探矿权采矿权的资质条件以及取得投标人、竞买人资格的要求;

(四)获取招标拍卖挂牌文件的办法;

(五)招标拍卖挂牌的时间、地点;

(六)投标或者竞价方式;

(七)确定中标人或者竞得人的标准和方法;

(八)投标、竞买保证金及其缴纳方式和处置方式;

(九)其他需要公告的事项。

第十八条 主管部门应当依规定对投标人、竞买人进行资格审查。对符合资质条件和资格要求的,应当通知投标人、竞买人参加招标拍卖挂牌活动以及缴纳投标、竞买保证金的时间和地点。

第十九条 投标人、竞买人按照通知要求的时间和地点缴纳投标、竞买保证金后,方可参加探矿权采矿权招标拍卖挂牌活动;逾期未缴纳的,视为放弃。

第二十条 以招标拍卖挂牌方式确定中标人、竞得人后,主管部门应当与中标人、竞得人签订成交确认书。中标人、竞得人逾期不签订的,中标、竞得结果无效,所缴纳的投标、竞买保证金不予退还。

成交确认书应当包括下列内容:

(一)主管部门和中标人、竞得人的名称、地址;

(二)成交时间、地点;

(三)中标、竞得的勘查区块、开采矿区的简要情况;

(四)探矿权采矿权价款;

(五)探矿权采矿权价款的缴纳时间、方式;

(六)矿产资源开发利用和矿山环境保护要求;

(七)办理登记时间;

(八)主管部门和中标人、竞得人约定的其他事项。

成交确认书具有合同效力。

第二十一条 主管部门应当在颁发勘查许可证、采矿许可证前一次性收取探矿权采矿权价款。探矿权采矿权价款数额较大的,经上级主管部门同意可以分期收取。

探矿权采矿权价款的使用和管理按照有关规定执行。

第二十二条 中标人、竞得人缴纳的投标、竞买保证金,可以抵作价款。其他投标人、竞买人缴纳的投标、竞买保证金,主管部门须在招标拍卖挂牌活动结束后5个工作日内予以退还,不计利息。

第二十三条 招标拍卖挂牌活动结束后,主管部门应当在10个工作日内将中标、竞得结果在指定的场所、媒介公布。

第二十四条 中标人、竞得人提供虚假文件隐瞒事实、恶意串通、向主管部门或者评标委员会及其成员行贿或者采取其他非法手段中标或者竞得的,中标、竞得结果无效,所缴纳的投标、竞买保证金不予退还。

第二十五条 主管部门应当按照成交确认书所约定的时间为中标人、竞得人办理登记,颁发勘查许可证、采矿许可证,并依法保护中标人、竞得人的合法权益。

第二十六条 主管部门在签订成交确认书后,改变中标、竞得结果或者未依法办理勘查许可证、采矿许可证的,由上级主管部门责令限期改正,对直接负责的主管人员和其他直接责任人员依法给予行政处分;给中标人、竞得人造成损失的,中标人、竞得人可以依法申请行政赔偿。

第二十七条 主管部门负责建立招标拍卖挂牌的档案,档案包括投标人、评标委员会、中标人、竞买人和竞得人的基本情况、招标拍卖挂牌过程、中标、竞得结果等。

第二节 招 标

第二十八条 探矿权采矿权招标的,投标人不得少于三人。

投标人少于三人,属采矿权招标的,主管部门应当依照本办法重新组织招标;属探矿权招标的,主管部门可以以挂牌方式授予探矿权。

第二十九条 主管部门应当确定投标人编制投标文件所需的合理时间;但是自招标文件发出之日起至投标人提交投标文件截止之日,最短不得少于30日。

第三十条 投标、开标依照下列程序进行:

(一)投标人按照招标文件的要求编制投标文件,在提交投标文件截止之日前,将投标文件密封后送达指定地点,并附具对投标文件承担责任的书面承诺。

在提交投标文件截止之日前,投标人可以补充、修改但不得撤回投标文件。补充、修改的内容作为投标文件的组成部分。

（二）主管部门签收投标文件后，在开标之前不得开启；对在提交投标文件的截止之日后送达的，不予受理。

（三）开标应当在招标文件确定的时间、地点公开进行。开标由主管部门主持，邀请全部投标人参加。

开标时，由投标人或者其推选的代表检查投标文件的密封情况，当众拆封，宣读投标人名称、投标价格和投标文件的主要内容。

（四）评标由主管部门组建的评标委员会负责。评标委员会应当按照招标文件确定的评标标准和方法，对投标文件进行评审。评审时，可以要求投标人对投标文件作出必要的澄清或者说明，但该澄清或者说明不得超出投标文件的范围或者改变投标文件的实质内容。

评标委员会完成评标后，应当提出书面评标报告和中标候选人，报主管部门确定中标人；主管部门也可委托评标委员会直接确定中标人。

评标委员会经评审，认为所有的投标文件都不符合招标文件要求的，可以否决所有的投标。

第三十一条 评标委员会成员人数为五人以上单数，由主管部门根据拟招标的探矿权采矿权确定，有关技术、经济方面的专家不得少于成员总数的三分之二。

在中标结果公布前，评标委员会成员名单须保密。

第三十二条 评标委员会成员收受投标人的财物或其他好处的，或者向他人透露标底或有关其他情况的，主管部门应当取消其担任评标委员会成员的资格。

第三十三条 确定的中标人应当符合下列条件之一：

（一）能够最大限度地满足招标文件中规定的各项综合评价标准；

（二）能够满足招标文件的实质性要求，并且经评审的投标价格最高，但投标价格低于标底的除外。

第三十四条 中标人确定后，主管部门应当通知中标人在接到通知之日起 5 日内签订成交确认书，并同时将中标结果通知所有投标人。

第三节 拍 卖

第三十五条 探矿权采矿权拍卖的，竞买人不得少于三人。少于三人的，主管部门应当停止拍卖。

第三十六条 探矿权采矿权拍卖的，主管部门应当于拍卖日 20 日前发布拍卖公告。

第三十七条 拍卖会依照下列程序进行：

(一)拍卖主持人点算竞买人；

(二)拍卖主持人介绍探矿权采矿权的简要情况；

(三)宣布拍卖规则和注意事项；

(四)主持人报出起叫价；

(五)竞买人应价。

第三十八条 无底价的，拍卖主持人应当在拍卖前予以说明；有底价的，竞买人的最高应价未达到底价的，该应价不发生效力，拍卖主持人应当停止拍卖。

第三十九条 竞买人的最高应价经拍卖主持人落槌表示拍卖成交，拍卖主持人宣布该最高应价的竞买人为竞得人。

主管部门和竞得人应当当场签订成交确认书。

第四节 挂 牌

第四十条 探矿权采矿权挂牌的，主管部门应当于挂牌起始日20日前发布挂牌公告。

第四十一条 探矿权采矿权挂牌的，主管部门应当在挂牌起始日，将起始价、增价规则、增价幅度、挂牌时间等，在挂牌公告指定的场所挂牌公布。

挂牌时间不得少于10个工作日。

第四十二条 竞买人的竞买保证金在挂牌期限截止前缴纳的，方可填写报价单报价。主管部门受理其报价并确认后，更新挂牌价格。

第四十三条 挂牌期间，主管部门可以根据竞买人的竞价情况调整增价幅度。

第四十四条 挂牌期限届满，主管部门按照下列规定确定是否成交：

(一)在挂牌期限内只有一个竞买人报价，且报价高于底价的，挂牌成交；

(二)在挂牌期限内有两个或者两个以上的竞买人报价的，出价最高者为竞得人；报价相同的，先提交报价单者为竞得人，但报价低于底价者除外；

(三)在挂牌期限内无人竞买或者竞买人的报价低于底价的，挂牌不成交。

在挂牌期限截止前30分钟仍有竞买人要求报价的，主管部门应当以当时挂牌价为起始价进行现场竞价，出价最高且高于底价的竞买人为竞得人。

第四十五条 挂牌成交的，主管部门和竞得人应当当场签订成交确认书。

第四章 附 则

第四十六条 本办法自2003年8月1日施行。

本办法发布前制定的有关文件的内容与本办法的规定不一致的，按照本办法规定执行。

农业基本建设项目招标投标管理规定

1. 2004年7月14日农业部发布

2. 农计发〔2004〕10号

3. 自2004年9月1日起施行

第一章 总 则

第一条 为加强农业基本建设项目招标投标管理,确保工程质量,提高投资效益,保护当事人的合法权益,根据《中华人民共和国招标投标法》等规定,制定本规定。

第二条 本规定适用于农业部管理的基本建设项目的勘察、设计、施工、监理招标,仪器、设备、材料招标以及与工程建设相关的其他招标活动。

第三条 招标投标活动必须遵循公开、公平、公正和诚实信用的原则。

第四条 招标投标活动一般应按照以下程序进行:

(一)有明确的招标范围、招标组织形式和招标方式,并在项目立项审批时经农业部批准。

(二)自行招标的应组建招标办事机构,委托招标的应选择由代理资质的招标代理机构。

(三)编写招标文件。

(四)发布招标公告或招标邀请书,进行资格审查,发放或出售招标文件,组织投标人现场踏勘。

(五)接受投标文件。

(六)制订具体评标方法或细则。

(七)成立评标委员会。

(八)组织开标、评标。

(九)确定中标人。

(十)向项目审批部门提交招标投标的书面总结报告。

(十一)发中标通知书,并将中标结果通知所有投标人。

(十二)签订合同。

第二章 行 政 管 理

第五条 农业部发展计划司归口管理农业基本建设项目的招标投标工作,主要职责是：

（一）依据国家有关招标投标法律、法规和政策，研究制定农业基本建设项目招标投标管理规定；

（二）审核、报批项目招标方案；

（三）指导、监督、检查农业基本建设项目招标投标活动的实施；

（四）受理对农业建设项目招标投标活动的投诉并依法做出处理决定；督办农业基本建设项目招标投标活动中的违法违规行为的查处工作；

（五）组建和管理农业基本建设项目评标专家库；

（六）组织重大农业基本建设项目招标活动。

第六条 农业部行业司局负责本行业农业基本建设项目招标投标管理工作，主要职责是：

（一）贯彻执行有关招标投标的法律、法规、规章和政策；

（二）指导、监督、检查本行业基本建设项目招标投标活动的实施；

（三）推荐农业基本建设项目评标专家库专家人选。

第七条 省级人民政府农业行政主管部门管理本辖区内农业基本建设项目招标投标工作，主要职责是：

（一）贯彻执行有关招标投标的法律、法规、规章和政策；

（二）受理本行政区域内对农业基本建设项目招标投标活动的投诉，依法查处违法违规行为；

（三）组建和管理本辖区内农业基本建设项目评标专家库；

（四）指导、监督、检查本辖区内农业基本建设项目招标投标活动的实施，并向农业部发展计划司和行业司局报送农业基本建设项目招标投标情况书面报告；

（五）组织本辖区内重大农业工程建设项目招标活动。

第三章 招 标

第八条 符合下列条件之一的农业基本建设项目必须进行公开招标：

（一）施工单项合同估算价在200万元人民币以上的；

（二）仪器、设备、材料采购单项合同估算价在100万元人民币以上的；

（三）勘察、设计、监理等服务的采购，单项合同估算价在50万元人民币以上的；

（四）单项合同估算低于第（一）、（二）、（三）项规定的标准，但项目总投资额在3000万元人民币以上的。

第九条 第八条规定必须公开招标的项目，有下列情形之一的，经批准可以采用邀请招标：

（一）项目技术性、专业性较强，环境资源条件特殊，符合条件的潜在投标人有限的；

（二）受自然、地域等因素限制，实行公开招标影响项目实施时机的；

（三）公开招标所需费用占项目总投资比例过大的；

（四）法律法规规定的其他特殊项目。

第十条 符合第八条规定必须公开招标的项目，有下列情况之一的，经批准可以不进行招标：

（一）涉及国家安全或者国家秘密不适宜招标的；

（二）勘察、设计采用特定专利或者专有技术的，或者其建筑艺术造型有特殊要求不宜进行招标的；

（三）潜在投标人为三家以下，无法进行招标的；

（四）抢险救灾及法律法规规定的其他特殊项目。

第十一条 任何单位和个人不得将依法必须招标的项目化整为零或者以其他任何方式规避招标。

第十二条 必须进行招标的农业基本建设项目应在报批的可行性研究报告（项目建议书）中提出招标方案。符合第十条规定不进行招标的项目应在报批可行性研究报告时提出申请并说明理由。

招标方案包括以下主要内容：

（一）招标范围。说明拟招标的内容及估算金额。

（二）招标组织形式。说明拟采用自行招标或委托招标形式，自行招标的应说明理由。

（三）招标方式。说明拟采用公开招标或邀请招标方式，邀请招标的应说明理由。

第十三条 农业基本建设项目的招标人是提出招标项目、进行招标的农业系统法人或其他组织。

招标人应按审批部门批准的招标方案组织招标工作。确需变更的，应报原审批部门批准。

第十四条 农业基本建设项目招标应当具备以下条件：

（一）勘察、设计招标条件

1. 可行性研究报告（项目建议书）已批准；

2. 具备必要的勘察设计基础资料。

（二）监理招标条件

初步设计已经批准。

（三）施工招标条件

1. 初步设计已经批准；

2. 施工图设计已经完成；

3. 建设资金已落实；

4. 建设用地已落实，拆迁等工作已有明确安排。

（四）仪器、设备、材料招标条件

1. 初步设计已经批准；

2. 施工图设计已经完成；

3. 技术经济指标已基本确定；

4. 所需资金已经落实。

第十五条　自行招标的招标人应具备编制招标文件和组织评标的能力。招标人自行招标应具备的条件：

（一）具有与招标项目规模和复杂程度相应的工程技术、概预算、财务和工程管理等方面专业技术力量；

（二）有从事同类工程建设项目招标的经验；

（三）设有专门的招标机构或者拥有三名以上专职招标业务人员；

（四）熟悉和掌握招标投标法及有关法规规章。

第十六条　委托招标是指委托有资质的招标代理机构办理招标事宜。招标人不具备第十五条规定条件的，应当委托招标。

承担农业基本建设项目招标的代理机构必须是国务院建设行政主管部门认定的招标代理机构，其资质等级应与所承担招标项目相适应。

招标代理机构收费标准按国家规定执行。

第十七条　采用公开招标的项目，招标人应当在国家发展和改革委员会指定的媒介或建设行政主管部门认定的有形建筑市场发布招标公告。招标公告不得限制潜在投标人的数量。

采用邀请招标的项目，招标人应当向三个以上单位发出投标邀请书。

第十八条　招标公告或投标邀请书应当载明招标人名称和地址、招标项目的基本要求、投标人的资格要求以及获取招标文件的方法等事项。招标人应当对招标公告或投标邀请书的真实性负责。

第十九条　招标人可以对潜在投标人进行资格审查，并提出资格审查报告，经参审人员签字后存档备查，并将审查结果告知潜在投标人。

在一个项目中，招标人应当以相同条件对所有潜在投标人的资格进行审查，不得以任何理由限制或者排斥部分潜在投标人。

第二十条　招标人或招标代理机构应当按照国家有关规定和项目的批复编制

招标文件。

(一)勘察、设计招标文件主要内容包括:

1. 工程基本情况。包括工程名称、性质、地址、占地面积、建筑面积等;

2. 投标人须知。主要应包括接受投标报名、投标人资格审查、发售招标文件、组织招标答疑、踏勘工程现场、接受投标、开标等招标程序的规定和日程安排,投标人资格的要求,投标文件的签署和密封要求,投标保证金(保函)、履约保证金(保函)等方面的规定;

3. 已获批准的可行性研究报告(项目建议书);

4. 工程经济技术要求;

5. 有关部门确定的规划控制条件和用地红线图;

6. 可供参考的工程地质、水文地质、工程测量等建设场地勘察成果报告;

7. 供水、供电、供气、供热、环保、市政道路等方面的基础资料;

8. 招标答疑、踏勘现场的时间和地点;

9. 投标文件内容和编制要求;

10. 评标标准和方法;

11. 投标文件送达的截止时间;

12. 拟签订合同的主要条款;

13. 未中标方案的补偿办法。

(二)监理招标文件主要内容包括:

1. 工程基本情况。包括工程建设项目名称、性质、地点、规模、用地、资金等;

2. 投标人须知。主要包括接受投标报名、投标人资格审查、发售招标文件、组织招标答疑、踏勘工程现场、接受投标、开标等招标程序的规定和日程安排,投标人资格的要求,投标文件的签署和密封要求,投标保证金(保函)、履约保证金(保函)等;

3. 施工图纸;

4. 投标文件内容和编制要求;

5. 评标标准和方法;

6. 拟签订合同的主要条款及合同格式;

7. 工程监理技术规范或技术要求。

(三)施工招标文件主要内容包括:

1. 工程基本情况。包括工程建设项目名称、性质、地点、规模、用地、资金等方面的情况;

2. 投标人须知。主要包括接受投标报名、投标人资格审查、发售招标文件、组织招标答疑、踏勘工程现场、接受投标、开标等招标程序的规定和日程安排,投标人资格的要求,投标文件的签署和密封要求,投标保证金(保函)、履约保证金(保函)等方面的规定;

3. 招标内容和施工图纸;

4. 投标文件内容和编制要求;

5. 工程造价计算方法和工程结算办法;

6. 评标标准和方法;

7. 拟签订合同的主要条款及合同格式。

(四)仪器、设备、材料招标文件应与主管部门批复的设备清单和概算一致,包括的主要内容有:

1. 项目基本情况。包括工程建设项目名称、性质、资金来源等方面的情况;

2. 投标人须知。主要包括接受投标报名、投标人资格审查、发售招标文件、组织招标答疑、澄清或修改招标文件、接受投标、开标等招标程序的规定和日程安排,投标人资格、投标文件的签署和密封、投标有效期,投标保证金(保函)、履约保证金(保函)等方面的规定;

3. 招标内容及货物需求表;

4. 投标文件内容和编制要求。应包括投标文件组成和格式、投标报价及使用货币,投标使用语言及计量单位、投标人资格证明文件、商务或技术响应性文件等方面内容和规定;

5. 拟签署合同的主要条款和合同格式;

6. 投标文件格式,包括投标书、开标报价表、投标货物说明表、技术响应表、投标人资格证明、授权书、履约保函等投标文件的格式;

7. 评标标准和方法;

8. 招标人对拟采购仪器(设备、材料)的技术要求;

9. 仪器(设备、材料)招标文件一般应按照商务部分、技术部分分别编制。

第二十一条 农业部直属单位重点项目的招标文件,须经农业部发展计划司委托有关工程咨询单位进行技术审核后方可发出。

第二十二条 招标人对已发出的招标文件进行必要澄清或者修改的,应当在招标文件要求提交投标文件截止时间至少15日前,以书面形式通知所有招标文件收受人。该澄清或者修改的内容为招标文件的组成部分。

第二十三条 依法必须进行招标的项目,自招标文件发售之日至停止发售之日,最短不得少于5个工作日。自招标文件停止发出之日至投标人提交投标文件截止日,最短不应少于 20 个工作日。

第二十四条 招标文件应按其制作成本确定售价,一般应控制在 2000 元以内。

第二十五条 招标文件应当明确投标保证金金额,一般不超过合同估算价的千分之五,但最低不得少于 1 万元人民币。

第四章 投标和开标

第二十六条 投标人是响应招标、参加投标竞争的法人或者其他组织。农业基本建设项目的投标人应当具备相应资质或能力。

第二十七条 投标人应当按照招标文件的要求编制投标文件,并在招标文件规定的投标截止时间之前密封送达招标人。在投标截止时间之前,投标人可以撤回已递交的投标文件或进行修改和补充,但应当符合招标文件的要求。

第二十八条 两个或两个以上单位联合投标的,应当按资质等级较低的单位确定联合体资质(资格)等级。招标人不得强制投标人组成联合体共同投标。

第二十九条 投标人应当对递交的投标文件中资料的真实性负责。投标人在递交投标文件的同时,应当缴纳投标保证金。招标人收到投标文件后,应当签收保存,不得开启。

第三十条 开标应当在招标文件确定的提交投标文件截止时间的同一时间公开进行;开标地点应当为招标文件中预先确定的地点。

在投标截止时间前提交投标文件的投标人少于三个的,不予开标。

第三十一条 开标由招标人主持,邀请所有投标人参加。开标人员至少由主持人、监标人、开标人、唱标人、记录人组成,上述人员对开标负责。

第三十二条 开标一般按以下程序进行:

(一)主持人在招标文件确定的时间停止接收投标文件,开始开标;

(二)宣布开标人员名单;

(三)确认投标人法定代表人或授权代表人是否在场;

(四)宣布投标文件开启顺序;

(五)依开标顺序,先检查投标文件密封是否完好,再启封投标文件;

(六)宣布投标要素,并作记录,同时由投标人代表签字确认;

(七)对上述工作进行记录,存档备查。

第五章 评标和中标

第三十三条 评标由招标人依法组建的评标委员会负责。

评标委员会应由招标人代表和有关技术、经济方面的专家组成;成员人数为五人以上单数,其中技术、经济等方面的专家不得少于成员总数的三分之二。

第三十四条 评标委员会专家应从评标专家库中随机抽取。技术特别复杂、专业性要求特别高或者国家有特殊要求的招标项目，采取随机抽取方式确定的专家难以胜任的，经农业部发展计划司同意可以直接确定。

评标委员会成员名单在中标结果确定前应当保密。

第三十五条 仪器、设备、材料招标中，参与制定招标文件的专家一般不再推选为同一项目的评标委员会成员。

第三十六条 评标委员会设主任委员1名，副主任委员1-2名。主任委员应由具有丰富评标经验的经济或技术专家担任，副主任委员可由专家或招标人代表担任。评标委员会在主任委员领导下开展评标工作。

第三十七条 评标工作按以下程序进行：

（一）招标人宣布评标委员会成员名单并确定主任委员；

（二）招标人宣布评标纪律；

（三）在主任委员主持下，根据需要成立有关专业组和工作组；

（四）招标人介绍招标文件；

（五）评标人员熟悉评标标准和方法；

（六）评标委员会对投标文件进行形式审查；

（七）经评标委员会初步评审，提出需投标人澄清的问题，经二分之一以上委员同意后，通知投标人；

（八）需要书面澄清的问题，投标人应当在规定的时间内，以书面形式送达评标委员会；

（九）评标委员会按招标文件确定的评标标准和方法，对投标文件进行详细评审，确定中标候选人推荐顺序；

（十）经评标委员会三分之二以上委员同意并签字，通过评标委员会工作报告，并附往来澄清函、评标资料及推荐意见等，报招标人。

第三十八条 设计、施工、监理评标之前应由评标委员会以外的工作人员将投标文件中的投标人名称、标识等进行隐蔽。

第三十九条 评标委员会对各投标文件进行形式审查，确认投标文件是否有效。对有下列情况之一的投标文件，可以拒绝或按无效标处理：

（一）投标文件密封不符合招标文件要求；

（二）逾期送达；

（三）未按招标文件要求加盖单位公章和法定代表人（或其授权人）的签字（或印鉴）；

（四）招标文件要求不得标明投标人名称，但投标文件上标明投标人名称或有任何可能透露投标人名称信息的；

（五）未按招标文件要求编写或字迹模糊导致无法确认关键技术方案、关键工期、关键工程质量保证措施、投标价格；

（六）未按规定交纳投标保证金；

（七）招标文件载明的招标项目完成期限超过招标文件规定的期限；

（八）明显不符合技术规格、技术标准要求；

（九）投标文件载明的货物包装方式、检验标准和方法不符合招标文件要求；

（十）不符合招标文件规定的其它实质性要求或违反国家有关规定；

（十一）投标人提供虚假资料。

第四十条 评标委员会应按照招标文件中载明的评标标准和方法进行评标。在同一个项目中，对所有投标人采用的评标标准和方法必须相同。

第四十一条 评标委员会应从技术、商务方面对投标文件进行评审，包括以下主要内容：

（一）勘察、设计评标

1. 投标人的业绩和资信；
2. 人力资源配备；
3. 项目主要承担人员的经历；
4. 技术方案和技术创新；
5. 质量标准及质量管理措施；
6. 技术支持与保障；
7. 投标价格；
8. 财务状况；
9. 组织实施方案及进度安排。

（二）监理评标

1. 投标人的业绩和资信；
2. 项目总监理工程师及主要监理人员经历；
3. 监理规划（大纲）；
4. 投标价格；
5. 财务状况。

（三）施工评标

1. 施工方案（或施工组织设计）与工期；
2. 投标价格；
3. 施工项目经理及技术负责人的经历；
4. 组织机构及主要管理人员；

5. 主要施工设备;

6. 质量标准、质量和安全管理措施;

7. 投标人的业绩和资信;

8. 财务状况。

(四)仪器、设备、材料评标

1. 投标价格;

2. 质量标准及质量管理措施;

3. 组织供应计划;

4. 售后服务;

5. 投标人的业绩和资信;

6. 财务状况。

第四十二条 评标方法可采用综合评估法或经评审的最低投标价法。

第四十三条 中标人的投标应当符合下列条件之一:

(一)能够最大限度地满足招标文件中规定的各项综合评价标准;

(二)能够满足招标文件的实质性要求,并且经评审的投标价格最低;但是投标价格低于成本的除外。

第四十四条 评标委员会经评审,认为所有投标都不符合招标文件要求的,可以否决所有投标。

所有投标被否决的,招标人应当重新组织招标。

第四十五条 评标委员会应向招标人推荐中标候选人,并明确排序。招标人也可以授权评标委员会直接确定中标人。

第四十六条 招标人在确定中标人时,必须选择评标委员会排名第一的中标候选人作为中标人。排名第一的中标候选人放弃中标,因不可抗力提出不能履行合同,或者未在招标文件规定期限内提交履约保证金的,招标人可以按次序选择后续中标候选人作为中标人。

第四十七条 依法必须进行招标的项目,招标人应当自确定中标人之日起7个工作日内向省级农业行政主管部门(地方和直属直供垦区承担的项目)、农业部有关行业司局(农业部直属单位承担的行业项目)或农业部发展计划司(农业部直属单位承担的基础设施建设项目)提交招标投标情况的书面报告。书面报告一般应包括以下内容:

(一)招标项目基本情况;

(二)投标人情况;

(三)评标委员会成员名单;

(四)开标情况;

（五）评标标准和方法；

（六）废标情况；

（七）评标委员会推荐的经排序的中标候选人名单；

（八）中标结果；

（九）未确定排名第一的中标候选人为中标人的原因；

（十）其它需说明的问题。

第四十八条 农业行政主管部门接到报告7个工作日无不同意见，招标人应向中标人发出中标通知书，并同时将中标结果通知所有未中标的投标人。

中标通知书发出后，招标人改变中标结果的，或者中标人放弃中标项目的，应当依法承担法律责任。

第四十九条 招标文件要求中标人提交履约保证金或其他形式履约担保的，中标人应当按规定提交；拒绝提交的，视为放弃中标项目。

第五十条 招标人和中标人应当自中标通知书发出之日起三十日内，按照招标文件和中标人的投标文件订立书面合同。招标人和中标人不得再行订立背离合同实质性内容的其它协议。

第五十一条 招标人与中标人签订合同后五个工作日内，应当向中标人和未中标人一次性退还投标保证金。勘察设计招标文件中规定给予未中标人经济补偿的，也应在此期限内一并给付。

第五十二条 定标工作应当在投标有效期结束日三十个工作日前完成。不能如期完成的，招标人应当通知所有投标人延长投标有效期。同意延长投标有效期的投标人应当相应延长其投标担保的有效期，但不得修改投标文件的实质性内容。拒绝延长投标有效期的投标人有权收回投标保证金。招标文件中规定给予未中标人补偿的，拒绝延长的投标人有权获得补偿。

第五十三条 有下列情形之一的，招标人应当依照本办法重新招标：

（一）在投标截止时间前提交投标文件的投标人少于三个的；

（二）资格审查合格的投标人不足三个的；

（三）所有投标均被作废标处理或被否决的；

（四）评标委员会否决不合格投标或者界定为废标后，有效投标不足三个的；

（五）根据第五十二条规定，同意延长投标有效期的投标人少于三个的；

（六）评标委员会推荐的所有中标候选人均放弃中标的。

第五十四条 因发生本规定第五十三条第（一）、（二）项情形之一重新招标后，仍出现同样情形，经审批同意，可以不再进行招标。

第六章 附 则

第五十五条 各级农业行政主管部门按照规定的权限受理对农业基本建设项目招标投标活动的投诉，并按照国家发展和改革委员会等部门发布的《工程建设项目招标投标活动投诉处理办法》，处理或会同有关部门处理农业建设项目招投标过程中的违法活动。

对于农业基本建设项目招标投标活动中出现的违法违规行为，依照《中华人民共和国招标投标法》和国务院的有关规定进行处罚。

第五十六条 本规定所称勘察、设计招标，是指招标人通过招标方式选择承担该建设工程的勘察任务或工程设计任务的勘察、设计单位的行为。

本规定所称监理招标，是指招标人通过招标方式选择承担建设工程施工监理任务的建设监理单位的行为。

本规定所称施工招标，是指招标人通过招标方式选择承担建设工程的土建、田间设施、设备安装、管线敷设等施工任务的施工单位的行为。

本规定所称仪器、设备、材料招标，是指招标人通过招标方式选择承担建设工程所需的仪器、设备、建筑材料等的供应单位的行为。

第五十七条 农业部直属单位自筹资金建设项目参照本规定执行。

第五十八条 本规定自2004年9月1日起施行。

免费教科书政府采购工作暂行办法

1. 2005年1月28日教育部、财政部发布

2. 教财〔2005〕6号

中央对西部农村义务教育阶段贫困家庭学生实行免费提供教科书的制度，是切实减轻农民经济负担，保证农村贫困学生接受义务教育，保障农村义务教育持续健康发展的重大战略举措。对免费教科书实施政府采购，是确保免费提供教科书工作顺利进行的重要措施。为加强免费教科书采购工作的管理，根据《国务院体制改革意见的通知》精神和《中华人民共和国政府采购法》，特制定本办法。

一、中央财政免费提供的教科书实行政府采购。这项规定在2004年秋季学期试行，从2005年开始正式实施。

二、各地教育、财政部门要在当地党委、政府的领导下，从实践“三个代表”重要思想,以人为本、执政为民的高度,统一思想,高度重视,通力合作,周密组织,作为一项政治任务来完成好免费教科书的采购工作。

地方县级以上教育、财政等部门应成立由分管领导参加的免费提供教科书工作领导小组。省级教育、财政部门联合成立免费教科书采购办公室(设在省级教育部门),要抽调精干人员办理免费教科书的采购工作,按时完成采购任务,确保"课前到书,免费用书"。

三、免费教科书由省(自治区、直辖市)教育、财政部门按照本地政府采购管理办法规定的程序、方法统一进行采购,其具体采购事宜应当委托经省级以上财政部门登记备案的政府采购业务代理机构办理。

各地市、县级教育、财政部门必须按要求配合上级部门做好免费教科书采购的有关工作,包括确定、统计上报享受免费教科书资助的学生数,汇总上报教材选用的情况。县级教育、财政部门负责组织验收、发放免费教科书。

四、免费教科书政府采购的对象(即供应商)是符合教材出版发行资质的出版发行机构和出版发行联营机构或若干出版发行单位组成的联合体。教科书是特殊商品,为保证教材使用的连续性,确定的免费教科书供应商有效期应在1年以上。免费教科书政府采购最终确定的供应商必须通过适当途径和方法,按照合同约定将教科书运送到有关学校。

教育部、财政部组织省级教育、财政部门每年对免费教科书供应商提供的图书质量、销售价格、服务水平进行综合评比,公布获得优秀等次的供应商名单。

五、免费教科书政府采购应充分引入和培育竞争机制,严格遵循公开、公平、公正的原则,实行公开招标;对暂不具备公开招标备件的省份,可采用邀请招标、竞争性谈判、单一来源采购、询价的方式。免费教科书政府采购打破省界区域限制,面向全国进行。

六、为保证免费教科书采购工作的顺利实施,对中西部农村地区,省级教育行政部门要加大对教科书选用工作的指导,选用的教科书尽量集中,避免因选用教科书过于分散,影响到省级教育、财政部门统一组织的政府采购。免费教科书政府采购既要适应中小学教材多样化的要求,又要在本省份范围内相对统一农村中小学教学用书,优先选用质量好、价格低的教科书。省级教育、财政部门可通过公开招标的方式对免费教科书的供应商进行资格预审,对评审合格的供应商通过竞争性谈判的方式确定几家信誉好、实力强、价格低的供应商,然后再要求各学校从中选用教科书。

七、中央财政对农村义务教育阶段贫困家庭学生免费提供国家课程必设科目的教科书。对小学生免费提供品德与生活(品德与社会)、语文、数学、外语、科学、艺术(或选择音乐、美术)、综合实践活动(信息技术等)科目的教科书;对初中生免费提供思想品德、语文、数学、外语、科学(或选择生物、物理、化学)、历史与社会(或选择历史、地理)、艺术(或选择音乐、美术)、体育与健康、综合实践活动(信息技术等)科目的教科书。

免费提供的教科书均应从教育部和省级教育行政部门颁布的《中小学教学用书目录》中选用。免费教科书的扉页上须以适当方式标明"本书由国家免费提供"字样。

地方如要编写地方课程的教材,应限页数,限价格,同时地方财政也必须对这些学生免费提供。学校不得再以其他名目向受资助的贫困学生收取涉及教科书的任何费用。

八、免费教科书政府采购的指导标准是,每生每学期小学生 35 元、初中生 70 元,特教学生 35 元。各地应制订分年级分学科的采购价格指导标准。免费教科书政府采购原则上不得突破指导价标准,超出指导价标准的经费必须由省级财政承担。

对经论证无法按指导价标准采购的省份,可由省级教育、财政部门提出书面申请,由教育部、财政部委托教育部教育政府采购中心代为采购,并由教育部指导该省份选用教科书。

九、政府采购的免费教科书印刷质量必须符合《中华人民共和国质量法》和《图书质量管理规定》的有关规定,必须具有出版单位的质量保证书。

十、财政部、教育部将提前向有关省份下达下一个学期免费教科书中央专项资金预算控制数。中央财政下达的免费教科书专项资金要统一纳入省级财政国库管理,实行分账核算集中支付,确保专款专用,不得下拨到下级财政。省级财政部门要根据省级教育行政部门逐级汇总上报的免费教科书验收等情况,审核无误后,根据合同约定,将免费教科书经费直接支付给供应商。免费教科书政府采购节约下来的资金仍用于资助农村义务教育阶段贫困家庭学生。

十一、免费教科书政府采购价包括出版、发行、包装、保险、运输等费用,严禁向学生收取与免费教科书有关的任何费用。禁止任何部门和单位在采购免费教科书时搭售教辅用书及其他资料。

十二、各地应加强对免费教科书政府采购工作的管理,建立有效的监督检查工作机制,坚决防止发生腐败等违法违纪问题。省级教育、财政纪检监察部门负责对免费教科书采购活动进行监督。教材选用结果、政府采购和免费教科书供应商的服务等情况必须以有效的方式向社会公告。教育部、财政部将对各地免费教科书政府采购工作的实施情况进行严格检查,对玩忽职守,违反采购程序,徇私舞弊的,依法依纪严肃处理。对工作不力、出现严重问题的省份,中央将取消其免费教科书政府采购的资格,并予以通报批评。

每年年底,省级教育、财政部门应将当年免费教科书政府采购情况联合上报教育部、财政部。

十三、本办法由教育部、财政部负责解释。以往有关规定与本办法不一致的,以本办法为准。各地应根据本办法,制定本地区免费教科书政府采购工作的具体实施办法。

农村中小学现代远程教育工程设备及教学资源招标采购管理办法

1. 2005年5月17日教育部办公厅、国家发展和改革委员会办公厅、财政部办公厅发布
2. 教基厅〔2005〕9号

根据国务院批准的《农村中小学现代远程教育工程总体实施方案》精神,结合农村中小学现代远程教育工程建设要求,特制定农村中小学现代远程教育工程设备及教学资源(以下简称设备及资源)招标采购管理办法。

一、总　　则

第一条　农村中小学现代远程教育工程设备及资源采购依照《中华人民共和国政府采购法》、《中华人民共和国招标投标法》及有关规定执行,主要采用招投标方式。

第二条　教育部国家发展改革委、财政部负责组织设备及资源供应商的资格预审。各项目省(自治区、直辖市)负责设备及资源的采购执行。

第三条　教育部、国家发展改革委、财政部负责对各项目省(自治区、直辖市)的招标工作进行指导、检查和监督。

二、管理与职责

第四条　各项目省(自治区、直辖市)成立设备及资源采购工作领导小组。领导小组职责:

1. 审批采购计划(包括邀请招标和竞争性谈判)及实施方案,包括采购内容、分配方案、经费预算等;

2. 确定招标代理机构;

3. 审批设备及资源邀请招标采购招标文件或竞争性谈判方案;

4. 审批设备及资源邀请招标采购评标结果或谈判结果，确定中标人；

5. 讨论重大事项并做出决定。

第五条 设备及资源采购的招标人为省（自治区、直辖市）教育厅（教委）。招标人应委托合格的招标代理机构具体实施设备及资源采购。

第六条 招标人在设备及资源采购工作领导小组领导下，负责本省（自治区、直辖市）设备及资源采购的组织与实施工作。招标人具体职责：

1. 在“中国政府采购网”（www. ccgp. gov. cn）公布的获准登记备案的政府采购业务代理机构名单中选取设备及资源招标采购代理机构，并报设备及资源采购工作领导小组批准；

2. 作为招标人与所确定的招标代理机构签订委托招标代理协议；

3. 对招标代理机构下达采购任务，并提出相关要求；

4. 协助招标代理机构组织有关技术专家编制采购品目，编写邀请招标文件（包括技术和商务两部分）；

5. 审核邀请招标文件或竞争性谈判方案并报送设备及资源采购工作领导小组审批；

6. 通过随机抽取的方式，选取评审专家，并组建评标委员会；

7. 协助招标代理机构开展评标工作，监督评标活动按有关规定及招标文件执行；

8. 审核招标代理机构提交的评标报告或竞争性谈判结果并报送设备及资源采购工作领导小组审批；

9. 协助招标代理机构授标，签订合同。

第七条 招标代理机构职责：

1. 根据招标人要求及工程所需设备及资源的类型、用途及项目目标等，组织有关技术专家编制采购品目，编写邀请招标文件（包括技术和商务两部分），或竞争性谈判方案；

2. 向招标人报送招标文件或竞争性谈判方案；

3. 向被确定邀请的供应商发售邀请招标文件或竞争性谈判邀请；

4. 组织开标；

5. 组织评标；

6. 向招标人报送评标报告；

7. 公告招标结果；

8. 授标；

9. 按规定向政府采购主管部门报审（备案）有关采购文件等。

三、招标与投标

第八条　为保证工程实施的统一性和设备及资源的稳定可靠性,设备及资源采购采用招投标方式。教育部、国家发展改革委、财政部负责组织对有投标意向的产品供应商的资格(包括具体产品的规格性能指标等)公开进行资格预审,并公布各产品供应商资格预审合格名单。各项目省(自治区、直辖市)集中组织设备及资源采购,采购主要采用邀请招标方式进行。

第九条　各项目省(自治区、直辖市)进行邀请招标时,获得邀请的供应商只能是资格预审合格者及其通过预审合格的产品。

1. 设备:邀请的合格供应商的数量不得少于六家。在公布的合格供应商名单中,凡少于(等于)六家供应商的,各项目省(自治区、直辖市)必须全部邀请;对名单中大于六家的,可随机邀请六家以上供应商。

2. 教学资源:采购相同或类似内容教学资源的,应至少邀请三家供应商参加。

资格预审合格供应商名单之外的厂家及其产品一律无资格参加各项目省(自治区、直辖市)的邀请招标(或竞争性谈判)采购。

第十条　各项目省(自治区、直辖市)如有捆包采购,各资格预审合格供应商可以联合体投标方式(投标时须出标联合体声明)参加,或委托其中一家供应商参加。如与计算机教室(NC、无盘站和 PC 计算机教室)捆包,必须以计算机教室合格供应商为投标人参加投标。

第十一条　一次性采购 40 万元以上的设备或服务,必须采用邀请招标的方式进行;40 万元以下设备或服务可采用竞争性谈判方式采购。

四、评　　标

第十二条　由招标人组建评标委员会,招标评标委员会由招标人代表和有关技术、经济等方面的专家组成,成员数为 7 人以上单数,其中技术、经济等方面的专家不少于三分之二。评标专家应符合下列条件:

1. 从事相关专业领域工作满 8 年并具有高级职称或者同等专业水平;
2. 熟悉有关招标投标的法律法规,并具有与招标项目相关的实践经验;
3. 能够认真、公正、诚实、廉洁地履行职责;
4. 与投标人无利害关系。

第十三条　评标专家的选取。评标专家由招标人和招标代理机构在有关部门的监督下从正规评标专家库中随机抽取。抽取结果应当场记录备案,以备后审。评标专家的抽取时间应在开标前一天进行,参加抽取的人员应对抽取的所有内容负有保密责任,在中标结果公布前不得对外透露参加评标人员。抽取专家人选时,应依次多抽取两名以上的替补评标专家。

第十四条 评标过程应在保密的情况下进行,参与评标人员不得对外透露评标情况,在公布评标结果之前不得透露推荐的中标人。

第十五条 评标委员会完成评标后,向招标人提出书面评标报告和推荐中标候选人。评标报告包括以下内容:

1. 基本情况和数据表;
2. 评标委员会成员名单;
3. 开标记录;
4. 符合要求的开标一览表;
5. 评标标准、评标方法和评标因素一览表;
6. 评估价一览表或综合评分一览表;
7. 合格的投标人排序表;
8. 推荐的中标候选人名单及有关技术谈判事宜;
9. 澄清、说明等事项。

第十六条 评标结果在有关媒体上公告。

第十七条 中标人一旦确定,由招标代理机构向中标人发出中标通知书,同时将中标结果通知所有未中标的投标人。中标通知书对招标人(或招标代理机构)和中标人具有同等法律效力。招标人(或招标代理机构)与中标人在中标通知书发出30日内,按照招标文件和中标人的投标文件签订书面合同。

五、其　　它

第十八条 纪检监察部门对招标采购全过程实施监督检查。工程建设专项资金的使用,接受审计部门的审计。

第十九条 在邀请招标投标或竞争性谈判过程中,如发现有泄露保密信息、不按规定邀请资格预审合格供应商、不合理排斥投标人、投标人串标和评标委员会成员收受投标人好处等违规行为的,依照有关法规条款予以追究。

民政部工程建设项目招标投标管理办法

2007年12月13日民政部发布

第一条 为规范民政部工程建设项目招标投标活动,确保工程质量和投资效益,促进廉政建设,根据《中华人民共和国招标投标法》、《中华人民共和国政府采购法》及有关法规,制定本办法。

第二条 部财务和机关事务司为工程建设项目招标投标管理部门,负责贯彻执行国家有关招标投标政策,拟订招标投标制度、办法,会同驻民政部监察局(以下简称监察局)监督各项招标投标工作。

第三条 本办法所称工程建设项目包括项目勘察、设计、施工、监理以及与工程建设有关的咨询服务、重要设备、材料的采购。

第四条 部机关、直属事业单位及代管单位组织实施的使用全部或者部分使用国有资金投资或者国家融资的工程建设项目,凡达到下列规模的,必须进行招标:

(一)施工单项合同估算价在200万元人民币以上的;

(二)重要设备、材料等货物的采购,单项合同估算价在100万元人民币以上的;

(三)勘察、设计、监理等服务的采购,单项合同估算价在50万元人民币以上的;

(四)单项合同估算价低于第(一)、(二)、(三)项标准,但项目总投资在1000万元人民币以上的。

第五条 招标应采用以下方式:

(一)必须进行招标的项目中全部使用国有资金或者国有资金占控股或者主导地位的;货物或者服务项目单项或批量采购金额一次性达到120万元以上的,必须采用公开招标方式;但国务院发展改革部门确定的国家重点项目不适宜公开招标的,经国务院发展改革部门批准,可以进行邀请招标;

(二)未达到第(一)项金额标准但列入政府集中采购目录的项目,必须委托集中采购机构代理采购;

(三)法律规定允许采用邀请招标方式的,应当向3个以上具备承担招标项目能力的、资信良好的特定法人或者其他组织发出投标邀请。

第六条 金额达到50万元以上的与工程建设有关的咨询服务项目,可以采用邀请招标方式。

第七条 招标投标活动应当符合下列要求:

(一)严格依照《中华人民共和国招标投标法》和有关主管部门规定的程序、办法、要求组织实施,并遵循公开、公平、公正和诚实信用的原则;

(二)建设单位组织的招标投标活动,必须接受部招标投标管理部门和监察局的监督指导,依法向当地主管部门或者政府采购主管部门申报、办理有关审批手续;

(三)招标投标活动,不受地区或者部门的限制,任何单位和个人不得违法限制或者排斥任何法人或者其他组织参加投标,不得以任何方式非法干涉招标投标活动。

第八条 招标投标活动应当符合下列程序:

(一)成立项目招标工作组。建设单位法人代表、负责人或者其授权委托代表任招标工作组组长,成员由基建专职人员及有关人员组成;

(二)招标工作组委托具有相应资质的招标代理机构组织招标投标工作和招标文件的编制工作;

(三)招标工作组依据有关法规,提出投标准入条件和资格初审办法,审核资格预审文件及招标文件;

(四)需要进行资格预审的,应当组建资格预审评审委员会,资格预审评审委员会由招标人代表和有关技术、经济等方面的专家组成;

(五)资格预审文件应包括投标人资质情况、财务信用状况、近年工作业绩、参与本项目的项目经理的资历及业绩、项目团队及专业配备等情况;

(六)资格预审评审委员会按照资格预审文件,对投标人进行资格预审,并将预审合格的投标人名单报部招标投标管理部门备案;

(七)成立评标委员会。评标委员会由招标人或招标管理机构按有关规定组建,成员由有关技术、经济等方面的专家组成。评标专家应当通过招投标管理机构指定的专家库随机抽取。

全部使用政府投资或者政府投资占控股地位的工程、设备及服务的招标,资格预审评审委员会及评标委员会的所有成员应当从专家库中随机抽取确定。

抽取专家的工作,应当在监察局监督下进行。与投标人有利益关联人员不得进入资格预审评审委员会和评标委员会。

邀请招标可直接由邀标人组织,程序比照公开招标但可适当简化。投标人的资格准入条件及投标候选人需由邀标单位负责人召开会议,集体研究确定;

(八)开标会由委托的招标投标代理机构主持,监察局负责监督开标、评标工作。各投标人的投标书和招标的工程标底,应当经监察局核实密封完整后,才能启封、宣读;

(九)评标委员会依据制定的评分标准,对投标人进行打分排序,推荐前1-3名为中标候选人,并提出书面评标报告。

第九条 项目招标工作组按国家有关规定确定中标人,使用国有资金或国家融资的项目,应当确定排名第一的中标候选人为中标人。

如对评标结果有争议或异议,由有关负责人召集会议,集体研究并报有关部门和上级领导确定。

第十条 中标人产生后,由招标人依据投标报价、招标文件及中标人的承诺,与中标人签订合同,并将合同报部招标投标管理部门备案。招标人和中标人不得再行订立背离合同实质性内容、损害发包方利益的其他协议。

第十一条 对违纪违法行为依照以下原则进行处理

(一)部机关的项目,凡违反本办法情节较轻的,可责令限期改正;情节严重造成不良影响的,部招投标管理部门和监察局可依据有关规定采取相应措施并对有关责任人进行处分;构成犯罪的,依法追究刑事责任。

(二)部直属事业单位及代管单位组织的项目,凡违反本办法情节较轻的,部招标投标管理部门和监察局可责令其限期改正;情节严重造成不良影响的,部招标投标管理部门可按照国家有关规定采取相应措施,并依据有关规定对有关责任人进行处分;构成犯罪的,依法追究刑事责任。

第十二条 未达到本办法第四条及第六条规定的投资金额标准的工程建设项目,发包的程序可以简化,但须遵循公开、公平、公正的原则,符合市场运行机制,进行工程发包和采购活动。

第十三条 部机关、直属事业单位及代管单位组织实施的使用全部或者部分使用国有资金投资或者国家融资的工程建设项目,适用本办法。部直管民间组织及民政部代管单位所属机构实施的工程建设项目参照执行。

重大装备自主化依托工程设备招标采购活动的有关规定

1. 2007年8月14日商务部、国家发展和改革委员会发布

2. 商产发〔2007〕331号

第一条 为进一步规范重大装备自主化依托工程设备招标采购活动,建立公开、公平、公正和诚信择优的招标采购竞争机制和评审原则,保护国家利益、社会公共利益和有关当事人的合法权益,加快推进重大装备自主化,促进产业结构调整和优化升级,根据《招标投标法》和《国务院关于加快振兴装备制造业的若干意见》(国发〔2006〕8号)等有关规定,特制定本规定。

第二条 凡在中华人民共和国境内从事本规定第三条所规定的设备招标采购活动,适用本规定。

第三条 重大装备自主化依托工程设备招标采购范围：

一、大型清洁高效发电装备（包括百万千瓦级核电机组、超临界火电机组、燃气-蒸气联合循环机组、整体煤气化燃气-蒸气联合循环机组、大型循环流化床锅炉、大型水电机组及抽水蓄能水电站机组、大型空冷电站机组及大功率风力发电机等新型能源装备）；

二、750千伏、1000千伏特高压交流和±500千伏及以上直流输变电成套设备；

三、百万吨级大型乙烯成套设备和对二甲苯（PX）、对苯二甲酸（PTA）、聚酯成套设备；

四、大型煤化工成套设备；

五、大型薄板冷热连轧成套设备及涂镀层加工成套设备；

六、大型煤炭井下综合采掘、提升和洗选设备以及大型露天矿设备；

七、大型海洋石油工程装备、30万吨矿石和原油运输船、海上浮动生产储油轮（FPSO）、8000-10000箱以上集装箱船、液化天然气（LNG）运输船等大型高技术、高附加值船舶及大功率柴油机等配套装备；

八、时速200公里及以上高速铁路列车、新型地铁车辆、磁悬浮列车等装备；

九、大气治理、城市及工业污水处理、固体废弃物处理等大型环保装备，以及海水淡化、报废汽车处理等资源综合利用设备；

十、大断面岩石掘进机等大型施工机械；

十一、重大工程自动化控制系统和关键精密测试仪器；

十二、大型、精密、高速数控装备和数控系统及功能部件；

十三、日产200吨以上涤纶短纤维成套设备、高速粘胶长丝连续纺丝机、高效现代化成套棉纺设备、机电一体化剑杆织机和喷气织机等新型纺织机械成套设备；

十四、新型、大马力农业装备；

十五、集成电路关键设备、新型平板显示器件生产设备、电子元器件生产设备、无铅工艺的整机装联设备、数字化医疗影像设备、生物工程和医药生产专用设备。

第四条 重大装备自主化依托工程设备招标采购活动一般应采用招标（包括公开招标、邀请招标）或竞争性谈判等方式进行，招标采购方式的选择应按程序向国家发展改革委申请批准，并向商务部备案；如因特殊情况需采用其他采购方式的，由国家发展改革委商有关部门批准决定。

第五条 凡采用招标方式进行的设备招标投标活动，应按照《机电产品国际招标投标实施办法》(商务部令〔2004〕第13号)规定的程序和重大装备自主化依托工程要求进行,商务部和国家发展改革委负责指导、协调和监督有关招标投标活动。

第六条 凡采用邀请招标的,投标邀请对象应为具有消化吸收能力、研发创新能力和实施产业化等基本条件的装备制造企业。

第七条 凡采用竞争性谈判方式进行的设备采购活动,应按照国家发展改革委批复的程序方案进行,同时将竞争性谈判公告、竞争性谈判文件、竞争性谈判结果、涉及的进口设备清单等有关材料通过"中国国际招标网"报送商务部备案。

竞争性谈判结果经有关主管部门批准后应在"中国国际招标网"上公布。

第八条 招标采购文件主要内容的编制应按照《机电产品国际招标投标实施办法》和重大装备自主化依托工程要求进行;招标采购文件还应从节约资源能源和保护环境等基本国策出发,明确规定关于质量、安全、耗能、环保等方面的标准和要求,上述标准和要求应达到国内领先或国际先进水平。

第九条 招标采购活动中所需要的有关评审专家原则上应由招标机构和业主单位从"中国国际招标网"的国家级专家库中随机抽取产生;考虑到重大装备自主化依托工程需要,必要时可由有关主管部门推荐。

商务部、国家发展改革委负责维护和管理相关领域的国家级专家库。

第十条 招标活动一般采用综合评价法进行评标。综合评价法应包括技术、商务、售后服务和价格等方面的评价标准和方法,并作为招标文件的组成部分。

为顺利推进重大装备自主化进程,涉及重大装备自主化要求的部分具体评价标准和方法可以不作为招标文件的组成部分,但应在开标前予以公布。

第十一条 本规定未明确的内容应按照《机电产品国际招标投标实施办法》有关规定执行。

第十二条 本规定自发布之日起30日后实施。

交通运输部科技项目招标投标管理(暂行)办法

1. 2013年8月5日交通运输部发布

2. 交科技发〔2013〕463号

第一章 总 则

第一条 为优化科技资源配置,提高科研经费的使用效率,促进公平竞争,保障科技项目招标投标活动当事人的合法权益，加强对交通运输部科技项目招标投标活动的监督和管理，依据《中华人民共和国政府采购法》、《政府采购货物和服务招标投标管理办法》和《科技项目招标投标管理暂行办法》，制订本办法。

第二条 对列入交通运输部科技计划，获得部经费支持，以科学技术研究开发活动为主要内容的科技项目，应按本办法招标确定承担单位。

第三条 具备下列条件之一的科技项目，可以不实行招标投标：

（一）涉及国家安全和国家秘密的；

（二）法律法规规定的其他情况。

第四条 招标投标工作应严格遵循公开、公正、公平、择优和信用的原则。

第二章 招　　标

第五条 交通运输部是依照本办法提出招标需求的科技项目招标人（以下简称“招标人”），具体招标工作授权部科技主管部门负责。

第六条 科技项目的招标分为公开招标和邀请招标。

达到公开招标限额标准的科技项目一般应采取公开招标。采用公开招标方式的，须在财政部门制定的政府采购信息媒体上发布招标公告。

对满足下列情形之一的科技项目，可邀请招标：

（一）专业性强、有特殊要求或者受自然条件限制，只有少量潜在投标人可供选择的；

（二）采用公开招标方式的费用占项目合同金额比例过大的。

第七条 科技项目招标具体事宜可由招标人自行组织或委托招标代理机构负责。

第八条 委托招标代理机构招标的，招标人应当与招标代理机构签订委托协议，确定委托代理的事项，约定双方的权利和义务。

第九条 招标公告或投标邀请书至少包括下列内容：

（一）招标人的名称和地址；

（二）招标项目的类别和名称；

（三）招标项目的主要目标；

（四）获取招标文件的办法、地点和时间；

（五）对招标文件收取的费用。

第十条 招标人可以根据招标项目本身的特点，在招标公告和投标邀请书中要求潜在投标人填报投标报名单（附件1），提供有关证明文件和业绩情况，并对潜在投标人进行资格审查，公布符合资格的投标人名单。符合资格的投标人向招标人或招标代理机构购买招标文件。

证明文件包括：

（一）既往业绩；

（二）研究人员素质和技术能力；

（三）研究所需的技术设施和设备条件；

（四）如有匹配资金，提供匹配资金的筹措情况及证明；

（五）相关的资质证明。

第十一条 在招标中，投标人不足3家的应予废标。废标后，招标人应当将废标理由通知所有投标人。

第十二条 废标后，招标人应当重新组织招标，直至投标人达到3家及以上；需采取其他方式确定承担单位的，应获得财政部批准。

第十三条 招标人根据招标项目的要求组织编制招标文件（附件2）。除国家有关法律法规规定以外，招标文件不得有针对或排斥某一潜在投标人的内容。

第十四条 招标人制定综合评标标准时，应考虑技术路线的可行性、先进性和承担单位的研究开发条件、人员素质、资信等级、管理能力等因素，并考虑经费使用的合理性。

第十五条 招标人按招标公告或招标邀请书规定的时间、地点发售招标文件。招标文件发售后不予退还。在招标文件售出后，招标人如对招标文件进行修改、补充或澄清，应在招标文件要求提交投标文件截止时间至少15日前再次发布公告或以书面形式告之投标人，并作为招标文件的组成部分；不足15日的，招标人应当顺延提交投标文件的截止时间。对招标文件有重大修改的，应当适当延长投标文件截止日期。

第十六条 潜在投标人对招标文件有疑义的，应当在投标截止时间10日前以书面形式提出。招标人自收到疑义之日起3日内作出答复。

第十七条 招标人必须对获取招标文件的潜在投标人的名称、数量以及可能影响公平竞争的其他情况进行保密。

第十八条 从招标公告发布或招标邀请书发出之日到提交投标文件截止之日，不得少于30日。

第三章 投　　标

第十九条 投标人是指按照招标文件的要求参加投标竞争的法人和其它社会组织。投标人参加投标必须按照招标公告要求填报投标报名单（附件1），并具备下列条件：

（一）与招标文件要求相适应的研究人员、设备和经费；

（二）招标文件要求的资格和相应的科研经验与业绩；

（三）资信情况良好；

（四）法律法规规定的其他条件。

第二十条 投标人应向招标人提供投标文件（见附件3）一式2份，投标文件必须加盖依托单位公章及其法定代表人的签字或印章，并对招标文件提出的实质性要求和条件作出响应。

第二十一条 对于有依托工程要求的科技项目，应由研究单位与建设方或施工单位联合投标，联合投标时应明确第一承担单位。联合体投标的应向招标人提交联合协议，载明联合体各方承担的工作和义务。联合体各方应当共同与招标人签订合同，并就合同约定的事项对招标人承担连带责任。

第二十二条 投标人应在招标文件要求提交投标文件的截止时间前将投标文件密封送达指定地点。招标人或招标代理机构应对收到的投标文件签收备案。投标人有权要求招标人或招标代理机构提供签收证明。对在规定提交投标文件截止时间后收到的投标文件，招标人或招标代理机构应不予开启并退还。

第二十三条 投标人可以对已提交的投标文件进行补充和修改，必须在招标文件要求提交投标文件截止时间前以书面形式送达招标人或招标代理机构，作为投标文件的组成部分，否则不予受理。

第二十四条 招标人或招标代理机构必须对投标人的投标文件内容保密，不得泄露给其他投标人。

第四章 开 标

第二十五条 开标由招标人主持，按招标文件规定的时间、地点和方式公开进行，并邀请有关单位代表和投标人参加。

第二十六条 开标时，投标人或其代表检查投标文件的密封情况，确认无误后，由工作人员当众启封并宣读投标人名称、技术方案及其他主要内容。开标过程应记录在案，招标人和投标人代表在开标记录上签字或盖章。

第二十七条 投标文件出现下列情况之一者视为无效：

（一）投标文件未加盖投标人公章或法定代表人未签字或盖章；

（二）投标文件未按规定格式填写，字迹模糊，辨认不清或者内容不全的；

（三）投标文件与招标文件规定的实质性要求不符；

（四）投标人未在规定时间内参加开标会议的。

第二十八条 无效投标文件应当在开标会当场确认并公布。

第五章 评 标

第二十九条 招标人负责组建评标委员会。评标委员会由招标人和邀请的技术、经济等方面具有高级技术职称的专家组成,总人数为7人以上的单数,专家不得少于成员总人数的三分之二,其中经济专家占专家人数的比例不少于三分之一。投标人或与投标人有利益关系的人员不得进入评标委员会,评标委员会成员名单在中标结果确定前必须保密。

第三十条 评标专家应当熟悉政府采购、招标投标的相关政策法规,有良好的职业道德,遵守招标纪律,从事相关领域工作满8年并具有高级职称或者具有同等专业水平。

第三十一条 招标人应当采取必要的措施,保证评标工作在严格保密的情况下进行,任何单位和个人不得非法干预、影响评标过程和结果。

第三十二条 评标委员会可以要求投标人对投标文件中不明确的地方进行必要的澄清、说明或答辩,但不得超过投标文件的范围,不得改变投标文件的实质性内容,不得阐述与问题无关的内容,未经允许投标人不得向评标委员会提供新的材料。

第三十三条 评标委员会按照招标文件中规定的综合评标标准和方法,采用综合评分法开展评标工作。

第三十四条 评标委员会依据评标结果,提出书面评标报告,向招标人推荐中标候选人名单并注明排序。中标候选人应不超过3个。评标报告包括以下主要内容:

(一)对投标人的技术方案评价,技术、经济风险进行分析;

(二)对投标人承担能力与工作基础评价;

(三)推荐满足综合评标标准的中标候选人;

(四)需进一步协商的问题和其他要求;

(五)对投标人进行综合排名。

第三十五条 招标人应当自收到评标报告之日起3日内公示中标候选人,公示期不得少于3日。

投标人或者其他利害关系人对招标项目的评标结果有异议的,应当在中标候选人公示期间提出。招标人应当自收到异议之日起3日内作出答复;作出答复前,应当暂停招标投标活动。

第六章 定 标

第三十六条 招标人根据评标委员会的书面评标报告和经公示无问题的中标

候选人,进行综合评定后,确定中标人。招标人也可授权评标委员会直接确定中标人。

第三十七条 招标人应在开标之日后10日内完成定标工作,特殊情况可延长至15日。

第三十八条 定标后,招标人应发布中标公告。中标公告至少包含下列内容:

(一)招标人、招标人代理机构的名称、地址和联系方式;

(二)招标项目的类别及名称;

(三)中标人名称。

第三十九条 招标人向中标人发出中标通知书,并据此与中标人签订科技项目合同,同时将中标结果通知所有未中标的投标人。中标通知书(附件4)对招标人和中标人具有同等法律效力。

第四十条 招标人和评标委员会成员应当遵守招标纪律,不得扩散审查、澄清、答辩、评价比较投标人的有关情节、资料等情况,不得泄露投标人的技术秘密。

第七章 附 则

第四十一条 对于违反本办法的行为,可向有关行政监督部门投诉,一经查实,将根据有关规定进行处理。情节严重并构成犯罪的,将依法追究刑事责任。

第四十二条 地方各类交通运输科技项目的招标投标工作可参照本办法管理。

第四十三条 本办法由部科技主管部门负责解释。

第四十四条 本办法自颁布之日起施行。

附件:(略)

二、政府采购

中华人民共和国政府采购法

1. 2002年6月29日第九届全国人民代表大会常务委员会第二十八次会议通过
2. 根据2014年8月31日第十二届全国人民代表大会常务委员会第十次会议《关于修改〈中华人民共和国保险法〉等五部法律的决定》修正

目　录

第一章　总　　则

第一条　为了规范政府采购行为，提高政府采购资金的使用效益，维护国家利益和社会公共利益，保护政府采购当事人的合法权益，促进廉政建设，制定本法。

第二条　在中华人民共和国境内进行的政府采购适用本法。

本法所称政府采购，是指各级国家机关、事业单位和团体组织，使用财政性资金采购依法制定的集中采购目录以内的或者采购限额标准以上的货物、工程和服务的行为。

政府集中采购目录和采购限额标准依照本法规定的权限制定。

本法所称采购，是指以合同方式有偿取得货物、工程和服务的行为，包括购买、租赁、委托、雇用等。

本法所称货物，是指各种形态和种类的物品，包括原材料、燃料、设备、产品等。

本法所称工程，是指建设工程，包括建筑物和构筑物的新建、改建、扩建、装修、拆除、修缮等。

本法所称服务，是指除货物和工程以外的其他政府采购对象。

第三条 政府采购应当遵循公开透明原则、公平竞争原则、公正原则和诚实信用原则。

第四条 政府采购工程进行招标投标的，适用招标投标法。

第五条 任何单位和个人不得采用任何方式，阻挠和限制供应商自由进入本地区和本行业的政府采购市场。

第六条 政府采购应当严格按照批准的预算执行。

第七条 政府采购实行集中采购和分散采购相结合。集中采购的范围由省级以上人民政府公布的集中采购目录确定。

属于中央预算的政府采购项目，其集中采购目录由国务院确定并公布；属于地方预算的政府采购项目，其集中采购目录由省、自治区、直辖市人民政府或者其授权的机构确定并公布。

纳入集中采购目录的政府采购项目，应当实行集中采购。

第八条 政府采购限额标准，属于中央预算的政府采购项目，由国务院确定并公布；属于地方预算的政府采购项目，由省、自治区、直辖市人民政府或者其授权的机构确定并公布。

第九条 政府采购应当有助于实现国家的经济和社会发展政策目标，包括保护环境，扶持不发达地区和少数民族地区，促进中小企业发展等。

第十条 政府采购应当采购本国货物、工程和服务。但有下列情形之一的除外：

（一）需要采购的货物、工程或者服务在中国境内无法获取或者无法以合理的商业条件获取的；

（二）为在中国境外使用而进行采购的；

（三）其他法律、行政法规另有规定的。

前款所称本国货物、工程和服务的界定，依照国务院有关规定执行。

第十一条 政府采购的信息应当在政府采购监督管理部门指定的媒体上及时向社会公开发布，但涉及商业秘密的除外。

第十二条 在政府采购活动中，采购人员及相关人员与供应商有利害关系的，必须回避。供应商认为采购人员及相关人员与其他供应商有利害关系的，可以申请其回避。

前款所称相关人员,包括招标采购中评标委员会的组成人员,竞争性谈判采购中谈判小组的组成人员,询价采购中询价小组的组成人员等。

第十三条 各级人民政府财政部门是负责政府采购监督管理的部门,依法履行对政府采购活动的监督管理职责。

各级人民政府其他有关部门依法履行与政府采购活动有关的监督管理职责。

第二章 政府采购当事人

第十四条 政府采购当事人是指在政府采购活动中享有权利和承担义务的各类主体,包括采购人、供应商和采购代理机构等。

第十五条 采购人是指依法进行政府采购的国家机关、事业单位、团体组织。

第十六条 集中采购机构为采购代理机构。设区的市、自治州以上人民政府根据本级政府采购项目组织集中采购的需要设立集中采购机构。

集中采购机构是非营利事业法人,根据采购人的委托办理采购事宜。

第十七条 集中采购机构进行政府采购活动,应当符合采购价格低于市场平均价格、采购效率更高、采购质量优良和服务良好的要求。

第十八条 采购人采购纳入集中采购目录的政府采购项目,必须委托集中采购机构代理采购;采购未纳入集中采购目录的政府采购项目,可以自行采购,也可以委托集中采购机构在委托的范围内代理采购。

纳入集中采购目录属于通用的政府采购项目的,应当委托集中采购机构代理采购;属于本部门、本系统有特殊要求的项目,应当实行部门集中采购;属于本单位有特殊要求的项目,经省级以上人民政府批准,可以自行采购。

第十九条 采购人可以委托集中采购机构以外的采购代理机构,在委托的范围内办理政府采购事宜。

采购人有权自行选择采购代理机构,任何单位和个人不得以任何方式为采购人指定采购代理机构。

第二十条 采购人依法委托采购代理机构办理采购事宜的,应当由采购人与采购代理机构签订委托代理协议,依法确定委托代理的事项,约定双方的权利义务。

第二十一条 供应商是指向采购人提供货物、工程或者服务的法人、其他组织或者自然人。

第二十二条 供应商参加政府采购活动应当具备下列条件:

(一)具有独立承担民事责任的能力;

(二)具有良好的商业信誉和健全的财务会计制度;

（三）具有履行合同所必需的设备和专业技术能力；

（四）有依法缴纳税收和社会保障资金的良好记录；

（五）参加政府采购活动前三年内，在经营活动中没有重大违法记录；

（六）法律、行政法规规定的其他条件。

采购人可以根据采购项目的特殊要求，规定供应商的特定条件，但不得以不合理的条件对供应商实行差别待遇或者歧视待遇。

第二十三条 采购人可以要求参加政府采购的供应商提供有关资质证明文件和业绩情况，并根据本法规定的供应商条件和采购项目对供应商的特定要求，对供应商的资格进行审查。

第二十四条 两个以上的自然人、法人或者其他组织可以组成一个联合体，以一个供应商的身份共同参加政府采购。

以联合体形式进行政府采购的，参加联合体的供应商均应当具备本法第二十二条规定的条件，并应当向采购人提交联合协议，载明联合体各方承担的工作和义务。联合体各方应当共同与采购人签订采购合同，就采购合同约定的事项对采购人承担连带责任。

第二十五条 政府采购当事人不得相互串通损害国家利益、社会公共利益和其他当事人的合法权益；不得以任何手段排斥其他供应商参与竞争。

供应商不得以向采购人、采购代理机构、评标委员会的组成人员、竞争性谈判小组的组成人员、询价小组的组成人员行贿或者采取其他不正当手段谋取中标或者成交。

采购代理机构不得以向采购人行贿或者采取其他不正当手段谋取非法利益。

第三章 政府采购方式

第二十六条 政府采购采用以下方式：

（一）公开招标；

（二）邀请招标；

（三）竞争性谈判；

（四）单一来源采购；

（五）询价；

（六）国务院政府采购监督管理部门认定的其他采购方式。

公开招标应作为政府采购的主要采购方式。

第二十七条 采购人采购货物或者服务应当采用公开招标方式的，其具体数额标准，属于中央预算的政府采购项目，由国务院规定；属于地方预算的政府采购项目，由省、自治区、直辖市人民政府规定；因特殊情况需要采用公开招标以外的采购方式的，应当在采购活动开始前获得设区的市、自治州以上人民政府采购监督管理部门的批准。

第二十八条 采购人不得将应当以公开招标方式采购的货物或者服务化整为零或者以其他任何方式规避公开招标采购。

第二十九条 符合下列情形之一的货物或者服务，可以依照本法采用邀请招标方式采购：

（一）具有特殊性，只能从有限范围的供应商处采购的；

（二）采用公开招标方式的费用占政府采购项目总价值的比例过大的。

第三十条 符合下列情形之一的货物或者服务，可以依照本法采用竞争性谈判方式采购：

（一）招标后没有供应商投标或者没有合格标的或者重新招标未能成立的；

（二）技术复杂或者性质特殊，不能确定详细规格或者具体要求的；

（三）采用招标所需时间不能满足用户紧急需要的；

（四）不能事先计算出价格总额的。

第三十一条 符合下列情形之一的货物或者服务，可以依照本法采用单一来源方式采购：

（一）只能从唯一供应商处采购的；

（二）发生了不可预见的紧急情况不能从其他供应商处采购的；

（三）必须保证原有采购项目一致性或者服务配套的要求，需要继续从原供应商处添购，且添购资金总额不超过原合同采购金额百分之十的。

第三十二条 采购的货物规格、标准统一、现货货源充足且价格变化幅度小的政府采购项目，可以依照本法采用询价方式采购。

第四章 政府采购程序

第三十三条 负有编制部门预算职责的部门在编制下一财政年度部门预算时，应当将该财政年度政府采购的项目及资金预算列出，报本级财政部门汇总。部门预算的审批，按预算管理权限和程序进行。

第三十四条 货物或者服务项目采取邀请招标方式采购的，采购人应当从符合相应资格条件的供应商中，通过随机方式选择三家以上的供应商，并向其发出投标邀请书。

第三十五条 货物和服务项目实行招标方式采购的，自招标文件开始发出之日起至投标人提交投标文件截止之日止，不得少于二十日。

第三十六条 在招标采购中，出现下列情形之一的，应予废标：

（一）符合专业条件的供应商或者对招标文件作实质响应的供应商不足三家的；

（二）出现影响采购公正的违法、违规行为的；

（三）投标人的报价均超过了采购预算，采购人不能支付的；

（四）因重大变故，采购任务取消的。

废标后，采购人应当将废标理由通知所有投标人。

第三十七条 废标后，除采购任务取消情形外，应当重新组织招标；需要采取其他方式采购的，应当在采购活动开始前获得设区的市、自治州以上人民政府采购监督管理部门或者政府有关部门批准。

第三十八条 采用竞争性谈判方式采购的，应当遵循下列程序：

（一）成立谈判小组。谈判小组由采购人的代表和有关专家共三人以上的单数组成，其中专家的人数不得少于成员总数的三分之二。

（二）制定谈判文件。谈判文件应当明确谈判程序、谈判内容、合同草案的条款以及评定成交的标准等事项。

（三）确定邀请参加谈判的供应商名单。谈判小组从符合相应资格条件的供应商名单中确定不少于三家的供应商参加谈判，并向其提供谈判文件。

（四）谈判。谈判小组所有成员集中与单一供应商分别进行谈判。在谈判中，谈判的任何一方不得透露与谈判有关的其他供应商的技术资料、价格和其他信息。谈判文件有实质性变动的，谈判小组应当以书面形式通知所有参加谈判的供应商。

（五）确定成交供应商。谈判结束后，谈判小组应当要求所有参加谈判的供应商在规定时间内进行最后报价，采购人从谈判小组提出的成交候选人中根据符合采购需求、质量和服务相等且报价最低的原则确定成交供应商，并将结果通知所有参加谈判的未成交的供应商。

第三十九条 采取单一来源方式采购的，采购人与供应商应当遵循本法规定的原则，在保证采购项目质量和双方商定合理价格的基础上进行采购。

第四十条 采取询价方式采购的，应当遵循下列程序：

（一）成立询价小组。询价小组由采购人的代表和有关专家共三人以上的单数组成，其中专家的人数不得少于成员总数的三分之二。询价小组应当对采购项目的价格构成和评定成交的标准等事项作出规定。

（二）确定被询价的供应商名单。询价小组根据采购需求，从符合相应资格条件的供应商名单中确定不少于三家的供应商，并向其发出询价通知书让其报价。

（三）询价。询价小组要求被询价的供应商一次报出不得更改的价格。

（四）确定成交供应商。采购人根据符合采购需求、质量和服务相等且报价最低的原则确定成交供应商，并将结果通知所有被询价的未成交的供应商。

第四十一条 采购人或者其委托的采购代理机构应当组织对供应商履约的验收。大型或者复杂的政府采购项目，应当邀请国家认可的质量检测机构参加验收工作。验收方成员应当在验收书上签字，并承担相应的法律责任。

第四十二条 采购人、采购代理机构对政府采购项目每项采购活动的采购文件应当妥善保存，不得伪造、变造、隐匿或者销毁。采购文件的保存期限为从采购结束之日起至少保存十五年。

采购文件包括采购活动记录、采购预算、招标文件、投标文件、评标标准、评估报告、定标文件、合同文本、验收证明、质疑答复、投诉处理决定及其他有关文件、资料。

采购活动记录至少应当包括下列内容：

（一）采购项目类别、名称；

（二）采购项目预算、资金构成和合同价格；

（三）采购方式，采用公开招标以外的采购方式的，应当载明原因；

（四）邀请和选择供应商的条件及原因；

（五）评标标准及确定中标人的原因；

（六）废标的原因；

（七）采用招标以外采购方式的相应记载。

第五章 政府采购合同

第四十三条 政府采购合同适用合同法。采购人和供应商之间的权利和义务，应当按照平等、自愿的原则以合同方式约定。

采购人可以委托采购代理机构代表其与供应商签订政府采购合同。由采购代理机构以采购人名义签订合同的，应当提交采购人的授权委托书，作为合同附件。

第四十四条 政府采购合同应当采用书面形式。

第四十五条 国务院政府采购监督管理部门应当会同国务院有关部门，规定政府采购合同必须具备的条款。

第四十六条 采购人与中标、成交供应商应当在中标、成交通知书发出之日起三十日内，按照采购文件确定的事项签订政府采购合同。

中标、成交通知书对采购人和中标、成交供应商均具有法律效力。中标、成交通知书发出后，采购人改变中标、成交结果的，或者中标、成交供应商放弃中标、成交项目的，应当依法承担法律责任。

第四十七条　政府采购项目的采购合同自签订之日起七个工作日内，采购人应当将合同副本报同级政府采购监督管理部门和有关部门备案。

第四十八条　经采购人同意，中标、成交供应商可以依法采取分包方式履行合同。

政府采购合同分包履行的，中标、成交供应商就采购项目和分包项目向采购人负责，分包供应商就分包项目承担责任。

第四十九条　政府采购合同履行中，采购人需追加与合同标的相同的货物、工程或者服务的，在不改变合同其他条款的前提下，可以与供应商协商签订补充合同，但所有补充合同的采购金额不得超过原合同采购金额的百分之十。

第五十条　政府采购合同的双方当事人不得擅自变更、中止或者终止合同。

政府采购合同继续履行将损害国家利益和社会公共利益的，双方当事人应当变更、中止或者终止合同。有过错的一方应当承担赔偿责任，双方都有过错的，各自承担相应的责任。

第六章　质疑与投诉

第五十一条　供应商对政府采购活动事项有疑问的，可以向采购人提出询问，采购人应当及时作出答复，但答复的内容不得涉及商业秘密。

第五十二条　供应商认为采购文件、采购过程和中标、成交结果使自己的权益受到损害的，可以在知道或者应知其权益受到损害之日起七个工作日内，以书面形式向采购人提出质疑。

第五十三条　采购人应当在收到供应商的书面质疑后七个工作日内作出答复，并以书面形式通知质疑供应商和其他有关供应商，但答复的内容不得涉及商业秘密。

第五十四条　采购人委托采购代理机构采购的，供应商可以向采购代理机构提出询问或者质疑，采购代理机构应当依照本法第五十一条、第五十三条的规定就采购人委托授权范围内的事项作出答复。

第五十五条　质疑供应商对采购人、采购代理机构的答复不满意或者采购人、采购代理机构未在规定的时间内作出答复的，可以在答复期满后十五个工作日内向同级政府采购监督管理部门投诉。

第五十六条　政府采购监督管理部门应当在收到投诉后三十个工作日内，对投诉事项作出处理决定，并以书面形式通知投诉人和与投诉事项有关的当事人。

第五十七条 政府采购监督管理部门在处理投诉事项期间,可以视具体情况书面通知采购人暂停采购活动,但暂停时间最长不得超过三十日。

第五十八条 投诉人对政府采购监督管理部门的投诉处理决定不服或者政府采购监督管理部门逾期未作处理的,可以依法申请行政复议或者向人民法院提起行政诉讼。

第七章 监督检查

第五十九条 政府采购监督管理部门应当加强对政府采购活动及集中采购机构的监督检查。

监督检查的主要内容是:

(一)有关政府采购的法律、行政法规和规章的执行情况;

(二)采购范围、采购方式和采购程序的执行情况;

(三)政府采购人员的职业素质和专业技能。

第六十条 政府采购监督管理部门不得设置集中采购机构,不得参与政府采购项目的采购活动。

采购代理机构与行政机关不得存在隶属关系或者其他利益关系。

第六十一条 集中采购机构应当建立健全内部监督管理制度。采购活动的决策和执行程序应当明确,并相互监督、相互制约。经办采购的人员与负责采购合同审核、验收人员的职责权限应当明确,并相互分离。

第六十二条 集中采购机构的采购人员应当具有相关职业素质和专业技能,符合政府采购监督管理部门规定的专业岗位任职要求。

集中采购机构对其工作人员应当加强教育和培训;对采购人员的专业水平、工作实绩和职业道德状况定期进行考核。采购人员经考核不合格的,不得继续任职。

第六十三条 政府采购项目的采购标准应当公开。

采用本法规定的采购方式的,采购人在采购活动完成后,应当将采购结果予以公布。

第六十四条 采购人必须按照本法规定的采购方式和采购程序进行采购。

任何单位和个人不得违反本法规定,要求采购人或者采购工作人员向其指定的供应商进行采购。

第六十五条 政府采购监督管理部门应当对政府采购项目的采购活动进行检查,政府采购当事人应当如实反映情况,提供有关材料。

第六十六条 政府采购监督管理部门应当对集中采购机构的采购价格、节约资金效果、服务质量、信誉状况、有无违法行为等事项进行考核,并定期如实公布考核结果。

第六十七条 依照法律、行政法规的规定对政府采购负有行政监督职责的政府有关部门,应当按照其职责分工,加强对政府采购活动的监督。

第六十八条 审计机关应当对政府采购进行审计监督。政府采购监督管理部门、政府采购各当事人有关政府采购活动,应当接受审计机关的审计监督。

第六十九条 监察机关应当加强对参与政府采购活动的国家机关、国家公务员和国家行政机关任命的其他人员实施监察。

第七十条 任何单位和个人对政府采购活动中的违法行为,有权控告和检举,有关部门、机关应当依照各自职责及时处理。

第八章 法律责任

第七十一条 采购人、采购代理机构有下列情形之一的,责令限期改正,给予警告,可以并处罚款,对直接负责的主管人员和其他直接责任人员,由其行政主管部门或者有关机关给予处分,并予通报:

(一)应当采用公开招标方式而擅自采用其他方式采购的;

(二)擅自提高采购标准的;

(三)以不合理的条件对供应商实行差别待遇或者歧视待遇的;

(四)在招标采购过程中与投标人进行协商谈判的;

(五)中标、成交通知书发出后不与中标、成交供应商签订采购合同的;

(六)拒绝有关部门依法实施监督检查的。

第七十二条 采购人、采购代理机构及其工作人员有下列情形之一,构成犯罪的,依法追究刑事责任;尚不构成犯罪的,处以罚款,有违法所得的,并处没收违法所得,属于国家机关工作人员的,依法给予行政处分:

(一)与供应商或者采购代理机构恶意串通的;

(二)在采购过程中接受贿赂或者获取其他不正当利益的;

(三)在有关部门依法实施的监督检查中提供虚假情况的;

(四)开标前泄露标底的。

第七十三条 有前两条违法行为之一影响中标、成交结果或者可能影响中标、成交结果的,按下列情况分别处理:

(一)未确定中标、成交供应商的,终止采购活动;

(二)中标、成交供应商已经确定但采购合同尚未履行的,撤销合同,从合格的中标、成交候选人中另行确定中标、成交供应商;

(三)采购合同已经履行的,给采购人、供应商造成损失的,由责任人承担赔偿责任。

第七十四条 采购人对应当实行集中采购的政府采购项目，不委托集中采购机构实行集中采购的，由政府采购监督管理部门责令改正；拒不改正的，停止按预算向其支付资金，由其上级行政主管部门或者有关机关依法给予其直接负责的主管人员和其他直接责任人员处分。

第七十五条 采购人未依法公布政府采购项目的采购标准和采购结果的，责令改正，对直接负责的主管人员依法给予处分。

第七十六条 采购人、采购代理机构违反本法规定隐匿、销毁应当保存的采购文件或者伪造、变造采购文件的，由政府采购监督管理部门处以二万元以上十万元以下的罚款，对其直接负责的主管人员和其他直接责任人员依法给予处分；构成犯罪的，依法追究刑事责任。

第七十七条 供应商有下列情形之一的，处以采购金额千分之五以上千分之十以下的罚款，列入不良行为记录名单，在一至三年内禁止参加政府采购活动，有违法所得的，并处没收违法所得，情节严重的，由工商行政管理机关吊销营业执照；构成犯罪的，依法追究刑事责任：

（一）提供虚假材料谋取中标、成交的；

（二）采取不正当手段诋毁、排挤其他供应商的；

（三）与采购人、其他供应商或者采购代理机构恶意串通的；

（四）向采购人、采购代理机构行贿或者提供其他不正当利益的；

（五）在招标采购过程中与采购人进行协商谈判的；

（六）拒绝有关部门监督检查或者提供虚假情况的。

供应商有前款第（一）至（五）项情形之一的，中标、成交无效。

第七十八条 采购代理机构在代理政府采购业务中有违法行为的，按照有关法律规定处以罚款，可以在一至三年内禁止其代理政府采购业务，构成犯罪的，依法追究刑事责任。

第七十九条 政府采购当事人有本法第七十一条、第七十二条、第七十七条违法行为之一，给他人造成损失的，并应依照有关民事法律规定承担民事责任。

第八十条 政府采购监督管理部门的工作人员在实施监督检查中违反本法规定滥用职权，玩忽职守，徇私舞弊的，依法给予行政处分；构成犯罪的，依法追究刑事责任。

第八十一条 政府采购监督管理部门对供应商的投诉逾期未作处理的，给予直接负责的主管人员和其他直接责任人员行政处分。

第八十二条 政府采购监督管理部门对集中采购机构业绩的考核，有虚假陈述，隐瞒真实情况的，或者不作定期考核和公布考核结果的，应当及时纠正，由其上级机关或者监察机关对其负责人进行通报，并对直接负责的人员依法给予行政处分。

集中采购机构在政府采购监督管理部门考核中,虚报业绩,隐瞒真实情况的,处以二万元以上二十万元以下的罚款,并予以通报;情节严重的,取消其代理采购的资格。

第八十三条 任何单位或者个人阻挠和限制供应商进入本地区或者本行业政府采购市场的,责令限期改正;拒不改正的,由该单位、个人的上级行政主管部门或者有关机关给予单位责任人或者个人处分。

第九章 附 则

第八十四条 使用国际组织和外国政府贷款进行的政府采购,贷款方、资金提供方与中方达成的协议对采购的具体条件另有规定的,可以适用其规定,但不得损害国家利益和社会公共利益。

第八十五条 对因严重自然灾害和其他不可抗力事件所实施的紧急采购和涉及国家安全和秘密的采购,不适用本法。

第八十六条 军事采购法规由中央军事委员会另行制定。

第八十七条 本法实施的具体步骤和办法由国务院规定。

第八十八条 本法自2003年1月1日起施行。

中华人民共和国政府采购法实施条例

1. *2015年1月30日国务院令第658号公布*
2. *自2015年3月1日起施行*

第一章 总 则

第一条 根据《中华人民共和国政府采购法》(以下简称政府采购法),制定本条例。

第二条 政府采购法第二条所称财政性资金是指纳入预算管理的资金。

以财政性资金作为还款来源的借贷资金,视同财政性资金。

国家机关、事业单位和团体组织的采购项目既使用财政性资金又使用非财政性资金的,使用财政性资金采购的部分,适用政府采购法及本条例;财政性资金与非财政性资金无法分割采购的,统一适用政府采购法及本条例。

政府采购法第二条所称服务,包括政府自身需要的服务和政府向社会公众提供的公共服务。

第三条 集中采购目录包括集中采购机构采购项目和部门集中采购项目。

技术、服务等标准统一,采购人普遍使用的项目,列为集中采购机构采购项目;采购人本部门、本系统基于业务需要有特殊要求,可以统一采购的项目,列为部门集中采购项目。

第四条 政府采购法所称集中采购,是指采购人将列入集中采购目录的项目委托集中采购机构代理采购或者进行部门集中采购的行为;所称分散采购,是指采购人将采购限额标准以上的未列入集中采购目录的项目自行采购或者委托采购代理机构代理采购的行为。

第五条 省、自治区、直辖市人民政府或者其授权的机构根据实际情况,可以确定分别适用于本行政区域省级、设区的市级、县级的集中采购目录和采购限额标准。

第六条 国务院财政部门应当根据国家的经济和社会发展政策,会同国务院有关部门制定政府采购政策,通过制定采购需求标准、预留采购份额、价格评审优惠、优先采购等措施,实现节约能源、保护环境、扶持不发达地区和少数民族地区、促进中小企业发展等目标。

第七条 政府采购工程以及与工程建设有关的货物、服务,采用招标方式采购的,适用《中华人民共和国招标投标法》及其实施条例;采用其他方式采购的,适用政府采购法及本条例。

前款所称工程,是指建设工程,包括建筑物和构筑物的新建、改建、扩建及其相关的装修、拆除、修缮等;所称与工程建设有关的货物,是指构成工程不可分割的组成部分,且为实现工程基本功能所必需的设备、材料等;所称与工程建设有关的服务,是指为完成工程所需的勘察、设计、监理等服务。

政府采购工程以及与工程建设有关的货物、服务,应当执行政府采购政策。

第八条 政府采购项目信息应当在省级以上人民政府财政部门指定的媒体上发布。采购项目预算金额达到国务院财政部门规定标准的,政府采购项目信息应当在国务院财政部门指定的媒体上发布。

第九条 在政府采购活动中,采购人员及相关人员与供应商有下列利害关系之一的,应当回避:

(一)参加采购活动前3年内与供应商存在劳动关系;

(二)参加采购活动前3年内担任供应商的董事、监事;

(三)参加采购活动前3年内是供应商的控股股东或者实际控制人;

(四)与供应商的法定代表人或者负责人有夫妻、直系血亲、三代以内旁系血亲或者近姻亲关系;

(五)与供应商有其他可能影响政府采购活动公平、公正进行的关系。

供应商认为采购人员及相关人员与其他供应商有利害关系的,可以向采购人或者采购代理机构书面提出回避申请,并说明理由。采购人或者采购代理机构应当及时询问被申请回避人员,有利害关系的被申请回避人员应当回避。

第十条 国家实行统一的政府采购电子交易平台建设标准,推动利用信息网络进行电子化政府采购活动。

第二章 政府采购当事人

第十一条 采购人在政府采购活动中应当维护国家利益和社会公共利益,公正廉洁,诚实守信,执行政府采购政策,建立政府采购内部管理制度,厉行节约,科学合理确定采购需求。

采购人不得向供应商索要或者接受其给予的赠品、回扣或者与采购无关的其他商品、服务。

第十二条 政府采购法所称采购代理机构,是指集中采购机构和集中采购机构以外的采购代理机构。

集中采购机构是设区的市级以上人民政府依法设立的非营利事业法人,是代理集中采购项目的执行机构。集中采购机构应当根据采购人委托制定集中采购项目的实施方案,明确采购规程,组织政府采购活动,不得将集中采购项目转委托。集中采购机构以外的采购代理机构,是从事采购代理业务的社会中介机构。

第十三条 采购代理机构应当建立完善的政府采购内部监督管理制度,具备开展政府采购业务所需的评审条件和设施。

采购代理机构应当提高确定采购需求,编制招标文件、谈判文件、询价通知书,拟订合同文本和优化采购程序的专业化服务水平,根据采购人委托在规定的时间内及时组织采购人与中标或者成交供应商签订政府采购合同,及时协助采购人对采购项目进行验收。

第十四条 采购代理机构不得以不正当手段获取政府采购代理业务,不得与采购人、供应商恶意串通操纵政府采购活动。

采购代理机构工作人员不得接受采购人或者供应商组织的宴请、旅游、娱乐,不得收受礼品、现金、有价证券等,不得向采购人或者供应商报销应当由个人承担的费用。

第十五条 采购人、采购代理机构应当根据政府采购政策、采购预算、采购需求编制采购文件。

采购需求应当符合法律法规以及政府采购政策规定的技术、服务、安全等要求。政府向社会公众提供的公共服务项目，应当就确定采购需求征求社会公众的意见。除因技术复杂或者性质特殊，不能确定详细规格或者具体要求外，采购需求应当完整、明确。必要时，应当就确定采购需求征求相关供应商、专家的意见。

第十六条 政府采购法第二十条规定的委托代理协议，应当明确代理采购的范围、权限和期限等具体事项。

采购人和采购代理机构应当按照委托代理协议履行各自义务，采购代理机构不得超越代理权限。

第十七条 参加政府采购活动的供应商应当具备政府采购法第二十二条第一款规定的条件，提供下列材料：

（一）法人或者其他组织的营业执照等证明文件，自然人的身份证明；

（二）财务状况报告，依法缴纳税收和社会保障资金的相关材料；

（三）具备履行合同所必需的设备和专业技术能力的证明材料；

（四）参加政府采购活动前3年内在经营活动中没有重大违法记录的书面声明；

（五）具备法律、行政法规规定的其他条件的证明材料。

采购项目有特殊要求的，供应商还应当提供其符合特殊要求的证明材料或者情况说明。

第十八条 单位负责人为同一人或者存在直接控股、管理关系的不同供应商，不得参加同一合同项下的政府采购活动。

除单一来源采购项目外，为采购项目提供整体设计、规范编制或者项目管理、监理、检测等服务的供应商，不得再参加该采购项目的其他采购活动。

第十九条 政府采购法第二十二条第一款第五项所称重大违法记录，是指供应商因违法经营受到刑事处罚或者责令停产停业、吊销许可证或者执照、较大数额罚款等行政处罚。

供应商在参加政府采购活动前3年内因违法经营被禁止在一定期限内参加政府采购活动，期限届满的，可以参加政府采购活动。

第二十条 采购人或者采购代理机构有下列情形之一的，属于以不合理的条件对供应商实行差别待遇或者歧视待遇：

（一）就同一采购项目向供应商提供有差别的项目信息；

（二）设定的资格、技术、商务条件与采购项目的具体特点和实际需要不相适应或者与合同履行无关；

（三）采购需求中的技术、服务等要求指向特定供应商、特定产品；

（四）以特定行政区域或者特定行业的业绩、奖项作为加分条件或者中标、成交条件；

（五）对供应商采取不同的资格审查或者评审标准；

（六）限定或者指定特定的专利、商标、品牌或者供应商；

（七）非法限定供应商的所有制形式、组织形式或者所在地；

（八）以其他不合理条件限制或者排斥潜在供应商。

第二十一条 采购人或者采购代理机构对供应商进行资格预审的，资格预审公告应当在省级以上人民政府财政部门指定的媒体上发布。已进行资格预审的，评审阶段可以不再对供应商资格进行审查。资格预审合格的供应商在评审阶段资格发生变化的，应当通知采购人和采购代理机构。

资格预审公告应当包括采购人和采购项目名称、采购需求、对供应商的资格要求以及供应商提交资格预审申请文件的时间和地点。提交资格预审申请文件的时间自公告发布之日起不得少于5个工作日。

第二十二条 联合体中有同类资质的供应商按照联合体分工承担相同工作的，应当按照资质等级较低的供应商确定资质等级。

以联合体形式参加政府采购活动的，联合体各方不得再单独参加或者与其他供应商另外组成联合体参加同一合同项下的政府采购活动。

第三章 政府采购方式

第二十三条 采购人采购公开招标数额标准以上的货物或者服务，符合政府采购法第二十九条、第三十条、第三十一条、第三十二条规定情形或者有需要执行政府采购政策等特殊情况的，经设区的市级以上人民政府财政部门批准，可以依法采用公开招标以外的采购方式。

第二十四条 列入集中采购目录的项目，适合实行批量集中采购的，应当实行批量集中采购，但紧急的小额零星货物项目和有特殊要求的服务、工程项目除外。

第二十五条 政府采购工程依法不进行招标的，应当依照政府采购法和本条例规定的竞争性谈判或者单一来源采购方式采购。

第二十六条 政府采购法第三十条第三项规定的情形，应当是采购人不可预见的或者非因采购人拖延导致的；第四项规定的情形，是指因采购艺术品或者因专利、专有技术或者因服务的时间、数量事先不能确定等导致不能事先计算出价格总额。

第二十七条 政府采购法第三十一条第一项规定的情形，是指因货物或者服务使用不可替代的专利、专有技术，或者公共服务项目具有特殊要求，导致只能从某一特定供应商处采购。

第二十八条 在一个财政年度内,采购人将一个预算项目下的同一品目或者类别的货物、服务采用公开招标以外的方式多次采购,累计资金数额超过公开招标数额标准的,属于以化整为零方式规避公开招标,但项目预算调整或者经批准采用公开招标以外方式采购除外。

第四章 政府采购程序

第二十九条 采购人应当根据集中采购目录、采购限额标准和已批复的部门预算编制政府采购实施计划,报本级人民政府财政部门备案。

第三十条 采购人或者采购代理机构应当在招标文件、谈判文件、询价通知书中公开采购项目预算金额。

第三十一条 招标文件的提供期限自招标文件开始发出之日起不得少于5个工作日。

采购人或者采购代理机构可以对已发出的招标文件进行必要的澄清或者修改。澄清或者修改的内容可能影响投标文件编制的,采购人或者采购代理机构应当在投标截止时间至少15日前,以书面形式通知所有获取招标文件的潜在投标人;不足15日的,采购人或者采购代理机构应当顺延提交投标文件的截止时间。

第三十二条 采购人或者采购代理机构应当按照国务院财政部门制定的招标文件标准文本编制招标文件。

招标文件应当包括采购项目的商务条件、采购需求、投标人的资格条件、投标报价要求、评标方法、评标标准以及拟签订的合同文本等。

第三十三条 招标文件要求投标人提交投标保证金的,投标保证金不得超过采购项目预算金额的2%。投标保证金应当以支票、汇票、本票或者金融机构、担保机构出具的保函等非现金形式提交。投标人未按照招标文件要求提交投标保证金的,投标无效。

采购人或者采购代理机构应当自中标通知书发出之日起5个工作日内退还未中标供应商的投标保证金,自政府采购合同签订之日起5个工作日内退还中标供应商的投标保证金。

竞争性谈判或者询价采购中要求参加谈判或者询价的供应商提交保证金的,参照前两款的规定执行。

第三十四条 政府采购招标评标方法分为最低评标价法和综合评分法。

最低评标价法,是指投标文件满足招标文件全部实质性要求且投标报价最低的供应商为中标候选人的评标方法。综合评分法,是指投标文件满足招标文件全部实质性要求且按照评审因素的量化指标评审得分最高的供应商为中标候选人的评标方法。

技术、服务等标准统一的货物和服务项目，应当采用最低评标价法。

采用综合评分法的，评审标准中的分值设置应当与评审因素的量化指标相对应。

招标文件中没有规定的评标标准不得作为评审的依据。

第三十五条 谈判文件不能完整、明确列明采购需求，需要由供应商提供最终设计方案或者解决方案的，在谈判结束后，谈判小组应当按照少数服从多数的原则投票推荐3家以上供应商的设计方案或者解决方案，并要求其在规定时间内提交最后报价。

第三十六条 询价通知书应当根据采购需求确定政府采购合同条款。在询价过程中，询价小组不得改变询价通知书所确定的政府采购合同条款。

第三十七条 政府采购法第三十八条第五项、第四十条第四项所称质量和服务相等，是指供应商提供的产品质量和服务均能满足采购文件规定的实质性要求。

第三十八条 达到公开招标数额标准，符合政府采购法第三十一条第一项规定情形，只能从唯一供应商处采购的，采购人应当将采购项目信息和唯一供应商名称在省级以上人民政府财政部门指定的媒体上公示，公示期不得少于5个工作日。

第三十九条 除国务院财政部门规定的情形外，采购人或者采购代理机构应当从政府采购评审专家库中随机抽取评审专家。

第四十条 政府采购评审专家应当遵守评审工作纪律，不得泄露评审文件、评审情况和评审中获悉的商业秘密。

评标委员会、竞争性谈判小组或者询价小组在评审过程中发现供应商有行贿、提供虚假材料或者串通等违法行为的，应当及时向财政部门报告。

政府采购评审专家在评审过程中受到非法干预的，应当及时向财政、监察等部门举报。

第四十一条 评标委员会、竞争性谈判小组或者询价小组成员应当按照客观、公正、审慎的原则，根据采购文件规定的评审程序、评审方法和评审标准进行独立评审。采购文件内容违反国家有关强制性规定的，评标委员会、竞争性谈判小组或者询价小组应当停止评审并向采购人或者采购代理机构说明情况。

评标委员会、竞争性谈判小组或者询价小组成员应当在评审报告上签字，对自己的评审意见承担法律责任。对评审报告有异议的，应当在评审报告上签署不同意见，并说明理由，否则视为同意评审报告。

第四十二条 采购人、采购代理机构不得向评标委员会、竞争性谈判小组或者询价小组的评审专家作倾向性、误导性的解释或者说明。

第四十三条 采购代理机构应当自评审结束之日起2个工作日内将评审报告送交采购人。采购人应当自收到评审报告之日起5个工作日内在评审报告推荐的中标或者成交候选人中按顺序确定中标或者成交供应商。

采购人或者采购代理机构应当自中标、成交供应商确定之日起2个工作日内，发出中标、成交通知书，并在省级以上人民政府财政部门指定的媒体上公告中标、成交结果，招标文件、竞争性谈判文件、询价通知书随中标、成交结果同时公告。

中标、成交结果公告内容应当包括采购人和采购代理机构的名称、地址、联系方式，项目名称和项目编号，中标或者成交供应商名称、地址和中标或者成交金额，主要中标或者成交标的的名称、规格型号、数量、单价、服务要求以及评审专家名单。

第四十四条 除国务院财政部门规定的情形外，采购人、采购代理机构不得以任何理由组织重新评审。采购人、采购代理机构按照国务院财政部门的规定组织重新评审的，应当书面报告本级人民政府财政部门。

采购人或者采购代理机构不得通过对样品进行检测、对供应商进行考察等方式改变评审结果。

第四十五条 采购人或者采购代理机构应当按照政府采购合同规定的技术、服务、安全标准组织对供应商履约情况进行验收，并出具验收书。验收书应当包括每一项技术、服务、安全标准的履约情况。

政府向社会公众提供的公共服务项目，验收时应当邀请服务对象参与并出具意见，验收结果应当向社会公告。

第四十六条 政府采购法第四十二条规定的采购文件，可以用电子档案方式保存。

第五章　政府采购合同

第四十七条 国务院财政部门应当会同国务院有关部门制定政府采购合同标准文本。

第四十八条 采购文件要求中标或者成交供应商提交履约保证金的，供应商应当以支票、汇票、本票或者金融机构、担保机构出具的保函等非现金形式提交。履约保证金的数额不得超过政府采购合同金额的10%。

第四十九条 中标或者成交供应商拒绝与采购人签订合同的，采购人可以按照评审报告推荐的中标或者成交候选人名单排序，确定下一候选人为中标或者成交供应商，也可以重新开展政府采购活动。

第五十条 采购人应当自政府采购合同签订之日起2个工作日内，将政府采购合同在省级以上人民政府财政部门指定的媒体上公告，但政府采购合同中涉及国家秘密、商业秘密的内容除外。

第五十一条 采购人应当按照政府采购合同规定，及时向中标或者成交供应商支付采购资金。

政府采购项目资金支付程序，按照国家有关财政资金支付管理的规定执行。

第六章 质疑与投诉

第五十二条 采购人或者采购代理机构应当在3个工作日内对供应商依法提出的询问作出答复。

供应商提出的询问或者质疑超出采购人对采购代理机构委托授权范围的，采购代理机构应当告知供应商向采购人提出。

政府采购评审专家应当配合采购人或者采购代理机构答复供应商的询问和质疑。

第五十三条 政府采购法第五十二条规定的供应商应知其权益受到损害之日，是指：

（一）对可以质疑的采购文件提出质疑的，为收到采购文件之日或者采购文件公告期限届满之日；

（二）对采购过程提出质疑的，为各采购程序环节结束之日；

（三）对中标或者成交结果提出质疑的，为中标或者成交结果公告期限届满之日。

第五十四条 询问或者质疑事项可能影响中标、成交结果的，采购人应当暂停签订合同，已经签订合同的，应当中止履行合同。

第五十五条 供应商质疑、投诉应当有明确的请求和必要的证明材料。供应商投诉的事项不得超出已质疑事项的范围。

第五十六条 财政部门处理投诉事项采用书面审查的方式，必要时可以进行调查取证或者组织质证。

对财政部门依法进行的调查取证，投诉人和与投诉事项有关的当事人应当如实反映情况，并提供相关材料。

第五十七条 投诉人捏造事实、提供虚假材料或者以非法手段取得证明材料进行投诉的，财政部门应当予以驳回。

财政部门受理投诉后,投诉人书面申请撤回投诉的,财政部门应当终止投诉处理程序。

第五十八条 财政部门处理投诉事项,需要检验、检测、鉴定、专家评审以及需要投诉人补正材料的,所需时间不计算在投诉处理期限内。

财政部门对投诉事项作出的处理决定,应当在省级以上人民政府财政部门指定的媒体上公告。

第七章 监督检查

第五十九条 政府采购法第六十三条所称政府采购项目的采购标准,是指项目采购所依据的经费预算标准、资产配置标准和技术、服务标准等。

第六十条 除政府采购法第六十六条规定的考核事项外,财政部门对集中采购机构的考核事项还包括:

(一)政府采购政策的执行情况;

(二)采购文件编制水平;

(三)采购方式和采购程序的执行情况;

(四)询问、质疑答复情况;

(五)内部监督管理制度建设及执行情况;

(六)省级以上人民政府财政部门规定的其他事项。

财政部门应当制定考核计划,定期对集中采购机构进行考核,考核结果有重要情况的,应当向本级人民政府报告。

第六十一条 采购人发现采购代理机构有违法行为的,应当要求其改正。采购代理机构拒不改正的,采购人应当向本级人民政府财政部门报告,财政部门应当依法处理。

采购代理机构发现采购人的采购需求存在以不合理条件对供应商实行差别待遇、歧视待遇或者其他不符合法律、法规和政府采购政策规定内容,或者发现采购人有其他违法行为的,应当建议其改正。采购人拒不改正的,采购代理机构应当向采购人的本级人民政府财政部门报告,财政部门应当依法处理。

第六十二条 省级以上人民政府财政部门应当对政府采购评审专家库实行动态管理,具体管理办法由国务院财政部门制定。

采购人或者采购代理机构应当对评审专家在政府采购活动中的职责履行情况予以记录,并及时向财政部门报告。

第六十三条 各级人民政府财政部门和其他有关部门应当加强对参加政府采购活动的供应商、采购代理机构、评审专家的监督管理,对其不良行为予以记录,并纳入统一的信用信息平台。

第六十四条　各级人民政府财政部门对政府采购活动进行监督检查,有权查阅、复制有关文件、资料,相关单位和人员应当予以配合。

第六十五条　审计机关、监察机关以及其他有关部门依法对政府采购活动实施监督,发现采购当事人有违法行为的,应当及时通报财政部门。

第八章　法律责任

第六十六条　政府采购法第七十一条规定的罚款,数额为10万元以下。

政府采购法第七十二条规定的罚款,数额为5万元以上25万元以下。

第六十七条　采购人有下列情形之一的,由财政部门责令限期改正,给予警告,对直接负责的主管人员和其他直接责任人员依法给予处分,并予以通报:

(一)未按照规定编制政府采购实施计划或者未按照规定将政府采购实施计划报本级人民政府财政部门备案;

(二)将应当进行公开招标的项目化整为零或者以其他任何方式规避公开招标;

(三)未按照规定在评标委员会、竞争性谈判小组或者询价小组推荐的中标或者成交候选人中确定中标或者成交供应商;

(四)未按照采购文件确定的事项签订政府采购合同;

(五)政府采购合同履行中追加与合同标的相同的货物、工程或者服务的采购金额超过原合同采购金额10%;

(六)擅自变更、中止或者终止政府采购合同;

(七)未按照规定公告政府采购合同;

(八)未按照规定时间将政府采购合同副本报本级人民政府财政部门和有关部门备案。

第六十八条　采购人、采购代理机构有下列情形之一的,依照政府采购法第七十一条、第七十八条的规定追究法律责任:

(一)未依照政府采购法和本条例规定的方式实施采购;

(二)未依法在指定的媒体上发布政府采购项目信息;

(三)未按照规定执行政府采购政策;

(四)违反本条例第十五条的规定导致无法组织对供应商履约情况进行验收或者国家财产遭受损失;

(五)未依法从政府采购评审专家库中抽取评审专家;

(六)非法干预采购评审活动;

(七)采用综合评分法时评审标准中的分值设置未与评审因素的量化指

标相对应;

(八)对供应商的询问、质疑逾期未作处理;

(九)通过对样品进行检测、对供应商进行考察等方式改变评审结果;

(十)未按照规定组织对供应商履约情况进行验收。

第六十九条 集中采购机构有下列情形之一的,由财政部门责令限期改正,给予警告,有违法所得的,并处没收违法所得,对直接负责的主管人员和其他直接责任人员依法给予处分,并予以通报:

(一)内部监督管理制度不健全,对依法应当分设、分离的岗位、人员未分设、分离;

(二)将集中采购项目委托其他采购代理机构采购;

(三)从事营利活动。

第七十条 采购人员与供应商有利害关系而不依法回避的,由财政部门给予警告,并处 2000 元以上 2 万元以下的罚款。

第七十一条 有政府采购法第七十一条、第七十二条规定的违法行为之一,影响或者可能影响中标、成交结果的,依照下列规定处理:

(一)未确定中标或者成交供应商的,终止本次政府采购活动,重新开展政府采购活动。

(二)已确定中标或者成交供应商但尚未签订政府采购合同的,中标或者成交结果无效,从合格的中标或者成交候选人中另行确定中标或者成交供应商;没有合格的中标或者成交候选人的,重新开展政府采购活动。

(三)政府采购合同已签订但尚未履行的,撤销合同,从合格的中标或者成交候选人中另行确定中标或者成交供应商;没有合格的中标或者成交候选人的,重新开展政府采购活动。

(四)政府采购合同已经履行,给采购人、供应商造成损失的,由责任人承担赔偿责任。

政府采购当事人有其他违反政府采购法或者本条例规定的行为,经改正后仍然影响或者可能影响中标、成交结果或者依法被认定为中标、成交无效的,依照前款规定处理。

第七十二条 供应商有下列情形之一的,依照政府采购法第七十七条第一款的规定追究法律责任:

(一)向评标委员会、竞争性谈判小组或者询价小组成员行贿或者提供其他不正当利益;

(二)中标或者成交后无正当理由拒不与采购人签订政府采购合同;

（三）未按照采购文件确定的事项签订政府采购合同；

（四）将政府采购合同转包；

（五）提供假冒伪劣产品；

（六）擅自变更、中止或者终止政府采购合同。

供应商有前款第一项规定情形的，中标、成交无效。评审阶段资格发生变化，供应商未依照本条例第二十一条的规定通知采购人和采购代理机构的，处以采购金额5‰的罚款，列入不良行为记录名单，中标、成交无效。

第七十三条 供应商捏造事实、提供虚假材料或者以非法手段取得证明材料进行投诉的，由财政部门列入不良行为记录名单，禁止其1至3年内参加政府采购活动。

第七十四条 有下列情形之一的，属于恶意串通，对供应商依照政府采购法第七十七条第一款的规定追究法律责任，对采购人、采购代理机构及其工作人员依照政府采购法第七十二条的规定追究法律责任：

（一）供应商直接或者间接从采购人或者采购代理机构处获得其他供应商的相关情况并修改其投标文件或者响应文件；

（二）供应商按照采购人或者采购代理机构的授意撤换、修改投标文件或者响应文件；

（三）供应商之间协商报价、技术方案等投标文件或者响应文件的实质性内容；

（四）属于同一集团、协会、商会等组织成员的供应商按照该组织要求协同参加政府采购活动；

（五）供应商之间事先约定由某一特定供应商中标、成交；

（六）供应商之间商定部分供应商放弃参加政府采购活动或者放弃中标、成交；

（七）供应商与采购人或者采购代理机构之间、供应商相互之间，为谋求特定供应商中标、成交或者排斥其他供应商的其他串通行为。

第七十五条 政府采购评审专家未按照采购文件规定的评审程序、评审方法和评审标准进行独立评审或者泄露评审文件、评审情况的，由财政部门给予警告，并处2000元以上2万元以下的罚款；影响中标、成交结果的，处2万元以上5万元以下的罚款，禁止其参加政府采购评审活动。

政府采购评审专家与供应商存在利害关系未回避的，处2万元以上5万元以下的罚款，禁止其参加政府采购评审活动。

政府采购评审专家收受采购人、采购代理机构、供应商贿赂或者获取其他不正当利益，构成犯罪的，依法追究刑事责任；尚不构成犯罪的，处 2 万元以上 5 万元以下的罚款，禁止其参加政府采购评审活动。

政府采购评审专家有上述违法行为的，其评审意见无效，不得获取评审费；有违法所得的，没收违法所得；给他人造成损失的，依法承担民事责任。

第七十六条 政府采购当事人违反政府采购法和本条例规定，给他人造成损失的，依法承担民事责任。

第七十七条 财政部门在履行政府采购监督管理职责中违反政府采购法和本条例规定，滥用职权、玩忽职守、徇私舞弊的，对直接负责的主管人员和其他直接责任人员依法给予处分；直接负责的主管人员和其他直接责任人员构成犯罪的，依法追究刑事责任。

第九章 附 则

第七十八条 财政管理实行省直接管理的县级人民政府可以根据需要并报经省级人民政府批准，行使政府采购法和本条例规定的设区的市级人民政府批准变更采购方式的职权。

第七十九条 本条例自 2015 年 3 月 1 日起施行。

国务院国资委、国家发展改革委关于规范中央企业采购管理工作的指导意见

1. *2024 年 7 月 18 日*
2. *国资发改革规〔2024〕53 号*

为贯彻落实党中央、国务院部署要求，进一步规范中央企业采购管理工作，激发市场竞争活力，有效防范违法违规行为，全面提升中央企业采购与供应链管理水平，提出以下意见。

一、总体要求

以习近平新时代中国特色社会主义思想为指导，深入贯彻党的二十大精神，全力打造依法合规、公开透明、集约高效的供应链，切实提升产业链供应链韧性和安全水平，建立健全中央企业采购管理体系，增强采购价值创造能力，全面推动中央企业采购管理规范化、精益化、协同化、智慧化发展。

（一）坚持依法合规。严格遵循国家招投标相关法律法规及行业政策要求，同时进一步明确招标以外的采购方式和管控要点，切实规范中央企业采购行为。

（二）坚持公开公正。平等对待中央企业内部和外部各市场参与主体，破除行业垄断和保护主义，完善企业内控监督机制，防止国有资产流失。

（三）坚持竞争择优。广泛搜寻供应资源，充分激活市场竞争，以性能价格比最佳、全生命周期综合成本最优为目标，优选供应商、承包商或服务商。

（四）坚持协同高效。整合内外部资源，推动供应链上下游协作，助力资源共享、优势互补、集约高效、合作共赢，提升产业链供应链韧性和安全水平。

二、合理选择采购方式

对于《中华人民共和国招标投标法》《中华人民共和国招标投标法实施条例》《工程建设项目施工招标投标办法》等明确规定必须采取招标方式采购的项目，中央企业应当严格执行。对于不属于工程建设项目的采购活动，未达到《必须招标的工程项目规定》（国家发展改革委令 2018 年第 16 号）所规定的招标规模标准的工程建设采购项目，以及国家招标投标相关法律法规明确可以不进行招标的项目，中央企业除自愿采取招标方式外，应当选择下列四种方式之一进行。

（一）询比采购。

询比采购是指由 3 个及以上符合资格条件的供应商一次报出不得更改的价格，经评审确定成交供应商的采购方式。

适用条件为同时满足以下三种情形：一是采购人能够清晰、准确、完整地提出采购需求；二是采购标的物的技术和质量标准化程度较高；三是市场资源较丰富、竞争充分，潜在供应商不少于 3 家。

（二）竞价采购。

竞价采购是指由 3 个及以上符合资格条件的供应商在规定时间内多轮次公开竞争报价，按照最终报价确定成交供应商的采购方式。

适用条件为同时满足以下四种情形：一是采购人能够清晰、准确、完整地提出采购需求；二是采购标的物的技术和质量标准化程度较高；三是采购标的物以价格竞争为主；四是市场资源较丰富、竞争充分，潜在供应商不少于 3 家。

（三）谈判采购。

谈判采购是指同时与 2 个及以上符合资格条件的供应商分别进行一轮或多轮谈判，经评审确定成交供应商的竞争采购方式。

适用条件为满足以下情形之一:一是采购标的物技术复杂或性质特殊,采购方不能准确提出采购需求,需与供应商谈判后研究确定;二是采购需求明确,但有多种实施方案可供选择,采购人需通过与供应商谈判确定实施方案;三是市场供应资源缺乏,符合资格条件供应商只有2家;四是采购由供需双方以联合研发、共担风险模式形成的原创性商品或服务。

(四)直接采购。

直接采购是指与特定的供应商进行一轮或多轮商议,根据商议情况确定成交供应商的非竞争采购方式。

适用条件为满足以下情形之一:一是涉及国家秘密、国家安全或企业重大商业秘密,不适宜竞争性采购;二是因抢险救灾、事故抢修等不可预见的特殊情况需要紧急采购;三是需采用不可替代的专利或者专有技术;四是需向原供应商采购,否则将影响施工或者功能配套要求;五是有效供应商有且仅有1家;六是为保障重点战略物资稳定供应,需签订长期协议定向采购;七是国家有关部门文件明确的其他情形。

此外,对于围绕核心主业需集团内相关企业提供必要配套产品或服务的情形,如确需采用直接采购方式,应当由集团总部采取有效措施,加强集中管理,采购人分级履行决策程序后报上级企业备案。

三、强化采购寻源和供应商管理

充分利用全国企业采购交易寻源询价系统等数智化手段,广泛开展寻源比价,有效识别供应商弄虚作假、串通报价、履约能力不足等风险,开展全生命周期评价,建立合格供应商名录并做好动态管理和评价工作。对供应商实施量化考核,综合供应商考核结果及资质信用、管理水平、创新能力等,分级管理供应商,深化与优质供应商长期稳定合作。强化中央企业间供应商信息和考核结果的公开、共享和规范应用,探索相关行业内部建立高风险供应商名单,条件成熟后逐步推广高风险供应商名单信息共享,同时不得将未纳入高风险供应商名单作为参与采购的基本资格条件,不得将有解决纠纷诉求的合规供应商纳入高风险供应商名单管理,不得排斥或限制潜在供应商。

四、完善采购执行和评审机制

(一)健全采购执行机制。中央企业应当按照程序并依照国家有关标准制定采购计划、编制采购文件、发出采购公告或邀请书、发送采购文件、组织采购评审、确定成交供应商、签订合同。小额零星采购可适当简化采购流程。应当根据情况专门制定抢险救灾、应对突发性公共事件等应急采购项目的采购流程。

（二）完善评审专家机制。采购评审应当保密、公平、公正，任何单位和个人不得非法干预、影响评审的过程和结果。除依法应当进行招标的项目外，视技术标准、金额大小、采购方式等综合判断采购事项重要程度，考量组成专家评审小组的必要性，并将组建专家评审小组的标准纳入采购制度范围。专家评审小组应当选取专业要求、工作经历等匹配的专家，鼓励包含采购企业外人员。探索在同行业中央企业间共建评审专家库，采用行业共享、联合共建等方式扩大评审专家队伍。强化评审专家入库审查、业务培训和廉洁教育，提升专家履职能力。

五、推动采购活动公开透明

除直接采购及其他采购方式中涉密等特殊项目外，企业应当根据行业属性，结合企业实际确定公开采购限额基准线。限额以上的采购项目原则上应当采用公开方式，在本企业电子采购交易平台或省级及以上媒介公告公示采购信息。结果确定后，应当在发布采购公告的媒介上公示采购结果。采用直接采购方式并公开的，应当在采购前公示项目情况（涉密等特殊项目除外）。

六、提升采购数智化水平

（一）深化电子采购系统应用。支持中央企业电子采购与大数据、人工智能、区块链等新技术融合发展，依托电子采购交易网络搭建交易平台，实现业务公开、过程受控、全程在线、永久可追溯。在确保规则标准统一、设施联通的前提下，企业可自行建设电子采购交易系统，相关系统应当与国家电子招标投标公共服务系统、中央企业采购交易在线监管系统互联互通，纳入统一的公共资源交易平台体系。暂未自建交易平台的企业，可自主选择提供合理收费和优质服务的其他中央企业、地方或第三方电子交易系统。严格规范电子采购平台收费行为，合理确定收费标准，不得重复收费，不得将收费作为前置条件排斥或限制潜在供应商。

（二）大力推广企业电子商城。鼓励中央企业自建电子商城，并将标准工业品、低值易耗品、通用服务项目等通过企业电子商城采购。企业电子商城应当通过竞争性方式依法合规确定铺货供应商，约定商品上下架、价格调整、风险分担、支付结算等交易规则。电子商城应当具备比质比价功能，不断优化业务流程与交易管控，择优选取所需商品。

七、加大集中采购力度

大力推广标准化设计、标准化选型，整合同类型需求，积极推行集中采购，增强企业议价和协调能力、提高整体效益。集团总部汇总各子企业一定时期内所需的工程、货物或服务，按照分类分级集中采购目录清单，统一组织多项目联合打捆采购或框架协议采购，可采用“统谈统签”或“统谈分签”的模式。对于相似度高、采购量大的产品品类，在不违背反垄断市场竞争规则前提下，支持中央企业开展联合采购。

八、发挥采购对科技创新的支撑作用

对于原创技术策源地企业、创新联合体、启航企业等产生的创新产品和服务，工业和信息化部等部门相关名录所列首台（套）装备、首批次材料、首版次软件，以及《中央企业科技创新成果推荐目录》成果，在兼顾企业经济性情况下，可采用谈判或直接采购方式采购，鼓励企业预留采购份额并先试先用。首台（套）装备、首批次材料、首版次软件参与采购活动时，仅需提交相关证明材料，即视同满足市场占有率、使用业绩等要求，中央企业不得设置歧视性评审标准。在卫星导航、芯片、高端数控机床、工业机器人、先进医疗设备等科技创新重点领域，充分发挥中央企业采购使用的主力军作用，带头使用创新产品。

九、鼓励更好履行社会责任

（一）大力扶持中小企业发展。中央企业应当支持中小企业参与采购活动，不得违法限定供应商所在地、所有制形式、组织形式、注册资本、股权结构、经营年限等，或者设定其他不合理的条件排斥、限制中小企业参与采购活动。鼓励中央企业通过预留采购份额、优先安排价款支付等方式给予中小企业积极支持。

（二）坚决落实政策性采购要求。认真落实党中央、国务院关于全面推进乡村振兴和援疆援藏援青的决策部署，预留一定份额采购预算，科学合理确定采购方式，同等条件下优先采购脱贫地区、革命老区、民族地区和边疆地区产品。积极支持定点帮扶和对口支援地区的企业、产品入驻自有电商平台和市场销售渠道。

十、组织实施

（一）加强组织保障。各中央企业要高度重视采购与供应链管理工作，强化集团总部管理职能，进一步提升采购管控能力，结合实际优化完善机构设置，建立健全跨部门的采购管理协同工作机制。加强对计划、采购、生产、物流等业务活动的集中管理，实现资源精准匹配、服务快速响应，推动采购管理向供应链管理转型升级，全面提升采购与供应链管理的战略支撑、价值创造、风险防控功能和资源保障能力。

（二）健全制度体系。各中央企业要按照本指导意见要求，参考相关国家标准、行业标准，抓紧制定或修订采购管理制度和实施细则，明确采购计划、采购实施、合同签订与履行等操作程序和全流程管控要点，建立健全覆盖各类采购方式的采购管理制度体系，切实抓好内部采购制度建设，确保采购有章可循、规范管理。

（三）抓好监督落实。国务院国资委充分应用中央企业采购交易在线监管系统等平台工具，进一步加强对中央企业采购管理工作的监管，将采购管理绩效结果纳入中央企业采购与供应链管理对标评估等工作评价体系，对采购工作中存在的违规违纪违法问题严肃追责问责，切实加强对采购业务的内部控制、内部审计监督。建立健全“互联网+监督”机制，加强宣传引导和舆论监督，为推动中央企业采购工作规范健康发展营造良好氛围。

国家税务总局办公厅关于《中华人民共和国政府采购法实施条例》第十八条第二款法律适用的通知

1. 2015年10月21日国家税务总局办公厅发布

2. 税总办发〔2015〕190号

国家税务总局办公厅各省、自治区、直辖市和计划单列市国家税务局，局内各单位：

财政部办公厅近日印发了《关于〈中华人民共和国政府采购法实施条例〉第十八条第二款法律适用的函》（财办库〔2015〕295号），对《中华人民共和国政府采购法实施条例》第十八条第二款进行了解释说明。该规定同样适用于税务总局机关和国税系统，请各单位认真遵照执行。

附件：

财政部办公厅关于《中华人民共和国政府采购法实施条例》第十八条第二款法律适用的函

（2015 年 9 月 7 日　财办库〔2015〕295 号）

深圳市财政委员会：

你单位《关于咨询〈政府采购法实施条例〉第十八条第二款法律适用问题的函》（深财购函〔2015〕2282 号）收悉。经研究，现函复如下：

为促进政府采购公平竞争，加强采购项目的实施监管，《中华人民共和国政府采购法实施条例》第十八条规定，“除单一来源采购项目外，为采购项目提供整体设计、规范编制或者项目管理、监理、检测等服务的供应商，不得再参加该采购项目的其他采购活动。”其中，“其他采购活动”指为采购项目提供整体设计、规范编制和项目管理、监理、检测等服务之外的采购活动。因此，同一供应商可以同时承担项目的整体设计、规范编制和项目管理、监理、检测等服务。

特此函复。

财政部关于《中华人民共和国政府采购法实施条例》第十九条第一款“较大数额罚款”具体适用问题的意见

1. 2022 年 1 月 5 日
2. 财库〔2022〕3 号

各省、自治区、直辖市、计划单列市财政厅（局），新疆生产建设兵团财政局：

《中华人民共和国政府采购法实施条例》施行以来，部分地方财政部门、市场主体反映《中华人民共和国政府采购法实施条例》第十九条第一款“较大数额罚款”在执行过程中标准不一、差异较大。为贯彻落实国务院关于进一步优化营商环境的要求，维护政府采购市场秩序，规范行政执法行为，经研究并会商有关部门，现提出以下意见：

《中华人民共和国政府采购法实施条例》第十九条第一款规定的“较大数额罚款”认定为 200 万元以上的罚款，法律、行政法规以及国务院有关部门明确规定相关领域“较大数额罚款”标准高于200万元的,从其规定。

本意见自2022年2月8日起施行,此前颁布的有关规定与本意见不一致的,按照本意见执行。

政府采购非招标采购方式管理办法

1. 2013年12月19日财政部令第74号公布
2. 自2014年2月1日起施行

第一章 总 则

第一条 为了规范政府采购行为,加强对采用非招标采购方式采购活动的监督管理,维护国家利益、社会公共利益和政府采购当事人的合法权益,依据《中华人民共和国政府采购法》(以下简称政府采购法)和其他法律、行政法规的有关规定,制定本办法。

第二条 采购人、采购代理机构采用非招标采购方式采购货物、工程和服务的,适用本办法。

本办法所称非招标采购方式,是指竞争性谈判、单一来源采购和询价采购方式。

竞争性谈判是指谈判小组与符合资格条件的供应商就采购货物、工程和服务事宜进行谈判,供应商按照谈判文件的要求提交响应文件和最后报价,采购人从谈判小组提出的成交候选人中确定成交供应商的采购方式。

单一来源采购是指采购人从某一特定供应商处采购货物、工程和服务的采购方式。

询价是指询价小组向符合资格条件的供应商发出采购货物询价通知书,要求供应商一次报出不得更改的价格,采购人从询价小组提出的成交候选人中确定成交供应商的采购方式。

第三条 采购人、采购代理机构采购以下货物、工程和服务之一的,可以采用竞争性谈判、单一来源采购方式采购;采购货物的,还可以采用询价采购方式:

(一)依法制定的集中采购目录以内,且未达到公开招标数额标准的货物、服务;

(二)依法制定的集中采购目录以外、采购限额标准以上,且未达到公开招标数额标准的货物、服务;

（三）达到公开招标数额标准、经批准采用非公开招标方式的货物、服务；

（四）按照招标投标法及其实施条例必须进行招标的工程建设项目以外的政府采购工程。

第二章 一般规定

第四条 达到公开招标数额标准的货物、服务采购项目，拟采用非招标采购方式的，采购人应当在采购活动开始前，报经主管预算单位同意后，向设区的市、自治州以上人民政府财政部门申请批准。

第五条 根据本办法第四条申请采用非招标采购方式采购的，采购人应当向财政部门提交以下材料并对材料的真实性负责：

（一）采购人名称、采购项目名称、项目概况等项目基本情况说明；

（二）项目预算金额、预算批复文件或者资金来源证明；

（三）拟申请采用的采购方式和理由。

第六条 采购人、采购代理机构应当按照政府采购法和本办法的规定组织开展非招标采购活动，并采取必要措施，保证评审在严格保密的情况下进行。

任何单位和个人不得非法干预、影响评审过程和结果。

第七条 竞争性谈判小组或者询价小组由采购人代表和评审专家共 3 人以上单数组成，其中评审专家人数不得少于竞争性谈判小组或者询价小组成员总数的 2/3。采购人不得以评审专家身份参加本部门或本单位采购项目的评审。采购代理机构人员不得参加本机构代理的采购项目的评审。

达到公开招标数额标准的货物或者服务采购项目，或者达到招标规模标准的政府采购工程，竞争性谈判小组或者询价小组应当由 5 人以上单数组成。

采用竞争性谈判、询价方式采购的政府采购项目，评审专家应当从政府采购评审专家库内相关专业的专家名单中随机抽取。技术复杂、专业性强的竞争性谈判采购项目，通过随机方式难以确定合适的评审专家的，经主管预算单位同意，可以自行选定评审专家。技术复杂、专业性强的竞争性谈判采购项目，评审专家中应当包含 1 名法律专家。

第八条 竞争性谈判小组或者询价小组在采购活动过程中应当履行下列职责：

（一）确认或者制定谈判文件、询价通知书；

（二）从符合相应资格条件的供应商名单中确定不少于 3 家的供应商参加谈判或者询价；

（三）审查供应商的响应文件并作出评价；

（四）要求供应商解释或者澄清其响应文件；

（五）编写评审报告；

（六）告知采购人、采购代理机构在评审过程中发现的供应商的违法违规行为。

第九条 竞争性谈判小组或者询价小组成员应当履行下列义务：

（一）遵纪守法，客观、公正、廉洁地履行职责；

（二）根据采购文件的规定独立进行评审，对个人的评审意见承担法律责任；

（三）参与评审报告的起草；

（四）配合采购人、采购代理机构答复供应商提出的质疑；

（五）配合财政部门的投诉处理和监督检查工作。

第十条 谈判文件、询价通知书应当根据采购项目的特点和采购人的实际需求制定，并经采购人书面同意。采购人应当以满足实际需求为原则，不得擅自提高经费预算和资产配置等采购标准。

谈判文件、询价通知书不得要求或者标明供应商名称或者特定货物的品牌，不得含有指向特定供应商的技术、服务等条件。

第十一条 谈判文件、询价通知书应当包括供应商资格条件、采购邀请、采购方式、采购预算、采购需求、采购程序、价格构成或者报价要求、响应文件编制要求、提交响应文件截止时间及地点、保证金交纳数额和形式、评定成交的标准等。

谈判文件除本条第一款规定的内容外，还应当明确谈判小组根据与供应商谈判情况可能实质性变动的内容，包括采购需求中的技术、服务要求以及合同草案条款。

第十二条 采购人、采购代理机构应当通过发布公告、从省级以上财政部门建立的供应商库中随机抽取或者采购人和评审专家分别书面推荐的方式邀请不少于3家符合相应资格条件的供应商参与竞争性谈判或者询价采购活动。

符合政府采购法第二十二条第一款规定条件的供应商可以在采购活动开始前加入供应商库。财政部门不得对供应商申请入库收取任何费用，不得利用供应商库进行地区和行业封锁。

采取采购人和评审专家书面推荐方式选择供应商的，采购人和评审专家应当各自出具书面推荐意见。采购人推荐供应商的比例不得高于推荐供应商总数的50%。

第十三条 供应商应当按照谈判文件、询价通知书的要求编制响应文件，并对其提交的响应文件的真实性、合法性承担法律责任。

第十四条 采购人、采购代理机构可以要求供应商在提交响应文件截止时间之前交纳保证金。保证金应当采用支票、汇票、本票、网上银行支付或者金融机构、担保机构出具的保函等非现金形式交纳。保证金数额应当不超过采购项目预算的2%。

供应商为联合体的，可以由联合体中的一方或者多方共同交纳保证金，其交纳的保证金对联合体各方均具有约束力。

第十五条 供应商应当在谈判文件、询价通知书要求的截止时间前，将响应文件密封送达指定地点。在截止时间后送达的响应文件为无效文件，采购人、采购代理机构或者谈判小组、询价小组应当拒收。

供应商在提交询价响应文件截止时间前，可以对所提交的响应文件进行补充、修改或者撤回，并书面通知采购人、采购代理机构。补充、修改的内容作为响应文件的组成部分。补充、修改的内容与响应文件不一致的，以补充、修改的内容为准。

第十六条 谈判小组、询价小组在对响应文件的有效性、完整性和响应程度进行审查时，可以要求供应商对响应文件中含义不明确、同类问题表述不一致或者有明显文字和计算错误的内容等作出必要的澄清、说明或者更正。供应商的澄清、说明或者更正不得超出响应文件的范围或者改变响应文件的实质性内容。

谈判小组、询价小组要求供应商澄清、说明或者更正响应文件应当以书面形式作出。供应商的澄清、说明或者更正应当由法定代表人或其授权代表签字或者加盖公章。由授权代表签字的，应当附法定代表人授权书。供应商为自然人的，应当由本人签字并附身份证明。

第十七条 谈判小组、询价小组应当根据评审记录和评审结果编写评审报告，其主要内容包括：

（一）邀请供应商参加采购活动的具体方式和相关情况，以及参加采购活动的供应商名单；

（二）评审日期和地点，谈判小组、询价小组成员名单；

（三）评审情况记录和说明，包括对供应商的资格审查情况、供应商响应文件评审情况、谈判情况、报价情况等；

（四）提出的成交候选人的名单及理由。

评审报告应当由谈判小组、询价小组全体人员签字认可。谈判小组、询价小组成员对评审报告有异议的，谈判小组、询价小组按照少数服从多数的原则推荐成交候选人，采购程序继续进行。对评审报告有异议的谈判小组、询价小组成员，应当在报告上签署不同意见并说明理由，由谈判小组、询价小组书面记录相关情况。谈判小组、询价小组成员拒绝在报告上签字又不书面说明其不同意见和理由的,视为同意评审报告。

第十八条 采购人或者采购代理机构应当在成交供应商确定后 2 个工作日内,在省级以上财政部门指定的媒体上公告成交结果,同时向成交供应商发出成交通知书,并将竞争性谈判文件、询价通知书随成交结果同时公告。成交结果公告应当包括以下内容:

(一)采购人和采购代理机构的名称、地址和联系方式;

(二)项目名称和项目编号;

(三)成交供应商名称、地址和成交金额;

(四)主要成交标的的名称、规格型号、数量、单价、服务要求;

(五)谈判小组、询价小组成员名单及单一来源采购人员名单。

采用书面推荐供应商参加采购活动的,还应当公告采购人和评审专家的推荐意见。

第十九条 采购人与成交供应商应当在成交通知书发出之日起 30 日内,按照采购文件确定的合同文本以及采购标的、规格型号、采购金额、采购数量、技术和服务要求等事项签订政府采购合同。

采购人不得向成交供应商提出超出采购文件以外的任何要求作为签订合同的条件,不得与成交供应商订立背离采购文件确定的合同文本以及采购标的、规格型号、采购金额、采购数量、技术和服务要求等实质性内容的协议。

第二十条 采购人或者采购代理机构应当在采购活动结束后及时退还供应商的保证金,但因供应商自身原因导致无法及时退还的除外。未成交供应商的保证金应当在成交通知书发出后 5 个工作日内退还,成交供应商的保证金应当在采购合同签订后 5 个工作日内退还。

有下列情形之一的,保证金不予退还:

(一)供应商在提交响应文件截止时间后撤回响应文件的;

(二)供应商在响应文件中提供虚假材料的;

(三)除因不可抗力或谈判文件、询价通知书认可的情形以外,成交供应商不与采购人签订合同的;

(四)供应商与采购人、其他供应商或者采购代理机构恶意串通的;

(五)采购文件规定的其他情形。

第二十一条 除资格性审查认定错误和价格计算错误外,采购人或者采购代理机构不得以任何理由组织重新评审。采购人、采购代理机构发现谈判小组、询价小组未按照采购文件规定的评定成交的标准进行评审的,应当重新开展采购活动,并同时书面报告本级财政部门。

第二十二条 除不可抗力等因素外,成交通知书发出后,采购人改变成交结果,或者成交供应商拒绝签订政府采购合同的,应当承担相应的法律责任。

成交供应商拒绝签订政府采购合同的,采购人可以按照本办法第三十六条第二款、第四十九条第二款规定的原则确定其他供应商作为成交供应商并签订政府采购合同,也可以重新开展采购活动。拒绝签订政府采购合同的成交供应商不得参加对该项目重新开展的采购活动。

第二十三条 在采购活动中因重大变故,采购任务取消的,采购人或者采购代理机构应当终止采购活动,通知所有参加采购活动的供应商,并将项目实施情况和采购任务取消原因报送本级财政部门。

第二十四条 采购人或者采购代理机构应当按照采购合同规定的技术、服务等要求组织对供应商履约的验收,并出具验收书。验收书应当包括每一项技术、服务等要求的履约情况。大型或者复杂的项目,应当邀请国家认可的质量检测机构参加验收。验收方成员应当在验收书上签字,并承担相应的法律责任。

第二十五条 谈判小组、询价小组成员以及与评审工作有关的人员不得泄露评审情况以及评审过程中获悉的国家秘密、商业秘密。

第二十六条 采购人、采购代理机构应当妥善保管每项采购活动的采购文件。采购文件包括采购活动记录、采购预算、谈判文件、询价通知书、响应文件、推荐供应商的意见、评审报告、成交供应商确定文件、单一来源采购协商情况记录、合同文本、验收证明、质疑答复、投诉处理决定以及其他有关文件、资料。采购文件可以电子档案方式保存。

采购活动记录至少应当包括下列内容:

(一)采购项目类别、名称;

(二)采购项目预算、资金构成和合同价格;

(三)采购方式,采用该方式的原因及相关说明材料;

(四)选择参加采购活动的供应商的方式及原因;

(五)评定成交的标准及确定成交供应商的原因;

(六)终止采购活动的,终止的原因。

第三章 竞争性谈判

第二十七条 符合下列情形之一的采购项目,可以采用竞争性谈判方式采购:

(一)招标后没有供应商投标或者没有合格标的,或者重新招标未能成立的;

(二)技术复杂或者性质特殊,不能确定详细规格或者具体要求的;

（三）非采购人所能预见的原因或者非采购人拖延造成采用招标所需时间不能满足用户紧急需要的；

（四）因艺术品采购、专利、专有技术或者服务的时间、数量事先不能确定等原因不能事先计算出价格总额的。

公开招标的货物、服务采购项目，招标过程中提交投标文件或者经评审实质性响应招标文件要求的供应商只有两家时，采购人、采购代理机构按照本办法第四条经本级财政部门批准后可以与该两家供应商进行竞争性谈判采购，采购人、采购代理机构应当根据招标文件中的采购需求编制谈判文件，成立谈判小组，由谈判小组对谈判文件进行确认。符合本款情形的，本办法第三十三条、第三十五条中规定的供应商最低数量可以为两家。

第二十八条 符合本办法第二十七条第一款第一项情形和第二款情形，申请采用竞争性谈判采购方式时，除提交本办法第五条第一至三项规定的材料外，还应当提交下列申请材料：

（一）在省级以上财政部门指定的媒体上发布招标公告的证明材料；

（二）采购人、采购代理机构出具的对招标文件和招标过程是否有供应商质疑及质疑处理情况的说明；

（三）评标委员会或者3名以上评审专家出具的招标文件没有不合理条款的论证意见。

第二十九条 从谈判文件发出之日起至供应商提交首次响应文件截止之日止不得少于3个工作日。

提交首次响应文件截止之日前，采购人、采购代理机构或者谈判小组可以对已发出的谈判文件进行必要的澄清或者修改，澄清或者修改的内容作为谈判文件的组成部分。澄清或者修改的内容可能影响响应文件编制的，采购人、采购代理机构或者谈判小组应当在提交首次响应文件截止之日3个工作日前，以书面形式通知所有接收谈判文件的供应商，不足3个工作日的，应当顺延提交首次响应文件截止之日。

第三十条 谈判小组应当对响应文件进行评审，并根据谈判文件规定的程序、评定成交的标准等事项与实质性响应谈判文件要求的供应商进行谈判。未实质性响应谈判文件的响应文件按无效处理，谈判小组应当告知有关供应商。

第三十一条 谈判小组所有成员应当集中与单一供应商分别进行谈判，并给予所有参加谈判的供应商平等的谈判机会。

第三十二条 在谈判过程中，谈判小组可以根据谈判文件和谈判情况实质性变动采购需求中的技术、服务要求以及合同草案条款，但不得变动谈判文件中的其他内容。实质性变动的内容，须经采购人代表确认。

对谈判文件作出的实质性变动是谈判文件的有效组成部分，谈判小组应当及时以书面形式同时通知所有参加谈判的供应商。

供应商应当按照谈判文件的变动情况和谈判小组的要求重新提交响应文件，并由其法定代表人或授权代表签字或者加盖公章。由授权代表签字的，应当附法定代表人授权书。供应商为自然人的，应当由本人签字并附身份证明。

第三十三条 谈判文件能够详细列明采购标的的技术、服务要求的，谈判结束后，谈判小组应当要求所有继续参加谈判的供应商在规定时间内提交最后报价，提交最后报价的供应商不得少于 3 家。

谈判文件不能详细列明采购标的的技术、服务要求，需经谈判由供应商提供最终设计方案或解决方案的，谈判结束后，谈判小组应当按照少数服从多数的原则投票推荐 3 家以上供应商的设计方案或者解决方案，并要求其在规定时间内提交最后报价。

最后报价是供应商响应文件的有效组成部分。

第三十四条 已提交响应文件的供应商，在提交最后报价之前，可以根据谈判情况退出谈判。采购人、采购代理机构应当退还退出谈判的供应商的保证金。

第三十五条 谈判小组应当从质量和服务均能满足采购文件实质性响应要求的供应商中，按照最后报价由低到高的顺序提出 3 名以上成交候选人，并编写评审报告。

第三十六条 采购代理机构应当在评审结束后 2 个工作日内将评审报告送采购人确认。

采购人应当在收到评审报告后 5 个工作日内，从评审报告提出的成交候选人中，根据质量和服务均能满足采购文件实质性响应要求且最后报价最低的原则确定成交供应商，也可以书面授权谈判小组直接确定成交供应商。采购人逾期未确定成交供应商且不提出异议的，视为确定评审报告提出的最后报价最低的供应商为成交供应商。

第三十七条 出现下列情形之一的，采购人或者采购代理机构应当终止竞争性谈判采购活动，发布项目终止公告并说明原因，重新开展采购活动：

（一）因情况变化，不再符合规定的竞争性谈判采购方式适用情形的；

（二）出现影响采购公正的违法、违规行为的；

（三）在采购过程中符合竞争要求的供应商或者报价未超过采购预算的供应商不足 3 家的，但本办法第二十七条第二款规定的情形除外。

第四章 单一来源采购

第三十八条 属于政府采购法第三十一条第一项情形，且达到公开招标数额的货物、服务项目，拟采用单一来源采购方式的，采购人、采购代理机构在按照本办法第四条报财政部门批准之前，应当在省级以上财政部门指定媒体上公示，并将公示情况一并报财政部门。公示期不得少于5个工作日，公示内容应当包括：

（一）采购人、采购项目名称和内容；

（二）拟采购的货物或者服务的说明；

（三）采用单一来源采购方式的原因及相关说明；

（四）拟定的唯一供应商名称、地址；

（五）专业人员对相关供应商因专利、专有技术等原因具有唯一性的具体论证意见，以及专业人员的姓名、工作单位和职称；

（六）公示的期限；

（七）采购人、采购代理机构、财政部门的联系地址、联系人和联系电话。

第三十九条 任何供应商、单位或者个人对采用单一来源采购方式公示有异议的，可以在公示期内将书面意见反馈给采购人、采购代理机构，并同时抄送相关财政部门。

第四十条 采购人、采购代理机构收到对采用单一来源采购方式公示的异议后，应当在公示期满后5个工作日内，组织补充论证，论证后认为异议成立的，应当依法采取其他采购方式；论证后认为异议不成立的，应当将异议意见、论证意见与公示情况一并报相关财政部门。

采购人、采购代理机构应当将补充论证的结论告知提出异议的供应商、单位或者个人。

第四十一条 采用单一来源采购方式采购的，采购人、采购代理机构应当组织具有相关经验的专业人员与供应商商定合理的成交价格并保证采购项目质量。

第四十二条 单一来源采购人员应当编写协商情况记录，主要内容包括：

（一）依据本办法第三十八条进行公示的，公示情况说明；

（二）协商日期和地点，采购人员名单；

（三）供应商提供的采购标的成本、同类项目合同价格以及相关专利、专有技术等情况说明；

（四）合同主要条款及价格商定情况。

协商情况记录应当由采购全体人员签字认可。对记录有异议的采购人员，应当签署不同意见并说明理由。采购人员拒绝在记录上签字又不书面说明其不同意见和理由的，视为同意。

第四十三条 出现下列情形之一的，采购人或者采购代理机构应当终止采购活动，发布项目终止公告并说明原因，重新开展采购活动：

（一）因情况变化，不再符合规定的单一来源采购方式适用情形的；

（二）出现影响采购公正的违法、违规行为的；

（三）报价超过采购预算的。

第五章 询 价

第四十四条 询价采购需求中的技术、服务等要求应当完整、明确，符合相关法律、行政法规和政府采购政策的规定。

第四十五条 从询价通知书发出之日起至供应商提交响应文件截止之日止不得少于3个工作日。

提交响应文件截止之日前，采购人、采购代理机构或者询价小组可以对已发出的询价通知书进行必要的澄清或者修改，澄清或者修改的内容作为询价通知书的组成部分。澄清或者修改的内容可能影响响应文件编制的，采购人、采购代理机构或者询价小组应当在提交响应文件截止之日3个工作日前，以书面形式通知所有接收询价通知书的供应商，不足3个工作日的，应当顺延提交响应文件截止之日。

第四十六条 询价小组在询价过程中，不得改变询价通知书所确定的技术和服务等要求、评审程序、评定成交的标准和合同文本等事项。

第四十七条 参加询价采购活动的供应商，应当按照询价通知书的规定一次报出不得更改的价格。

第四十八条 询价小组应当从质量和服务均能满足采购文件实质性响应要求的供应商中，按照报价由低到高的顺序提出3名以上成交候选人，并编写评审报告。

第四十九条 采购代理机构应当在评审结束后2个工作日内将评审报告送采购人确认。

采购人应当在收到评审报告后5个工作日内，从评审报告提出的成交候选人中，根据质量和服务均能满足采购文件实质性响应要求且报价最低的原则确定成交供应商，也可以书面授权询价小组直接确定成交供应商。采购人逾期未确定成交供应商且不提出异议的，视为确定评审报告提出的最后报价最低的供应商为成交供应商。

第五十条 出现下列情形之一的，采购人或者采购代理机构应当终止询价采购

活动,发布项目终止公告并说明原因,重新开展采购活动:

(一)因情况变化,不再符合规定的询价采购方式适用情形的;

(二)出现影响采购公正的违法、违规行为的;

(三)在采购过程中符合竞争要求的供应商或者报价未超过采购预算的供应商不足3家的。

第六章 法律责任

第五十一条 采购人、采购代理机构有下列情形之一的,责令限期改正,给予警告;有关法律、行政法规规定处以罚款的,并处罚款;涉嫌犯罪的,依法移送司法机关处理:

(一)未按照本办法规定在指定媒体上发布政府采购信息的;

(二)未按照本办法规定组成谈判小组、询价小组的;

(三)在询价采购过程中与供应商进行协商谈判的;

(四)未按照政府采购法和本办法规定的程序和要求确定成交候选人的;

(五)泄露评审情况以及评审过程中获悉的国家秘密、商业秘密的。

采购代理机构有前款情形之一,情节严重的,暂停其政府采购代理机构资格3至6个月;情节特别严重或者逾期不改正的,取消其政府采购代理机构资格。

第五十二条 采购人有下列情形之一的,责令限期改正,给予警告;有关法律、行政法规规定处以罚款的,并处罚款:

(一)未按照政府采购法和本办法的规定采用非招标采购方式的;

(二)未按照政府采购法和本办法的规定确定成交供应商的;

(三)未按照采购文件确定的事项签订政府采购合同,或者与成交供应商另行订立背离合同实质性内容的协议的;

(四)未按规定将政府采购合同副本报本级财政部门备案的。

第五十三条 采购人、采购代理机构有本办法第五十一条、第五十二条规定情形之一,且情节严重或者拒不改正的,其直接负责的主管人员和其他直接责任人员属于国家机关工作人员的,由任免机关或者监察机关依法给予处分,并予通报。

第五十四条 成交供应商有下列情形之一的,责令限期改正,情节严重的,列入不良行为记录名单,在1至3年内禁止参加政府采购活动,并予以通报:

(一)未按照采购文件确定的事项签订政府采购合同,或者与采购人另行订立背离合同实质性内容的协议的;

（二）成交后无正当理由不与采购人签订合同的；

（三）拒绝履行合同义务的。

第五十五条 谈判小组、询价小组成员有下列行为之一的，责令改正，给予警告；有关法律、行政法规规定处以罚款的，并处罚款；涉嫌犯罪的，依法移送司法机关处理：

（一）收受采购人、采购代理机构、供应商、其他利害关系人的财物或者其他不正当利益的；

（二）泄露评审情况以及评审过程中获悉的国家秘密、商业秘密的；

（三）明知与供应商有利害关系而不依法回避的；

（四）在评审过程中擅离职守，影响评审程序正常进行的；

（五）在评审过程中有明显不合理或者不正当倾向性的；

（六）未按照采购文件规定的评定成交的标准进行评审的。

评审专家有前款情形之一，情节严重的，取消其政府采购评审专家资格，不得再参加任何政府采购项目的评审，并在财政部门指定的政府采购信息发布媒体上予以公告。

第五十六条 有本办法第五十一条、第五十二条、第五十五条违法行为之一，并且影响或者可能影响成交结果的，应当按照下列情形分别处理：

（一）未确定成交供应商的，终止本次采购活动，依法重新开展采购活动；

（二）已确定成交供应商但采购合同尚未履行的，撤销合同，从合格的成交候选人中另行确定成交供应商，没有合格的成交候选人的，重新开展采购活动；

（三）采购合同已经履行的，给采购人、供应商造成损失的，由责任人依法承担赔偿责任。

第五十七条 政府采购当事人违反政府采购法和本办法规定，给他人造成损失的，应当依照有关民事法律规定承担民事责任。

第五十八条 任何单位或者个人非法干预、影响评审过程或者结果的，责令改正；该单位责任人或者个人属于国家机关工作人员的，由任免机关或者监察机关依法给予处分。

第五十九条 财政部门工作人员在实施监督管理过程中违法干预采购活动或者滥用职权、玩忽职守、徇私舞弊的，依法给予处分；涉嫌犯罪的，依法移送司法机关处理。

第七章 附 则

第六十条 本办法所称主管预算单位是指负有编制部门预算职责，向同级财政部门申报预算的国家机关、事业单位和团体组织。

第六十一条 各省、自治区、直辖市人民政府财政部门可以根据本办法制定具体实施办法。

第六十二条 本办法自2014年2月1日起施行。

政府采购货物和服务招标投标管理办法

1. 2017年7月11日财政部令第87号公布

2. 自2017年10月1日起施行

第一章 总 则

第一条 为了规范政府采购当事人的采购行为,加强对政府采购货物和服务招标投标活动的监督管理,维护国家利益、社会公共利益和政府采购招标投标活动当事人的合法权益,依据《中华人民共和国政府采购法》(以下简称政府采购法)、《中华人民共和国政府采购法实施条例》(以下简称政府采购法实施条例)和其他有关法律法规规定,制定本办法。

第二条 本办法适用于在中华人民共和国境内开展政府采购货物和服务(以下简称货物服务)招标投标活动。

第三条 货物服务招标分为公开招标和邀请招标。

公开招标,是指采购人依法以招标公告的方式邀请非特定的供应商参加投标的采购方式。

邀请招标,是指采购人依法从符合相应资格条件的供应商中随机抽取3家以上供应商,并以投标邀请书的方式邀请其参加投标的采购方式。

第四条 属于地方预算的政府采购项目,省、自治区、直辖市人民政府根据实际情况,可以确定分别适用于本行政区域省级、设区的市级、县级公开招标数额标准。

第五条 采购人应当在货物服务招标投标活动中落实节约能源、保护环境、扶持不发达地区和少数民族地区、促进中小企业发展等政府采购政策。

第六条 采购人应当按照行政事业单位内部控制规范要求,建立健全本单位政府采购内部控制制度,在编制政府采购预算和实施计划、确定采购需求、组织采购活动、履约验收、答复询问质疑、配合投诉处理及监督检查等重点环节加强内部控制管理。

采购人不得向供应商索要或者接受其给予的赠品、回扣或者与采购无关的其他商品、服务。

第七条 采购人应当按照财政部制定的《政府采购品目分类目录》确定采购项目属性。按照《政府采购品目分类目录》无法确定的，按照有利于采购项目实施的原则确定。

第八条 采购人委托采购代理机构代理招标的，采购代理机构应当在采购人委托的范围内依法开展采购活动。

采购代理机构及其分支机构不得在所代理的采购项目中投标或者代理投标，不得为所代理的采购项目的投标人参加本项目提供投标咨询。

第二章 招　　标

第九条 未纳入集中采购目录的政府采购项目，采购人可以自行招标，也可以委托采购代理机构在委托的范围内代理招标。

采购人自行组织开展招标活动的，应当符合下列条件：

（一）有编制招标文件、组织招标的能力和条件；

（二）有与采购项目专业性相适应的专业人员。

第十条 采购人应当对采购标的的市场技术或者服务水平、供应、价格等情况进行市场调查，根据调查情况、资产配置标准等科学、合理地确定采购需求，进行价格测算。

第十一条 采购需求应当完整、明确，包括以下内容：

（一）采购标的需实现的功能或者目标，以及为落实政府采购政策需满足的要求；

（二）采购标的需执行的国家相关标准、行业标准、地方标准或者其他标准、规范；

（三）采购标的需满足的质量、安全、技术规格、物理特性等要求；

（四）采购标的的数量、采购项目交付或者实施的时间和地点；

（五）采购标的需满足的服务标准、期限、效率等要求；

（六）采购标的的验收标准；

（七）采购标的的其他技术、服务等要求。

第十二条 采购人根据价格测算情况，可以在采购预算额度内合理设定最高限价，但不得设定最低限价。

第十三条 公开招标公告应当包括以下主要内容：

（一）采购人及其委托的采购代理机构的名称、地址和联系方法；

（二）采购项目的名称、预算金额，设定最高限价的，还应当公开最高限价；

（三）采购人的采购需求；

（四）投标人的资格要求；

（五）获取招标文件的时间期限、地点、方式及招标文件售价；

（六）公告期限；

（七）投标截止时间、开标时间及地点；

（八）采购项目联系人姓名和电话。

第十四条 采用邀请招标方式的，采购人或者采购代理机构应当通过以下方式产生符合资格条件的供应商名单，并从中随机抽取3家以上供应商向其发出投标邀请书：

（一）发布资格预审公告征集；

（二）从省级以上人民政府财政部门（以下简称财政部门）建立的供应商库中选取；

（三）采购人书面推荐。

采用前款第一项方式产生符合资格条件供应商名单的，采购人或者采购代理机构应当按照资格预审文件载明的标准和方法，对潜在投标人进行资格预审。

采用第一款第二项或者第三项方式产生符合资格条件供应商名单的，备选的符合资格条件供应商总数不得少于拟随机抽取供应商总数的两倍。

随机抽取是指通过抽签等能够保证所有符合资格条件供应商机会均等的方式选定供应商。随机抽取供应商时，应当有不少于两名采购人工作人员在场监督，并形成书面记录，随采购文件一并存档。

投标邀请书应当同时向所有受邀请的供应商发出。

第十五条 资格预审公告应当包括以下主要内容：

（一）本办法第十三条第一至四项、第六项和第八项内容；

（二）获取资格预审文件的时间期限、地点、方式；

（三）提交资格预审申请文件的截止时间、地点及资格预审日期。

第十六条 招标公告、资格预审公告的公告期限为5个工作日。公告内容应当以省级以上财政部门指定媒体发布的公告为准。公告期限自省级以上财政部门指定媒体最先发布公告之日起算。

第十七条 采购人、采购代理机构不得将投标人的注册资本、资产总额、营业收入、从业人员、利润、纳税额等规模条件作为资格要求或者评审因素，也不得通过将除进口货物以外的生产厂家授权、承诺、证明、背书等作为资格要求，对投标人实行差别待遇或者歧视待遇。

第十八条 采购人或者采购代理机构应当按照招标公告、资格预审公告或者投标邀请书规定的时间、地点提供招标文件或者资格预审文件，提供期限自招标公告、资格预审公告发布之日起计算不得少于5个工作日。提供期限届满后，获取招标文件或者资格预审文件的潜在投标人不足3家的，可以顺延提供期限，并予公告。

公开招标进行资格预审的，招标公告和资格预审公告可以合并发布，招标文件应当向所有通过资格预审的供应商提供。

第十九条 采购人或者采购代理机构应当根据采购项目的实施要求，在招标公告、资格预审公告或者投标邀请书中载明是否接受联合体投标。如未载明，不得拒绝联合体投标。

第二十条 采购人或者采购代理机构应当根据采购项目的特点和采购需求编制招标文件。招标文件应当包括以下主要内容：

（一）投标邀请；

（二）投标人须知（包括投标文件的密封、签署、盖章要求等）；

（三）投标人应当提交的资格、资信证明文件；

（四）为落实政府采购政策，采购标的需满足的要求，以及投标人须提供的证明材料；

（五）投标文件编制要求、投标报价要求和投标保证金交纳、退还方式以及不予退还投标保证金的情形；

（六）采购项目预算金额，设定最高限价的，还应当公开最高限价；

（七）采购项目的技术规格、数量、服务标准、验收等要求，包括附件、图纸等；

（八）拟签订的合同文本；

（九）货物、服务提供的时间、地点、方式；

（十）采购资金的支付方式、时间、条件；

（十一）评标方法、评标标准和投标无效情形；

（十二）投标有效期；

（十三）投标截止时间、开标时间及地点；

（十四）采购代理机构代理费用的收取标准和方式；

（十五）投标人信用信息查询渠道及截止时点、信用信息查询记录和证据留存的具体方式、信用信息的使用规则等；

（十六）省级以上财政部门规定的其他事项。

对于不允许偏离的实质性要求和条件，采购人或者采购代理机构应当在招标文件中规定，并以醒目的方式标明。

第二十一条 采购人或者采购代理机构应当根据采购项目的特点和采购需求编制资格预审文件。资格预审文件应当包括以下主要内容：

（一）资格预审邀请；

（二）申请人须知；

（三）申请人的资格要求；

（四）资格审核标准和方法；

（五）申请人应当提供的资格预审申请文件的内容和格式；

（六）提交资格预审申请文件的方式、截止时间、地点及资格审核日期；

（七）申请人信用信息查询渠道及截止时点、信用信息查询记录和证据留存的具体方式、信用信息的使用规则等内容；

（八）省级以上财政部门规定的其他事项。

资格预审文件应当免费提供。

第二十二条 采购人、采购代理机构一般不得要求投标人提供样品，仅凭书面方式不能准确描述采购需求或者需要对样品进行主观判断以确认是否满足采购需求等特殊情况除外。

要求投标人提供样品的，应当在招标文件中明确规定样品制作的标准和要求、是否需要随样品提交相关检测报告、样品的评审方法以及评审标准。需要随样品提交检测报告的，还应当规定检测机构的要求、检测内容等。

采购活动结束后，对于未中标人提供的样品，应当及时退还或者经未中标人同意后自行处理；对于中标人提供的样品，应当按照招标文件的规定进行保管、封存，并作为履约验收的参考。

第二十三条 投标有效期从提交投标文件的截止之日起算。投标文件中承诺的投标有效期应当不少于招标文件中载明的投标有效期。投标有效期内投标人撤销投标文件的，采购人或者采购代理机构可以不退还投标保证金。

第二十四条 招标文件售价应当按照弥补制作、邮寄成本的原则确定，不得以营利为目的，不得以招标采购金额作为确定招标文件售价的依据。

第二十五条 招标文件、资格预审文件的内容不得违反法律、行政法规、强制性标准、政府采购政策，或者违反公开透明、公平竞争、公正和诚实信用原则。

有前款规定情形，影响潜在投标人投标或者资格预审结果的，采购人或者采购代理机构应当修改招标文件或者资格预审文件后重新招标。

第二十六条 采购人或者采购代理机构可以在招标文件提供期限截止后，组织已获取招标文件的潜在投标人现场考察或者召开开标前答疑会。

组织现场考察或者召开答疑会的，应当在招标文件中载明，或者在招标文件提供期限截止后以书面形式通知所有获取招标文件的潜在投标人。

第二十七条 采购人或者采购代理机构可以对已发出的招标文件、资格预审文件、投标邀请书进行必要的澄清或者修改，但不得改变采购标的和资格条件。澄清或者修改应当在原公告发布媒体上发布澄清公告。澄清或者修改的内容为招标文件、资格预审文件、投标邀请书的组成部分。

澄清或者修改的内容可能影响投标文件编制的，采购人或者采购代理机构应当在投标截止时间至少15日前，以书面形式通知所有获取招标文件的潜在投标人；不足15日的，采购人或者采购代理机构应当顺延提交投标文件的截止时间。

澄清或者修改的内容可能影响资格预审申请文件编制的，采购人或者采购代理机构应当在提交资格预审申请文件截止时间至少3日前，以书面形式通知所有获取资格预审文件的潜在投标人；不足3日的，采购人或者采购代理机构应当顺延提交资格预审申请文件的截止时间。

第二十八条 投标截止时间前，采购人、采购代理机构和有关人员不得向他人透露已获取招标文件的潜在投标人的名称、数量以及可能影响公平竞争的有关招标投标的其他情况。

第二十九条 采购人、采购代理机构在发布招标公告、资格预审公告或者发出投标邀请书后，除因重大变故采购任务取消情况外，不得擅自终止招标活动。

终止招标的，采购人或者采购代理机构应当及时在原公告发布媒体上发布终止公告，以书面形式通知已经获取招标文件、资格预审文件或者被邀请的潜在投标人，并将项目实施情况和采购任务取消原因报告本级财政部门。已经收取招标文件费用或者投标保证金的，采购人或者采购代理机构应当在终止采购活动后5个工作日内，退还所收取的招标文件费用和所收取的投标保证金及其在银行产生的孳息。

第三章 投 标

第三十条 投标人，是指响应招标、参加投标竞争的法人、其他组织或者自然人。

第三十一条 采用最低评标价法的采购项目，提供相同品牌产品的不同投标人参加同一合同项下投标的，以其中通过资格审查、符合性审查且报价最低的参加评标；报价相同的，由采购人或者采购人委托评标委员会按照招标文件规定的方式确定一个参加评标的投标人，招标文件未规定的采取随机抽取方式确定，其他投标无效。

使用综合评分法的采购项目，提供相同品牌产品且通过资格审查、符合性审查的不同投标人参加同一合同项下投标的，按一家投标人计算，评审后得分最高的同品牌投标人获得中标人推荐资格；评审得分相同的，由采购人或者采购人委托评标委员会按照招标文件规定的方式确定一个投标人获得中标人推荐资格，招标文件未规定的采取随机抽取方式确定，其他同品牌投标人不作为中标候选人。

非单一产品采购项目，采购人应当根据采购项目技术构成、产品价格比重等合理确定核心产品，并在招标文件中载明。多家投标人提供的核心产品品牌相同的，按前两款规定处理。

第三十二条 投标人应当按照招标文件的要求编制投标文件。投标文件应当对招标文件提出的要求和条件作出明确响应。

第三十三条 投标人应当在招标文件要求提交投标文件的截止时间前，将投标文件密封送达投标地点。采购人或者采购代理机构收到投标文件后，应当如实记载投标文件的送达时间和密封情况，签收保存，并向投标人出具签收回执。任何单位和个人不得在开标前开启投标文件。

逾期送达或者未按照招标文件要求密封的投标文件，采购人、采购代理机构应当拒收。

第三十四条 投标人在投标截止时间前，可以对所递交的投标文件进行补充、修改或者撤回，并书面通知采购人或者采购代理机构。补充、修改的内容应当按照招标文件要求签署、盖章、密封后，作为投标文件的组成部分。

第三十五条 投标人根据招标文件的规定和采购项目的实际情况，拟在中标后将中标项目的非主体、非关键性工作分包的，应当在投标文件中载明分包承担主体，分包承担主体应当具备相应资质条件且不得再次分包。

第三十六条 投标人应当遵循公平竞争的原则，不得恶意串通，不得妨碍其他投标人的竞争行为，不得损害采购人或者其他投标人的合法权益。

在评标过程中发现投标人有上述情形的，评标委员会应当认定其投标无效，并书面报告本级财政部门。

第三十七条 有下列情形之一的，视为投标人串通投标，其投标无效：

（一）不同投标人的投标文件由同一单位或者个人编制；

（二）不同投标人委托同一单位或者个人办理投标事宜；

（三）不同投标人的投标文件载明的项目管理成员或者联系人员为同一人；

（四）不同投标人的投标文件异常一致或者投标报价呈规律性差异；

（五）不同投标人的投标文件相互混装；

（六）不同投标人的投标保证金从同一单位或者个人的账户转出。

第三十八条 投标人在投标截止时间前撤回已提交的投标文件的，采购人或者采购代理机构应当自收到投标人书面撤回通知之日起5个工作日内,退还已收取的投标保证金,但因投标人自身原因导致无法及时退还的除外。

采购人或者采购代理机构应当自中标通知书发出之日起5个工作日内退还未中标人的投标保证金,自采购合同签订之日起5个工作日内退还中标人的投标保证金或者转为中标人的履约保证金。

采购人或者采购代理机构逾期退还投标保证金的,除应当退还投标保证金本金外,还应当按中国人民银行同期贷款基准利率上浮20%后的利率支付超期资金占用费,但因投标人自身原因导致无法及时退还的除外。

第四章　开标、评标

第三十九条　开标应当在招标文件确定的提交投标文件截止时间的同一时间进行。开标地点应当为招标文件中预先确定的地点。

采购人或者采购代理机构应当对开标、评标现场活动进行全程录音录像。录音录像应当清晰可辨,音像资料作为采购文件一并存档。

第四十条　开标由采购人或者采购代理机构主持,邀请投标人参加。评标委员会成员不得参加开标活动。

第四十一条　开标时,应当由投标人或者其推选的代表检查投标文件的密封情况;经确认无误后,由采购人或者采购代理机构工作人员当众拆封,宣布投标人名称、投标价格和招标文件规定的需要宣布的其他内容。

投标人不足3家的,不得开标。

第四十二条　开标过程应当由采购人或者采购代理机构负责记录,由参加开标的各投标人代表和相关工作人员签字确认后随采购文件一并存档。

投标人代表对开标过程和开标记录有疑义,以及认为采购人、采购代理机构相关工作人员有需要回避的情形的,应当场提出询问或者回避申请。采购人、采购代理机构对投标人代表提出的询问或者回避申请应当及时处理。

投标人未参加开标的,视同认可开标结果。

第四十三条　公开招标数额标准以上的采购项目,投标截止后投标人不足3家或者通过资格审查或符合性审查的投标人不足3家的,除采购任务取消情形外,按照以下方式处理:

(一)招标文件存在不合理条款或者招标程序不符合规定的,采购人、采购代理机构改正后依法重新招标;

(二)招标文件没有不合理条款、招标程序符合规定,需要采用其他采购方式采购的,采购人应当依法报财政部门批准。

第四十四条　公开招标采购项目开标结束后,采购人或者采购代理机构应当依法对投标人的资格进行审查。

合格投标人不足3家的,不得评标。

第四十五条 采购人或者采购代理机构负责组织评标工作,并履行下列职责:

(一)核对评审专家身份和采购人代表授权函,对评审专家在政府采购活动中的职责履行情况予以记录,并及时将有关违法违规行为向财政部门报告;

(二)宣布评标纪律;

(三)公布投标人名单,告知评审专家应当回避的情形;

(四)组织评标委员会推选评标组长,采购人代表不得担任组长;

(五)在评标期间采取必要的通讯管理措施,保证评标活动不受外界干扰;

(六)根据评标委员会的要求介绍政府采购相关政策法规、招标文件;

(七)维护评标秩序,监督评标委员会依照招标文件规定的评标程序、方法和标准进行独立评审,及时制止和纠正采购人代表、评审专家的倾向性言论或者违法违规行为;

(八)核对评标结果,有本办法第六十四条规定情形的,要求评标委员会复核或者书面说明理由,评标委员会拒绝的,应予记录并向本级财政部门报告;

(九)评审工作完成后,按照规定向评审专家支付劳务报酬和异地评审差旅费,不得向评审专家以外的其他人员支付评审劳务报酬;

(十)处理与评标有关的其他事项。

采购人可以在评标前说明项目背景和采购需求,说明内容不得含有歧视性、倾向性意见,不得超出招标文件所述范围。说明应当提交书面材料,并随采购文件一并存档。

第四十六条 评标委员会负责具体评标事务,并独立履行下列职责:

(一)审查、评价投标文件是否符合招标文件的商务、技术等实质性要求;

(二)要求投标人对投标文件有关事项作出澄清或者说明;

(三)对投标文件进行比较和评价;

(四)确定中标候选人名单,以及根据采购人委托直接确定中标人;

(五)向采购人、采购代理机构或者有关部门报告评标中发现的违法行为。

第四十七条 评标委员会由采购人代表和评审专家组成,成员人数应当为5人以上单数,其中评审专家不得少于成员总数的三分之二。

采购项目符合下列情形之一的，评标委员会成员人数应当为7人以上单数：

（一）采购预算金额在1000万元以上；

（二）技术复杂；

（三）社会影响较大。

评审专家对本单位的采购项目只能作为采购人代表参与评标，本办法第四十八条第二款规定情形除外。采购代理机构工作人员不得参加由本机构代理的政府采购项目的评标。

评标委员会成员名单在评标结果公告前应当保密。

第四十八条 采购人或者采购代理机构应当从省级以上财政部门设立的政府采购评审专家库中，通过随机方式抽取评审专家。

对技术复杂、专业性强的采购项目，通过随机方式难以确定合适评审专家的，经主管预算单位同意，采购人可以自行选定相应专业领域的评审专家。

第四十九条 评标中因评标委员会成员缺席、回避或者健康等特殊原因导致评标委员会组成不符合本办法规定的，采购人或者采购代理机构应当依法补足后继续评标。被更换的评标委员会成员所作出的评标意见无效。

无法及时补足评标委员会成员的，采购人或者采购代理机构应当停止评标活动，封存所有投标文件和开标、评标资料，依法重新组建评标委员会进行评标。原评标委员会所作出的评标意见无效。

采购人或者采购代理机构应当将变更、重新组建评标委员会的情况予以记录，并随采购文件一并存档。

第五十条 评标委员会应当对符合资格的投标人的投标文件进行符合性审查，以确定其是否满足招标文件的实质性要求。

第五十一条 对于投标文件中含义不明确、同类问题表述不一致或者有明显文字和计算错误的内容，评标委员会应当以书面形式要求投标人作出必要的澄清、说明或者补正。

投标人的澄清、说明或者补正应当采用书面形式，并加盖公章，或者由法定代表人或其授权的代表签字。投标人的澄清、说明或者补正不得超出投标文件的范围或者改变投标文件的实质性内容。

第五十二条 评标委员会应当按照招标文件中规定的评标方法和标准，对符合性审查合格的投标文件进行商务和技术评估，综合比较与评价。

第五十三条 评标方法分为最低评标价法和综合评分法。

第五十四条 最低评标价法，是指投标文件满足招标文件全部实质性要求，且投标报价最低的投标人为中标候选人的评标方法。

技术、服务等标准统一的货物服务项目,应当采用最低评标价法。

采用最低评标价法评标时,除了算术修正和落实政府采购政策需进行的价格扣除外,不能对投标人的投标价格进行任何调整。

第五十五条 综合评分法,是指投标文件满足招标文件全部实质性要求,且按照评审因素的量化指标评审得分最高的投标人为中标候选人的评标方法。

评审因素的设定应当与投标人所提供货物服务的质量相关,包括投标报价、技术或者服务水平、履约能力、售后服务等。资格条件不得作为评审因素。评审因素应当在招标文件中规定。

评审因素应当细化和量化,且与相应的商务条件和采购需求对应。商务条件和采购需求指标有区间规定的,评审因素应当量化到相应区间,并设置各区间对应的不同分值。

评标时,评标委员会各成员应当独立对每个投标人的投标文件进行评价,并汇总每个投标人的得分。

货物项目的价格分值占总分值的比重不得低于30%;服务项目的价格分值占总分值的比重不得低于10%。执行国家统一定价标准和采用固定价格采购的项目,其价格不列为评审因素。

价格分应当采用低价优先法计算,即满足招标文件要求且投标价格最低的投标报价为评标基准价,其价格分为满分。其他投标人的价格分统一按照下列公式计算:

投标报价得分=(评标基准价/投标报价)×100

评标总得分=F1×A1+F2×A2+……+Fn×An

F1、F2……Fn分别为各项评审因素的得分;

A1、A2、……An分别为各项评审因素所占的权重(A1+A2+……+An=1)。

评标过程中,不得去掉报价中的最高报价和最低报价。

因落实政府采购政策进行价格调整的,以调整后的价格计算评标基准价和投标报价。

第五十六条 采用最低评标价法的,评标结果按投标报价由低到高顺序排列。投标报价相同的并列。投标文件满足招标文件全部实质性要求且投标报价最低的投标人为排名第一的中标候选人。

第五十七条 采用综合评分法的,评标结果按评审后得分由高到低顺序排列。得分相同的,按投标报价由低到高顺序排列。得分且投标报价相同的并列。投标文件满足招标文件全部实质性要求,且按照评审因素的量化指标评审得分最高的投标人为排名第一的中标候选人。

第五十八条 评标委员会根据全体评标成员签字的原始评标记录和评标结果

编写评标报告。评标报告应当包括以下内容：

（一）招标公告刊登的媒体名称、开标日期和地点；

（二）投标人名单和评标委员会成员名单；

（三）评标方法和标准；

（四）开标记录和评标情况及说明，包括无效投标人名单及原因；

（五）评标结果，确定的中标候选人名单或者经采购人委托直接确定的中标人；

（六）其他需要说明的情况，包括评标过程中投标人根据评标委员会要求进行的澄清、说明或者补正，评标委员会成员的更换等。

第五十九条 投标文件报价出现前后不一致的，除招标文件另有规定外，按照下列规定修正：

（一）投标文件中开标一览表（报价表）内容与投标文件中相应内容不一致的，以开标一览表（报价表）为准；

（二）大写金额和小写金额不一致的，以大写金额为准；

（三）单价金额小数点或者百分比有明显错位的，以开标一览表的总价为准，并修改单价；

（四）总价金额与按单价汇总金额不一致的，以单价金额计算结果为准。

同时出现两种以上不一致的，按照前款规定的顺序修正。修正后的报价按照本办法第五十一条第二款的规定经投标人确认后产生约束力，投标人不确认的，其投标无效。

第六十条 评标委员会认为投标人的报价明显低于其他通过符合性审查投标人的报价，有可能影响产品质量或者不能诚信履约的，应当要求其在评标现场合理的时间内提供书面说明，必要时提交相关证明材料；投标人不能证明其报价合理性的，评标委员会应当将其作为无效投标处理。

第六十一条 评标委员会成员对需要共同认定的事项存在争议的，应当按照少数服从多数的原则作出结论。持不同意见的评标委员会成员应当在评标报告上签署不同意见及理由，否则视为同意评标报告。

第六十二条 评标委员会及其成员不得有下列行为：

（一）确定参与评标至评标结束前私自接触投标人；

（二）接受投标人提出的与投标文件不一致的澄清或者说明，本办法第五十一条规定的情形除外；

（三）违反评标纪律发表倾向性意见或者征询采购人的倾向性意见；

（四）对需要专业判断的主观评审因素协商评分；

（五）在评标过程中擅离职守，影响评标程序正常进行的；

（六）记录、复制或者带走任何评标资料；

（七）其他不遵守评标纪律的行为。

评标委员会成员有前款第一至五项行为之一的，其评审意见无效，并不得获取评审劳务报酬和报销异地评审差旅费。

第六十三条 投标人存在下列情况之一的，投标无效：

（一）未按照招标文件的规定提交投标保证金的；

（二）投标文件未按招标文件要求签署、盖章的；

（三）不具备招标文件中规定的资格要求的；

（四）报价超过招标文件中规定的预算金额或者最高限价的；

（五）投标文件含有采购人不能接受的附加条件的；

（六）法律、法规和招标文件规定的其他无效情形。

第六十四条 评标结果汇总完成后，除下列情形外，任何人不得修改评标结果：

（一）分值汇总计算错误的；

（二）分项评分超出评分标准范围的；

（三）评标委员会成员对客观评审因素评分不一致的；

（四）经评标委员会认定评分畸高、畸低的。

评标报告签署前，经复核发现存在以上情形之一的，评标委员会应当当场修改评标结果，并在评标报告中记载；评标报告签署后，采购人或者采购代理机构发现存在以上情形之一的，应当组织原评标委员会进行重新评审，重新评审改变评标结果的，书面报告本级财政部门。

投标人对本条第一款情形提出质疑的，采购人或者采购代理机构可以组织原评标委员会进行重新评审，重新评审改变评标结果的，应当书面报告本级财政部门。

第六十五条 评标委员会发现招标文件存在歧义、重大缺陷导致评标工作无法进行，或者招标文件内容违反国家有关强制性规定的，应当停止评标工作，与采购人或者采购代理机构沟通并作书面记录。采购人或者采购代理机构确认后，应当修改招标文件，重新组织采购活动。

第六十六条 采购人、采购代理机构应当采取必要措施，保证评标在严格保密的情况下进行。除采购人代表、评标现场组织人员外，采购人的其他工作人员以及与评标工作无关的人员不得进入评标现场。

有关人员对评标情况以及在评标过程中获悉的国家秘密、商业秘密负有保密责任。

第六十七条 评标委员会或者其成员存在下列情形导致评标结果无效的，采购人、采购代理机构可以重新组建评标委员会进行评标，并书面报告本级财政部门，但采购合同已经履行的除外：

（一）评标委员会组成不符合本办法规定的；

（二）有本办法第六十二条第一至五项情形的；

（三）评标委员会及其成员独立评标受到非法干预的；

（四）有政府采购法实施条例第七十五条规定的违法行为的。

有违法违规行为的原评标委员会成员不得参加重新组建的评标委员会。

第五章 中标和合同

第六十八条 采购代理机构应当在评标结束后2个工作日内将评标报告送采购人。

采购人应当自收到评标报告之日起5个工作日内，在评标报告确定的中标候选人名单中按顺序确定中标人。中标候选人并列的，由采购人或者采购人委托评标委员会按照招标文件规定的方式确定中标人；招标文件未规定的，采取随机抽取的方式确定。

采购人自行组织招标的，应当在评标结束后5个工作日内确定中标人。

采购人在收到评标报告5个工作日内未按评标报告推荐的中标候选人顺序确定中标人，又不能说明合法理由的，视同按评标报告推荐的顺序确定排名第一的中标候选人为中标人。

第六十九条 采购人或者采购代理机构应当自中标人确定之日起2个工作日内，在省级以上财政部门指定的媒体上公告中标结果，招标文件应当随中标结果同时公告。

中标结果公告内容应当包括采购人及其委托的采购代理机构的名称、地址、联系方式，项目名称和项目编号，中标人名称、地址和中标金额，主要中标标的的名称、规格型号、数量、单价、服务要求，中标公告期限以及评审专家名单。

中标公告期限为1个工作日。

邀请招标采购人采用书面推荐方式产生符合资格条件的潜在投标人的，还应当将所有被推荐供应商名单和推荐理由随中标结果同时公告。

在公告中标结果的同时，采购人或者采购代理机构应当向中标人发出中标通知书；对未通过资格审查的投标人，应当告知其未通过的原因；采用综合评分法评审的，还应当告知未中标人本人的评审得分与排序。

第七十条 中标通知书发出后，采购人不得违法改变中标结果，中标人无正当理由不得放弃中标。

第七十一条 采购人应当自中标通知书发出之日起30日内，按照招标文件和中标人投标文件的规定，与中标人签订书面合同。所签订的合同不得对招标文件确定的事项和中标人投标文件作实质性修改。

采购人不得向中标人提出任何不合理的要求作为签订合同的条件。

第七十二条 政府采购合同应当包括采购人与中标人的名称和住所、标的、数量、质量、价款或者报酬、履行期限及地点和方式、验收要求、违约责任、解决争议的方法等内容。

第七十三条 采购人与中标人应当根据合同的约定依法履行合同义务。

政府采购合同的履行、违约责任和解决争议的方法等适用《中华人民共和国合同法》。

第七十四条 采购人应当及时对采购项目进行验收。采购人可以邀请参加本项目的其他投标人或者第三方机构参与验收。参与验收的投标人或者第三方机构的意见作为验收书的参考资料一并存档。

第七十五条 采购人应当加强对中标人的履约管理，并按照采购合同约定，及时向中标人支付采购资金。对于中标人违反采购合同约定的行为，采购人应当及时处理，依法追究其违约责任。

第七十六条 采购人、采购代理机构应当建立真实完整的招标采购档案，妥善保存每项采购活动的采购文件。

第六章 法律责任

第七十七条 采购人有下列情形之一的，由财政部门责令限期改正；情节严重的，给予警告，对直接负责的主管人员和其他直接责任人员由其行政主管部门或者有关机关依法给予处分，并予以通报；涉嫌犯罪的，移送司法机关处理：

（一）未按照本办法的规定编制采购需求的；

（二）违反本办法第六条第二款规定的；

（三）未在规定时间内确定中标人的；

（四）向中标人提出不合理要求作为签订合同条件的。

第七十八条 采购人、采购代理机构有下列情形之一的，由财政部门责令限期改正，情节严重的，给予警告，对直接负责的主管人员和其他直接责任人员，由其行政主管部门或者有关机关给予处分，并予通报；采购代理机构有违法所得的，没收违法所得，并可以处以不超过违法所得 3 倍、最高不超过 3 万元的罚款，没有违法所得的，可以处以 1 万元以下的罚款：

（一）违反本办法第八条第二款规定的；

（二）设定最低限价的；

（三）未按照规定进行资格预审或者资格审查的；

（四）违反本办法规定确定招标文件售价的；

（五）未按规定对开标、评标活动进行全程录音录像的；

（六）擅自终止招标活动的；

（七）未按照规定进行开标和组织评标的；

（八）未按照规定退还投标保证金的；

（九）违反本办法规定进行重新评审或者重新组建评标委员会进行评标的；

（十）开标前泄露已获取招标文件的潜在投标人的名称、数量或者其他可能影响公平竞争的有关招标投标情况的；

（十一）未妥善保存采购文件的；

（十二）其他违反本办法规定的情形。

第七十九条　有本办法第七十七条、第七十八条规定的违法行为之一，经改正后仍然影响或者可能影响中标结果的，依照政府采购法实施条例第七十一条规定处理。

第八十条　政府采购当事人违反本办法规定，给他人造成损失的，依法承担民事责任。

第八十一条　评标委员会成员有本办法第六十二条所列行为之一的，由财政部门责令限期改正；情节严重的，给予警告，并对其不良行为予以记录。

第八十二条　财政部门应当依法履行政府采购监督管理职责。财政部门及其工作人员在履行监督管理职责中存在懒政怠政、滥用职权、玩忽职守、徇私舞弊等违法违纪行为的，依照政府采购法、《中华人民共和国公务员法》、《中华人民共和国行政监察法》、政府采购法实施条例等国家有关规定追究相应责任；涉嫌犯罪的，移送司法机关处理。

第七章　附　　则

第八十三条　政府采购货物服务电子招标投标、政府采购货物中的进口机电产品招标投标有关特殊事宜，由财政部另行规定。

第八十四条　本办法所称主管预算单位是指负有编制部门预算职责，向本级财政部门申报预算的国家机关、事业单位和团体组织。

第八十五条　本办法规定按日计算期间的，开始当天不计入，从次日开始计算。期限的最后一日是国家法定节假日的，顺延到节假日后的次日为期限的最后一日。

第八十六条　本办法所称的“以上”、“以下”、“内”、“以内”，包括本数；所称的

"不足",不包括本数。

第八十七条　各省、自治区、直辖市财政部门可以根据本办法制定具体实施办法。

第八十八条　本办法自2017年10月1日起施行。财政部2004年8月11日发布的《政府采购货物和服务招标投标管理办法》(财政部令第18号)同时废止。

政府采购质疑和投诉办法

1. 2017年12月26日财政部令第94号公布

2. 自2018年3月1日起施行

第一章　总　　则

第一条　为了规范政府采购质疑和投诉行为,保护参加政府采购活动当事人的合法权益,根据《中华人民共和国政府采购法》《中华人民共和国政府采购法实施条例》和其他有关法律法规规定,制定本办法。

第二条　本办法适用于政府采购质疑的提出和答复、投诉的提起和处理。

第三条　政府采购供应商(以下简称供应商)提出质疑和投诉应当坚持依法依规、诚实信用原则。

第四条　政府采购质疑答复和投诉处理应当坚持依法依规、权责对等、公平公正、简便高效原则。

第五条　采购人负责供应商质疑答复。采购人委托采购代理机构采购的,采购代理机构在委托授权范围内作出答复。

县级以上各级人民政府财政部门(以下简称财政部门)负责依法处理供应商投诉。

第六条　供应商投诉按照采购人所属预算级次,由本级财政部门处理。

跨区域联合采购项目的投诉,采购人所属预算级次相同的,由采购文件事先约定的财政部门负责处理,事先未约定的,由最先收到投诉的财政部门负责处理;采购人所属预算级次不同的,由预算级次最高的财政部门负责处理。

第七条　采购人、采购代理机构应当在采购文件中载明接收质疑函的方式、联系部门、联系电话和通讯地址等信息。

县级以上财政部门应当在省级以上财政部门指定的政府采购信息发布媒体公布受理投诉的方式、联系部门、联系电话和通讯地址等信息。

第八条 供应商可以委托代理人进行质疑和投诉。其授权委托书应当载明代理人的姓名或者名称、代理事项、具体权限、期限和相关事项。供应商为自然人的,应当由本人签字;供应商为法人或者其他组织的,应当由法定代表人、主要负责人签字或者盖章,并加盖公章。

代理人提出质疑和投诉,应当提交供应商签署的授权委托书。

第九条 以联合体形式参加政府采购活动的,其投诉应当由组成联合体的所有供应商共同提出。

第二章 质疑提出与答复

第十条 供应商认为采购文件、采购过程、中标或者成交结果使自己的权益受到损害的,可以在知道或者应知其权益受到损害之日起7个工作日内,以书面形式向采购人、采购代理机构提出质疑。

采购文件可以要求供应商在法定质疑期内一次性提出针对同一采购程序环节的质疑。

第十一条 提出质疑的供应商(以下简称质疑供应商)应当是参与所质疑项目采购活动的供应商。

潜在供应商已依法获取其可质疑的采购文件的,可以对该文件提出质疑。对采购文件提出质疑的,应当在获取采购文件或者采购文件公告期限届满之日起7个工作日内提出。

第十二条 供应商提出质疑应当提交质疑函和必要的证明材料。质疑函应当包括下列内容:

(一)供应商的姓名或者名称、地址、邮编、联系人及联系电话;

(二)质疑项目的名称、编号;

(三)具体、明确的质疑事项和与质疑事项相关的请求;

(四)事实依据;

(五)必要的法律依据;

(六)提出质疑的日期。

供应商为自然人的,应当由本人签字;供应商为法人或者其他组织的,应当由法定代表人、主要负责人,或者其授权代表签字或者盖章,并加盖公章。

第十三条 采购人、采购代理机构不得拒收质疑供应商在法定质疑期内发出的质疑函,应当在收到质疑函后7个工作日内作出答复,并以书面形式通知质疑供应商和其他有关供应商。

第十四条 供应商对评审过程、中标或者成交结果提出质疑的,采购人、采购代理机构可以组织原评标委员会、竞争性谈判小组、询价小组或者竞争性磋商小组协助答复质疑。

第十五条 质疑答复应当包括下列内容:

(一)质疑供应商的姓名或者名称;

(二)收到质疑函的日期、质疑项目名称及编号;

(三)质疑事项、质疑答复的具体内容、事实依据和法律依据;

(四)告知质疑供应商依法投诉的权利;

(五)质疑答复人名称;

(六)答复质疑的日期。

质疑答复的内容不得涉及商业秘密。

第十六条 采购人、采购代理机构认为供应商质疑不成立,或者成立但未对中标、成交结果构成影响的,继续开展采购活动;认为供应商质疑成立且影响或者可能影响中标、成交结果的,按照下列情况处理:

(一)对采购文件提出的质疑,依法通过澄清或者修改可以继续开展采购活动的,澄清或者修改采购文件后继续开展采购活动;否则应当修改采购文件后重新开展采购活动。

(二)对采购过程、中标或者成交结果提出的质疑,合格供应商符合法定数量时,可以从合格的中标或者成交候选人中另行确定中标、成交供应商的,应当依法另行确定中标、成交供应商;否则应当重新开展采购活动。

质疑答复导致中标、成交结果改变的,采购人或者采购代理机构应当将有关情况书面报告本级财政部门。

第三章 投诉提起

第十七条 质疑供应商对采购人、采购代理机构的答复不满意,或者采购人、采购代理机构未在规定时间内作出答复的,可以在答复期满后 15 个工作日内向本办法第六条规定的财政部门提起投诉。

第十八条 投诉人投诉时,应当提交投诉书和必要的证明材料,并按照被投诉采购人、采购代理机构(以下简称被投诉人)和与投诉事项有关的供应商数量提供投诉书的副本。投诉书应当包括下列内容:

(一)投诉人和被投诉人的姓名或者名称、通讯地址、邮编、联系人及联系电话;

(二)质疑和质疑答复情况说明及相关证明材料;

(三)具体、明确的投诉事项和与投诉事项相关的投诉请求;

（四）事实依据；

（五）法律依据；

（六）提起投诉的日期。

投诉人为自然人的，应当由本人签字；投诉人为法人或者其他组织的，应当由法定代表人、主要负责人，或者其授权代表签字或者盖章，并加盖公章。

第十九条 投诉人应当根据本办法第七条第二款规定的信息内容，并按照其规定的方式提起投诉。

投诉人提起投诉应当符合下列条件：

（一）提起投诉前已依法进行质疑；

（二）投诉书内容符合本办法的规定；

（三）在投诉有效期限内提起投诉；

（四）同一投诉事项未经财政部门投诉处理；

（五）财政部规定的其他条件。

第二十条 供应商投诉的事项不得超出已质疑事项的范围，但基于质疑答复内容提出的投诉事项除外。

第四章 投诉处理

第二十一条 财政部门收到投诉书后，应当在5个工作日内进行审查，审查后按照下列情况处理：

（一）投诉书内容不符合本办法第十八条规定的，应当在收到投诉书5个工作日内一次性书面通知投诉人补正。补正通知应当载明需要补正的事项和合理的补正期限。未按照补正期限进行补正或者补正后仍不符合规定的，不予受理。

（二）投诉不符合本办法第十九条规定条件的，应当在3个工作日内书面告知投诉人不予受理，并说明理由。

（三）投诉不属于本部门管辖的，应当在3个工作日内书面告知投诉人向有管辖权的部门提起投诉。

（四）投诉符合本办法第十八条、第十九条规定的，自收到投诉书之日起即为受理，并在收到投诉后8个工作日内向被投诉人和其他与投诉事项有关的当事人发出投诉答复通知书及投诉书副本。

第二十二条 被投诉人和其他与投诉事项有关的当事人应当在收到投诉答复通知书及投诉书副本之日起5个工作日内，以书面形式向财政部门作出说明，并提交相关证据、依据和其他有关材料。

第二十三条 财政部门处理投诉事项原则上采用书面审查的方式。财政部门认为有必要时,可以进行调查取证或者组织质证。

财政部门可以根据法律、法规规定或者职责权限,委托相关单位或者第三方开展调查取证、检验、检测、鉴定。

质证应当通知相关当事人到场,并制作质证笔录。质证笔录应当由当事人签字确认。

第二十四条 财政部门依法进行调查取证时,投诉人、被投诉人以及与投诉事项有关的单位及人员应当如实反映情况,并提供财政部门所需要的相关材料。

第二十五条 应当由投诉人承担举证责任的投诉事项,投诉人未提供相关证据、依据和其他有关材料的,视为该投诉事项不成立;被投诉人未按照投诉答复通知书要求提交相关证据、依据和其他有关材料的,视同其放弃说明权利,依法承担不利后果。

第二十六条 财政部门应当自收到投诉之日起 30 个工作日内,对投诉事项作出处理决定。

第二十七条 财政部门处理投诉事项,需要检验、检测、鉴定、专家评审以及需要投诉人补正材料的,所需时间不计算在投诉处理期限内。

前款所称所需时间,是指财政部门向相关单位、第三方、投诉人发出相关文书、补正通知之日至收到相关反馈文书或材料之日。

财政部门向相关单位、第三方开展检验、检测、鉴定、专家评审的,应当将所需时间告知投诉人。

第二十八条 财政部门在处理投诉事项期间,可以视具体情况书面通知采购人和采购代理机构暂停采购活动,暂停采购活动时间最长不得超过 30 日。

采购人和采购代理机构收到暂停采购活动通知后应当立即中止采购活动,在法定的暂停期限结束前或者财政部门发出恢复采购活动通知前,不得进行该项采购活动。

第二十九条 投诉处理过程中,有下列情形之一的,财政部门应当驳回投诉:

(一)受理后发现投诉不符合法定受理条件;

(二)投诉事项缺乏事实依据,投诉事项不成立;

(三)投诉人捏造事实或者提供虚假材料;

(四)投诉人以非法手段取得证明材料。证据来源的合法性存在明显疑问,投诉人无法证明其取得方式合法的,视为以非法手段取得证明材料。

第三十条 财政部门受理投诉后,投诉人书面申请撤回投诉的,财政部门应当终止投诉处理程序,并书面告知相关当事人。

第三十一条 投诉人对采购文件提起的投诉事项,财政部门经查证属实的,应当认定投诉事项成立。经认定成立的投诉事项不影响采购结果的,继续开展采购活动;影响或者可能影响采购结果的,财政部门按照下列情况处理:

(一)未确定中标或者成交供应商的,责令重新开展采购活动。

(二)已确定中标或者成交供应商但尚未签订政府采购合同的,认定中标或者成交结果无效,责令重新开展采购活动。

(三)政府采购合同已经签订但尚未履行的,撤销合同,责令重新开展采购活动。

(四)政府采购合同已经履行,给他人造成损失的,相关当事人可依法提起诉讼,由责任人承担赔偿责任。

第三十二条 投诉人对采购过程或者采购结果提起的投诉事项,财政部门经查证属实的,应当认定投诉事项成立。经认定成立的投诉事项不影响采购结果的,继续开展采购活动;影响或者可能影响采购结果的,财政部门按照下列情况处理:

(一)未确定中标或者成交供应商的,责令重新开展采购活动。

(二)已确定中标或者成交供应商但尚未签订政府采购合同的,认定中标或者成交结果无效。合格供应商符合法定数量时,可以从合格的中标或者成交候选人中另行确定中标或者成交供应商的,应当要求采购人依法另行确定中标、成交供应商;否则责令重新开展采购活动。

(三)政府采购合同已经签订但尚未履行的,撤销合同。合格供应商符合法定数量时,可以从合格的中标或者成交候选人中另行确定中标或者成交供应商的,应当要求采购人依法另行确定中标、成交供应商;否则责令重新开展采购活动。

(四)政府采购合同已经履行,给他人造成损失的,相关当事人可依法提起诉讼,由责任人承担赔偿责任。

投诉人对废标行为提起的投诉事项成立的,财政部门应当认定废标行为无效。

第三十三条 财政部门作出处理决定,应当制作投诉处理决定书,并加盖公章。投诉处理决定书应当包括下列内容:

(一)投诉人和被投诉人的姓名或者名称、通讯地址等;

(二)处理决定查明的事实和相关依据,具体处理决定和法律依据;

(三)告知相关当事人申请行政复议的权利、行政复议机关和行政复议申请期限,以及提起行政诉讼的权利和起诉期限;

(四)作出处理决定的日期。

第三十四条 财政部门应当将投诉处理决定书送达投诉人和与投诉事项有关

的当事人，并及时将投诉处理结果在省级以上财政部门指定的政府采购信息发布媒体上公告。

投诉处理决定书的送达，参照《中华人民共和国民事诉讼法》关于送达的规定执行。

第三十五条　财政部门应当建立投诉处理档案管理制度，并配合有关部门依法进行的监督检查。

第五章　法律责任

第三十六条　采购人、采购代理机构有下列情形之一的，由财政部门责令限期改正；情节严重的，给予警告，对直接负责的主管人员和其他直接责任人员，由其行政主管部门或者有关机关给予处分，并予通报：

（一）拒收质疑供应商在法定质疑期内发出的质疑函；

（二）对质疑不予答复或者答复与事实明显不符，并不能作出合理说明；

（三）拒绝配合财政部门处理投诉事宜。

第三十七条　投诉人在全国范围12个月内三次以上投诉查无实据的，由财政部门列入不良行为记录名单。

投诉人有下列行为之一的，属于虚假、恶意投诉，由财政部门列入不良行为记录名单，禁止其1至3年内参加政府采购活动：

（一）捏造事实；

（二）提供虚假材料；

（三）以非法手段取得证明材料。证据来源的合法性存在明显疑问，投诉人无法证明其取得方式合法的，视为以非法手段取得证明材料。

第三十八条　财政部门及其工作人员在履行投诉处理职责中违反本办法规定及存在其他滥用职权、玩忽职守、徇私舞弊等违法违纪行为的，依照《中华人民共和国政府采购法》《中华人民共和国公务员法》《中华人民共和国行政监察法》《中华人民共和国政府采购法实施条例》等国家有关规定追究相应责任；涉嫌犯罪的，依法移送司法机关处理。

第六章　附　　则

第三十九条　质疑函和投诉书应当使用中文。质疑函和投诉书的范本，由财政部制定。

第四十条　相关当事人提供外文书证或者外国语视听资料的，应当附有中文译本，由翻译机构盖章或者翻译人员签名。

相关当事人向财政部门提供的在中华人民共和国领域外形成的证据，应当说明来源，经所在国公证机关证明，并经中华人民共和国驻该国使领馆认证,或者履行中华人民共和国与证据所在国订立的有关条约中规定的证明手续。

相关当事人提供的在香港特别行政区、澳门特别行政区和台湾地区内形成的证据,应当履行相关的证明手续。

第四十一条 财政部门处理投诉不得向投诉人和被投诉人收取任何费用。但因处理投诉发生的第三方检验、检测、鉴定等费用,由提出申请的供应商先行垫付。投诉处理决定明确双方责任后,按照“谁过错谁负担”的原则由承担责任的一方负担;双方都有责任的,由双方合理分担。

第四十二条 本办法规定的期间开始之日,不计算在期间内。期间届满的最后一日是节假日的,以节假日后的第一日为期间届满的日期。期间不包括在途时间,质疑和投诉文书在期满前交邮的,不算过期。

本办法规定的“以上”“以下”均含本数。

第四十三条 对在质疑答复和投诉处理过程中知悉的国家秘密、商业秘密、个人隐私和依法不予公开的信息,财政部门、采购人、采购代理机构等相关知情人应当保密。

第四十四条 省级财政部门可以根据本办法制定具体实施办法。

第四十五条 本办法自 2018 年 3 月 1 日起施行。财政部 2004 年 8 月 11 日发布的《政府采购供应商投诉处理办法》(财政部令第 20 号)同时废止。

政府采购代理机构管理暂行办法

1. 2018 年 1 月 4 日财政部发布

2. 财库〔2018〕2 号

3. 自 2018 年 3 月 1 日起施行

第一章 总 则

第一条 为加强政府采购代理机构监督管理,促进政府采购代理机构规范发展,根据《中华人民共和国政府采购法》《中华人民共和国政府采购法实施条例》等法律法规,制定本办法。

第二条 本办法所称政府采购代理机构(以下简称代理机构)是指集中采购机构以外、受采购人委托从事政府采购代理业务的社会中介机构。

第三条 代理机构的名录登记、从业管理、信用评价及监督检查适用本办法。

第四条 各级人民政府财政部门(以下简称财政部门)依法对代理机构从事政

府采购代理业务进行监督管理。

第五条 财政部门应当加强对代理机构的政府采购业务培训，不断提高代理机构专业化水平。鼓励社会力量开展培训，增强代理机构业务能力。

第二章 名录登记

第六条 代理机构实行名录登记管理。省级财政部门依托中国政府采购网省级分网（以下简称省级分网）建立政府采购代理机构名录（以下简称名录）。名录信息全国共享并向社会公开。

第七条 代理机构应当通过工商登记注册地（以下简称注册地）省级分网填报以下信息申请进入名录，并承诺对信息真实性负责：

（一）代理机构名称、统一社会信用代码、办公场所地址、联系电话等机构信息；

（二）法定代表人及专职从业人员有效身份证明等个人信息；

（三）内部监督管理制度；

（四）在自有场所组织评审工作的，应当提供评审场所地址、监控设备设施情况；

（五）省级财政部门要求提供的其他材料。

登记信息发生变更的，代理机构应当在信息变更之日起 10 个工作日内自行更新。

第八条 代理机构登记信息不完整的，财政部门应当及时告知其完善登记资料；代理机构登记信息完整清晰的，财政部门应当及时为其开通相关政府采购管理交易系统信息发布、专家抽取等操作权限。

第九条 代理机构在其注册地省级行政区划以外从业的，应当向从业地财政部门申请开通政府采购管理交易系统相关操作权限，从业地财政部门不得要求其重复提交登记材料，不得强制要求其在从业地设立分支机构。

第十条 代理机构注销时，应当向相关采购人移交档案，并及时向注册地所在省级财政部门办理名录注销手续。

第三章 从业管理

第十一条 代理机构代理政府采购业务应当具备以下条件：

（一）具有独立承担民事责任的能力；

（二）建立完善的政府采购内部监督管理制度；

（三）拥有不少于 5 名熟悉政府采购法律法规、具备编制采购文件和组织采购活动等相应能力的专职从业人员；

（四）具备独立办公场所和代理政府采购业务所必需的办公条件；

（五）在自有场所组织评审工作的，应当具备必要的评审场地和录音录像等监控设备设施并符合省级人民政府规定的标准。

第十二条 采购人应当根据项目特点、代理机构专业领域和综合信用评价结果，从名录中自主择优选择代理机构。

任何单位和个人不得以摇号、抽签、遴选等方式干预采购人自行选择代理机构。

第十三条 代理机构受采购人委托办理采购事宜，应当与采购人签订委托代理协议，明确采购代理范围、权限、期限、档案保存、代理费用收取方式及标准、协议解除及终止、违约责任等具体事项，约定双方权利义务。

第十四条 代理机构应当严格按照委托代理协议的约定依法依规开展政府采购代理业务，相关开标及评审活动应当全程录音录像，录音录像应当清晰可辨，音像资料作为采购文件一并存档。

第十五条 代理费用可以由中标、成交供应商支付，也可由采购人支付。由中标、成交供应商支付的，供应商报价应当包含代理费用。代理费用超过分散采购限额标准的，原则上由中标、成交供应商支付。

代理机构应当在采购文件中明示代理费用收取方式及标准，随中标、成交结果一并公开本项目收费情况，包括具体收费标准及收费金额等。

第十六条 采购人和代理机构在委托代理协议中约定由代理机构负责保存采购文件的，代理机构应当妥善保存采购文件，不得伪造、变造、隐匿或者销毁采购文件。采购文件的保存期限为从采购结束之日起至少十五年。

采购文件可以采用电子档案方式保存。采用电子档案方式保存采购文件的，相关电子档案应当符合《中华人民共和国档案法》《中华人民共和国电子签名法》等法律法规的要求。

第四章 信用评价及监督检查

第十七条 财政部门负责组织开展代理机构综合信用评价工作。采购人、供应商和评审专家根据代理机构的从业情况对代理机构的代理活动进行综合信用评价。综合信用评价结果应当全国共享。

第十八条 采购人、评审专家应当在采购活动或评审活动结束后 5 个工作日内，在政府采购信用评价系统中记录代理机构的职责履行情况。

供应商可以在采购活动结束后 5 个工作日内，在政府采购信用评价系统中记录代理机构的职责履行情况。

代理机构可以在政府采购信用评价系统中查询本机构的职责履行情况，并就有关情况作出说明。

第十九条 财政部门应当建立健全定向抽查和不定向抽查相结合的随机抽查机制。对存在违法违规线索的政府采购项目开展定向检查;对日常监管事项,通过随机抽取检查对象、随机选派执法检查人员等方式开展不定向检查。

财政部门可以根据综合信用评价结果合理优化对代理机构的监督检查频次。

第二十条 财政部门应当依法加强对代理机构的监督检查,监督检查包括以下内容:

(一)代理机构名录信息的真实性;

(二)委托代理协议的签订和执行情况;

(三)采购文件编制与发售、评审组织、信息公告发布、评审专家抽取及评价情况;

(四)保证金收取及退还情况,中标或者成交供应商的通知情况;

(五)受托签订政府采购合同、协助采购人组织验收情况;

(六)答复供应商质疑、配合财政部门处理投诉情况;

(七)档案管理情况;

(八)其他政府采购从业情况。

第二十一条 对代理机构的监督检查结果应当在省级以上财政部门指定的政府采购信息发布媒体向社会公开。

第二十二条 受到财政部门禁止代理政府采购业务处罚的代理机构,应当及时停止代理业务,已经签订委托代理协议的项目,按下列情况分别处理:

(一)尚未开始执行的项目,应当及时终止委托代理协议;

(二)已经开始执行的项目,可以终止的应当及时终止,确因客观原因无法终止的应当妥善做好善后工作。

第二十三条 代理机构及其工作人员违反政府采购法律法规的行为,依照政府采购法律法规进行处理;涉嫌犯罪的,依法移送司法机关处理。

代理机构的违法行为给他人造成损失的,依法承担民事责任。

第二十四条 财政部门工作人员在代理机构管理中存在滥用职权、玩忽职守、徇私舞弊等违法违纪行为的,依照《中华人民共和国政府采购法》《中华人民共和国公务员法》《中华人民共和国行政监察法》《中华人民共和国政府采购法实施条例》等国家有关规定追究相关责任;涉嫌犯罪的,依法移送司法机关处理。

第五章 附 则

第二十五条 政府采购行业协会按照依法制定的章程开展活动,加强代理机构行业自律。

第二十六条 省级财政部门可根据本办法规定制定具体实施办法。

第二十七条 本办法自2018年3月1日施行。

政府采购信息发布管理办法

1. 2019年11月27日财政部令第101号公布

2. 自2020年3月1日起施行

第一条 为了规范政府采购信息发布行为，提高政府采购透明度，根据《中华人民共和国政府采购法》《中华人民共和国政府采购法实施条例》等有关法律、行政法规，制定本办法。

第二条 政府采购信息发布，适用本办法。

第三条 本办法所称政府采购信息，是指依照政府采购有关法律制度规定应予公开的公开招标公告、资格预审公告、单一来源采购公示、中标（成交）结果公告、政府采购合同公告等政府采购项目信息，以及投诉处理结果、监督检查处理结果、集中采购机构考核结果等政府采购监管信息。

第四条 政府采购信息发布应当遵循格式规范统一、渠道相对集中、便于查找获得的原则。

第五条 财政部指导和协调全国政府采购信息发布工作，并依照政府采购法律、行政法规有关规定，对中央预算单位的政府采购信息发布活动进行监督管理。

地方各级人民政府财政部门（以下简称财政部门）对本级预算单位的政府采购信息发布活动进行监督管理。

第六条 财政部对中国政府采购网进行监督管理。省级（自治区、直辖市、计划单列市）财政部门对中国政府采购网省级分网进行监督管理。

第七条 政府采购信息应当按照财政部规定的格式编制。

第八条 中央预算单位政府采购信息应当在中国政府采购网发布，地方预算单位政府采购信息应当在所在行政区域的中国政府采购网省级分网发布。

除中国政府采购网及其省级分网以外，政府采购信息可以在省级以上财政部门指定的其他媒体同步发布。

第九条 财政部门、采购人和其委托的采购代理机构（以下统称发布主体）应当对其提供的政府采购信息的真实性、准确性、合法性负责。

中国政府采购网及其省级分网和省级以上财政部门指定的其他媒体(以下统称指定媒体)应当对其收到的政府采购信息发布的及时性、完整性负责。

第十条 发布主体发布政府采购信息不得有虚假和误导性陈述,不得遗漏依法必须公开的事项。

第十一条 发布主体应当确保其在不同媒体发布的同一政府采购信息内容一致。

在不同媒体发布的同一政府采购信息内容、时间不一致的,以在中国政府采购网或者其省级分网发布的信息为准。同时在中国政府采购网和省级分网发布的,以在中国政府采购网上发布的信息为准。

第十二条 指定媒体应当采取必要措施,对政府采购信息发布主体的身份进行核验。

第十三条 指定媒体应当及时发布收到的政府采购信息。

中国政府采购网或者其省级分网应当自收到政府采购信息起1个工作日内发布。

第十四条 指定媒体应当加强安全防护,确保发布的政府采购信息不被篡改、不遗漏,不得擅自删除或者修改信息内容。

第十五条 指定媒体应当向发布主体免费提供信息发布服务,不得向市场主体和社会公众收取信息查阅费用。

第十六条 采购人或者其委托的采购代理机构未依法在指定媒体上发布政府采购项目信息的,依照政府采购法实施条例第六十八条追究法律责任。

采购人或者其委托的采购代理机构存在其他违反本办法规定行为的,由县级以上财政部门依法责令限期改正,给予警告,对直接负责的主管人员和其他直接责任人员,建议其行政主管部门或者有关机关依法依规处理,并予通报。

第十七条 指定媒体违反本办法规定的,由实施指定行为的省级以上财政部门依法责令限期改正,对直接负责的主管人员和其他直接责任人员,建议其行政主管部门或者有关机关依法依规处理,并予通报。

第十八条 财政部门及其工作人员在政府采购信息发布活动中存在懒政怠政、滥用职权、玩忽职守、徇私舞弊等违法违纪行为的,依照《中华人民共和国政府采购法》《中华人民共和国公务员法》《中华人民共和国监察法》《中华人民共和国政府采购法实施条例》等国家有关规定追究相应责任;涉嫌犯罪的,依法移送有关国家机关处理。

第十九条 涉密政府采购项目信息发布,依照国家有关规定执行。

第二十条 省级财政部门可以根据本办法制定具体实施办法。

第二十一条 本办法自2020年3月1日起施行。财政部2004年9月11日颁布实施的《政府采购信息公告管理办法》(财政部令第19号)同时废止。

政府购买服务管理办法

1. 2020年1月3日财政部令第102号公布
2. 自2020年3月1日起施行

第一章 总 则

第一条 为规范政府购买服务行为,促进转变政府职能,改善公共服务供给,根据《中华人民共和国预算法》《中华人民共和国政府采购法》《中华人民共和国合同法》等法律、行政法规的规定,制定本办法。

第二条 本办法所称政府购买服务,是指各级国家机关将属于自身职责范围且适合通过市场化方式提供的服务事项,按照政府采购方式和程序,交由符合条件的服务供应商承担,并根据服务数量和质量等因素向其支付费用的行为。

第三条 政府购买服务应当遵循预算约束、以事定费、公开择优、诚实信用、讲求绩效原则。

第四条 财政部负责制定全国性政府购买服务制度,指导和监督各地区、各部门政府购买服务工作。

县级以上地方人民政府财政部门负责本行政区域政府购买服务管理。

第二章 购买主体和承接主体

第五条 各级国家机关是政府购买服务的购买主体。

第六条 依法成立的企业、社会组织(不含由财政拨款保障的群团组织),公益二类和从事生产经营活动的事业单位,农村集体经济组织,基层群众性自治组织,以及具备条件的个人可以作为政府购买服务的承接主体。

第七条 政府购买服务的承接主体应当符合政府采购法律、行政法规规定的条件。

购买主体可以结合购买服务项目的特点规定承接主体的具体条件,但不得违反政府采购法律、行政法规,以不合理的条件对承接主体实行差别待遇或者歧视待遇。

第八条 公益一类事业单位、使用事业编制且由财政拨款保障的群团组织，不作为政府购买服务的购买主体和承接主体。

第三章 购买内容和目录

第九条 政府购买服务的内容包括政府向社会公众提供的公共服务，以及政府履职所需辅助性服务。

第十条 以下各项不得纳入政府购买服务范围：

（一）不属于政府职责范围的服务事项；

（二）应当由政府直接履职的事项；

（三）政府采购法律、行政法规规定的货物和工程，以及将工程和服务打包的项目；

（四）融资行为；

（五）购买主体的人员招、聘用，以劳务派遣方式用工，以及设置公益性岗位等事项；

（六）法律、行政法规以及国务院规定的其他不得作为政府购买服务内容的事项。

第十一条 政府购买服务的具体范围和内容实行指导性目录管理，指导性目录依法予以公开。

第十二条 政府购买服务指导性目录在中央和省两级实行分级管理，财政部和省级财政部门分别制定本级政府购买服务指导性目录，各部门在本级指导性目录范围内编制本部门政府购买服务指导性目录。

省级财政部门根据本地区情况确定省以下政府购买服务指导性目录的编制方式和程序。

第十三条 有关部门应当根据经济社会发展实际、政府职能转变和基本公共服务均等化、标准化的要求，编制、调整指导性目录。

编制、调整指导性目录应当充分征求相关部门意见，根据实际需要进行专家论证。

第十四条 纳入政府购买服务指导性目录的服务事项，已安排预算的，可以实施政府购买服务。

第四章 购买活动的实施

第十五条 政府购买服务应当突出公共性和公益性，重点考虑、优先安排与改善民生密切相关，有利于转变政府职能、提高财政资金绩效的项目。

政府购买的基本公共服务项目的服务内容、水平、流程等标准要素，应当符合国家基本公共服务标准相关要求。

第十六条 政府购买服务项目所需资金应当在相关部门预算中统筹安排,并与中期财政规划相衔接,未列入预算的项目不得实施。

购买主体在编报年度部门预算时,应当反映政府购买服务支出情况。政府购买服务支出应当符合预算管理有关规定。

第十七条 购买主体应当根据购买内容及市场状况、相关供应商服务能力和信用状况等因素,通过公平竞争择优确定承接主体。

第十八条 购买主体向个人购买服务,应当限于确实适宜实施政府购买服务并且由个人承接的情形,不得以政府购买服务名义变相用工。

第十九条 政府购买服务项目采购环节的执行和监督管理,包括集中采购目录及标准、采购政策、采购方式和程序、信息公开、质疑投诉、失信惩戒等,按照政府采购法律、行政法规和相关制度执行。

第二十条 购买主体实施政府购买服务项目绩效管理,应当开展事前绩效评估,定期对所购服务实施情况开展绩效评价,具备条件的项目可以运用第三方评价评估。

财政部门可以根据需要,对部门政府购买服务整体工作开展绩效评价,或者对部门实施的资金金额和社会影响大的政府购买服务项目开展重点绩效评价。

第二十一条 购买主体及财政部门应当将绩效评价结果作为承接主体选择、预算安排和政策调整的重要依据。

第五章 合同及履行

第二十二条 政府购买服务合同的签订、履行、变更,应当遵循《中华人民共和国合同法》的相关规定。

第二十三条 购买主体应当与确定的承接主体签订书面合同,合同约定的服务内容应当符合本办法第九条、第十条的规定。

政府购买服务合同应当明确服务的内容、期限、数量、质量、价格,资金结算方式,各方权利义务事项和违约责任等内容。

政府购买服务合同应当依法予以公告。

第二十四条 政府购买服务合同履行期限一般不超过 1 年;在预算保障的前提下,对于购买内容相对固定、连续性强、经费来源稳定、价格变化幅度小的政府购买服务项目,可以签订履行期限不超过 3 年的政府购买服务合同。

第二十五条 购买主体应当加强政府购买服务项目履约管理,开展绩效执行监控,及时掌握项目实施进度和绩效目标实现情况,督促承接主体严格履行合同,按照合同约定向承接主体支付款项。

第二十六条 承接主体应当按照合同约定提供服务，不得将服务项目转包给其他主体。

第二十七条 承接主体应当建立政府购买服务项目台账，依照有关规定或合同约定记录保存并向购买主体提供项目实施相关重要资料信息。

第二十八条 承接主体应当严格遵守相关财务规定，规范管理和使用政府购买服务项目资金。

承接主体应当配合相关部门对资金使用情况进行监督检查与绩效评价。

第二十九条 承接主体可以依法依规使用政府购买服务合同向金融机构融资。

购买主体不得以任何形式为承接主体的融资行为提供担保。

第六章 监督管理和法律责任

第三十条 有关部门应当建立健全政府购买服务监督管理机制。购买主体和承接主体应当自觉接受财政监督、审计监督、社会监督以及服务对象的监督。

第三十一条 购买主体、承接主体及其他政府购买服务参与方在政府购买服务活动中，存在违反政府采购法律法规行为的，依照政府采购法律法规予以处理处罚；存在截留、挪用和滞留资金等财政违法行为的，依照《中华人民共和国预算法》《财政违法行为处罚处分条例》等法律法规追究法律责任；涉嫌犯罪的，移送司法机关处理。

第三十二条 财政部门、购买主体及其工作人员，存在违反本办法规定的行为，以及滥用职权、玩忽职守、徇私舞弊等违法违纪行为的，按照《中华人民共和国预算法》《中华人民共和国公务员法》《中华人民共和国监察法》《财政违法行为处罚处分条例》等国家有关规定追究相应责任；涉嫌犯罪的，移送司法机关处理。

第七章 附 则

第三十三条 党的机关、政协机关、民主党派机关、承担行政职能的事业单位和使用行政编制的群团组织机关使用财政性资金购买服务的，参照本办法执行。

第三十四条 涉密政府购买服务项目的实施，按照国家有关规定执行。

第三十五条 本办法自 2020 年 3 月 1 日起施行。财政部、民政部、工商总局 2014 年 12 月 15 日颁布的《政府购买服务管理办法（暂行）》（财综〔2014〕96 号）同时废止。

国有金融企业集中采购管理暂行规定

1. 2018年2月5日财政部发布

2. 财金〔2018〕9号

3. 自2018年3月1日起施行

第一章 总 则

第一条 为规范国有金融企业集中采购行为,加强对采购支出的管理,提高采购资金的使用效益,根据国家有关法律、行政法规和部门规章,制定本规定。

第二条 国有金融企业实施集中采购适用本规定。

本规定所称国有金融企业,包括所有获得金融业务许可证的国有企业,以及国有金融控股公司、国有担保公司和其他金融类国有企业。按现行法律法规实行会员制的金融交易场所参照本规定执行。

本规定所称集中采购,是指国有金融企业以合同方式有偿取得纳入集中采购范围的货物、工程和服务的行为。

第三条 国有金融企业集中采购应当遵循公开、公平、公正、诚实信用和效益原则。

第四条 国有金融企业开展集中采购活动应符合国家有关规定,建立统一管理、分级授权、相互制约的内部管理体制,切实维护企业和国家整体利益。

第五条 国有金融企业集中采购应优先采购节能环保产品。

第二章 组织管理

第六条 国有金融企业应建立健全集中采购决策管理职能与操作执行职能相分离的管理体制。

第七条 国有金融企业应成立集中采购管理委员会,成员由企业相关负责人以及财务、法律等相关业务部门负责人组成,负责对公司集中采购活动进行决策管理。国有金融企业纪检、监察、审计等部门人员可列席集中采购管理委员会会议。

国有金融企业集中采购管理委员会的主要职责包括:

(一)审定企业内部集中采购管理办法等制度规定;

(二)确定企业集中采购目录及限额标准;

(三)审定采购计划并审查采购计划的执行情况;

（四）审议对业务活动和发展有较大影响的采购事项；

（五）采购活动中涉及的其他重要管理和监督事宜。

第八条　国有金融企业可指定具体业务部门或根据实际设立集中采购日常管理机构，具体实施集中采购活动。根据集中采购项目具体情况，国有金融企业可自行采购或委托外部代理机构办理采购事宜。

第九条　国有金融企业采用公开招标、邀请招标方式采购的，应依法组建评标委员会负责采购项目评审。采用竞争性谈判、竞争性磋商、询价等非招标方式采购的，应参照政府采购的相关要求并结合本单位实际，成立谈判、磋商或询价小组。

第十条　国有金融企业总部可建立或联合建立集中采购项目评审专家库。评审专家成员由国有金融企业财务、技术等内部专业人员，以及相关技术、经济等方面的外部专家组成。如不具备上述建库条件的企业，应合理使用招标代理机构等外部的评审专家库。

第十一条　一般采购项目从评审专家库中随机抽取选定评审专家，对技术复杂、专业性强或者有特殊要求的采购项目，通过随机抽取方式难以确定合适评审专家的，可由国有金融企业按程序自行选定。

第三章　制度建设

第十二条　国有金融企业可参考省级以上人民政府定期发布的集中采购目录及标准，结合企业实际情况，制定本企业的集中采购目录及限额标准。

第十三条　国有金融企业应依据国家有关法律法规和本规定，制定企业内部集中采购管理办法。

第十四条　国有金融企业内部集中采购管理办法，应至少包括以下内容：

（一）明确公司集中采购范围，以及不同采购方式的具体适用情形；

（二）实施集中采购的具体程序，包括编制采购计划、采购项目立项、编制采购需求、实施采购、签订合同、采购验收、资金结算、档案管理等；

（三）明确集中采购活动的内部监督检查主体及职责；

（四）对违法违规和违反职业道德等人员和单位的处理处罚措施等。

第十五条　国有金融企业应当建立健全内部监督管理制度，加强对集中采购的内部控制和监督检查，切实防范采购过程中的差错和舞弊行为。

第十六条　国有金融企业应建立相互监督、相互制约的采购活动决策和执行程序，并明确具体采购项目经办人员与负责采购合同审核、验收人员的职责权限，做到相互分离。

第十七条　国有金融企业应对分支机构的集中采购行为做好业务指导和管理。

第四章　采购方式

第十八条　国有金融企业集中采购可以采用公开招标、邀请招标、竞争性谈判、竞争性磋商、单一来源采购、询价,以及有关管理部门认定的其他采购方式。

第十九条　对纳入集中采购范围的采购项目,国有金融企业原则上应优先采用公开招标或邀请招标的方式。需要采用非招标采购方式的,应符合本规定要求,并在采购活动开始前,按企业内部集中采购管理规定报批。

第二十条　符合下列情形之一的集中采购项目,可以采用邀请招标方式采购:

(一)具有特殊性,只能从有限范围的供应商处采购的;

(二)采用公开招标方式的费用占该采购项目总价值的比例过大的;

(三)企业内部集中采购管理办法列明的其他适用情形。

第二十一条　符合下列情形之一的集中采购项目,可以采用竞争性谈判方式采购:

(一)招标后没有供应商投标或者没有合格标的或者重新招标未能成立的;

(二)技术复杂或者性质特殊,不能确定详细规格或者具体要求的;

(三)采用招标所需时间不能满足用户紧急需要的;

(四)不能事先计算出价格总额的;

(五)企业内部集中采购管理办法列明的其他适用情形。

第二十二条　符合下列情形之一的集中采购项目,可以采用竞争性磋商方式采购:

(一)购买服务项目;

(二)技术复杂或者性质特殊,不能确定详细规格或者具体要求的;

(三)因专利、专有技术或者服务的时间、数量事先不能确定等原因不能事先计算出价格总额的;

(四)市场竞争不充分的科研项目;

(五)按照招标投标法及其实施条例必须进行招标的工程建设项目以外的工程建设项目;

(六)企业内部集中采购管理办法列明的其他适用情形。

第二十三条　符合下列情形之一的集中采购项目,可以采用单一来源方式采购:

(一)只能从唯一供应商处采购的;

(二)发生了不可预见的紧急情况不能从其他供应商处采购的;

(三)必须保证原有采购项目一致性或者服务配套的要求,需要再次向原供应商采购的；

（四）企业内部集中采购管理办法列明的其他适用情形。

第二十四条 集中采购项目符合货物规格、标准统一，现货货源充足且价格变化幅度小等条件的，经企业内部集中采购管理办法列明，可以采用询价方式采购。

第五章 采购管理

第二十五条 国有金融企业应按采购计划实施集中采购，并纳入年度预算管理。计划外的集中采购事项，应按企业内部相关规定报批。采购计划的重大调整，应按程序报集中采购管理委员会审议。

第二十六条 国有金融企业不得将应当以公开招标方式采购的项目化整为零或者以其他任何方式规避公开招标采购。

第二十七条 国有金融企业根据中标或成交结果签订采购合同，采购合同应经内部法律部门或法律中介机构审核。

第二十八条 国有金融企业要做好集中采购信息公开工作，通过企业网站、招标代理机构网站或省级以上人民政府财政部门指定的政府采购信息公开媒体等公开渠道，向社会披露公开招标和非公开招标的采购项目信息，涉及国家秘密、商业秘密的内容除外。

采用公开招标方式的，应当按规定发布招标公告、资格预审公告，公示中标候选人、中标结果等全流程信息。中标结果公示内容包括但不限于招标项目名称、招标人、招标代理机构、招标公告日期、中标人、中标内容及价格等基本要素。招标公告及中标结果应在同一渠道公开。

采用非公开招标方式的，应在采购合同签订之日起3个工作日内，公告成交结果，包括但不限于采购内容、采购方式、候选供应商、中选供应商、合同确定的采购数量、采购价格等基本要素。

第六章 监督检查

第二十九条 国有金融企业应认真执行本规定，在年度财务报告中披露对企业成本、费用影响重大的集中采购事项，自觉接受财政、审计等相关部门的监督检查。

第三十条 对国有金融企业实施的招标等集中采购活动，投标商及相关方认为有任何违法违规问题的，可按规定向国有金融企业的主管财政机关以及国家有关部门投诉。

第三十一条 企业采购当事人不得互相串通损害企业利益、国家利益、社会公共利益和其他当事人的合法权益。

第三十二条 对采购当事人泄露标底等应当保密的与采购活动有关的情况和资料以及其他违反有关法律、行政法规和本规定的行为,依法追究责任。

第七章 附 则

第三十三条 国有金融企业使用国际组织、外国政府、外国法人、以及其他组织和个人的贷款或者赠款进行采购,贷款或赠款人对采购方式有约定的,可从其约定,但不得损害国家利益和社会公共利益。

第三十四条 本规定自2018年3月1日起施行。《关于加强国有金融企业集中采购管理的若干规定》(财金〔2001〕209号)同时废止。

政府采购框架协议采购方式管理暂行办法

1. 2022年1月14日财政部令第110号公布
2. 自2022年3月1日起施行

第一章 总 则

第一条 为了规范多频次、小额度采购活动,提高政府采购项目绩效,根据《中华人民共和国政府采购法》、《中华人民共和国政府采购法实施条例》等法律法规规定,制定本办法。

第二条 本办法所称框架协议采购,是指集中采购机构或者主管预算单位对技术、服务等标准明确、统一,需要多次重复采购的货物和服务,通过公开征集程序,确定第一阶段入围供应商并订立框架协议,采购人或者服务对象按照框架协议约定规则,在入围供应商范围内确定第二阶段成交供应商并订立采购合同的采购方式。

前款所称主管预算单位是指负有编制部门预算职责,向本级财政部门申报预算的国家机关、事业单位和团体组织。

第三条 符合下列情形之一的,可以采用框架协议采购方式采购:

(一)集中采购目录以内品目,以及与之配套的必要耗材、配件等,属于小额零星采购的;

(二)集中采购目录以外,采购限额标准以上,本部门、本系统行政管理所需的法律、评估、会计、审计等鉴证咨询服务,属于小额零星采购的;

(三)集中采购目录以外,采购限额标准以上,为本部门、本系统以外的服务对象提供服务的政府购买服务项目,需要确定2家以上供应商由服务对象自主选择的；

（四）国务院财政部门规定的其他情形。

前款所称采购限额标准以上，是指同一品目或者同一类别的货物、服务年度采购预算达到采购限额标准以上。

属于本条第一款第二项情形，主管预算单位能够归集需求形成单一项目进行采购，通过签订时间、地点、数量不确定的采购合同满足需求的，不得采用框架协议采购方式。

第四条 框架协议采购包括封闭式框架协议采购和开放式框架协议采购。

封闭式框架协议采购是框架协议采购的主要形式。除法律、行政法规或者本办法另有规定外，框架协议采购应当采用封闭式框架协议采购。

第五条 集中采购目录以内品目以及与之配套的必要耗材、配件等，采用框架协议采购的，由集中采购机构负责征集程序和订立框架协议。

集中采购目录以外品目采用框架协议采购的，由主管预算单位负责征集程序和订立框架协议。其他预算单位确有需要的，经其主管预算单位批准，可以采用框架协议采购方式采购。其他预算单位采用框架协议采购方式采购的，应当遵守本办法关于主管预算单位的规定。

主管预算单位可以委托采购代理机构代理框架协议采购，采购代理机构应当在委托的范围内依法开展采购活动。

集中采购机构、主管预算单位及其委托的采购代理机构，本办法统称征集人。

第六条 框架协议采购遵循竞争择优、讲求绩效的原则，应当有明确的采购标的和定价机制，不得采用供应商符合资格条件即入围的方法。

第七条 框架协议采购应当实行电子化采购。

第八条 集中采购机构采用框架协议采购的，应当拟定采购方案，报本级财政部门审核后实施。主管预算单位采用框架协议采购的，应当在采购活动开始前将采购方案报本级财政部门备案。

第二章 一般规定

第九条 封闭式框架协议采购是指符合本办法第三条规定情形，通过公开竞争订立框架协议后，除经过框架协议约定的补充征集程序外，不得增加协议供应商的框架协议采购。

封闭式框架协议的公开征集程序，按照政府采购公开招标的规定执行，本办法另有规定的，从其规定。

第十条 开放式框架协议采购是指符合本条第二款规定情形，明确采购需求和付费标准等框架协议条件,愿意接受协议条件的供应商可以随时申请加入的框架协议采购。开放式框架协议的公开征集程序,按照本办法规定执行。

符合下列情形之一的,可以采用开放式框架协议采购:

(一)本办法第三条第一款第一项规定的情形,因执行政府采购政策不宜淘汰供应商的,或者受基础设施、行政许可、知识产权等限制,供应商数量在3家以下且不宜淘汰供应商的;

(二)本办法第三条第一款第三项规定的情形,能够确定统一付费标准,因地域等服务便利性要求,需要接纳所有愿意接受协议条件的供应商加入框架协议,以供服务对象自主选择的。

第十一条 集中采购机构或者主管预算单位应当确定框架协议采购需求。框架协议采购需求在框架协议有效期内不得变动。

确定框架协议采购需求应当开展需求调查,听取采购人、供应商和专家等意见。面向采购人和供应商开展需求调查时,应当选择具有代表性的调查对象,调查对象一般各不少于3个。

第十二条 框架协议采购需求应当符合以下规定:

(一)满足采购人和服务对象实际需要,符合市场供应状况和市场公允标准,在确保功能、性能和必要采购要求的情况下促进竞争;

(二)符合预算标准、资产配置标准等有关规定,厉行节约,不得超标准采购;

(三)按照《政府采购品目分类目录》,将采购标的细化到底级品目,并细分不同等次、规格或者标准的采购需求,合理设置采购包;

(四)货物项目应当明确货物的技术和商务要求,包括功能、性能、材料、结构、外观、安全、包装、交货期限、交货的地域范围、售后服务等;

(五)服务项目应当明确服务内容、服务标准、技术保障、服务人员组成、服务交付或者实施的地域范围,以及所涉及的货物的质量标准、服务工作量的计量方式等。

第十三条 集中采购机构或者主管预算单位应当在征集公告和征集文件中确定框架协议采购的最高限制单价。征集文件中可以明确量价关系折扣,即达到一定采购数量,价格应当按照征集文件中明确的折扣降低。在开放式框架协议中,付费标准即为最高限制单价。

最高限制单价是供应商第一阶段响应报价的最高限价。入围供应商第一阶段响应报价(有量价关系折扣的,包括量价关系折扣,以下统称协议价格)是采购人或者服务对象确定第二阶段成交供应商的最高限价。

确定最高限制单价时,有政府定价的,执行政府定价;没有政府定价的,应当通过需求调查,并根据需求标准科学确定,属于本办法第十条第二款第一项规定情形的采购项目,需要订立开放式框架协议的,与供应商协商确定。

货物项目单价按照台(套)等计量单位确定,其中包含售后服务等相关服务费用。服务项目单价按照单位采购标的价格或者人工单价等确定。服务项目所涉及的货物的费用,能够折算入服务项目单价的应当折入,需要按实结算的应当明确结算规则。

第十四条 框架协议应当包括以下内容:

(一)集中采购机构或者主管预算单位以及入围供应商的名称、地址和联系方式;

(二)采购项目名称、编号;

(三)采购需求以及最高限制单价;

(四)封闭式框架协议第一阶段的入围产品详细技术规格或者服务内容、服务标准,协议价格;

(五)入围产品升级换代规则;

(六)确定第二阶段成交供应商的方式;

(七)适用框架协议的采购人或者服务对象范围,以及履行合同的地域范围;

(八)资金支付方式、时间和条件;

(九)采购合同文本,包括根据需要约定适用的简式合同或者具有合同性质的凭单、订单;

(十)框架协议期限;

(十一)入围供应商清退和补充规则;

(十二)协议方的权利和义务;

(十三)需要约定的其他事项。

第十五条 集中采购机构或者主管预算单位应当根据工作需要和采购标的市场供应及价格变化情况,科学合理确定框架协议期限。货物项目框架协议有效期一般不超过1年,服务项目框架协议有效期一般不超过2年。

第十六条 集中采购机构或者主管预算单位应当根据框架协议约定,组织落实框架协议的履行,并履行下列职责:

(一)为第二阶段合同授予提供工作便利;

(二)对第二阶段最高限价和需求标准执行情况进行管理;

(三)对第二阶段确定成交供应商情况进行管理;

(四)根据框架协议约定,在质量不降低、价格不提高的前提下,对入围供应商因产品升级换代、用新产品替代原入围产品的情形进行审核;

（五）建立用户反馈和评价机制，接受采购人和服务对象对入围供应商履行框架协议和采购合同情况的反馈与评价，并将用户反馈和评价情况向采购人和服务对象公开，作为第二阶段直接选定成交供应商的参考；

（六）公开封闭式框架协议的第二阶段成交结果；

（七）办理入围供应商清退和补充相关事宜。

第十七条 采购人或者服务对象采购框架协议约定的货物、服务，应当将第二阶段的采购合同授予入围供应商，但是本办法第三十七条另有规定的除外。

同一框架协议采购应当使用统一的采购合同文本，采购人、服务对象和供应商不得擅自改变框架协议约定的合同实质性条款。

第十八条 货物项目框架协议的入围供应商应当为入围产品生产厂家或者生产厂家唯一授权供应商。入围供应商可以委托一家或者多家代理商，按照框架协议约定接受采购人合同授予，并履行采购合同。入围供应商应当在框架协议中提供委托协议和委托的代理商名单。

第十九条 入围供应商有下列情形之一，尚未签订框架协议的，取消其入围资格；已经签订框架协议的，解除与其签订的框架协议：

（一）恶意串通谋取入围或者合同成交的；

（二）提供虚假材料谋取入围或者合同成交的；

（三）无正当理由拒不接受合同授予的；

（四）不履行合同义务或者履行合同义务不符合约定，经采购人请求履行后仍不履行或者仍未按约定履行的；

（五）框架协议有效期内，因违法行为被禁止或限制参加政府采购活动的；

（六）框架协议约定的其他情形。

被取消入围资格或者被解除框架协议的供应商不得参加同一封闭式框架协议补充征集，或者重新申请加入同一开放式框架协议。

第二十条 封闭式框架协议入围供应商无正当理由，不得主动放弃入围资格或者退出框架协议。

开放式框架协议入围供应商可以随时申请退出框架协议。集中采购机构或者主管预算单位应当在收到退出申请2个工作日内，发布入围供应商退出公告。

第二十一条 征集人应当建立真实完整的框架协议采购档案，妥善保存每项采购活动的采购文件资料。除征集人和采购人另有约定外，合同授予的采购文件资料由采购人负责保存。

采购档案可以采用电子形式保存，电子档案和纸质档案具有同等效力。

第三章 封闭式框架协议采购

第一节 封闭式框架协议的订立

第二十二条 征集人应当发布征集公告。征集公告应当包括以下主要内容:

(一)征集人的名称、地址、联系人和联系方式;

(二)采购项目名称、编号,采购需求以及最高限制单价,适用框架协议的采购人或者服务对象范围,能预估采购数量的,还应当明确预估采购数量;

(三)供应商的资格条件;

(四)框架协议的期限;

(五)获取征集文件的时间、地点和方式;

(六)响应文件的提交方式、提交截止时间和地点,开启方式、时间和地点;

(七)公告期限;

(八)省级以上财政部门规定的其他事项。

第二十三条 征集人应当编制征集文件。征集文件应当包括以下主要内容:

(一)参加征集活动的邀请;

(二)供应商应当提交的资格材料;

(三)资格审查方法和标准;

(四)采购需求以及最高限制单价;

(五)政府采购政策要求以及政策执行措施;

(六)框架协议的期限;

(七)报价要求;

(八)确定第一阶段入围供应商的评审方法、评审标准、确定入围供应商的淘汰率或者入围供应商数量上限和响应文件无效情形;

(九)响应文件的编制要求,提交方式、提交截止时间和地点,开启方式、时间和地点,以及响应文件有效期;

(十)拟签订的框架协议文本和采购合同文本;

(十一)确定第二阶段成交供应商的方式;

(十二)采购资金的支付方式、时间和条件;

(十三)入围产品升级换代规则;

(十四)用户反馈和评价机制;

(十五)入围供应商的清退和补充规则;

(十六)供应商信用信息查询渠道及截止时点、信用信息查询记录和证据留存的具体方式、信用信息的使用规则等;

（十七）采购代理机构代理费用的收取标准和方式；

（十八）省级以上财政部门规定的其他事项。

第二十四条 供应商应当按照征集文件要求编制响应文件，对响应文件的真实性和合法性承担法律责任。

供应商响应的货物和服务的技术、商务等条件不得低于采购需求，货物原则上应当是市场上已有销售的规格型号，不得是专供政府采购的产品。对货物项目每个采购包只能用一个产品进行响应，征集文件有要求的，应当同时对产品的选配件、耗材进行报价。服务项目包含货物的，响应文件中应当列明货物清单及质量标准。

第二十五条 确定第一阶段入围供应商的评审方法包括价格优先法和质量优先法。

价格优先法是指对满足采购需求且响应报价不超过最高限制单价的货物、服务，按照响应报价从低到高排序，根据征集文件规定的淘汰率或者入围供应商数量上限，确定入围供应商的评审方法。

质量优先法是指对满足采购需求且响应报价不超过最高限制单价的货物、服务进行质量综合评分，按照质量评分从高到低排序，根据征集文件规定的淘汰率或者入围供应商数量上限，确定入围供应商的评审方法。货物项目质量因素包括采购标的的技术水平、产品配置、售后服务等，服务项目质量因素包括服务内容、服务水平、供应商的履约能力、服务经验等。质量因素中的可量化指标应当划分等次，作为评分项；质量因素中的其他指标可以作为实质性要求，不得作为评分项。

有政府定价、政府指导价的项目，以及对质量有特别要求的检测、实验等仪器设备，可以采用质量优先法，其他项目应当采用价格优先法。

第二十六条 对耗材使用量大的复印、打印、实验、医疗等仪器设备进行框架协议采购的，应当要求供应商同时对3年以上约定期限内的专用耗材进行报价。评审时应当考虑约定期限的专用耗材使用成本，修正仪器设备的响应报价或者质量评分。

征集人应当在征集文件、框架协议和采购合同中规定，入围供应商在约定期限内，应当以不高于其报价的价格向适用框架协议的采购人供应专用耗材。

第二十七条 确定第一阶段入围供应商时，提交响应文件和符合资格条件、实质性要求的供应商应当均不少于2家，淘汰比例一般不得低于20%，且至少淘汰一家供应商。

采用质量优先法的检测、实验等仪器设备采购，淘汰比例不得低于

40%，且至少淘汰一家供应商。

第二十八条　入围结果公告应当包括以下主要内容：

（一）采购项目名称、编号；

（二）征集人的名称、地址、联系人和联系方式；

（三）入围供应商名称、地址及排序；

（四）最高入围价格或者最低入围分值；

（五）入围产品名称、规格型号或者主要服务内容及服务标准，入围单价；

（六）评审小组成员名单；

（七）采购代理服务收费标准及金额；

（八）公告期限；

（九）省级以上财政部门规定的其他事项。

第二十九条　集中采购机构或者主管预算单位应当在入围通知书发出之日起30日内和入围供应商签订框架协议，并在框架协议签订后7个工作日内，将框架协议副本报本级财政部门备案。

框架协议不得对征集文件确定的事项以及入围供应商的响应文件作实质性修改。

第三十条　征集人应当在框架协议签订后3个工作日内通过电子化采购系统将入围信息告知适用框架协议的所有采购人或者服务对象。

入围信息应当包括所有入围供应商的名称、地址、联系方式、入围产品信息和协议价格等内容。入围产品信息应当详细列明技术规格或者服务内容、服务标准等能反映产品质量特点的内容。

征集人应当确保征集文件和入围信息在整个框架协议有效期内随时可供公众查阅。

第三十一条　除剩余入围供应商不足入围供应商总数70%且影响框架协议执行的情形外，框架协议有效期内，征集人不得补充征集供应商。

征集人补充征集供应商的，补充征集规则应当在框架协议中约定，补充征集的条件、程序、评审方法和淘汰比例应当与初次征集相同。补充征集应当遵守原框架协议的有效期。补充征集期间，原框架协议继续履行。

第二节　采购合同的授予

第三十二条　确定第二阶段成交供应商的方式包括直接选定、二次竞价和顺序轮候。

直接选定方式是确定第二阶段成交供应商的主要方式。除征集人根据采购项目特点和提高绩效等要求，在征集文件中载明采用二次竞价或者顺序轮候方式外，确定第二阶段成交供应商应当由采购人或者服务对象依据入围产品价格、质量以及服务便利性、用户评价等因素，从第一阶段入围供应商中直接选定。

第三十三条 二次竞价方式是指以框架协议约定的入围产品、采购合同文本等为依据，以协议价格为最高限价，采购人明确第二阶段竞价需求，从入围供应商中选择所有符合竞价需求的供应商参与二次竞价，确定报价最低的为成交供应商的方式。

进行二次竞价应当给予供应商必要的响应时间。

二次竞价一般适用于采用价格优先法的采购项目。

第三十四条 顺序轮候方式是指根据征集文件中确定的轮候顺序规则，对所有入围供应商依次授予采购合同的方式。

每个入围供应商在一个顺序轮候期内，只有一次获得合同授予的机会。合同授予顺序确定后，应当书面告知所有入围供应商。除清退入围供应商和补充征集外，框架协议有效期内不得调整合同授予顺序。

顺序轮候一般适用于服务项目。

第三十五条 以二次竞价或者顺序轮候方式确定成交供应商的，征集人应当在确定成交供应商后2个工作日内逐笔发布成交结果公告。

成交结果单笔公告可以在省级以上财政部门指定的媒体上发布，也可以在开展框架协议采购的电子化采购系统发布，发布成交结果公告的渠道应当在征集文件或者框架协议中告知供应商。单笔公告应当包括以下主要内容：

（一）采购人的名称、地址和联系方式；

（二）框架协议采购项目名称、编号；

（三）成交供应商名称、地址和成交金额；

（四）成交标的名称、规格型号或者主要服务内容及服务标准、数量、单价；

（五）公告期限。

征集人应当在框架协议有效期满后10个工作日内发布成交结果汇总公告。汇总公告应当包括前款第一项、第二项内容和所有成交供应商的名称、地址及其成交合同总数和总金额。

第三十六条 框架协议采购应当订立固定价格合同。

根据实际采购数量和协议价格确定合同总价的，合同中应当列明实际采购数量或者计量方式，包括服务项目用于计算合同价的工日数、服务工作量等详细工作量清单。采购人应当要求供应商提供能证明其按照合同约定数量或者工作量清单履约的相关记录或者凭证，作为验收资料一并存档。

第三十七条 采购人证明能够以更低价格向非入围供应商采购相同货物，且入围供应商不同意将价格降至非入围供应商以下的，可以将合同授予非入围供应商。

采购项目适用前款规定的，征集人应当在征集文件中载明并在框架协议中约定。

采购人将合同授予非入围供应商的，应当在确定成交供应商后1个工作日内，将成交结果抄送征集人，由征集人按照单笔公告要求发布成交结果公告。采购人应当将相关证明材料和采购合同一并存档备查。

第四章 开放式框架协议采购

第三十八条 订立开放式框架协议的，征集人应当发布征集公告，邀请供应商加入框架协议。征集公告应当包括以下主要内容：

（一）本办法第二十二条第一项至四项和第二十三条第二项至三项、第十三项至十六项内容；

（二）订立开放式框架协议的邀请；

（三）供应商提交加入框架协议申请的方式、地点，以及对申请文件的要求；

（四）履行合同的地域范围、协议方的权利和义务、入围供应商的清退机制等框架协议内容；

（五）采购合同文本；

（六）付费标准，费用结算及支付方式；

（七）省级以上财政部门规定的其他事项。

第三十九条 征集公告发布后至框架协议期满前，供应商可以按照征集公告要求，随时提交加入框架协议的申请。征集人应当在收到供应商申请后7个工作日内完成审核，并将审核结果书面通知申请供应商。

第四十条 征集人应当在审核通过后2个工作日内，发布入围结果公告，公告入围供应商名称、地址、联系方式及付费标准，并动态更新入围供应商信息。

征集人应当确保征集公告和入围结果公告在整个框架协议有效期内随时可供公众查阅。

第四十一条 征集人可以根据采购项目特点，在征集公告中申明是否与供应商另行签订书面框架协议。申明不再签订书面框架协议的，发布入围结果公告，视为签订框架协议。

第四十二条 第二阶段成交供应商由采购人或者服务对象从第一阶段入围供应商中直接选定。

供应商履行合同后,依据框架协议约定的凭单、订单以及结算方式,与采购人进行费用结算。

第五章 法律责任

第四十三条 主管预算单位、采购人、采购代理机构违反本办法规定的,由财政部门责令限期改正;情节严重的,给予警告,对直接负责的主管人员和其他责任人员,由其行政主管部门或者有关机关依法给予处分,并予以通报。

第四十四条 违反本办法规定,经责令改正后仍然影响或者可能影响入围结果或者成交结果的,依照政府采购法等有关法律、行政法规处理。

第四十五条 供应商有本办法第十九条第一款第一项至三项情形之一,以及无正当理由放弃封闭式框架协议入围资格或者退出封闭式框架协议的,依照政府采购法等有关法律、行政法规追究法律责任。

第四十六条 政府采购当事人违反本办法规定,给他人造成损失的,依法承担民事责任。

第四十七条 财政部门及其工作人员在履行监督管理职责中存在滥用职权、玩忽职守、徇私舞弊等违法违纪行为的,依法追究相应责任。

第六章 附 则

第四十八条 除本办法第三十五条规定外,本办法规定的公告信息,应当在省级以上财政部门指定的媒体上发布。

第四十九条 本办法规定按日计算期间的,开始当天不计入,从次日开始计算。期限的最后一日是国家法定节假日的,顺延到节假日后的次日为期限的最后一日。

第五十条 本办法所称的“以上”、“以下”、“内”、“以内”、“不少于”、“不超过”,包括本数;所称的“不足”、“低于”,不包括本数。

第五十一条 各省、自治区、直辖市财政部门可以根据本办法制定具体实施办法。

第五十二条 本办法自2022年3月1日起施行。

关于完善中央单位政府采购预算管理和中央高校、科研院所科研仪器设备采购管理有关事项的通知

1. 2016年11月10日财政部发布
2. 财库〔2016〕194号

党中央有关部门，国务院各部委、各直属机构，全国人大常委会办公厅，全国政协办公厅，高法院，高检院，各民主党派中央，有关人民团体，中央国家机关政府采购中心，中共中央直属机关采购中心，全国人大机关采购中心，各省、自治区、直辖市、计划单列市财政厅（局）：

为进一步完善中央单位政府采购预算管理，落实中共中央办公厅、国务院办公厅《关于进一步完善中央财政科研项目资金管理等政策的有关意见》有关中央高校、科研院所科研仪器设备采购管理的要求，现将有关事项通知如下：

一、完善中央单位政府采购预算管理

全面完整编制政府采购预算是加强政府采购管理的重要基础。中央单位应随部门预算编制一并编制政府采购预算。预算执行中部门预算资金调剂（包括追加、追减或调整结构）需要明确政府采购预算的，应按部门预算调剂的有关程序和规定一并办理，由主管预算单位报财政部（部门预算管理司）审核批复。

除部门预算资金调剂情形外，中央单位预算执行中预算支出总金额不变但需要单独调剂政府采购预算的类别（货物、工程、服务）和金额，以及使用非财政拨款资金采购需要明确政府采购预算的，由主管预算单位报财政部（国库司）备案。备案文件中应当载明中央单位名称、预算项目名称及编码、采购项目名称以及政府采购预算的类别、金额和调剂原因等项目基本情况说明。备案由主管预算单位组织在现行的“政府采购计划管理系统”（以下简称采购计划系统）中录入政府采购预算，并上传备案文件的电子扫描件。录入的政府采购预算作为中央单位编报政府采购计划、申请变更政府采购方式和采购进口产品的依据。

中央单位应准确区分不同类型，根据采购项目情况据实进行政府采购预算的报批和备案管理，不得随意调减政府采购预算以规避政府采购和公开

招标。

二、完善中央高校、科研院所科研仪器设备采购管理

（一）中央高校、科研院所可自行采购科研仪器设备。

中央高校、科研院所可自行组织或委托采购代理机构采购各类科研仪器设备，采购活动应按照政府采购法律制度规定执行。

（二）对中央高校、科研院所采购进口科研仪器设备实行备案制管理。

中央高校、科研院所采购进口科研仪器设备，应按规定做好专家论证工作，参与论证的专家可自行选定，专家论证意见随采购文件存档备查。中央高校、科研院所通过采购计划系统对采购进口科研仪器设备进行备案，可单次或分次批量在采购计划系统“中央高校、科研院所科研仪器设备进口”模块中编报采购计划。

（三）简化中央高校、科研院所科研仪器设备变更政府采购方式审批流程。

中央高校、科研院所达到公开招标数额标准的科研仪器设备采购项目需要采用公开招标以外采购方式的，申请变更政府采购方式时可不再提供单位内部会商意见，但应将单位内部会商意见随采购文件存档备查。中央高校、科研院所申请变更政府采购方式时可注明“科研仪器设备”，财政部将予以优先审批。申请变更为单一来源采购方式的专业人员论证和审核前公示，以及提交一揽子变更申请等工作，按《中央预算单位变更政府采购方式审批管理办法》（财库〔2015〕36号）的规定执行。

（四）中央高校、科研院所可自行选择科研仪器设备评审专家。

中央高校、科研院所科研仪器设备采购，可在政府采购评审专家库外自行选择评审专家。自行选择的评审专家与供应商有利害关系的，应严格执行回避有关规定。评审活动完成后，中央高校、科研院所应在评审专家名单中对自行选定的评审专家进行标注，并随同中标、成交结果一并公告。

（五）加强对科研仪器设备采购的内部控制管理。

中央高校、科研院所应按照《财政部关于加强政府采购活动内部管理的指导意见》（财库〔2016〕99号）的规定，进一步完善内部管理规定，加强科研仪器设备采购的内控管理，严格执行政府采购相关规定，主动公开政府采购相关信息，做到科研仪器设备采购的全程公开、透明、可追溯。

本通知自2017年1月1日起开始执行。

各地区可参照本通知精神，结合实际，完善相关管理规定。

关于促进残疾人就业政府采购政策的通知

1. 2017年8月22日财政部、民政部、中国残疾人联合会发布
2. 财库〔2017〕141号

党中央有关部门，国务院各部委、各直属机构，全国人大常委会办公厅，全国政协办公厅，高法院，高检院，各民主党派中央，有关人民团体，各省、自治区、直辖市、计划单列市财政厅（局）、民政厅（局）、残疾人联合会，新疆生产建设兵团财务局、民政局、残疾人联合会：

为了发挥政府采购促进残疾人就业的作用，进一步保障残疾人权益，依照《政府采购法》、《残疾人保障法》等法律法规及相关规定，现就促进残疾人就业政府采购政策通知如下：

一、享受政府采购支持政策的残疾人福利性单位应当同时满足以下条件：

（一）安置的残疾人占本单位在职职工人数的比例不低于25%（含25%），并且安置的残疾人人数不少于10人（含10人）；

（二）依法与安置的每位残疾人签订了一年以上（含一年）的劳动合同或服务协议；

（三）为安置的每位残疾人按月足额缴纳了基本养老保险、基本医疗保险、失业保险、工伤保险和生育保险等社会保险费；

（四）通过银行等金融机构向安置的每位残疾人，按月支付了不低于单位所在区县适用的经省级人民政府批准的月最低工资标准的工资；

（五）提供本单位制造的货物、承担的工程或者服务（以下简称产品），或者提供其他残疾人福利性单位制造的货物（不包括使用非残疾人福利性单位注册商标的货物）。

前款所称残疾人是指法定劳动年龄内，持有《中华人民共和国残疾人证》或者《中华人民共和国残疾军人证（1至8级）》的自然人，包括具有劳动条件和劳动意愿的精神残疾人。在职职工人数是指与残疾人福利性单位建立劳动关系并依法签订劳动合同或者服务协议的雇员人数。

二、符合条件的残疾人福利性单位在参加政府采购活动时，应当提供本通知规定的《残疾人福利性单位声明函》（见附件），并对声明的真实性负责。任何单位或者个人在政府采购活动中均不得要求残疾人福利性单位提供其他证明声明函内容的材料。

中标、成交供应商为残疾人福利性单位的，采购人或者其委托的采购代理机构应当随中标、成交结果同时公告其《残疾人福利性单位声明函》，接受社会监督。

供应商提供的《残疾人福利性单位声明函》与事实不符的，依照《政府采购法》第七十七条第一款的规定追究法律责任。

三、在政府采购活动中，残疾人福利性单位视同小型、微型企业，享受预留份额、评审中价格扣除等促进中小企业发展的政府采购政策。向残疾人福利性单位采购的金额，计入面向中小企业采购的统计数据。残疾人福利性单位属于小型、微型企业的，不重复享受政策。

四、采购人采购公开招标数额标准以上的货物或者服务，因落实促进残疾人就业政策的需要，依法履行有关报批程序后，可采用公开招标以外的采购方式。

五、对于满足要求的残疾人福利性单位产品，集中采购机构可直接纳入协议供货或者定点采购范围。各地区建设的政府采购电子卖场、电子商城、网上超市等应当设立残疾人福利性单位产品专栏。鼓励采购人优先选择残疾人福利性单位的产品。

六、省级财政部门可以结合本地区残疾人生产、经营的实际情况，细化政府采购支持措施。对符合国家有关部门规定条件的残疾人辅助性就业机构，可通过上述措施予以支持。各地制定的有关文件应当报财政部备案。

七、本通知自 2017 年 10 月 1 日起执行。

附件：残疾人福利性单位声明函（略）